卓越文庫 EB018

屈原儒道思想探微

許瑞哲 著

以上〈屈原像〉，見於鄭振鐸：《楚辭圖》，收錄於《楚辭文獻集成》，冊 30，頁 21145-21148。

〔明〕陳洪綬:〈屈子行吟圖〉,崇禎
戊寅(1638 年)刻楚辭述註本,見於
鄭振鐸《楚辭圖》,收錄於《楚辭文
獻集成》,冊 30,頁 21199。

〔清〕蕭雲從:〈三閭大夫卜居漁父〉
圖,《離騷圖》,收錄於《楚辭文獻集
成》,冊 29,頁 20582。

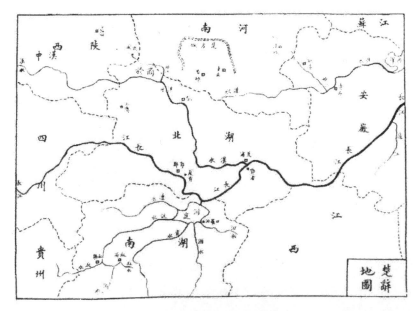

陸侃如:〈楚辭地圖〉,收錄於《楚辭文獻集成》,冊 30,頁 21383。

楚辭第一卷

離騷經第一

漢　劉向輯
　　王逸注
明　俞初校

楚辭
卷之一

離騷經者屈原之所作也屈原名平與楚同姓仕於懷王為三閭大夫三閭之職掌王族三姓曰昭屈景屈原序其譜屬率其賢良以厲國士入則與王圖議政事決定嫌疑出則監察羣下應對諸侯謀行職修于甚珍之同列大夫上官靳尚妬害其能共譖毀之王乃疏屈原屈原執履忠貞而被讒衺憂心煩亂不知所愬乃作離騷經離別也經徑也道徑也言己放逐離別中心愁思猶依道徑以風諫君也故上述唐虞三后之制下序桀紂羿澆之敗冀君覺悟反於正道而還已也是時秦昭王使張儀譎詐懷王令絕齊交又使誘楚請與會武關遂脅與俱歸拘留不遣卒客死於秦其子襄王復用讒言遷屈原於江南屈原放在山野復作九章援天引聖以自證明終不見省不忍以清白久居濁世遂赴汨淵自沈而死離騷之文

〔漢〕劉向輯，〔漢〕王逸注，〔明〕俞初校：《楚辭章句》，收錄於《楚辭文獻集成》，冊1，頁11-12。

文選卷第六十三　梁昭明太子撰　集注

騷一　屈平離騷經一首

離騷經一首

離騷經者屈原之所作也屈原與楚同姓仕於懷王為三閭大夫三閭之職掌王族三姓曰昭屈景屈原序其譜屬率其賢良以厲國士入則與王圖議政事出則監察羣下應對諸侯謀行職修于甚珍之同列大夫上官靳尚妬害其能共譖毀之王乃疏屈原屈原執履忠貞而被讒衺憂心煩亂不知所愬乃作離騷經離別也遂赴汨淵自沈而死

〔梁〕昭明太子撰，〔唐〕佚名集注：《文選集注》，收錄於《楚辭文獻集成》，冊1，頁387-388。

〔漢〕王逸章句，〔宋〕洪興祖補注：《楚辭補注》，收錄於《楚辭文獻集成》，冊 2，頁 959-960。

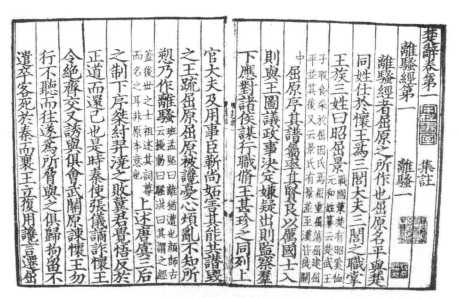

〔宋〕朱熹集注：《楚辭集注》，收錄於《楚辭文獻集成》，冊 3，頁 1747-1748。

序　一

陳怡良

　　瑞哲這本《楚辭》研究專著，終於出爐了，問世了，可喜可賀！個人在未推介這本著作前，先將個人對與其主題相關的一些感想、淺見，略述於後：

一、屈原是愛國詩人，是大政治家，也是將哲理融入詩歌的大思想家

　　屈原（西元前約343~282）是中國正史上第一位文學家、詩人，自古及今，一直為文人評家稱頌不絕。古代學者，暫置不論，以近代而言，梁啟超以為「屈原在文學史的地位，不特前無古人，截到今日止，仍是後無來者」（〈屈原研究〉），王國維以為「三代以下之詩人，無過於屈子、淵明、子美、子瞻者」，是因此四子，既有「高尚偉大之人格」，而又具有「高尚偉大之文學」，可說是「曠世而不一遇」的詩人（《王觀堂先生全集‧文學小言》），錢穆也曾稱揚說：「屈原實不僅是一大文學家，還是一抱有外交遠識的大政治家，又是一忠君愛國大仁大義的道德實踐者。這真不愧為戰國時代中國一極大人物」，「屈原乃是孔子以後中國了不得的大人物，屈原就等於伯夷、叔齊，可謂乃是一聖之清者」（〈正視歷史，胸懷中國──告別七十五年教學生涯的一堂課〉）。

　　蘇雪林師更讚頌屈原，說「他可以算得我們中國第一個天才詩人，第一個宏博的學者；他又是個熱情磅礴的愛國文人，一個極有眼光的政治家，一個酷愛真理，反抗強權的志士，他的芳潔熱烈的性情和堅貞卓犖的人格，已替我們文學界樹立了萬古不磨的典型」，因而應該尊稱他為「中國文學之父」（〈屈原〉），諸家研判良是，屈原既是一位愛國詩人，也是一位民族詩人，自他仕宦起，在內政的革新，與外交的政策上種種，都可看出他確實是一位有遠見，有睿智的政治家，而從道德的層面來看，他人品崇高，內外兼美，是一位有如伯夷那樣的「聖之清者」，無怪乎蘇雪林師要尊稱他為「中國文學之父」。試看所有編著中國文學家列傳的，無不將屈原列為第一號人物介紹可知。

　　歷來對屈原個人的研究，大多集中於他的生平與文學作品方面的考辨、輯佚、校箋、疏證、音訓、評價等，卻很少自其學術思想方面去探究，此未免偏狹、偏頗。其實屈原的思想，多元而豐富，含蓄而精斳，正如一位學者所說，以為屈原的作品，「不僅是不朽的詩篇，也同時飽含著豐富的哲學、政治思想，但由於他所作《楚辭》的影響，故其思想反而為後世所忽略」（魏昌《楚國史》），可謂一針見血。由於某些人或許對「思想」、「思想家」的意涵，有所困惑，在此實有必要先來解惑。何謂思想？何謂思想家？錢穆曾扼要精簡，辭達意切的下一界定，是：「能專注一對象，一問題，連續想下，相續心便成了思想。有些人能對一事實一問題，窮年累月，不斷注意思索，甚至有畢生竭精殫慮，在某一問題或某幾

問題上的，這些便成為思想家」（《中國思想史》），思想是生活的嚮導，有指導人生的作用與功能，人生不能沒有思想，也不能不需要思想。

屈原自青少年時代起，受過貴族養成教育，注重品德修養，初入仕途，即以「博聞彊志」，展現才學，以得國君青睞，並以為輔佐，實現「美政」理想。雖中途受挫，然而終其一生，都有他不變的追求、理想、主張，後來立功不成，乃將其政治才幹，移轉到文學創作，突破舊有的窠臼，創建詩歌的新體裁，撰述了〈離騷〉、〈天問〉等二十幾篇的作品，雖是文藝作品，卻將平生接受的哲學理念，融入其中，學者研判，這些作品，蘊含著儒、道、法、陰陽、名等諸家思想，如是，則其被稱為思想家，當是毫無疑問。

以學術思想方面言，近代學者游國恩，曾判定屈原作品中，因含有儒家、道家、陰陽家、法家思想，而判斷屈原思想是屬於「雜家」（《屈原》）。姜亮夫則以為「正因屈原有許許多多思想，不能用某一家或某幾家來繩束。蓋先秦諸『家』、『家法』、『家數』，皆不十分謹嚴，故用以比附屈子，皆不恰當」（《楚辭學論文集·屈子思想簡述》），湯炳正也加以論定，以為屈原的思想是「融匯諸家，自成體系」，「根據自己的需要，而加以吸收，並非全盤接受對方的觀點。吸收的結果，是自成一家之言，與兼容並蓄的雜家不同」（《淵研樓屈學存稿·五》）。

個人對上舉姜、湯二氏之言，頗為贊同與肯定，屈原既生長於百家爭鳴，縱橫捭闔的戰國時代，本身受過良好的貴族養成教育，既才華卓越，又學識淵博，其吸收諸家思想，披沙揀金，取精棄粕，是件自然不過的事，其作品中，蘊含的思想，可謂豐富無比，紛呈異采，各家思想都有不同的反映，展現出屈原兼容並蓄，寬闊博大的胸襟。不問是自然觀、人生觀、政治、歷史觀念、倫理道德意識和美學主張理念，都借助其詩歌動人的藝術魅力，深刻的反映出來，宜近人郭維森截斷眾流，精審識斷，判定「屈原是一位詩人，也是一位思想家」，「就通例而言，一個偉大的詩人，必然是一位偉大的思想家，偉大的詩人譜寫的，必然是時代的主旋律，民族的心聲，其中蘊含的思想，文化的內容，是十分豐厚的」（《屈原評傳·前言》），所言切中肯綮。

由於屈原對先秦許多學派的思想，多多少少都有所吸收、汲取，也有一些則加摒棄，以屈原之思想，既有其深遠之淵源，又有其真實之生命，宜清·章學誠將司馬相如、屈原等詞賦家統計其篇目後，評定說：「皆成一家之言，與諸子未甚相遠」（《文史通義等三種》），既稱得上「成一家之言，與諸子未甚相遠」，則後世文人作家尊稱屈原為「屈子」，豈非隱然肯定有其意涵在？

二、屈原吸收儒、道思想，經日積月累，精華內斂，雖零散卻真力彌滿

任何詩人作家若要拓展其作品之深度與廣度，以提升意境，獲致最高的成就，則必定要吸收高深的哲理，予以消化，而與其稟賦、意識，融為一體，始能提高其內在素養，刮垢磨光，而具有深厚的心靈之美，以致發展成為文學藝術之美，

而屈原就是如此的一個傑出人物。

在屈原吸收的諸家思想中，最明確與最精粹的，莫過於儒、道兩家思想。而這兩家思想，正是吾國文化中最精深博大，最不可撼動的核心思想，也是吾國學術思想界的代表，其陶育吾國國民之民族性最深，於社會文化之進展，影響也最大。儒家學術思想，植本於「仁」，「仁者人也」（《中庸》），「仁」，亦謂「愛人」（《論語》），其所表現者，不出於「人治」與「治人」的範疇，「人治」之要，乃在知人知天，成己成物；「治人」之要，則為修身、齊家、治國、平天下。儒家的精神，就在明人倫，重實際，尚自強，崇正義。又所謂「孔曰成仁，孟云取義」，「仁義」即成為儒家思想的重心。而儒家的政治思想，不外為「正名」、「德治」兩項；以「正名」言，所謂「政者，正也」，若要「撥亂世，反之正」，則為政者，不可不先正其身，蓋如不先正己，又如何正人？此即「其身正，不令而行，其身不正，雖令不從」（《論語·子路》）的義諦。而在「德治」上，孔子以堯舜為理想中的聖王，所以「祖述堯舜，憲章文武」（《中庸》）。且力行「為政以德」。因「道之以德，齊之以禮，有恥且格」（《論語·為政》），所以孔子即主張德治主義。

屈原受教期間，其接受儒家思想殊深，服膺儒家思想，早就顯現，如其在青少年時代的作品：〈橘頌〉云：「閉心自慎，不終失過兮。秉德無私，參天地兮」，可看出其對自己身心、言行、涵養的重視，宜其在〈離騷〉云：「紛吾既有此內美兮，又重之以修能」，自我強調內外兼美，完全遵照孔子及其弟子子貢，所強調君子的修養，是內在與外在，須適當配合，不得有所偏廢，如孔子說：「質勝文則野，文勝質則史，文質彬彬，然後君子」（《論語·雍也》），子貢也說：「文猶質也，質猶文也，虎豹之鞟，猶犬羊之鞟」（《論語·顏淵》），主張文質合一，才能成為「彬彬君子」。梁啟超認為，君子向被儒家認為是，能從事政治的人，而並非是表示地位的名詞，易言之，「君子」者，正是表示人格完成的表稱（《先秦政治思想史》）。

而《論語》全卷講「君子」處，約八十處，其義除二、三處，是指地位、階級外，其義大多指的，是才德兼具之士，而「君子」並非是天生而成，而純然是修養得來，如《論語》說：「君子食無求飽，居無求安，敏於事而慎於言，就有道而正焉，可謂好學也已」（〈學而〉）、「君子道者三，……仁者不憂，智者不惑，勇者不懼」（〈憲問〉）。在屈原作品中，也有二處特別提到「君子」，如云：「易初本迪兮，君子所鄙」、「明告君子，吾將以為類兮」（〈九章·懷沙〉），這也說明，「君子」在屈原心目中，是令人尊敬的人，而與儒家的理念，是一致的。另由於屈原，處處表露其在「修身」方面的自信與堅毅，而「修」一字就不斷的出現在其作品中，成為他人格高尚的標幟。

而「修身」本來就是成德的工夫，單單在〈離騷〉一篇之中，出現的「修」字，就達十八處，若加上其他屈原的作品計算，就出現有三十處之多。文字架構本就代表作品本身，更是代表作者所要表露的心緒與趨向。雖說「修」在〈離騷〉中的字義，並不完全相同，但誠如姜亮夫所說：「其義大抵不出修長、修美、修飾三義」（《楚辭通故》第二冊），游國恩也說：「凡言修，皆有美義」（《離騷纂義》），

旨哉斯言。而「修」一字，自然成為屈原在學問、德行、忠愛君國之心，與守死善道之志，自始自終，固執不移的堅貞意識。

儒家本身就有一套由近而遠，以「內聖外王」作為終極目標的修養進程。因而儒家就在其典籍中，不斷的強調「修身」的重要，如云：「自天子以至於庶人，壹是皆以修身為本」（《禮記‧大學》）、「君子……修己以敬……修己以安人……修己以安百姓」（《論語‧憲問》）、「知所以修身，則知所以治人，知所以治人，則知所以治天下國家矣」（《中庸》）、「君子之守，修其身而天下平」（《孟子‧盡心》）、「修身及家，平均天下」（《禮記‧樂記》），修身就是儒家的命脈，卻也是屈原使道德提升，讓人格更真實更完美的法寶，以致「好修以為常」（〈離騷〉語），就成了屈原人格至上的標幟。

而在他出仕後，更處處顯現忠君愛國的情操，如吟道：「豈余身之憚殃兮，恐皇輿之敗績」（〈離騷〉）、「指九天以為正兮，夫唯靈修之故也」（〈離騷〉）。其亦一如儒家重視道統，企盼楚國也能出現堯、舜、禹、湯、文、武之仁君聖王治國，而云：「昔三后之純粹兮，固眾芳之所在」、「湯禹儼而祗敬兮，周論道而莫差」（〈離騷〉），因為屈原強烈的追求，能輔佐國君，以造盛世，所以才在被逐放後，念念不忘的，還是君國，在〈離騷〉亂辭中吟詠的，是「既莫足與為美政兮，吾將從彭咸之所居」，「美政」，一如「善政」、「仁政」，指美好的理想政治，而這本來就是儒家追求的理想，卻也是屈原一生追求，終究落空的美夢。

此外儒家的德目，如「仁」、「義」、「忠」、「信」、「禮」、「智」等，也間或在屈原的作品中出現，以「仁義」言，如云：「重仁襲義兮，謹厚以為豐」（〈懷沙〉），在此，孔孟的根本要道「仁」「義」二字，居然就被屈原直接襲用在作品中。再者《詩》有益於人倫教化，因而《詩》就成了儒家的倫理教材，而奠定了「詩教」的基礎。《禮記‧經解》云：「溫柔敦厚，詩教也」是矣。又孔子教弟子，言「詩可以興，可以觀，可以群，可以怨」（《論語‧陽貨》），句中「詩可以怨」，朱熹注云：「怨而不怒」（《四書集注》），蔣伯潛續詳解云：「《詩》所以寫哀怨之情，亦用以諷刺政治，但怨而不怒，哀而不傷，不務言理而言情，不務勝人而感人，故曰『可以怨』」（《廣解四書》）。

觀之屈原所以作〈離騷〉，就是因「疾王聽之不聰也，讒諂之蔽明也，邪曲之害公也，方正之不容也」、「信而見疑，忠而被謗」，豈能無「怨」？因而「屈原作〈離騷〉，蓋自怨生也」（《史記‧屈原列傳》），既自怨生，一則抒發內心的憤懣不平，另則即是「用以諷刺政治」，後世劉勰也如此解題云：「三閭忠烈，依《詩》製〈騷〉，諷兼比興」（《文心雕龍‧比興》），不過雖說有所「怨」，以為諷諫上政，企待國君醒悟，卻不失性情之正，真正做到儒家的「溫柔敦厚」之教，若屈原沒接受儒家思想的旨意、教誨，則屈原豈只是在作品中，發發哀怨之情，失意之痛，而可能是更激烈更不理性的抗爭行動？

再者以道家而言，前述及儒家以人為中心，而道家則以自然為中心，並以「道」為其本體，以道為先天存在，且一成不變。其精神為貴天道，主虛無，返自然，守素樸，故老子云：「人法地，地法天，天法道，道法自然」（《老子》），道乃成

宇宙之本體，亦是老子哲學之主幹，此即其本體論，而其知識論，乃注重內在知識，其研究學問，亦有幾種方法，如有「發展法」，以歷史事實從事發展探討，由事實之繁簡，推測發展之狀況。另有「推知法」，用於宇宙本體，以小推大，以一推萬，運用此法，即可推知萬事萬物之生成變化，而其人生哲學，固然主張「攝生養神」，而又主張「寡欲知足」。雖「欲」為七情之一，亦為天賦予人者，惟人欲常受誘惑，而無法滿足，於是愈加受害，而罪惡由是而興。故老子也言：「大道廢，有仁義，慧智出，有大偽；六親不和，有孝慈；國家昏亂，有忠臣」（《老子・第十八章》），天下的大患，乃在有智慧的人，沉溺於私欲，擴張其無以厭足的物質生活，為挽救此弊，故道家主張「見素抱樸，少私寡欲」為教，哲學與政治的基礎，即建立於此。

　　探討屈原為何接受與吸收道家思想？此實與屈原生長的環境及其個人因素有關。老子為道家之宗主，本為楚苦縣人，曾為周之守藏史，既博覽典籍，又善能觀察世變，遂薰染於道家思想之中，總其大成，而有《老子》一書，而繼承與發展老子思想的，即與孟子略同時的莊子，為宋國蒙人，後來在西元前286年，即楚頃襄王十三年，齊滅宋後，齊與魏、楚三分其地，蒙地屬楚，故莊子亦屬楚人。《莊子》一書，也是道家的主要代表作，據《漢書・藝文志》言，此書有52篇，現存內篇7篇、外篇15篇、雜篇11篇，計33篇，一般以為內篇為莊子著，外篇、雜篇，為莊子後學者所著。歷史上一般將老莊並稱，道家思想有時簡化為老莊思想。莊子亦崇信「道」，而歸於自然。其觀點屬純粹的樂天主義，任天而動，順從自然。對於人世的榮辱得失，不足以擾其處。獨與天地精神往來，而不敖倪於萬物，不譴是非，以與世俗處。上與造物者遊，而下與外死生，無終始者為友。有人以為莊子之學，要比老了博大，而能自成一家。

　　由於老、莊均在楚地闡揚其思想，且據學者研究，老子回歸故里後，就開始收徒授業的私學教育生涯，培養了不少很有成就的道家門徒，這些門徒，自然會繼續收徒授業、傳道，而這些門徒，就成為早期老子學派的中堅（徐文武《楚國思想與學術研究》），楚國自然成為道家思想的發源地。道家思想，勢必更為散佈流傳。屈原及國內一批知識份子、貴族子弟們，豈能不深受此思想之教化與薰陶？且屈原仕宦後，曾出使齊國二次，極有可能與齊國稷下的學者交流，而稷下派學說，大部承道家傳統，本於黃、老，歸到「名」、「法」的（金受申《稷下派之研究》）。屈原接受道家的思想，除了上述外在因素外，其本人的受教與身受君王、佞臣的斥退，後來的逐放，有連帶的關係。

　　屈原的作品中，可以看出深受道家的影響，如〈遠遊〉、〈天問〉與〈離騷〉等篇，最為顯著，其他如〈卜居〉、〈漁父〉等，多少亦有一些受道家思想影響的影子。如老子以「道」作為思想中心，亦為產生萬物之本源。莊子也認為「道」是本根，有此「道」，世上萬物才能生生不息。〈遠遊〉中，屈原引王子喬的話說：「道可受兮，不可傳，其小無內兮，其大無垠，無滑而魂兮，彼將自然」，這段話，完全是道家的口吻與哲理，尤其，標出「自然」一詞。而道家有時言道，又常以「一」稱之，如老子云：「昔之得一者；天得一以清；地得一以寧；神得一

以靈；谷得一以盈；萬物得一以生；侯王得一以為天下貞（正）（《老子‧三十九章》）。莊子也說：「一之所起，有一而未形」（《莊子‧天地》），〈遠遊〉中也說：「羨韓眾之得一」、「審一氣之和德」、「一氣孔神兮」，句中的「一」，就是指「道」。另《莊子》、《列子》中，有時將「道」稱為「太初」的，〈遠遊〉中也寫道：「視儵忽而無見兮，聽惝怳而無聞。超無為以至清兮，與泰初而為鄰」，而句中的「無為」，也是道家的主張，老子云：「為學日益，為道日損。損之又損，以至於無為，無為而無不為」（《老子‧四十八章》），句中指出修道所要把握的要領，和能取得的效果。而莊子也提出一樣的意見，如云：「無為萬物化」（《莊子‧天地》）。

又道家的修養觀，有一項非常明顯的「出世觀念」，游國恩就說：「就是道家的導引、鍊形、輕舉、遊仙的觀念」（《屈原》），游氏舉例，如「駕青虬兮驂白螭，吾與重華遊兮瑤之圃。登崑崙兮食玉英，與天地兮同壽，與日月兮同光」（〈九章‧涉江〉），透過飲食、行氣，可以改變體質，讓自己延年益壽，輕舉遠遊，羽化成仙。飲食如〈離騷〉云：「朝飲木蘭之墜露兮，夕餐秋菊之落英」，〈遠遊〉也說：「吸飛泉之微液兮，懷琬琰之華英」，飲的是甘露、神泉，吃的是可使人長壽的甘菊，以及玉英，都是屬於道家的養生之道，在飲食外，再配合行氣，更可疏通人身的血脈關節，強化生機體魄，達到祛病延年的目的。《莊子‧刻意》云：「吹呴呼吸，吐故納新，熊經鳥申，為壽而已矣」，就是說將污濁之氣吐出，而後吸納清純之氣，另再如熊攀樹而自懸，如鳥飛空而伸腳，上述的導引之術，即道家的養生延年法，後世葛洪即在《抱朴子》云：「服藥雖為長生之術，若能兼行氣者，其益甚速」（〈至理〉）是矣。〈遠遊〉中亦提及餐氣與行氣之術，是「餐六氣而飲沆瀣兮，漱正陽而含朝霞。保神明之清澄兮，精氣入而麤穢除」，意即常吞吸天地之英華，吐故納新，使垢濁一掃而清，以保住神明，以求正氣充實。文中除上舉「自然」、「無為」為道家語外，另所謂的「虛靜」、「恬愉」、「無為之先」、「此德之門」等，也都是道家語。

又莊子的人生哲學，仍以老子為歸，以無為為教，以自然為宗，運用在人生，則導出其出世思想，在〈逍遙遊〉中云：「（神人）乘雲氣，御飛龍，而游乎四海之外」，另〈齊物論〉中也云：「（至人）乘雲氣，騎日月，而游乎四海之外」，在〈應帝王〉上，也說：「（無名人）乘夫莽眇之鳥，以出六極之外，而遊無何有之鄉，以處壙垠之野」，莊子運用幻想的方式，超越時空與物我的間隔，「乘雲氣」、「御飛龍」，或「乘雲氣，騎日月」，又或「乘莽眇之鳥」，以離開塵世人寰，飛向天際，而逍遙於「四海之外」、「無何有之鄉」，身心是如何的自由舒暢，浪漫的手法，令人無限的遐想，頗引人入勝。而對比於〈離騷〉後半段，屈原有感於現實人世的受挫，身心的煎熬，乃馳其豐富的想像力，虛擬出一個奇幻詭秘、撲朔迷離的仙境之旅，並以鳳凰為車，駕玉虬，率領日月風雨雷電諸神，欲前往崑崙，以謁天帝云云。

另〈遠遊〉也繼承了〈離騷〉登天神遊的浪漫想像。在〈遠遊〉中，也是具體描繪詩人，由於為時俗的迫阨而傷悲，於是輕舉而遠遊。或循氣的變化，而層層高飛，以訪仙求道，進入天庭，造訪太微神、太白星神，遊覽清都。又或聚集

萬乘車輛，駕著婉婉八龍，有飛廉、風伯啟路、開道，另有雨師、雷公護衛，又有宓妃奏樂，娥皇女英吟唱〈九韶〉，湘水之神鼓瑟，海神、河神共舞助興，一行人、神浩浩蕩蕩，氣勢雄壯無比，遍遊上下四方。以上〈離騷〉、〈遠遊〉二篇，主人公的幻遊仙境，豈非與莊子身遊寰中，心遊天外的玄想雷同？可說莊子與屈原，均能將哲學的至上境界，化為美妙的藝術境界，而屈原接受莊子的影響、啟示，亦可見一斑。因而梁啟超對〈遠遊〉一篇，才下了幾句評語，是「〈遠遊〉一篇，是屈原宇宙觀、人生觀的全部表現，是當時南方哲學思想之現於文學者」（〈屈原研究〉），見地可謂獨到。

除了上舉道家的本體論、修養觀、宇宙觀、人生哲學等部分，使屈原的〈離騷〉、〈遠遊〉，明顯的受到啟發與影響外，其實道家的宇宙觀與歷史觀，也影響到屈原另一篇作品，那就是〈天問〉。

〈天問〉是屈原所有作品中，最奇特的一篇，全詩 374 句，1553 字，完全以問句的形式寫成，提出 172 個疑問，內容是包羅萬象，縱貫古今，含括天文、地理、神話傳說、歷史人事等，明·孫鑛即評云：「或長言，或短言，或錯綜，或對偶，或一事而累累反復，或聯數事而鎔成片語。其文或峭險，或澹岩，或佶倔，或流利，諸法備盡，可謂謂極文之變態」（引自明·蔣之翹《七十二家評楚辭》），由於如此，「遂成千古萬古至奇之作」（清·劉獻廷《離騷經講錄·離騷總論》）。這一篇奇文，姜亮夫將其定位為「屈子的學術思想」（姜亮夫《楚辭今繹講錄·天問概說》）。

〈天問〉的體製淵源，雖有諸多說法，不過其中一項，不可否認，則是承襲《莊子·天運》形式與意識。〈天運〉篇的發端，連續的設十四問，如云：「天其運乎？地其處乎？日月其爭於所乎？孰主張是？孰維綱是？孰居無事推而行是？意者其有機緘而不得已邪？意者其運轉而不能自止邪？雲者為雨乎？雨者為雲乎？孰隆施是？孰居無事而勸是？風起北方，一西一東，有上彷徨，孰噓吸是？孰居無是而披拂是？敢問何故？」一連串不間斷的，對天地與日月運行，雲、雨、風之形成等，提出了諸多問題，對照〈天問〉前面，也是對宇宙生成問題，陰陽變化之理，以及造化神功，八柱九天，日月星辰之位置等，連續的提出質疑云：「曰：遂古之初，誰傳道之？上下未形，何由考之？冥昭瞢闇，誰能極之？馮翼惟像，何以識之？明明闇闇，惟時何為？陰陽三合，何本何化？圜則九重，孰營度之？惟茲何功，孰初作之？斡維焉繫，天極焉加？八柱何當，東南何虧？九天之際，安放安屬？隅隈多有，誰知其數？天何所沓？十二焉分？日月安屬？列星安陳？」以體製與對宇宙生成、構成，及其如何運行的思考，是否極為類似？能不說這可能是屈原對道家思想有所承襲與受到啟發，才產生的意識嗎？明·謝榛就說：「屈原〈天問〉，全學莊子〈天運〉」（《四溟詩話》），是矣。

當然，前面提及歸屬道家傳統的齊國稷下學派，也是對屈原有所影響的，《史記·孟子荀卿列傳》云：「騶衍……乃深觀陰陽消息，而作怪迂之變，〈終始〉、〈大聖〉之篇十餘萬言。其語閎大不經，必先驗小物，推而大之，至於無垠」，游國恩以為騶衍「這種由近而遠的推法，乃是一種演繹的時空間推論法」，並認

為這是「陰陽家的學說的主要精神」(《屈原‧屈原的學術思想》),若將此種意識,來與〈天問〉所質疑者相比較,會發現兩者關係密切。騶衍學說這種「往古來今」的時間類推,及屬空間「上下四方」的類推,構造而成的宇由觀,與屈原〈天問〉中的質疑與思想,何以如是相似?游氏認為這與屈原本為天文世家,其本身又曾使齊,故可能受有騶衍學派的影響。其實屈原的宇宙觀,對宇宙的看法,本就與老子、莊子、列子所說的相同,姜亮夫就曾針對屈原的哲理意識,追溯其源,評定說:「蓋屈子所陳,乃齊楚所習聞,與《老》、《莊》、《山經》相近」(《屈原賦校註》),如此相近、酷似,則屈原之〈天問〉,與道家或騶衍學派的意識,當是淵源有自,有所承襲與吸收轉化,此當是無庸置疑才是。

談到屈原的歷史觀,也是自有淵源、傳承可稽。屈原先世,乃出自顓頊時重黎之後(《史記‧楚世家》),是天文學的世家,再據而追蹤,則古代史官,乃「歷記成敗存亡禍福古今之道」,也包括天地、陰陽、人事、鬼神、占卜、災祥等事。屈原既是重黎之後裔,應是會承襲先人的傳統的。屈原又是「博聞彊志,明於治亂」(《史記‧屈原列傳》),先當三閭大夫,又任左徒,則其對天地陰陽、歷史興亡的理念,必有相當的素養與認知,在〈離騷〉或其他某些篇章中,屈原曾經列舉三代以來許多朝代,成敗存亡的事實,如曾列舉暴君昏王者,即禹之兒子啟,夏有窮之君后羿,寒浞之子澆,夏之桀,商之紂等人,由於倒行逆施,安於逸樂,導致後來身死國滅,罪有應得。

另再舉證有道之古聖先王,如堯、舜、禹、湯、武丁、文王、武王等,及另舉出一些輔佐國君治理成功者,如湯得伊尹,禹得皋陶,武丁得傅說,文王得呂尚,齊桓得寧戚等。不過也曾舉出一些為君國事殉節之良臣,如絕食而死之伯夷,投水而死之彭咸,剖心而死之比干,受醢而死之梅伯,負石沉河之申徒,雉經而死之申生,焚燒而死之介之推,尚有溺水而死之陽侯,被堯處死之鯀等,可見屈原歷史知識之豐富,也說明歷史有善惡因果的報應問題,因之屈原在〈離騷〉中才會說:「皇天無私阿兮,覽民德焉錯輔。夫唯聖哲以茂行兮,苟得用此下土」、「孰非義而可用兮,孰非善而可服」,游國恩對此評定說:「這豈非道家歷記成敗禍福的主旨嗎?」(《讀騷論微初集‧屈賦考源》)

其實單〈天問〉一篇中,也可看出道家思想的影響,在〈天問〉中,屈原以疑問句型,歷數啟、羿、浞、澆、桀、紂等暴君失國之事,也提及比干、梅伯、簧子等賢者,受到暴君聽信讒言,以致顛倒是非,傷害忠良的事,如云:「比干何逆,而抑沉之?雷開何順,而賜封之?何聖人之一德,卒其異方?梅伯受醢,箕子佯狂?」最後造成王國的滅亡。再以西周歷史為例,屈原提出質疑云:「皇天集命,惟何戒之?受禮天下,又使至代之?」意謂上天集祿命,將天下賜給一位君王,而君王應如何的常保持戒慎之心?君王既得上天庇佑,受禮天下,為何又會由於失德,失去天命,而為他姓來取代呢?這一提問、質疑,雖是針對西周幾朝(按:如昭王、穆王、幽王等)成敗的問題,實際也可作為對夏、商、周三代興亡成敗教訓的一個針砭語,進一步說,更可將歷代興亡成敗的範例,作為楚國君王要深以為戒的一面鏡子。當然,這也是屈原堅持的「福善禍淫」的「天命」

論。

進一步說，〈天問〉中，除了涉及天文、地理、神話、傳說外，涉及歷史人物事件，極為豐富，其一系列的問題、質疑，具見詩人持守的，是以古為鑑，借古觀今，要讓後人自史書上的興亡成敗事蹟中，得到教訓，免得後人再重蹈覆轍，萬劫不復。而其中正面人物，受到褒揚，啟示後代邦國君臣，能加以仿效。對反面人物，則加以問難與批判，意在警告後人，當知自我約束，自我省察，以免為春秋大筆，口誅筆伐，難以翻身。也因之有學者認為「(〈天問〉)是中國詩歌史上第一個用提問式的長詩形式，表達自己歷史觀的詩人」(殷光熹〈從〈天問〉看屈原的歷史觀〉)，可謂卓識。

總之，擁有絕代才華的屈原，創造了《楚辭》這種不遵矩度，悖離傳統，在體製、手法、韻律、主題、風格，均有所突破與創新的文體，被劉勰讚頌為「奇文鬱起」、「文辭麗雅」、「氣往鑠古，辭來切今，驚采絕豔，難與並能」(《文心雕龍・辨騷》)，其影響於後代的文學，甚至被認為「或在《三百篇》以上」(魯迅《漢文學史綱》)。而屈原所以有如此的創造與成就，雖說有其本人及其外在的各種因素，但其中有一項是不可忽略的，是他在當時戰國末期，諸子百家爭鳴，風起雲湧的時代裡，他吸收了各家的精粹，融會貫通，長期累積與涵養，終使玄圃積玉，而有吐輝之一日，那即是他以具體且感性的藝術形象，去表達抽象而深邃的哲理。

因之梁啟超就很稱讚屈原說：「他在哲學上有很高的見解，但他決不肯耽樂幻想，把現實的人生丟棄」(〈屈原研究〉)，證之於後來屈原的人生歷程，歷經仕宦、受斥、放逐，一連不斷的受挫，他仍然「好修為常」，「法夫前修」，以身殉道，深信這與他接受儒、道等諸家思想的教訓、薰陶，有絕大的關係，而他所表現出來的道德勇氣，更是令人蕭然起敬，如此，其人其文學，給他戴上「中國文學之父」、「大政治家」、「大思想家」的稱號，能不說是實至名歸，恰如其分嗎？

三、瑞哲首部著作，主題開創，論證有法，耕耘《楚辭》園地，初見

　　成果

瑞哲是一個誠懇篤實，好學深思的年青人，經我平常的觀察，他在上課時的認真筆記，參與討論的積極表達，課後到總圖書館，或網路上，鉅細靡遺的蒐尋參考文獻，期中期末繳交的讀書報告內容、觀點，以及私下向個人請教的許多研究專題的疑問等等，在在都讓我對他印象深刻，刮目相看。而他的奮勵邁入學術研究園地，更屬可貴，因為在今日科技文明，工商發達的時代，社會一般重視的，是功利，是物質，相對的，思想的，精神的，就拋棄在一旁，不加聞問了。不過從長遠眼光來看，優美的文化、思想，本來就是我們民族心靈的結晶，也是我們民族精神的慈母，當然更是我們中華優秀文化的支柱，是可「放諸四海而皆準，百世以俟聖人而不惑」的國寶。

瑞哲探討的，是民族詩人、愛國詩人屈原的儒道思想，尋根究柢，索幽探微，

方足以發現這一位正史上第一個文學家,他在詩歌中含蘊的儒道哲理,源遠流長,是如何的博大精深,是可以繼往開來的絕學,吾人若要充實我們的文化修養,提升我們的心靈質素,使吾人具有持身處世的德性,超凡越俗的智慧,就應該義無反顧的投入去研究探討,如此才能發現它的「宗廟之美,百官之富」。哲學的原義,就是愛智,也就是追求智慧,而學問便是智慧的累積,也是滋養人生的原料,而智慧即是陶冶這原料的鎔鑪,所謂「學問深時意氣平」,這豈不是在說明學問對修養影響的重要嗎?豈不是也在表達清明在躬,洞燭萬象的智慧嗎?

個人常引用清·張潮的一句名言,是「有學問著述謂之福」(《幽夢影》),人們對於「福」的意涵解讀,可以有千百種,但將自己的研究心得,變成語言文字,白紙黑字的著述出來,個人認為這才是最有意義、最有價值的論定,這是因為它能流傳後世,嘉惠於後代的社會、文化、個人,宜張潮還再斬釘截鐵的斷言:「著得一部新書,便是千秋大業。注得一部古書,允為萬世宏功」(《幽夢影》),真是千古不易。不過從事學術研究,雖極有意義,不可否認,卻也是一條艱辛重重的路徑,這是因為在研究過程中,必會遇到不少難以預料的困難。清·戴震說:「僕聞事於經學,蓋有三難:淹博難、識斷難、精審難」(〈與是仲明論學書〉),旨哉斯言,「淹博」已不易,何況是「識斷」、「精審」呢?戴氏的治經感受,雖是針對其在經學研究上遇到的困難而言,不過實際這句話,也可通用在任何領域,任何學門的研究上。

如前所述,瑞哲年紀輕輕,就以學術研究,作為人生的目標與志業,誠屬難得。而在其專心致志,勤勤懇懇的發銳研究下,完成其平生第一部《楚辭》研究專著,而在即將付梓,個人表示慶賀之餘,除已在前面寫些個人對與其主題相關的一得之見外,對其以一碩士生之身份,無畏艱難,勇猛精進,將其鑽研心得,撰述成書,以其苦心孤詣,全力以赴所獲致的成果,個人如何能加以忽視,加以埋沒?以下試將其論著的特色,歸納成六項,臚列於後,以為鼓勵與推薦,並就教於方家:

(一)主題明確,內容豐富,有其突破性:

一般對屈原學術思想探討的,都會提出自屈原作品中分析,可以看出確具有先秦諸子中的哲理、意識,含括有儒、道、法、名、墨、縱橫、陰陽等家。而其舉證,也能略舉屈原作品中的相關文句,加以論證,不過總讓人覺得較乏完整與系統性。而瑞哲這本論著,則是專論影響屈原最明顯最主要的儒道兩家,可說主題特別明確,而其主題即鎖定儒道兩家,是如何影響屈原的思想、意識、生命及其作品的。而這方面的探討,亦僅有少數學者,撰述單篇論文,不像瑞哲是以長篇大論,有系統性的方式來寫作,內容方面,自然是盡可能求其博,求其深,雖其年齡尚輕,讀書有限,工力有所不足,幸賴其信心堅定、毅力頑強,勇於創新,善於思考,而得能有如此的豐碩成果展現。

其在內容方面,以屈原接受儒家思想為例,包括其與儒家之關係,與儒家之淵源,屈原接受儒家思想之緣因,屈原接受儒家思想之表現,自修身、齊家、治國,以至平天下,層層推進,雖下筆千言,卻非泛泛空論,只要翻閱前面幾節,

即可知曉。而其自「修身」切入，以迄「平天下」的論證，正是儒家思想，行之萬古猶新的「內聖外王」之學。再以其接受道家思想而言，其先探討道家思想在楚國之盛行，自楚族之族學討論起，接著是周朝之官學、黃老思想入楚、楚國學者文人，其後則續討論屈原在其生活環境中，所受之影響，屈原的道家思想等，特別在「神話觀」方面，其思想特徵上，舉出具有時代性、地域性、宗教性、戲劇性、神聖性、浪漫性、現實性、理想性等八項，可謂思深慮遠，鋪敘繁富。以其限定在儒道兩家議題上，翻陳出新，突破窠臼，個人以為即是此論著的一大突破處。

（二）立論中肯，慎思明辨，表達客觀性：

學術論證，絕不可心存成見、偏見，而立論更須中肯、客觀，誠摯以對。依某些學者的治學經驗談中，都認為一個學術論點的提出，須要依據資料，資料愈正確，所得結論，也愈正確，如果資料是不可靠的，甚至是偽造的，則研究的結果，便難得到正確的結果。而資料如果蒐集得十分豐富，還是需要經過一番精審識斷的工夫，一如有人說過，要「去粗取精，去偽存真，由此及彼，由表及裡」。

瑞哲的這本論著，在這方面是極為慎重的，譬如論著中，提及親自教導屈原的老師，究竟是那一位，研判應是曾為楚威王之師的鐸椒，而非曾到北方留學的陳良，據錢穆《先秦諸子繫年》推斷，因孟子於西元前324年待在宋國，與陳良的兄弟及學生見面，對他們說：「師死遂倍（背）之」，可以推斷陳良約卒於西元前324年前後，而屈原則生於西元前334年，由於陳良未有教導貴族的記載，因而瑞哲判斷屈原的老師，以鐸椒的可能性較大。

在與學者交流方面，瑞哲依據《史記·屈原列傳》、《新序·節士》記載，屈原出使齊國二次，一次在懷王十二年使齊，十六年回國，另又在懷王十七年使齊，十八年回國，總共屈原待在齊的時間約六年左右，時間不可謂不長，而齊國稷下學者眾多，學風鼎盛，在學術交流下，屈原與一批儒家學者人數較多的人士交流，以文會友，切磋所學，則屈原自是可能受到稷下學派的影響。以上瑞哲依據可靠的文獻予以研判，其他如言及儒家德目，「孝」字，〈離騷〉沒有「孝」字，然在〈九章·惜誦〉中有出現一「孝」字：「晉申生之孝子兮，父信讒而不好」，以為屈原是楚國宗臣，盡忠即是盡孝，此顯現屈原是服膺孝道的，若證諸《孝經》引孔子說：「以孝事君則忠」（〈士章第五〉）、「君子之事親孝，故忠可移於君」（〈廣揚名章第十四〉），由此見出，屈原處於毫無祖國觀念的時代裡，所以始終如一忠君愛國，不像他人，不是「朝秦暮楚」，就是「楚才晉用」，而他其實也是在盡孝道而已。因而瑞哲的判斷，是有其依據，亦是有其客觀性的。

（三）文史互證，論辨詳實，顯露科學性：

吾人深知，文史本不分家，研究古典文學者，若未能將專業研究領域內的歷史階段，多所了解熟知，則對其專業領域內的研究，必然極為不利，因為文人作家及其作品，其成長或創作，離不開當代的歷史，任何的文人創作，必然與其當代歷史、思潮、文風等等，息息相關，所謂「知人論世」是。如果僅對文學作品本身字面上了解，而對作家詩人之時代背景，或創作時的創作年代、創作意識，

渾然不知，則其研究，必然無法深入，真實呈現，形成「孤陋寡聞」、「閉門造車」，那研究結果，必然是有許多缺失與盲點，其成果自然是經不起考驗了。

瑞哲受過專業的學術訓練，自然深知文史互證的重要，本來「文」可證「史」，「史」自然亦可證「文」。譬如屈原曾擔任左徒一職，其地位僅次於令尹，其掌管之職務，頗為模糊籠統，而瑞哲則據《史記·楚世家》載：「（頃襄王二十七年）楚使左徒侍太子於秦。……考烈王以左徒為令尹，封以吳，號春申君」，足見左徒職位之高，其職務除《史記·屈原列傳》，對屈原之才幹有所敘述外，瑞哲再自《史記·春申君列傳》中，言「春申君，名歇，姓黃氏，游學博聞，事楚頃襄王。頃襄王以歇為辯，使於秦」云云，可知春申君與屈原均任過左徒，且均博學多聞，長於外交。為證明屈原「博聞彊志」，瑞哲乃以屈原的〈橘頌〉為例，發現其中的字詞，均來自先秦典籍，如「受命不遷」，一詞，乃語出《國語·周語》：「受命不遷為敬，敬順所安為孝」。「生南國兮」一句，句中有「南國」一詞，則如《禮記·樂記》有「南國是疆」、《詩經·小雅·四月》有「南國之紀」、《國語·周語》有「南國之師」句等。「年歲雖少」句，「年歲」一詞，語出《周禮·夏官司馬·司士》云：「辨其年歲與貴賤」等，如此文史互證，或以史證史方式，論辨有據，顯現其是具科學性與科學精神的。

（四）架構有序，層次井然，展現邏輯性：

寫作文章，自有準式，一如作詩，注重起、承、轉、合，古代學者如明·王文祿引宋潛溪說：「章法，布置謹嚴，總不越生、承、還三者而已」（《文脈》卷三）；明·王世貞也說：「首尾開合，繁簡奇正，各極其度，篇法也」（《藝苑卮言》卷一），古人所謂的章法、篇法，即形成今日我們所謂的結構方法論，而其基本要求是要：嚴謹、完整、統一、和諧、勻稱等，不過有法，有時亦難免流於板滯、單調，因之又有「文無定法」、「文成法立」之說，甚至古人還說：「法寓於無法之中」，可見文章法式，實際並無定規程式可循。

瑞哲這本著作在組織架構上，是頗為嚴謹與井然的，以整體而言，其論著先各別探討屈原與儒道兩家思想之淵源，而後續各別討論屈原生平，及其作品中，所呈現的儒道兩家思想，接著再論述屈原吸收的儒道兩家思想為何，並討論屈原對儒道哲理的轉化，與屈原顯現的文學精神內容等，頗見層次。

再進而論之，以著作的第三章「屈原與儒家之淵源」之架構而言，其第一節論「儒家思想流傳至楚國」，其後再細分「一、南北文化的交流」、「二、儒家思想的南漸」、「三、楚國出身的儒者」，第二節則論「屈原接受儒家思想的緣因」，以下細分為「一、外緣」、「二、內因」，再另分幾小節探討，第三節則論「屈原任職仕宦的需要」，底下再依其任職經歷，「一、三閭大夫」、「二、左徒」，並各別再細分為「職務與地位」、「授業的教材」、「具備的才幹」等，分別討論，由此足見瑞哲文思條理，組織能力，有其規律。而其他各章，亦莫不盡然，可見其論著，邏輯思路之井然。

（五）廣蒐文獻，參互比照，強化精準性：

陶淵明有詩云：「歷覽千載書，時時見遺烈」（〈癸卯歲十二月中作與從弟敬

遠〉）、「得知千載外，正賴古人書」（〈贈羊長史並序〉），此二首詩，正足以顯示
閱讀古書的重要。撰寫學術論文，總要廣引博徵，以求事事有據，而非憑空妄言，
《荀子‧非十二了》中提的：「持之有故」，自然「言之成理」，這說明從事學術
工作，即須善於參照各種材料，加以比證，經過考辨，而後作出判斷，以求理明
義當，才能以理服人。

　　瑞哲研究學術，經我長時間的觀察，發現他有一長處，即治學態度，極為莊
重、認真，不會隨便應付，敷衍了事，尤其他蒐集資料的工夫，可說已近於「一
網打盡」，「鉅細靡遺」之地步。譬如其論著在論述「屈原的法律用語」時，以「中」
而言，他就參照姜亮夫《楚辭通故》、林雲銘《楚辭燈》、湯炳正等注《楚辭今注》，
尚有趙逵夫的《屈騷探幽》等著作的詮釋為證。以〈離騷〉、〈抽思〉中的「陳辭」
一詞為例，他就參閱許慎撰、段玉裁注的《說文解字》，另有《尚書‧周書‧洪
範》、《孟子‧公孫丑》、朱駿聲《說文通訓定聲》、左丘明著，徐元誥集解《國語
集解》、荀況著，王天海校釋《荀子校釋》、近人湯炳正《楚辭類稿》、今人魯瑞
菁《楚辭文心論》等古今著作，加以比對參證，甚至還以屈原作品：「願陳志而
無路」（〈惜誦〉）、「願陳情以白行兮」（〈惜往日〉）來旁證，以使「陳辭」一詞的
詞義，更得確認，目的就是為了獲得詞義的精確性。

　　學界前輩常常強調，「刻苦讀書，累積資料，是治學的基礎」，而廣蒐文獻，
擴大眼界，在學術論文上，多所驗證，必取之其博，目的即怕患上孤證自足之弊，
這也就是前輩學者強調的，治學論證要求「博證」（梁啟超《清代學術概論》引
清‧顧炎武之主張），如此，除了能加強論文的深度與廣度外，也讓所持的觀點，
更具說服力，而這本是治學者所服膺的不二法門。

（六）文從字順，平穩通暢，頗具可讀性：

　　所謂「言為心聲也，書，心畫也」（揚雄《法言》語），語言文字，代表的是
心意，是思想，誠如黃侃也說：「蓋人有思心，即有言語，既有言語，即有文章，
言語以表思心，文章以代言語，惟聖人為能盡文之妙」（《文心雕龍札記》），著書
立說，基本上是要靠文章，遣詞造句，文從字順，以表達作者的心意、看法，能
夠平穩通暢，讓讀者順利閱讀，不覺其生硬艱澀，是最起碼的要求。而為文最忌
鏤刻雕琢，華而不實，雖說要略加潤飾，但只要到「辭達」之旨，就可說是能達
得心應手，明正事理，讓人了解的程度了。

　　在寫作上，憑著瑞哲辛勤的磨練，功力日增，假以時日，必定是日進有功，
日新又新，所謂「老和尚成佛，要千錘百鍊」是矣。瑞哲的論著，是感性與理性
的結合，以其誠懇真摯，滲入文章，可以見出义字，流露樸實純潔，个炫奇，不
虛假，字字落實，自是有其可讀性。如在第四章第一節第二小節「（二）重視生
活，珍惜生命」中，他寫道：「（屈原）由於楚國的山川秀麗，風光明媚，屈原又
善於觀察生活環境，故能審視其中的美感，影響所及，即是在文學創作方面，處
處表現美的內涵」，另在第七章第一節第一小節「積極用世，神遊天地」中，寫
著：「屈原在政治上，遇到了楚國裡的黨人佞臣，他們結成朋黨，貪婪求索，違
背法律，嫉妒他人的賢能，遮蔽他人的美好，又在楚王面前挑撥離間，使屈原因

此被疏遠、放逐」云云，可以見出行文語意明確，思路清晰，不庸俗，不賣弄，意涵自然流露，其可讀性高者在此。

以上個人將瑞哲的論著，歸納幾點特色，雖然多所美言稱贊，不過正所謂「金無足赤，人無完人」，任何著作，本就難以完美，如曹植言：「世人著述，不能無病」（〈與楊德祖書〉），確為知言。瑞哲這部論著，有些部份，如屬於哲學範疇的美學，儒、道兩家，均有所影響於屈原。另儒家思想予屈原的一大昭示，是「溫柔敦厚，詩教也」（《禮記·經解》），這本是可以大大申論的課題，再者，儒、道兩家的會通化成，在屈原身上，以及作品中，理應產生極大的影響與表現，凡此，均有待瑞哲更加闡述與充實。

但在最後，個人還是要對瑞哲這部楚辭專著揄揚一番，因為已經可以從其論著，略窺瑞哲治學的格局與視野，易言之，瑞哲做學問的氣象，已在這部著作中有所表露，所謂「學無止境」、「學海無涯」，乘著年輕，好學不倦，也正如古人提示說：「少而好學，如日出之陽」（劉向編《說苑·建本》），相信只要持之以恆，勿懈勿怠，積土成丘，積水成淵，未來前程，必定光明可期。但也要提醒，切不可自滿，要始終謙抑自牧，保持對學術研究的虛心與熱誠，繼續投入這塊園地耕耘，期諸未來能有更精嶄、更有創意的著作面世，以奉獻於學界！是為序。

2018 年 5 月 1 日謹識於成功大學中文系

序　二

鍾雲鶯

　　瑞哲是元智大學中國語文學系大學部的學生，畢業後陸續考上成功大學中文系碩士班與政治大學中文系博士班，欣聞他的碩士論文將出版，邀我寫序，我當然義不容辭。

　　瑞哲的大學生活是令人稱羨的，他身任中語系學會會長，舉辦許多動、靜態的大、小活動，統籌學會成員的工作分派，並與他系夥伴溝通協調，團隊合作，完成了諸多系、院、校的活動，瑞哲多采多姿的大學生活，讓我深刻地體會，只要信任學生，他們便會發揮無極限的潛力，時時創造奇蹟。瑞哲初入大學時，也如一般大學生，並不知道自己的喜好，當他決定要走向研究之路時，便全力以赴，即使當時他正擔任系學會會長，他的時間幾被諸多活動占滿，我們對他睡眠不足的狀況有些憂心，但他仍一臉笑容告訴我們：「老師，放心啦！我會安排時間，這樣的生活也讓我學習如何運用時間，並且有效率地讀書。」

　　他就是這樣一位自我負責、內斂且清楚自己目標的孩子！

　　今日他的大作《屈原儒道思想探微》，即是他邁向學術殿堂初試啼聲之作。他從屈原之世族系譜、學派淵源、教育養成、山川地理、宗教祭祀、神話民俗的隱性涵蘊，探討屈原表現於《楚辭》諸作的顯性意義，在內隱外顯的融通中，研究影響屈原甚為深遠的儒、道思想與屈子以身示道的價值觀，充分彰顯屈原會通儒、道思想，進而履行其信念的生命實踐。

　　學界研究屈原思想者雖眾，然瑞哲卻能後出轉精，除了整理、釐析前人之說，他還翔實謹慎地考察屈作每一篇章、段落、字句，藉以論證鑽研其思想淵源，以及二家思想在屈原作品中的轉化與創造，進而運用於其政治理念與己身之修練。儒家修、齊、治、平的政治理想，屈原展現於其栽培人才、選拔賢士與變法革新的行動實踐；道家崇尚自然、萬物一體、服食行氣、養神遠遊的超越精神，筆蘸於屈原的篇章，瑞哲一一釐清其所涵融的儒、道思想，讓我們閱讀屈作之時，更深入了解屈子立基於生命信念所展現的文學創作。

　　這本論著是瑞哲的第一本學術論述，也是他向學界展現實力的起步，我相信，未來他的學術表現，將有更多令人驚豔之作。

　　值瑞哲著作出版之際，僅以此序，表達推薦與祝賀之意！

元智大學中國語文學系

自 序

許瑞哲

研究屈原(西元前約 343~282),首先會遇到的問題是:「有沒有屈原這個人」。早期曾有學者否定屈原的存在,如清末的廖平、民國的胡適、衛聚賢等。日本學者則有鈴木修次、高木正一、前野直彬、稻烟耕一郎、岡村繁、三澤玲爾等(參見黃中模《屈原問題論爭史稿》、《中日學者屈原問題論爭集》、《與日本學者討論屈原問題》、《現代楚辭批評史》)。就因屈原的名字,未見於《國語》、《戰國策》、《呂氏春秋》等先秦典籍,而出現在漢代著作中。且〈離騷〉中,也沒有出現作者自稱是屈原的陳述。關於這個問題,據近人如梁啟超《屈原研究》、謝無量《楚辭新論》、陸侃如〈讀〈讀楚辭〉〉、《屈原評傳》、游國恩《楚辭概論》等的研究,主要有四項材料驗證,確實「有屈原這個人」:

一、賈誼(西元前 206~前 129 年間在世)著作的〈弔屈原賦〉。賈誼距離屈原的時代一百多年,又在其謫遷於長沙時,於屈原投江處,作賦憑弔,並用以自喻,也可說明確有屈原的存在,不然賈誼是不可能捏造出「屈原」這樣形象豐富的人的。

二、劉向(西元前 77~前 6)編著的《新序》。此書收集的文獻,大都是先秦時代的某些資料,編輯成冊,其中〈節士〉篇中,就收入一則屈原的小傳。

三、淮南王劉安(西元前 178~前 122)注〈離騷〉,事見《漢書》淮南王本傳。漢武帝下詔使劉安作〈離騷傳〉,這說明〈離騷〉與屈原的關係,而且代表漢朝官方的立場。

四、司馬遷(西元前 145~前 86 以前)的《史記》。司馬遷在二十歲時,遊遍大江南北,所謂「南游江淮,上會稽,探禹穴,闚九疑,浮於沅湘,北涉汶泗」(《史記·太史公自序》)是。又秉承父親撰寫史書的遺志(見〈太史公自序〉)。他在〈屈原列傳〉說:「余讀〈離騷〉、〈天問〉、〈招魂〉、〈哀郢〉,悲其志。適長沙,觀屈原所自沉淵,未嘗不垂涕,想見其為人。」他實際到過長沙、汨羅江,等於在作「田園調查」,因此可推想,他必會向當地父老打聽屈原的事蹟,而且曾閱讀過屈原的作品,明白屈原的遭遇。由此觀之,更證明屈原確實有其人,不然司馬遷豈能憑空寫出〈屈原列傳〉?

緣此,本論著是站在「屈原是真實存在」的立場論述。

屈原是中國歷史上第一位被記載的文學家,歷來學者對於他的文學作品,多有研究與評論,如王逸《楚辭章句·離騷後敘》稱頌他的作品是:「金相玉質,百世無匹」,劉勰《文心雕龍·辨騷》也引班固之語:「文辭麗雅,為辭賦之宗」。但對於他的哲學思想,則較少討論。屈原是戰國末期的人物,當時諸子百家學說盛行,他生活、成長於楚國,又曾擔任過三閭大夫與左徒,並且有出使齊國的經

歷。他必定會受到時代環境的影響，而有自身的哲學思想，其中又以儒道思想最為顯著。

屈原的儒家思想，不出儒家「人治」與「治人」範疇。以「治人」而言，則為「修身、齊家、治國、平天下」。再以「修身」為例，屈原在作品裡運用「修」字共三十處，可知〈離騷〉自道的「好修以為常」，所言不假。他也在作品裡寫入儒家的德目，如「孝」、「仁」、「義」、「禮」、「智」、「忠」，並表現在他的生命裡，處處呈現儒家的意識。再以「治國」為例，屈原在〈離騷〉裡提及「美政」，雖說最後失敗了，但這是他輔助國君的理想，而此詞在先秦典籍裡，僅見於《荀子》，可知他的政治思想是以儒家為依據。屈原曾任職左徒，負責內政與外交，他在內政上的革新，起草憲令，以及在外交上主張的聯齊抗秦，最後是走向一統天下的終極目標，其眼光是立足楚國，放眼天下，表現出屈原是服膺儒家政治思想的。

屈原的道家思想，接受道家以「道」為本根的思想。以「自然觀」為例，屈原在作品裡，提及「無為」、「自然」、「泰初」等詞，都是道家學者常用的詞彙。說明屈原的自然觀，服膺道家以道為根本，以道是無所不在、不可言說，以及道法自然的觀念，這與道家思想相合。再以「神話觀」為例，他認為萬物有靈，而人與神可交互感應。而其「修養觀」，則是如道家具有的「出世觀念」，以致屈原在作品裡，想像從凡人成為大神，遨遊於天地間。他將神話中的事物寫入其中，表現他的豐富想像。其「歷史觀」，則是如道家「歷記成敗禍福之主旨」，這自然也與他吸收的道家思想有關。

本論著探討屈原儒道思想的淵源，以及他所表現的儒道思想意識。而屈原的儒道思想，自是大大影響到他的處世態度，與其文學作品的思想內容。屈原的文學創作，之所以能大放異彩，除了是他有絕世的天賦才華外，還有就是勤奮勵學，博聞彊志，而更重要的，是多方吸收諸子百家思想，尤其是儒道兩家的哲理，使他學養深厚，提升生命境界，因而他的哲學思想極為獨特，不可忽視。透過個人的探究，可知屈原吸收儒道思想，有其精義與煥發，以致影響到屈原的行事作為，與其文學觀、文學創作。而屈原的人格與作品崇高偉大，也影響後世繼起的中國文學與文人，可說深遠而巨大。

本論著的出版，首先要感謝陳怡良老師諄諄教誨，循循善誘的指導，除了隨時找他請教，與討論某些論文內容，聆聽老師的看法外，老師還借給我不少在台灣難得看到的一些楚辭專著、專題論文；其次要感謝家人的全力支持。再者，在就讀研究所期間，曾經教導過我的老師們，如陳益源師、張高評師、王偉勇師、葉海煙師、林朝成師、陳昌明師等，他們在奠定我學術研究的根基，指引我嚴謹的治學方法，以及導正我良好的治學態度等方面，都費盡不少心血，這些都是我感念在心的；另外不少同學與學長姐、學弟妹們的協助、鼓勵、支持，都是讓我銘感五中，難以忘懷的。也因如此，才使我能順利完成這本三十多萬字的著作。最後，更要感謝元華文創蔡佩玲總經理的贊助，才使得拙著順利正式出版。

筆者個人自愧學識淺薄，治學經驗有限，在《楚辭》園地耕耘，不敢大意，

儘管論著在撰寫過程中，務求引證有據，論點力求中肯，惟其中當有蒐檢疏漏，
論證欠妥，句不達意處，期望前輩碩學，不吝賜教，以待日後修正補苴，則幸甚。

謹誌於臺北　2018.05.01

目　次

第一章　緒論

第一節　研究動機

　　屈原（西元前約 343-282 年）是中國歷史上第一位被記載的文學家，中國文學史上第一位詩人。他的作品被劉向收集後，編集為《楚辭》，與《詩經》並稱中國文學史上的兩大源頭。歷代的文人、學者對屈原的評價極高，例如班固云：「屈子之篇，萬世歸善。」[1]王逸《楚辭章句》也說：「今若屈原，膺忠貞之質，體清潔之性，直若砥矢，言若丹青，進不隱其謀，退不顧其命，此誠絕世之行，俊彥之英也。」[2]屈原擁有高尚人格、偉大情操，以及美好的內在修養，並在生命中，表現出對楚國的熱愛與忠貞。

　　歷來研究屈原的著作，多是注解屈原作品，或考辨屈賦字詞，或評議《楚辭》篇章，而學者們較少從哲學思想的角度，探析屈原的思想。屈原生活在戰國晚期，這是一個政治動盪、社會紛亂的時代，也是一個諸子興起、百家爭鳴的時代。當時的哲學家對於時代的亂象，提出了富國強兵之道，乃至於救亡圖存之法。屈原生活在哲學思想蓬勃發展的時代環境，他擁有良好資質，在楚國成長，接受貴族養成教育，又是博聞彊志，並曾出使齊國，無庸置疑，必然會受到當時哲學思想的影響，其中又以儒家與道家思想，影響屈原最為巨大而且深刻。

　　本論著將結合前人研究成果，以屈原的作品及其生命經歷為依據，說明屈原與儒、道思想的關係為何？而屈原又是如何接受儒、道思想？以及屈原本人及其作品表現出來的儒、道思想為何？至於儒、道思想，又是如何影響他的處世態度，而在文學創作方面，也如何讓屈原有所創新的？以上種種，都是本論著欲探討的論題。屈原的哲學思想，使他學養深厚，不僅影響到人格特質，更重要的，是能展現於文學創作上，體現於生命中，而使他的文學及其生命，曠古絕今，大放異彩。

第二節　研究概況

　　有關本論著相關的研究概況，謹臚列分述如下：

一、民國以前學者的觀點

　　學者論屈原的思想，最早可追溯到漢代劉安〈離騷傳〉之語：「〈國風〉好色而不淫，〈小雅〉怨誹而不亂。若〈離騷〉者，可謂兼之矣。」[3]劉安用儒家的經

---

[1] 班固此語，見：〔南朝宋〕范曄著，〔唐〕李賢等注，〔清〕王先謙集解：《後漢書集解》（臺北：新文豐出版公司，1975 年初版），卷 40 上，〈班彪列傳〉，頁 7，總頁數 470。
[2] 〔漢〕王逸章句：《楚辭章句》，〔宋〕洪興祖補注：《楚辭補注》（臺北：大安出版社，2011 年 1 版 6 刷），頁 70。本論著所用《楚辭》之原文、王逸章句、洪興祖補注，皆見此書，其後不再標明出處與頁數。
[3] 〔漢〕劉安：〈離騷傳〉，見：李誠、熊良智主編：《楚辭評論集覽》（武漢：湖北教育出版社，

典《詩經》，與屈原的〈離騷〉並舉，他看出屈原有儒家思想。而班固〈離騷序〉云：「今若屈原，露才揚己，競乎危國群小之間，以離讒賊。然責數懷王，怨惡椒、蘭，愁神苦思，強非其人，忿懟不容，沉江而死，亦貶絜狂狷景行之士。」[4]由班固對屈原的批評，也可知班固發現了屈原異於儒家之處，認為屈原為「狂狷景行之士」。

南朝梁劉勰的《文心雕龍·辨騷》云：

> 故其陳堯舜之耿介，稱湯武之祗敬，典誥之體也；譏桀紂之猖披，傷羿澆之顛隕，規諷之旨也；虯龍以喻君子，雲蜺以譬讒邪，比興之義也；每一顧而掩涕，嘆君門之九重，忠怨之辭也：觀茲四事，同於〈風〉、〈雅〉者也。

> 至於托雲龍，說迂怪，豐隆求宓妃，鴆鳥媒娀女，詭異之辭也；康回傾地，夷羿彈日，木夫九首，土伯三目，譎怪之談也；依彭咸之遺則，從子胥以自適，狷狹之志也；士女雜坐，亂而不分，指以為樂，娛酒不廢，沉湎日夜，舉以為歡，荒淫之意也：摘此四事，異乎經典者也。[5]

劉勰提出屈原作品與〈風〉、〈雅〉有四同，與經典有四異，並加以評論。劉勰也是以儒家的經典：《詩經》作為評論標準。劉勰較之前的學者進步之處，在於明確指出屈原的作品，同於《詩經》、異於經典之所在。但劉勰的不足，則是未說明屈原異於經典之處，是受到何種影響。透過劉勰分析的四同、四異，可知屈原不只吸收了儒家思想，他也接受戰國時代的諸子思想，使得作品呈現出不同於儒家經典的風貌。

宋代學者評論屈原的思想，洪興祖《楚辭補注》推崇屈原：「雖身被放逐，猶徘徊而不忍去。生不得力爭而強諫，死猶冀感發而改行。使百世之下，聞其風者，雖流放廢斥，猶知愛其君，眷眷而不忘，臣子之義盡矣」、「使遇孔子，當與『三仁』同稱雄」。[6]洪興祖評價屈原，是以儒家的君臣之義稱揚屈原，認為屈原可與微子、箕子、比干並稱。朱熹《楚辭集注》則說：

> 原之為人，其志行雖或過於中庸而不可以為法，然皆出於忠君愛國之誠心。原之為書，其辭旨雖或流於跌宕怪神、怨懟激發而不可以為訓，然皆生於繾綣惻怛、不能自已之至意。雖其不知學於北方，以求周公、仲尼之道，而獨馳騁於變〈風〉、變〈雅〉之末，以故醇儒莊士或羞稱之。[7]

2002 年)，頁 2。

[4] 〔漢〕班固：〈離騷序〉，見：〔漢〕王逸章句，〔宋〕洪興祖補注：《楚辭補注》，頁 72。

[5] 〔南朝梁〕劉勰著，周振甫注：《文心雕龍注釋》（臺北：里仁書局，1984 年），〈辨騷〉，頁 64。

[6] 〔漢〕王逸章句，〔宋〕洪興祖補注：《楚辭補注》，頁 73。

[7] 〔宋〕朱熹：《楚辭集注》（臺北：河洛圖書出版社，1980 年臺初版），頁 2。

　　朱熹以「醇儒」的角度，評論屈原的為人與作品，認為他的行為與著作，不完全符合儒家思想，但這正是屈原所表現的忠君愛國之心。他的文辭內容雖然有不恰當之處，但這也是他所要抒發的情感，這是屈原未學於周公、孔子之道所致。朱熹在此處也指出屈原的學問，並非完全學習於儒家，但也未指出屈原其他思想的來源。

　　明清學者對屈原思想的評論，明代學者如屠本畯《讀騷大旨・錄篇》云：「楚《騷》者，發舒憤懣之歌，闡揚忠孝之本，依六義以敷言，繼《三百篇》而作則者也。」[8]清代學者如林仲懿《讀離騷管見》云：「〈離騷〉以執中為宗派，以主敬為根底，自敘學問本領，陳述帝王心法治法，與四子書相表裡」[9]、戴震《屈原賦注》云：「予讀屈子書，久乃得其梗概。私以謂其心至純，其學至純，其言指亦要歸於至純，二十五篇之書，蓋經之亞」[10]。明清時期的楚辭學者，皆將屈原視為儒者，而《楚辭》是《詩經》之後重要的經典，其中的思想是符合儒家思想。透過以上歷代楚辭學者對屈原思想的探析，可知在民國以前，學者大抵是以儒家思想為標準衡量屈原的哲學思想。而在民國以後，開始有楚辭學者提出屈原有諸子思想，而且各家說法不同。

二、民國以後學者的觀點

　　在近代學者論文裡，由郭沫若的《屈原研究》開啟了屈原思想的論辯。郭沫若早期認為屈原有儒家思想，侯外廬則發表了數篇文章，提出與郭沫若有不同的意見。[11]其後陸續有學者，對於屈原的哲學思想提出己見。趙沛霖《屈賦研究論衡》歸納「五四」以來，學者對屈原思想的看法：

> 一、屈原思想為儒家說，郭沫若主之。
> 二、屈原思想為法家說，李長之主之。
> 三、屈原思想為陰陽家和道家說，游國恩主之。
> 四、屈原思想為儒法兼具說，詹安泰、聶石樵等學者主之。
> 五、屈原思想有其獨特的內容，不能用先秦諸子中的某一家去進行比附，
> 　　而只能根據作品進行具體分析，此說姜亮夫〈屈原思想簡述〉主之。
> 12

　　從趙沛霖的歸納可知：一、屈原的哲學思想融匯各家，而不侷限於某一家。

---

[8] 〔明〕屠本畯：《讀騷大旨》，收錄於吳平、回達強主編《楚辭文獻集成》（揚州：廣陵書社，2008年），冊22，頁1，總頁數15695。

[9] 〔清〕林仲懿：《讀離騷管見》，收錄於吳平、回達強主編：《楚辭文獻集成》，冊13，頁1，總頁數9459。

[10] 〔清〕戴震：《屈原賦注》，收錄於〔清〕王夫之等著：《清人楚辭注三種》（臺北：長安出版社，1980年3月版），〈自序〉，頁2。

[11] 郭沫若與侯外廬之論戰，詳細參見：黃曉武：〈1942年郭沫若與侯外廬關於屈原思想的論爭〉，《中國現代文學研究叢刊》，2006年，第6期，頁152-166。

[12] 詳見：趙沛霖：《屈賦研究論衡》（臺北：聖環圖書公司，1994年1版1刷），頁250-252。

二、必須透過屈原的作品，才能得知屈原的哲學思想。屈原明顯有諸子思想，筆者再引錄各家說法如下：

> 據我分析的結果，屈原的思想大概屬於雜家一流。他是兼有儒、道、陰陽、法諸家的理想的，而並非純粹的儒家，或其他任何一家所能包括。（游國恩《屈原》）[13]

> 屈原的思想具有黃者思想的同一特點，即融道、儒、法、陰陽、刑名諸家的學說於一體。……屈原的思想特徵是與黃老學派很接近的。（趙輝《楚辭文化背景研究》）[14]

> 屈原在當時有其與眾不同的思想：他既受了儒、法、陰陽、縱橫等諸家思想影響，又不偏於某一家；他並不是思想家，諸子之列中也無他的一席，但他的思想在戰國時代獨樹一幟。（徐志嘯《楚辭綜論》）[15]

> 屈原的學術思想，主要是融合了儒、法、道、名四家的思想。……必須指出，我們說屈原把儒、法、道、名融為一體而形成了自己的一套思想，這並不意味著屈原的思想是一個兼容並包的大雜燴，而是自成體系的。（湯炳正《楚辭講座》）[16]

> 屈原在深受儒、墨、法三家思想影響外，受「九流十家」之一的陰陽家的影響也是很突出的。……屈原在汲取春秋、戰國諸家思想外，對和他處於同一世代，年齡長他二十九歲的莊子之所言所行也是有所取捨的。……以屈原身處列國紛爭的戰國之世，就其政治外交活動而言，他是一個名副其實，具有縱覽全局、高瞻遠矚的戰國眼光的縱橫家。（樊軍〈論屈原的思想〉）[17]

　　從上述學者的看法，可歸納出屈原的思想，有儒家、道家、墨家、法家、名家、陰陽家、縱橫家，游國恩綜合各家而將屈原列入雜家，趙輝則認為屈原的思想接近於黃老學派。

　　屈原的哲學思想，除農家與小說家外，是擁有其他各家思想，由此可以看出他的思想的多樣性。必須再進一步說明，屈原有諸子思想，但他又不屬於其中一

---

[13] 游國恩：《屈原》，收入於游國恩著，游寶諒編：《游國恩楚辭論著集》（北京：中華書局，2008年1版1刷），冊3，頁490。

[14] 趙輝：《楚辭文化背景研究》（武漢：湖北教育出版社，1995年1版1刷），頁174-177。

[15] 徐志嘯：《楚辭綜論》（臺北：東大圖書公司，1994年初版），頁70。

[16] 湯炳正講述，湯序波整理：《楚辭講座》（桂林：廣西師範大學出版社，2006年），頁144、148。

[17] 樊軍：〈論屈原的思想〉，收入於中國屈原學會編：《中國楚辭學》（北京：學苑出版社，2002年1版1刷），第1輯，頁84-100。

家，就如郭維森《屈原》所說的：「屈原的思想是比較複雜的，對於各家學派，他有所採取也有所摒棄。」[18]可見屈原思想的特殊性。

三、研究屈原思想之論文

研究屈原思想之專著，有郭銀田的《屈原之思想及其藝術》[19]、曹大中的《屈原的思想與文學藝術》[20]、田耕滋的《屈原與儒、道文化論辨》[21]、郭維森的《屈原評傳》[22]。郭銀田的《屈原之思想及其藝術》，是在第四章論述屈原思想，是從「屈原思想的本源──南方文化的追溯」、「屈原思想形上學的根據」、「現實的執著」、「對宇宙人生的根本懷疑」、「厭棄人世的凌空遨遊」、「從天國裡墜落到人間世──現實的再執著」等角度分析。曹大中的《屈原的思想與文學藝術》，探討屈原思想之處，主要是探析屈原之愛國思想，對於屈原之哲學思想，則較少論及。[23]田耕滋的《屈原與儒道文化論辨》，是比較儒家、屈原、道家三者彼此哲學思想之不同，可知屈原思想的特殊性，是異於儒家與道家而自成一家，其中並論述屈騷對中國歷代文人的影響。郭維森的《屈原評傳》，為《中國思想家評傳叢書》之一，將屈原視為思想家。此書是以屈原的生平與作品為主題，分析屈原的思想及其影響。對於屈原的思想，主要集中在第五章：「屈原作品的思想意義與審美價值」，探析屈原的思想流派、政治理想、天道觀、人生目標、審美追求、愛國思想。

在單篇論文與專書章節方面，學者分別從不同角度分析屈原思想，筆者分為五類：第一類是探析屈原儒家或道家思想之論文；第二類是探析屈原儒家、道家及其他哲學思想之論文，第三類是以整體角度，如政治觀、人生觀、宇宙觀等分析屈原思想之論文，第四類是綜合上述面向探析屈原思想之論文，第五類是其他，相關論文舉例如下：

探析屈原儒家或道家思想之論文，如：

胡念貽《先秦文學論集》收有〈關於屈原的思想〉一文，認為屈原吸收了儒家思想，並說明屈原儒家思想之源流，反對屈原有法家與道家思想。[24]楊胤宗〈屈原為儒家考〉，分析屈原受南方儒學的影響，並從「人生觀之實踐」、「治功」、「篇籍」三方面作為印證。[25]趙輝《楚辭文化背景研究》的第四章第二節為「屈原與諸子百家」，認為屈原有各家思想，但並非雜家，而是黃老道家。[26]彭毅《楚辭詮

[18] 郭維森：《屈原》（臺北：萬卷樓圖書公司，1992年初版），頁12。

[19] 郭銀田：《屈原之思想及其藝術》，重慶：獨立出版社，1944年初版。

[20] 曹大中：《屈原的思想與文學藝術》，長沙：湖南出版社，1991年1版1刷。

[21] 田耕滋：《屈原與儒、道文化論辨》，北京：中國社會科學出版社，2011年1版1刷。

[22] 郭維森：《屈原評傳》，南京：南京大學出版社，2011年1版1刷。

[23] 詳見：曹大中：〈「屈原──愛國詩人」之我見〉、〈再談「屈原──愛國詩人」之我見〉、〈三談「屈原──愛國詩人」之我見──答雷慶翼同志〉、〈從伍子胥事件看屈原愛國觀的有無〉、〈論先秦無愛國觀──答吳代芳同志〉，《屈原的思想與文學藝術》，頁1-52。

[24] 胡念貽：《先秦文學論集》（北京：中國社會科學出版社，1985年2刷），頁385-400。

[25] 楊胤宗：〈屈原為儒家考〉，收入於余崇生編：《楚辭研究論文選集》（臺北：學海出版社，1985年初版），頁113-123。

[26] 趙輝：《楚辭文化背景研究》，169-178。

微集》有〈屈原作品中所呈現的儒者情懷〉一文，從「好修的堅執」、「怨尤的深情」、「不忍的襟懷」三方面分析屈原的儒者情懷，認為屈原有儒家思想。[27]朱碧蓮《楚辭論學叢稿》收有〈論屈原之思想及其源流〉一文，分析屈原儒家思想的淵源，認為屈原接受了孔孟的先王思想。[28]方銘〈先秦文人君子人格的豐富性探討──以屈原為中心的考察〉，認為屈原有受到儒家的影響，在思想上比起道家的莊子，更接近儒家。[29]金健民〈屈原之〈遠遊〉與道家思想〉，將〈遠遊〉與《老》《莊》互相對照，〈遠遊〉表現了道家思想。[30]林明華〈屈原思想探源──屈賦與《黃帝四經》〉，認為屈原的哲學思想，是從《黃帝四經》而來，而非儒家思想。[31]王婉堯〈屈原的道家思想〉，論述屈原道家思想的淵源，及其如何表現在文學作品之中。[32]周建忠〈〈遠遊〉：稷下道家思想掩蓋下的文學奇葩〉，認為〈遠遊〉的作者為屈原，屈原吸收了稷下道家精氣說，表現在〈遠遊〉之中。[33]

　　探析屈原儒家、道家及其他哲學思想之論文，如：

　　姚平《離騷研究》的第三章為「離騷的思想和藝術」，其中第一節「思想方面」，認為屈原有縱橫家、陰陽家、道家的哲學思想。[34]聶石樵《屈原論稿》的第三章為「屈原的哲學思想」，認為屈原的哲學想是處於由儒家到法家的時期，因此有儒、法思想，有與儒、法思想有同有異。[35]周建忠《楚辭論稿》有〈屈原思想：有儒有法，然非儒非法〉，認為屈原所有儒、法相兼的思想，是受到到先秦諸子思想的影響。[36]徐志嘯《楚辭綜論》在「屈原論」中，有「屈原思想辨析」一節，認為屈原有儒家、道家、法家、陰陽家、縱橫家的哲學思想。[37]樊軍〈論屈原的思想〉，認為屈原有儒家、法家、墨家、陰陽家、道家、縱橫家的哲學思想。[38]湯炳正《楚辭講座》的第十一講為「屈原的思想流派」，認為屈原有儒家、法家、道家、名家的哲學思想。[39]毛慶〈各師成心，其異如面──屈原與孔子、老子文化心理之比較〉，比較孔子與屈原、老子與屈原的文化心理，而此三人影響著對中華民族文化。[40]詹安泰《屈原》的第五章為「思想」，認為屈原有陰陽家、

[27] 彭毅：《楚辭詮微集》（臺北：臺灣學生書局，1999年初版），頁325-355。

[28] 朱碧蓮：《楚辭論學叢稿》，（臺北：文史哲出版社，2000年初版），頁1-24。

[29] 方銘：〈先秦文人君子人格的豐富性探討──以屈原為中心的考察〉，收入中國屈原學會編：《中國楚辭學》（北京：學苑出版社，2002年1版1刷），第1輯，頁102-124。

[30] 金健民：〈屈原之〈遠遊〉與道家思想〉，收入中國屈原學會編：《中國楚辭學》，第1輯，頁126-134。

[31] 林明華：〈屈原思想探源──屈賦與《黃帝四經》〉，中國屈原學會編：《中國楚辭學》（北京：學苑出版社，2004年1版1刷），第5輯，頁326-359。

[32] 王婉堯：〈屈原的道家思想〉，收入於楚文化研究會編：《楚辭研究論集》（長沙：嶽麓書社，2007年1版1刷），第7集，頁248-259。

[33] 周建忠：〈〈遠遊〉：稷下道家思想掩蓋下的文學奇葩〉，收入中國屈原學會編：《中國楚辭學》（北京：學苑出版社，2011年1版1刷），第16輯，頁71-76。

[34] 姚平：《離騷研究》（臺北：中國文化大學出版部，1992年），頁7-11。

[35] 聶石樵：《屈原論稿》（北京：中華書局，2010年），頁51-63。

[36] 周建忠：《楚辭論稿》（鄭州：中州古籍出版社，1994年1版），頁38-63。

[37] 徐志嘯：《楚辭綜論》，頁63-70。

[38] 樊軍：〈論屈原的思想〉，收入於中國屈原學會編：《中國楚辭學》，第1輯，頁84-100。

[39] 湯炳正講述，湯序波整理：《楚辭講座》，頁138-149。

[40] 毛慶：〈各師成心，其異如面──屈原與孔子、老子文化心理之比較〉，收入中國屈原學會編：

道家、儒家、法家的哲學思想，並用反面論證的方式，分析屈原與此四家不合之處，說明屈原曾受到各家思想的影響。[41]徐志嘯《《楚辭》展奇》的第二章第二節為「屈原思想辨析」，從屈原的作品分析，認為屈原有儒家、道家、陰陽家、縱橫家的哲學思想。[42]鄒天福〈《楚辭・天問》篇中哲學思想淺論〉，分析〈天問〉一篇，認為屈原有儒家、名家、法家的哲學思想。[43]

　　以整體角度，如政治觀、人生觀、宇宙觀等分析屈原思想之論文，如：

　　謝無量《楚辭新論》的第五章為「屈原的思想及其影響」，分析屈原「愛國的思想」與「超人間的思想」。[44]吳天任《楚辭文學的特質》的第三章第一節為「思想內容」，分析屈原的國族、歷史、德性、宇宙、出世、神怪思想。[45]包根弟〈屈原的政治思想〉從君道、臣道、法治思想、聯齊抗秦四個方面，論述屈原的政治思想。[46]姜亮夫、姜昆武合著《屈原與楚辭》的第二章第二節為「屈子思想簡述」，分析屈原的愛國主義思想、政見、人生觀、宇宙觀。[47]姜亮夫的《楚辭學論文集》，收有〈屈子思想簡述〉一篇。從「屈子論官能作用」、「屈子從物質的性行變化認識物質」、「論屈子人生觀」這些角度分析屈原思想，姜亮夫又撰〈屈子天道觀〉分析屈原的天道思想。[48]王錫三、郝志達主編《東方詩魂》的第二章第一節為「關於屈原思想」，分析屈原的歷史意識、飛升之想與宇宙意識、天道觀，認為屈原的思想有其時代背景，並有其哲理高度。[49]雷慶翼《楚辭正解》收有〈先秦的愛國思想及屈原的愛國主義精神——與曹大中同志商榷〉一文，否定曹大中以為的屈原不具愛國思想，並從其他資料證明屈原有愛國思想。[50]何國治《屈原詩歌的美學探索》收有〈屈原思想特點簡論〉一文，論述屈原的政治思想、道德修養、人生觀。[51]胡念貽《先秦文學論集》收有〈屈原的哲學思想〉一文，認為屈原是「具有樸素唯物論和樸素辯證法的思想家」，並以此分析屈原的哲學思想。[52]

　　綜合上述面向探析屈原思想之論文，如：

　　張崇琛《楚辭文化探微》收有〈屈原的哲學思想〉、〈屈原的政治思想〉、〈屈原的教育思想〉、〈屈原的美學思想〉四篇，以屈原的哲學思想為主，分析屈原的

《中國楚辭學》（北京：學苑出版社，2012年，1版1刷），第15輯，頁221-230。

[41] 詹安泰：《屈原》，收入於詹安泰：《屈原；宋詞研究》（上海：上海古籍出版社，2011年1版）頁68-82。

[42] 徐志嘯：《《楚辭》展奇》（杭州：浙江古籍出版社，2012年），頁39-44。

[43] 鄒天福：〈《楚辭・天問》篇中哲學思想淺論〉，收入中國屈原學會編：《中國楚辭學》，第16輯，頁62-70。

[44] 謝無量：《楚辭新論》（上海：商務印書館，1925年3版），頁56-69。

[45] 吳大任：《楚辭文學的特質》（臺北：臺灣商務印書館，1972年初版），頁6-47。

[46] 包根弟：〈屈原的政治思想〉，《輔仁學誌（文學院之部）》，第10期（1981年6月），頁455-467。

[47] 姜亮夫、姜昆武：《屈原與楚辭》（合肥：安徽教育出版社，1994年），頁17-23。

[48] 姜亮夫：〈屈子思想簡述〉、〈屈子天道觀〉，見：姜亮夫：《楚辭學論文集》，收錄於姜亮夫著：《姜亮夫全集》（昆明：雲南人民出版社，2002年），冊8，頁249-274。

[49] 王錫三、郝志達主編：《東方詩魂》（北京：東方出版社，1993年），頁54-72。

[50] 雷慶翼：《楚辭正解》（上海：學林出版社，1994年1版），頁543-556。

[51] 何國治：《屈原詩歌的美學探索》（廣州：暨南大學出版社，2012年1版），頁1-17。

[52] 胡念貽：《先秦文學論集》，頁401-425。

哲學思想如何表現在政治、教育、美學這三方面。[53]游國恩《讀騷論微初集》的「屈賦考源」中有「屈賦四大觀念」一節,分析屈原的宇宙觀念、神仙觀念、神怪觀念、歷史觀念,並認為屈原有陰陽家思想與道家思想。游國恩《屈原》的第七章「屈原的學術思想」中,說明屈原有儒家、道家、陰陽家、法家思想,並判斷屈原為「雜家」。[54]陳煒舜《楚辭練要》上編第二章為「屈原的生平與思想」,認為屈原有儒家、法家、道家思想,而這些思想影響屈原的德政與法治觀念。[55]蔡靖泉〈「屈賈」思想略論〉,透過分析屈原與賈誼的思想,認為屈原有儒家與道家思想,而賈誼承襲屈原哲學思想,並表現在政治上。[56]

其他之論文,如:

湯炳正《淵研樓屈學存稿》在「屈學問答」中第五則為「屈原思想融會各家而非雜家」,認為屈原的思想自成一家,與兼容並蓄的雜家不同。[57]殷光熹《楚辭論叢》收有〈屈原思想流派辨〉一文,認為屈原不屬於儒家、法家、道家的思想體系,有自己的思想境界。[58]周秉高〈論屈原的反中庸思想及其當代價值〉,分析屈原異於儒家「中庸」思想之處。[59]

在學位論文方面,則無全面探討屈原儒、道思想的論文,僅於論文內部之章節提及,例如張玲敏《屈原的生命風姿研究》,論屈原表現的儒家思想。[60]陳怡蘋《楚辭美學探微》,綜論屈原的美學思想。[61]曾尚志《屈原〈遠遊〉探究──佐以氣功學角度》,從氣功的角度分析〈遠遊〉,並略論屈原的道家思想。[62]

筆者以為,這些學者探析屈原的儒、道思想,是各自獨立而成,並未有進行全面的闡述。由於屈原的儒、道思想,有它的背景、淵源與關係,因此必須分析屈原所處的時代,以及他的生平與經歷,從而得知他是如何吸收當時代的儒、道思想,並且從中探索他的儒、道思想,是如何在生命與作品之內展現。

第三節　研究範圍

屈原是先秦時代著名的政治家、文學家,他不以哲學思想聞名。由於屈原沒有專門的著作記載他的思想,因此在研究上有一定的困難。楚辭學者也提出他們的研究途徑與觀點,是:

> 屈原作品畢竟又與諸子著作不同,它是文學,是詩,並不系統地表達政治、

---

[53] 張崇琛:《楚辭文化探微》(北京:新華出版社,1993 年 1 版),頁 15-65。

[54] 詳見:游國恩著,游寶諒編:《游國恩楚辭論著集》,冊 3,頁 241-277、489-503。

[55] 陳煒舜編著:《楚辭練要》(宜蘭:佛光人文社會學院,2006 年 1 版 1 刷),頁 29-36。

[56] 蔡靖泉:〈「屈賈」思想略論〉,收入中國屈原學會編:《中國楚辭學》,第 16 輯,頁 15-23。

[57] 湯炳正:《淵研樓屈學存稿》(北京:華齡出版社、中國社會科學出版社,2005 年),頁 30-31。

[58] 殷光熹:《楚辭論叢》(成都:巴蜀書社,2008 年 1 版 1 刷),頁 3-17。

[59] 周秉高:〈論屈原的反中庸思想及其當代價值〉,收入中國屈原學會編:《中國楚辭學》,第 16 輯,頁 6-14。

[60] 張玲敏:《屈原的生命風姿》,臺北:輔仁大學中國文學系碩士論文,2000 年。

[61] 陳怡蘋:《楚辭美學探微》,臺北:輔仁大學哲學研究所碩士論文,2002 年。

[62] 曾尚志:《屈原〈遠遊〉探究──佐以氣功學角度》,臺中:東海大學中國文學系碩士論文,2010 年。

哲學觀點。與其勉強地將屈原歸屬於某一學派，還不如檢查屈原在他的詩中，究竟表達了什麼樣的觀點。（郭維森《屈原評傳》）[63]

分析屈原的思想，我們的主要立足點要在於把他看成一個詩人，而不能習慣於用諸子思想的方法來對待他。（姜昆武〈遠遊為屈子作品定疑〉）[64]

屈原不是一個職業思想家，他的思想又是通過詩歌這一藝術形式而表現的。（趙輝《楚辭文化背景研究》）[65]

評論屈原思想的根據只能是他的作品，從他的作品出發。（朱碧蓮《還芝齋讀楚辭》）[66]

　　郭維森、姜昆武、趙輝、朱碧蓮等學者，都指出研究屈原思想的方法，主要是透過文學作品去分析思想內涵，屈原作品是研究屈原思想的主軸。筆者以為，探究屈原的思想，不只要從作品分析而得知，還要了解他的生命歷程。屈原成長於楚國，接受貴族養成教育，他也曾經出使齊國。楚有蘭臺之宮，齊有稷下學宮，楚、齊是當時學術風氣鼎盛的兩國。屈原生活在這樣的環境，必定會接觸諸子思想。而且他的資質優異，又是博聞彊志，對於當時的學問知識，想必會努力學習，以求得楚王的重用。屈原有諸子思想，是理所當然的。但屈原的思想，如湯炳正《淵研樓屈學存稿》所言，是「融匯諸家，自成體系」[67]，因此屈原如何接觸、吸收以及運用這些諸子思想，並體現現在生命與文學作品之中，這都是研究者必須去關注的事項。
　　本論著以屈原著作：〈離騷〉、〈九歌〉（十一篇）、〈天問〉、〈九章〉（九篇）、〈遠遊〉、〈卜居〉、〈漁夫〉、〈招魂〉[68]為分析對象，並參照其他文獻，從「屈原

---

[63] 郭維森：《屈原評傳》，頁 209。

[64] 姜昆武〈遠遊為屈子作品定疑〉，收錄於姜亮夫：《楚辭學論文集》，《姜亮夫全集》，冊 8，頁 461。

[65] 趙輝：《楚辭文化背景研究》，174-175。

[66] 朱碧蓮：《還芝齋讀楚辭》，頁 144。

[67] 湯炳正：《淵研樓屈學論稿》，頁 31。

[68] 對於屈原作品的認定，歷來學者皆有不同的意見。屈原之作品，筆者依從陳怡良先生之見，詳見：陳怡良：〈屈原的狂熱與執著〉、〈楚辭招魂篇析論〉，《屈原文學論集》（臺北：文津出版社有限公司，2002 年 2 刷），頁 49、527、528。其中再說明的是〈招魂〉一篇。〈招魂〉的作者，王逸《楚辭章句》中認定屈原作品的二十五篇，並未列入〈招魂〉，而〈招魂〉作者為宋玉。丁力在〈關於屈原作品的真偽問題〉一文中，提出四點說明〈招魂〉的作者為屈原：「第一，司馬遷早就認定是屈原作的。第二，從內容上，看得出是懷王客死於秦時，屈原作〈招魂〉以懷念君王，認為上下四方都是可怖的，只有楚國是樂土，與屈原熱愛楚國的思想吻合。第三，說故居怎麼好，宮廷飲食，樂舞遊藝，極其奢華，被招者只有君王才能相稱。第四，篇末有內證：『獻歲發春兮，汨吾南征，……與王趨夢兮課後，君王親發兮憚青兕，……魂兮歸來哀江南』，可見被招者是『王』，而與招者的『吾』完全是兩個人。」筆者贊同丁力之見，〈招魂〉為屈原所作。上述引文見：丁力：〈關於屈原作品的真偽問題〉，收錄於木鐸出版社編：《文史集林》（臺北：木鐸出版社，1980年），第 1 輯，頁 49。

與儒道思想之關係」、「屈原儒道思想之表現」、「屈原之儒道思想對其處世及文學創作的影響」三方面分析他的儒、道思想。

在「屈原與儒道思想之關係」方面，由於戰國時代是哲學思想發達的黃金時代，屈原從小接受良好的教育，必須熟讀當時代重要的經典，才能夠參與楚國的政治。屈原出身於楚國的貴族世家，其生活環境與養成教育，與儒、道皆有關聯。儒家經典曾經流傳入楚國，楚國更是道家思想的發源地，屈原受到外在環境的影響，吸收了儒、道思想。齊國稷下學宮是學術思想發達之處，屈原曾經作為外交使者，二次出使齊國，與齊國稷下學派接觸，並互相交流與影響。屈原的這些經歷，成為他的儒、道思想之來源。

在「屈原儒道思想之表現」方面，屈原的儒家思想，為本論著的核心之一，其內容是「修身：好修為常」、「齊家：和家興族」、「治國：追求美政」、「平天下：天下一統」。而屈原的道家思想，為本論著的另一核心，表現在自然觀、歷史觀、修養觀、神話觀。屈原儒、道思想的呈現，實際可從作品與相關資料而知，有其積極與浪漫的面向。

在「屈原之儒道思想對其處世及文學創作的影響」方面，屈原對於儒家思想與道家思想，並非全面的接受與捨棄，是吸收精華，去其糟粕。在屈原作品中，更突出的表現出他「自成一家」的思想。他的儒家思想，表現在他所推行的政策，並且生命中展現。他的道家思想，表現在他反抗現實之時，神遊於天地之間。他的儒、道思想，是融攝戰國時期的儒家、道家思想，彼此不相衝突，和諧地集中在屈原身上，並且影響了文學創作，造就了他在歷史與文學上不朽的地位。

第四節　研究方法

以下就傳統研究法、社會文化學、統計學、借鑑法、圖表法，說明本論著的研究方法。

一、傳統研究法

傳統研究法包括歸納法、演繹法、分析法、比較法。研究屈原的儒、道思想，主要是以作品為研究對象。屈原並無專門著作，去論述他的哲學思想，他的儒、道思想是散見於作品之中，以詩歌的方式呈現。透過歸納法，從屈原的作品中，逐條列出屈原作品裡與儒、道思想相關的字句，並由此歸納出他表現的儒、道思想。透過演繹法，以合理推論的方式，說明屈原如何擁有的儒、道思想。透過分析法，探析屈原的行事作為及文學作品，可知屈原如何將儒、道思想表現在生命及作品裡。透過比較法，說明屈原如何將儒、道思想，和諧的結合在一起。

二、社會文化學

一個時代的社會風尚與文化思潮，對當時的哲學思想與文學創作影響深遠。屈原生活成長在戰國末期，這是個諸子百家興盛的時代。在這樣的時代背景下，他必然受到諸子學說的影響，而有諸子思想，他也明顯的表現出儒家思想與道家

思想。屈原對當時的儒、道思想，不只是接收，更是以自我實踐的方式，用儒、道思想去回應外在世界。透過社會文化學，可知屈原的儒、道思想與時代背景的關係。

三、統計學

在儒家思想與道家思想裡，某些字詞在其思想內，是有特殊意義，例如儒家之「仁」，道家之「道」。在屈原的作品裡，他也有運用這些與儒、道二家相關的字詞。藉由統計學，計算出屈原作品裡，這些與儒、道相關詞彙運用的數量，並且分析這些詞彙在作品裡，有何種意義。透過統計學，可知屈原運用儒、道思想的詞彙數量，以及如何運用它們，則可說明儒、道思想在屈賦裡的表現方式。

四、借鑑法

「借鑑」一詞，王國維《人間詞話》說道：「最工之文學，非從善創，亦且善因。」[69]王偉勇先生解釋「善因」為「善於借鑑前人之作品及其創作經驗。」[70]透過借鑑法，可知文學家運用前人作品的情況為何。如前所述，在儒家思想與道家思想裡，某些字詞有其思想內有特殊意義。而屈原在良善資質的基礎上，又是博聞彊志，好修為常，他是會去閱讀當時的諸子典籍與史家之書，並且將書中的詞彙，轉化運用在自己的作品裡。透過借鑑法，可知屈原如何轉化這些典籍裡的詞彙，並且有它的新意。

五、圖表法

本論著是以主題的方式論述屈原的儒、道思想。在運用前述之統計學、歸納法、借鑑法時，將結合圖表法，可更清楚明白筆者所要論述的主題。本論著所使用的圖表，有由筆者本人所繪製之圖表，亦有取用他人的研究成果之圖表。藉由圖表法的運用，則可使本論著的論點更加一目暸然，而不再使用大篇幅的文字敘述該論點。

---

[69]　王國維著，施議對譯注：《人間詞話譯注》（臺北：貫雅文化事業有限公司，1991 年），頁 448。
[70]　王偉勇：《宋詞與唐詩之對應研究》（臺北：文史哲出版社，2003 年），頁 7。

第二章　儒家思想，淵源深厚──屈原與儒家關係析論

　　在西周與春秋時期，儒家思想進入楚國。首先是南北文化交流，接著是孔子到過陳國、蔡國、楚國，其後是子張之儒、子思之儒、漆雕氏之儒，他們的思想也在楚國流傳。而楚國也有保存儒家典籍，如《詩經》、《尚書》等書。戰國時期則有出身於楚國的儒者，如子弓、陳良、世碩、鐸椒等人，可見儒家在楚國的盛行。

　　屈原接受儒家思想，是有外緣與內因。在外緣部份，他出身楚國貴族，接受貴族教育。在受教的過程中，得到師長的啟發，閱讀儒家典籍。他也與孟子、荀子處在相同的時代，有可能聽聞過他們的學說。屈原曾經使齊，與稷下儒者交流。在內因部份，屈原有良好的資質，出生於吉時，他的名、字是父親伯庸命名，代表人格的美好。屈原擁有內美，也注重修飾儀態，增強外在才能，表現出內外兼美。屈原既是博聞彊志，又是好修為常，他憑藉著學識才幹，獲得三閭大夫的職位，負責教導貴族子弟，其後更晉升為左徒，負責楚國的內政與外交。

　　以下第一節討論儒家思想流傳至楚國的經過，可知儒家思想如何進入楚國。第二節討論屈原接受儒家思想的緣因，可知屈原如何接觸並有儒家思想。第三節討論屈原由於任職仕宦的需要，將儒家思想轉為學識涵養，並在作品中表現出來。

第一節　儒家思想流傳至楚國

　　班固《漢書・藝文志》云：「儒家者流，蓋出於司徒之官。」[1]司徒的職務，據《周禮・地官司徒》所述：「乃立地官司徒，使帥其屬，而掌邦教，以佐王安擾邦國。」[2]此職是帥領部屬，掌管教化，以輔佐君王，並安定國家。儒家是周朝的官學，透過教育使儒家思想散佈於天下。商末周初，楚族首領鬻熊歸順周文王，鬻熊在為文王之師的同時，可能將儒家思想帶回楚地。其後，周公奔楚與王子朝奔楚，也傳入周朝重要的典籍。

　　在春秋時期，孔子周遊列國宣揚政治理念，到過陳國、蔡國、楚國，並接觸當地的貴族與百姓，儒家思想因此進入楚國。戰國初期，孔子在魯國逝世之後，繼承孔子思想的學生有子張、子思、漆雕氏。子張回到楚國講授學問，子思在青年的時候，也曾周遊列國，他雖從未到過楚國，但他的思想也流傳於楚國，漆雕氏的學說也在上蔡形成儒家學派。而儒家典籍，如《詩經》、《尚書》等書，也隨著這些儒者，傳進楚國。

---

[1] 〔漢〕班固著，〔唐〕顏師古注，〔清〕王先謙補注：《漢書補注》（臺北：新文豐出版公司，1975年初版），冊2，卷30，〈藝文志〉，頁33，總頁數864。《漢書補注》以下簡稱《漢書》，本論著所用《漢書》均出自於此，其後僅標明卷數、篇名及頁數，不再詳注。

[2] 〔漢〕鄭玄注，〔唐〕賈公彥疏，〔清〕阮元校勘：《周禮注疏》，《重刊宋本十三經注疏附校勘記》（臺北：藝文印書館，2013年初版17刷），冊3，卷9，〈地官司徒〉，頁1，總頁數138。《周禮注疏》以下簡稱《周禮》，本論著所用《周禮》均出自於此，其後僅標明卷數、篇名及頁數，不再詳注。

由於南北交流與儒學南漸，儒家思想在楚國逐漸的傳開。不只有儒者從外地進入楚國，也有產生於楚國的儒者，子弓、陳良、世碩、鐸椒就在楚國著述講學，傳授學問。以下就（一）南北文化的交流。（二）儒家思想的南漸。（三）楚國儒者的產生。討論儒家思想在楚國流傳的情況。

一、南北文化的交流

在中國歷史上，早在殷商就有攻伐荊楚的記錄[3]，但是真正進入南北文化交流，是在周朝取得政權之前，周文王禮賢下士，招來四方賢者，而楚族的首領鬻熊，即在此時歸順文王。鬻熊成為文王、武王、成王的老師，受到楚人的敬重。鬻熊既是楚人，又是周朝君王之師，他必定會接觸到周朝官學，並將儒家思想帶回楚國。在周成王時，周公受到毀謗而奔楚。周公奔楚時，攜帶朝廷中部份的文獻進入楚國，在楚地出土資料中，發現周朝的檔案資料，並推斷為當年周公帶入楚國的。在春秋末期，禮崩樂壞，使周朝的典章制度流傳至各國，而在魯昭公二十六年（西元前 516 年[4]），王子朝奪位失敗而奔楚，也帶入了周朝的典籍。由於南北文化交流，而將儒家思想傳進楚國，以下就（一）鬻熊為文王之師。（二）周公奔楚。（三）王子朝奔楚。分析從商朝末年到春秋末期，儒家思想進入楚國的經過。

（一）鬻熊為文王之師

在商末周初時，周人與楚人即有交流。《史記‧周本紀》云：「（文王）禮下賢者，日中不暇食以待士。士以此多歸之。……太顛、閎夭、散宜生、鬻子（鬻熊）、辛甲大夫之徒皆往歸之。」[5]周文王禮賢下士，招來四方賢者，而鬻熊是此時歸順於周文王。鬻熊同時也是楚族的首領，他以楚人的身份進入周朝，是周與楚的首次交流。

鬻熊歸順周朝，受到周文王的重用，成為文王之師，《史記‧楚世家》記載楚武王熊通之語：「吾先鬻熊，文王之師也。」[6]實際上，鬻熊不只為文王之師，更是武王、成王的老師，在賈誼《新書‧修政語下》云：「周成王六歲，即位享

---

[3] 《詩經‧商頌‧殷武》云：「撻彼殷武，奮伐荊楚。深入其阻，裒荊之旅。……維女荊楚，居國南鄉。昔有成湯，自彼氐羌，莫敢不來享，莫敢不來王，曰商是常。」引文見：〔漢〕毛亨傳，〔漢〕鄭玄箋，〔唐〕孔穎達疏，〔清〕阮元校勘：《毛詩正義》（《重刊宋本十三經注疏附校勘記》，冊 2，卷 20-4，〈商頌‧殷武〉，頁 9-10，總頁數 804。《毛詩正義》以下簡稱《詩經》，本論著所用《詩經》均出自於此，其後僅標明卷數及頁數，不再詳注。
[4] 本論著之西元紀年對照，依方詩銘主編：《中國歷史紀年表》（上海：上海辭書出版社，1980 年新 1 版）所訂。
[5] 〔漢〕司馬遷著，〔南朝宋〕裴駰集解，〔唐〕司馬貞索隱，〔唐〕張守節正義，〔日本〕瀧川龜太郎：《史記會注考證》（臺北：大安出版社，2007 年 2 版）卷 4，〈周本記〉，頁 10-11，總頁數 60。本論著所用《史記》均出自於此，其後僅標明卷數及頁數，不再詳注。
[6] 《史記》，卷 40，〈楚世家〉，頁 9，總頁數 632。又《漢書‧藝文志》「鬻子」條下班固自注：「名熊，為周師，自文王以下問焉。」引文見：《漢書》，冊 2，卷 30，〈藝文志〉，頁 34，總頁數 864。

國，親以其身見鬻子之家而問焉。」[7]鬻熊的身份地位因此而相當崇高。

鬻熊身為楚族的首領，在周朝時為文王、武王、成王之師。他以楚人的身份，進入周朝的政治核心，也涉及了周朝君王的教育，他必然會接觸周朝官學。在文獻上雖是楚人入周，但因為鬻熊的身份與職位，可推論他會將儒家思想帶回了楚國，進而使儒家思想在楚國流傳。

（二）周公奔楚

周公，姓姬，名旦，是周文王第四子，周武王之弟，采邑在周（今陝西岐山北），故稱為周公。周公的政治思想，集中於《尚書》的〈大誥〉、〈康誥〉、〈酒誥〉、〈多士〉、〈無逸〉、〈多方〉等篇，影響後世深遠，也是儒家思想的依據。

周公在周武王逝世後，攝政輔佐周成王。周公奔楚的經過，見於《史記・魯周公世家》：

> 成王少時病，周公乃自揃其蚤，沉之河以祝於神曰：「王少未有識，奸神命者，乃旦也。」亦藏其策於府。成王病有瘳。及成王用事，人或譖周公，周公奔楚。成王發府，見周公禱書，乃泣反周公。[8]

此段文字，寫道周成王年少時生病，周公剪下自己的指甲投河，為成王祈禱，並將祭文藏於府庫裡。其後，成王執政時，有人毀謗周公，他因此奔逃到楚國。直到周成王見到周公為他祝禱的祭文，才將周公召回周朝。司馬遷在此段文字中，沒有提及周公奔楚時，他的隨行之人與物品，但是從現今楚地的出土文獻，可證明周公曾攜帶周朝重要的文書進入楚國。

徐文武根據《清華大學藏楚國竹簡（一）》與學者的相關研究，說明楚簡中，〈金縢〉、〈皇門〉與周公相關，而〈程寤〉、〈保訓〉與周文王相關。徐文武進一步說明這些資料：「這些文獻所記載史實發生的時間上推斷都在『周公奔楚』之前。還有一點，這些文獻的性質都應屬於周王室宮廷中的重要檔案，非重臣難以接觸。」[9]周公奔楚，將周朝重要文件帶入楚地，這些資料得以在楚地傳抄與保存，影響所及，則是將周朝的典章制度，帶入了楚國。

（三）王子朝奔楚

春秋末期，禮崩樂壞，周王室的政權逐漸衰落，周朝的禮樂制度則流傳到各國，孔子說：「吾聞之：『天子失官，官學在四夷』，猶信」[10]、「禮失而求諸野」

---

[7] 〔漢〕賈誼著，閻振益、鍾夏校注：《新書校注》（北京：中華書局，2000 年 1 版 1 刷），卷 9，〈修政語下〉，頁 369。

[8] 《史記》，卷 33，〈魯世家〉，頁 12，總頁數 553。

[9] 徐文武：《楚國思想與學術研究》（武漢：湖北教育出版社，2012 年），頁 5。

[10] 此語見於《左傳・昭公十七年》記載。見：〔春秋〕左丘明著，楊伯峻注：《春秋左傳注》（北京：中華書局，2015 年 3 版 15 刷），冊 4，〈昭公十七年〉，頁 1389。

[11]。在春秋時期，雖然周朝的制度崩壞，但這些制度同時也保存在四方諸國，周朝官學也在此時流傳於各國，其中包括了官學的學問知識。

周朝官學流向各國，影響楚國的事件，以「王子朝奔楚」最為重要。在周景王逝世後，王子朝爭奪王位。由於晉國的干預，使得王子朝奪位失敗，逃到楚國。[12]《左傳‧昭公二十六年》記載：「王子朝及召氏之族、毛伯得、尹氏固、南宮囂奉周之典籍以奔楚。」[13]先秦所謂的典籍，包括歷代圖書與法律制度。而王子朝帶著典籍入楚，惠棟評論此事件云：「周之典籍盡在楚矣。」[14]此事影響了楚國的政治與哲學思想。

二、儒家思想的南漸

中國南北文化的交流，歷經商末周初的鬻熊為文王之師，西周時期的周公奔楚，春秋時期的王子朝奔楚，儒家思想逐漸傳入楚國。而在春秋時期，儒家思想的代表人物：孔子，為了實現政治理想周遊列國。在他遊歷各國時，到過楚國的附屬國：陳國、蔡國，並宣揚理念。孔子更進入楚國國內，與當地的賢者隱士交流。孔子去世後，他的弟子中的子張、子思、漆雕氏之儒，都對儒家思想帶進楚國有所貢獻。由於這些儒家學者在楚國講學，儒家的重要典籍也流傳並保存於楚國。以下就（一）孔子適楚。（二）孔子弟子的八個流派。（三）儒家典籍入楚。分析儒家思想南漸的經過。

（一）孔子適楚

孔子是影響中國又深又廣的人物，他總結前代的哲學思想，開啟後世的儒家學說。孔子曾經仕於魯，而在魯定公十二年（西元前 498 年）秋冬之間，離開魯國。[15]孔子訪問列國諸侯，欲透過仕宦，使政治理念得以實現。[16]

雖然後世稱孔子周遊列國，但依梁啟超的看法，孔子僅到過周、齊、衛、陳、楚國的屬地葉，經過宋、曹、鄭三國。[17]孔子適楚，也會將儒家思想傳入楚國。

---

[11] 此語見於《漢書‧藝文志》。見：《漢書》，冊 2，卷 30，〈藝文志〉，頁 52，總頁數 873。

[12] 《左傳‧昭公二十二年》云：「丁巳，葬景王。王子朝因舊官、百工之喪職秩者與靈、景之族以作亂。」引文見：〔春秋〕左丘明著，楊伯峻注：《春秋左傳注》，冊 4，〈昭公二十二年〉，頁 1435。

[13] 〔春秋〕左丘明著，楊伯峻注：《春秋左傳注》，冊 4，〈昭公二十六年〉，頁 1475。

[14] 洪亮吉《春秋左傳詁》引惠棟語。見：〔清〕洪亮吉著，李解民點校：《春秋左傳詁》（北京：中華書局，1991 年 1 版 2 刷），下冊，卷 18 頁 777。

[15] 崔述《洙泗考信錄》依《史記》〈十二諸侯年表〉、〈魯世家〉以及《公羊傳》，考證孔子在魯定公十二年去魯。見：〔清〕崔述：《洙泗考信錄》（北京：中華書局，1985 年新 1 版），卷 2，頁 42-43。

[16] 匡亞明認為孔子周遊列國的目的是「求仕」（尋求進用做官，以便有機會治理國家）、「行道」（推行「仁政德治」主張）。見：匡亞明：《孔子評傳》（江蘇：南京大學出版社，1990 年 1 版 1 刷），頁 63。

[17] 梁啟超《孔子》云：「孔子遊歷地甚少。……其實他到過的國家只有周、齊、衛、陳，或者到過楚國屬地的葉。那宋、曹、鄭三國，經過沒有住，算起來，未曾出過現在山東、河南兩省境外。」引文見：梁啟超：《孔子》（臺北：臺灣中華書局，1981 年臺 4 版），頁 2。

1.孔子居陳、遷蔡

孔子到過陳國二次，根據徐文武《楚國思想與學術研究》分析，「孔子前後兩次在陳居仕，時間為前 496 至前 494，前 492 至前 491 共計 5 個年份，實際在陳留居時間有 4 年多」[18]，在春秋時期，陳國是附屬於楚國的小國。孔子周遊列國時，選擇進入陳國，並停留長達四年，徐文武認為孔子的目的是：

> 陳國都城距離這一時期楚國君王所居的城父（今安徽況亳州）較近，陳國又是楚國附庸國，孔子試圖通過他在陳國的影響，能夠進一步得到楚國君臣的信任，從而達到讓楚國接納他前往楚國實現政治理想的目的。[19]

陳國在地理位置上緊臨楚國，甚至靠近楚國的都城。孔子居陳，為的是要在此有所作為，並藉此得以進入並參與楚國的政治，讓政治理念實現，這正符合孔子周遊列國的目的。孔子在陳國四年多，勢必會去宣揚自己的政治理念，並影響陳國。

孔子又到過蔡國、葉縣，徐文武《楚國思想與學術研究》說：「孔子在前 491 年、前 490 年兩年在楚國的上蔡、葉縣一帶活動。」[20]孔子上蔡、葉縣之時，有與葉公互動，見於《論語》。[21]而他們的思想觀念皆會互相影響，也達成孔子傳播政治理想的目的。

孔子在西元前 489 年面臨了「陳蔡之厄」，受困於陳、蔡之間。[22]起因是楚昭王得知孔子在陳、蔡之間，要禮聘孔子到昭王所在的城父，孔子也有意前往，卻遭到陳、蔡的大夫用計，將孔子困於陳國與蔡縣的郊區，不得行動，直到孔子使了貢至楚，楚昭王興師迎接孔子，危機才得以解除。[23]孔子也藉由這個機會，進入到楚國。

2.孔子在楚國的行踪

孔子曾派人進入楚國，觀察並了解楚國的政治。《孔子家語‧六本》云：「荊公子行年十五，而攝荊相事。孔子聞之，使人往觀其為政焉。」[24]孔子先使人入

---

[18] 徐文武：《楚國思想與學術研究》，頁 91。

[19] 徐文武：《楚國思想與學術研究》，頁 91。

[20] 徐文武：《楚國思想與學術研究》，頁 91

[21] 〔魏〕何晏注，〔宋〕邢昺疏，〔清〕阮元校勘：《論語注疏》，《重刊宋本十三經注疏附校勘記》，冊 8，卷 7，〈述而〉，頁 7，總頁數 62；卷 13，〈子路〉，頁 6-7，總頁數 117-118；卷 13，〈子路〉，頁 7，總頁數 118。《論語注疏》以下簡稱《論語》，本論著所用《論語》均出自於此，其後僅標明卷數及頁數，不再詳注。

[22] 據《史記‧陳杞世家》記載：「（湣公）十三年……時孔子在陳。」又《史記‧孔子世家》云：「孔子遷於蔡三歲，吳伐陳。」陳湣公十三年即西元前 489 年，孔子在西元前 489 年也待在上蔡，可知此年即孔子面臨「陳蔡之厄」。見：《史記》，卷 36，〈陳杞世家〉，頁 17，總頁數 583、《史記》，卷 47，〈孔子世家〉，頁 57，總頁數 739。

[23] 事見：《史記》，卷 47，〈孔子世家〉，頁 57-61，總頁數 739-740。此事又見《孔子家語‧在厄》，見：〔魏〕王肅編：《孔子家語》（鄭州：中州古籍出版社，1991 年 1 版 1 刷），〈在厄〉，頁 98。

[24] 〔魏〕王肅編：《孔子家語》，〈六本〉，頁 75。

楚，觀察楚王為政，探案楚國的政治。孔子困於陳、蔡的時候，楚昭王派人禮聘
孔子，邀請孔子至楚，解除了孔子在陳、蔡之間的危機。楚昭王有意將土地七百
里封給孔子，但被子西阻止，楚昭王最後也沒有聘用孔子。[25]

孔子在楚國境內，與孔子見面、接觸者，有楚狂人、長沮、桀溺、荷蓧丈人、
老萊子等人。[26]雖然這些文獻，並未說明孔子的思想對他們是否產生影響，但孔
子在楚國的時候，確實與楚國當地的賢者、隱士交流，在這期間，他的哲學思想，
也必然隨著他的行踪，傳佈於楚國。

（二）孔子弟子的八個流派

《史記‧孔子世家》云：「孔子葬魯城北泗上，弟子皆服三年，三年心喪畢，
相訣而去。」[27]孔子逝世於魯國，他的弟子服喪三年後各自離去。韓非子〈顯學〉
將孔子弟子分為八派：「自孔子之死也，有子張之儒，有子思之儒，有顏氏之儒，
有孟氏之儒，有漆雕氏之儒，有仲良氏之儒，有孫氏之儒，有樂正氏之儒。」[28]
其中的子張、子思、漆雕氏之儒，皆對楚國造成影響，也將儒家思想再一次的傳
進楚國。

1.子張之儒

子張是陳國人[29]，孔子的弟子之一。在孔子困於陳、蔡的時候，子張已經隨
侍在側。[30]孔子弟子在孔子逝世後，服喪三年，「相訣而去」，而子張回到楚國陳
縣授業講學。[31]

《孟子‧公孫丑上》有孟子對子張的評價：「（公孫丑）『昔者竊聞之：子夏、
子游、子張皆有聖人之一體……敢問所安？』（孟子）曰：『姑舍是』。」[32]孟子肯
定子張的思想，認為是接近於聖人。而荀子〈非十二子〉則說：「弟佗其冠，神
襌其辭，禹行而舜趨，是子張氏之賤儒也。」[33]荀子曾任楚國的蘭陵令，並在楚

---

25 《史記‧孔子世家》記載：「昭王將以書社地七百里封孔子。楚令尹子西曰：……昭王乃止。」
引文見：《史記》，卷47，〈孔子世家〉，頁61-63，總頁數740。
26 孔子與楚狂人、長沮、桀溺、荷蓧丈人之事，見：《論語》，卷18，〈微子〉，頁4-5，總頁數165-
166。孔子與老萊子之事，見：〔戰國〕莊周著，〔清〕郭慶藩集釋：《莊子集釋》（臺北：華正書
局，1987年），卷9上，〈雜篇‧外物〉，頁928-930。
27 《史記》，卷47，〈孔子世家〉，頁87、88，總頁數746。
28 〔戰國〕韓非著，陳奇猷校注：《韓非子新校注》（上海：上海古籍出版社，2000年），下冊，
卷19，〈顯學〉，頁1124。
29 《史記‧仲尼弟子列傳》云：「顓孫師，陳人，字子張。」《史記》，卷67，〈仲尼弟子列傳〉，
頁30，總頁數861。
30 《史記‧仲尼弟子列傳》云：「（子張）他日從在陳、蔡間困。問行。孔子曰：……」《史記》，
卷67，〈仲尼弟子列傳〉，頁31，總頁數861。
31 《史記‧儒林列傳》云：「子張居陳。」《史記》，卷60，〈儒林列傳〉，頁3，總頁數1125。又
依時間來看，西元前479年孔子逝世，西元前478年楚國滅陳置縣（《史記‧楚世家》云：「（楚
靈王）八年，使公子棄疾將兵滅陳」），西元前476年子張服喪三年完畢回到陳國，因此「子張居
陳」，實際上是在楚國的陳縣。
32 〔漢〕趙岐注，〔宋〕孫奭疏，〔清〕阮元校勘：《孟子注疏》，《重刊宋本十三經注疏附校勘記》，
冊8，卷3上，〈公孫丑上〉，頁10，總頁數55。《孟子注疏》以下簡稱《孟子》，本論著所用《孟
子》均出自於此，其後僅標明卷數及頁數，不再詳注。
33 〔戰國〕荀況著，王天海校釋：《荀子校釋》（上海：上海古籍出版社，2005年），上冊，卷3，

國講學，他強烈地批評子張之儒，說他們僅在言辭、行為模仿聖人而已，故將代們稱作「賤儒」。《韓非子·顯學》將子張之儒列為首項，孟子與荀子對子張與他的弟了作過評論，可見了張的思想在當時流傳甚廣，甚至成為荀子攻擊的對象。子張曾在楚國講學，他的儒家思想也影響著楚國。

2.子思之儒

　　子思，名孔伋，字子思，孔子之孫。據《史記·孔子世家》記載，子思之父伯魚「先孔子死」[34]，因此子思可能直接受教於孔子，繼承孔子的思想。子思年輕的時候，也周遊於各國，宣揚理念，他到過的國家主要有宋、衛、齊、費，最後回到魯國講學。由於子思學派的思想也有它的影響力，故《韓非子·顯學》將「子思之儒」列入其中。子思遊歷的國家中，並未進入楚國或楚國的附屬國，但是從出土資料顯示，子思的哲學思想及著作，有流傳並保存在楚國。

　　在郭店楚簡中，與子思之儒相關的篇章為〈緇衣〉和〈五行〉。廖名春《新出楚簡試論》說：「在戰國中期偏晚時，〈緇衣〉篇就在楚地廣為流傳了。所以〈緇衣〉確實出於《子思子》，與子思及其學派確實有很深的關係。」[35]至於〈五行〉篇，廖名春則說：「它作為子思作品的可能性是相當大的」[36]，子思本人雖未進入到楚地，但其學說流傳到楚國，故在楚簡資料中發現與子思相關的著作。

3.漆雕氏之儒

　　《史記·仲尼弟子列傳》中，孔子的弟子其姓氏為漆雕者，有漆雕開、漆雕哆、漆雕徒父。郭超主編的《駐馬店通史》說明籍貫為上蔡的孔門弟子，有漆雕開、漆雕從、漆雕侈、漆雕憑、曹恤、秦冉，稱為「孔門六賢」[37]，可見在上蔡，已有漆雕氏之儒的儒家學派。蔡國是楚國臨近的國家，被楚國所滅。漆雕氏之儒的儒家思想，流傳於上蔡，他們的思想主張極有可能傳入鄰近的楚國。

（三）儒家典籍入楚

　　從春秋時代開始，儒家典籍透過南北交流傳入楚國。其後的孔子適楚、子張與子思之儒入楚，也將儒家典籍帶進楚國。以下分析儒家之《詩》、《書》、《禮》、《樂》、《易》、《春秋》等書，在楚國的傳播與使用。

1.《尚書》

　　《尚書》早在春秋時期就傳入楚國，被楚國貴族廣為運用。《尚書》是作為教材，用以教導貴族子弟。《國語·楚語上》記載申叔時答士亹的話語中，提及教導《尚書》的用處：「教之《訓典》，使知族類，行比義焉。」[38]韋昭注：「《訓

〈非十二子〉，頁 228。
[34] 《史記·孔子世家》云：「孔子生鯉，字伯魚。伯魚年五十，先孔子死。」引文見：《史記》，卷 47，〈孔子世家〉，頁 90，總頁數 747。
[35] 見：廖明春：《新出楚簡試論》，頁 19、20。
[36] 廖明春：《新出楚簡試論》，頁 23-24。
[37] 郭超主編《駐馬店通史》（鄭州：中州古籍出版社，2000 年）頁 54。
[38] 〔春秋〕左丘明著，徐元誥集解：《國語集解》（北京：中華書局，2002 年），卷 17，〈楚語上〉，

典》，五帝之書。」[39]《訓典》是記上古帝王之事，而《尚書》的「六體」為：典、謨、訓、誥、誓、命，叔申所言的《訓典》，也是指《尚書》的「訓」、「典」二體，申叔時取此二體以教育楚國太子。

在楚國君臣對答的時候，《尚書》也是作為論證的依據。《左傳‧成公二年》記載楚莊王想要迎取陳國夏姬，申公巫臣勸諫道：「貪色為淫，淫為大罰。周書曰：『明德慎罰』，文王所以造周也。」[40]又《左傳‧昭公七年》楚靈王與楚國大夫申無宇對話，申無宇提及：「昔武王數紂之罪以告諸侯曰：『紂為天下逋逃主，萃淵藪。』」[41]申無宇此語見於《尚書‧武成》，原文作：「今商王受（紂）無道，暴殄天物，害虐烝民，為天下逋逃主，萃淵藪。」[42]楚臣會引用《尚書》的文句，並加以論述，用來勸諫國君。楚國貴族對《尚書》非常熟悉，才能運用得宜。

2.《詩》

《詩經》在楚國流傳的情形與《尚書》相似，也是作為貴族子弟的教材。《國語‧楚語上》記載士亹向申叔時請教如何教育太子，申叔時提及教導《詩經》的用處：「教之《詩》，而為之導廣顯德，以耀明其志。」[43]《詩經》列在楚國貴族教育內容之中，是必讀的典籍，以從中學習事理。

楚國君臣在討論答辯的時候，也會引用《詩經》的文句，來作為自己論點的依據。《國語‧晉語四》記載晉文公在外流亡十九年，曾逃到楚國，令尹子玉建議楚成王殺掉晉文公，楚成王回答子玉的話語中，引《詩經‧曹風》：「彼己之子，不遂其媾。」（今本作「彼其之子」）反對子玉的意見。[44]又《左傳‧宣公十二年》寫道在晉、楚邲之戰後，楚莊王與潘黨論「止戈為武」，楚莊王說：「夫文，止戈為武。武王克商。作〈頌〉曰：『載戢干戈，載櫜弓矢。我求懿德，肆於時夏，允王保之。』又作〈武〉，其卒章曰『耆定爾功』。其三曰：『鋪時繹思，我徂求定。』其六曰：『綏萬邦，屢豐年。』」[45]在這段文字中，楚莊王就引用了四處的《詩經》詩句，分別是《周頌》的〈時邁〉、〈武〉、〈賚〉、〈桓〉，可見楚國君臣對《詩經》相當熟悉，故能引用《詩經》立論，以說服對方。

3.《易》

《易》學在楚國發展的情況，徐文武《楚國思想與學術研究》說：「先秦時期，易學是沿著兩條不同的路線發展的，一條是巫術占筮，一條是義理哲學。《左傳》《國語》記載的占筮記錄，是占筮解《易》的代表，而『十翼』之類的《易

頁486。
[39] 〔春秋〕左丘明著，徐元誥集解：《國語集解》，卷17，〈楚語上〉，頁486。
[40] 〔春秋〕左丘明著，楊伯峻注：《春秋左傳注》，冊2，〈成公二年〉，頁803。
[41] 〔春秋〕左丘明著，楊伯峻注：《春秋左傳注》，冊4，〈昭公七年〉，頁1285。
[42] 〔漢〕孔安國傳，〔唐〕孔穎達疏，〔清〕阮元校勘：《尚書正義》，《重刊宋本十三經注疏附校勘記》，冊1，卷11，〈武成〉，頁22-23，總頁數161-162。《尚書正義》以下簡稱《尚書》，本論著所用《尚書》均出自於此，其後僅標明卷數及頁數，不再詳注。
[43] 〔春秋〕左丘明著，徐元誥集解：《國語集解》，卷17，〈楚語上〉，頁486。
[44] 此事見：〔春秋〕左丘明著，徐元誥集解：《國語集解》，卷10，〈晉語四〉，頁332-333。
[45] 〔春秋〕左丘明著，楊伯峻注：《春秋左傳注》，冊2，〈宣公十二年〉，頁744-745。

傳》文獻，則是義理解《易》的代表。在楚國，《易》學同樣是沿著這兩條路線在發展的。」[46]

在春秋末期，孔子發展出義理解《易》，用哲學的方式解釋《易》。《論語‧述而》載孔子語：「加我數年，五十以學《易》，可以無大過矣。」[47]可見孔子讀過《易》，並認為鑽研《易》，能使自己不會犯下大錯。又《史記‧孔子世家》云：「孔子晚而喜《易》……讀《易》，韋編三絕。」[48]孔子晚年開始閱讀《易經》，在家與外出時，均攜帶在身邊，孔子對《易》的喜愛，甚至讀到了韋編三絕的地步。

廖名春更從「〈六德〉篇論《易》」、「〈語叢一〉論《易》」、「兩種楚簡〈緇衣〉篇」三方面，論述楚簡中的《易》學[49]，並從相關文獻查考出孔子的《易》學，傳授予商瞿、子夏、子張，而子思所著〈坊記〉、〈表記〉、〈緇衣〉也有引用《易》。[50]孔子曾經到過楚國，又在上述孔子傳《易》的弟子中，商瞿之徒子弓是楚人，子張亦為楚國陳縣人，子思的學說因此進入楚國，而《易》學也因而在楚國流傳。

4.《禮》

《國語‧楚語上》有言：「教之禮，使知上下之則。」[51]教導楚國太子與貴族子弟禮節，可使他們知道上下尊卑。而楚國的禮儀制度，有向中原學習的情況，為的是能更接近各諸侯國，進而征服各國。[52]

楚國禮儀制度的表現，例如《國語‧楚語上》載范無宇對楚靈王說：「先王懼其不帥，故制之以義，旌之以服，行之以禮，辨之以名，書之以文，道之以言。」[53]楚國的禮儀制度由楚土制定規範、標明服飾、施行禮儀、辨明名物，並將制度書寫成文字，教導於百姓。《左傳‧宣公十二年》載隨武子論孫叔敖變法：「君子小人，物有服章，貴有常尊，賤有等威，禮不逆矣。」[54]孫叔敖在楚莊王時，對楚國禮制進行改革，使國內上下遵從禮儀。楚國的禮制透過貴族教育以及政治改革，逐漸趨近於中原禮制，這也是受到儒家的影響。

5.《樂》

在現存的儒家典籍中，僅存五經的《詩》、《書》、《禮》、《易》、《春秋》五經，而無《樂經》一書。蔣伯潛說明「六經缺《樂》」云：「《詩》本全部可以合樂。

---

[46] 徐文武：《楚國思想與學術研究》，頁 138。

[47] 《論語》，卷 7，〈述而〉，頁 6，總頁數 62。

[48] 《史記》，卷 47，〈孔子世家〉，頁 73、75，總頁數 743。

[49] 廖名春：〈從郭店楚簡論先秦儒家與《周易》的關係〉，《新出楚簡試論》（臺北：臺灣古籍出版公司，2001 年初版 1 刷），頁 112-125。

[50] 廖名春：〈從郭店楚簡論先秦儒家與《周易》的關係〉，《新出楚簡試論》，頁 127-128。

[51] 〔春秋〕左丘明著，徐元誥集解：《國語集解》，卷 17，〈楚語上〉，頁 485。

[52] 李玉潔認為：「楚國之所以採用中原的禮制，其原因為，中原諸夏國家把不遵禮制的諸侯國稱為『化外之邦』、『蠻夷』，並對這些國家抱著敵視與輕蔑，存在著極大的戒心。楚國要想打進去，征服中原，必須接受中原的禮樂思想，才能縮短他們的距離。」引文見：李玉潔：《中國早期國家性質》（臺北：雲龍出版社，2003 年），頁 403。

[53] 〔春秋〕左丘明著，徐元誥集解：《國語集解》，卷 17，〈楚語上〉，頁 499。

[54] 〔春秋〕左丘明著，楊伯峻注：《春秋左傳注》，冊 2，〈宣公十二年〉，頁 725。

《樂》與詩本相附而行，《詩》為歌辭，《樂》則曲譜；度如今世之歌曲集附有五線曲譜者然。」[55]《樂經》是《詩經》的曲譜，由於西漢經學家專注於文字訓詁，忽略曲譜的重要性，故《樂經》因而失傳。[56]

周朝音樂曾經進入楚國，在周朝時，禮崩樂壞，樂師四散於各國，《論語·微子》有云：「大師摯適齊，亞飯干適楚，三飯繚適蔡，四飯缺適秦。」孔穎達對「亞飯干適楚」疏云：「亞，次也。天子諸侯每食奏樂，樂章各異，各有樂師。次飯樂師名干往楚。」[57]在《論語》中，說道周朝之樂官，名干，他離開周朝前往楚國。因此可以推測，周朝音樂隨著亞飯干適楚，而進入楚國。而《國語·楚語上》云：「教之樂，以疏其穢而鎮其浮。」[58]這是將音樂視為教材，用以教導楚國太子。從以上相關資料，可知周朝的音樂以及儒家典籍的《樂經》在楚國流傳。

6.《春秋》

《春秋》一書，原指各國史書的通稱。從上古三代開始，國中設置史官，著錄的國史均稱為《春秋》。《汲冢瑣語》載有《夏殷春秋》、《晉春秋》、《魯春秋》[59]，墨子曾言《百國春秋》[60]，《墨子·明鬼》也舉出《周春秋》、《燕春秋》、《宋春秋》、《齊春秋》等書[61]。而魯國史官所寫的《魯春秋》，是當時眾多史書之一。而孔子根據魯史，並參閱其他史書，所作而成的《春秋》，即現存之《春秋》。魯之《春秋》與孔子《春秋》之差異，張高評先生《春秋書法與左傳史筆》說得更明白：「《魯春秋》是史，重歷史敘事，崇尚勸懲，恪守史法；孔子之《春秋》是經，是歷史哲學，注重筆削，講究義例。」[62]可見二者的差別，而在孔子《春秋》是寓含著孔子的筆削褒貶。

在楚國的貴族教育中，《春秋》也列入教材，《國語·楚語上》申叔時有言：「教之《春秋》，而為之聳善而抑惡焉，以戒勸其心。」韋昭注：「以天時紀人事，謂之《春秋》。」[63]此處的《春秋》，是指楚國的史書，用以教導貴族子弟。而孔子所著的《春秋》，也傳至楚國。《史記·十二諸侯年表》云：「（孔子）西觀周室，論史記舊聞，興於魯而次《春秋》……鐸椒為楚威王傅，為王不能盡觀《春秋》，

---

[55] 以上引文見：蔣伯潛：《十三經概論》（臺北：學海出版社，1985 年初版），頁 4-5。

[56] 蔣伯潛認為：「惟西漢經師所傳者為五經之書本，所重者為文字之章句訓詁，於此僅為曲譜，並無文字之《樂》，不復有專門的研究。」以上引文見：蔣伯潛：《十三經概論》，頁 5。

[57] 《論語》，卷 18，〈微子 7〉，頁 7，總頁數 167。

[58] 〔春秋〕左丘明著，徐元誥集解：《國語集解》，卷 17，〈楚語上〉，頁 486。

[59] 《史通》云：「《汲冢瑣語》記太丁時事，目為夏殷《春秋》。……《瑣語》又有《晉春秋》，記獻公十七年事。」（〈內篇·六家第一〉）、「《瑣語春秋》載魯國閔公時事，言之最詳。」（〈外篇·惑經第四〉）引文見：〔唐〕劉知幾著，〔清〕浦起龍釋，〔民國〕呂思勉評：《史通釋評》（臺北：華世出版社，1981 年新版 1 刷），頁 7、494。

[60] 《史通》引《墨子》佚文。見：〔唐〕劉知幾著，〔清〕浦起龍釋，〔民國〕呂思勉評：《史通釋評》，頁 7。

[61] 〔春秋〕墨翟著，吳毓江校注：《墨子校注》（北京：中華書局，2006 年 2 版），卷 8，上冊，〈明鬼〉，頁 331-333。

[62] 張高評：《春秋書法與左傳史筆》（臺北：里仁書局，2011 年初版），頁 40。

[63] 〔春秋〕左丘明著，徐元誥集解：《國語集解》，卷 17，〈楚語上〉，頁 485。

采取成敗，卒四十章，為《鐸氏微》。」[64]孔子整理各國的史書，以魯史為依據而寫成《春秋》。鐸椒是楚成王的老師，因為楚王不能讀盡《春秋》，故擷取書中的成敗之事，成為四十章的《鐸氏微》。由此可見孔子的《春秋》也在楚國流傳，並且透過教育來教導貴族。

三、楚國出身的儒者

由於南北文化的交流，以及儒家思想的南漸，楚國開始有儒者的產生。這些儒者，或在楚國講學，或有著作流傳於世，都是楚國出身。楚國知名的儒者，例如子弓是孔子《易》學的繼承者，他的學說受到荀子的重視，荀子將他與孔子並稱為大儒。世碩是孔子的再傳弟子，著有〈養性書〉討論情性，他的學說可能屬子張之儒，有與子思之儒合流的情況。陳良生活的時代與孟子同時，他從楚地至中國學習周孔之道的行為，受到孟子的稱揚。鐸椒是楚威王之師，為威王整理孔子《春秋》寫成《鐸氏微》，他也是《左傳》的繼承者，重編《左傳》寫成《抄撮》傳予虞卿。以下就（一）子弓。（二）世碩。（三）陳良。（四）鐸椒。此四人分論他們的事蹟，可知他們對傳播儒家思想於楚國有所貢獻。

（一）子弓

在孔子逝世後，孔子的《易》學有它的傳承譜系，據《史記‧仲尼弟子列傳》：「孔子傳《易》於瞿，瞿傳楚人馯臂子弘，弘傳江東人矯子庸疵。」[65]以及《漢書‧儒林列傳》：「自魯商瞿子木受《易》孔子，以授魯橋庇子庸。子庸授江東馯臂子弓。」[66]《史記》的「子弘」即《漢書》的「子弓」，而以「子弓」之名為是。[67]在此暫且不論二書記載譜系順序不同，從以上引文可知，子弓是孔子《易》學的傳人，他是楚地人，出身於江東地區，因此極有可能將《易》帶入楚國，並在楚國流傳。

《荀子》一書中，荀子經常將子弓與孔子並稱，例如〈儒效〉云：「非大儒莫之能立，仲尼、子弓是也」[68]、〈非十二子〉云：「是聖人之不得勢者也，仲尼、子弓是也」、「今夫仁人也，將何務哉？上則法舜、禹之制，下則法仲尼、子弓之義」。[69]荀子將孔子與子弓並稱為「大儒」，也將二人可稱為「聖人」，認為當今的仁人，須遵循舜、禹所定的典章制度，效法孔子、子弓所言的義理思想，他給予子弓極高的評價。荀子是曾任楚國蘭陵令的儒者，對子弓的評論有一定的根據。

64　《史記》，卷14，〈十二諸侯年表〉，頁6-7，總頁數228。
65　《史記》，卷67，〈仲尼弟子列傳〉，頁39，總頁數863。
66　《漢書》，冊2，卷88，〈儒林列傳〉，頁6，總頁數1519。
67　張守節《史記正義》云：「《漢書》及荀卿子皆弓字『子弓』，此作『弘』，蓋誤也。」引文見：《史記》，卷67，〈仲尼弟子列傳〉，頁39，總頁數863。
68　〔戰國〕荀況著，王天海校釋：《荀子校釋》，上冊，卷4，〈儒效〉，頁311。
69　〔戰國〕荀況著，王天海校釋：《荀子校釋》，上冊，卷3，〈非十二子〉，頁212-213。

（二）世碩

《漢書·藝文志》有著錄《世子》一書，班固自注：「名碩，陳人也，七十子之弟子。」[70]「世子」即世碩，是孔子的再傳弟子。此處班固說世碩為陳人，是指楚國陳縣人。

世碩曾作〈養性書〉，在王充《論衡·本性》說：「周人世碩……故世子作〈養性書〉一篇。」[71]在郭店楚墓竹簡的〈五行〉篇中，也發現「世子」之名。丁四新比較〈五行〉篇與世碩的思想，認為：「單就楚簡〈五行〉來看，很可能是世子所作，而帛書〈五行〉說解部分屬其門人之作。」[72]而王博則推測世碩為子張之儒門下弟子，〈五行〉篇可能是世碩一系與子思之儒合流的表現。[73]從以上資料，可明白在楚國的世碩，透過著作表達他的儒家思想。

（三）陳良

陳良是楚國儒者，孟子讚美陳良，說：「陳良，楚產也。悅周公、仲尼之道，北學於中國。北方之學者，未能或之先也。彼所謂豪傑之士也。」[74]陳良欣悅於周公、孔子之道，從楚國北上至中原學習。在北方的學者，有些還比不上陳良。孟子說陳良是「豪傑之士」，稱許陳良從楚地北學於周公、孔子之道的行為。

在這段對話中，與孟子對談的是陳良之徒陳相、陳良之弟陳辛。在此之前，陳相、陳辛從宋國出發，前往滕國追隨許行，「負耒耜而自宋之滕」[75]，並在滕國與孟子見面。孟子對陳相說：「子（指陳辛）之兄弟事之數十年，師死而遂倍（背）之。」[76]可知陳良曾在楚、宋講學。陳良雖未直接授業於孔子，但他在北方學習儒學之後，回到楚國講學，影響範圍在南方的楚、宋地區。由於陳良對於儒家思想進入楚國，貢獻很大，受到孟子的推崇。

（四）鐸椒

《史記·十二諸侯年表》記載鐸椒事蹟：「鐸椒為楚威王傅，為王不能盡觀《春秋》，采取成敗，卒四十章，為《鐸氏微》。」[77]鐸椒是楚威王之師，他考慮到威王不能讀盡《春秋》，因此選取《春秋》中的成敗之事，為楚威王重編孔子的《春秋》，寫成四十章的《鐸氏微》。《漢書·藝文志》記云：「《鐸氏微》，三篇。」班固自注云：「楚太傅鐸椒也。」[78]鐸椒的確著有《鐸氏微》一書。而《春秋左傳正義》中，孔穎達疏引劉向《別錄》云：「左丘明授曾申，申授吳起，起授其子

---

[70] 《漢書》，冊2，卷30，〈藝文志〉，頁28，總頁數861。
[71] 〔漢〕王充著，黃暉校釋：《論衡校釋》（北京：中華書局，1995年1版2刷），冊1，卷2，〈本性〉，頁132-133
[72] 丁四新：《郭店楚墓竹簡思想研究》（北京：東方出版社，2000年），頁167。
[73] 見：王博：《簡帛思想文獻論集》（臺北：臺灣古籍出版公司，2001年初版1刷），頁102。
[74] 《孟子》，卷5上，〈滕文公上〉，頁4，總頁數98。
[75] 《孟子》，卷5上，〈滕文公上〉，頁1，總頁數97。
[76] 《孟子》，卷5上，〈滕文公上〉，頁4，總頁數98。
[77] 《史記》，卷14，〈十二諸侯年表〉，頁7，總頁數228。
[78] 《漢書》，冊2，卷30，〈藝文志〉，頁15，總頁數855。

期，期授楚人鐸椒，鐸椒作《抄撮》八卷授虞卿。」[79]在此處明確指出《左傳》傳承的譜系，為「左丘明－吳起－子期－鐸椒－虞卿」，《左傳》傳至鐸椒，他節錄了《左傳》的內容，寫成《抄撮》八卷，傳授予虞卿。

孔子的《春秋》是經書，左丘明的《左傳》是解經之書。鐸椒是《左傳》的正統傳人，選取《春秋》和《左傳》的內容，作為教材之書。鐸椒在重編《春秋》、《左傳》時，他不只要對此二書相當熟悉，對於儒家思想也必須了解透徹，不能違背儒家思想，才可進行編纂。故可以由此推測，鐸椒必定是當時楚國的大儒，被任命為楚威王的老師。

第二節　屈原接受儒家思想的外緣與內因

屈原明顯的有儒家思想，他能夠接觸並吸收儒家思想，有其外緣與內因。外緣是他接受貴族養成教育，以及曾經出使齊國。內因是他的資質良善，而且好修為常。

屈原出身於楚國貴族，他所受到的教育，必定不同於平民。當初教導屈原的老師，可推測是一位儒者，啟發屈原學習儒家思想。在楚國貴族教育中，使用儒家典籍作為課程教材，這也是屈原接觸儒家思想的途徑。屈原曾經出使齊國，當時有不少儒者聚集於稷下，故可推測屈原使齊的時候，曾與在稷下的儒者交流。屈原擁有上古帝王的血統，他又出生於吉時，因此資質良善，這是先天具備的美好內在。而他有淵博學識，又是好修為常，這是後天自覺的修養身心。以下就（一）外緣：貴族教育與使齊經歷。（二）內因：資質良善且好修為常。分析屈原具備儒家思想的原因。

一、外緣：貴族教育與使齊經歷

屈原出身楚國貴族的屈氏，他接受的教育，是貴族養成教育。從目前的資料來看，可推測教導屈原的老師，必定是當時的大儒，有可能是陳良或鐸椒。而在楚國貴族教育裡，所用的教材是儒家典籍。屈原接受貴族教育，也形成了儒家思想。屈原代表楚國使齊，而齊國稷下是學風鼎盛之處。據可考的稷下學者中，儒家學者佔一半的人數。屈原是博聞彊志之人，因此推論他在使齊期間，曾與稷下的儒者互動，彼此切磋學問，增長見聞。以下就（一）師長授業，啟發有方。（二）典籍教化，形成思想。（三）以文會友，學者交流。分析屈原接觸儒家思想的外緣。

（一）師長授業，啟發有方

俗語說：「師父引進門，修行在個人。」老師將學問知識教授予學生，之後的進修取決於學生自己。此語也表示老師不只是傳授學問，也能啟發學生用心向

---

[79] 〔春秋〕左丘明傳，〔晉〕杜預注，〔唐〕孔穎達疏，〔清〕阮元校勘：《春秋左傳正義》，《重刊宋本十三經注疏附校勘記》，冊6，卷1，〈春秋序〉，頁1，總頁數6。

學。孔子曾說：「不憤不啟，不悱不發；舉一隅，不以三隅反，則不復也。」[80]前句說明老師啟發學生的時機，後句說明師生之間的舉一反三，可見老師啟發學生的重要。

在楚國裡，由三閭大夫負責教育貴族子弟，培養人才。而擔任三閭大夫之人，必須要學識淵博。屈原身為貴族，他在年輕的時候，也是由當初的三閭大夫那裡，接受貴族教育。教導屈原的老師，並無相關的資料足以佐證，僅能用推測的方式來說明。

郭沫若認為屈原的老師是陳良，《屈原研究》說：「照年代上說，我覺得屈原說不定就是陳良的弟子或其私淑弟子。」[81]郭沫若推論屈原是陳良的學生，又或是受到陳良的影響。朱碧蓮反對郭沫若的說法，《還芝齋讀楚辭》說：「這一推測似不準確。孟子指出陳相兄弟『事之（陳良）數十年，師死而遂倍（背）之』。說明當孟子之時，陳良已死，他比孟子至少大 30 歲左右，孟子又比屈原早生 30年，屈原似不可能是陳良的學生，愚意屈原師事鐸椒的可能性最大，屈原作品的先王觀和古史系統與《左傳》所載基本吻合，這恐怕不是偶然的。」[82]朱碧蓮從陳良、孟子、屈原三人活動的時間，說明屈原的老師不應為陳良，並從屈原的先王觀與歷史觀這兩個角度，認為他的老師是鐸椒。

屈原的老師，或可將屈原受業的時期，與當時楚國儒者互相對照。屈原生於楚宣王二十七年（西元前 343 年），在楚懷王十年時（西元前 319），屈原二十五歲時，進入政壇。[83]郭銀田《屈原之思想及其藝術》訂此二十五年為屈原的「受教時期」。[84]以下分別說明此二人的可能性。

1.屈原以陳良為師：

孟子在西元前 324 年待在宋國[85]，而孟子又是在宋國時，與陳良的兄弟及學生見面，對他們說：「師死而遂倍（背）之」，可以推斷陳良大約卒於西元前 324年前後。從屈原的生年和陳良的卒年來看，屈原是生於西元前 343 年，在西元前324 年時，屈原十九歲。屈原生活楚國的十九年間，有可能求學於陳良，在陳良的教導下學習儒家典籍，接觸到儒家思想。

2.屈原以鐸椒為師：

鐸椒是楚威王之師，為楚威王重新編纂《春秋》寫成《鐸氏微》，鐸椒又是《左傳》的傳人，可見鐸椒是學識淵博的儒者。從鐸椒是楚王的老師來看，他或許教導過楚國內的貴族子弟。從屈原出生到二十五歲進入政壇，楚國歷任君王是宣王、威王、懷王。屈原生活楚國的二十五年間，也有可能受教於鐸椒，向他學

---

[80] 《論語》，卷 7，〈述而〉，頁 3，總頁數 61。

[81] 郭沫若：《屈原研究》，收錄於郭沫若著作編輯出版委員會編：《郭沫若全集》（北京：人民出版社，1982 年 1 版 1 刷），歷史編，第 4 卷，頁 57。

[82] 朱碧蓮：《還芝齋讀楚辭》（上海：上海古籍出版社，2008 年），頁 161。

[83] 據姜亮夫〈屈子年表〉，見姜亮夫：《楚辭學論文集》，收錄於姜亮夫著：《姜亮夫全集》，冊 8，頁 48-49。

[84] 郭銀田：《屈原之思想及其藝術》（重慶：獨立出版社，1944 年初版），頁 15。

[85] 此據錢穆〈先秦諸子繫年通表〉，見：錢穆：《先秦諸子繫年》，收錄於錢穆著：《錢賓四先生全集》（臺北：聯經出版公司，1998 年），冊 5，頁 632。

習歷史知識與儒家思想。

　　由於屈原當年接受教育時的老師，身份僅能用推測的方式，說明可能的人選，是陳良或鐸椒，也有可能二人均是，或並非此二人。筆者以為，就陳良與鐸椒而言，屈原的老師以鐸椒的可能性較大。因為鐸椒為楚威王之師，他所教導的對象極有可能是楚國君王與貴族，因此身為貴族的屈原，有可能受到鐸椒的教導。再從相關資料來看，沒有文獻記載陳良曾教導過君王貴族之事，因此是否曾有教導過屈原一事，令人不能無疑。無論如何，從屈原創作的作品中，他所表現的文學藝術與哲學思想，可想見當時教導屈原的老師，必定是一位學識豐富，並且啟發屈原良多的學者。

（二）典籍教化，體悟有得

　　屈原在他年輕的時候，受教於三閭大夫，學習知識。《國語・楚語上》記載楚莊王使士亹教導太子，士亹請教申叔時，申叔時回答：

> 教之《春秋》，而為之聳善而抑惡焉，以戒勸其心；教之《世》，而為之昭明德而廢幽昏焉，以休懼其動；教之《詩》，而為之導廣顯德，以耀明其志；教之禮，使知上下之則；教之樂，以疏其穢而鎮其浮；教之《令》，使訪物官；教之《語》，使明其德，而知先王之務用明德於民也；教之《故志》，使知廢興者而戒懼焉；教之《訓典》，使知族類，行比義焉。[86]

　　太子受教的內容，不只是有關先王的世系、法令、制度，也包含儒家典籍的《詩》、《書》等書。從儒家思想流傳至楚國的情況，《禮》、《樂》、《易》、《春秋》也有傳入楚國。

　　文崇一《楚文化研究》分析楚國的社會，有四種身份：貴族、士、庶人、奴隸。[87]屈原屬於楚國的貴族，他接受教育也是高於平民，能接觸更多的學問知識。從屈原的作品中所用的詞句，可明白屈原閱讀過儒家典籍，例如〈離騷〉云：「已矣哉，國無人莫我知兮，又何懷乎故都？」其中「已矣哉」語出《論語》：「已矣乎，吾未見能見其過而內自訟者也」[88]、「已矣乎，吾未見好德如好色者也」[89]。又〈離騷〉云：「余固知謇謇之為患兮，忍而不能舍也。」其中「謇謇」語出《周易・蹇》六二爻辭：「王臣蹇蹇，匪躬之故。」[90]而〈橘頌〉的體製源於《詩經・野有蔓草》，寫法模仿《詩經・鴟鴞》。[91]可見屈原相當熟悉儒家典籍，並有體悟，

---

[86]　〔春秋〕左丘明著，徐元誥集解：《國語集解》，卷17，〈楚語上〉，頁485-486。

[87]　文崇一：《楚文化研究》（臺北：東大圖書公司，1990年重印初版），頁127。

[88]　《論語》，卷5，〈公冶長〉，頁12，總頁數46。

[89]　《論語》，卷15，頁5，總頁數139。

[90]　〔魏〕王弼、〔晉〕韓康伯注，〔唐〕孔穎達疏，〔清〕阮元校勘：《周易正義》，《重刊宋本十三經注疏附校勘記》，冊1，卷4，〈蹇〉，頁22，總頁數92。《周易正義》以下簡稱《周易》，本論著所用《周易》均出自於此，其後僅標明卷數及頁數，不再詳注。

[91]　見：陳怡良：〈〈橘頌〉的傳承與突破──兼論屈原創作〈橘頌〉之緣因與勝處〉，《雲夢學刊》，第33卷，第1期（2012年1月），頁38-39。

故能吸收轉化，運用在作品裡，而屈原也自然的接受儒家思想。

（三）以文會友，學者交流

屈原生活在楚國，又曾經出使齊國，這兩個國家的國內，都有儒家學者。以孟子為例，竹治貞夫《屈原》說：「孟子活躍的時期，從其中出現的諸侯年代而言，應該是在前 330-300 年間，也就是屈原十歲到四十歲之間的事。此二人活躍的年代，約有二十年的重疊，也許，以齊的都城為舞臺，他們互相知道對方的名字，或者見過面。」[92]竹治貞夫是從孟子與屈原的生卒年作推論，認為孟子與屈原有可能接觸過。筆者再舉相關例證說明，如前所述，孟子在西元前 324 年待在宋國，而此年正是屈原十九歲。宋國是在楚國的勢力範圍內，又孟子為儒家著名學者，因此屈原有可能在孟子待在宋國時，與孟子見面。無論孟子在齊或在楚，都有可能影響屈原，而使屈原擁有儒家思想。再以荀子為例，荀子生於西元前 313 年，而屈原卒於 277 年，他們之間約有三十六年的時間重疊。雖然沒有明確的事蹟，可以證明荀子與屈原曾經接觸，但由於兩人在當時是著名的學者與政治家，也有可能聽聞過彼此的事蹟與思想內容，而屈原也有可能因此而有儒家思想。

屈原出使齊國，根據《史記·屈原列傳》、《新序·節士》記載，屈原在懷王十二年使齊，懷王十六年歸國，又在懷王十七年使齊，懷王十八年歸國。[93]屈原待在齊國的時間，總共約六年左右。

楚國要與齊國結盟，一同對抗秦國，派遣屈原出使齊國。在當時齊國國內，學術風氣最盛行的地方，當屬「稷下」。[94]齊國聚集了眾多的學者，在稷下進行學問知識的交流，並且形成風尚。而曾經在齊國的儒者，據林麗娥《先秦齊學考》的統計：「本地學者計廿五人，外來及里籍不詳學者計十八人，共四十三人。幾占所考學者之一半。」[95]在齊國稷下的學者中，儒家學者在人數上有一定的份量，也影響著齊國的學術。

從《史記》與《新序》的記載，屈原出使齊國，代表楚國與齊國結交，他身負國際外交的責任。由於屈原是博聞彊志之人，對於齊國的學術必定深感興趣，而與身在的齊國學者互相切磋琢磨。屈原透過學術交流的方式，接觸當時的儒家學者，而他也深受齊國儒者的影響。

---

[92] 〔日本〕竹治貞夫著，譚繼山譯：《屈原》（臺北：萬盛出版公司，1972 年），頁 40。
[93] 詳見：《史記》，卷 40，〈楚世家〉，頁 54-60，總頁數 643、〔漢〕劉向編著，石光瑛校釋，陳新整理：《新序校釋》（北京：中華書局，2009 年 2 版），中冊，卷 7，〈節士〉，頁 938。屈原此次使齊的時間，據姜亮夫〈屈子年表〉所訂，見：姜亮夫：《楚辭學論文集》，收錄於姜亮夫著：《姜亮夫全集》，冊 8，頁 49。
[94] 林麗娥《先秦齊學考》說明此地：「它是位在戰國齊國首都臨淄城旁邊的一個國家特別文化區，是我國最早的國立學術研究機構，也是戰國七國言論思想學術的中心點，它透過齊國政治經濟上的支持，兼容並蓄的，招來了各國各家各派的優秀學者，在此『百家爭鳴』，大大地促進了學術思想的交流和發展。」林麗娥：《先秦齊學考》（臺北：臺灣商務印書館，1992 年），頁 123。
[95] 林麗娥：《先秦齊學考》，頁 434。齊國的儒家學者，見林麗娥《先秦齊學考》〈先秦齊國學者一覽表〉，頁 236-246。

二、內因：資質良善且好修為常

屈原在〈離騷〉寫出他擁有美好的內在，是有原因的。從屈原的世系來看，他與上古帝王黃帝、顓頊有血緣聯繫，與楚王是同姓關係。而屈原出生於寅年寅月寅日，是吉祥的時辰，父親伯庸為他取名為「平」，取字為「原」，對屈原寄予厚望。屈原既博聞彊志，學識淵博，也努力的修養己身，使德行更加美善。由於屈原的資質良善，而且好修為常，所以展現出內外兼美的品德，使人格達到至善至美的境界。以下就（一）高陽之後，楚之同姓。（二）生於吉時，伯庸命名。（三）博聞彊志，好修為常。（四）內外兼美，品格至善。分析屈原擁有儒家思想的內因。

（一）高陽之後，楚之同姓

屈原在〈離騷〉的開頭云：「帝高陽之苗裔兮，朕皇考曰伯庸。」說明自己的先祖是高陽，父親是伯庸。王逸《楚辭章句》釋「高陽」云：「顓頊有天下之號也。」《史記‧楚世家》對顓頊及其世系有詳細的記載：

> 楚之先祖，出自帝顓頊高陽。高陽者，黃帝之孫，昌意之子也。高陽生稱，稱生卷章，卷章生重黎。重黎為帝譽高辛居火正，甚有功，能光融天下。帝譽命曰祝融。共工氏作亂，帝譽使重黎誅之而不盡。帝乃以庚寅日誅重黎，而以其弟吳回為重黎。後，復居火正，為祝融。吳回生陸終。陸終生子六人，坼剖而產焉。其長一曰昆吾；二曰參胡；三曰彭祖；四曰會人；五曰曹姓；六曰季連，羋姓，楚其後也。……季連生附沮，附沮生穴熊。……季連之苗裔曰鬻熊。……其子曰熊麗。熊麗生熊狂，熊狂生熊繹。……熊繹生熊艾，熊艾生熊䵣，熊䵣生熊勝，熊勝以弟熊楊為後。熊楊生熊渠。熊渠……立其長子康為句亶王，中子紅為鄂王，少子執疵為越章王……後為熊毋康，毋康蚤死。熊渠卒，子熊摯紅立。摯紅卒，其弟弒而代立，曰熊延。熊延生熊勇。……熊勇十年，卒，弟熊嚴為後。……（熊嚴）有子四人，長子伯霜，中子仲雪，次子叔堪，少子季徇。熊嚴卒，長子伯霜代立，是為熊霜。……熊霜六年，卒，三弟爭立。仲雪死；叔堪亡，避難於濮；而少弟季徇立，是為熊徇。……（熊徇）二十二年，熊徇卒，子熊咢立。熊咢九年，卒，子熊儀立，是為若敖。（若敖）……二十七年，若敖卒，子熊坎立，是為霄敖。霄敖六年，卒，子熊眴立，是為蚡冒。……蚡冒十七年，卒。蚡冒弟熊通弒蚡冒子而代立，是為楚武王。[96]

姜亮夫〈屈原事蹟續考〉將黃帝至陸終、楚支受姓之始、始封以楚地，繪製成圖表，又何錡章《離騷天問考辨》繪製熊通至屈原世系，筆者節錄於下[97]：

---

[96] 《史記》，卷40，〈楚世家〉，頁2-10，總頁數630-631。
[97] 姜亮夫：〈屈原事蹟續考〉，見：姜亮夫：《楚辭學論文集》，收錄於姜亮夫著：《姜亮夫全集》，

黃帝至陸終：

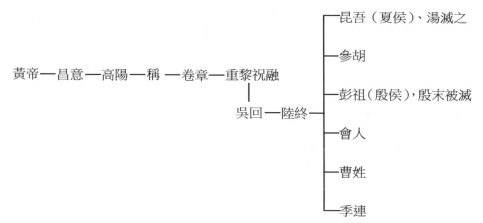

楚支受姓之始：

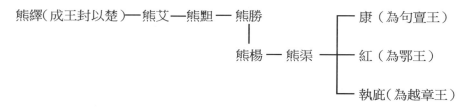

始封以楚地：

熊延—熊勇
　　｜
　　熊嚴—熊霜
　　　　　｜
　　　　　熊徇—熊咢—熊儀—熊坎—熊眴
　　　　　　　　　　　　　　　　　｜
　　　　　　　　　　　　　武王熊通（諡法始有）

熊通至屈原：

冊 8，頁 29-30。何錡章：《離騷天問考辨》（臺北：廣東出山版社，1976 年），頁 251-253。

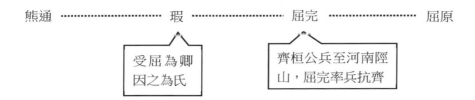

在上引世系表中顯示，楚族之先祖是黃帝，而黃帝之孫高陽即是顓頊，屈原是楚族出身，他自是黃帝的後代子孫，身上流有顓頊的血液。至於熊繹，則是周成王時，始封以楚。到了楚武王熊通，授其子瑕於屈地，王逸《楚辭章句》云：「（楚武王）始都於郢，時生子瑕，受屈為客卿，因以為氏。」這就是屈氏的由來。

司馬遷《史記・屈原列傳》寫道：「屈原者，名平，楚之同姓也。」[98]屈原出身於楚國貴族，與楚族有相同的姓，而由於屈瑕受封於屈，屈原是以屈為氏。屈原的先祖是高陽顓頊，是中國歷史上的五帝之一，又與楚國國君同姓。由於有血緣上的關係，屈原在先天上擁有美好的資質，他也以此為榮。

（二）吉時出世，命名寄寓

屈原在〈離騷〉次句說道自己的出生：「攝提貞於孟陬兮，惟庚寅吾以降。」王逸《楚辭章句》云：「言己以太歲在寅，正月始春，庚寅之日，下母之體而生，得陰陽之正中也。」而錢杲之《離騷集傳》云：「原自以寅歲寅月寅日而生，若有禎祥然。」[99]屈原誕生於寅年寅月寅日，他是在吉祥的時辰出生。屈原按著說到名字的由來：

> 皇覽揆余初度兮，肇錫余以嘉名。名余曰正則兮，字余曰靈均。

由於屈原出生於吉日吉時，他的父親伯庸為屈原命名，以「平」為名，以「原」為字，〈離騷〉則以「正則」、「靈均」代稱。〈離騷〉句中的「肇」字，王逸《楚辭章句》解釋為「始也」，並言：「言己父伯庸觀我始生年時，度其日月，皆合天地之正中，故賜我以美善之名也。」伯庸審視屈原出生的年、月、日，賜予屈原美好的名字。而「肇」字又通「兆」，有占卜之意。陳直《楚辭拾遺》說：「『肇』即『兆』字之假借……屈子蓋本名平字原，因在伯庸祖廟卜兆得名曰正則、字曰靈均也。」[100]認為屈原的名與字，是伯庸在祖廟經由占卜而得。伯庸為屈原命名，是從屈原出生的時辰考量，並透過占卜而得，並非隨意取名。至於「正則」、「靈

98　《史記》，卷 84，〈屈原賈生列傳〉，頁 2，總頁數 983。
99　〔宋〕錢杲之：《離騷集傳》，收錄於吳平、回達強主編：《楚辭文獻集成》，冊 4，頁 1，總頁數 2227。
100　陳直：《楚辭拾遺》，收錄於杜松柏主編：《楚辭彙編》（臺北：新文豐出版公司，1986 年臺 1 版），冊 7，頁 1，總頁數 568。

均」的解釋，王逸《楚辭章句》說：

> 正，平也；則，法也。靈，神也。均，調也。言正平可法則者，莫過於天；養物均調者，莫神於地。高平日原，故父伯庸名我為平以法天，字我為原以法地。言己上之能安君，下之能養民也。

屈原在〈離騷〉以「正則」為名，以「靈均」為字，是與自己的名字互相呼應。伯庸以此為屈原命名，代表屈原天生有美好的內在，期待屈原能忠君愛民，對楚國有所貢獻。屈原也以此表示他擁有良善的資質，足以與自己的名字相匹配。

（三）博聞彊志，好修為常

司馬遷《史記·屈原列傳》稱屈原是「博聞彊志」[101]，而劉向《新序·節士》也說屈原「有博通之知」[102]，以上二人對於屈原的學問知識，都給予「博」字的稱譽。屈原能閱讀群書，而儒家的典籍也涵括在內。正由於屈原有豐富的學養，受楚懷王的重用，為楚國制定法律，更能代表楚國出使各國，與諸侯會盟交涉。

在儒家典籍中，多次強調修身的重要，例如《論語》說：「修己以敬」、「修己以安人」、「修己以安百姓」[103]，說明要以恭敬之心來修養自己，而修身則可以達到安人、安百姓的目的。而《孟子》說：「修身以俟之，所以立命也」[104]、「君子之守，修其身而天下平」[105]。修身可以安身立命，也可使天下太平。至於《荀子》說：「以修身自名則配堯禹。」[106]修身則可與堯、禹等先王相配。

屈原受到儒家修養觀的影響，在作品中也說道他是好修為常。〈離騷〉云：「民生各有所樂兮，余獨好修以為常。」屈原擁有良好的資質，仍不停精進自己的修養。據陳怡良先生《屈原文學論集》的統計，「修」字組合之詞，在屈原作品中出現三十多次。陳怡良先生並言：「可見脩（修）字，除有修飾美潔之初義外，亦有美善德操之引申義在。」[107]屈原透過後天的修養，努力提升品德。

屈原在青年時期的作品〈橘頌〉曾言：「紛縕宜修，姱而不醜兮。」讚頌橘果的氣味，散發出芬芳的香氣，而它的香味，是經過自身的修養，才能如此美好。表面上寫道橘樹的修養，因而結出美好的橘果，實指屈原注重自己的修養，從小就開始培養，因此擁有良好的品德。屈原從政之後，曾被疏遠於漢北，放逐於江南，但這些受苦受難的時日，仍不忘修潔己身。如〈離騷〉言：「余雖好修姱以鞿羈兮，謇朝誶而夕替。」屈原在前句，用套於馬首的韁繩來形容自己，能知約束，說明他不只有美好的內在，更能自我修養。故錢杲之《離騷集傳》說：「己

---

[101] 《史記》，卷84，頁2，總頁數983。
[102] 〔漢〕劉向編著，石光瑛校釋，陳新整理：《新序校釋》，中冊，卷7，〈節士〉，頁937。
[103] 《論語》，卷14，〈憲問〉，頁17，總頁數131。
[104] 《孟子》，卷13上，〈盡心上〉，頁2，總頁數228。
[105] 《孟子》，卷14下，〈盡心下〉，頁4，總頁數260。
[106] 〔戰國〕荀況著，王天海校釋：《荀子校釋》，上冊，卷1，〈修身〉，頁49。
[107] 陳怡良：〈屈原的狂熱與執著〉，《屈原文學論集》，頁33。

雖好美修潔，又盛美而自羈束然。」[108]屈原能克制自己，此為修養品德之法。

（四）內外兼美，品格至善

屈原在〈離騷〉言：「紛吾既有此內美兮，又重之以修能。」此句的「內美」，古今多無異義，如朱熹《楚辭集注》云：「生得日月之良，是天賦我美質於內也。」[109]蔣天樞《楚辭校釋》云：「內美，就資稟言，即上所言平正中和等美德之得於天者，故叔師云云。」[110]均是指屈原內在的美好。至於「修能」，主要有二說：一說解釋「能」為「才能」，如錢杲之《離騷集傳》云：「能，材能也。」[111]另一說解釋「能」為「態」，如朱駿聲《離騷賦注》云：「能，讀為態，姿有餘也。」[112]對於此二種說法，筆者贊同劉德重的看法：「此二句上句就內在的品質而言，下句就外在的表現而言。『能』無論作容態解或才能解，均無不合。」[113]認為此句為對句，是內在與外在相對而言。屈原在作品中，多次強調他擁有美好的品格，又經常以香草美玉裝飾自己，可見他不只注重內在修養，也重視外在形象。

〈離騷〉說：「亦余心之所善兮，雖九死其猶未悔」、「夫孰非義而可用兮，孰非善而可服」。屈原認為「善」需要發自內心去遵從，當他面對死亡時，仍不會感到後悔。屈原又說哪有不善與不義的事，可以被推行的呢？「善」是屈原行事的標準，屈原拒絕去行不善不義的事。〈抽思〉也說：「善不由外來兮，名不可以虛作。」認為「善」是自身本性即有的美德，而非從外在追求而可得。

屈原在作品中，曾言及「仁」、「義」、「德」，這些包括在屈原的「善」之中。如〈懷沙〉說：「重仁襲義兮，謹厚以為豐。」屈原重覆地修養仁義道德，以此豐厚品格。〈招魂〉說：「朕幼清以廉潔兮，身服義而未沫。」屈原自幼信服「義」字，保持自身廉潔，從未停止。〈離騷〉說：「皇天無私阿兮，覽民德焉錯輔。」表示上天面對百姓是秉公無私，依照人民對「德」的遵從而降福，「仁」、「義」、「德」是屈原一生行事的準則。

第三節　屈原任職仕宦的需要

屈原任職三閭大夫與左徒的記載，見於《史記‧屈原列傳》。三閭大夫的職務，負責管理楚國貴族子弟，擔任教育培養貴族子弟的職責，而三閭大夫也執掌祭祀典禮。屈原曾接受三閭大夫以儒家典籍為教材的教導，在屈原擔任三閭大夫的時候，也以此為教材教育貴族子弟。屈原任三閭大夫期間，改寫〈九歌〉，創作〈天問〉，屈原將儒家思想寫入作品裡，並作為教材使用。關於左徒的職務與

---

[108] 〔宋〕錢杲之：《離騷集傳》，收錄於吳平、回達強主編：《楚辭文獻集成》，冊4，頁5，總頁數2286。

[109] 〔宋〕朱熹：《楚辭集注》，卷1，頁3。

[110] 蔣天樞：《楚辭校釋》（上海：上海古籍出版社，1989年），頁7。

[111] 〔宋〕錢杲之：《離騷集傳》，收錄於吳平、回達強主編：《楚辭文獻集成》，冊4，頁1，總頁數2278。

[112] 〔清〕朱駿聲補注：《離騷賦注》，收錄於吳平、回達強主編：《楚辭文獻集成》，冊16，頁2，總頁數11633。

[113] 劉德重注釋〈離騷〉，見：馬茂元主編：《楚辭注釋》（臺北：文津出版社，1993年），頁11。

地位,在戰國時代並無明確的記載,須從其他旁證分析左徒職務的內容。屈原擔任負責楚國內政與外交的左徒,他有豐富的學識,足以勝任此官職。從左徒必須具備的才幹,也可知屈原曾經閱讀儒家的典籍,以此作為改革政治的依據,並能夠在外交場合上應對諸侯。以下就(一)三閭大夫。(二)左徒。此二個官職分析屈原任職的官職與儒家思想的相關性。

一、三閭大夫

　　楚國三閭大夫一職,負責楚國貴族子弟的教育,為楚國培養人才。楚國貴族教育的教材,主要是儒家典籍,屈原擔任過三閭大夫,他身為師長,必須具備豐富的學識,並且熟悉這些典籍,才能教導貴族子弟。屈原在青少年時期,寫作〈橘頌〉展現才華,以此表示有意要參與政治,屈原也因〈橘頌〉獲得楚王賞識,任命為三閭大夫。在屈原任職三閭大夫期間,寫作〈九歌〉與〈天問〉。〈九歌〉是屈原改寫民間祭歌而成,當作教導子弟的教材;〈天問〉是屈原用一百七十個問題,就教於當時的學者,以此表現出才學。屈原的儒家思想就寫入〈九歌〉與〈天問〉。以下就三閭大夫之職務與地位,以及屈原授業的教材,分析屈原任職的三閭大夫與儒家思想的關聯。

(一)職務與地位

　　〈漁父〉云:「屈原既放,遊於江潭,行吟澤畔,顏色憔悴,形容枯槁。漁父見而問之,曰:『子非三閭大夫歟?何故至於斯?』」可知屈原曾任三閭大夫。湯炳正解釋「三閭」一詞:

> 「三閭」之義,乃因公族三姓各分閭相聚而居,故得名。考公族相聚而居,乃戰國時期各國之通制,不專為楚國所特有。蓋當時貴族與其它官吏平民,界限極嚴,不能同閭。[114]

　　三閭是屬於貴族聚集的處所,與平民百姓分開居住。這些貴族能享有更優渥的生活環境,其中也包括接受貴族養成教育。

　　王逸《楚辭章句》說明三閭大夫的職務為:「掌王族三姓,曰昭、屈、景。屈原序其譜屬,率其賢良,以厲國士。」是負責管理貴族三姓子弟,並教養三姓貴族子弟,鼓勵國中優秀人才。此職類似中原的「宗伯」[115],《尚書·周官》云:「宗伯掌邦禮、治神人,和上下。」[116]三閭大夫之職也包括朝聘與祭祀典禮。姜亮夫、湯炳正二位也說明此職類似春秋時期的「公族大夫」[117]。《國語·晉語七》

---

[114] 湯炳正:《楚辭類稿》(臺北:貫雅文化公司,1991 年),〈一五、「三閭」餘義〉,頁 54。
[115] 繆文遠訂補《七國考》引吳永章〈楚官考〉云:「三閭大夫職掌王之宗族,與周的春官宗伯和秦的宗正類。」引文見:〔明〕董說著,繆文遠訂補:《七國考訂補》(上海:上海古籍出版社,1987 年 1 版 1 刷),上冊,頁 77。
[116] 《尚書》,卷 18,〈周官〉,頁 4,總頁數 270。
[117] 詳見:姜亮夫:《楚辭學論文集》,收錄於姜亮夫著:《姜亮夫全集》,頁 38-39、湯炳正:《楚

言：

> 欒伯請公族大夫。（韋昭注：「公族大夫，掌公族與卿之子弟。」）公（晉悼公）曰：「荀家惇惠，荀會文敏，黡也果敢，無忌鎮靜，使茲四人者為之。夫膏粱之性難正也，故使惇惠者教之，使文敏者導之，使果敢者諗之，使鎮靜者修之。惇惠者教之，則偏而不倦；文敏者導之，則婉而入；果敢者諗之，則過不隱；鎮靜者修之，則壹。使茲四人者為公族大夫。」[118]

　　晉國的公族大夫，負責掌管貴族子弟的教育。楚國的三閭大夫近似於公族大夫，教導楚國中昭、屈、景三姓的貴族子弟。蘇雪林〈屈原評傳〉更進一步的說明三閭大夫：「昭、屈、景既為大族，族中子弟必多，三閭或者是個訓練機關，聚三姓子弟於一處而族以教育和訓練。這種教育訓練，大概分為文武兩途。但觀三姓人有為楚國的『柱國』、『相』者，有為外交家者，有為將領者，即可知道。」[119]楚國透過教育貴族子弟，培養出眾多人才，並在朝廷裡擔任要職，且有表現。

　　負責教導他們的三閭大夫，必須有相當的能力與才華，才能承擔此職務。金開誠《屈原辭研究》認為擔任三閭大夫所須具備的條件，是要才德兼備，又是楚國貴族，且有一定的年紀[120]，而屈原正符合此三項，他在青少年時寫的〈橘頌〉，即展現出他過人的才華，得到楚王的賞識，授命他擔任三閭大夫。值得注意的是，屈原所屬的屈氏，是沒落的貴族，屈氏的勢力不如昭、景二姓，屈原在貴族地位世襲的楚國裡，憑藉著自己的力量，從眾多貴族子弟中脫穎而出，任職三閭大夫，初入政壇。因此，屈原能擔任三閭大夫，也是因他的學識高人一等，且具備過人的才能。其後屈原依靠自身能力與學識的傑出表現，晉升到左徒一職。

（二）授業的教材

　　屈原用以教導貴族子弟的教材，現今已不可見，但是透過其他相關資料，以及屈原擔任三閭大夫時寫作的文學作品，仍可推論屈原有儒家思想，並將儒家思想傳授予楚國貴族子弟。

　　在前引的《國語·楚語上》，士亹請教申叔時如何教導太子，而申叔時所提及的教材內容為：《詩》、《書》等書。貴族子弟透過學習這些儒家典籍，進而吸收儒家思想。屈原是楚國貴族子弟，他也曾受業於當時的三閭大夫，而教導屈原的三閭大夫，也是將這些儒家典籍列入教材，從中吸收儒家思想。在屈原擔任三閭大夫時，自然肩負起教養貴族子弟的責任。而作為師長的人，必須將自身所學融會貫通，才能夠教導學生。屈原的資質良善，又是博聞彊志，自是熟悉儒家的典籍，因此能擔任三閭大夫，教導楚國的貴族子弟。

　　屈原的作品中，有兩篇是作於三閭大夫的任上，即〈九歌〉與〈天問〉。〈九

辭類稿》，〈一五、「三閭」餘義〉，頁 54-55。
[118] 〔春秋〕左丘明著，徐元誥集解：《國語集解》，卷 13，〈晉語七〉，頁 407。
[119] 蘇雪林：〈屈原評傳〉，《屈原與九歌》（臺北：文津出版社，2005 年），頁 59。
[120] 見：金開誠：《屈原辭研究》（南京：江蘇古籍出版社，2001 年 1 版 2 刷），頁 46。

歌〉、〈天問〉的寫作時間，陳怡良先生認為：「〈九歌〉之加工改作，應是屈原擔任三閭之職時，較有可能，而其時是在懷王時，且屈原未升任左徒前」、「從內容主題和表現情操上看，〈天問〉可能作於〈橘頌〉之後，〈九歌〉之前」。[121]屈原擔任三閭大夫，既負責教育子弟，又執掌楚國的祭祀，他改寫地方祭祀歌謠為〈九歌〉，為了避免內容的「褻慢淫荒之雜」（朱熹《楚辭集注》語），他不只修飾原本歌詞的文字，變俗為雅，其中更含有儒家思想，可作為教材教導貴族子弟。

　　至於〈天問〉此種問句的句式，夏大霖《屈騷心印》說：「《天問》之文，今策問之式也。」[122]蘇雪林《天問正簡》更說：「〈天問〉所有問題並非屈原不懂而向讀者請教，倒是他在當著試官，出題考讀者哩。」[123]而陳怡良先生分析〈天問〉的創作意識，說道：「這篇〈天問〉可能是他一心急急求名，故意炫耀才華，以詰難當世藉以揚名的大傑作！」[124]〈天問〉提問的問題，實際上屈原是已知解答，卻是明知故問，而〈天問〉所問之事，不只問於讀者，也可能問於當代的知識界的學者。屈原在擔任三閭大夫時寫作〈天問〉，展現出淵博的學識，而其中也包含著儒家思想，他也會將儒家思想傳授予貴族子弟。

二、左徒

　　楚國左徒一職，是楚國中重要的官職，地位僅次於楚王與令尹。而左徒的職務內容，是負責楚國的內政與外交。因此要擔任左徒，必須具備豐富的學識。屈原曾為左徒，可見他的學問知識，足以讓他勝任此職。屈原曾經為楚國進行變法，也為楚國出使齊國，可見他對儒家典籍相當熟悉，而這些儒家典籍，正是他推行變法的依據，並使他在外交場合上無往不利。以下就左徒的職務與地位，以及左徒必須具備的才幹，分析屈原任職的左徒與儒家思想的關聯（按：屈原是否任職左徒之時使齊，楚辭學者有不同的看法。[125]由於左徒之職與外交相關，故筆者將屈原使齊一事，在此一併論述）。

（一）職務與地位

　　《史記·屈原列傳》云：「（屈原）為楚懷王左徒。博聞彊志，明於治亂，嫻

---

[121] 陳怡良：〈九歌新論——九歌意義與特質探新〉、〈天問的思想內容及其文學價值〉，《屈原文學論集》，頁 198、317。

[122] 〔清〕夏大霖：《屈騷心印》，收錄於吳平、回達強主編：《楚辭文獻集成》，冊 11，卷 2，頁 1，總頁數 7810。

[123] 蘇雪林：《天問正簡》（臺北：文津出版社，1992 年初版），〈引言〉，頁 26。

[124] 陳怡良：〈天問的創作背景及其創作意識〉，收錄於中國古典文學研究會主編：《古典文學》（臺北：臺灣學生書局，1971 年），第 1 集，頁 27。

[125] 蘇雪林在〈屈原評傳〉說：「屈原之使齊，並非正使身份，不過是個副使。」蘇雪林言下之意，屈原使齊時所任官職，並非如左徒這樣的高官。但也有學者認為屈原曾在任職左徒時使齊，姜亮夫〈屈子年表〉訂屈原二十五歲任職左徒，二十七歲東使於齊，三十歲以上官大夫之讒而見疏。可知姜亮夫是認為，屈原使齊之時，是擔任著左徒一職。見：蘇雪林：〈屈原評傳〉，《屈原與九歌》，頁 62、姜亮夫：〈屈子年表〉，收錄於姜亮夫：《楚辭學論文集》，《姜亮夫全集》，冊 8，頁 49-50。

於辭令。入則與王圖議國事，以出號令。出則接遇賓客，應對諸侯。」[126]可知屈原曾任左徒。在先秦時的史料中，未有文獻說明左徒的職務與地位，直至唐代張守節《史記正義》解釋為：「蓋今左右拾遺之類。」[127]認為大概是唐代時左右拾遺的官位，但此說在學術界公認是不合事實，一來張守節的說法是推測之詞，二來「左右拾遺」為八品諫官，職位低下，與「左徒」的地位相差甚大。

其他左徒的資料尚存在《史記》裡，〈楚世家〉載：「（頃襄王二十七年）楚使左徒侍太子於秦。……考烈王以左徒為令尹，封以吳，號春申君。」[128]從「左徒侍太子」一句，可知左徒能在楚國王族的身邊服侍。再從左徒能晉升為令尹來看，左徒的地位僅次於令尹，足見左徒地位的崇高。據文崇一的考證，令尹是楚國官制中僅次於楚王的職位。[129]根據以上資料顯示，楚國官制地位由大至小為：「楚王－令尹－左徒」。

擔任左徒者所具備的能力，除了〈屈原列傳〉對屈原的描述之外，〈春申君列傳〉記載左徒黃歇的事蹟：

> 春申君者，楚人也。名歇，姓黃氏。游學博聞，事楚頃襄王。頃襄王以歇為辯，使於秦。……頃襄王，其（懷王）子也，秦輕之，恐壹舉兵而滅楚。歇乃上書說秦昭王……黃歇受約歸楚，楚使歇與太子完入質於秦。[130]

湯炳正認為擔任左徒者，必須如屈原的「博聞彊志」、「明於治亂」、「嫺於辭令」，又如黃歇的「游學博聞」、「王以為辯」，並說：「他們（指屈原與黃歇）的主要活動多在外交方面。」湯炳正更透過曾侯乙簡文，說明道：「作為『左徒』，不僅要參加國與國之間的重要政治鬥爭，也要參加諸侯並賵贈車馬等等應酬性的活動。」[131]湯炳正所言甚是。左徒也有參與楚國內政的職權，例如屈原的「圖議國事」、「造為憲令」，黃歇則是參與楚考烈王繼承王位之事。[132]左徒的職務是須負責楚國的內政與外交，在楚國裡有舉足輕重的地位。

（二）具備的才幹

屈原在楚懷王時期任為左徒，據〈屈原列傳〉所述，他參與內政部份是「與王圖議國事，以出號令」、「懷王使屈原造為憲令」，在外交部份是「接遇賓客，應對諸侯」。由於屈原資質良善，自身則是博聞彊志，並在青少年的時候，接受貴族教育。屈原任職三閭大夫時，即嶄露頭角，因此受到楚懷王的重用而任左徒。屈原因左徒之職，參與國事，制定法律，他有足夠的學識與涵養，擔任此重任，

---

[126] 《史記》，卷84，〈屈原賈生列傳〉，頁2，總頁數983。
[127] 《史記》，卷84，〈屈原賈生列傳〉，頁2，總頁數983。
[128] 《史記》，卷40，〈楚世家〉，頁78-79，總頁數649。
[129] 文崇一：《楚文化研究》，頁67。
[130] 《史記》，卷78，〈春申君列傳〉，頁2、12-13，總頁數941、943-944。
[131] 湯炳正：〈左徒與登徒〉，《屈賦新探》（臺北：貫雅文化公司，1991年初版），頁54。
[132] 此事見《史記‧春申君列傳》，載《史記》，卷78，〈春申君列傳〉，頁17-21，總頁數945-946。

在楚國推行變法。屈原在楚國進行改革時，對於戰國時期著名的變法，例如李悝
變法於魏、商鞅變法於秦，以及楚國變法的歷史，例如孫叔敖、蒍掩、吳起均在
楚國實施的變法，他都要非常熟悉。從屈原變法的內容，可知他曾經閱讀儒家相
關的典籍，從中吸收儒家思想，作為制定法律的依據，使楚國更為強盛。

　　屈原曾以使節的身份，出使齊國，依《新序·節士》的記載：「秦欲吞滅諸
侯，并兼天下，屈原為楚東使於齊，以結彊黨」、「是時懷王悔不用屈原之策，以
至於此，於是復用屈原。屈原使齊還，聞張儀去，大為王言張儀之罪，懷王使人
追之，不及」。[133]屈原擔任代表楚國的使節，二次出使齊國。作為外交官的屈原，
需具備相應的能力，才能夠進退應對於諸侯之間，為楚國創造出最大的利益。在
春秋戰國時期，《詩經》是在國際外交中應對問答的憑藉，如《論語·子路》言：
「誦《詩三百》……使於四方，不能專對，雖多，亦奚以為？」[134]而《漢書·藝
文志》則說：「古者諸侯卿大夫交接鄰國，以微言相感，當揖讓之時，必稱《詩》
以諭其志，蓋以別賢不肖而觀盛衰焉。」[135]外交使者藉由《詩經》的文句，來表
達心志或立場，《左傳》也有相關記載，李曰剛即舉例：

> 重耳在秦，穆公賦〈六月〉，重耳稽首拜賜。（僖二十三）
> 申包胥在秦，哀公賦〈無衣〉，包胥九頓首謝。（定四）
> 李武子在晉賦〈六月〉，以仰大國之威（襄十九），在宋賦〈常棣〉，以睦
> 鄰國之誼。（襄二十）
> 韓宣子在魯賦〈角弓〉以相親，在衛賦〈木瓜〉以永好（並見昭二），在
> 鄭賦〈我將〉以靖亂。（昭十六）[136]

　　由此可知《詩經》在外交場合上的重要性。《左傳》裡，也有記載楚國使者
引《詩》賦《詩》，例如襄公二十七年，楚蒍罷如晉涖盟，賦〈既醉〉[137]、昭公三
年，鄭伯如楚，楚子享鄭伯，賦〈吉日〉[138]，而戰國時期也有此類，例如與屈原
同為左徒的春申君黃歇，他在上書秦昭王時，就引《詩經》的〈大雅·蕩〉、〈小
雅·巧言〉，來為自己立論說解。[139]屈原為楚國的外交官，他必須對《詩經》相
當熟悉，而《詩經》又是儒家的典籍，故他會接受與吸收儒家思想。

---

133 〔漢〕劉向編著，石光瑛校釋，陳新整理：《新序校釋》，中冊，卷 7，〈節士〉，頁 938、945。
134 《論語》，卷 13，〈子路〉，頁 3-4，總頁數 116。
135 《漢書》，冊 2，卷 30，〈藝文志〉，頁 58，總頁數 876。
136 李曰剛：《中國詩歌流變史》（臺北：文津出版社，1987 年），上冊，頁 37。
137 〔春秋〕左丘明著，楊伯峻注：《春秋左傳注》，冊 3，〈襄公二十七年〉，頁 1138。
138 〔春秋〕左丘明著，楊伯峻注：《春秋左傳注》，冊 4，〈昭公三年〉，頁 1244。
139 黃歇上書秦王之內容，詳見《史記·春申君列傳》。黃歇所引《詩經》為「靡不有初，鮮克有
終。」（〈大雅·蕩〉）、「趯趯毚兔，遇犬獲之。他人有心，余忖度之。」（〈小雅·巧言〉，今本作
「他人有心，予忖度之。躍躍毚兔，遇犬獲之。」）。又《史記·春申君列傳》中，黃歇引《詩》
之「大武遠宅而不涉。」瀧川龜太郎引孫詒讓曰：「即《周書》〈大武篇〉……古書引書，或通作
《詩》。」引文見：《史記》，卷 78，〈春申君列傳〉，頁 2-12，總頁數 941-943。

第三章　儒家意識，根柢現實──屈原之儒家思想探究

　　在儒家思想中，有「修身、齊家、治國、平天下」的觀念，《禮記・大學》云：「古之欲明明德於天下者，先治其國；欲治其國者，先齊其家；欲齊其家者，先修其身。……身修而後家齊，家齊而後國治，國治而後天下平。」[1]從「修身」到「平天下」，是由近而遠的步驟，以「內聖外王」為最終目標。屈原受到儒家思想的影響，他也是以「修身」為基礎，向「平天下」的目標邁進。

　　以下第一節討論屈原「修身」的思想，可知他的好修為常，是如何表現在行為上，體現在生命裡，也反應在他抒發的情感。第二節討論屈原「齊家」的思想，可知屈原家庭與家族的情況，而屈原試圖振興家族，使屈氏能恢復昔日的地位，其成效又是如何。第三節討論屈原「治國」的思想，可知屈原所追求的美政內容為何，屈原是又如何改革楚國政治，並有他的外交策略。第四節討論屈原「平天下」的思想，可知屈原要立足楚國，放眼天下，使楚國能稱霸各國而統一天下。

第一節　修身：好修為常

　　依《禮記・大學》所言，「修身」列為首要事項，《禮記・大學》云：「自天子以至於庶人，壹是皆以修身為本。」[2]古代君子要將自身美德表現於世間，必須修養己身，在修養身心後，才可以齊家、治國、平天下，上至天子，下至百姓，均以修身為根本。《禮記・中庸》也說：「君子不可以不修身；思修身，不可以不事親；思事親，不可以不知人；思知人，不可以不知天。」[3]君子修身，是有其方法的。屈原有儒家思想，而他的修身，不只成為內在涵養，也表現於外在行為。屈原重視修身，以下就（一）行為表現。（二）生命體現。（三）情感表達。討論屈原如何實踐儒家的修身。

一、行為表現

　　在屈原作品中，「修」字頻繁出現，可見他對修身的重視。而屈原修身的過程，以及如何實踐，也值得再深入探討。[4]屈原修養內在品德，修飾外在儀態，他

---

[1] 〔漢〕鄭玄注，〔唐〕孔穎達疏，〔清〕阮元校勘：《禮記正義》，《重刊宋本十三經注疏附校勘記》，冊 5，卷 60，〈大學〉，頁 1，總頁數 983。《禮記正義》以下簡稱《禮記》，本論著所用《禮記》均出自於此，其後僅標明卷數及頁數，不再詳注。

[2] 《禮記》，卷 60，〈大學〉，頁 1，總頁數 983。

[3] 《禮記》，卷 52，〈中庸〉，頁 18，總頁數 887。

[4] 探析屈原修身之論文，如徐志嘯：〈屈原論・屈原的「好修」〉，《楚辭綜論》，頁 70-81、徐志嘯：〈「好修」的哲人〉，《楚辭展奇》，頁 45-52。袁行霈：〈屈原的人格美及其詩歌的藝術美・三、好修為常〉，《中國詩歌藝術研究》（臺北：五南圖書公司，1994 年初版 2 刷），頁 153-155。彭毅：〈屈原作品中所呈現的儒者情懷・二、好修的堅執〉，《楚辭詮微集》，頁 332-338。朱碧蓮：〈論屈原的修養觀〉，《楚辭論學叢稿》，頁 25-41，又載於《遷芝齋讀楚辭》，頁 168-186。蕭兵：〈屈原賦裡的「美」與美人・內美與外修〉，《楚辭與美學》（臺北：文津出版社，2000 年），頁 90-108。可見屈原的修身，是值得觀注的議題，筆者在前人研究的基礎上，再進一步的論述屈原修身與儒家之關係。

對修身是堅持不懈，也推及至他人。在作品中，多次提及儒家德目，例如仁、義、忠、信等，可知他的一生服從並實踐儒家道德。以下就（一）奉行儒家的修身。（二）遵從儒家的德目。討論屈原在行為中表現的儒家思想。

（一）奉行儒家的修身

儒家重視修身，修身是一切基礎，而儒家的修身觀也影響屈原。《禮記·曲禮上》云：「修身踐言，謂之善行。行修言道，禮之質也。」[5]修養自身與實踐諾言，是善的行為，實行修身並闡揚道德，是禮的本質。在孔子、孟子、荀子的言論中，也有論及修身：

> 修身慎行，恐辱先也。（《孝經·感應章》載孔子語）[6]

> 君子之守，修其身而天下平。（《孟子·盡心下》）[7]

> 請問為國？曰：「聞修身，未嘗聞為國也。」君者，儀也，民者，景也，儀正而景正。君者槃也，民者水也，槃圓而水圓，槃方而水方。君射則臣決。楚莊王好細腰，故朝有餓人。故曰：聞修身，未嘗聞為國也。（《荀子·君道》）[8]

孔子認為，人們要修養自身，謹慎而行，唯恐污辱祖先。孟子認為，君子修養自身，可使天下太平。荀子認為，君王如同用於儀禮上的儀器，百姓如同影子，儀器端正，影子自是端正。君王如同水盤，百姓如同盤中的水，水盤為圓形，盤中的水自是圓形。盤為方形，盤中的水自是方形。君王喜歡射箭，臣子就會常戴射箭所用的指套。楚莊王喜好細腰，國中就有忍著飢餓以求瘦腰的人。因此君王修養自身，則會影響國內臣民，以修身為風尚。荀子重視修身，更著有〈修身〉一篇，專講修身的方法。

屈原經常使用「修」字，陳怡良先生《屈原文學論集》整理屈賦中「修」字出處，今移錄於下：

> (1)修能、修名、修吾初服、謇修、信修各一處：〈離騷〉。
> 　其修、修盈各一處：〈天問〉。
> 　修路一處：〈懷沙〉。
> 　修美一處：〈哀郢〉。

---

[5] 《禮記》，卷1，〈曲禮上〉，頁9，總頁數14。
[6] 〔唐〕唐玄宗注，〔宋〕邢昺疏，〔清〕阮元校勘：《孝經注疏》，《重刊宋本十三經注疏附校勘記》，冊8，卷8，〈感應章〉，頁2，總頁數51。
[7] 《孟子》，卷14下，〈盡心下〉，頁4，總頁數260。
[8] 〔戰國〕荀況著，王天海校釋：《荀子校釋》，上冊，卷8，〈君道〉，頁538。按：此處文字據王天海校釋所改。

修門、修態、修幕各一處：〈招魂〉（陳怡良先生按：依司馬遷之見，著
作權歸於屈原）

(2)修姱二處：〈離騷〉、〈抽思〉。

宜修二處：〈湘君〉、〈橘頌〉。

前修二處：〈離騷〉。

(3)修遠四處：〈離騷〉（三處）、〈遠遊〉（一處）。（陳怡良先生按：依王逸、
游氏之見，〈遠遊〉作者為屈原）

好修四處：〈離騷〉。

靈修四處：〈離騷〉三處、〈山鬼〉一處。[9]

屈賦「修」字，共有三十處。姜亮夫《楚辭通故》釋「脩」字云：「《楚辭》
脩字，皆修字借……其義大抵不出修長、修美、修飾三義……而以修飾一義為最
多。」[10]蘇雪林《楚騷新詁》說明道：

屈原以「修」之一字，凡學問、德行、忠君愛國之心，守死善道之志，靡
不總括；而其愛美好潔之特殊德操，亦總括在內，故「修」字者實屈原以
自指其完美之人格也。蔣驥謂「修」字乃離騷全篇之「眼」誠有見地。[11]

蘇雪林總括分析屈賦「修」字涵義，認為此字是屈原完美人格的表現。屈賦
中「修」字的詞性，使用名詞、形容詞之例，前者如「蹇修」、「靈修」，後者如
「修名」、「修遠」，屈原經常遣用「修」字成複合詞。至於使用動詞之例，如「修
能」、「好修」等詞，此義最多，可見屈原重視修身。從屈原運用「修」字的情況，
可知他受到儒家修身觀的影響，努力實踐修身。以下就「修養內在」、「注重儀態」、
「堅持不懈」、「推己及人」，分析屈原如何實踐儒家的修身觀。

1.修養內在

儒家重視內在品德的修養，《禮記·中庸》云：「修身以道，修道以仁」[12]、
「修身則道立」[13]。修養身心必須透過道德，修養道德必須透過仁義。修養身心，
可確立道德品行。《論語·述而》載孔子語：「德之不修，學之不講，聞義不能徙，
不善不能改，是吾憂也。」[14]不修養品德，不講授學問，聽到合宜的事不能遵從，
有過錯不能改正，是孔子所擔憂的事。孔子將修德與講學、行義、改過並舉，可
見修德的重要。《孟子·盡心上》載孟子語：「盡其心者，知其性也。知其性，則
知天矣。存其心，養其性，所以事天也。夭壽不貳，修身以俟之，所以立命也。」

9 陳怡良：〈屈原的狂熱與執著〉，《屈原文學論集》，頁33。
10 姜亮夫：《楚辭通故》（昆明：雲南人民出版社，2000年），冊2，頁420-421。
11 蘇雪林：《楚騷新詁》（臺北：國立編譯館，1995年），〈第一篇，離騷，歌辭疏證〉，頁103。
12 《禮記》，卷52，〈中庸〉，頁18，總頁數887。
13 《禮記》，卷52，〈中庸〉，頁20，總頁數888。
14 《論語》，卷7，〈述而〉，頁1，總頁數60。

[15]孟子認為盡心、知性，就能知道天命，存心、養性，就能服從天命，無論壽命的長短，修養身心就能確立天命。

屈原擁有上古帝王的貴族血統，又生於吉時，在先天上有美好的內在，但他不會因此就不修養自身，反而更加努力地修養品德。他在青少年時期寫的〈橘頌〉說道：「紛縕宜修，姱而不醜兮。」此處表面上歌詠橘樹的果實，它能修養自身，散發香氣，故能美麗而不醜惡。實際上這也是屈原讚頌自己，他如同橘果那樣修養自身，而有美好的品德。

屈原在〈抽思〉云：「善不由外來兮」，認為人性的美善，是與生俱來的，而非由外在形塑而成。至於屈原修身的方法，〈離騷〉云：「余雖好修姱以鞿羈兮」，就是如同用馬匹的韁繩，約束自己。〈離騷〉又云：「汝何博謇而好修兮，紛獨有此姱節。」屈原之姐女嬃規勸屈原，說道他為何要如此的廣博忠直，並且喜好修身，獨自擁有美好的節操。此句雖是女嬃的指責，這也指出屈原努力修身，使道德涵養超越眾人。

屈原修身的內容，〈橘頌〉云：「秉德無私」、〈懷沙〉云：「重仁襲義兮」，屈原用儒家的仁、義、德等德目來修養品格。屈原也強調「忠貞」，如〈惜誦〉言「忠」就有五處[16]，表明他對楚王的忠心。又〈哀郢〉云：「忠湛湛而願進兮，妒被離而鄣之。」表示他曾經以忠誠的態度向楚王進諫，屈原卻因小人向楚王進讒而被疏離。而〈惜往日〉云：「或忠信而死節兮，或訑謾而不疑。」說明他因忠信而邁向死亡，他也毫不疑惑。屈原忠於楚王與楚國，〈離騷〉云：「伏清白以死直兮，固前聖之所厚」、〈涉江〉云：「苟余心其端直兮，雖僻遠之何傷」、〈抽思〉云：「何靈魂之信直兮，人之心不與吾心同」。他寧可抱著清白，為堅持正道而死，而這也是前代聖賢所稱許的。若是內心秉持正直，即使被流放於遠方，也無法傷及屈原。而他的靈魂是如此的正直，這正是世俗之人與屈原不同之處。

屈原修養自身，而學習楷模，就是前代的聖主與賢臣。〈橘頌〉云：「行比伯夷，置以為像兮。」此處是指橘樹的品德如同伯夷，並將橘樹當作效法的對象。屈原視橘樹為典範，也就是視伯夷為典範，向橘樹與伯夷學習。在屈賦中，彭咸是屈原提及最多的賢臣，總共七次。[17]彭咸是殷商時的賢臣，諫臣不聽，投水而死（據王逸《楚辭章句》）。彭咸有高尚的品格，勇於諫君，以死明志。屈原讚賞彭咸的作為，故〈抽思〉云：「指彭咸以為儀」，以彭咸為學習的對象。屈原多次稱頌前代聖主，〈離騷〉云：「昔三后之純粹兮，固眾芳之所在」、「彼堯舜之耿介兮，既遵道而得路」、「湯禹儼而祗敬兮，周論道而莫差」。「三后」，是禹、湯、文王三人（據王逸《楚辭章句》），而「周」，是指周文王、武王二人（據洪興祖

---

[15] 《孟子》，卷13上，〈盡心上〉，頁2，總頁數228。
[16] 此五處分別為：「所作忠而言之兮，指著天以為正」、「竭忠誠以事君兮，反離群而贅肬」、「思君其莫我忠兮，忽忘身之賤貧」、「忠何罪以遇罰兮，亦非余心之所志」、「吾聞作忠以造怨兮，忽謂之過言」。
[17] 此七處分別為：「雖不周於今之人兮，願依彭咸之遺則」、「既莫足與為美政兮，吾將從彭咸之所居」（以上〈離騷〉）、「望三五以為像兮，指彭咸以為儀」（〈抽思〉）、「獨煢煢而南行兮，思彭咸之故也」（〈思美人〉）、「夫何彭咸之造思兮，暨志介而不忘」、「孰能思而不隱兮，照彭咸之所聞」、「淩大波而流風兮，託彭咸之所居」（〈悲回風〉）。

《楚辭補注》)。三后的品德純正完美，因此吸引眾多賢臣聚集在身邊。堯、舜的內心正大光明，遵循正道，行於大道之上。夏禹、商湯是莊敬自重，文王、武王經常思考治國之道，而無差錯。上舉聖主之禹、湯、文王、武王，都擁有美好的品德，因此能統一天下。而從屈原對這些聖主的崇敬，可知屈原認為要有美德，才能開創盛世，享有美名。

　　屈原有美好的內在，他在〈離騷〉吟詠他穿戴的服飾，是香草香花編製而成，象徵他的品德也如香草般芳香。屈原自幼就喜好穿著奇特的服裝，以凸顯他的與眾不同，〈涉江〉云：「余幼好此奇服兮，年既老而不衰。」此句不只回顧屈原當年的服飾，並說明至老而不改變習性，也指出他的初志，並不因時間而改變。〈離騷〉云：「進不入以離尤兮，退將復修吾初服。」屈原受到讒言毀謗，他暫時退出楚國政治，重新修飾服飾。屈原修潔己身，不只是內在涵養，其中也包含外表儀態，更重要的，是他擁有的才幹、能力，表現出內外兼美的形象。

2.注重儀態

　　先秦時期，人們對儀態外表的審美，《詩經》〈小雅・湛露〉云：「豈弟君子，莫不令儀」[18]、〈小雅・菁菁者莪〉云：「既見君子，樂且有儀」[19]。「儀」是指儀態，君子表現出美善、優美的儀態。〈曹風・鳲鳩〉云：「淑人君子，其儀一兮。」[20]君子的內在品德與外在儀態是一致的。〈衛風・碩人〉云：「手如柔荑，膚如凝脂，領如蝤蠐，齒如瓠犀，螓首蛾眉。巧笑倩兮，美目盼兮。」[21]藉由多方的比喻，形容女性美麗的外表。而〈周南・關雎〉云：「窈窕淑女，君子好逑。」[22]有美好品格的女子，足以與才德兼備的君子匹配。《論語》中，孔子也有論及君子的儀態，〈堯曰〉云：「君子正其衣冠，尊其瞻視，儼然人望而畏之，斯不亦威而不猛乎。」[23]君子要端正衣冠，重視外在觀感，使人見之而畏懼，但又無威猛的形象。〈雍也〉云：「質勝文則野，文勝質則史，文質彬彬，然後君子。」[24]質是指內在本質，文是指外在文飾，內外和諧結合，才能稱作君子。

　　屈原在〈離騷〉云：「紛吾既有此內美兮，又重之以修能。」對於「修能」一詞，如前已舉證，楚辭學者有解釋為「才能」者，如朱熹《楚辭集注》云：「能，才也。」[25]有解釋為「姿態」者，如朱駿聲《離騷賦注》云：「能，讀為態，姿有餘也。」[26]筆者則贊同劉德重之見，可將「修能」解釋才能或姿態。[27]

　　屈原在〈九歌・湘君〉云：「美要眇兮宜修」，形容祭巫是美麗而善於修飾。

---

[18] 《詩經》，卷10-1，〈小雅・湛露〉，頁11，總頁數351。
[19] 《詩經》，卷10-1，〈小雅・菁菁者莪〉，頁16，總頁數353。
[20] 《詩經》，卷7-3，〈曹風・鳲鳩〉，頁7，總頁數271。
[21] 《詩經》，卷3-2，〈衛風・碩人〉，頁16-17，總頁數129-130。
[22] 《詩經》，卷1-1，〈周南・關雎〉，頁20，總頁數20。
[23] 《論語》，卷20，〈堯曰〉，頁4，總頁數179。
[24] 《論語》，卷6，〈雍也〉，頁7，總頁數54。
[25] 〔宋〕朱熹：《楚辭集注》，卷1，頁3。
[26] 〔清〕朱駿聲補注：《離騷賦注》，收錄於吳平、回達強主編：《楚辭文獻集成》，冊16，頁2，總頁數11633。
[27] 劉德重注釋〈離騷〉，見：馬茂元主編：《楚辭注釋》，頁11。

從屈原描寫祭巫的儀態,顯示他也重視外表。屈原既是出生不凡,擁有內美,也擁有相對應的外美,呈現出內外兼美的特質。以下就屈原的容貌、服飾、意態三方面,分析屈原對「外美」的追求。[28]

在容貌方面,〈橘頌〉云:「綠葉素榮,紛其可喜兮。曾枝剡棘,圓果摶兮。青黃雜糅,文章爛兮。」〈橘頌〉內的橘樹,正是屈原的化身,他讚頌橘樹的外觀,實際上也是稱揚自己擁有美好的外表。〈惜往日〉云:「雖有西施之美容兮,讒妒入以自代。」屈原用「西施」代稱自己,他的容貌如同西施的美麗,但因醜婦的讒言嫉妒而被取代。〈抽思〉云:「好姱佳麗兮,牉獨處此異域。」屈原被放逐於漢北,透過〈抽思〉對楚王呼喊,說道有美人在此,卻獨處於異地。屈原以「西施」、「佳麗」自比,指出他有美好的外表。

在服飾方面,〈離騷〉云:「進不入以離尤兮,退將復修吾初服。」屈原遭受到讒人排擠,因此離開朝廷,修飾他最初的服飾。而他的服飾,〈離騷〉云:「高余冠之岌岌兮,長余佩之陸離」、〈涉江〉云:「帶長鋏之陸離兮,冠切雲之崔嵬。被明月兮珮寶璐」,頭戴高帽,佩帶長劍與珠玉。湯炳正《楚辭今注》評前句道:「二句與〈涉江〉『冠切雲』、『帶長鋏』,皆為楚民族服裝之共同特徵……實屬屈子民族意識的自然流露。」[29]又論後句道:「奇服,指楚國、楚民族有異於他國、他民族的奇異之服……體現了屈原強烈的民族精神。」[30]屈原的裝扮,異於中原地區,是楚民族的服裝,以此表現出他身為楚民族的精神意識。屈原經常用香花香草裝飾自己,〈離騷〉云:「扈江離與辟芷兮,紉秋蘭以為佩」、「既替余以蕙纕兮,又申之以攬茝」、「製芰荷以為衣兮,集芙蓉以為裳」,江離、辟芷、秋蘭、蕙、茝、芰荷、芙蓉,皆是楚地香草。屈原佩帶香草,是對外表的重視,他也以這些香草,象徵著內在的美好。

在意態方面,屈原知道壯盛之年是生命中美好的時光,因此擔憂時光流逝。他在〈離騷〉用「恐」字表現恐懼:「汩余若將不及兮,恐年歲之不吾與」、「惟草木之零落兮,恐美人之遲暮」、「恐鵜鴂之先鳴兮,使夫百草為之不芳」。詹詠翔《〈離騷〉意象組織論》說明道:「此皆反映屈原懼怕老之將至,再無力為國奔波、為君效勞,故希望趁著年富力壯的時候,努力奮發,為國效力。」[31]而屈原延續美好時光的方式,則如〈離騷〉所云:「朝飲木蘭之墜露兮,夕餐秋菊之落英。」食用木蘭上的露水與初生的秋菊[32],透過服食,使身體精壯。屈原在〈遠遊〉對意態有更多的描述:「玉色頩以脕顏兮,精醇粹而始壯。質銷鑠以汋約兮,

---

[28] 本論著從容貌、服飾、意態探析屈原之外美,係參酌張崇琛《楚辭文化探微》之見。見:張崇琛:《楚辭文化探微》,頁 51-52。

[29] 湯炳正、李大明、李誠、熊良智注:《楚辭今注》(上海:上海古籍出版社,2012 年 2 版),頁15。

[30] 湯炳正等注:《楚辭今注》,頁 131。

[31] 詹詠翔:《〈離騷〉意象組織論》(臺北:花木蘭文化出版社,2013 年),頁 157

[32] 按:屈原〈離騷〉句中「落英」一詞,據陳怡良先生〈〈離騷〉「落英」、「彭咸」析疑〉探討歷代學者對「落英」的解釋,並自楚民族之淵源、發展、屈原創作〈離騷〉之因素等角度分析,認為:「屈原『夕餐落英』此『落英』之『落』,當指『初始』之義,即『初萌之蓓蕾』是,方見合理,否則若指『墜落於地之殘菊』,則欠當矣。」陳怡良先生所言甚是,茲從之。見:陳怡良:〈〈離騷〉「落英」、「彭咸」析疑〉,《成大中文學報》,第 3 期(1995 年 5 月),頁 42-54。

神要眇以淫放。」蔣驥《山帶閣注楚辭》注云：「色之美於外者，極其腴澤。精之純乎內者，極其壯盛。」[33]屈原藉由修煉，使容貌紅潤，精力壯盛，質地精緻，精神奔放，意態則會更加美好。在這些文句中，屈原恐懼年華老去，不能為楚國效力，也期望楚王能趁屈原年輕的時候，重用屈原，以成就美政。

3.堅持不懈

修身使品德達到美善，這個過程並非一朝一夕可成。《禮記‧大學》云：「湯之盤銘曰：『苟日新，日日新，又日新』。」[34]商湯在他盥洗的水盤裡，銘刻上此句，是期望每天都能進步。而《論語‧泰伯》載曾子語：「仁以為己任，不亦重乎？死而後已，不亦遠乎？」[35]曾子將「仁」視為終身奉行的準則，直至離開人世，才能停止。商湯與曾子都表現出對修身的堅持。《孟子‧盡心上》云：「古之人，得志，澤加於民；不得志，修身見於世。」[36]古代的人，得志時，將恩澤施加於百姓，不得志時，則修養自身顯現於世。又《荀子‧宥坐》載孔子語：「君子博學、深謀、修身、端行，以俟其時。」[37]君子有淵博的學問且深謀遠慮，他能修養身心，端正行為，以等待被重用的時候。儒家認為君子在困窮的時候，能修養自身，等待君王的賞識而起用。屈原受到儒家堅持修身的影響，從幼年到死亡，都持續地修身。

屈原自幼就堅定志向，不與世俗隨波逐流。〈橘頌〉云：「深固難徙，更壹志兮。」此句原指橘樹難以離開它的生長地，它的心志是專注一意，此處也是說明屈原志向的堅定。〈橘頌〉又云：「嗟爾幼志，有以異兮。獨立不遷，豈不可喜兮。深固難徙，廓其無求兮。蘇世獨立，橫而不流兮。」橘樹異於其他植物，它的獨立不遷，令人感到欣喜。它的志向堅定是難以更動，它的心胸廣大，是淡泊而無追求。它獨立於天地之間，不與世俗同流。橘樹的涵養，也就是屈原的內在。屈原讚美橘樹，而在「獨立不遷」、「深固難徙」等句，表達出堅定的心意。

屈原堅持不懈的事，包括「修身」。屈賦運用「好修」四次，皆見於〈離騷〉，可見屈原對修身的堅持。〈離騷〉云：「民生各有所樂兮，余獨好修以為常。雖體解吾猶未變兮，豈余心之可懲。」人們各自有喜好的事，而屈原是喜好經常地修養自身，即使遭受到肢解，也不會改變心意，不會哀怨。〈離騷〉又云：「苟中情其好修兮，又何必用夫行媒。」屈原藉由巫咸之語，說道如果他是好修為常，又何必透過媒人與聖主相遇合呢？從上述二句中，可知屈原堅持修養己身，而期望透過修身，與賢明的君主遇合。

屈原遭到讒小排擠、楚王斥退時，他所思考之事也是修身。〈離騷〉云：「進不入以離尤兮，退將復修吾初服。」王逸《楚辭章句》云：「言己誠欲遂進，竭其忠誠，君不肯納，恐歸重遇之禍，故將復去，修吾初始清潔之服也。」屈原無

33　〔清〕蔣驥：《山帶閣注楚辭》，收錄於〔清〕王夫之等著：《清人楚辭注三種》，頁 149。

34　《禮記》，卷 60，〈大學〉，頁 3，總頁數 984。

35　《論語》，卷 8，〈泰伯〉，頁 4，總頁數 71。

36　《孟子》，卷 13 上，〈盡心上〉，頁 6，總頁數 230。

37　〔戰國〕荀況著，王天海校釋：《荀子校釋》，下冊，卷 20，〈宥坐〉，頁 1118。

法進到楚王身邊，又恐怕遭受災禍，因此退出楚國的政治中心，他將修飾裝扮，回復到當初清潔的樣貌。此處在字面上，是屈原重新服飾，實際上也有要再進一步修養內在之意。

由於屈原的「好修為常」，所以他能堅定立場，〈涉江〉云：「吾不能變心而從俗兮，固將愁苦而終窮。」他不會改變心意追隨世俗，因此他將愁苦困頓。〈思美人〉云：「欲變節以從俗兮，媿易初而屈志」、「寧隱閔而壽考兮，何變易之可為！知前轍之不遂兮，未改此度」，屈原如果改變節操而從俗，則有愧於當初的志向。他寧可隱居含憂而亡，也不去變易操行。他已知從前的道路無法行進，但也未曾改變態度。

當屈原面對死亡，也是無所畏懼，〈離騷〉云：「阽余身而危死兮，覽余初其猶未悔。」即使身處危險與死亡，回顧他最初的心志，仍不後悔。〈懷沙〉云：「易初本迪兮，君子所鄙。章畫志墨兮，前圖未改。」改變初志，是君子所不恥的，而他的初志至今仍然如當初所立定，從未改變。〈懷沙〉是絕筆之作，屈原回顧一生，認為此時的心志與早年時完全相同，可說始終如一，這裡表現出屈原堅持不懈地修養己身，故能問心無愧。

4.推己及人

《禮記·大學》云：「君子有諸己，而後求諸人，無諸己，而後非諸人。」[38]上位者必須先要求自己的品德，而後才能要求他人，自己沒有錯誤，才能指責他人的過錯。《論語》〈衛靈公〉載孔子語：「己所不欲，勿施於人。」[39]〈雍也〉則云：「己欲立而立人，己欲達而達人。」[40]孔子認為自己所不為的事，則勿加於他人身上。自己若想要確立道德，也會使他人確立道德，自己若想要遵行道德，也會使他人遵行道德。這些都表現出儒家推己及人的思想。

屈原實踐修身，不僅要求自我，也希望他人能一同參與。屈原曾經任職三閭大夫，負責培養人才，〈離騷〉云：「余既滋蘭之九畹兮，又樹蕙之百畝。畦留夷與揭車兮，雜杜衡與芳芷。」屈原用蘭草、蕙草、留夷、揭車、杜衡、芷等香草，比喻他所培育的各類不同專長的學生。這些學生擁有美好的品德，屈原期望透過教育，讓他們成為可用之才，「冀枝葉之峻茂兮，願竢時乎吾將刈」，為楚國所用。但是他們卻無法符合屈原的期待，有些不幸的，居然改變芳香的本質而蕪穢，「雖萎絕其亦何傷兮，哀眾芳之蕪穢」，這些子弟變質的原因，〈離騷〉說道：「時繽紛其變易兮，又何可以淹留。蘭芷變而不芳兮，荃蕙化而為茅。何昔日之芳草兮，今直為此蕭艾也。豈其有他故兮，莫好修之害也。」由於世間的混亂變化，又有何處可以久留？蘭芷變得不再芳香，荃蕙也變成了茅草。昔日的香草，今日為何變成惡草。難道有其他原因嗎？就是因為不去修養自身所造成的。屈原指責他們，由於不再修養自身，變節而成小人。對此，屈原是相當痛心疾首，故寫入〈離騷〉並加以批評。

---

[38] 《禮記》，卷60，〈大學〉，頁8，總頁數986。

[39] 《論語》，卷15，〈衛靈公〉，頁7，總頁數140。

[40] 《論語》，卷6，〈雍也〉，頁10，總頁數55。

屈原在作品中，以「靈修」代稱楚懷王，用「哲王」代稱頃襄王，如〈離騷〉云：「指九天以為正兮，夫唯靈修之故也。」屈原指九天為他作證，他的所作所為，都為了靈修（懷王）的緣故。〈離騷〉云：「余既難夫離別兮，傷靈修之數化。」屈原不會因為離開楚國而感到難過，他只哀傷靈修（懷王）數次的改易。〈離騷〉云：「怨靈修之浩蕩兮，終不察夫民心。」屈原怨嘆靈修（懷王）的思慮不周，他終究無法察覺屈原的心意。而〈離騷〉又云：「閨中既以邃遠兮，哲王又不寤。」說道閨中的人既是深邃而遙遠，哲王（頃襄王）又是不能醒寤。

屈原用「靈修」、「哲王」來代稱懷王與頃襄王，陳怡良先生《屈騷審美與修辭》認為此處為褒詞貶用，屬於特稱修辭。[41]筆者以為，從「褒詞」的角度來看，就如黃文煥《楚辭聽直》所言：「其曰靈修者，原自矢以好修，望君王同修也。」[42]屈原如此稱呼楚王，其中也帶有他對楚王的期望。他們貴為君王，必須自我修養，而能任用賢臣，造福百姓。從「貶用」的角度來看，懷王與頃襄王都不能善用賢臣，為民眾著想。即使如此，屈原仍然希望楚王及時悔悟，修養自己，並實行美政。

（二）遵從儒家的德目

屈原接受貴族養成教育，受業於儒家學者。他擔任負責教導貴族子弟的三閭大夫，也擔任負責內政與外交的左徒。從屈原的教育過程與生命經歷，可知他曾接觸儒家思想。而屈原將儒家德目，如「仁」、「義」等，寫入作品之中，表示他相當了解儒家的德目。考察屈原的一生，可知他是發自內心的服從這些道德。筆者將屈原作品中的儒家德目，歸納並繪製成圖表如下：

儒家德目	文句	出處
德	皇天無私阿兮，覽民德焉錯輔。	〈離騷〉
	秉德無私，參天地兮。	〈橘頌〉
	主此盛德兮，牽於俗而蕪穢。	〈招魂〉
	上無所考此盛德兮，長離殃而愁苦。	
孝	晉申生之孝子兮，父信讒而不好。	〈惜誦〉
仁	重仁襲義兮，謹厚以為豐。	〈懷沙〉
義	夫孰非義而可用兮，孰非善而可服。	〈離騷〉
	吾誼先君而後身兮，羌眾人之所仇。	〈惜誦〉
	重仁襲義兮，謹厚以為豐。	〈懷沙〉
	朕幼清以廉潔兮，身服義而未沫	〈招魂〉
禮	雖信美而無禮兮，來違棄而改求。	〈離騷〉

---

[41] 見：陳怡良：〈〈離騷〉修辭藝術舉隅〉，《屈騷審美與修辭》（臺北：文津出版社，2008年1版1刷），頁179。
[42] 〔明〕黃文煥：《楚辭聽直》，收錄於吳平、回達強主編：《楚辭文獻集成》，冊7，卷1，頁8，總頁數4580。

智	竭知盡忠，而蔽鄣於讒。	〈卜居〉
忠	所作忠而言之兮，指蒼天以為正。	〈惜誦〉
	竭忠誠以事君兮，反離群而贅肬。	
	思君其莫我忠兮，忽忘身之賤貧。	
	忠何罪以遇罰兮，亦非余心之所志。	
	吾聞作忠以造怨兮，忽謂之過言。	
	忠湛湛而願進兮，妒被離而鄣之。	〈哀郢〉
	介子忠而立枯兮，文君寤而追求。	〈惜往日〉
	或忠信而死節兮，或訑謾而不疑。	
	竭知盡忠，而蔽鄣於讒。	〈卜居〉
	吾寧悃悃款款，朴以忠乎？	
信	懷信侘傺，忽乎吾將行兮！	〈涉江〉
	與余言而不信兮，蓋為余而造怒。	〈抽思〉
	何靈魂之信直兮，人之心不與吾心同！	
	慚光景之誠信兮，身幽隱而備之。	〈惜往日〉
	焉舒情而抽信兮，恬死亡而不聊。	
	或忠信而死節兮，或訑謾而不疑。	

　　從圖表中，可知屈原言及儒家德目，最多者為「忠」，其次是「信」，再次是「義」，這也反映了屈原對這些德目的重視。而其他較少言及的，在屈原作品裡，也有它的意義。以下就「德」、「孝」、「仁」、「義」、「忠」、「信」，分析屈原如何實踐儒家的道德。

1.德、孝

> 皇天無私阿兮，覽民德焉錯輔。（〈離騷〉）
> 秉德無私，參天地兮。（〈橘頌〉）
> 主此盛德兮，牽於俗而蕪穢。
> 上無所考此盛德兮，長離殃而愁苦。（以上〈招魂〉）
> 晉申生之孝子兮，父信讒而不好。（〈惜誦〉）

　　《楚辭》中，「德」字共有五義[43]，其中為儒家意義者，為「道德；品德」。

---

[43] 趙達夫主編《楚辭語言詞典》認為「德」有五義，一是「道德；品德」。此據〈天問〉：「恆秉季德。」二是「本性；本能」。此據〈天問〉：「夜光何德，死則又育？」三是「才德」。此據〈大招〉：「比德好閑，習以都只。」四是「恩惠；恩德」。此據〈七諫・怨思〉：「德日亡而怨深。」五是「古代五行之說」。指一種相生相克循環不息，當運時能主宰天道人事的天然勢力。此據〈遠遊〉：「嘉南州之炎德兮，麗樹之冬榮。」從趙達夫的說明與依據，可知「德」之五義中，有儒家意義者為第一義。趙達夫主編《楚辭語言詞典》：（上海：上海辭書出版社，2013年），頁88。

而屈原以複合詞的方式運用「德」字，有「民德」、「秉德」、「盛德」[44]，這些詞語多可在儒家典籍找到來源。

「秉德」一詞，見於《尚書·周書》〈君奭〉：「天維純佑命，則商實百姓，王人罔不秉德明恤」[45]、「（文王）亦惟純佑秉德，迪知天威，乃惟時昭文王，迪見冒聞於上帝」[46]、〈多方〉：「非我有周秉德不康寧，乃惟爾自速辜」[47]。又見於《國語·吳語》載周王語：「伯父多歷年以沒元身，伯父秉德已侈大哉。」[48]從以上引文，可知「秉德」意指秉受天地道德，確立自身價值。〈橘頌〉說：「秉德無私，參天地兮。」他讚揚橘樹秉受天地道德，能參贊天地化育。

「盛德」一詞，在《楚辭》中有二義，一是「高尚的品德」，二是「有高尚品德的賢人」。[49]〈招魂〉用「盛德」二次，均為「高尚的品德」之義。此義又見於以下，如《禮記》〈射義〉云：「射者，所以觀盛德也」[50]、〈大學〉云：「『有斐君子，終不可諠兮』者，道盛德至善，民之不能忘也」[51]、《周易》〈繫辭上〉云：「顯諸仁，藏諸用，鼓萬物而不與聖人同憂，盛德大業至矣哉。富有之謂大業，日新之謂盛德」[52]、〈繫辭下〉云：「易之興也，其當殷之末世，周之也盛德邪」[53]、《孟子·盡心下》云：「動容周旋中禮者，盛德之至也」[54]、《莊子·雜篇·寓言》載老子語：「大白若辱，盛德若不足」[55]。〈招魂〉說道：「朕幼清以廉潔兮，身服義而未沬。主此盛德兮，牽於俗而蕪穢。上無所考此盛德兮，長離殃而愁苦。」他自幼保持廉潔，服膺仁義，擁有高尚的品德，但被世俗的蕪穢牽絆。君王不去考察他的高尚品德，使得他長久地遭受災禍而憂愁痛苦。

「民德」一詞，《論語·學而》載曾子語：「慎終追遠，民德歸厚矣」[56]、《禮記》〈王制〉云：「明七教以興民德」[57]、〈緇衣〉載孔子語：「長民者，衣服不貳，從容有常，以齊其民，則民德壹」[58]、《荀子·儒效》云：「以從俗為善，以貨財為寶，以養生為己至道，是民德也」[59]、《尚書·商書·盤庚下》云：「式敷民德，永肩一心」[60]、《尚書·周書·君奭》云：「惟乃知民德，亦罔不能厥初，惟其終」

---

[44] 按：在〈惜往日〉有「封介山而為之禁兮，報大德之優游。」此處之「德」應釋為「恩德」，不在儒家「德」義之中，故未列入上述引文。

[45] 《尚書》，卷16，〈周書·君奭〉，頁21，總頁數246。

[46] 《尚書》，卷16，〈周書·君奭〉，頁24，總頁數247。

[47] 《尚書》，卷17，〈周書·多方〉，頁11，總頁數258。

[48] 〔春秋〕左丘明著，徐元誥集解：《國語集解》，卷19，〈吳語〉，頁554。

[49] 趙逵夫主編：《楚辭語言詞典》，頁446。

[50] 《禮記》，卷62，〈射義〉，頁2，總頁數1014。

[51] 《禮記》，卷60，〈大學〉，頁2，總頁數983。

[52] 《周易》，卷7，〈繫辭上〉，頁12-13，總頁數148-149。

[53] 《周易》，卷8，〈繫辭下〉頁22，總頁數175。

[54] 《孟子》，卷14下，〈盡心下〉，頁5，總頁數261。

[55] 〔戰國〕莊周著，〔清〕郭慶藩集釋：《莊子集釋》，卷9上，〈雜篇·寓言〉，頁963。

[56] 《論語》，卷1，〈學而〉，頁6，總頁數7。

[57] 《禮記》，卷13，〈王制〉，頁1，總頁數256。

[58] 《禮記》，卷55，〈緇衣〉，頁6，總頁數929。

[59] 〔戰國〕荀況著，王天海校釋：《荀子校釋》，上冊，卷8，〈儒效〉，頁291。

[60] 《尚書》，卷9，〈商書·盤庚下〉，頁19，總頁數135。

[61]。從以上引文，可知「民德」一詞，均指人民的社會風俗（按：《墨子》、《韓非子》亦有遣用「民德」，意義與儒家相同）[62]。〈離騷〉云：「皇天無私阿兮，覽民德焉錯輔。」說道皇天秉公無私，它審視聖主是否將道德施行於百姓，使社會風尚趨於良善，皇天才會給予協助。屈原認為「皇天」與「民德」有密切關係，此種觀念在先秦即有，如《詩經·大雅·烝民》云：「民之秉彝，好是懿德」[63]、《左傳·僖公五年》宮之奇引《周書》曰：「皇天無親，惟德是輔」[64]。而屈原言「德」，不只僅止於自身的品德修養，更是能由聖主實施德政，使道德能施及百姓。

屈原強調「德」字，表示他有美好而豐厚的品德，《周易·乾·九三》有云：「君子進德修業。」[65]屈原重視品德涵養，努力修養自身的德行。而從「秉德」、「盛德」、「民德」等詞，屈原所言的「德」，適用於自身，以致於天下百姓。屈原無明確指出「德」的內容項目，但從作品中，也可知屈原注重儒家道德。

儒家重視孝道，俗語有云：「百善孝為先」，《論語》〈學而〉載有子語：「君子務本，本立而道生。孝弟也者，其為仁之本與」[66]，〈學而〉載孔子語：「弟子入則孝，出則悌，謹而信，汎愛眾，而親仁」[67]。從以上引言，可知孝是仁的根本。行孝與為政有密切的關係，〈子罕〉載孔子論自己的行事：「出則事公卿，入則事父兄」[68]，〈為政〉載孔子語：「《書》云：『孝乎惟孝、友於兄弟，施於有政』，是亦為政，奚其為為政？」[69]行孝可以為政，甚至行孝就是為政。孟子也有論孝，〈盡心上〉云：「親親而仁民，仁民而愛物。」[70]首先親愛親人，才能以仁對待他人，才能愛護人萬物。〈萬章上〉云：「大孝終身慕父母。五十而慕者，予於大舜見之矣」[71]、〈告子下〉云：「堯舜之道，孝悌而已矣」[72]。真正的大孝，是終身思慕父母，他以古代聖王堯、舜為例，堯、舜終身奉行孝道。

屈原提及「孝」字，僅見於〈惜誦〉一次：「晉申生之孝子兮，父信讒而不好。」晉國公子申生是為孝子，但因為晉獻公相信驪姬的讒言，使申生出奔至新城，並自縊於新城。[73]屈原讚賞申生，在面對驪姬的讒言與獻公的迫害時，仍堅持盡孝，並因此而死，可見屈原對孝的遵從。

---

[61] 《尚書》，卷16，〈周書·君奭〉，頁28，總頁數249。
[62] 《墨子·節用上》中有「是故用財不費，民德不勞，其興利多矣」一句出現二次。《韓非子·外儲說右上》云：「晏子對曰：『……今田成氏之德，而民之歌舞，民德歸之矣』」見：〔春秋〕墨翟著，吳毓江校注：《墨子校注》，上冊，卷6，〈節用上〉，頁242、243。〔戰國〕韓非著，陳奇猷校注：《韓非子新校注》，下冊，卷13，〈外儲說右上〉，頁763。
[63] 《詩經》，卷18-3，〈大雅·烝民〉，頁11，總頁數674。
[64] 〔春秋〕左丘明著，楊伯峻注：《春秋左傳注》，冊1，〈僖公五年〉，頁309。
[65] 《周易》，卷1，〈乾·九三〉，頁13，總頁數14。
[66] 《論語》，卷1，〈學而〉，頁2，總頁數5。
[67] 《論語》，卷1，〈學而〉，頁5，總頁數7。
[68] 《論語》，卷5，〈子罕〉，頁7，總頁數80。
[69] 《論語》，卷2，〈為政〉，頁7，總頁數19。
[70] 《孟子》，卷13下，〈盡心上〉，頁13，總頁數244。
[71] 《孟子》，卷9上，〈萬章上〉，頁2，總頁數160。
[72] 《孟子》，卷12上，〈告子下〉，頁3，總頁數210。
[73] 事見《左傳》僖公四年。〔春秋〕左丘明著，楊伯峻注：《春秋左傳注》，冊1，〈僖公四年〉，頁296-299。

在〈離騷〉中，屈原未曾言「孝」，但藉由分析文句，可知屈原服膺孝道。陸侃如《屈原評傳》曾評論〈離騷〉是「自傳式的體裁」[74]，游國恩則說〈離騷〉是「從自己世系敘起的體裁」[75]，〈離騷〉首句云：「帝高陽之苗裔兮，朕皇考曰伯庸。」屈原開頭即自述世系，是高陽顓頊的後裔，其次說道父親：伯庸。屈原特意在自傳式長詩中，提起先祖與父親，用意不只表明他有上古帝王血統，並承接後續伯庸命名，另一層的用意，則是表示先祖與父親的重要，故在〈離騷〉提及他們的名字，這也表現出孝順。

屈原的孝道，與他的忠君愛國結合，清代劉獻廷《離騷經講錄》論屈原的忠孝，說道：

> 若屈子者，千秋萬世之下，以屈子為忠者，無異辭矣，然而未嘗有知其為孝者也。其〈離騷〉一經，開口曰：「帝高陽之苗裔兮，朕皇考曰伯庸」，則屈子為楚國之宗臣矣。屈子既為楚國之宗臣，則國事即其家事，盡心於君，即是盡心於父。故忠孝本無二致。然在他人，或可分為兩，若屈子者，盡忠即所以盡孝，盡孝亦即所以盡忠，名則二，而實則一也。是故〈離騷〉一經，以忠孝為宗也。[76]

屈原是楚國的宗臣，盡忠即是盡孝，效忠於楚王，就是忠孝的表現。其他楚辭學者也認為，屈原有忠孝之心，如鄭武《寄夢堂屈子離騷論文》序云：「若夫屈子〈離騷〉，正所謂盡忠盡孝，不計禍福，而學為君子之寶書者也。」[77]屈原的忠孝之心，在生命與作品中，展露無遺。

2.仁、義

夫孰非義而可用兮，孰非善而可服。(〈離騷〉)
吾誼先君而後身兮，羌眾人之所仇。(〈惜誦〉)
重仁襲義兮，謹厚以為豐。(〈懷沙〉)
朕幼清以廉潔兮，身服義而未沫。(〈招魂〉)

文天祥〈自贊〉曾言：「孔曰成仁，孟云取義。」[78]前句語出《論語・衛靈公》：「子曰：『志士仁人，無求生以害仁，有殺身以成仁』。」[79]後句語出《孟子・告子上》：「生，亦我所欲也；義，亦我所欲也，二者不可得兼，舍生而取義者也。」

---

[74] 陸侃如：《屈原評傳》，收錄於吳平、回達強主編：《楚辭文獻集成》，冊 28，總頁數 20010。
[75] 游國恩：《楚辭概論》，收錄於游國恩著，游寶諒編：《游國恩楚辭論著集》，冊 3，頁 95。
[76] 〔清〕劉獻廷：《離騷經講錄》，收錄於黃靈庚主編《楚辭文獻叢刊》（北京：國家圖書館出版社，2014 年），冊 52，頁 6，總頁數 464。
[77] 〔清〕鄭武撰：《寄夢堂屈子離騷論文》，收錄於黃靈庚主編《楚辭文獻叢刊》，冊 47，卷 1，頁 3，總頁數 11。
[78] 〔宋〕文天祥：〈自贊〉，《文文山全集》（臺北：世界書局，1971 年再版），上冊，卷 10，頁 251。
[79] 《論語》，卷 15，〈衛靈公〉，頁 4，總頁數 138。

[80]儒家所推崇的仁、義，必須用生命去成全的。

孔子所謂的「仁」，〈顏淵〉云：「樊遲問仁，子曰：『愛人』。」[81]《禮記·中庸》云：「仁者，人也。」[82]仁是人與人相處的方式，因此孔子說：「夫仁者，己欲立而立人，己欲達而達人。」[83]有此種推己及人的情操。而「仁」的內容，孔子說：「惟仁者，能好人，能惡人」、「苟志於仁矣，無惡也」。[84]遵從「仁」者，能判斷是非對錯，沒有惡行。

孟子所謂的「義」，《禮記·中庸》亦言：「義者，宜也。」[85]義是在言語行為合宜。孟子論養氣時，曾言：「（浩然之氣）是集義所生者，非義襲而取之也。」[86]孟子又說：「理義之悅我心，猶芻豢之悅我口。」[87]「義」並非從外求可得，必須透過修養而得。實踐理義能使內心愉悅，如同品嘗美食一般。孟子經常將仁、義並舉，如〈盡心上〉云：「親親，仁也。敬長，義也」[88]、〈離婁上〉云：「仁，人之安宅也；義，人之正路也，曠安宅而弗居，舍正路而不由，哀哉」[89]。仁、義可使人們互相親愛，敬重長者。仁，如同人們的住所，義，如同人們行走的大道，廢棄如住所的仁，捨棄如大道的義，是件悲哀的事。〈離婁下〉云：「舜明於庶物，察於人倫，由仁義行，非行義也。」[90]仁、義是發自內心的道德行為，使人自動自發的去實踐仁、義。

屈賦中的仁義，如〈招魂〉云：「朕幼清以廉潔兮，身服義而未沬。」屈原在年幼時，就保持自身的清廉潔淨，服從仁義而不停止。〈懷沙〉云：「重仁襲義兮，謹厚以為豐。」屈原反覆修養仁義，使之更加的豐厚。〈離騷〉云：「夫孰非義而可用兮，孰非善而可服。」君王在拔舉人才時，要以仁義為依歸，才能真正的任用賢臣。〈惜誦〉云：「吾誼先君而後身兮，羌眾人之所仇。」洪興祖《楚辭補注》云：「誼與義同，人臣之義，當先君而後己。」〈惜誦〉的「誼」與「義」同義，屈原說明了他是優先考量君王，之後才是考慮到自身，而被眾多奸佞所仇視。從以上句例，可知屈原認為「仁」與「義」，是要透過修養，使之豐厚。而仁義也可以是人才選用的依據，並以此事奉君王。

屈原言「仁」、「義」之處不多，尤其是「仁」，僅有一處。姜亮夫《楚辭通故》說：

> 屈原不言仁者，疑當時以仁義欺枉天下之諸子至眾，而其實則作為一種政治方便之法門……屈子言心理狀態，大體從具體之內容立說，……不以籠

---

[80] 《孟子》，卷11下，〈告子上〉，頁4，總頁數201。
[81] 《論語》，卷12，〈顏淵〉，頁10，總頁數110。
[82] 《禮記》，卷52，〈中庸〉，頁18，總頁數887。
[83] 《論語》，卷6，〈雍也〉，頁10，總頁數55。
[84] 以上二句均見：《論語》，卷4，頁1，總頁數36。
[85] 《禮記》，卷52，〈中庸〉，頁18，總頁數887。
[86] 《孟子》，卷3上，〈公孫丑上〉，頁9，總頁數55。
[87] 《孟子》，卷11上，〈告子上〉，頁10，總頁數196。
[88] 《孟子》，卷13上，〈盡心上〉，頁9，總頁數232。
[89] 《孟子》，卷7下，〈離婁上〉，頁2，總頁數132。
[90] 《孟子》，卷8上，〈離婁下〉，頁10，總頁數145。

統作含蓋而實不明白之仁字，易其所以質直言之之義。[91]

　　依姜亮夫之見，屈原少言「仁」，是有緣由。屈原用字精確，不輕易使用意義含糊籠統的「仁」字。但是從孔子、孟子說解「仁」、「義」，來印證屈原的行為，可知屈原是奉行仁義的。〈離騷〉云：「余獨好修以為常」，他經常修養品德，而儒家所言的仁義，也在修養的範疇。〈離騷〉又云：「民好惡其不同兮，惟此黨人其獨異。」這正符合孔子所言的「惟仁者，能好人，能惡人」，屈原遵循仁義，因此能夠判別忠奸，並抨擊奸佞的臣子。又如〈離騷〉云：「豈余身之憚殃兮，恐皇輿之敗績。」這正是洪興祖所言的「先君後己」。《周易·說卦》有云：「立人之道，曰仁與義。」[92]仁與義是確立人之價值的德目，屈原服從仁義，遵從仁義，表現美善。

　　《論語·公冶長》載有孟武伯問孔子，子路、冉求、公西赤是否達到仁的境界，而孔子均回答：「不知其仁也」，可見孔子不輕易以仁許人。[93]而被孔子以仁稱之者，只有微子、箕子、比干，見於《論語·微子》：「微子去之，箕子為之奴，比干諫而死。孔子曰：『殷有三仁焉。』」[94]而洪興祖《楚辭補注》評價屈原：「使遇孔子，當與『三仁』同稱雄。」可知屈原的一生行為，是符合儒家的仁義，他的美政理想，王逸《楚辭章句》釋為「善政」，也是儒家仁政的表現。

3.禮、智

　　　雖信美而無|禮|兮，來違棄而改求。（〈離騷〉）
　　　竭|知|盡忠，而蔽鄣於讒。（〈卜居〉）

　　儒家重禮，《論語》記載孔子及其弟子論「禮」，如〈八佾〉載孔子語：「人而不仁，如禮何？人而不仁，如樂何？」[95]內心不仁的人，是如何用禮樂對待他們呢？〈顏淵〉載孔子語：「克己復禮為仁。」[96]克制自己實踐禮節就是行仁。從以上二例，可知禮的基礎是仁。〈學而〉載有子語：「恭近於禮，遠恥辱也。」[97]待人恭敬而有禮，就能遠離恥辱。〈八佾〉載孔子語：「居上不寬，為禮不敬，臨喪不哀，吾何以觀之哉？」[98]上位者對待人民不能寬和，對待禮法不能恭敬，參與喪事不能哀戚，這如何讓人看得下去呢？由此顯示出孔子認為必須恭敬地行禮，才能發揮它的作用。禮法使用的範圍，〈季氏〉載孔子對伯魚的教誨：「不學

---

[91] 姜亮夫：《楚辭通故》，冊2，頁390-391。
[92] 《周易》，卷9，〈說卦〉，頁3，總頁數183。
[93] 見：《論語》，卷5，〈公冶長〉，頁3-4，總頁數42。
[94] 《論語》，卷18，〈微子〉，頁1，總頁數164。
[95] 《論語》，卷3，〈八佾〉，頁3，總頁數26。
[96] 《論語》，卷12，〈顏淵〉，頁1，總頁數106。
[97] 《論語》，卷1，〈學而〉，頁7-8，總頁數8。
[98] 《論語》，卷3，〈八佾〉，頁15，總頁數32。

禮，無以立。」[99]〈泰伯〉載孔子語：「立於禮」[100]，學習禮，可使行為端正。又〈八佾〉載孔子語：「君使臣以禮」[101]，在君臣關係上，君王以禮節命令臣子。〈為政〉載孔子語：「道之以德，齊之以禮，有恥且格。」[102]以道德教導人民，用禮法整頓百姓，那麼他們就有羞恥心。〈雍也〉載孔子語：「君子博學於文，約之以禮，亦可以弗畔矣夫。」[103]君子廣博地學習典籍，以禮節約束自己，則不會背離正道。從以上例證，可知小至個人，大至國家，均能以禮法規範。

孟子論禮，常與仁、義、智並舉。〈盡心上〉云：「君子所性，仁、義、禮、智根於心。」[104]君子的本性，是仁、義、禮、智根植於心。又〈離婁上〉云：「仁之實，事親是也。義之實，從兄是也。智之實，知斯二者弗去是也。禮之實，節文斯二者是也。」[105]仁是事奉父母，義是遵從兄長，智是明白上述二事而不拋棄，禮是節制上述二事而適中。〈公孫丑上〉云：「惻隱之心，仁之端也；羞惡之心，義之端也；辭讓之心，禮之端也；是非之心，智之端也。人之有是四端也，猶其有四體也。」[106]孟子將仁、義、禮、智，配以惻隱之心、羞惡之心、辭讓之心、是非之心，認為此四者是人們與生俱來的，就如四肢一樣。

荀子論禮，如〈勸學〉云：「學惡乎始？惡乎終？曰：其數則始乎誦經，終乎讀禮。……學至乎《禮》而止矣，夫是之謂道德之極。」[107]學習始於誦讀經典，終於閱讀禮法。而學習到《禮》為止，是道德的最高層次。〈勸學〉又云：「學之經莫速乎好其人，隆禮次之。」[108]學習的途徑，最快速的方式是跟隨師長，其次是崇尚禮義。禮也可用於個人與國家，如〈儒效〉云：「積禮義而為君子。」[109]聚集禮義則可以成為君子。〈富國〉云：「上不隆禮則兵弱。」[110]上位者不重視禮法，國家則無法強盛。從荀子的言論，可知學習禮義的重要。荀子勸人學習，重視禮法，著有〈勸學〉、〈禮論〉，可見他對此二者的重視。

屈原言及「禮」、「智」分別只有一次，屈原言「禮」於〈離騷〉，屈原神遊天地，追求宓妃時，說宓妃是「雖信美而無禮兮，來違棄而改求」，湯炳正《楚辭今注》注「無禮」云：「即上言『緯繣』、『驕傲』、『康娛』、『淫遊』等行為。」[111]宓妃有美麗的外表，但卻沒有良好的禮節，屈原因此放棄追求宓妃，而另追求他人。從〈離騷〉句中，可知屈原選擇追求的對象，「禮」是指標之一，即使擁有美麗的外在，若無內在禮節的支持，仍然不是理想對象。

---

[99] 《論語》，卷16，〈季氏〉，頁9，總頁數150。

[100] 《論語》，卷8，〈泰伯〉，頁4，總頁數71。

[101] 《論語》，卷3，〈八佾〉，頁11，總頁數30。

[102] 《論語》，卷2，〈為政〉，頁1，總頁數16。

[103] 《論語》，卷6，〈雍也〉，頁9，總頁數55。

[104] 《孟子》，卷13上，〈盡心上〉，頁12，總頁數233。

[105] 《孟子》，卷7下，〈離婁上〉，頁12，總頁數137。

[106] 《孟子》，卷3下，〈公孫丑上〉，頁7，總頁數66。

[107] 〔戰國〕荀況著，王天海校釋：《荀子校釋》，上冊，卷1，〈勸學〉，頁22-23。

[108] 〔戰國〕荀況著，王天海校釋：《荀子校釋》，上冊，卷1，〈勸學〉，頁35。

[109] 〔戰國〕荀況著，王天海校釋：《荀子校釋》，上冊，卷4，〈儒效〉，頁330。

[110] 〔戰國〕荀況著，王天海校釋：《荀子校釋》，上冊，卷6，〈富國〉，頁459。

[111] 湯炳正等注：《楚辭今注》，頁31。

在〈離騷〉的求女情節中，屈原遵從古代禮節去追求世間的女子。在〈離騷〉中，屈原追求宓妃時，說道：「解佩纕以結言兮，吾令蹇修以為理。」他解下佩帶在身上的玉珮當作話語，命令蹇修為媒，送禮予宓妃，表示有意結為夫妻。屈原追求有娀之佚女時，說道：「吾令鴆為媒兮，鴆告余以不好。」屈原令鴆鳥作媒，鴆鳥卻告訴屈原，有娀之佚女不是好的對象。屈原追求有虞之二姚時，說道：「理弱而媒拙兮，恐導言之不固。」屈原遣去的媒人既無能又笨拙，恐怕無法促使雙方說出意見。對於「媒」、「理」，錢澄之《屈詁》云：「理與媒，皆為導言者也。」[112]蔣驥《山帶閣注楚辭》云：「理，媒使也。」[113]〈離騷〉所說的「媒」、「理」，是指男女結為夫妻時，作為中介的媒人。而媒人的角色，在商代時早已存在，《詩經》〈齊風·南山〉云：「取妻如之何？匪媒不得」[114]、〈衛風·氓〉云：「匪我愆期，子無良媒」[115]，男子要透過媒人，才能與女子結婚。《禮記·曲禮上》有云：「男女非有行媒，不相知名，非受幣，不交不親。」[116]男女之間，必須有媒人的引薦，並要互相送禮，才能結為夫妻。《孟子·滕文公下》則說：「不待父母之命、媒妁之言，鑽穴隙相窺，踰牆相從，則父母國人皆賤之。」[117]男女雙方若無父母同意、媒人說合，而偷情私奔，父母與國人均會鄙視他們。從以上資料可見媒人的重要性，屈原追求宓妃、有娀之佚女、有虞之二姚時，也是遵照禮節，也可看出屈原對禮儀的重視。

屈原注重禮節，在他所改寫〈九歌〉即有表現。〈九歌〉裡祭祀的對象，屬天神的為〈東皇太一〉、〈雲中君〉、〈東君〉、〈大司命〉、〈少司命〉，屬地祇的為〈湘君〉、〈湘夫人〉、〈河伯〉、〈山鬼〉，屬人鬼的為〈國殤〉、〈禮魂〉，此正符合《周禮·春官·大宗伯》所云：「大宗伯之職，掌建邦之大神、人鬼、地示（祇）之禮，以佐王建保邦國。」[118]以天神、地祇、人鬼三者主要祀奉對象。再從〈九歌〉篇目順序來看為：以〈東皇太一〉為首，〈禮魂〉為末，可見其尊卑次序。〈九歌〉曾經由屈原潤色改寫，而其中也包含著屈原重「禮」的觀念。

屈原言「智」僅在〈卜居〉，說道他的處境：「竭知盡忠，而蔽鄣於讒。」他為了楚王，用盡智慧與知識，表現忠誠，但是由於奸佞向楚王進讒，屈原因此受到蒙蔽。屈原有著豐富的學識，司馬遷說他是「博聞彊志」[119]，劉向說他有「博通之知」[120]，透過屈原的作品，也可見他的學識的淵博。陳怡良先生曾在〈屈原的審美素養及其〈離騷〉的藝術美〉列舉屈原作品所運用的典籍，有《周易》、《尚書》、《左傳》、《老子》、《管子》、《論語》、《詩經》、《禮記》、《儀禮》、《穀梁

112 〔清〕錢澄之：《屈詁》，收錄於吳平、回達強主編：《楚辭文獻集成》，冊9，頁33，總頁數6462。
113 〔清〕蔣驥：《山帶閣注楚辭》，收錄於〔清〕王夫之等著：《清人楚辭注三種》，卷1，頁43。
114 《詩經》，卷5-2，〈齊風·南山〉，頁5，總頁數197。
115 《詩經》，卷3-3，〈衛風·氓〉，頁1，總頁數134。
116 《禮記》，卷2，〈曲禮上〉，頁13，總頁數37。
117 《孟子》，卷6上，〈滕文公上〉，頁6，總頁數109。
118 《周禮》，卷18，〈春官·大宗伯〉，頁1，總頁數270。
119 《史記》，卷84，〈屈原賈生列傳〉，頁2，總頁數983。
120 〔漢〕劉向編著，石光瑛校釋，陳新整理：《新序校釋》，中冊，卷7，〈節士〉，頁937。

傳》、《山海經》、《國語》、《戰國策》、《莊子》等。[121]筆者再以〈橘頌〉為例，考查屈原借鑒先秦典籍之處，並繪製成圖表如下：

〈橘頌〉文句	典籍出處
受命不遷	「受命不遷」語出《國語・晉語一》：「受命不遷為敬，敬順所安為孝。」[122]按：此句語出《國語》，屈原寫入〈橘頌〉，而與前後文句連貫，文意並不中斷，可見屈原文學造詣之高。
生南國兮	「南國」語出《列子・湯問》：「南國之人，祝髮而裸」[123]、《國語・周語上》：「宣王既喪南國之師，乃料民於大原」[124]、《左傳・成公十六年》：「曰：『南國蹙，射其元王，中厥目』」[125]、《戰國策・魏將與秦攻韓》：「秦繞舞陽之北以東臨許，則南國必危矣。南國雖無危，則魏國豈得安哉？且夫憎韓不受安陵氏，可也，夫不患秦之不愛南國非也」[126]、《詩經・小雅・四月》：「滔滔江漢，南國之紀」[127]、《詩經・大雅・崧高》：「于邑于謝，南國是式」[128]、《詩經・大雅・常武》：「既敬既戒，惠此南國」[129]，又見《禮記・樂記》：「三成而南，四成而南國是疆」[130]。按：從以上「南國」出處，可知「南國」是指南方的國家，亦指楚國。
青黃雜糅	「雜糅」語出《國語・楚語下》：「民神雜糅，不可方物」[131]。
嗟爾幼志	「嗟爾」語出《詩經・小雅・小明》：「嗟爾君子，無恆安處」、「嗟爾君子，無恆安息」[132]、《詩經・大雅・桑柔》：「嗟爾朋友，予豈不知而作」[133]。「幼志」見於《儀禮・士冠禮》：「棄爾幼志，順爾成德。」[134]

---

[121] 陳怡良：〈屈原的審美素養及其〈離騷〉的藝術美〉，見：國立成功大學文學院主辦：《「蘇雪林及其同代作家國際學術研討會」會議論文集》，（臺南：國立成功大學文學院，2014 年 10 月 31 日），頁 54。

[122] 〔春秋〕左丘明著，徐元誥集解：《國語集解》，卷 7，〈晉語一〉，頁 258。

[123] 〔戰國〕列子著，楊伯峻集釋：《列子集釋》（北京：中華書局，2013 年 2 版），卷 5，〈湯問〉，頁 174。

[124] 〔春秋〕左丘明著，徐元誥集解：《國語集解》，卷 1，〈周語〉，頁 23-24。

[125] 〔春秋〕左丘明著，楊伯峻注：《春秋左傳注》，冊 2，〈成公十六年〉，頁 885。

[126] 〔漢〕劉向集錄，范祥雍箋證：《戰國策箋證》（上海：上海古籍出版社，2008 年），下冊，卷 24，〈魏三・魏將與秦攻韓〉，頁 1388。

[127] 《詩經》，卷 13-2，〈小雅・四月〉，頁 17，總頁數 443。

[128] 《詩經》，卷 18-3，〈大雅・崧高〉，頁 5，總頁數 671。

[129] 《詩經》，卷 18-5，〈大雅・常武〉，頁 1，總頁數 691。

[130] 《禮記》，卷 39，頁 10，總頁數 695。

[131] 〔春秋〕左丘明著，徐元誥集解：《國語集解》，卷 18，〈楚語下〉，頁 514。

[132] 《詩經》，卷 13-1，〈小雅・小明〉，頁 25、26，總頁數 447。

[133] 《詩經》，卷 18-2，〈大雅・桑柔〉，頁 11，總頁數 658。

[134] 〔漢〕鄭玄注，〔唐〕賈公彥疏，〔清〕阮元校勘：《儀禮注疏》，《重刊宋本十三經注疏附校勘記》，冊 4，卷 3，〈士冠禮〉，頁 7，總頁數 31。

閉心自慎	「自慎」語出《鶡冠子·武靈王》:「愛人而與，無功而爵，未勞而賞，喜則釋罪，怒則妄殺，法民而自慎」[135]。
參天地兮	「參天地」語出《管子·侈靡》:「知其緣地之利者，所以參天地之吉綱也」[136]又《禮記·中庸》:「可以贊天地之化育，則可以與天地參矣」[137]。
年歲雖少	「年歲」見於《周禮·夏官司馬·司士》:「歲登下其損益之數，辨其年歲與其貴賤」[138]。

　　從以上諸例，屈原運用的先秦典籍，除了陳怡良先生所舉之外，尚有《周禮》、《列子》、《鶡冠子》等書，屈原將這些典籍中的詞彙，融入作品之中，而這些詞彙不只切合文章的主題，也使文意有更進一步的拓展。

　　孟子曾言:「是非之心，智之端也。」屈原擁有深厚的學識與過人的智慧，故能清楚地分辨是非，例如在〈離騷〉陳述對比歷代君王的事蹟，凸顯前代聖主的賢明以及暴君的昏庸。王逸《楚辭章句》說〈離騷〉是「上述唐、虞、三后之制，下序桀、紂、羿、澆之敗」，藉由聖主與暴君的對比，勸諫楚王應當追隨聖主，而不該效法暴君。屈原也抨擊楚國內的奸佞讒小，他們用言語障蔽楚王，楚王因此無法任用賢臣，讓楚國陷入困境，這是屈原所不恥的。屈原也期望楚王能看清事實，舉用國中有才的人，推行美政，使楚國能統一天下。

4.忠、信

　　所作忠而言之兮，指蒼天以為正。
　　竭忠誠以事君兮，反離群而贅肬。
　　思君其莫我忠兮，忽忘身之賤貧。
　　忠何罪以遇罰兮，亦非余心之所志。
　　吾聞作忠以造怨兮，忽謂之過言。(以上〈惜誦〉)
　　懷信侘傺，忽乎吾將行兮!(〈涉江〉)
　　忠湛湛而願進兮，妒被離而鄣之。(〈哀郢〉)
　　與余言而不信兮，蓋為余而造怒。
　　何靈魂之信直兮，人之心不與吾心同!(以上〈抽思〉)
　　介子忠而立枯兮，文君寤而追求。
　　慚光景之誠信兮，身幽隱而備之。
　　焉舒情而抽信兮，恬死亡而不聊。
　　或忠信而死節兮，或訑謾而不疑。(以上〈惜往日〉)

135　〔戰國〕鶡冠子著，黃懷信校注:《鶡冠子校注》，卷下，〈武靈王〉，頁373。
136　〔春秋〕管仲著，黎翔鳳校注，梁運華整理:《管子校注》(北京:中華書局，2004年)，中冊，卷12，〈侈靡〉，頁662
137　《禮記》，卷53，〈中庸〉，頁3，總頁數895。
138　《周禮》，冊3，卷31，〈夏官司馬·司士〉，頁1，總頁數470。

　　　竭知盡[忠]，而蔽鄣於讒。

　　　吾寧悃悃款款，朴以[忠]乎？（以上〈卜居〉）

　　　《周易・乾・九三》云：「忠信，所以進德也。」[139]忠與信是用以增進道德的德目。《禮記・儒行》也載孔子語：「儒有不寶金玉，而忠信以為寶。」[140]忠、信的價值比金、玉更為貴重，儒者視忠、信為珍寶。

　　　在《論語》有更多孔子對忠、信的看法，在「忠」的方面，〈八佾〉載孔子語：「臣事君以忠」[141]，臣子以忠心侍奉君王。〈顏淵〉云：「子張問政。子曰：『居之無倦，行之以忠』。」[142]孔子認為對於政治，必須毫無倦怠，並以忠誠行之。在「信」的方面，〈學而〉載孔子語：「弟子入則孝，出則悌，謹而信，汎愛眾，而親仁。」[143]信是親近仁的德目。孔子又認為要有原則的守信，〈子路〉云：「言必信，行必果，硜硜然小人哉。」[144]一味的遵守信用，只是小人而已。〈衛靈公〉有言：「君子義以為質……信以成之，君子哉。」[145]守信必須以義為依歸，這才是君子。孔子也將忠、信並稱，例如〈顏淵〉云：「主忠信，徙義，崇德也。」[146]以忠信為本，發揚仁義，就能提升品德。〈衛靈公〉云：「言忠信，行篤敬，雖蠻貊之邦行矣。」[147]有忠信的言語、恭敬的行為，即使在偏遠的國家，也可以通行無阻。

　　　孟子也論及忠、信，如〈離婁下〉云：「大人者，言不必信，行不必果，惟義所在。」[148]孟子主張的信，是要以義為準則。而〈梁惠王上〉云：「壯者以暇日修其孝悌忠信，入以事其父兄，出以事其長上，可使制梃以撻秦楚之堅甲利兵矣。」[149]孟子指出人民修養孝悌忠信，在家可侍奉父親兄長，出外可服事君主，更能抵禦強國的威脅，可見孟子所言的忠、信，與孔子相同。

　　　屈原也多次言及忠信，以「忠」來說，在〈惜誦〉有五次：「所作忠而言之兮，指蒼天以為正」，屈原請求蒼天為他證明，他的話語都是出於忠信。「竭忠誠以事君兮，反離群而贅肬」，他竭盡忠誠事奉君王，卻被讒小排擠而被視為贅瘤。「思君其莫我忠兮，忽忘身之賤貧」，屈原想到君王認為他並非忠貞，而忘記自己出身貧賤（按：屈氏貴族到了屈原的時代，已經沒落）。「忠何罪以遇罰兮，亦非余心之所志」，他忠心事君為何會遭到責罰，這也不是他內心所期望的。「吾聞作忠以造怨兮，忽謂之過言，九折臂而成醫兮，吾至今而知其信然」，他聽聞忠心會遭到埋怨，當時以為是言過其實，在經歷過多次遭遇後，才相信這是真的。

---

139 《周易》，卷1，〈乾・九三〉，頁13，總頁數14。
140 《禮記》，卷59，〈儒行〉，頁2，總頁數974。
141 《論語》，卷3，〈八佾〉，頁11，總頁數30。
142 《論語》，卷12，〈顏淵〉，頁7，總頁數109。
143 《論語》，卷1，〈學而〉，頁5，總頁數7。
144 《論語》，卷13，〈子路〉，頁8，總頁數118。
145 《論語》，卷15，〈衛靈公〉，頁6，總頁數139。
146 《論語》，卷12，〈顏淵〉，頁6，總頁數108。
147 《論語》，卷15，〈衛靈公〉，頁2，總頁數137。
148 《孟子》，卷8上，〈離婁下〉，頁7，總頁數144。
149 《孟子》，卷2上，〈梁惠王上〉，頁12，總頁數14。

〈涉江〉云:「忠不必用兮,賢不必以。」忠心的人不一定被舉用,賢能的人不一定被稱揚。〈哀郢〉云:「忠湛湛而願進兮,妒被離而鄣之。」屈原願意以忠信為君效勞,卻因讒小的嫉妒而被阻隔著。〈惜往日〉云:「介子忠而立枯兮」,介之推忠於晉文公,卻在介山葬身火窟。而〈卜居〉云:「竭知盡忠,而蔽鄣於讒。」屈原竭盡智慧與忠心,卻被讒言所遮蔽阻礙。屈原在請教太卜鄭詹尹時,說:「吾寧悃悃款款,朴以忠乎?將送往勞來,斯無窮乎?」他是要忠誠樸實事奉君王?還是要與世俗同流而不窮困呢?姜亮夫《楚辭通故》在「忠」字條目下云:「屈、宋諸賦所見,除〈湘夫人〉『交不忠兮怨長』指男女關係而言(猶今言忠實),其他皆為形容為臣者對於君上之一種道德範疇。」[150]屈原言「忠」,代表臣子對君王的效力與忠心,意義與孔子所言「忠」義相同。

　　屈原作品中的「信」字共有五義[151],意義為「信實;忠誠」的信字,是屬於儒家德目。〈涉江〉云:「懷信佗傺,忽乎吾將行兮。」說道他懷抱忠信,卻是落魄失意,他將要離開此地而遠行。〈抽思〉云:「與余言而不信兮,蓋為余而造怒。」楚王與屈原立下承諾卻不遵守信用,反而向他發怒。屈原又云:「何靈魂之信直兮,人之心不與吾心同。」他的靈魂是忠信正直,然而他人的心意並不與屈原相同。〈惜往日〉云:「焉舒情而抽信兮,恬死亡而不聊。」是說屈原要如何伸張情懷,以表達誠信,而能安然的面對死亡,不苟且偷生。在〈惜往日〉將忠、信二字合用,云:「或忠信而死節兮,或訑謾而不疑。」在歷史上有人因為忠心誠信而死於守節,有人因為欺騙卻反而受到信任。

　　從上述屈原對忠、信二字的使用,可知屈原所言的忠、信,是指君臣彼此必須去遵從實踐的道德規範。而從屈原的行為來看,他對楚王也是處處展現出忠心,例如屈原任職左徒時,為楚國改革內政,這就是屈原忠心的表現。而他在受到重用時,期望君臣彼此信守承諾,例如〈抽思〉云:「昔君與我誠言兮,曰黃昏以為期」、〈惜往日〉云:「惜往日之曾信兮,受命詔以昭詩」。屈原受到懷王的信任,為楚國變法,使楚國強盛。〈惜往日〉又云:「雖過失猶弗治」,即使屈原稍有過錯,但懷王仍會原諒他。其後懷王受到讒言蒙蔽,不再相信屈原,甚至背棄屈原,如〈離騷〉所說的:「初既與余成言兮,後悔遁而有他。」屈原遭受到疏遠放逐,但他仍掛念著楚王,《史記·屈原列傳》說屈原:「雖放流,眷顧楚國,繫心懷王,不忘欲反。」[152]屈原對楚王的忠心不移,以及他信守與楚王之間的諾言,這本就是儒家所推崇的忠與信。

二、生命體現

　　屈原努力修養內在與外表,終生奉行修身,並且推己及人,欲以修身為基礎,以平治天下。他也服膺儒家的德目,如德、孝、仁、義、禮、智、忠、信等。而屈原體現的儒家思想,可從秉持中正之道、重視生命與生活、忠愛楚國與國君、

---

[150] 姜亮夫:《楚辭通故》,冊2,頁448。
[151] 五義分別為:(1)信實;忠誠。(2)真正;確實。(3)聽信;相信。(4)信任;此指被信任。(5)通「伸」。伸張。見:袁梅編:《楚辭詞典》(濟南:山東教育出版社,1999年),頁236。
[152] 《史記》,卷84,〈屈原賈生列傳〉,頁8,總頁數984。

相信天命等方面，得知屈原在生命中體現儒家的思想。以下就（一）秉持中正，追求理想。（二）重視生活，珍惜生命。（三）重根務本，忠君愛國。（四）相信天命，以德輔政。討論屈原在生命中體現的儒家思想。

（一）秉持中正，追求理想

在屈賦中，「中」、「正」二字多為分開使用，此二字合用為：「中正」，僅見於〈離騷〉：「跪敷衽以陳辭兮，耿吾既得此中正。」〈離騷〉使用「中正」，有它的時代背景，對於屈原自身也有著重要意涵。以下首先討論儒家「中正」的涵義，可知儒家所指的「中正」內容為何，接著探討〈離騷〉「中正」一詞代表的意義為何，最後論述屈原秉持的中正之道，如何實現在追求理想與美政。

1.先秦儒家「中正」的涵義

在先秦儒家典籍裡，提及「中正」有：《周易》的〈乾·文言〉、〈需·九五·象傳〉、〈訟·九五·象傳〉、〈履·象傳〉、〈同人·象傳〉、〈豫·六二·象傳〉、〈觀·象傳〉、〈離·象傳〉、〈晉·六二·象傳〉、〈益·象傳〉、〈姤·象傳〉、〈姤·九五·象傳〉、〈井·九五·象傳〉、〈艮·六五·象傳〉、〈巽·象傳〉、〈節·象傳〉，《禮記》的〈樂記〉、〈中庸〉、〈儒行〉，《尚書·周書》的〈呂刑〉。[153]《荀子》的〈勸學〉，也有一處。[154]

《周易》的「中正」，據《易學大辭典》解釋為：「指陰爻居於二位，陽爻居於五位。二、五為中位，又分為陰位和陽位，六二（陰爻居二位）、九五（陽爻居五位）則是既『中』且『正』，在《易》爻中尤為美善。」[155]「中正」原指卦爻

---

[153] 《周易》〈乾·文言〉云：「剛健中正，純粹精也」、〈需·九五·象傳〉云：「酒食貞吉，以中正也」、〈訟·九五·象傳〉云：「訟元吉，以中正也」、〈履·象傳〉云：「剛中正，履帝位而不疚，光明也」、〈同人·象傳〉云：「文明以健，中正而應，君子正也」、〈豫·六二·象傳〉云：「不終日，貞吉，以中正也」、〈觀·象傳〉云：「大觀在上，順而巽，中正以觀天下」、〈離·象傳〉云：「柔麗乎中正，故亨」、〈晉·六二·象傳〉云：「受茲介福，以中正也」、〈益·象傳〉云：「利有攸往，中正有慶」、〈姤·象傳〉云：「剛遇中正，天下大行也」、〈姤·九五·象傳〉云：「九五含章，中正也」、〈井·九五·象傳〉云：「寒泉之食，中正也」、〈艮·六五·象傳〉云：「艮其輔，以中正也」、〈巽·象傳〉云：「重巽以申命，剛巽乎中正而志行」、〈節·象傳〉云：「說以行險，當位以節，中正以通」。《禮記》〈樂記〉云：「中正無邪，禮之質」、〈中庸〉云：「齊莊中正，足以有敬也」、〈儒行〉云：「儒……行必中正。」《尚書·周書·呂刑》云：「哀敬折獄，明啟刑書胥占，咸庶中正。」見：《周易》，卷1，〈乾·文言〉，頁18，總頁數16；卷2，〈需·九五·象傳〉，頁3，總頁33；卷2，〈訟·九五·象傳〉，頁7，總頁數35；卷2，〈履·象傳〉，頁18，總頁數40；卷2，〈同人·象傳〉，頁26，總頁數44；卷2，〈豫·六二·象傳〉，頁36，總頁數49；卷3，〈觀·象傳〉，頁8，總頁數59；卷3，〈離·象傳〉，頁36，總頁數73；卷4，〈晉·六二·象傳〉，頁12，總頁數87；卷4，〈益·象傳〉，頁30，總頁數96；卷5，〈姤·象傳〉，頁4，總頁數104；卷5，〈姤·九五·象傳〉，頁6，總頁數105；卷5，〈井·九五·象傳〉，頁17，總頁數111；卷5，〈艮·六五·象傳〉，頁28，總頁數116；卷6，〈巽·象傳〉，頁7，總頁數129；卷6，〈節·象傳〉，頁13，總頁數132。《禮記》，卷37，〈樂記〉，頁16，總頁數669、卷53，〈中庸〉，頁13，總頁數900、卷59，〈儒行〉，頁2，總頁數974。《尚書》，卷19，〈周書·呂刑〉，頁31，總頁數303。
[154] 《荀子·勸學》云：「故君子居必擇鄉，遊必就士，所以防邪辟而近中正也。」見：〔戰國〕荀況著，王天海校釋：《荀子校釋》，上冊，卷1，〈勸學〉，頁9。
[155] 張其成主編：《易學大辭典（增訂本）》（北京：華夏出版社，1995年1版3刷），頁391。

的位置，而在乾卦〈文言〉，以及卦爻的彖傳、象傳中，都對此卦爻有進一步的闡釋。魏文彬〈淺談《周易》「中正」與「和合」的辯證關係〉認為《周易》的「中正」，是大德、天德、龍德、聖德、君德、大人之德。[156]《周易》的「中正」，與儒家道德相關，涵蓋了天地萬物的德行，是宇宙間最高的道德。于春海、卜良君合著〈《易經》中的君子觀〉說：

> 「中正」思想貫穿在《易經》卦象的始終，對於理解卦象有極其重要的意義。它勸導君子把握中正，意在使君子在品味玩索中，提高自己的思想修養，其實質是要求君子言行都要不偏不倚。[157]

「中正」的意涵，從原是《周易》的卦象，進而成為君子提升自己思想、修養的媒介，要求君子在言語、行為不能偏離中正之道。

在《禮記》的「中正」，〈樂記〉云：「中正無邪，禮之質也。」孔穎達注云：「謂內心中正，無有邪僻。」[158]秉持中正，毫無偏斜，是禮的內涵。〈中庸〉云：「齊莊中正，足以有敬也。」[159]態度莊重中正，則可以使人恭敬。〈儒行〉云：「儒……行必中正。」[160]儒者的行為必須以中正為準則。《尚書·周書·呂刑》云：「哀敬折獄，明啟刑書胥占，咸庶中正。」[161]要以哀憫之心審理案件，察明刑書中的條文並斟酌判決，如此一來，判決則近乎公正無私。而《荀子·勸學》云：「君子……防邪辟而近中正也。」[162]君子要提防品性不正者，接近品性中正者。《尚書》、《荀子》的「中正」，與《禮記》相近，都有公正、正直、無私之義。「中正」是可以常存於心中，作為行為的依據。

2.〈離騷〉「中正」的意義

歷來楚辭學者對〈離騷〉「中正」有不同的見解，王浩翔〈〈離騷〉「中正」一詞析義〉討論先秦典籍裡「中正」的意涵，並歸類楚辭學者對〈離騷〉「中正」的解釋，有(1)強調內心曉明之狀態。(2)具主體自覺意識的顯現。(3)聖人之道。(4)義、善。(5)真理。王浩翔認為「中正」在〈離騷〉中有四項意義：(1)神聖之血統。(2)聖王之遺則。(3)主體之曉明。(4)遠遊之憑藉。[163]王浩翔從四個面向分析〈離騷〉「中正」的意義，並由「中正」探討〈離騷〉的結構，可見「中正」一詞的重要性。筆者以為，〈離騷〉「中正」的意義，可再深入分析。

楚辭學者注〈離騷〉「耿吾既得此中正」時，多以「中正之道」、「中正之理」

---

[156] 魏文彬：〈淺談《周易》「中正」與「和合」的辯證關係〉，《中華文化論壇》，第 2 期（1997 年），頁 10

[157] 于春海、卜良君：〈《易經》中的君子觀〉，《周易研究》，總第 34 期（1997 年），頁 65。

[158] 《禮記》，卷 37，〈樂記〉，頁 16，總頁數 669。

[159] 《禮記》，卷 53，〈中庸〉，頁 13，總頁數 900。

[160] 《禮記》，卷 59，〈儒行〉，頁 2，總頁數 974。

[161] 《尚書》，卷 19，〈周書·呂刑〉，頁 31，總頁數 303。

[162] 〔戰國〕荀況著，王天海校釋：《荀子校釋》，冊上，卷 1，〈勸學〉，頁 9。

[163] 詳見：王浩翔：〈〈離騷〉「中正」一詞析義──兼論對〈離騷〉結構之理解〉，《東方人文學誌》，第 7 卷，第 2 期（2008 年 6 月），頁 100-117。

說明，例如王逸、陸善經、洪興祖、朱熹、賀寬、徐煥龍、吳世尚、胡文英、謝無量、游國恩等人均是。[164]而對「中正」的意義進一步注解者，有將「中正」釋為不偏不倚、不偏邪、正直、平正，如汪瑗、蔣驥、姜亮夫、王泗原所說：

中者，無「過、不及」之謂，正者，不偏不倚之謂。（汪瑗《楚辭集解》）[165]

中正，理之不偏邪者。（蔣驥《山帶閣注楚辭》）[166]

中正言其道無偏頗而正直也。（姜亮夫《楚辭通故》）[167]

得此中正，即得此中正於重華，是說得到重華的平正。（王泗原《楚辭校釋》）[168]

有將「中正」釋為義、善、真理、正義、正道、道理者，如傅熊湘、高亨、姜亮夫、金開誠、湯炳正所說：

中正，即義、善。（傅熊湘《離騷章義》）[169]

---

[164] 王逸《楚辭章句》云：「乃長跪布衽，俛首自念，仰訴於天，則中心曉明，得此中正之道，精合真人，神與化遊。」陸善經《楚辭釋文》云：「言我耿然既得中正之道而不愚，時將遊六合以後聖帝明王。」洪興祖《楚辭補注》云：「言己所以陳詞於重華者，以吾得中正之道，耿然甚明故也。」朱熹《楚辭集注》云：「此言跪而敷衽，以陳如上之詞於舜，而耿然自覺，吾心已得此中正之道，上與天通，無所間隔。」賀寬《山響齋別集飲騷》云：「跪而陳辭者，如上之辭已於陳於重華矣，乃阽危不救，激且沾襟，雖前聖亦不足恃；而中正之道固已朗然於吾心，庶幾可仰訴於上帝乎。」徐煥龍《屈辭洗髓》云：「舜之耿光，能鑑其得此中正之道也。」吳世尚《楚辭疏》云：「言我往就重華，稽首陳詞，良久良久，而重華隱隱之中，果若有以明示我者，而使吾遂得此中正之道以行也。」胡文英《屈騷指掌》云：「明得此中正之理，所謂不與其命，何生其才。」謝無量《楚辭新論》云：「陳辭於古聖之前，質證他所守的是中正之道。」游國恩《離騷纂義》云：「言己跪而敷衽，陳詞於舜，舜以為然，故云明白得此中正之道也。」〔唐〕陸善經：《楚辭釋文》，見：〔南朝梁〕蕭統編，佚名集注：《文選集注》，收錄於黃靈庚主編：《楚辭文獻叢刊》，冊19，總頁數60。〔清〕賀寬：《山響齋別集飲騷》，收錄於黃靈庚主編：《楚辭文獻叢刊》，冊46，頁16-17，總頁數294-295。〔清〕徐煥龍：《屈辭洗髓》，收錄於黃靈庚主編：《楚辭文獻叢刊》，冊48，卷1，頁11，總頁數437。〔清〕吳世尚：《楚辭疏》，收錄於黃靈庚主編：《楚辭文獻叢刊》，冊55，卷1，頁21，總頁數62。〔清〕胡文英：《屈騷指掌》，收錄於吳平、回達強主編：《楚辭文獻集成》，冊15，卷1，頁11，總頁數10655。謝無量：《楚辭新論》，頁51。游國恩：《離騷纂義》，收錄於游國恩著，游寶諒編：《游國恩楚辭論著集》，冊1，頁249。
[165] 〔明〕汪瑗：《楚辭集解》，收錄於吳平、回達強主編：《楚辭文獻集成》，冊4，頁6，總頁數2783。
[166] 〔清〕蔣驥：《山帶閣注楚辭》，收錄於〔清〕王夫之等著：《清人楚辭注三種》，卷1，頁42。
[167] 姜亮夫：《楚辭通故》，冊2，頁453。
[168] 王泗原：《楚辭校釋》（北京：中華書局，2014年），頁44。
[169] 傅熊湘：《離騷章義》，收錄於黃靈庚主編：《楚辭文獻叢刊》，冊70，頁7，總頁數65。

「中正」，真理。（文懷沙《屈原集》）[170]

這句是說，光明呀！我得到這中正的品德，正義是屬於我的。（高亨《楚辭選》）[171]

此中正，即上文聖智讒佞各食其報，皇天無私，用義服善諸義也。（姜亮夫《屈原賦校注》）[172]

中正，指正道。（金開誠《屈原集校注》）[173]

此中正，指前段所陳昏君亂臣相殘、明主賢臣相得之理。（湯炳正《楚辭今注》）[174]

筆者以為，將「中正」釋為不偏不倚、不偏邪之義，是就「中正」詞面的意義而言，而將中正釋為義、善、真理等，是就「中正」內在的意義而言。以上對「中正」的說解，均是就「中正」意義而論。魯筆則將「中正」認為此為屈原的內美者，《楚辭達》云：「然則吾生平本具此大中至正之道」、「中正二字，屈子本得自天生者」。[175]而蔣天樞《楚辭校釋》解釋「中正」云：

所謂「得此中正」者，其具體行事如何，三章以下，即託以神話，雜以迷離恍忽之詞，以追述己所行之種種，皆所謂「覽余初其猶未悔」。[176]

蔣天樞說明「中正」與屈原的關係，將「中正」與屈原連結起來，〈離騷〉裡「中正」一詞，為屈原的行為準則。

〈離騷〉「中正」一詞，確實可以代表屈原內美的表現，行為的準則。田耕滋〈〈離騷〉「內美」與屈原的美學思想〉說道：

屈原生時之美，就美在它是合規律的。在這種合規律的自然之美中誕生了屈原這樣的「美人」，即表明美（人）的誕生是合規律的，又表明了合規律的運動必然能夠實現合目的性（即美的誕生）。……屈原生於寅年寅月寅日而稟有了「天地正中」之性，但是，當「內美」外現為人格時則呈現

[170] 文懷沙：《屈原集》（北京：人民文學出版社，1953 年），頁 20。
[171] 高亨：《楚辭選》，收錄於高亨著，董治安編：《高亨著作集林》（北京：清華大學出版社，2004 年），冊 4，頁 337。
[172] 姜亮夫：《屈原賦校注》（臺北：文光圖書公司，1974 年再版），頁 79。
[173] 金開誠：《屈原集校注》（北京：中華書局，2011 年重印），上冊，頁 84。
[174] 湯炳正等注：《楚辭今注》，頁 26。
[175] 〔清〕魯筆：《楚辭達》，收錄於吳平、回達強主編：《楚辭文獻集成》，冊 10，頁 16，總頁數 7267。
[176] 蔣天樞：《楚辭校釋》，頁 39。

為「中正」之美。這不意味著屈原人格的「中正」品性正是由「天地之正中」之美轉化而來的嗎？由「天地之正中」轉化為屈原的「中正」人格，是自然美向人格美的轉化，這意味著屈原天生就具有正直之性。[177]

田耕滋從屈原生辰的角度，說明他的出生是帶有規律的自然美。而屈原稟受天地的正中，表現在屈原的行為，即是「中正」的人格美。陳怡良先生〈屈原的審美素養及其〈離騷〉的藝術美〉說道：

> 屈原胸懷光明之「正氣」，才會在文中吟道：「耿吾既得此中正」，中正即「天地之美氣」（王逸《楚辭章句》注），是正直、無邪、光明之氣，也即是「內美」。屈原其人，耿介中正，閃爍著生命之美，其作〈離騷〉瀰漫著一股正義的激情，反應著高貴的思想之美，人與作品合一，全篇也就自然呈現著正氣凜然之美。[178]

陳怡良先生將〈離騷〉「中正」與屈原「內美」互相參看，認為〈離騷〉「中正」代表著他的內美，表示正直、無邪、光明、中正，也體現在屈原的生命之中。屈原創作〈離騷〉，〈離騷〉也就有著正氣凜然之美。筆者以為，正由於屈原有「中正」的內美，因此他能不避危難，內心無所動搖，努力達成美政的理想。

3.屈原以中正之道追求理想

屈原在〈離騷〉云：「跪敷衽以陳辭兮，耿吾既得此中正。」在此之前，屈原受到女嬃的責備，到沅水、湘江之南向舜陳辭，陳述歷代君王的作為，他們所以興、亡，與自身的修養、作為相關。屈原表明冤屈後，得到中正之道，使他掀起遨遊天國的幻想，而進入神仙世界。在遊歷仙鄉時，他帶領的車隊，有望舒、飛廉、雷師等大神，也有玉虬、鳳凰等神獸靈禽，聽從屈原的命令，為他駕車、護衛，屈原的地位超越眾神，能驅使他們。因為屈原得到中正之道，內在修養是至善至美，故能由人世進入仙界遨遊。

屈原擁有的中正之道，在儒家意義方面，是天地間最崇高的道德。田耕滋〈〈離騷〉「內美」與屈原的美學思想〉說道：

> 屈原所使用的正是「中正」一詞。詩人在身處困境，向重華「陳辭」，反思自己的政治主張和政治行為後，以十分自信的語氣說：「耿吾既得此中正」，「得中正」是他對女嬃的責備的回答，也是他對自己的政治主張和做人原則經過反思之後的自我肯定。[179]

---

[177] 田耕滋：〈〈離騷〉「內美」與屈原的美學思想〉，《雲夢學刊》，第 26 卷，第 1 期，2005 年 1 月，頁 38-39。
[178] 陳怡良：〈屈原的審美素養及其〈離騷〉的藝術美〉，見：國立成功大學文學院主辦：《「蘇雪林及其同代作家國際學術研討會」會議論文集》，頁 66。
[179] 田耕滋：〈〈離騷〉「內美」與屈原的美學思想〉，頁 39。

　　屈原運用「中正」一詞，意即他在反思其政治主張與作為後，相信他的正確性，並藉此肯定自己。由此也可知，屈原是以中正之道，追求美政的理想，而不會偏離正道。〈離騷〉云：「豈余身之憚殃兮，恐皇輿之敗績。忽奔走以先後兮，及前王之踵武。」他並不擔憂自身的安危，只擔心楚王會面臨失敗。他為楚王前後奔走，使楚王追隨前代聖王的腳步。〈惜往日〉也說道當年制定法律的經過：

> 惜往日之曾信兮，受命詔以昭詩。奉先功以照下兮，明法度之嫌疑。國富強而法立兮，屬貞臣而日娭。秘密事之載心兮，雖過失猶弗治。

　　屈原受到楚王的器重，任命他為楚國變法，使國家因法律的確立，而能壯大富強。楚王信任屈原，即使屈原稍有過失，也不因此而處罰他。

　　正由於屈原以中正之道追求理想，他不會因為外在給予的壓力與迫害，改變堅持。他表達堅定的意志，〈離騷〉云：「荃不察余之中情兮，反信讒而齌怒。余固知謇謇之為患兮，忍而不能舍也。」楚王無法察覺他的忠心，反而相信讒言而對他惱怒。他知道進諫卻遭到災禍，但仍無法忍住不言。〈離騷〉再云：「余雖好修姱以鞿羈兮，謇朝誶而夕替；既替余以蕙纕兮，又申之以攬茝。亦余心之所善兮，雖九死其猶未悔。」屈原喜好修身，自我約束，但他在早晨進諫，傍晚就遭到廢棄。那些讒臣詆毀屈原，是因為他佩帶著象徵個人修為的蕙、茝等香草，而這也是屈原所喜好的，即使因此面對死亡，也不會感到後悔。〈離騷〉又云：「固時俗之工巧兮，偭規矩而改錯。背繩墨以追曲兮，競周容以為度。忳鬱邑余侘傺兮，吾獨窮困乎此時也。寧溘死以流亡兮，余不忍為此態也。」世俗風氣是崇尚取巧，違背法紀並隨意更替，拋棄律法而追逐枉曲，競相迎合眾人以為是常法。屈原看見此種景象，內心感到擔憂與不安。但是他寧可突然死亡，甚至肢體消散，也不願改變準則。屈原面對楚王的不諒，面對奸佞向楚王進讒，面對世俗的追曲，都能堅持自身的準則：「中正之道」。他並不會因為外在環境的威脅而動搖。

（二）重視生活，珍惜生命

　　孔子曾言：「志於道，據於德，依於仁，游於藝。」[180]張麗珠對於「游於藝」進一步解釋：

> 凡《詩》、《書》、《禮》、《樂》、《易》、《春秋》等《六經》和「六藝」所包涵的禮、樂、射、御、書、數等「下學」之學與外王事業，皆孔子「游於藝」所指攝的內涵，這是從儒家「進德」以外亦同時兼重「修業」層面來說。……另外還要指出的是，它同時兼攝了美學素養、美感層次等一切人生的審美價值而言。[181]

---

[180]　《論語》，卷 7，〈述而〉，頁 2，總頁數 60。
[181]　張麗珠：《中國哲學史三十講》（臺北：里仁書局，2007 年），頁 16。

孔子重視生活，並從典籍與技藝中培養審美素養。屈原也重視生活，從他的審美觀及其審美素養可知。陳怡良先生〈屈原的審美素養及其審美觀、審美特質〉列舉探察屈原審美素養的角度，有強烈的愛美心靈、突破舊有的體製、游賞天下的美物、頌揚史上的聖賢、懷抱高遠的理想、創作金玉的屈騷。[182]而在「游賞天下的美物」一項中，可知屈原曾多方觀察生活事物。

儒家對生命的態度，《論語》載孔子語：「未知生，焉知死？」[183]比起死亡，孔子是更看重生命尚在的時候。儒者也可以為了仁、義，而犧牲生命，孔子云：「無求生以害仁，有殺身以成仁。」[184]孟子云：「生，亦我所欲也；義，亦我所欲也，二者不可得兼，舍生而取義者也」[185]、「盡其道而死者，正命也」[186]。孔子、孟子均認為，可以為了成全仁義道德，犧牲生命。屈原對於生命的態度，有別於道家「齊生死」的觀念，而是近於儒家積極進取的精神，為了他所堅持的事，以死明志。

以下就「山川景物的薰陶」、「工藝美術的啟發」兩方面，探討屈原如何受到生活環境的影響，培養審美素養。再就「年華逝去的時間焦慮」、「以死明志的生命抉擇」兩方面，探討屈原為何對歲月消逝會如此的焦慮，而憂心時光不足的屈原，最後又為何選擇投江自沉、犧牲生命。

1.山川景物的薰陶

劉勰《文心雕龍·物色》云：「若乃山林皋壤，實文思之奧府，略語則闕，詳說則繁。然屈平所以能洞監〈風〉〈騷〉之情者，抑亦江山之助乎？」[187]由於楚國的山川秀麗，風光明媚，屈原又善於觀察生活環境，故能審視其中的美感，影響所及，即是在文學創作方面，處處表現美的內涵。

以屈原青少年時代的作品〈橘頌〉來說，「橘」是屈原歌詠的對象，也是他審美的對象。楚國境內大量種植橘樹，吳郁芳〈從橘樹的分布看楚人的遷徙及楚疆的開拓〉說：「先秦時期，我國柑橘的中心產區，是楚都所在的江陵地區。……如果我們繪製一幅古代柑橘地理分佈圖，就會發現，這也就是一幅楚國的疆域圖。所以如此，只有兩個可能，一是楚人自古逐橘而居，二是橘樹歷來隨楚人而徙，兩可之中，後者為是。」[188]依吳郁芳之見，楚國的疆域與橘樹的生長範圍相符，故推論橘樹在楚地是隨處可見的。屈原在第一篇作品裡，特意選擇以橘樹為歌詠對象，其意義如汪瑗《楚辭集解》所言：「夫屈子之作〈離騷〉，其所取草木多矣，

---

[182] 陳怡良：〈屈原的審美素養及其審美觀、審美特質〉，收錄於財團法人蘇雪林教授學術文化基金會編：《蘇雪林及其同代作家國際學術研討會論文集》（臺南：國立成功大學，2015 年初版），頁 58-71。

[183] 《論語》，卷 11，〈先進〉，頁 4，總頁數 97。

[184] 《論語》，卷 15，〈衛靈公〉，頁 4，總頁數 138。

[185] 《孟子》，卷 11 下，〈告子上〉，頁 4，總頁數 201。

[186] 《孟子》，卷 13 上，〈盡心上〉，頁 3，總頁數 229。

[187] 〔南朝梁〕劉勰著，周振甫注：《文心雕龍注釋》，〈物色〉，頁 846

[188] 吳郁芳：〈從橘樹的分布看楚人的遷徙及楚疆的開拓〉，《江漢論壇》，1987 年，第 12 期，頁 78。

而獨於橘焉頌之，何也？蓋物之受命不遷，誠無有如橘者，故取以為喻，而自託也，非茫然感物而賦焉者比也。」[189]在〈橘頌〉，「不遷」見於二處，而與「不遷」意近的「難徙」也有二處。[190]在字數僅有一百五十二字的〈橘頌〉，就有四處言及不遷，屈原藉由〈橘頌〉頌橘，表明他對楚王與楚國的忠貞與不移。

屈原以植物為比興對象，王逸《楚辭章句》云：「〈離騷〉之文，依《詩》取興，引類譬諭。故善鳥香草，以配忠貞。」此處雖然是指〈離騷〉，也可指屈原全部的著作。依潘富俊統計，《楚辭》中的植物共 100 種，潘富俊《楚辭植物圖鑑》更將《楚辭》中的植物，加以攝影與解說。[191]《楚辭》裡的植物相當多樣，屈賦裡會有如此多種植物，與生活環境及重視生活的態度相關。若是屈原僅是從書面上認識植物，又或他不去欣賞生活周遭的美物，那麼他也就無法將這些植物寫入作品裡。

屈原不只是對植物有敏銳的觀察，對楚國的山川與動物，也有深刻的描寫與體會。〈涉江〉云：

> 入溆浦余儃佪兮，迷不知吾所如。深林杳以冥冥兮，猿狖之所居。山峻高以蔽日兮，下幽晦以多雨。霰雪紛其無垠兮，雲霏霏而承宇。哀吾生之無樂兮，幽獨處乎山中。

在此段中，首二句先說道屈原所處的環境，他進入溆浦到處徘徊，不知該前往何處。接著的六句描述他所見的景象，其中的自然景物有：「林」、「猿狖」、「山」、「日」、「雨」、「霰雪」、「雲」。王逸《楚辭章句》云：

> 日以喻君，山以喻臣，霰雪以興殘賊，雲以象佞人。山峻高以蔽日者，謂臣蔽君明也。下幽晦以多雨者，群下專擅施恩也。霰雪紛其無垠者，殘賊之政害賢人也。雲霏霏而承宇者，佞人並進滿朝廷也。

透過王逸的注解，可知此六句在表面上是敘述山林景物，實際上是有指涉的對象。王從仁更評析云：

> 作品中景物描寫和情感抒發互相融合，達到了妙合的境地。……尤其突出的是「入溆浦余儃佪兮」以下一段，抓住帶有特徵性的景物，用高度概括的藝術筆觸，以寥寥數語，刻畫出深山密林嶔崟幽邃的景象。這一景象，

---

[189] 〔明〕汪瑗：《楚辭集解》，收錄於吳平、回達強主編：《楚辭文獻集成》，冊 5，頁 1-2，總頁數 3325。

[190] 〈橘頌〉之「不遷」句：「受命不遷，生南國兮」、「獨立不遷，豈不可喜兮」；「難徙」句：「深固難徙，更壹志兮」、「深固難徙，廓其無求兮」。

[191] 此數據依潘富俊《楚辭植物圖鑑 2.0 版》統計。見：潘富俊：《楚辭植物圖鑑 2.0 版》（臺北：貓頭鷹出版社，2014 年 3 版），頁 15。按：潘富俊說：「本書所列植物共 101 種」，筆者以為，「扶桑」為傳說中的神話植物，當刪，故為 100 種。

　　　　又恰到好處地襯托出詩人寂寞、悲愴的心情。[192]

　　屈原藉由描寫景物，寄託內心困頓，也反映當時楚王受到讒臣蒙蔽，四周充滿奸佞，而他無法接近楚王的處境，故在末二句發出感嘆，哀嘆此生不得快樂，必須獨自處於此山之中。屈原能以這些自然景色來表達內心的感受，要歸功於他擁有審美的眼光，來審視周圍環境。

2.工藝美術的啟發

　　在周成王時，楚先王熊繹帶著楚民族居於丹陽，並在此發展茁壯。由於楚民族融合了南方各民族的血液，發展出來的楚文化，與中原文化是大相逕庭。到了戰國時期，楚國已經擁有高度的文明，而楚國藝術，包括音樂、繪畫、服飾、器物、建築，也是極有特色。從楚墓中出土的文物，可知楚國工藝美術是相當精緻。屈原生活在藝術氛圍濃厚的楚國，這也影響文學創作。

　　以楚國的音樂而言，宋玉〈對楚王問〉載楚國百姓能唱和〈下里巴人〉者數千人，能唱和〈陽阿薤露〉者數百人，能唱和〈陽春白雪〉者數十人[193]，可見楚國音樂的盛行。而在楚地曾侯乙墓曾經出土的樂器，有鐘、磬、鼓、瑟、琴、笙、簫（排簫）、篪、均鐘等樂器[194]，則可知楚國音樂的高度發展。楚地的民間祭歌〈九歌〉，反映楚國音樂的水平，經由屈原潤飾後，使歌詞雅化，更有文學性。而屈原進行文學創作時，也將楚國的音樂寫入其中，如〈東皇太一〉云：「揚枹兮拊鼓，疏緩節兮安歌，陳竽瑟兮浩倡」、「五音紛兮繁會，君欣欣兮樂康」此處言及的樂器有「枹」、「鼓」、「竽」、「瑟」，至於「歌」、「五音」則是藉由歌唱與樂器演奏，所呈現的表演藝術。屈原用此數句，就寫出了祭典的盛大與莊重。又如〈離騷〉云：「揚雲霓之晻藹兮，鳴玉鸞之啾啾」、「奏〈九歌〉而舞〈韶〉兮，聊假日以婾樂」，「玉鸞」是指裝配在馬匹上，由玉製成鸞鳥之形的鈴鐺，〈九歌〉為夏之古樂，〈韶〉為舜樂。屈原在神遊天地時，由於駕車的馬匹繫有玉鸞，發出啾啾的音響。車隊演奏著〈九歌〉與舞著〈九韶〉，可見屈原的車行，有聲有色，儀仗壯盛，一路上都有聲樂舞蹈的伴隨。

　　以楚國的繪畫而言，在長沙出土了楚帛畫和楚帛書圖像，楚帛畫是〈人物龍鳳帛畫〉、〈人物御龍帛畫〉，楚帛書則是〈帛書圖象〉，游振群說明楚帛畫：「構思譎怪，立意新奇，則是楚國藝術的傳統風格。可以說，這兩幅帛畫是早期國畫的雙璧。」[195]游振群又說楚帛書是：「巫術又作為藝術的寄生和內容，憑著它功利的驅使，又有力地刺激並大大促進了楚國繪畫藝術的發展。」[196]楚國畫作風格奇異，而楚地巫風影響繪畫藝術。屈賦裡並無提及繪畫的部份，但從其他方面仍

---

[192] 王從仁解題、說明〈九章〉，見：馬茂元主編：《楚辭注釋》，頁 329。

[193] 〔戰國〕宋玉：〈對楚王問〉，收錄於〔清〕嚴可均輯：《全上古三代秦漢三國六朝文》（北京：中華書局，2012 年 1 版 9 刷），冊 1，全上古三代文，卷 10，頁 13-14，總頁數 78。

[194] 見：曹學群：〈楚國的音樂〉，收錄於熊傳薪主編：《楚國‧楚人‧楚文化》（臺北：藝術家出版社，2001 年），頁 162。

[195] 游振群：〈楚國的帛畫〉，收錄於熊傳薪主編：《楚國‧楚人‧楚文化》，頁 154。

[196] 游振群：〈楚國的帛畫〉，收錄於熊傳薪主編：《楚國‧楚人‧楚文化》，頁 154。

可知道他有繪畫方面的素養。以〈天問〉而言，王逸《楚辭章句》論〈天問〉的創作動機：

> 屈原放逐……見楚有先王之廟及公卿祠堂，圖畫天地山川神靈，琦瑋僑佹，及古賢聖怪物行事。周流罷倦，休息其下，仰見圖畫，因書其壁，何（呵）而問之，以渫憤懣，舒瀉愁思。

在引文中，有尚待商榷之處，例如〈天問〉的寫作時間，以及是否為呵壁之作。但可推論的是，屈原在楚國先王之廟與公卿祠堂中，曾經目睹壁上的畫作，繪有天地、山川、神靈，以及古之賢聖、怪物、歷史事件的畫像，因而受到啟發，創作第二長詩：〈天問〉，抒發他內心的情感。再如〈九歌·國殤〉前半部份描寫了戰場上的景象：

> 操吳戈兮被犀甲，車錯轂兮短兵接。旌蔽日兮敵若雲，矢交墜兮士爭先。凌余陣兮躐余行，左驂殪兮右刃傷。霾兩輪兮縶四馬，援玉枹兮擊鳴鼓。

屈原先從宏觀的視角，敘寫戰場的景象：戰士揮舞吳戈，穿戴犀甲，乘坐在戰車上，與敵人短兵相接。在旌旗蔽日的戰場上，敵人如雲層般密布著，兩方的箭矢墜落在彼此的領地，戰士們爭相上前。敵方侵略我方的陣地，踩踏著我方的隊伍。屈原再從微觀的視角，敘寫御者的處境：左方的馬匹已經戰亡，右方的馬匹也受傷了。車輪陷落於土中，牽絆著駕車的四馬，我軍仍然擊鳴戰鼓勇敢對抗。由於屈原有繪畫方面的素養，才能將戰場的景象寫得歷歷如繪，極為逼真地刻畫出激烈的戰爭場面，也凸顯出戰爭的慘烈與戰士的英勇。

以楚國的服飾而言，楚莊王時的貴族服飾為「鮮冠組纓，絳衣博袍」[197]，是極為華貴。陳國安說明楚國的服飾是：「楚人的服飾即保持了傳統的華夏冠冕，又因長期混處於『蠻夷』之中，服飾習俗上的相互交融，亦形成了具有自己特徵的服飾文化。」[198]可知楚民族的服飾異於中原。〈涉江〉云：「余幼好此奇服兮。」他所穿戴的服飾是極為特殊，如〈離騷〉云：「高余冠之岌岌兮，長余佩之陸離」、〈涉江〉云：「帶長鋏之陸離兮，冠切雲之崔嵬」，屈原離開政壇後，重修初服，增高頭冠，增長身上佩帶。而高冠、長佩，就是楚民族的服飾。楚民族也有以香草作為佩飾的習慣，〈離騷〉云：「扈江離與辟芷兮，紉秋蘭以為佩」、「製芰荷以為衣兮，集芙蓉以為裳」、「佩繽紛其繁飾兮，芳菲菲其彌章」。屈原用這些香花、香草來裝飾自己，使外貌意態更顯不凡，這不只是隱喻自己有高潔的德行，這也是楚民族服飾的特色。

以楚國的器物而言，玻璃器有玻璃璧、玻璃劍飾、玻璃印及其裝飾紋樣，玉

---

[197] 《墨子》載墨子語：「昔者楚莊王鮮冠組纓，絳衣博袍。」見：昔者楚莊王鮮冠組纓，絳衣博袍，下冊，卷12，頁688。
[198] 陳國安：〈楚國的服飾〉，收錄於熊傳薪主編：《楚國·楚人·楚文化》，頁82。

器有禮玉、葬玉、裝飾品和實用裝飾品,漆器有禮器、樂器、兵器、葬具與生活日用品和雜物玩具,鐵器有武器、生產工具、雜用器,青銅禮器則是鼎與其他器物組合成一套,可見楚國器物的多樣,用途也很廣泛。[199]屈原在作品裡,有描述楚國器物,例如〈離騷〉云:「馳玉虯以乘鷖兮,溘埃風余上征」、「為余駕飛龍兮,雜瑤象以為車」、「揚雲霓之晻藹兮,鳴玉鸞之啾啾」,屈原神遊天地時,是由虯龍為他駕車,而虯龍的鑣勒用玉裝飾著。[200]他乘坐的車輛,是以瑤玉、象牙裝飾。屈原的車隊揚起雲霓,遮蔽陽光,玉製成的鸞鈴發出啾啾的鳴聲。在以上數句中,可知屈原乘坐華美的車輛,有藝術之美。

以楚國的建築而言,《國語‧楚語上》載伍舉評論楚靈王的章華之臺是:「土木之崇高,彤鏤為美。」[201]李建毛對楚國的建築說明道:「為使宮殿建築顯得宏偉,楚成、莊王時,殿堂必有層臺之築,且層臺必高,以顯威儀。『層臺累榭』成為楚建築特色。」[202]楚國的宮殿,外觀是宏偉崇高,內部雕飾則是華麗精緻。屈原寫道楚國的建築,如〈招魂〉云:

> 經堂入奧,朱塵筵些。砥室翠翹,挂曲瓊些。翡翠珠被,爛齊光些。蒻阿拂壁,羅幬張些。纂組綺縞,結琦璜些。

楚王宮室之美,進入廳堂內,映入眼簾的是朱紅色的天花板。砥石的宮牆上裝飾著翠羽,並吊掛彎曲的瓊玉。用翡翠珠玉縫製成的衾被,發出燦爛的光芒。在牆上裝飾著蒻席,張起羅製的幬帳。更在五彩與素色的彩帶上,繫上琦、璜等寶玉。〈招魂〉裡,屈原描寫楚王居住的宮室,是富麗堂皇。

由於屈原有高度的審美素養,再加上楚國環境的影響,藉由屈原作品的詞句,可知他能從美的角度,欣賞楚國的音樂、繪畫、器物、建築。也因為楚國擁有高水準的工藝美術,啟發屈原,影響文學創作,寫出偉大的屈騷。

3.年華逝去的時間焦慮

時間消逝代表年華老去,因此屈原珍惜生命,在面對逐漸流失的時光時,表現出憂愁,深怕無法完成理想目標。屈原多次提及對時間焦慮,例如〈離騷〉云:「汨余若將不及兮,恐年歲之不吾與」、「日月忽其不淹兮,春與秋其代序。惟草木之零落兮,恐美人之遲暮」。屈原將時間比喻為流水,隨著歲月的逝去,唯恐己身趕不上年歲的消逝。日月快速的輪替,春秋迭相而至,草木逐漸的凋落,擔心自己的年華也日薄西山。此處「美人」所指的人,古代楚辭學家主要有兩種看法,王逸《楚辭章句》、洪興祖《楚辭補注》均認為是指懷王。黃文煥《楚辭聽

---

[199] 上述資料,見:陳國安:〈楚國的玻璃器〉、喻燕姣:〈楚國的玉器〉、聶菲:〈墨髹朱裡的楚國漆器〉、袁建平:〈楚國的鐵器〉、傅聚良:〈楚國的青銅禮器〉,收錄於熊傳薪主編《楚國‧楚人‧楚文化》,頁 104、105、108、111、114。

[200] 按:傅錫王《新譯楚辭讀本》釋「玉虯」云:「指以虯為馬,用玉來裝飾鑣勒。」傅錫王:《新譯楚辭讀本》(臺北:三民書局,2011 年 3 版 3 刷),頁 17。

[201] 〔春秋〕左丘明著,徐元誥集解:《國語集解》,卷 17,〈楚語上〉,頁 493。

[202] 李建毛:〈楚宮建築〉,收錄於熊傳薪主編:《楚國‧楚人‧楚文化》,頁 31。

《直》、錢澄之《屈詁》則認為是屈原自指。[203]筆者贊同游國恩《離騷纂義》之見：

> 此文上云若將不及四句，是言歲不我與，故及時而自修；此四句是言日月
> 代遷，欲及時而進用。蓋賢者之持躬自勉，固應及早，而致身有為，亦不
> 宜遲也。使才學既裕，志行無虧，而不得及時與君圖治建功，則遲暮自傷，
> 空嗟老大而已。屈子誼篤宗親，而其時國難又亟，居恆惴惴於此，故於上
> 文皆以「恐」言之。[204]

　　從上下文來看，「美人」為屈原自指。因此屈原說道：「朝搴阰之木蘭兮，夕
攬洲之宿莽。」藉由摘採木蘭、宿莽等草木來修飾自己。
　　〈離騷〉又云：「老冉冉其將至兮，恐修名之不立。」王逸《楚辭章句》注
此句云：

> 言人年命冉冉而行，我之衰老，將以速至，恐修行建德，而功不成名不立
> 也。《論語》曰：「君子疾沒世而名不稱焉。」屈原建志清白，貪流名於後
> 世也。

　　屈原意識到他即將年老，擔心無法建立美名。而屈原正是要透過「修身」，
以至於齊家、治國、平天下，使美名能流傳後世。〈離騷〉接著說：「朝飲木蘭之
墜露兮，夕餐秋菊之落英。」他在早晨時飲食木蘭上的墜露，傍晚服食秋菊初生
的花朵。此處雖說是象徵品性之芳潔，但或可自另一角度審視，他的寓意或可謂
藉由服食養生，使身體更加精壯。屈原若能因此而延長壽命，那麼他就有更長的
時間，能輔佐楚王完成美政。
　　在〈離騷〉中，屈原神遊天地時說道：「欲少留此靈瑣兮，日忽忽其將暮。
吾令羲和弭節兮，望崦嵫而勿迫。」他欲在天帝住所的宮門前稍微停留，但太陽
卻急速的向西落下。他命令羲和停止行進，望見崦嵫山也不要急切地靠近。屈原
會希望太陽不要快速降落，原因是「路曼曼其修遠兮，吾將上下而求索」，建立
美名，完成美政的過程，需要長久的時間，他將要上下求索而達成目標。在〈離
騷〉中，巫咸對屈原說：「及年歲之未晏兮，時亦猶其未央。恐鵜鴂之先鳴兮，
使夫百草為之不芳。」巫咸勸告屈原，趁年歲尚未老邁，時光尚未終了，他擔心
的是鵜鴂提早鳴叫，使百草凋謝而不芬芳，如此豈能去遇合志同道合的人？屈原
聽從巫咸的意見，云：「及余飾之方壯兮，周流觀乎上下。」要他趁著正值壯年
時，上下四方去尋求。

---

[203] 黃文煥《楚辭聽直》云：「美人，原自謂也」、錢澄之《屈詁》云：「美人，自況為是。」見：
〔明〕黃文煥：《楚辭聽直》，收錄於吳平、回達強主編《楚辭文獻集成》，冊7，頁4，總頁數
4571。〔清〕錢澄之：《屈詁》，收錄於吳平、回達強主編《楚辭文獻集成》，冊9，頁6，總頁數
6407。
[204] 游國恩：《離騷纂義》，收錄於游國恩著，游寶諒編：《游國恩楚辭論著集》，冊1，頁44。

4.以死明志的生命抉擇

屈原投江自沉的目的，歷來學者均有不同的意見，黃碧璉《屈原與楚文化研究》歸納了以下說法：(1)潔身說。(2)洩忿說。(3)殉國難說。(4)尸諫說。(5)賜死說。(6)守志說。[205]並從「戰國士人的風尚」、「楚人的生死觀」、「屈原的性格特徵」、「屈原的自沉抉擇」四方面，探析屈原死亡的原因。[206]統計屈賦中的「死」字，共十九見，其中「寧○死○流亡兮」的句式，更是出現三次。[207]故可由此屈原論及死亡，推論屈原對死亡的態度。

〈離騷〉云：「亦余心之所善兮，雖九死其猶未悔。」他人責怪屈原不應配帶香草，屈原則認為這是他內心所喜愛的，即使因此而歷經多次死亡，他仍然不會後悔。〈離騷〉云：「寧溘死以流亡兮，余不忍為此態也。」屈原對於世俗的追求工巧、改易規矩、背棄繩墨、競相周容的態度，是寧可讓肢體散亡，也不去做違規的行為。〈離騷〉云：「伏清白以死直兮，固前聖之所厚。」屈原保持清白，並為正道而死，且這是前代聖賢所稱許的。自以上的例句中，可知屈原不與世俗妥協，面對混亂的局勢，為了他所堅持的事與自身清白，選擇死亡。此種死亡的抉擇，正符合「潔身說」與「守志說」。

屈原多次提及投江的原因，〈惜往日〉云：「臨沅湘之玄淵兮，遂自忍而沉流。卒沒身而絕名兮，惜壅君之不昭。」屈原面對沅水、湘江的深淵，欲要忍受痛苦沉入江水之中。但若就此淹沒自身，美名不傳於世，他將會惋惜楚王無法明察他的用心。〈惜往日〉云：「君無度而弗察兮，使芳草為藪幽。焉舒情而抽信兮，恬死亡而不聊。」君王荒誕無節制，且不省察自身，使得芳草長滿在低濕地帶。屈原要如何向楚王陳述他的情志，並表現誠信，才能安然地接受死亡而非苟且偷生？〈惜往日〉又云：「寧溘死而流亡兮，恐禍殃之有再。不畢辭而赴淵兮，惜壅君之不識。」他寧可就這樣突然死亡，讓身體隨水流去，是因擔心災禍會再次發生。但若不把內心的話說盡就赴江沉淵，只會對國君不能識明他的心意感到遺憾。屈原將無法向楚王陳辭的內容，以尸諫的方式進諫楚王，期望楚王能就此覺悟。此種舉動與用意，正符合「尸諫說」。

余英時《士與中國文化》說：「在理論上，知識份子與君子之間的結合，只能建立在『道』的共同基礎上面。所以孔子說：『天下有道則見，無道則隱。』（《論語·泰伯》）孟子也說：『天下有道，以道殉身，天下無道，以身殉道』（《孟子·盡心上》）……以道自任的知識份子，只有盡量守住個人的人格尊嚴，才能抗禮王侯。」[208]屈原有儒家思想，因此他也有「有道則見，無道則隱」、「以道殉身」、「以身殉道」的觀念。在戰國時期，是天下無「道」之時，屈原又遇及昏君，他只好犧牲個人的生命，投江自沉，「以身殉道」，為真理，為他所信仰的「道」，

---

[205] 黃碧璉：《屈原與楚文化研究》（臺北：文津出版社，1998年），頁160-162。

[206] 黃碧璉：《屈原與楚文化研究》，頁164-187。

[207] 分別為：〈離騷〉4次，〈九歌〉1次，〈天問〉5次，〈九章〉8次，〈遠遊〉1次。「寧○死○流亡兮」分別見於〈離騷〉：「寧溘死以流亡兮」、〈惜往日〉：「寧溘死而流亡兮」、〈悲回風〉：「寧逝死而流亡兮」。

[208] 余英時：《士與中國文化》（上海：上海人民出版社，1987年），頁101-102。

即忠君愛國，憂國憂民之「道」，獻出己身，而屈原的忠孝之心，就此展現。

　　從上節論述屈原對時間的焦慮，可知屈原期望楚王趁他尚在壯年時重用他，讓他為楚王效命，使國家更加強盛。而屈原選擇投江自沉結束生命，迎向死亡，目的就是潔身、守志與諫君。屈原重視生命，珍惜生命，故用此種方式結束生命，讓生命在最後發揮最大的效用，散發更大的光與熱。

（三）重根務本，忠君愛國

　　屈原的君臣之道，多處與儒家思想相符，也與他的出身及時代背景相關。以下首先論述屈原與楚王的關係，從而可知屈原無法離開楚國的原因，接著論述屈原「先君後身」的君臣之道，願盡忠楚王而犧牲生命。

1.與楚同宗而不忍去國

　　中國的宗法制度，在殷商時期已經實行，周朝的宗法制度建立在商朝的制度上，使制度更加完備。[209]在《禮記》裡記載周朝的宗族制度，〈大傳〉云：「有百世不遷之宗，有五世則遷之宗。」[210]前者是指宗族裡的大宗，後者是指小宗。大宗為宗族裡的繼承者，小宗則是庶子。在宗族中，繼承的順位也有規範，是「立適（嫡）以長不以賢」[211]，以嫡長子為主要繼承者。〈大傳〉又云：「親親故尊祖，尊祖故敬宗，敬宗故收族，收族故宗廟嚴。」[212]先親愛父母，才能尊敬祖宗，凝聚族人，使宗廟制度嚴謹。

　　楚國也有宗法制度，文崇一《楚文化研究》說道：「從部份記事中，我們發現楚的宗族組織可能相當嚴密，並且具有某種權威。」[213]文崇一又說：「聚族而居的制度，在楚是很普遍的。」[214]楚國國內宗族之間關係緊密，屈原出身楚國貴族，與楚王同宗，因此他對楚王與楚國，有著熱烈的情感。在這樣的情感趨使下，屈原不可能離開祖國，遠赴他國。

　　〈離騷〉首句自敘他的先祖：「帝高陽之苗裔兮」，高陽即是顓頊，根據《史記・楚世家》記載楚國的世系，楚族之祖是黃帝與顓頊。在楚武王的時候，楚武王將屈地封予其子瑕，以封地名為氏，是為屈氏。《史記・屈原列傳》說屈原是「楚之同姓」，意即屈原與楚王有相同的血脈，有共同的祖先，屈氏是楚王的親族。屈氏家族世代事楚，趙逵夫《屈原與他的時代》考證西周與春秋時代的屈氏，自屈瑕以下有屈重、屈完、屈御寇（子邊）、屈赤角（子朱）、屈蕩（叔沱）、屈到（子夕）、屈乘、屈建（子木）、屈蕩、屈申、屈生、屈罷、屈大心、屈春、屈建、屈廬、屈固（公陽），其中除了屈御寇、屈乘、屈建、屈固以外，其餘均曾

---

[209] 錢杭《周代宗法制度史研究》說：「殷代有宗法，但此宗法是不成熟的，具體表現為宗法血緣關係各層次之間發展的不協調」，又說：「周族宗法的全面發展是在殷代宗法的基礎上才得以完成的」，見：錢杭：《周代宗法制度史研究》（上海：學林出版社，1991年），頁31、34。
[210] 《禮記》，卷34，〈大傳〉，頁10，總頁數620。
[211] 〔漢〕公羊壽傳，何休解詁，〔唐〕徐彥疏，〔清〕阮元校勘：《春秋公羊傳注疏》，《重刊宋本十三經注疏附校勘記》，冊7，卷1，〈隱公元年〉，頁12，總頁數11。
[212] 《禮記》，卷34，〈大傳〉，頁13，總頁數622。
[213] 文崇一：《楚文化研究》，頁108。
[214] 文崇一：《楚文化研究》，頁108。

任職楚國莫敖，他們四人即使未任莫敖，也曾擔任楚國官職，並有事功。[215]屈氏家族對楚國貢獻極多，在楚國有舉足輕重的地位。

由於屈氏與楚王有血緣關係，故可推論屈原對楚王有深厚情感。在〈離騷〉自敘世系，王逸《楚辭章句》注云：「屈原自道本與君共祖，俱出顓頊胤末之子孫，是恩深而義厚也。」王夫之《楚辭通釋》則說：「言己與楚同姓，情不可離。」[216]屈原與楚王同為黃帝、顓頊的後裔，在情感與道義上，無法拋棄楚王，離開楚國。屈原不忍去國，〈哀郢〉云：

> 去故鄉而就遠兮，遵江夏以流亡。出國門而軫懷兮，甲之鼂吾以行。發郢都而去閭兮，荒忽其焉極。楫齊揚以容與兮，哀見君而不再得。

屈原遭受楚王疏遠，被流放至江南，此段敘寫屈原當年離開郢都的心境。在甲日的早晨時，從郢都出發，走出國門，離開故鄉，沿著長江夏水流亡至江南。在「荒忽其焉極」句中，表現出無所依靠的心情，不知何處是流亡的盡頭。而在「楫齊揚以容與兮」句中，屈原乘坐的船隻緩緩移動，以延長離開楚國的時間，此處屈原更用具體的行動，顯示出對楚國的依戀。

屈原在〈離騷〉將不忍去國之情，表現得更淋漓盡致：

> 陟陞皇之赫戲兮，忽臨睨夫舊鄉。僕夫悲余馬懷兮，蜷局顧而不行。

屈原神遊仙境，在登上光明的皇天時，忽然自高空鳥瞰地面的楚國，隨行的侍從與駕車的馬匹，都感到悲傷，徘徊而不再前進，更遑論屈原內心的哀淒了。此處屈原雖側寫侍從與馬匹的依戀故鄉，實際上反映出來的，是主角屈原內心對故國無法忘懷的情感，最終仍然是回到楚國。屈原無法離開楚國，原因就如洪興祖《楚辭補注》所說的：「屈原，楚同姓也。為人臣者，三諫不從則去之。同姓無可去之義，有死而已。」馬其昶《屈賦微》也說：「同姓之臣，義無可去，死國之志，已定於此。」[217]洪興祖、馬其昶將屈原的死亡，歸因於屈原是楚王的同姓之臣，因此在情義上不可離開楚國，未來也會為楚國而死。

2.先君後身的君臣之道

儒家理想中的君王，是堯、舜、文王、武王等人，《禮記‧中庸》云：「仲尼祖述堯、舜，憲章文、武」[218]、《孟子‧滕文公上》云：「孟子道性善，言必稱堯

---

[215] 趙達夫：《屈原與他的時代》（北京：人民文學出版社，2002年2版），頁39-55。又「莫敖」一職，文崇一《楚文化研究》說明道：「司馬又叫大司馬或莫敖，戰國時叫上柱國或柱國」，又說：「司馬，原則上是軍事統帥，有時卻也管理政治。」可知莫敖此職，在楚國官職中地位頗高。見：文崇一：《楚文化研究》，頁85、86。

[216] 〔清〕王夫之：《楚辭通釋》，收錄於〔清〕王夫之等著：《清人楚辭注三種》，卷1，頁2。

[217] 〔清〕馬其昶：《屈賦微》，收錄於吳平、回達強主編：《楚辭文獻集成》，冊18，卷上，頁1，總頁數12579。

[218] 《禮記》，卷53，〈中庸〉，頁12，總頁數899。

舜」[219]，而儒家的君臣之道，《論語》〈先進〉載孔子語：「所謂大臣者：以道事君，不可則止。」[220]〈學而〉載子夏語：「事君能致其身。」[221]臣子以道德事奉君王，並且要親力而為。孟子曾云：「君子之事君也，務引其君以當道、志於仁而已。」[222]臣子事奉君王，務必將君王引導至正確的道路上，使他致力行仁。孟子又說：「君臣有義。」[223]君與臣之間，是以「義」連結彼此。

屈原理想中的君王，也是堯、舜、禹、湯等古聖先王。〈離騷〉云：「彼堯舜之耿介兮，既遵道而得路。」堯、舜正大光明，遵守天地之道，而行於大道上。〈離騷〉又云：「湯禹儼而祗敬兮，周論道而莫差。」商湯、夏禹是莊重而謹慎，文王與武王思考治國之道而無差錯。屈原理想中的臣子，就是古代賢臣，如伯夷、彭咸、介之推、伍子胥等人。〈橘頌〉云：「行比伯夷，置以為像兮」、〈抽思〉云：「指彭咸以為儀」、〈悲回風〉云：「求介子之所存兮」、「從子胥而自適」，以伯夷為仿效的對象，以彭咸為遵循的目標，尋求介之推的遺風，追隨伍子胥以如我所願。上述所舉的古代臣子，伯夷是商的賢臣，諫武王伐商不聽，與叔齊採薇而食，死於首陽山。彭咸是商的賢臣，諫君不聽，投水而死。介之推是晉文公的臣子，在文公流離於各國時，曾割股予文公食用，文公回國論功行賞，卻遺忘了介之推，其後介之推隱居於介山，文公火燒介山逼迫介之推出山，卻使介之推葬身火窟。伍子胥原為楚人，父兄被楚平王殺害後，逃至吳國，協助夫差攻打楚國，後卻因夫差聽信讒言而賜死。這些古代賢臣，或因諫君不聽，或因君王的逼迫，使他們以死亡來證明自己的清白與忠心，屈原景仰他們，並以這些賢臣為學習的典範。

屈原理想的君臣關係，就是君臣遇合。他在〈離騷〉云：

> 湯禹儼而求合兮，摯咎繇而能調。……說操築於傅巖兮，武丁用而不疑。呂望之鼓刀兮，遭周文而得舉。甯戚之謳歌兮，齊桓聞以該輔。

禹、湯、武丁、文王、武王、齊桓公這些聖主，擁有美好的品德，不會鄙棄出身低微的人，故能遇合摯（伊尹）、咎繇（皋陶）、傅說、呂望、甯戚這些賢臣，並且重用。〈抽思〉更說：「望三五以為像兮，指彭咸以為儀。」屈原期望楚王能效法古代聖主：禹、湯、文王，而屈原則效法古代賢臣：彭咸，屈原要以賢臣的身份，效忠於如聖主一般的楚王，此處表現出聖主賢臣遇合的理想。

屈原謹守儒家的君臣之道，重視君臣彼此的關係，他以道德勸勉君王，試圖將君王引導至正確的大道上。而屈原的君臣之道，可用「先君後身」概括。〈惜誦〉云：「吾誼先君而後身兮，羌眾人之所仇。」由於屈原是先為君王著想，之後才顧及自身，卻遭受到眾人的仇視。屈原身為楚國的宗臣，以忠事君，從屈賦中運用「忠」字即可明白。在〈惜誦〉裡「忠」字就使用五次，其他又見於〈涉

---

[219] 《孟子》，卷 5 上，〈滕文公上〉，頁 1，總頁數 88。
[220] 《論語》，卷 11，〈先進〉，頁 9，總頁數 100。
[221] 《論語》，卷 1，〈學而〉，頁 5，總頁數 7。
[222] 《孟子》，卷 12 下，〈告子下〉，頁 5-6，總頁數 220。
[223] 《孟子》，卷 5 下，〈滕文公上〉，頁 3，總頁數 98。

江〉、〈哀郢〉、〈抽思〉、〈惜往日〉、〈卜居〉等篇章，屈原重複使用「忠」字，強調忠誠，對楚王是不離不棄的。

屈原「先君」的表現，〈離騷〉云：「乘騏驥以馳騁兮，來吾道夫先路」、「忽奔走以先後兮，及前王之踵武」，屈原駕著駿馬，在楚王前後奔走，引導楚王跟隨著前代聖主的腳步。〈離騷〉又云：「指九天以為正兮，夫唯靈修之故也。」屈原要上天為他作證，他是為了楚王的緣故。〈抽思〉云：「何毒藥（獨樂）之謇謇兮，願蓀美之可完。」[224]屈原如此的忠貞，是期望楚王能夠正大而光明。在〈惜誦〉中，「君」字共有十一見，均是指楚懷王[225]，可見屈原對國君的忠心。

屈原「後身」的表現，如〈離騷〉云：「豈余身之憚殃兮，恐皇輿之敗績。」他不擔憂自身的安危，更擔心楚王的失敗。〈離騷〉又云：「阽余身而危死兮，覽余初其猶未悔。」屈原即使身處危害面臨死亡，審視自己的初志仍然不後悔。又〈離騷〉云：「忳鬱邑余侘傺兮，吾獨窮困乎此時也」、〈涉江〉云：「吾不能變心而從俗兮，固將愁苦而終窮」，由於屈原不與世俗同流合污，他將因此面臨窮困的局勢。屈原會身處困境，就是因為「先君後身」所造成的，而屈原至死仍不後悔。

（四）相信天命，以德輔政

屈原的天命觀，有學者主張屈原是懷疑天命，郭維森《屈原評傳》說：「屈原生當百家爭鳴的戰國時代，他對天命論是懷疑的、批判的，儘管和許多思想家一樣，其批判不夠徹底，但在當時無疑屬於最先進的思想。」[226]又張崇琛《楚辭文化探微》說：「屈原宇宙觀的另一個重要方面，是對『天命』的懷疑和否定，這是同他對宇宙的物質性認識相一致的。」[227]

有學者主張屈原是相信天命，郭銀田《屈原之思想及其藝術》說：「他（屈原）以為宇宙間的一切的佈置與安排，完全是決定於一位主宰者的上帝。上帝是萬能的，宇宙間的種種現象都由他作主，大自然的一切都是他的心意的表露。他並且是大公無私的，代表著公道，和正義。」[228]又魯瑞菁《楚辭文心論》說：「飽受楚國貴族教育的屈原，自是非常熟稔《詩》、《書》中天命觀的具體內涵。但屈原所以服膺天命觀，並加以深化，卻是經過一己對歷史經驗深入反思後，所得出

---

[224] 按：洪興祖《楚辭考異》注：「一云：何獨樂斯之謇謇兮。」

[225] 按：此十一處，分別為「竭忠誠以事君兮，反離群而贅肬」、「忘儇媚以背眾兮，待明君其知之」、「故相臣莫若君兮，所以證之不遠」、「吾誼先君而後身兮，羌眾人之所仇」、「專惟君而無他兮，又眾兆之所讎」、「疾親君而無他兮，有招禍之道也」、「思君其莫我忠兮，忽忘身之賤貧」、「事君而不貳兮，迷不知寵之門」、「『終危獨以離異兮』，曰：『君可思而不可恃』」、「設張辟以娛君兮，願側身而無所」、「欲高飛而遠集兮，君罔謂汝何之」。

[226] 郭維森：《屈原評傳》，頁239。

[227] 張崇琛：《楚辭文化探微》，頁17。

[228] 郭銀田：《屈原之思想及其藝術》，頁163。按：郭銀田《屈原之思想及其藝術》在第四章第四節「對宇宙人生的根本懷疑」中，又論述屈原「對宇宙現象的懷疑」、「對人生問題的懷疑」。筆者以為，依郭銀田此處論述的內容，屈原是懷疑自然現象以及古代歷史，而非懷疑天命。詳見：郭銀田：《屈原之思想及其藝術》，頁199。

的結論。」[229]屈原是否相信天命，必須透過分析他的作品而可得知。以下首先從屈賦中的「天」字，探析屈原作品中「天」的意義。接著從作品中與天命相關的文句，探察他對天命的態度，從而得知屈原的天命觀。

1.屈賦「天」字意義

在屈賦裡，「天」字出現三十六次[230]，姜亮夫分析屈宋言「天」有三義：(1)天體論。(2)天德論。(3)天道論。[231]姜亮夫在「天體論」下舉例，〈離騷〉云：「周流乎天余乃下」、〈九歌·湘夫人〉云：「高馳兮沖天」、〈九章·悲回風〉云：「遂儵忽而捫天」，以上的「天」字，是指天體，又〈招魂〉云：「天地四方，多賊姦些」、〈遠遊〉云：「維天地之無窮兮」，是「天」、「地」二字合稱，亦指天體。[232]姜亮夫所舉之例，是有天文意義的自然之天。

姜亮夫在「天德論」條目下說：

> 天地長存而無窮，四時代序而不忒，其對人世則無絲毫不公之私，故可為民作正。此類思想其實皆自殷周之際發之，至戰國而成其友紀，屈宋而言，不過戰國以來諸子中之一說而已，並非屈宋自創之說。[233]

從姜亮夫的論述可知，天德之天著重於天地長久與四季規律，對世間萬物均無不同。屈原的天德論，是承繼於商周以至於戰國時期的思想而來，非屈原自創。據姜亮夫《楚辭通故》統計，屈原遣用「天命」一詞，共有三處[234]，在先秦典籍中的「天命」，姜亮夫說：

> 細繹春秋戰國以來諸言天命者，其義蓋與天道一詞同。天命者，即天道之動詞，天道即天命之稱名，天何所命？則以其道而命。其道為何？即〈離騷〉所謂「皇天無私」也。然天命僅天道之一端，天道顯示於事象者，言顯示於國祚、帝位及與此有關之事象而言。故「天命反側」，即「天道好還」之義。[235]

「天命」與「天道」同義，差別在於名稱的不同。商周時期的天命觀，認為天命賦予的對象是國家與君王，如《尚書·周書·泰誓》云：「天視自我民視，

---

[229] 魯瑞菁：《楚辭文心論》（臺北：里仁書局，2002 年初版），頁 445-446。

[230] 按：此數據依劉殿爵、陳方正主編：《楚辭逐字索引》統計之篇章為屈原二十六篇作品。見：劉殿爵、陳方正主編：《楚辭逐字索引》（香港：香港商務印書館，2000 年），頁 123。

[231] 姜亮夫：《楚辭通故》，冊 1，頁 2-3。

[232] 詳見：姜亮夫：《楚辭通故》，冊 1，頁 2。

[233] 姜亮夫：《楚辭通故》，冊 1，頁 3。

[234] 姜亮夫《楚辭通故》云：「屈宋賦中用天命一詞三見，其中兩見有附加語，即〈哀郢〉之『皇天之不純命』與〈天問〉之『皇天集命』。其一直言天命者，亦見於〈天問〉『天命反側，何罰何佑』是也。」見：姜亮夫：《楚辭通故》，冊 2，頁 279

[235] 姜亮夫：《楚辭通故》，冊 2，頁 282。

天聽自我民聽。」[236]上天以民心為依歸，給予君王統治天下的正當性。《尚書・周書・君奭》云：「天惟純佑命，則商實百姓，王人罔不秉德明恤。」[237]上天視百姓的富足而賦予天命，國君無不提升品德，體恤百姓。《詩經・大雅・烝民》亦云：「天生烝民，有物有則。民之秉彝，好是懿德。」[238]天命降臨於國家有一定的準則，國君受到百姓的愛戴，就是因他有美好的品德。《詩經・周頌・維天之命》云：「維天之命，於穆不已。於乎不顯，文王之德之純。」[239]周文王有高尚的品德，因此能秉受天命。春秋戰國時期的天命觀，認為天命則能賦予個人。孔子有云：「五十而知天命」[240]、「不知命，無以為君子也」[241]、「君子有三畏：畏天命，畏大人，畏聖人之言」[242]，孔子注重探求個人的天命，敬畏天命。孟子則說：「殀壽不貳，修身以俟之，所以立命也。」[243]每個人有命限，因此要透過修身，來確立自己的天命。孟子又說：「知命者，不立乎巖牆之下，盡其道而死者，正命也。」[244]知道自己天命的人，不會站於於高牆下，使生命受到危害，能盡心於道德而死的人，是能得到天命。由以上引文可知孔子與孟子對天命的重視，而屈原的天命觀，是承繼商周與孔孟的天命觀而來。藉由分析屈原作品中的「天」字，與天德論、天道論合看，才可察知屈原的天命觀為何。

2.屈原的天命觀

> 指九天以為正兮，夫唯靈修之故也。
> 皇天無私阿兮，覽民德焉錯輔。（以上〈離騷〉）
> 所作忠而言之兮，指蒼天以為正。（〈惜誦〉）
> 皇天之不純命兮，何百姓之震愆？（〈哀郢〉）
> 秉德無私，參天地兮。（〈橘頌〉）
> 惟天地之無窮兮，哀人生之長勤。
> 恐天時之代序兮，耀靈曄而西征。（以上〈遠遊〉）

在屈賦裡，以〈離騷〉的「皇天無私阿兮，覽民德焉錯輔」，最能代表屈原的天命觀。屈原認為皇天是公正無私，不會偏袒任何人，而皇天給予輔助的對象，是審視人們是否有美德，將道德施及百姓。在屈原天命觀中，皇天的特點有二：一、皇天是絕對的公正。二、天命無常，「德」是予以天命的依據。屈原天命觀的第一項特點，在其他作品亦有表現，〈遠遊〉云：「惟天地之無窮兮」、「恐天時之代序兮」，天地有無窮盡的時間，而四季變化也依循規律進行，天地四季無差

---

[236] 《尚書》，卷11，〈周書・泰誓〉，頁10，總頁數155。
[237] 《尚書》，卷16，〈周書・君奭〉，頁21，總頁數246。
[238] 《詩經》，卷18-3，〈大雅・烝民〉，頁11，總頁數674。
[239] 《詩經》，卷19-1，〈周頌・維天之命〉，頁12，總頁數708。
[240] 《論語》，卷2，〈為政〉，頁2，總頁數16。
[241] 《論語》，卷20，〈堯曰〉，頁5，總頁數180。
[242] 《論語》，卷16，〈季氏〉，頁7，總頁數149。
[243] 《孟子》，卷13上，〈盡心上〉，頁2，總頁數228。
[244] 《孟子》，卷13上，〈盡心上〉，頁3，總頁數229。

別地對待世間萬物，可見皇天的無私。在第二項特點中，上舉〈離騷〉句裡，屈原將皇天與民德並舉，顯示天與德的關係，〈哀郢〉云：「皇天之不純命兮，何百姓之震愆？」天命如此的無常，使屈原遭到流放江南的命運。[245]〈橘頌〉則云：「秉德無私，參天地兮。」橘樹秉受天地的美德，因此能參贊天地的化育。由於皇天的公正以及以「德」為標準，因此〈離騷〉云：「指九天以為正兮」、〈惜誦〉云：「指蒼天以為正」，句中的「正」通「證」，他要以九天、蒼天為證人，證明他的作為是正確無誤。

　　從〈天問〉也能看出屈原的天命觀，但由於〈天問〉體製特殊，由問句組成，有楚辭學者據此以為屈原是懷疑天道，反抗天命，如上舉的郭維森、張崇琛。筆者以為，要從〈天問〉探察屈原的天命觀，首先要了解〈天問〉創作意圖及內容。屈原寫作〈天問〉，陳怡良先生認為：

> 屈原不但對時局流俗不滿，就是當時知識界，他亦表不滿，因戰國時代，一些遠古神話，知識或史實，已被人文主義者修改殆盡，而老莊惠施的無為主義，以及幻滅無常的思想，迂怪亂神的信仰，則盛傳於宋楚，而楊朱利己無君的思想，墨子兼愛非攻的利他主義，又都是一偏之見，無補於實際，自是不能滿足當時知識界欲求，具有儒學意識的屈原，必然亦感到極大的苦悶，而在潛意識中，可能也有炫耀才華，藉以揚名的心理，綜合以上幾種因素，屈原才有〈天問〉的創作。[246]

　　屈原有感於當代知識界的混亂與不切實際，故以儒者的姿態，用問句的方式寫作，詰問當時的學者。而〈天問〉裡提出的問題，他是已知解答。朱熹《楚辭集注》云：「此篇所問，雖或怪妄，然其理之可推，事之可鑿者，尚多有之。」[247]至於無可解答的問題，則如臺靜農《楚辭天問新箋·序》所言：「《楚辭》〈天問〉中神話及史事與今之故籍，多有不同……蓋楚人所接受之歷史文化，未必悉合於兩周文獻。」[248]屈原接受知識的來源，並非皆來自傳統文獻，因此他所提出的問題，不完全與兩周文獻相合。藉由以上的論述，可知屈原著作〈天問〉，並非懷疑天道、天命而作。以下從〈天問〉的內容，來分析〈天問〉所表現的天命觀，可知屈原相信天命，並藉〈天問〉說明天道的規律。

　　由於〈天問〉存在著文句雜亂的問題，歷來楚辭學者致力考察其中的原因，並試圖復原至最接近屈原原作的樣貌。[249]對於〈天問〉的分段，楚辭學者也有不同的意見，陳本禮分為十段，林庚分為八段，蘇雪林分為五大項，臺靜農分為十

---

[245] 按：據蔣驥《山帶閣注楚辭》云：「百姓與民，皆呼天自指之辭。」「百姓」當為屈原自指。見：〔清〕蔣驥：《山帶閣注楚辭》，收錄於〔清〕王夫之等著：《清人楚辭注三種》，卷 4，頁 118。

[246] 陳怡良：〈天問的思想內容及其文學價值〉，《屈原文學論集》，頁 317-318。

[247] 〔宋〕朱熹：《楚辭集注》，卷 3，頁 49

[248] 臺靜農：《楚辭天問新箋》（臺北：藝文印書館，1972 年初版），頁 1。

[249] 詳見：陳怡良：〈天問的思想內容及其文學價值〉，《屈原文學論集》，頁 306-314。

九類，陳怡良先生分為七段。[250]此處暫且不論〈天問〉分段問題，但藉由楚辭學者對〈天問〉的分段，並與〈天問〉的「天」字互相參照，則可知屈原欲要表達的天命為何。

〈天問〉的「天」字，分別為：「天命反側，何罰何佑」、「何感天抑墜，夫誰畏懼」、「皇天集命，惟何戒之」。此三句，是在蘇雪林《天問正簡》分段裡的第三項「歷史」，第三小節「周代」。[251]又在臺靜農《楚辭天問新箋》分段裡的第十三類「紂事」、第十七類「昭王、穆王、幽王事」、第十八類「春秋時事」。[252]又在陳怡良先生〈天問的思想內容及其文學價值〉分段裡的第五段「問殷周興亡事」，以及第六段「上溯周初，以見周所以擁有天下事，另續問及武王伐紂所以成功」[253]。從〈天問〉的「天」字出現上述學者分段之處，可知屈原要探析的天命，是商朝與周朝的天命。

在「天命反側，何罰何佑」句的前後文為：

> 授殷天下，其位安施？反成乃亡，其罪伊何？爭遣伐器，何以行之？並驅擊翼，何以將之？昭后成游，南土爰底。厥利惟何，逢彼白雉？穆王巧梅，夫何為周流？環理天下，夫何索求？妖夫曳衒，何號於市？周幽誰誅？焉得夫褒姒？ 天命反側，何罰何佑？ 齊桓九會，卒然身殺。彼王紂之躬，孰使亂惑？何惡輔弼，讒諂是服？比干何逆，而抑沈之？雷開何順？而賜封之？何聖人之一德，卒其異方？梅伯受醢，箕子佯狂。

屈原說道，天命已經授予殷商，又轉移至周朝。其後昭王南遊，穆王周流，他們環遊天下，所求的事物為何？齊桓公身為霸主，卻遭殺身之禍，紂王被讒諂所亂惑而為害天下，比干是忠臣，雷開是佞臣，遭遇也有所不同。為何聖人擁有道德，結局卻大不相同。

在「何感天抑墜，夫誰畏懼？皇天集命，惟何戒之」的前後文為：

> 伯昌号衰，秉鞭作牧。何令徹彼岐社，命有殷國？遷藏就岐，何能依？殷有惑婦，何所譏？受賜茲醢，西伯上告。何親就上帝，殷之命以不救？師望在肆，昌何識？鼓刀揚聲，后何喜？武發殺殷，何所悒？載屍集戰，何所急？伯林雉經，維其何故？ 何感天抑墜，夫誰畏懼？皇天集命，惟何戒之？ 受禮天下，又使至代之？初湯臣摯，後茲承輔。何卒官湯，尊食宗緒？

屈原又說，周文王（伯昌）在殷商衰弱的時候，持鞭治理九州，獲得天命，統治殷國。殷商有惑婦妲己，這是譏刺紂王。文王接受紂王賜予其子的肉羹，上告於天帝，不救殷商的天命。其後文王在市場識得呂望而喜，武王在文王初死的

---

[250] 詳見：陳怡良：〈天問的思想內容及其文學價值〉，《屈原文學論集》，頁 321-322。
[251] 蘇雪林：《天問正簡》，〈天問原文〉，頁 43-44。
[252] 臺靜農：《楚辭天問新箋》，頁 80、97、103。
[253] 陳怡良：〈天問的思想內容及其文學價值〉，《屈原文學論集》，頁 322。

時候，急迫地討伐殷商。晉公子申生自殺，他能感動天地，有誰能夠畏懼。皇天已經授天命於殷，又為何還要提防戒備。紂王已經治理天下，卻被周朝所取代。商初湯用伊尹（摯），得到輔佐，伊尹始終都事奉湯，使子孫延續百世。

　　在上述引文中，顯示屈原認為天命無常，故天命從商朝移轉到周朝。這也顯示出有德者如商初的湯、周的文王武王，遇合賢臣以治理國家；無德者如商末的紂，他的作為是傷天害理，故天命移轉至有德的周文王。而從〈離騷〉、〈惜誦〉、〈哀郢〉、〈橘頌〉、〈遠遊〉的「天」字，可知屈原相信天命，而皇天是公正而無常，只有有德者才能獲得天命，有德的國家才能擁有天命。因此屈原自身是努力的進德修業，他也期望楚王能將德政施及於百姓，如此一來，他將能輔佐楚王推行美政，而楚國得到天命後，就能完成一統天下的鵠的。

三、情感表達

　　屈原情感豐富，梁啟超論屈原的死：「他是一位有潔癖的人為情而死。」又說他的腦中有「極熱烈的感情」，是「情感的化身」[254]，梁啟超從「情」的角度評論屈原。由於屈原的懷才不遇，而有悲憤之情，透過文學創作，將情感宣洩出來，表現出悲情傷感。屈原把情感寫入作品時，又謹守儒家的溫柔敦厚與中和之道，不會直接指責，流於怒罵。對於屈原在作品中所表達的情感，值得探討。以下就（一）屈原情感的抒發。（二）屈賦情感的主軸。探討屈原抒發情感的原因，以及屈賦中所承載的情感主軸為何。

（一）屈原情感的抒發

　　要探析屈原情感的抒發，必須先知道他的生命經歷。屈原的一生幾經波折，會有這些遭遇，是因為他的不遇。楚王不信任屈原，聽信讒人的話語，使得屈原空有才華，無從報國，內心產生了「憤」的情感，〈惜誦〉首句即言：「惜誦以致愍兮，發憤以抒情。」由於屈原的「愍」、「憤」，透過創作，抒發情感。以下分析屈原懷才不遇的背景原因，以及他如何發憤抒情。

1.懷才不遇

　　懷才不遇是士人經常遭遇到的困境，在屈原以前，就有懷才不遇之士。顏崑陽〈論漢代文人「悲士不遇」的心靈模式〉歸納漢代之前，「士不遇」類型有三種：「（一）伯夷、叔齊不遇於周，餓死首陽山。（二）孔子、孟子周遊國之不遇而歸。（三）屈原忠而受謗，不遇於楚王，終投江而死。」[255]其中第三種類型，顏崑陽說明道：「屈原同樣處在戰國時代，但很特殊的是，他絕無『游士』的文化性格。」[256]由於屈原的身份與性格，而造成了他在政治路途上的困頓，也使他

---

[254] 梁啟超：《屈原研究》，收錄於吳平、回達強主編：《楚辭文獻集成》，冊 25，總頁數 17717、17727。

[255] 顏崑陽：〈論漢代文人「悲士不遇」的心靈模式〉，收錄於國立政治大學中文系所主編：《漢代文學與思想學術研討會論文集》（臺北：文史哲出版社，1991 年），頁 214。

[256] 顏崑陽：〈論漢代文人「悲士不遇」的心靈模式〉，收錄於國立政治大學中文系所主編：《漢代文學與思想學術研討會論文集》，頁 216。

產生懷才不遇之情。

屈原在青少年的時候，接受楚國貴族養成教育，並撰寫〈橘頌〉表示他有從政的意圖。其後受到楚懷王的賞識，任命他為三閭大夫，教導楚國貴族子弟。由於屈原有豐富的學識，被提拔為左徒，受到重用。

屈原為楚國制定法律時，發生「奪稿事件」。上官大夫試圖奪取並修改屈原草擬的憲令，而屈原不與。上官大夫向懷王進讒，屈原因此被遠謫於漢北。其後屈原再受到起用，出使齊國進行外交活動。在屈原使齊期間，楚國發生「張儀詐地」事件，屈原諫懷王殺張儀不及，又諫懷王不入秦國，然懷王不聽，終聽信其子子蘭之言，與秦王會於武關，被強留秦地，客死秦國。懷王去世，頃襄王繼位，子蘭與上官大夫一同向頃襄王進讒，頃襄王將屈原流放於江南。[257]

屈原的政治路途，在前半生是相當順遂，被君王舉用，擔任國內重要官職，可說是飛黃騰達。他的後半生，在奪稿事件之後，奸佞黨人向懷王、頃襄王進讒，蒙蔽楚王的心智，誤導楚王的判斷，將屈原疏遠放逐，使他無法再進入楚國的政治核心，為楚王效勞，可說是命運多舛。從屈原被任命為三閭大夫與左徒，可知懷王賞識明屈原的才學，並予以官職。而從屈原遭受的疏放，可知懷王無法完全相信屈原。懷王聽信上官大夫而疏遠屈原，聽信鄭袖而釋放張儀，聽信子蘭而前赴秦國會盟，最終死於異國。頃襄王也是聽信子蘭與上官大夫，放逐屈原於江南，直至屈原投江自沉，終不起用。

屈原理想的君臣關係是「君臣遇合」，他既是天生美質，又好修為常，並有豐富的學識涵養，當然期望有賢明的聖王能夠重用他，發揮政治長才，輔佐國君，為國效命。但是他所事奉的楚王，並非聖主，無法完全地信任屈原，而相信那些小人的讒言。國內的臣子，也非賢臣，向楚王進讒，使得忠心於楚王的屈原遭到流放。〈離騷〉亂辭云：「國無人莫我知兮」，國內無賢人，也沒有人能知道明白他的內心，此句透露出屈原懷才不遇的哀傷。李澤厚曾對屈原的情感說明道：

> 屈原的作品表現了屈原對昏庸的君主的怨恨和不滿，對一心只圖私利、不問是非曲直的小人的憎惡和譴責，對真理的追求和對祖國人民命運的關心，然而這種表現絕不只是單純的詛咒、呵斥和呼喊，而是處處顯現為一系列生動的審美意象，訴之於人們的感情直觀。[258]

李澤厚從美學的角度，說明屈原的情感，有對君王的不滿、對小人的譴責、對人民的關心，而透過審美意象呈現。在屈原在作品中，「不只是單純的詛咒、呵斥和呼喊」，更是一種美感的表現。而此種情感產生的原因，就是懷才不遇。

---

[257] 以上屈原事蹟，參考司馬遷《史記‧屈原賈生列傳》、姜亮夫《楚辭學論文集‧屈子年表》。見：《史記》，卷84，〈屈原賈生列傳〉，頁2-18，總頁數983-987。姜亮夫：〈屈子年表〉，收錄於姜亮夫：《楚辭學論文集》，《姜亮夫全集》，冊8，頁49。

[258] 李澤厚、劉綱紀主編：《中國美學史》（臺北：里仁書局，1986年），冊1，頁410。

2.發憤抒情

　　屈原的作品，除了〈橘頌〉、〈天問〉、〈九歌〉之外，其餘均作於被疏放的時候。[259]他在〈惜誦〉云：「惜誦以致愍兮，發憤以抒情。」屈原寫作詩歌，表達哀痛，抒發心中憤懣。而屈原抒發情感的途徑，則是如〈抽思〉所云：「道思作頌，聊以自救兮。」將內心情感，形諸於篇章，藉此得到寬慰。

　　屈原作品的情感，如劉安〈離騷傳〉云：

　　　　屈平正道直行，竭忠盡智，以事其君，讒人間之，可謂窮矣。信而見疑，
　　　　忠而被謗，能無怨乎？屈平之作〈離騷〉，蓋自怨生也。[260]

　　從劉安的論述，可知屈原會有怨憤的情緒，是因為屈原秉持正道而行，竭盡所能事奉君王，卻被讒人離間，因此而窮困。屈原以誠信待君，卻被懷疑，他以忠心事君，卻被毀謗。屈原作〈離騷〉，就是出於憤懣，因而要宣洩內心的不平，即所謂「怨」，孔子云：「詩可以怨」（《論語·陽貨》），正可以作為屈原作〈離騷〉，「怨自生」的注腳。

　　屈原抒發情感的方式，魯瑞菁《楚辭文心論》分析屈原所抒發的怨情有五項特點，第一項云：

　　　　情字在《楚辭》中出現二十三次，具有情實義與情感義，而情感義主要是
　　　　指主體的真實感受，這就表現在《楚辭》中，從心字、詞的大量使用上，
　　　　如快、愴、忳、悵、惆、忡、恨、憎、愉、怊、惻、悼、憐、慘、悢、悒、
　　　　憤、怫、懷、愁、愍、怨、恐……等。而且這些從心字、詞多表示一種憂
　　　　愁、悲憤、憤懣、憂鬱、愁苦、哀傷、痛惜、恐懼……等情感。[261]

　　又陳怡良先生說明〈離騷〉表達的情感：

　　　　從〈離騷〉中，我們可看到有很多字詞，是在反映他內心的不安與傷感，
　　　　涉及心情、心境的文字，如：傷、恐、怒、哀、掩涕、怨、忳鬱邑、侘傺、
　　　　悔、歔欷、鬱邑、霑襟、猶豫、狐疑、悲、屈心、忍尤、急、流涕等，這
　　　　些字詞，也正足以表露出屈原情緒的傷痛、不平、憤慨、激動。[262]

　　從魯瑞菁與陳怡良先生的分析，可知屈原在作品中，使用多種不同的字詞，表達「憤」「怨」之情。如此一來，不只能讓文章更加多變多采，也能讓他在敘述情感時，表達得更加貼切。屈原不只運用情緒性的字詞，反映內心情感，他還

---

[259] 按：〈橘頌〉為屈原青少年時期作品，〈天問〉、〈九歌〉則作於屈原任職三閭大夫時。
[260] 〔漢〕劉安：〈離騷傳〉，見：李誠、熊良智主編：《楚辭評論集覽》，頁 2。
[261] 魯瑞菁：《楚辭文心論》，頁 475。
[262] 陳怡良：〈屈原的審美素養及其〈離騷〉的藝術美〉，見：國立成功大學文學院主辦：《「蘇雪林及其同代作家國際學術研討會」會議論文集》，頁 70。

透過書寫某些動作，例如霑襟、流涕等，使情緒更加的生動表露。

（二）屈賦情感的主軸

　　屈原作品中的情感，詹詠翔《〈離騷〉意象組織論》分析〈離騷〉的「情意象」有「恐」、「哀」、「怨」，在「恐」方面，有恐時不待、恐國不興、恐君不悟、恐名不立、恐人不樹，在「哀」方面，有哀人生多艱、哀同道難尋、哀至親不諒、哀風俗澆薄、哀報國無門，在「怨」方面，有怨奸佞蔽美、怨忠而被疏、怨美政成空。[263]詹詠翔深入分析〈離騷〉裡的恐、哀、怨等文句，可見〈離騷〉有著屈原的豐富感情。劉夢鵬《屈子章句》論屈原的情感，云：「悲酸惻悱之言，溫柔敦厚之意，蓋兼之矣。而要歸合道，情發而止，則信乎怨誹不亂者也。」[264]筆者以為，屈原在作品中所表現的情感，也與他的儒家思想有關，是直抒胸臆，毫不掩飾，並以悲情傷感為主軸。他在表達情感時，有著儒家的溫柔敦厚，用委婉的方式諷諫規勸。他也不直接責罵所指對象，此為儒家的中和之道。

1.直抒胸臆

　　詩歌有抒情的作用，《尚書‧虞書》云：「詩言志，歌永言。」[265]《詩經》〈詩序〉云：「詩者，志之所之也，在心為志，發言為詩。」[266]而「志」字的解釋，《說文解字》云：「志，意也。」[267]詩歌可作為詩人作家情感的載體，是心志的表現，詩人透過創作詩歌，將心情抒發出來。〈詩序〉又云：「情動於中而形於言；言之不足，故嗟嘆之；嗟嘆之不足，故永歌之；永歌之不足，不知手之舞之，足之蹈之也。」[268]詩歌創作，首先要有「情動於中」，才有形於言、嗟嘆之、永歌之、手舞足蹈，可見「情」的重要性與優先性。陸機〈文賦〉說得更簡單：「詩緣情而綺靡」[269]，詩歌要先有情感，才有華美而豔麗的內容。

　　屈原在作品中，毫不掩飾情感。以〈離騷〉為例，關於篇題的「離騷」二字，司馬遷云：「離騷者，猶離憂也。」[270]班固云：「離，猶遭也，騷，憂也，明己遭憂作辭也。」[271]「離騷」二字有「遭逢憂愁」之義。「離騷」原為楚國的歌曲名[272]，屈原創作〈離騷〉，不只將楚國樂曲填入歌詞，更借用曲名來說明他的遭遇與心情。而在〈離騷〉裡，與情感相關的字詞，如情、恐、急、傷、悔、哀、謇謇、嫉妒、鬱邑、侘傺、屈心、抑志、猶豫、狐疑等詞，而以動作表達的情感，

---

[263] 詳見：詹詠翔：《〈離騷〉意象組織論》，頁 155-167。

[264] 〔清〕劉夢鵬：《屈子章句》，收錄於吳平、回達強主編：《楚辭文獻集成》，冊 27，頁 19326

[265] 《尚書》，卷 3，〈舜典‧虞書〉，頁 26，總頁數 46。

[266] 《詩經》，卷 1-1，〈毛詩序〉，頁 5，總頁數 13。

[267] 〔漢〕許慎著，〔清〕段玉裁注：《說文解字注》（臺北：頂淵文化事業公司，2005 年初版 2 刷），10 篇下，頁 24，總頁數 502。

[268] 《詩經》，卷 1-1，〈毛詩序〉，頁 5-6，總頁數 13。

[269] 〔晉〕陸機著，張少康集釋：《文賦集釋》（北京：人民文學出版社，2002 年），頁 99。

[270] 《史記》，卷 84，〈屈原賈生列傳〉，頁 3，總頁數 983。

[271] 班固：〈離騷贊序〉，見〔漢〕王逸章句，〔宋〕洪興祖補注：《楚辭補注》，頁 74。

[272] 游國恩《離騷纂義》云：「蓋《楚辭》篇名，多以古樂歌為之，如〈九歌〉〈九辯〉之類。則〈離騷〉或亦楚人固有樂曲。」見：游國恩著，游寶諒編：《游國恩楚辭論著集》，冊 1 頁 7。

如太息、掩涕、歔欷、嬋媛、罥、喟、憑心等字詞。這些詞彙，有憤懣、哀傷、悲嘆、恐懼、憂心等情緒，可以看出屈原情感的多種變化。劉鶚《老殘遊記·自序》云：「〈離騷〉為屈大夫之哭泣。」[273]劉鶚認為〈離騷〉是屈原以哭腔的筆法寫作，表現擔憂與哀傷。

屈原其他的作品也如同〈離騷〉，有著豐富的情感，如前所引〈惜誦〉云：「惜誦以致愍兮，發憤以抒情。所作忠而言之兮，指蒼天以為正。」屈原在此表現出「憤」，是因為他的忠心無法被楚王所見。屈原多次寫出他的困境，例如〈離騷〉云：「忳鬱邑余侘傺兮，吾獨窮困乎此時」、「曾歔欷余鬱邑兮，哀朕時之不當」，寫出他的困窮，並哀嘆自己生不逢時，對此屈原感到抑鬱，並發出感嘆。在上述二句中，屈原將「余」字置於「鬱邑」與「侘傺」、「歔欷」之間，如此一來，不只在字句上表達出窮困，更在形象上凸顯出孤獨與無助。〈哀郢〉則云：「忽若去不信兮，至今九年而不復。慘鬱鬱而不通兮，蹇侘傺而含慼。」屈原忠於楚王，即使離開楚國仍不會改變，屈原的內心是憂鬱而煩悶，失意而恍惚。屈原抒發情感的方式，就是在文學作品裡寫入情感中。

2.悲情傷感

屈原的情感，梁啟超《中國韻文裡頭所表現的情感》分析道：「屈原的情感，是煩悶的，卻又是濃摯的，孤潔的、堅強的。濃摯、孤潔、堅強三種拼攏一處，已經有點不甚相容，還湊著他那種境遇，所以變成煩悶。」[274]屈原內心的多種情感，彼此衝突，成為他的煩悶。趙沛霖《屈賦研究論衡》說：

> 屈原主體人格、理想與社會現實的矛盾，不但在他的詩歌作品中有明顯的反映，而且也給他的詩歌美學思想打上了深刻的烙印。「發憤抒情」說既然主張詩歌是由抒寫憤懣之情而成，那無異是說詩歌是不和諧的產物，亦即主客觀之間、個人與社會之間激烈衝突的產物。[275]

屈原的理想與現實互相衝突，他所產生的「憤」，書寫於作品裡。由於「憤」，進而有哀悽、愁苦、恐懼等情感。在屈宋作品中，表示情感的字，運用數量最多者為「悲」，有二十二見，其次是「恐」、「傷」各有二十見、「哀」有十八見、「愁」有十六見。[276]從數量統計來看，可知屈宋作品是以悲為主軸。而屈原的「悲」，更使作品表現出美感。

筆者以為，屈原的悲情傷感，有觸發途徑、寄託對象與解決方式。屈原的悲傷，是由外在事物引起，正如鍾嶸《詩品》所云：「氣之動物，物之感人，故搖

---

[273]〔清〕劉鶚：《老殘遊記》（臺北：聯經出版公司，1991年初版4刷），頁1。
[274]梁啟超：〈中國韻文裡頭所表現的情感〉，見：梁啟超：《飲冰室合集》（北京：中華書局，1989年），冊3，飲冰室文集之三十七，頁82。
[275]趙沛霖：《屈賦研究論衡》，頁246。
[276]此數據依劉殿爵、陳方正主編《楚辭逐字索引》統計，包含〈大招〉、〈九辯〉。見：劉殿爵、陳方正主編：《楚辭逐字索引》，頁185。

蕩性情，形諸舞詠。」[277]劉勰《文心雕龍‧明詩》亦云：「人稟七情，應物斯感，感物吟志，莫非自然。」[278]〈抽思〉云：「悲秋風之動容兮，何回極之浮浮」、〈悲回風〉云：「悲回風之搖蕙兮，心冤結而內傷」、「悲霜雪之俱下兮，聽潮水之相擊」，秋風與霜雪，這些秋天的景物，觸動屈原內心深處的情感，產生傷悲的情緒。

屈原悲嘆感懷的對象，是前代的賢聖與風俗，〈哀郢〉云：「哀州土之平樂兮，悲江介之遺風」、〈悲回風〉云：「望大河之洲渚兮，悲申徒之抗跡」，屈原懷想往日故鄉良善的民風，他也在大河之濱，懷想申徒高尚的行跡。屈原悲傷於自己的遭遇，敘寫更多：

> 悲夷猶而冀進兮，心怛傷之憺憺。（〈抽思〉）
> 曾吟恆悲，永嘆慨兮。（〈懷沙〉）
> 愁悄悄之常悲兮，翩冥冥之不可娛。（〈悲回風〉）
> 意荒忽而流蕩兮，心愁凄而增悲。（〈遠遊〉）

屈原悲傷、猶豫，想要向楚王進言，但內心是哀傷而不安。而他吟詠的詩句，是悲傷與嘆息。由於經常悲傷憂愁，即使飛翔遠遊，仍無法快樂。他的意志飄忽流蕩，內心哀愁凄涼，更增加傷悲。

屈原處在悲傷的情緒中，他尋求的解脫方式，是幻想遠遊於天地之間。〈遠遊〉云：「悲時俗之迫阨兮，願輕舉而遠遊。」他悲傷於外在環境的迫害，有意輕舉而遠遊。但正如〈悲回風〉所說的，遠遊也無法使屈原脫離悲傷，〈離騷〉云：「僕夫悲余馬懷兮，蜷局顧而不行」、〈遠遊〉云：「僕夫懷余心悲兮，邊馬顧而不行」，他在遠遊天界時，忽然瞥見地面的楚國，為他駕車的車僕與馬匹都感到傷悲，不再前行，屈原以此襯托出他內心的哀傷。外在事物引發屈原的悲傷，他懷想古代楚國與聖賢，這些都是美物、美人，而屈原寫到自身的「悲」，因為悲傷於環境險惡，所以他要輕舉遠遊。由於屈原對楚國有著深厚的情感，他也悲傷於楚國的境況，無法割捨遠離楚國。

3.溫柔敦厚

詩歌的功能，《詩經‧詩序》云：「正得失，動天地，感鬼神，莫近於詩。先王以是經夫婦，成孝敬，厚人倫，美教化，移風俗。」[279]詩歌有教化作用，對於維持社會的和諧，有莫大的幫助，進而形成儒家詩教。《禮記‧經解》云：「溫柔敦厚，《詩》教也。」[280]儒家的詩教，正是以溫柔敦厚為主體，表現在對君王的諷諫。《詩經‧詩序》云：

---

[277] 〔南朝梁〕鍾嶸著，曹旭集注：《詩品集注（增訂本）》（上海：上海古籍出版社，2012 年重印 2 版），上冊，〈詩品序〉頁 1
[278] 〔南朝梁〕劉勰著，周振甫注：《文心雕龍注釋》，〈明詩〉，頁 83。
[279] 《詩經》，卷 1-1，〈毛詩序〉，頁 8-9，總頁數 14-15。
[280] 《禮記》，卷 50，〈經解〉，頁 1，總頁數 845。

> 上以風化下，下以風刺上，主文而譎諫，言之者無罪，聞之者足以戒，故
> 曰風。……國史明乎得失之跡，傷人倫之廢，哀刑政之苛，吟詠情性，以
> 風其上，達於事變而懷其舊俗者也。[281]

　　上位者教化百姓，百姓進諫上位者，所使用的方法，就是透過詩歌的傳唱，
讓言說者沒有罪過，而聽聞者足以警惕，此種方式即是諷諫。史官有感於國家的
混亂、社會的變異，創作詩歌以諷諫君王，闡明事物變化，並且懷想當初民風善
良的時候。
　　屈原接受儒家教育，讀過《詩經》，對於詩歌的溫柔敦厚，必定是瞭然於心，
而在進行文學創作時，也是秉持著溫柔敦厚的詩教傳統。屈原抒發情感時，也是
秉持著「中和之道」。汪瑗《楚辭集解》云：

> 載觀其謁閶闔，不責天帝而責閽人，及求虙妃而責蹇脩，求佚女而責鴆鳩，
> 求二姚而責媒理，皆不責其君而責其左右之意，此又屈子忠厚之心，而立
> 言之善也。[282]

　　屈原不直斥天帝、虙妃、佚女、二姚，而是責怪其旁人，可見屈原的忠厚。
而屈賦裡的諷諫，《史記・太史公自序》云：「作辭以諷諫，連類以爭義，〈離騷〉
有之」[283]、《文心雕龍・明詩》云：「逮楚國諷怨，〈離騷〉為刺」[284]，明確的指出
〈離騷〉有諷諫的目的。
　　屈原在〈離騷〉所用的諷刺手法，陳怡良先生分析有十種：(1)比興影刺，戲
謔十足；(2)特稱妙撰，暗寓褒貶；(3)用典恰切，借古刺今；(4)對比成諷，豐富
內涵；(5)雙關藏巧，譏誚尖銳；(6)呼告訴冤，曲家嘲諷；(7)虛實巧構，刻意針
砭；(8)設問高超，激發省思；(9)反襯自嘲，更增沉痛；(10)獨白坦露，意在譏斥。
[285]可見屈原諷刺手法的多樣。筆者以為，屈原將要對楚王所說的話語，運用直書
與曲筆的方式呈現。屈原在陳述楚王之賢明，是以直述的方式呈現，如〈惜往日〉
云：

> 惜往日之曾信兮，受命詔以昭詩。奉先功以照下兮，明法度之嫌疑。國富
> 強而法立兮，屬貞臣而日娭。秘密事之載心兮，雖過失猶弗治。

　　在此段裡，屈原回憶當年受到楚王信任，為楚國改革變法，這是楚王賢明之

---

[281] 《詩經》，卷 1-1，〈毛詩序〉，頁 11-13，總頁數 16-17。
[282] 〔明〕汪瑗：《楚辭集解》，收錄於吳平、回達強主編：《楚辭文獻集成》，冊 4，頁 2，總頁數 2828。
[283] 《史記》，卷 70，〈太史公自序〉，頁 50，總頁數 1344。
[284] 〔南朝梁〕劉勰著，周振甫注：《文心雕龍注釋》，〈明詩〉，頁 83。
[285] 詳見：陳怡良：〈離騷的諷刺手法與意涵〉，《屈騷審美與修辭》，頁 128-151。

舉,此即直書。但當屈原言及楚王的不智,例如楚王不再信任屈原、用人不當、被讒小所蒙蔽,屈原就用委婉曲折的方式述說,此即曲筆。屈原透過曲折的筆法,來達到諷諫的效果。如此一來,屈原向君王所表現出的情感,就不會流於主觀的怒罵或埋怨,此正是屈原溫柔敦厚的涵養。

4.中和之道

儒家的中和之道,《禮記・中庸》有云:「喜怒哀樂之未發,謂之中;發而皆中節,謂之和。中也者,天下之大本也;和也者,天下之達道也。致中和,天地位焉,萬物育焉。」[286]情感的未發是「中」,已發而合乎禮節是「和」。「中」是天下的根本,「和」可使天下達致道德。致中和能使天地正位,贊育萬物。《詩經・詩序》亦云:「故變風發乎情,止乎禮義。發乎情,民之性也;止乎禮義,先王之澤也。」[287]產生情感是人民的天性,而使情感止於禮義,是先王的恩澤教化。《論語・八佾》載孔子語:「〈關雎〉樂而不淫,哀而不傷。」[288]〈關雎〉是《詩經》的首篇,此篇有樂有哀,但不會過度。〈關雎〉合乎中和之道,故孔子特舉此篇而論。陳怡良先生評論〈離騷〉云:

> 在〈離騷〉中,我們可以看出屈原內心雖極冤苦,仍是只有自怨自艾,怛惻眷顧,寫他那種無可奈何的感情,卻沒有那種尖酸刻毒的語詞,也沒有那種悻悻然的詞色,他存心敦厚,性情純樸可知。[289]

屈原抒發情感,僅止於對自身的哀嘆、傷感。對於將他疏遠流放的楚王,他並無憤怒的責罵,或是怨毒的怪罪。〈離騷〉云:「怨靈修之浩蕩兮,終不察夫民心」、〈涉江〉云:「與前世而皆然兮,吾又何怨乎今之人」,〈離騷〉所怨的對象是「靈修」,指楚懷王。〈涉江〉怨的對象為「今之人」,指楚國的佞臣。再參照屈原的作品與其他資料,屈原所受的遭遇皆與當時昏庸的楚王、進讒的楚臣相關。

在楚王方面,司馬遷〈屈原列傳〉記載:「屈平疾王聽之不聰也,讒諂之蔽明也,邪曲之害公也,方正之不容也,故憂愁幽思而作〈離騷〉。」屈原的諫言不被楚王接受,楚王又遭到小人讒言所遮蔽,他的忠貞受到迫害,因而作〈離騷〉。屈原在〈離騷〉也多次寫到楚王對他的背信,例如:「荃不察余之中情兮,反信讒而齊怒」、「初既與余成言兮,後悔遁而有他」、「閨中既以邃遠兮,哲王又不寤」,認為楚懷王無法探知他的忠心,違背先前的承諾。到了頃襄王(按:「哲王」意指頃襄王),則是受到小人的蒙蔽又無法醒悟。〈抽思〉則言:「昔君與我誠言兮,曰黃昏以為期。羌中道而回畔兮,反既有此他志。」楚懷王曾經與屈原有過約定,卻因楚王改變心志,與他的理念背道而馳。

在楚臣方面,據〈屈原列傳〉記載,屈原前後被上官大夫與令尹子蘭所害。

---

[286] 《禮記》,卷 52,〈中庸〉,頁 1,總頁數 879。
[287] 《詩經》,卷 1-1,〈毛詩序〉,頁 14,總頁數 17。
[288] 《論語》,卷 3,〈八佾〉,頁 11,總頁數 30。
[289] 陳怡良:〈離騷的建築結構及其藝術成就〉,《屈原文學論集》頁 117。

上官大夫與屈原爭寵，又發生奪稿事件，向楚懷王進讒，屈原被放逐於漢北。子蘭向頃襄王進讒，屈原被放逐於江南。屈原在作品中多次批判這些楚臣，例如〈離騷〉云：「眾女嫉余之蛾眉兮，謠諑謂余以善淫」、「世溷濁而不分兮，好蔽美而嫉妒」，由於楚臣嫉妒屈原，無法分出清濁，因而造謠毀謗屈原，遮蔽他的美好。

屈原對於自身的遭遇，發出感嘆，他的情感是哀愁、悲傷、恐懼，但屈原在抒發這些情感時，僅止自身，並未指責他人。他在面對楚王不智的行為，他是以回顧往事的方式，委婉說明他的忠心，並藉以抒發他哀怨的情感。面對楚臣嫉妒蔽美的行為，他則是直接陳述他們的過錯。無論是委婉說明，或是直接陳述，都不是疾呼怒罵，或是惡毒詛咒，此正是屈原的中和之道，而其可貴之處亦在於此。

第二節　齊家：和家興族

依《禮記‧大學》所言，在「修身」之後是「齊家」。《孟子‧離婁上》載孟子語：「人有恆言，皆曰『天下國家』。天下之本在國，國之本在家，家之本在身。」[290]天下以國為本，國以家為本，家以身為本。《禮記‧樂記》云：「修身及家。」[291]《禮記‧大學》亦云：「身不修，不可以齊其家。」[292]修身後可齊家，齊家後可治國、平天下。

齊家與治國的關係，《周易‧家人‧彖傳》云：「男女正，天地之大義也。……父父，子子，兄兄，弟弟，夫夫，婦婦，而家道止；正家而天下定矣。」[293]家中的男子與女子各安本份，是天經地義的事。父子兄弟夫婦都能恪守職務，是為齊家，可使天下安定。《禮記‧大學》有更多的闡釋，云：

> 所謂治國，必先齊其家者，其家不可教，而能教人者，無之。故君子不出家而成教於國：孝者，所以事君也；弟者，所以事長也；慈者，所以使眾也。……一家仁，一國興仁；一家讓，一國興讓；一人貪戾，一國作亂。[294]

治國之前必先齊家，無法教育家人卻能教導他人者，是不可能的。君子不出家門，而使教化推行於全國，其方法就是教導孝順，以事奉君王；教導敬愛，以事奉長上；教導仁愛，以趨使眾人。一家能行仁、讓，國家就能使仁、讓興起，國君若是貪求暴戾，則全國作亂。由此可見，齊家足以影響國家政治。

屈原出身楚國貴族的屈氏，但是當時正值屈氏家族衰落的時候。屈原明白齊家的重要，因此要藉由振興家族，使家族回復以往的壯大，重新取得楚國朝廷重要的官職，而使楚國強盛。以下就（一）屈原的世系與家族。（二）屈原的家庭與成員。（三）屈原振興家族的方式。（四）屈原振興家族的成效。探討屈原的家

---

[290] 《孟子》，卷7上，〈離婁上〉，頁9，總頁數127。
[291] 《禮記》，卷38，〈樂記〉，頁19，總頁數686。
[292] 《禮記》，卷60，〈大學〉，頁8，總頁數986。
[293] 《周易》，卷4，〈家人〉，頁16，總頁數89。
[294] 《禮記》，卷60，〈大學〉，頁8，總頁數986。

族與家庭，而屈原是如何振興家族，成效又是如何。

一、屈原的世系與家族

一個家族的興、衰、存、亡，在於子嗣是否興旺，《禮記‧昏義》云：「昏禮者，將合二姓之好，上以事宗廟，而下以繼後世也，故君子重之。」[295]男女結為夫婦，就包含著繼承並延續家族的使命，兩姓結婚，將影響家族的發展。

屈原出身屈氏，與楚王同宗，而楚族的先祖，又可追溯至黃帝。從黃帝至熊繹，可視為屈氏的遠祖。從熊繹至楚武王，可視為屈氏的近祖。以黃帝為遠祖之始，是因為黃帝為中華民族的共同祖先；終至熊繹，是因為熊繹受封於楚，居於丹陽。以熊繹為近祖之始，原因如上所述，是楚族之祖；終至楚武王，是因為武王之子屈瑕受封於「屈」，因以為氏，形成氏族。屈氏與昭、景二氏同為楚國貴族，屈氏家族的成員，多有在楚國中擔任重要職位者，而屈氏從春秋到戰國，也有勢力的消長。以下就（一）屈原的先祖與世系。（二）屈氏家族的興衰。討論屈原的世系與家族。

（一）屈原的先祖與世系

黃帝至屈原的世系，前已有論述，以下簡要說明。楚族的祖先出自顓頊高陽，是黃帝之孫，昌意之子。高陽生稱，稱生卷章，卷章生重黎。帝嚳任命重黎為祝融，其後重黎因故被帝嚳所誅，由重黎之弟吳回為重黎。吳回生陸終，陸終生六子，其中第六子季連，芈姓，楚族為季連的後代。季連生附沮，附沮生穴熊。在周文王時，季連的苗裔鬻熊，事文王。鬻熊之子為熊麗，熊麗生熊狂，熊狂生熊繹。熊繹在周成王時，受封於楚，居於丹陽。[296]〈離騷〉云：「帝高陽之苗裔兮」，屈原說他的祖先為高陽，是有根據的。而在楚武王時，其子屈瑕受封於「屈」，以屈為氏，王逸《楚辭章句》云：「（楚武王）始都於郢，時生子瑕，受屈為客卿，因以為氏。」可知屈氏始於屈瑕受封於屈。而屈氏並與景、昭二氏同為楚國貴族。

（二）屈氏家族的興衰

屈原出身的屈氏家族，是楚國貴族之一，族內成員多在楚國任官，因此有不少屈氏人物在歷史上留名。在此之前，已有不少學者考證屈原的世系[297]，而周建忠《屈原考古新證》在前人研究上，又進一步考釋屈原的世系[298]，並繪製成〈屈氏淵源與世系表〉。[299]筆者將周建忠〈屈氏淵源與世系表〉與屈氏相關的部份，節錄於下：

---

[295] 《禮記》，卷 61，〈昏義〉，頁 4，總頁數 999。

[296] 詳見：《史記》，卷 40，〈楚世家〉，頁 2-6，總頁數 630-631。

[297] 詳見：周建忠：《屈原考古新證》（上海：上海師範大學中國古代文學博士論文，2004 年），頁 36-38。

[298] 詳見：周建忠：《屈原考古新證》，頁 38-80。

[299] 周建忠：《屈原考古新證》，頁 80-84。

楚王	屈氏	職務或身份	材料來源	備註
熊通（武王）	屈瑕	莫敖	《史記·楚世家》、王逸《楚辭章句》、《史記正義》、《莊子·庚桑楚》、《左傳》桓公十一年至十三年	屈氏之始
	屈重	莫敖	《史記·楚世家》、《左傳·莊公四年》	屈瑕子
熊惲（成王）	屈完	將軍（莫敖）	〈楚世家〉、屈原〈天問〉、《左傳·僖公四年》	屈重子
	屈御寇（子邊）	息公	《左傳·僖公二十五年》	
	屈赤角（子朱）	（息公）	〈楚屈子赤角簠〉、《左傳·文公三年》	
熊侶（莊王）	屈蕩	左廣之右	《左傳·宣公十二年》、〈屈淑沱戈〉	屈建之祖
	屈巫（巫臣）	申公	《左傳·宣公十二年》、《左傳·成公二年》、《左傳·成公七年》	離楚仕晉
	屈狐庸		《左傳·成公七年》、《左傳·襄公二十六年》、《吳越春秋》	屈巫子
熊昭（康王）	屈到（子夕）	莫敖	《左傳·襄公十五年》、《國語·楚語上》	屈蕩（左廣之右）子
	屈蕩	連尹	《左傳·襄公十五年》	
	屈建（子木）	莫敖、令尹	《左傳》襄公二十二年至襄公十九年、《說苑·建本》	屈到子
熊圍（靈王）	屈申	（莫敖）	《左傳·昭公四年》、《左傳·昭公五年》	屈蕩（連尹）子
	屈生	莫敖	《左傳·昭公五年》	屈建子
熊居（平王）	屈罷	簡東國之兵	《左傳·昭公十四年》	景氏之始
熊珍（昭王）	（屈大心）	莫敖	《戰國策·楚策·威王問於莫敖之華章》	昭氏之始
	屈春		《說苑·臣術》	有人說屈春將任令尹而終未任
熊章（惠王）	屈建		《說苑·權謀》、《淮南子·人間訓》	

	屈廬		《新序・義勇》	
	屈固	惠王從者	《史記・楚世家》	
熊中（簡王） 熊當（聲王）	屈將		《太平御覽》引《胡非子》	墨子再傳弟子
熊疑（悼王）	屈宜臼	屈公或屈子	《說苑・指武》、《淮南子・應道訓》、《史記・韓世家》	
	屈[illegible]（上）		〈楚燕客銅量〉	
熊槐（懷王）	屈匄	大將軍	《史記・楚世家》、《史記・秦本紀》	
	屈原	左徒、三閭大夫	《史記・屈原列傳》、《史記・太史公自序》、《史記・報任少卿書》、王逸《楚辭章句》、《新序・節士篇》、東方朔〈七諫〉	
	屈景		《說苑・君道》	從楚歸燕
	屈昜	大莫囂	〈包山楚簡〉	
	屈犬	里人	〈包山楚簡〉	
	屈[illegible]	大[illegible]	〈包山楚簡〉	
	屈[illegible]（貉）		〈包山楚簡〉	
	屈遙	大[illegible]尹	〈包山楚簡〉	
	屈摯	恒思少司馬	〈包山楚簡〉	
	屈惕	郚邑之攻尹	〈包山楚簡〉	
	屈庚	邑人	〈包山楚簡〉	
	屈為人	新大廄	〈包山楚簡〉	
	屈貯		〈包山楚簡〉	
	屈宜	貞人	〈包山楚簡〉	
熊橫（頃襄王）	屈署		《戰國策・楚策四》	以東國為和於齊

屈原活動於楚懷王與頃襄王在位時期，王景《楚懷王時期的楚秦關係研究》將懷王與頃襄王時期，在朝廷中擁有執政軍權者繪成圖表，今將此表移錄如下[300]：

[300] 王景：《楚懷王時期的楚秦關係研究》（上海：華東師範大學歷史學系碩士論文，2013 年），頁 114。

姓名	活躍時間	職務	所繫大事	活動範圍（國家）	宗族
昭陽	懷王六年至懷王十九年	大司馬、令尹	伐魏襄陽、伐齊、合縱伐秦	韓、魏、齊	昭氏
昭魚（昭獻、趙獻）	懷王六年至懷王二十八年	令尹	商討魏相人選，相韓並與甘茂談判，干涉韓國內亂，立鄭袖為后	韓、魏	昭氏
屈昜[301]	懷王十三年	莫囂	參與楚簡王七年至九年的晉楚之戰。	晉、楚	屈氏
屈原	懷王十一年至襄王二年	左徒	使齊、諫王等	楚、齊[302]	屈氏
景鯉	懷王十六年至頃襄王初	使者	主要使齊	秦、韓	景氏
屈匄	懷王二十一年	將領	丹陽之役（虜）	漢中、丹、析	屈氏
景翠（景缺、景痤）	懷王二十一年至懷王二十九年	將領	丹陽之役，長沙之難（死）	南陽夏路與韓接壤邊境	景氏
昭雎	懷王十九年、二十年至懷王二十九年	將領	托桓臧遊說楚王，否齊王書，重丘之役，太子質齊	南陽	昭氏
昭過	懷王十九年	不詳	仇張儀	不詳	昭氏
淖滑（昭滑）	懷王十三年	大司馬	救郇，合縱伐齊，伐越，參與重丘之役	巴蜀、東越、南陽	悼氏
昭翦	懷王二十二年	不詳	與東周惡，相韓	韓、東周	昭氏
上官大夫（靳尚）	懷王二十一年至頃襄王初年	大夫	排擠屈原	不詳	不詳
子蘭	懷王二十一年至頃襄王初年	令尹	排擠屈原，勸楚懷王入秦	不詳	公族
鄭袖	懷王二十一年至頃襄王初年	懷王第二任皇	排擠屈原	不詳	鄭女

---

[301] 屈昜之所繫大事與活動範圍，王景原作不詳，筆者據李守奎：〈清華簡《繫年》「莫囂昜為」考論〉，《中原文化研究》，2013年，第2期，頁50-54補入。

[302] 屈原的活動範圍，王景原作不詳，據〈屈原賈生列傳〉，其範圍應為楚、齊。

		后			
昭應	懷王二十七年	將領	楚圍雍氏	韓	昭氏
唐昧（司馬子椒）	懷王十六年至懷王二十八年	太史、司馬、令尹	重丘之役（死）	南陽	景氏
景快	頃襄王元年	將領	秦取楚八城（死）	南陽	景氏
昭蓋	頃襄王元年	不詳	迎太子橫於齊並主張合齊	齊	昭氏
昭常	頃襄王初	大司馬	守楚東國	齊	昭氏

　　透過周建忠的列表，可知春秋時期屈氏任職莫敖者頗多，共九人，而在戰國時期，屈氏任職重要官職者，僅三人。莫敖是屈氏世襲的官職，到了戰國時期，莫敖已經不全由屈氏所世襲，從爵位的剝奪，可推論屈氏已不被楚王重視。

　　透過王景的列表，可知在懷王、頃襄王時期，擔任朝中要職者，以楚國貴族昭、景、屈三氏佔大多數。見載於典籍的人物共十九人，其中昭氏最多，有八人；景氏其次，有四人；屈氏最少，有三人；其餘為悼氏、公族、鄭女、不詳，各一人。屈氏與昭、景二氏相比，是相對處於弱勢。

　　根據周建忠對屈氏人物的研究，以及王景所列懷王、頃襄王時期楚國擔任要職者，可知從春秋到戰國，屈氏家族勢力逐漸衰落，而在懷王、頃襄王時，屈氏已經不如昭氏、景氏。聶石樵《屈原論稿》依據〈惜誦〉云：「忽忘身之賤貧」、東方朔〈七諫〉云：「平生於國兮長於原野」，推論屈原「幼年蕭條冷落的境遇」[303]，可見屈氏家道中落。屈原有感於家族勢力下降，他有意透過自身的努力，在政壇上有所作為，使其他屈氏成員能加以仿效，視屈原為楷模，進而振興家族。

二、屈原的家庭與成員

　　《禮記‧中庸》云：「君子之道，造端乎夫婦。」[304]君子之道，始於男女結合為夫婦的時候。《禮記‧昏義》云：「敬慎重正，而後親之。禮之大體，而所以成男女之別，而立夫婦之義也。男女有別，而後夫婦有義；夫婦有義，而後父子有親；父子有親，而後君臣有正，故曰：昏禮者，禮之本也。」[305]男女結合為夫婦，在夫婦有義之後，而能父子有親、君臣有正。男女結婚是構成家庭的基礎，由此也可見家庭的重要。

　　屈原有自己的家庭，而他的家庭成員，在作品與相關文獻裡，並無詳細的記載。從〈離騷〉僅可知屈原的父親為伯庸，有姐姐女嬃，至於他是否結婚娶妻，生兒育女，子嗣又有幾人，均無從得知。因此筆者僅能從其他相關的資料，推測屈原的家庭。以下就（一）伯庸。（二）女嬃。（三）妻室。（四）子女。討論屈原的家庭與成員。

303　聶石樵：《屈原論稿》，頁42。
304　《禮記》，卷52，〈中庸〉，頁7，總頁數882。
305　《禮記》，卷61，〈昏義〉，頁6，總頁數1000。

（一）伯庸

〈離騷〉云：「帝高陽之苗裔兮，朕皇考曰伯庸。」其中「伯庸」所指的人，王逸《楚辭章句》認為是屈原的父親，在清代以前，楚辭學者均無異議，自王闓運《楚辭釋》提出伯庸為屈原的太祖，其後楚辭學者對「伯庸」的看法始有分歧。譚家斌《屈學問題綜論》歸納出「伯庸」的詮釋共有十種：「父親說」、「表字說」、「曾祖說」、「太祖說」、「遠祖說」、「屈固說」、「熊通說」、「屈瑕說」、「句亶王說」、「祝融或熊繹說」[306]，詹詠翔《〈離騷〉意象組織論》將此十說分為兩類：「原父說」與「遠祖說」[307]，筆者據詹詠翔的分類，簡述如下：

1.伯庸為屈原之祖

王闓運《楚辭釋》云：「皇考，大夫祖廟之名，即太祖也。伯庸，屈氏受姓之祖。」[308]自王闓運之後，有楚辭學者支持此觀點，或以為是屈原的先祖、太祖、遠祖等，陳直、聞一多、彭澤陶主之[309]；或以為是楚之先祖熊繹，衛瑜章、饒宗頤主之[310]；或以為是句亶王熊康（庸），段熙仲、趙達夫主之[311]；或以為是楚武王熊通，譚介甫主之[312]。這些學者主張伯庸的身份，範圍大抵不出屈原之祖或楚之先祖。對於他們的看法，已有學者提出反駁，如游國恩、姜亮夫、翁世華等人，並舉出相關材料，證明「伯庸」為屈原之父，詳見於下。

2.伯庸為屈原之父

持此觀點者，自王逸《楚辭章句》注云：「屈原言我父伯庸」始，其後呂延濟、葉夢得、洪興祖、朱熹、錢杲之、汪瑗、陳第、王夫之、劉獻廷等學者，均主張伯庸為屈原之父。[313]在王闓運《楚辭釋》之後，有學者認為伯庸為屈原之祖。

---

[306] 譚家斌：《屈學問題綜論》（武漢：湖北人民出版社，2006年），頁63-67

[307] 詳見：詹詠翔：《〈離騷〉意象組織論》，頁69，註105。

[308] 〔清〕王闓運：《楚辭釋》，收錄於吳平、回達強主編：《楚辭文獻集成》，冊17，頁2，總頁數12195。

[309] 陳直《楚辭拾遺》云：「皇考殆即屈子之曾祖矣。」聞一多《離騷解詁》云：「原之皇考，又似楚先王之顯赫者。夫原為楚同姓，楚之先王即原之遠祖，故宜。……至於楚之太祖，究係何王，『伯庸』之稱，是名是字，則史乘缺略，驟難肊斷，容專篇論之。」彭澤陶《離騷標補注》云：「皇考，曾祖也。」見：陳直：《楚辭拾遺》，收錄於杜松柏編：《楚辭彙編》（臺北：新文豐出版公司，1986年臺1版），冊7，頁1，總頁數567。聞一多：《離騷解詁》，收錄於吳平、回達強主編：《楚辭文獻集成》，冊19，總頁數13193-13194。彭澤陶：《離騷標補注》，收錄於文清閣編委會編：《楚辭要籍選刊》（北京：北京燕山出版社，2008年），冊17，頁1，總頁數351。

[310] 衛瑜章《離騷集釋》云：「皇考即為楚之先祖，其熊繹乎。」饒宗頤《楚辭地理考》云：「楚始封創之君，實為熊繹，熊繹亦作熊盈，蓋取遠祖伯庸之名以為名。」見：衛瑜章：《離騷集釋》，收錄於吳平、回達強主編：《楚辭文獻集成》，冊18，總頁數12863。饒宗頤：《楚辭地理考》，收錄於黃靈庚主編：《楚辭文獻叢刊》（北京：國家圖書館出版社，2014年），冊73，卷上，頁9，總頁數23。

[311] 段熙仲〈楚辭札記〉有「伯庸即熊康」條。趙達夫〈屈氏先世與句亶王熊伯庸〉云：「屈原所說的伯庸，即見於《世本》和《史記·楚世家》的句亶王熊伯庸。」趙達夫《屈騷探幽》亦云：「伯庸，西周末年楚君熊渠長子名熊伯庸。」見：段熙仲：〈楚辭札記〉，《文史哲》，1956年12期，頁63-64，總頁數2914-2915。趙達夫：《屈原與他的時代》，頁4。趙達夫：《屈騷探幽（修訂版）》（成都，巴蜀書社，2005年），頁246。

[312] 譚介甫《屈賦新編》云：「熊達是古帝高陽氏的苗裔，字通，通和庸的音義大致相近，故又字伯庸，屈瑕稱之為皇考。」譚介甫：《屈賦新編》（臺北：里仁書局，1982年），頁213。

[313] 呂延濟云：「伯庸，原父名也。」葉夢得《石林燕語》云：「自屈原〈離騷〉稱『朕皇考曰伯

對此，游國恩《屈原》提出七點理由，說明伯庸應為屈原之父。[314]姜亮夫《屈原賦校注》更提出戰國時代的相關證據，說明道：

> 「皇考」，劉向以為先祖，據禮文為言也。下文云：「皇覽揆余」，即此皇考之皇。《禮》「子生三月，父親命之」，則此必指原父無疑，故王逸云：「父死稱考」，於義為得。且戰國之際，固多以皇考稱父者矣，徵之六國金文，則齊侯因齊敦（即《史記》之因齊）「皇考孝武 趄公」，即因齊之父。虢叔旅鐘：「丕顯皇考惠叔」，即虢叔之父。頌鼎：「用乍朕皇考龔叔皇母龔奴寶尊鼎」，龔叔即頌之父，齊子仲姜鎛：「用享用孝於皇祖聖叔，皇妣聖母，皇祖又成惠叔，皇妣又成惠姜，皇考遵仲，皇母」，叔夷鐘：「用孝享於皇祖皇妣，皇母皇考」，陳逆簠：「以享孝於太宗皇祖皇妣皇考皇母」，皆其證。其見於《儀禮·聘禮》者曰：「孝孫某，薦嘉禮於皇祖某甫，皇考某子」。此名又見於《詩·周頌·閔予小子》：「於乎皇考」，「休哉皇考」皆是。則劉向以為先祖之言，為不翔實。且「朕皇考」一詞，亦為戰國習語，仲戲父敦：「朕皇考遲伯王母遲姬」；史伯頌父鼎曰：「朕皇考釐仲，王母泉母」。則不僅「皇考」稱父，而「朕」不以專指豪酋大君，又不僅《詩》、《書》、《禮》有其徵矣。且即以本文論，上言「皇考曰伯庸」，下言「皇覽揆余」而命名，義即三月父命之制，勿事更張為也。
> 「伯庸」，洪補以為原不當斥父名，故亦主伯庸為原先祖，其實誤甚。此序先世，非同指斥；司馬遷稱父談，班固號父彪，皆在自序，何譚之有！惟原身世，不甚可詳，伯庸之名，不見他書，為譚為字，不可臆度；疑為化名，亦如正則、靈均之為原化名也，宜本孔氏蓋闕之義焉可也。[315]

姜亮夫運用《詩經》、《禮記》、《儀禮》、《尚書》、金文、鐘鼎文等文獻與出

庸』，則以皇考為父。」洪興祖《楚辭補注》云：「又以伯庸為屈原父名，皆非也。原為人子，忍斥其父名乎」，筆者以為，洪興祖是認為「伯庸非屈原父親之名」，而不是「伯庸非屈原之父親。」朱熹《楚辭集注》云：「皇，美也。父死稱考。伯庸，字也。」錢杲之《離騷集傳》云：「伯庸蓋屈原之父，字伯庸也。」汪瑗《楚辭集解》云：「伯庸，屈原父字也。」陳第《屈宋古音義》云：「伯庸，原父字。」王夫之《楚辭通釋》云：「父曰皇考。皇，大也。伯庸其字。」劉獻廷云：「上句（指高陽句）追其自出之祖，而此句（指伯庸句）則及於所生之父也。人死而行之事始可考，故父死曰考。」見：〔唐〕李善等六臣注：《六臣注文選（楚辭）》，收錄於吳平、回達強主編：《楚辭文獻集成》，冊2，頁2，總頁數832。〔宋〕葉夢得：《石林燕語》（北京：中華書局，1997年），卷1，頁9。〔宋〕朱熹：《楚辭集注》，卷1，頁3。〔宋〕錢杲之：《離騷集傳》，收錄於吳平、回達強主編：《楚辭文獻集成》，冊4，頁1，總頁數2277。〔明〕汪瑗《楚辭集解》，收錄於吳平、回達強主編：《楚辭文獻集成》，冊4，頁2，總頁數2675。〔明〕陳第：《屈宋古音義》，收錄於吳平、回達強主編：《楚辭文獻集成》，冊19，卷2，頁1，總頁數13631。〔清〕王夫之《楚辭通釋》，收錄於〔清〕王夫之等著：《清人楚辭注三種》，卷1，頁2。〔清〕劉獻廷：《離騷經講錄》，收錄於黃靈庚主編：《楚辭文獻叢刊》，冊52，頁22，總頁數496。

[314] 詳見：游國恩：《屈原》，收錄於游國恩著，游寶諒編：《游國恩楚辭論著集》，冊3，頁465-467。

[315] 姜亮夫：《屈原賦校注》，頁5-6。按：姜亮夫以為洪興祖認為伯庸為屈原先祖，查核洪興祖《楚辭補注》注云：「又以伯庸為屈原父名。皆非也。原為人子，忍斥其父名乎？」筆者以為，洪興祖是認為屈原為伯庸之子。

土材料，說明「皇考」一詞在戰國時期，有指稱父親之例，又舉司馬遷、班固為例，說明作者自敘先世，有直指父之名之例。翁世華〈「皇考」考──〈離騷〉「朕皇考曰伯庸」解詁〉一文中，亦使用相關文獻論證「皇考」之義[316]，並說明道：

> 先秦兩周之世，父必稱考，生稱、廟號皆然。「考」字上，可加懿美之詞，如「皇」、「文」、「剌（烈）」、「穆」等字，而作「皇考」、「文考」、「剌（烈）考」、「皇文考」等。……「皇考」獨用（即非作「祖考」）時，絕非「是稱除父以外的先人」（王泗原語）。是「考」絕非「先祖」、抑「太祖」也。[317]

翁世華所用的材料豐富，考證詳實，說明「皇考」是指「先父」。根據姜亮夫、翁世華的論證，可知「伯庸」是指屈原之父。

在先秦文獻裡，並無記載伯庸的為人與事蹟，因此僅能從王逸《楚辭章句》注「伯庸」推測。王逸《楚辭章句》云：「屈原言我父伯庸，體有美德，以忠輔楚，世有令名，以及於己。」伯庸擁有美德，忠於楚國，輔佐國君，有美好的名聲，因而影響屈原。由此處可推論，伯庸注重家教，且身教重於言教，是屈原的良好典範。再從屈原終其一生注重品德，效忠國君來看，均可看出伯庸在家庭教育方面的成功。至於伯庸是否有任官，並未被記載。由於屈氏是沒落的貴族，但又能「以忠輔楚」，輔佐國君，故由此推測，伯庸可能曾擔任官職，但是位階不大，亦有可能伯庸曾任官職，故能輔佐國君，其後卻被免職，故不在典籍中留名。又，蔣天樞《楚辭論文集》據〈悲回風〉：「孤子吟而抆淚兮，放子出而不還」一句，推論屈原之父是殉國戰死。[318]此或可備為一說。

（二）女嬃

屈原在〈離騷〉云：「女嬃之嬋媛兮，申申其詈予。」其中提及的「女嬃」，楚辭學者對她的身份多有解說，譚家斌《屈學問題綜論》整理大抵有十種說法：1.姐說，王逸、洪興祖、戴震、聶石樵主之。2.妹說，鄭玄主之。3.妾說，朱熹、汪瑗、陸德明、王闓運、朱駿聲、姜亮夫主之。4.女兒說，此為傳說。5.侍女說，陳遠新、郭沫若主之。6.女巫說，顏師古、周拱辰、詹安泰、楊劍宇主之。7.虛擬說，游國恩、毛慶主之。8.方言說，陸侃如、馮沅君主之。9.女伴說，郭沫若、游國恩主之、陳士林。10.美神說，蕭兵主之。[319]

「女嬃」所指的人，臺靜農〈讀騷析疑〉說：「屈辭女嬃之言，詞嚴意切，

---

[316] 翁世華：〈「皇考」考──〈離騷〉「朕皇考曰伯庸」解詁〉，《楚辭考校》（臺北：文史哲出版社，1987年初版），頁1-34。

[317] 翁世華：〈「皇考」考──〈離騷〉「朕皇考曰伯庸」解詁〉，《楚辭考校》，頁25-26。

[318] 蔣天樞《楚辭論文集》云：「孤子，死王事者之子。……『孤子』非通常泛稱，意者屈原之父若祖，為殉國而死者歟？」見：蔣天樞：《楚辭論文集》（西安：陝西人民文學出版社，1982年），頁47。

[319] 譚家斌：《屈學問題綜論》（武漢：湖北人民出版社，2006年），頁68-71。

極似姊訓其弟之口吻。」[320]臺靜農從女嬃對屈原訓責的口吻，判斷為屈原之姐。陳怡良先生對「女嬃」的身份，說明道：

> 或許有人會認為只有長輩才敢一再責斥屈原，那身份為何不能認定是屈原
> 母呢？所疑似乎有些道理，不過那時屈原母是否還在人世，頗有可疑。再
> 者依〈離騷〉原本檢視，屈原被訓斥後，完全不作辯解，只有默默離開，
> 如果「女嬃」是屈原母的話，屈原敢如此沉默以對，且敢以如此態度走開
> 嗎？因此「女嬃」釋為屈原姊，應是較為合理的解釋。[321]

從〈離騷〉上下文來看，女嬃是敢責罵屈原的人，又屈原在被責罵後，並不直接回應，而是就舜陳辭。女嬃若是父母之屬的長輩，屈原應是不會毫無回應而離去，由此推論，女嬃是屈原極為親近的人，可能與屈原的同輩，故女嬃為屈原之姐為是。

〈離騷〉載女嬃對屈原所說的話語：

> 曰鯀婞直以亡身兮，終然殀乎羽之野。汝何博謇而好修兮，紛獨有此姱節。
> 薋菉葹以盈室兮，判獨離而不服。眾不可戶說兮，孰云察余之中情？世並
> 舉而好朋兮，夫何煢獨而不予聽？

由於鯀的正直性格，固執難遷，忘記自身安危，因而失敗，最終被堯處死於羽山的荒野。為何屈原要這麼的忠誠耿直，且喜好修養，獨自擁有美好的節操。現在室內堆滿菉、葹等惡草，屈原獨自遠離它們，不願佩帶。而屈原的處境無法向眾人逐一說明，又有誰能察覺女嬃與屈原心中的情懷呢？現在人們都互相薦舉且朋比結黨，為何屈原要如此陷於孤立，而不聽女嬃的勸告呢？

從此處可以看出女嬃對屈原的「愛之深，責之切」。女嬃擔憂屈原，並以鯀為例，告誡屈原，要是屈原再如此的忠貞正直，將面臨與鯀相同的命運。而屈原的此種性格，正是好修所造成，這也是他超越眾人之處。女嬃也心疼屈原，現在楚國政壇裡充斥著讒佞奸臣，屈原不與他們同流，又無法與眾人訴說，無人能了解。因此女嬃向屈原說明，世間人們都結黨營私，期望屈原聽從她的勸告，要屈原改變態度，才能明哲保身。由於現實太過嚴峻，不得已而屈服。

臺靜農〈讀騷析疑〉對於〈離騷〉寫入女嬃的詈詞，說明道：

> 屈原所以有此一段文字者，以寓骨肉之親，猶不能諒其心跡，意至沉痛。
> 於是去前聖墓前，以求折中之道，殆猶處無可如何之境，不得已而呼天地。
> [322]

---

[320] 臺靜農：〈讀騷析疑〉，《東吳文史學報》，第 2 號 1977 年，頁 17。
[321] 陳怡良：〈鄉野傳奇——屈原後裔出現於臺灣彰化之謎〉，《閩臺文化交流》，2009 年，總第 19 期，頁 146。
[322] 臺靜農：〈讀騷析疑〉，頁 17。

女嬃是屈原的親人,擔憂與心疼屈原的處境,是人之常情,但她並不能完全了解屈原為何堅持正直,好修為常,不與世俗合流。由於屈原得不到女嬃的諒解,因此接著就舜陳辭,陳述冤屈,也間接回答了女嬃的問題。

(三)妻室

屈原是否有結婚生子,在先秦典籍中並無記載。樂史《太平寰宇記》引《襄陽風俗記》云:

> 屈原五月五日投汨羅江,其妻每投食於水以祭之。原通夢告妻,所祭食皆為蛟龍所奪。龍畏五色絲及竹,故妻以竹(葉)為粽,以五色絲纏之。[323]

此為屈原之妻的記載。楚辭學者亦認為屈原有娶妻的,如蘇雪林《屈原與九歌》說:「屈原總該有妻子的。」[324]毛慶《詩祖涅槃:屈原和他的詩》更說道:「屈原有位妻子也是不成問題的,還可以估計她聰慧美貌、知書達禮。」[325]鄭之問、譚家斌〈屈原後裔探考〉根據相關資料,說明屈原之妻可能為鄧氏,又說:「屈原有妻的傳說亦在楚國邊界湖北鄖縣、陝西山陽一帶,大約都是鄧國範圍,所以屈原夫人為鄧氏的雖無他證,但可能性還是有的。」[326]筆者以為,屈原妻子的外在容貌與內在涵養,由於文獻的缺乏,均無從得知,因此僅能從其他資料,推測屈原妻子的形象。

〈九歌〉有描寫祭神的場景,其中也有描寫女巫與神祇的容貌。這些神祇的外表,雖然出自屈原的想像,但也是屈原審美的表現。〈湘君〉云:「美要眇兮宜修」、〈山鬼〉云:「既含睇兮又宜笑」,對屈原來說,美麗的女巫與神祇,必須具備美好的容貌與眼神,因此屈原用要眇宜修、含睇宜笑描寫他們。屈原此種審美觀,同於《詩經・衛風。碩人》形容美人的「巧笑倩兮,美目盼兮」,從笑容、眼神,即可以看出整體的美好。

〈離騷〉裡有求女的情節,有具體指涉對象者,為宓妃、有娀之佚女、有虞之二姚。從屈原對女性的追求,可以看出他心目中美女的形象。屈原在追求宓妃時,說道:

> 吾令豐隆乘雲兮,求宓妃之所在。解佩纕以結言兮,吾令蹇修以為理。紛總總其離合兮,忽緯繣其難遷。夕歸次於窮石兮,朝濯髮乎洧盤。保厥美以驕傲兮,日康娛以淫遊。雖信美而無禮兮,來違棄而改求。

屈原令豐隆乘著雲彩,尋求宓妃所在之處,屈原解下佩帶打結,以代替心意,

---

[323] 〔宋〕樂史:《太平寰宇記》(臺北:1963年初版),冊2,卷145,〈襄州〉,頁3,總頁數298。
[324] 蘇雪林:〈屈原評傳〉,《屈原與九歌》,頁23。
[325] 毛慶:《詩祖涅槃:屈原與他的詩》(北京:生活・讀書・新知三聯書店,1996年),頁12。
[326] 鄭之問、譚家斌:〈屈原後裔探考〉,《職大學報》,2010年,第1期,頁42。

要贈送予她，並令蹇修為媒，表示有意追求宓妃。但是由於讒人包圍著宓妃，使她對屈原的態度轉變，而乖戾不順，難以遷就。宓妃在傍晚時休息於窮石，早晨時沐髮於洧盤，自恃有著美麗的外表而驕傲，終日娛樂歡遊。屈原認為宓妃擁有美貌卻是無禮，因此放棄宓妃，改而追求他人。屈原不再追求宓妃，原因是她的無禮，可知屈原的理想對象，必須是內外兼美。

屈原接著追求的對象是有娀之佚女、有虞之二姚。有娀之佚女，王逸《楚辭章句》云：「帝嚳之妃，契母簡狄也。配聖帝，生賢子，以喻貞賢也。」有虞之二姚，王逸《楚辭章句》云：「昔寒浞使澆殺夏后相，少康逃奔有虞，虞因妻以二女，而邑於綸婚，有田一成，有眾一旅，能布其德，以收夏眾，遂誅滅澆，復禹之舊績。」有娀之佚女是帝嚳的妃子，商朝始祖契的母親簡狄，而有虞之二姚是有虞國的君王的二位女兒，有虞國國君將她們許配予少康，少康最終以有田一成，有眾一旅，收復被澆奪取的夏朝。他們是古代聖王之妻，想必是溫柔賢淑，才能與帝嚳、少康互相匹配。

屈原描述美人的外在形象與內在涵養，〈九歌〉裡的女巫神祇與〈離騷〉裡的宓妃，她們都有美麗的外表，〈離騷〉裡的有娀之佚女、有虞之二姚，則是有賢慧的內涵，這些都是屈原對於美人的看法。而在〈離騷〉，宓妃是「信美而無禮」，只有美貌，內心無禮，屈原因此放棄追求宓妃，可見內在品德也是擇偶的標準。屈原出身貴族，在尋求結婚時，會選擇門當戶對的女性，而從以上線索，可以推論屈原的配偶，想必是內外兼美，賢淑端莊，秀外慧中，符合他的理想。

（四）子女

屈原是否育有子女，蘇雪林《屈原與九歌》〈屈原評傳〉說：「屈原之有眷屬我們是相信的，子為黑神，女為緯英，則後人附會之談，不足依據。」[327]而鄭之問、譚家斌〈屈原後裔探考〉從古籍文獻、屈氏宗譜、近代方志此三方面考察，說明屈原應有後嗣，屈原的子女有六說。[328]既然屈原有生兒育女，那麼屈原如何教育子女，而他所期望的親子關係又是為何，這些在典籍中均無記載，故僅能從其他角度推論上述問題。

屈原是楚國貴族，而子女亦是楚國貴族，因此屈原有可能將子女，送往楚國貴族聚集的場所：「三閭」，與昭、景二氏的子弟一同學習。又屈原有豐富的學識，故能推測他在家庭教育方面，會傳授子女眾多的學問知識，並培養品德。

屈原與子女的互動關係，由於資料的缺乏而無法得知，筆者僅能作以下推測。〈離騷〉云：「啟〈九辯〉與〈九歌〉兮，夏康娛以自縱。不顧難以圖後兮，五子

---

[327] 蘇雪林：〈屈原評傳〉，《屈原與九歌》，頁 23。
[328] 據〈屈原後裔探考〉，屈原子女之六說，分別為 1.四子說：長子承開，次子承元，三子承天，四子承貞。2.三子說：其中一個居於耀州，改姓為孫。……一個家居蒲城，仍然姓屈。……一個在韓城，更姓為房。3.二子說：一名署，一名䎐。4.一子一女說：有女名綉（一作緯）英。……屈原之子怨父沉江，亦沉於水，名「黑神」。5.一子說：屈原有一子，名「岳」，因屈原受「屈（冤屈）」而死，故囑其子復更為熊姓。6.一女說：一女名女嬃。詳見：鄭之問、譚家斌：〈屈原後裔探考〉，頁 40-42。

用失乎家巷。」啟從天上得到〈九辯〉、〈九歌〉，夏朝因此日夜娛樂放縱，而不去顧及後果如何，啟的幼子武觀更製造了內鬨。〈離騷〉此處是要以歷史典故，告誡楚王不應縱情享樂。由此也可看出屈原所期望的父子關係，身為父親的人，若是不計後患，沉溺在放恣逸樂當中，他的子女就有可能為惡作亂，這是要避免的。

〈離騷〉又云：「周論道而莫差」，其中的「周」字，據洪興祖《楚辭補注》是指周文王、周武王。在商朝末年的時候，紂王為政霸道，文王準備推翻殷商，但尚未成功便離開人世。其子武王能克紹箕裘，繼承文王未竟的事業，推翻商朝，建立周朝，使百姓安居樂業。〈離騷〉稱揚文王、武王，他們遵循正道而無偏差。在此也可推論，屈原會期望他的子女，能追隨他的腳步，將他在楚國未完成的事業接續下去。

透過以上論述，筆者推測，屈原身為父親，他是以身作則，成為子女的榜樣，不會不顧後果的享樂，他也期望子女能承繼事業，在政治上有所作為。而從屈原的好修為常，秉持著內外兼美的觀念，想必他是子女的良好典範。

梁啟超《屈原研究》說：「就作品上來看來，最少他被放逐到湖南以後，過的都是獨身生活。」[329]屈原被放逐於漢北及江南時，子女的扶養均有賴妻子承擔。而屈原之妻當是出於楚國貴族，她的容貌與智慧，足以與屈原相匹配，因此也能負起教養子女的責任，而「教子有方」。由此正也可推測，屈原在任職三閭大夫，及出任左徒時，家庭是妻賢子孝，和樂融融，充分享受天倫之樂才是。

三、屈原振興家族的方法

屈原欲要振興家族，必須藉由一些方法，讓衰微的屈氏家族，日漸茁壯，回復到以往繁榮的景象。屈原首先是透過修養品德，使德行達至美善，成為眾人的榜樣。接著是培植人才，以三閭大夫的身份教育子弟，使他們具備政治才能，以進入朝廷，輔佐君王。而屈原也投入政治，任職左徒，負責內政與外交，推行變法。他也出使他國，使楚國更加強盛。以下就（一）好修為常。（二）培養人才。（三）參與政治。討論屈原振興家族的方式。（按：屈原的「好修為常」詳參本章第一節，屈原的「培養人才」、「參與政治」，詳參本章第三節，以下不再詳述。）

（一）好修為常

屈原的遠祖是古之聖王顓頊，他又在吉時出生，因此擁有內美。屈原努力修養自己，使品德更加良善美好。他不只注重內在修養，也重視外在儀態，從容貌、服飾、意態等方面修飾外表。屈原堅持不懈地修身，自幼年到進入政壇，以及被疏遠流放，都不忘修身，可見他的好修為常。屈原不只修養自身，更是推己及人，在教導子弟時，是透過教育，要使學生成為如蘭、蕙的香草，他也期望楚王能修養自己，推行美政，故以「靈修」代稱懷王，以「哲王」代稱頃襄王。屈原以儒家的德目來修養品德，如「德」、「孝」、「仁」、「義」、「忠」、「信」等，這些德目

---

[329] 梁啟超：《屈原研究》，收錄於吳平、回達強主編：《楚辭文獻集成》，冊25，總頁數17714。

大多寫入作品之中，有的甚至多次提及，如「忠」、「信」，就出現五次以上，可見他對儒家德目的重視。

屈原修養自身，並體現在生命之中。他不畏阻撓，秉持中正之道追求理想。屈原重視生活，以審美的眼光看待世間萬物，他也珍惜生命，擔心因時間的不足而無法實現美政，故要服食養生，延長壽命，趁著壯年的時候，上下求索。但最後屈原選擇投江自沉，是要以死明志，試圖透過死亡，證明自己的清白，並向楚王進諫。而他的死亡，使生命提升到更高的層次。屈原出身楚國，與楚王同宗，他無法離開他所熱愛的楚國，並以「先君後身」的君臣之道，輔佐國君。屈原相信天命，認為天命以「德」為標準，降臨於施行德政的君王，且將擁有統治國家的正當性。

屈原修養內涵，也表現在情感上。由於懷才不遇，將情感藉由文學作品抒發出來。屈原在表達情感時，是直抒胸臆，在作品中用不同的辭彙，書寫情感。而屈原作品中的情感，是悲情傷感。他在神遊天界之時，對楚國仍無法忘懷，瞥見楚國，不禁悲從中來，回到楚國。屈原在抒發情感時，也是《詩經》「溫柔敦厚」的詩教傳統，以諷刺筆法勸諫君王。他對於國君的疏離、小人的排斥，自然有所不滿，在〈離騷〉及其他篇章裡的某些語句，也明顯表露不平，諷刺君王，不過他在文中仍有節制，且均出於善意，出於對君國的忠心。

（二）培養人才

屈原在青少年時期寫作〈橘頌〉，流露出參政的志向，因此受到舉用，被任命為三閭大夫，負責教導楚國的貴族子弟，並執掌朝聘、祭祀之禮。他在〈離騷〉就寫道培養人才的經過。他以種植蘭草、蕙草、留夷、揭車、杜衡、芳芷等香草，比喻他所教導的學生，資質本性良善。屈原期待這些學生學有所成，將來能為國君所用，奉獻才能。但是這些香草，最終都是萎絕與蕪穢，甚而有些變為惡草，不再芳香，屈原以此表示他們的變質。而變質的原因，是因為世俗之紛亂變異，不再保有當初的美質，而與世俗同流合污。屈原教導學生，將他博學的知識，傳授予學生，而內容包含著諸子典籍、地理歷史、民俗宗教、自然名物，這些都可從作品探察而知。屈原也以身作則，親身實踐教學內容，將儒家之道德表現在行為以及生命之中。

（三）參與政治

屈原在楚懷王時期，被任命為左徒，負責楚國的內政與外交。在內政方面，屈原推行變法，主張立法要以德為主，明訂賞罰條例，重視百姓與君王的道德，也重視法律的效用。屈原認為君王要舉用廉能的官吏，可使政治清明，也可破除君王的蔽塞，君臣上下同心治國。而楚國貴族勢力龐大，已經成為楚國的政治發展的阻礙，屈原要削弱貴族的勢力，禁止彼此朋比結黨，以避免危害楚國。屈原相信治國要以民為本，使百姓民眾能夠安居樂業。他也推行耕戰制度，在農民耕作之餘，也兼顧軍事訓練，使楚國兵源充足，得以強盛。

　　在外交方面，屈原主張「聯齊抗秦」。在當時的國際情勢，是秦、齊、楚三國鼎立。由於各國之間有著「合縱連橫」的外交策略，楚國是秦、齊要拉攏的對象，而楚國也有自身的考量。到了懷王時期，楚國內部產生親秦派與親齊派的對立。從屈原的使齊，以及作品內容來看，屈原主張親近齊國，對抗秦國。屈原向懷王進諫殺張儀，是因為張儀使楚國的利益受到損害，張儀的存在已經威脅到楚國。屈原又勸懷王不入武關與秦國會盟，此舉將危害懷王的生命。屈原主張的聯齊抗秦，認為唯有與齊國聯手，才能與秦國抗衡。

四、屈原振興家族的成效

　　屈原透過修養品德、培植人才、參與政治等方式振興家族，而屈原的作為也產生一定的成效。與屈原同時代的屈氏成員，於史料上有記載的為屈景與屈署。
　　屈景，事蹟見載於《說苑・君道》：

> 燕王（燕昭王）常置郭隗上坐，南面，居三年，蘇子聞之，從周歸燕；鄒衍聞之，從齊歸燕；樂毅聞之，從趙歸燕；屈景聞之，從楚歸燕。四子畢至，果以弱燕并彊齊。[330]

　　燕昭王使郭隗上坐為臣，三年之後，蘇代、鄒衍、樂毅、屈景四人，分別從周、齊、趙、楚來到燕國，使燕國強大到足以威脅齊國。由此可見屈景有政治方面的才能，這有可能是受到屈原的影響。只可惜屈景空有才華，在楚國卻未能受到重用，故選擇遠走燕國，而不是與屈原一同留在楚國。
　　屈署的事蹟，見載於《戰國策・長沙之難》昭蓋語：「不若令屈署以新東國為和於齊以動秦。秦恐齊之敗東國而令行於天下也，必將救我。」[331]文章接著說：「遽令屈署以東國為和於齊。」[332]屈署曾經使齊，與齊國和談。又趙逵夫據《戰國策・楚襄王為太子之時》記載上柱國子良曾發車五十乘，「北獻地五百里於齊」，趙逵夫認為此事若為可靠，子良則為屈署之字。[333]據文崇一《楚文化研究》，楚國官職中的司馬、莫敖、上柱國是相同的職位[334]。而司馬的職務內容是：「原則上是軍事統帥，有時卻也管理政治。」[335]從屈署使齊以及任職上柱國，可知他有外交與軍事的才能，為楚國國君效勞。屈署的年歲較屈原為輕，可以推測，屈署可能接受屈原的教導，又或受到屈原的影響。屈署擔任上柱國，地位等同於當年屈氏家族世襲的莫敖，意義重大，代表屈氏家族有可能振興的。只可惜可能因為屈原的放逐，又或是其他原因，無人能繼續推動屈氏家族的振興，因此屈氏在屈

---

[330]　〔漢〕劉向著，向宗魯校證：《說苑校證》（北京：中華書局，2011 年重印），卷 1，〈君道〉，頁 17。
[331]　〔漢〕劉向集錄，范祥雍箋證：《戰國策箋證》，下冊，卷 17，〈楚四・長沙之難〉，頁 889。
[332]　〔漢〕劉向集錄，范祥雍箋證：《戰國策箋證》，下冊，卷 17，〈楚四・長沙之難〉，頁 889。
[333]　詳見：趙逵夫：《屈原與他的時代》，頁 62。
[334]　見：文崇一：《楚文化研究》，頁 85。
[335]　文崇一：《楚文化研究》，頁 86。

署之後，再也無人擔任楚國重要官職。

第三節　治國：追求美政

依《禮記·大學》所言，在「修身」、「齊家」之後，是「治國」。屈原的政治理念，〈離騷〉亂辭云：「既莫足與為美政兮，吾將從彭咸之所居。」「美政」一詞，又見於荀子〈儒效〉：「儒者在本朝則美政，在下位則美俗。」[336]美政是儒家的理想，代表著美好的國家政治。

楚辭學者對於「美政」的解釋，王逸《楚辭章句》云：「言時世之君無道，不足與共行美德、施善政者，故我將沉汨淵，從彭咸而居處也。」解釋美政為「善政」。錢澄之《屈詁》云：「美政，原所造之憲令，其生平學術，盡在於此。」[337]指屈原的美政在於制定憲令方面。湯炳正等著《楚辭今注》則說：「綜合屈賦觀之，（美政）內容大抵包括：一、勵耕戰，使國富強而法立；二、舉賢能，改革世卿世祿制度；三、反蔽壅，鞏固君主集權；四、禁朋黨；五、明賞罰；六、變民俗。」[338]湯炳正對「美政」的內容，說明得更為詳細。陳怡良先生更從內政、外交，說明屈原美政的內容：「外交方面，主張聯齊抗秦。內政方面主張：限制貴族特權；澄清吏治，掃除貪污；制定法令，一切行政制度化；拔舉人才，任用賢能；改善百姓生活；厚植國力，提升各項生產；栽培各種人材，以為國用」[339]。

對於屈原的美政，楚辭學者持有不同的看法。筆者以為，屈原與荀子所處的時代相近，又同時遣用「美政」一詞，故由此推論，屈原美政的基礎是儒家思想。而屈原的美政內容，有典範目標，是古代聖主，因此在作品中推崇他們。屈原也認為必須舉賢授能，而古代賢臣是仿效的對象。屈原透過教育，培植人才，期望他們能為國所用。屈原在政治上的作為，即是變法改革，包括內政與外交。

屈原的美政，在推崇聖主、舉賢授能、培植人才等方面，是以人事為主，而在變法改革方面，則是以政策為主。以下就（一）推崇聖主。（二）舉賢授能。（三）培養人才。（四）變法改革。討論屈原的美政，這與他所接受的儒家思想相關，並反映在政治思想上面，有其時代意義。

一、推崇聖主

王逸《楚辭章句·序》云：「上述唐、虞、三后之制，下序桀、紂、羿、澆之敗。」屈原以聖主、昏君互相對照，凸顯聖主的賢明，以見施行美政的重要。屈原推崇古聖先王，屢次讚頌這些聖主，行仁政，舉賢臣，讓百姓生活安樂，進而統一天下，呈現美好的時代風貌。相反的，屈原批判昏君庸主，認為他們行暴政，用佞臣，百姓生活因而遭到災難。這些昏君受到讒臣小人的蒙蔽，使天下混亂，最終是以亡國結束政權。屈原敘述這些昏君的敗亡，也對比出聖主的美好。

---

[336] 〔戰國〕荀況著，王天海校釋：《荀子校釋》，上冊，卷8，〈儒效〉，頁266。
[337] 〔清〕錢澄之：《屈詁》，收錄於吳平、回達強主編：《楚辭文獻集成》，冊9，頁48，總頁數6491-6492。
[338] 湯炳正、李大明、李誠、熊良智注：《楚辭今注》，頁41。
[339] 陳怡良：〈楚歌巨星，悲壯一生──屈原血淚鋪成的生命歷程〉，《屈原文學論集》，頁6、7。

以下就（一）上古與夏商時期的聖主。（二）西周與春秋時期的聖主。（三）屈原理想聖主的形象。分析屈原賦中的古聖先王，並推論屈原心目中聖主的形象。

（一）上古與夏商時期的聖主

以下就堯、舜、禹、湯、少康、武丁、三后，說明屈賦裡，上古與夏商時期的聖主。

1.堯、舜

> 彼 堯舜 之耿介兮，既遵道而得路。
> 濟沅湘以南征兮，就 重華 而陳詞。（以上〈離騷〉）
> 駕青虬兮驂白螭，吾與 重華 遊兮瑤之圃。（〈涉江〉）
> 堯舜 之抗行兮，瞭杳杳而薄天。（〈哀郢〉）
> 重華 不可遻兮，孰知余之從容！（〈懷沙〉）

堯與舜二人經常並稱，他們的為人與事蹟，可從先秦典籍和史書中考察。關於堯的記載，司馬遷《史記‧五帝本紀》形容堯為：「其仁如天，其知如神。……能明馴德，以親九族。九族既睦，便章百姓。百姓昭明，合和萬國。」[340]堯的仁德如天，智慧如神，而且闡明道德，與九族親近。在九族和睦之後，辨別彰明百官，而天下各國得以和樂。至於舜的記載，《尚書‧虞書‧堯典》有評論舜云：「瞽子，父頑，母嚚，象傲；克諧以孝，烝烝乂，不格姦。」[341]舜以孝聞名，即使父親、後母、兄弟對他不善，舜仍以孝悌之道對待他們。

堯與舜的這些德行，被儒者所推崇。例如《孟子‧滕文公上》云：「孟子道性善，言必稱堯舜」[342]，《禮記‧中庸》云：「仲尼祖述堯、舜、憲章文、武」[343]，皆是以堯、舜的典範。儒者也述及堯、舜的仁政，例如：《孟子‧離婁上》云：「堯舜之道，不以仁政，不能平治天下」[344]、《周易‧繫辭下》云：「神農氏沒，黃帝、堯、舜氏作，通其變，使民不倦，神而化之，使民宜之」[345]，堯、舜施行仁政，使天下平治，讓人民生活安樂和諧。

屈原崇敬、景仰並追慕堯、舜，他們推行的仁政也成為屈原美政的目標。他在〈離騷〉說：「彼堯舜之耿介兮，既遵道而得路。」堯、舜能如此光明正大，是因為自身擁有美德，又能施行仁政，遵行天地之道，屈原以行於大道比喻堯、舜施政方向的正確。〈哀郢〉又說：「堯舜之抗行兮，瞭杳杳而薄天。」形容堯、舜的德行，高遠得近乎於天，可見屈原對堯、舜的尊敬。因此屈原遭遇誤解時，前往沅湘之南，向舜陳述忠心，「濟沅湘以南征兮，就重華而陳詞」（〈離騷〉）。

---

340 《史記》，卷1，〈五帝本紀〉，頁22-23，總頁數24。
341 《尚書》，卷2，〈虞書‧堯典〉，頁14，總頁數28。
342 《孟子》，冊8，卷5，〈滕文公上〉，頁1，總頁數88。
343 《禮記》，卷53，〈中庸〉，頁12，總頁數899。
344 《孟子》，卷7上，〈離婁上〉，頁2，總頁數123。
345 《周易》，卷8，〈繫辭下〉，頁5-6，總頁數167。

屈原神遊仙鄉時，更以青虯與白螭為座駕，與舜一同遊歷天地之間，「駕青虯兮
驂白螭，吾與重華遊兮瑤之圃」（〈涉江〉）。〈懷沙〉說：「重華不可遌兮，孰知余
之從容！」他也感嘆自身的不遇，說明自己不遇於舜，以表達冤曲。屈原在此透
露出他所遇的楚王，不能如堯、舜那樣擁有高尚的品德，將仁政佈施於民，而屈
原的美政理想，難以實現。

2.禹、湯

> 湯禹儼而祇敬兮，周論道而莫差。
> 湯禹嚴而求合兮，摯咎繇而能調。（以上〈離騷〉）
> 湯禹久遠兮，邈而不可慕。（〈懷沙〉）
> 不逢湯武與桓繆兮，世孰云而知之。（〈惜往日〉）

「禹」是鯀之子，夏朝開國君王，禹接續鯀未完成的治水工程，他為了治理
水患，出門在外十三年，三過家門而不入。因為禹治水有功，受到百姓的擁戴，
舜傳位予他，《史記‧夏本紀》載：「禹於是遂即天子位，南面朝天下，國號曰夏
后，姓姒氏。」[346]「湯」是商朝的開國君王，事蹟載於《尚書‧商書‧仲虺之誥》：
「成湯放桀於南巢，惟有慚德。」[347]湯將夏朝為亂的國君桀，放逐於南巢，此舉
是造福百姓，使人民免於桀的暴政。由於禹與湯的作為，皆有益於民，因此被推
舉為國君。

禹、湯的品德與政治，在儒家典籍中也多有評論。在評論禹方面，例如：《論
語‧泰伯》載孔子語：「禹，吾無間然矣。菲飲食而致孝乎鬼神，惡衣服而致美
乎黻冕，卑宮室而盡力乎溝洫。禹，吾無間然矣。」[348]又《禮記‧緇衣》載孔子
語：「禹立三年，百姓以仁遂焉，豈必盡仁？」[349]禹為帝王，但在飲食、衣著、
住所，皆以足夠為準，其餘的花費則用於應當花用之處。禹推行仁政，使天下百
姓都能行仁義，這就是禹的政績。在評論湯方面，例如：《孟子‧離婁下》云：
「湯執中，立賢無方」[350]、《荀子‧王霸》云：「湯武者，修其道，行其義，興天
下同利，除天下同害，天下歸之」[351]，湯行事正直，舉用賢臣。而湯也能修明正
道，遵行禮義，行利於天下，除去天下危害，天下皆歸順於他。

屈原在〈離騷〉寫道：「湯禹儼而祇敬」、「湯禹嚴而求合」，因為禹、湯要求
自身品德的莊重與虔敬，在推行仁政之時，先自我遵守規範，成為世人的榜樣，
才能使百姓服從。禹、湯二人也追求君臣的遇合，將賢能之人納為己用。由於有
這樣的目標，禹遇合咎繇（皋陶），湯遇合摯（伊尹），「摯咎繇而能調」，分別建
立夏朝與商朝。屈原期望楚王效法這些聖主，能莊敬自處，並重用賢能之人，協

---

346 《史記》，卷2，〈夏本紀〉，頁41，總頁數46。
347 《尚書》，卷8，〈商書‧仲虺之誥〉，頁6，總頁數110。
348 《論語》，卷8，〈泰伯〉，頁8-9，總頁數73-74。
349 《禮記》，卷55，〈緇衣〉，頁3-4，總頁數928。
350 《孟子》，卷8上，〈離婁下〉，頁10-11，總頁數145-146。
351 〔戰國〕荀況著，王天海校釋：《荀子校釋》，上冊，卷7，〈王霸〉，頁517。

助處理朝政。屈原在〈懷沙〉感嘆：「湯禹久遠兮，邈而不可慕。」他距離禹、湯所處的時代相當久遠，無法與之相逢，只能懷想追慕。〈惜往日〉說道：「不逢湯武與桓繆兮，世孰云而知之。」前代的賢臣如果沒有遇合這些明君，世人又如何知道這些賢臣呢？屈原的嘆息，也道出了當時的楚王並非聖王，無識人之明，因此他不能輔佐國君，使楚國強盛，對抗秦國，而統一天下。

3.少康、武丁

> 及少康之未家兮，留有虞之二姚。
> 說操築於傅巖兮，武丁用而不疑。（以上〈離騷〉）

少康是夏后相之子，少康曾經復興夏朝，史稱「少康中興」，事蹟載於《左傳・哀公元年》：

> 昔有過澆殺斟灌以伐斟鄩，滅夏后相。后緡方娠，逃出自竇，歸於有仍，生少康焉。為仍牧正，惎澆能戒之。澆使椒求之，逃奔有虞，為之庖正，以除其害。虞思於是妻之以二姚，而邑諸綸，有田一成，有眾一旅，能布其德，而兆其謀，以收夏眾，撫其官職。……遂滅過、戈，復禹之績，祀夏配天，不失舊物。[352]

澆接受寒浞的命令，剷除斟灌氏與斟鄩氏，殺死夏后相。相的妻子后緡帶著身孕，逃回到她的娘家有仍，所生之子就是少康。少康受到澆的防備，當澆要追殺少康時，少康逃到有虞氏的部落。虞思賞識少康，授予庖正的職位，並將二姚許配給少康，而少康以「有田一成，有眾一旅」的微薄勢力，佈施德行，收復夏朝的百姓，予以官職，最終消滅澆之過國與豷之戈國，復興禹之夏朝，使夏祖同祀天帝。

武丁即殷高宗，武丁在父親小乙去世後，即位為商王。武丁任用傅說等人為臣，修明國政，以賢著稱。《說苑・君道》說武丁：

> 飭身修行，思先王之政，興滅國，繼絕世，舉逸民，明養老。三年之後，蠻、夷重譯而朝者七國，此之謂存亡繼絕之主，是以高而尊之也。[353]

武丁修養自身，以先王的施政為依據，使國內政治更為良善，復興即將滅絕的商朝，繼承先祖的事業，舉用閒置的百姓，明定養老之法，三年之後，殷朝附近的蠻夷也來朝見，可知武丁的聖明。

屈原提及少康之處，是〈離騷〉求女一節，說道：「及少康之未家兮，留有虞之二姚。」屈原幻想要在少康娶得二姚前，追求她們。由於屈原神遊天地之間，

---

[352] 〔春秋〕左丘明著，楊伯峻注：《春秋左傳注》，冊4，〈哀公元年〉，頁1606。
[353] 〔漢〕劉向著，向宗魯校證：《說苑校證》，卷1，〈君道〉，頁22。

因此能超越時間與空間追求二姚，這是一種文學手法，也是屈原的想像虛構。從屈原求女的對象並非他人，而是古之聖王少康的妻子，可看出屈原對少康的崇敬。至於〈離騷〉提及武丁：「說操築於傅巖兮，武丁用而不疑。」武丁對傅說用而不疑，使國家大治。屈原期望的君臣關係，是互相依賴，而武丁這種「用而不疑」的態度，更是難能可貴。此句透露出屈原身為臣子的身份，卻遭楚王懷疑而放逐，發出無奈的哀嘆。

4.三后

> 昔 三后 之純粹兮，固眾芳之所在。(〈離騷〉)
> 望 三五 以為像兮，指彭咸為儀。(〈抽思〉)

「三后」所指的人，王逸《楚辭章句》認為是禹、湯、文王[354]，朱熹《楚辭辯證》認為是少昊、顓頊、高辛[355]，將「三后」視為上古帝王。而王夫之《楚辭通釋》認為是鬻熊、熊繹、莊王[356]，戴震《屈原賦注》認為是熊繹、若敖、蚡冒[357]，將「三后」視為楚之先王。合併之，可二種說法，各有其立論的依據，視為上古帝王者，是因為此三后處在中國歷史的開端，有重要的地位；視為楚之先王者，是因為屈原出身楚族，故以三后為楚國始祖。

從先秦文獻來看，《詩經・大雅・下武》云：「三后在天，王配於京。」毛亨傳：「三后，大王、王季、文王也。」[358]《左傳・昭公三十二年》云：「三后之姓，於今為庶。」楊伯峻注：「三后，虞、夏、商。」[359]又《尚書・周書・畢命》云：「惟周公克慎厥始，惟君陳克和厥中，惟公（畢公）克成厥終。三后協心，同底於道」[360]、《尚書・周書・呂刑》云：「乃命三后，恤功於民。伯夷降典，折民惟刑；禹平水土，主名山川；稷降播種，農植嘉穀」[361]，以上「三后」所指人物，均是上古時代的人物。再依〈離騷〉的始句：「帝高陽之苗裔兮」，首先言及他與上古帝王顓頊有血緣的關聯，並以此為榮，可知屈原所言的「三后」，以王逸《楚辭章句》注為是。姜亮夫《屈原賦校注》亦云：「按戰代言三五，多指三王五伯，王注是也。」[362]屈原所言的三王，是指禹、湯、文王，為三代開國君主，而五伯則是指齊桓公、晉文公、秦穆公、宋襄公、楚莊王，為春秋時代的霸主。

---

[354] 王逸《楚辭章句》云：「謂禹、湯、文王也。」
[355] 朱熹《楚辭辯證》云：「三后，若果如舊說，不應其下方言堯、舜，疑謂三皇，或少昊、顓頊、高辛也。」〔宋〕朱熹：《楚辭集注》，上，頁 176。
[356] 王夫之《楚辭通釋》云：「三后，舊說以為三王，或鬻熊、熊繹、莊王也。」〔清〕王夫之：《楚辭通釋》，收錄於〔清〕王夫之等著：《清人楚辭注三種》，卷 1，頁 4。
[357] 戴震《屈原賦注》云：「三后，……在楚言楚，其熊繹、若敖、蚡冒三君乎。」〔清〕戴震：《屈原賦注》，收錄於〔清〕王夫之等著：《清人楚辭注三種》，卷 1，頁 2。
[358] 〔漢〕毛亨傳，〔漢〕鄭玄箋，〔唐〕孔穎達疏，〔清〕阮元校勘：《毛詩正義》，《重刊宋本十三經注疏附校勘記》，冊 2，卷 16-5，頁 8，總頁數 581。
[359] 〔春秋〕左丘明著，楊伯峻注：《春秋左傳注》，冊 4，〈昭公三十二年〉，頁 1520。
[360] 《尚書》，卷 19，〈周書・畢命〉，頁 9，總頁數 292。
[361] 《尚書》，卷 19，〈周書・呂刑〉，頁 21-22，總頁數 298。
[362] 姜亮夫：《屈原賦校注》，九章第四，頁 441。

屈原推崇這些先王，在〈離騷〉以三后為喻，說道：「昔三后之純粹兮，固眾芳之所在。」因為他們品德的美善，使有才德者聚集在身邊，協助君王輔佐國政，而在〈抽思〉則以三王五伯為楷模，以彭咸為榜樣，「望三五以為像兮，指彭咸為儀」。這也透露出屈原期望楚王能如三后一般，擁有美德，如此一來，楚王身邊會集結賢臣，君與臣一同治理楚國，統一中國，再造三后當年的盛世。

（二）西周與春秋時期的聖主

以下就文王、武王、齊桓公、秦穆公、晉文公，說明屈賦裡，西周與春秋時期的聖主。

1.文王、武王

> 湯禹儼而祗敬兮，周論道而莫差。
> 呂望之鼓刀兮，遭周文而得舉。（以上〈離騷〉）
> 不逢湯武與桓繆兮，世孰云而知之。（〈惜往日〉）

在〈離騷〉句中「周論道而莫差」的「周」，洪興祖《楚辭補注》云：「言周則包文、武矣。」屈原以一個「周」字，代表周文王與周武王二位君王。《史記·周本紀》記載周文王的事蹟：「（文王）遵后稷、公劉之業，則古公、公季之法，篤仁，敬老，慈少。禮下賢者，日中不暇食以待士，士以此多歸之。」[363]周文王繼承先祖的事業與法制，篤信仁義，以敬對待年老者，以慈對待年少者，禮遇賢士，而賢士也多能歸順於文王。由於周文王施行德政，為武王伐紂奠定基礎，其子姬發追封他為文王。至於周武王，《史記·周本紀》記載：「武王即位，太公望為師，周公旦為輔，召公、畢公之徒，左右王師，修文王緒業。」[364]武王任用賢臣，繼續文王未完成的事業，並在十一年後，討伐施行暴政的紂王。武王克殷後，將國內政策大幅度地調整[365]，武王為了改革政治，也是殫精竭慮，勤力籌畫，使周朝更加安定。

文王與武王二位是勤政愛民的君王，受到人民的擁戴，儒者也是讚譽有加，如《論語·八佾》載孔子語：「周監於二代，郁郁乎文哉！吾從周」[366]、《孟子·梁惠王下》載孟子語：「取之而燕民悅，則取之。古之人有行之者，武王是也。取之而燕民不悅，則勿取。古之人有行之者，文王是也」[367]、《荀子·成相》云：「基必施，辨賢、罷，文、武之道同伏戲。由之者治，不由者亂，何疑為」[368]，孔子、孟子、荀子推崇文王、武王推行的仁政，孔子認為周朝承襲夏、商二朝的制度，使典章制度更加豐富多采，施政應依從周制為是。孟子稱頌他們施政以民

363 《史記》，卷4，〈周本紀〉，頁10-11，總頁數60。
364 《史記》，卷4，〈周本紀〉，頁18，總頁數62。
365 武王改革內政，詳見：《史記》，卷4，〈周本紀〉，頁29-32，總頁數65。
366 《論語》，卷3，〈八佾〉，頁8，總頁數28。
367 《孟子》，卷2下，〈梁惠王下〉，頁6，總頁數43。
368 〔戰國〕荀況著，王天海校釋：《荀子校釋》，下冊，卷18，〈成相〉，頁977。

意為依歸，荀子則讚揚他們為周朝盛世奠定基礎，能辨別並任用賢人，文、武之道如同伏羲之道，跟隨他們施政，就可治理國家，不依從者則會使國家大亂。

屈原推崇文王、武王，周朝是三代之中，制度最為完善、美好的一個朝代，他在〈離騷〉說：「周論道而莫差」，文王、武王施行的仁政，正是先王之道，毫無偏差。而文王、武王在施政時，也需要賢臣來輔佐，處理國家事務。〈離騷〉云：「呂望之鼓刀兮，遭周文而得舉。」呂望在市場做著屠夫的工作，引起文王的注意，因而受到重用。屈原讚揚文王、武王，也是期望楚王能如文王、武王一樣，舉用賢能人士，遵從先王之道，推行仁政，使楚國社會和諧，百姓安居樂業。可惜楚王是昏庸不明的人，國內賢臣如屈原，遭受到疏遠，放逐到境外。

2.齊桓公、秦穆公、晉文公

> 甯戚之謳歌兮，齊桓聞以該輔。（〈離騷〉）
> 不逢湯武與桓繆兮，世孰云而知之。
> 介子忠而立枯兮，文君寤而追求。（以上〈惜往日〉）

以上文句中的「齊桓」、「桓」指的是齊桓公，「繆」指的是秦穆公，「文君」指的是晉文公。三位皆是春秋時期的霸主，事蹟在《說苑·尊賢》有簡要記載：

> 桓公於是用管仲、鮑叔、隰朋、賓胥無、甯戚，三存亡國，一繼絕世，救中國，攘戎狄，卒脅荊蠻，以尊周室，霸諸侯。晉文公用咎犯、先軫、陽處父，強中國，敗強楚，合諸侯，朝天子，以顯周室。……秦穆公用百里子、蹇叔子、王子廖及由余，據有雍州，攘敗西戎。[369]

齊桓公不計前嫌，聽從鮑叔牙的意見，任用管仲為相，並有鮑叔、隰朋、高傒等人的輔佐，桓公施行德政，造福百姓，《史記·齊太公世家》有言：「桓公既得管仲，與鮑叔、隰朋、高傒修齊國政，連五家之兵，設輕重魚鹽之利，以贍貧窮，祿賢能，齊人皆說。」[370]可見桓公施政方向的正確。在桓公七年（西元前679年）時，會盟諸侯於甄（今山東鄄城），奠定齊國霸主的地位。[371]

秦穆公在位期間，舉用不少賢才。李斯〈上書諫逐客〉云：「昔繆公求士，西取由余於戎，東得百里奚於宛，迎蹇叔於宋，來丕豹、公孫支於晉。此五子者，不產於秦，而繆公用之，并國二十，遂霸西戎。」[372]穆公求賢，不限於秦國的人，他也能迎接各國賢才至秦國，並且重用，使秦國強盛，稱霸西戎。

晉文公曾經流亡各國十九年，回到晉國後，進行改革，任用趙衰、狐偃、賈

---

[369] 〔漢〕劉向著，向宗魯校證：《說苑校證》，卷8，〈尊賢〉，頁174-175。
[370] 《史記》，卷32，〈齊太公世家〉，頁19，總頁數539。
[371] 《史記·齊太公世家》云：「諸侯聞之，皆信齊而欲附焉。七年，諸侯會桓公於甄，而桓公於是始霸焉。」見：《史記》，卷32，〈齊太公世家〉，頁20-21，總頁數539-540。
[372] 〔秦〕李斯：〈上書諫逐客〉，收錄〔清〕嚴可均輯：《全上古三代秦漢三國六朝文》，冊1，全秦文，卷1，頁3，總頁數118。

佗、先軫、魏武子、介之推等人，使晉國強大，而在晉楚城濮之戰勝利後，確定了霸主的地位，後世將他與齊桓公合稱為「齊桓晉文」。

屈原推崇春秋時期的霸主，一來是國家經由這些君王的治理，更加富強，成為當代的強國。二來是這些君王任用有才能的人，臣子透過君主提供的舞臺，一展長才，君主藉由臣子具備的才能，處理國政，君與臣關係密切。而齊桓公、秦穆公、晉文公重視人才，舉用賢才，又企圖稱霸天下，才能造就屬於他們的時代。這也是屈原對楚王所寄予的期望，能重用賢臣，並使楚國晉升為強國，最終能統一各國，成為時代的領導者。

（三）屈原理想聖主的形象

詹詠翔《〈離騷〉意象組織論》將〈離騷〉所提及的理想國君分為三類：賢明公正、恭敬謹慎、重視人才。[373]實際上，此三類也涵括了屈原作品中的聖主。屈原推崇的聖主，又可再從其他面向來看。首先，有勤政愛民的形象，並施行仁政，為百姓謀福利，儒者以「仁」、「賢」、「孝」等字來評論他們。從這裡可以看出，聖主的這些美德是與生俱來，但也不忘修養品德，將仁義行佈於百姓。其次，是能開創事業，建立王朝，或是振興衰落的朝代，或是繼承先人的遺志，例如禹建立夏朝，少康振興夏朝，湯建立商朝，武丁振興商朝，文王為伐紂作準備，武王伐紂建立周朝。至於齊桓公、秦穆公、晉文公，在禮崩樂壞、諸侯爭強的時代，透過舉用人才，以獨到眼光，判斷時代動向，舉著「尊王攘夷」的旗幟，完成各自的霸業。

在戰國時期，強國紛立，社會動盪，而楚國歷經楚威王、楚宣王的治理，躍升成為能與秦國對抗的國家，「橫則秦帝，縱則楚王」（劉向《戰國策》語），是當時的強國之一，楚懷王為五國合縱之長。但實際上楚懷王、頃襄王並非賢明的君王，《戰國策》記有二段文字，顯示出懷王、頃襄王二人的作為：

> 今王（懷王）之大臣父兄，好傷賢以為資，厚賦斂諸臣百姓，使王見疾於民，非忠臣也。大臣播王之過於百姓，多略諸侯以王之地，是故退王之所愛，亦非忠臣也，是以國危。[374]

> 是時楚王（頃襄王）恃其國大，不恤其政，而群臣相妒以功，諂諛用事，良臣斥疏，百姓心離，城池不修，既無良臣，又無守備。[375]

楚懷王、頃襄王自恃楚國國力豐厚，荒廢國政，並以賦稅壓榨百姓，忠臣賢良皆離開楚王，奸佞小人圍繞在楚王身邊，民心離散，楚國因此走向衰落。

屈原認為聖主能修養己身，使品德達到美善，並將仁義施行於人民。聖主也

---

[373] 詹詠翔：《〈離騷〉意象組織論》，頁 49。
[374] 〔漢〕劉向集錄，范祥雍箋證：《戰國策箋證》，上冊，卷 16，〈楚三·蘇子謂子王曰〉，頁 842。
[375] 〔漢〕劉向集錄，范祥雍箋證：《戰國策箋證》，下冊，卷 33，〈中山策·昭王既息民繕兵〉，頁 1879。

重視人才，賞識有才能的人，並任命為臣子，為君王效勞，使國內的政治清明，展現出美好的盛世。

屈原推崇聖主，這代表屈原對楚王的期望有四方面，一是期望楚王能以堯、舜、禹、湯、文王等人為典範，修養品德以達到美善。二是將仁義佈施於百姓。三是期望楚王能如少康、武丁、武王等人，繼承前代君王的事業，振興楚國，回到當年的壯盛。四是楚王能如齊桓公、秦穆公、晉文公等人，建立屬於自己的霸業，力抗秦國，統一天下。

二、舉賢授能

屈原在〈離騷〉云：「舉賢而授能兮，循繩墨而不頗。」要實現美政，聖主不只要有所作為，更要能任用賢臣，授予職權。擁有才能的賢臣，會輔佐君王治理國家，並提供建言，推行政策，而君王能採納賢臣的意見，讓國家更加強大。君與臣的相輔相成，達到政治的美善。屈原身為楚臣，他是「忽奔走以先後兮，及前王之踵武」，期望能待在楚王身邊，輔佐君王，也期望楚王效法古聖先王，施行仁政，而楚王能趁屈原正值壯盛時重用他，並說道：「不撫壯而棄穢兮，何不改此度？」屈原認為他以前代賢臣為效法對象，但這樣的行為卻非世人所服膺的，故云：「謇吾法夫前修兮，非世俗之所服。」屈原遭到斥退放逐後，面臨生死抉擇之際，他的選擇是：「伏清白以死直兮，固前聖之所厚」、「不量鑿而正枘兮，固前修以菹醢」，他要追隨前賢的腳步，以死表達清白與忠心。

屈賦中的忠臣賢良，陳怡良先生分為輔佐聖王成功者、為君國事殉節者二類。[376]以下就（一）輔佐聖王成功者。（二）為君國事殉節者。（三）君臣遇合的重要。分析屈原作品中的忠臣賢良，可知屈原舉賢授能的主張，也可知賢臣與聖主遇合的重要性。

（一）輔佐聖主成功者

以下就咎繇、伊尹、傅說、呂望、甯戚、百里奚，說明屈賦裡，輔佐聖王成功的賢臣。

1.咎繇、伊尹

湯禹嚴而求合兮，摯 咎繇 而能調。（〈離騷〉）
俾山川以備御兮，命 咎繇 使聽直。（〈惜誦〉）
聞百里之為虜兮， 伊尹 烹於庖廚。（〈惜往日〉）

「咎繇」，又作「皋陶」，王逸《楚辭章句》注：「咎繇，禹臣也。」皋陶是舜與禹的賢臣，是負責刑法典獄，掌管國家司法。據《竹書紀年》記載：「（帝舜）三年，命咎陶作刑。」[377]皋陶是中國歷史上首位制定法律者，而《尚書‧虞書‧

---

376 陳怡良：〈屈原的狂熱與執著〉，《屈原文學論集》，頁68。
377 〔南朝梁〕沈約注，〔清〕洪頤煊校：《竹書紀年》（北京：中華書局，1985年），卷上，頁5。

大禹謨》載舜對皋陶說：「汝（指皋陶）作士，明於五刑，以刑五教。」[378]任命皋陶為刑官，明定法律刑罰，規範倫理道德。皋陶身為刑官，能公正判決刑案，有「決獄明白」[379]、「聽獄制中」[380]的美譽，實現「天下無虐刑」[381]的清明社會。

「摰」，即是「伊尹」，王逸《楚辭章句》注：「摰，伊尹名，湯臣也。」伊尹是商時的賢臣，被湯舉用，並輔佐湯、外丙、仲壬、太甲、沃丁五代商朝君王。[382]《史記‧殷本紀》記載：「伊尹處士，湯使人聘迎之，五反然後肯往從湯……湯舉，任以國政。」[383]湯派人禮聘伊尹五次，他才接受追隨湯，湯舉用伊尹處理國政。伊尹的賢能，他是湯欲得的人才。而孟子對伊尹的評價是：「（伊尹）就湯而說之以伐夏救民」、「其（伊尹）以堯舜之道要湯」[384]，伊尹的功績，是以堯舜之道輔佐湯，說服湯討伐紂，拯救百姓。

屈原在〈惜誦〉說：「俾山川以備御兮，命咎繇使聽直。」由於皋陶身為刑官，秉公無私，因此當屈原被楚王誤會時，即到山川準備祭品，向前代刑官皋陶祝禱，聆聽冤屈，由皋陶來決斷他是否忠心正直。〈惜往日〉云：「伊尹烹於庖廚」，伊尹是庖廚的養子[385]，而商湯卻不嫌棄伊尹的身份低下，舉用伊尹輔佐朝政。屈原在〈離騷〉中，藉巫咸的話語，說明皋陶和伊尹遇合了夏禹與商湯，「湯禹嚴而求合兮，摰咎繇而能調」，能「調和陰陽，而安天下」（王逸《楚辭章句》語），使禹與湯開創了夏朝與商朝，功勞是不可磨滅的。

2.傅說、呂望

說操築於傅巖兮，武丁用而不疑。
呂望之鼓刀兮，遭周文而得舉。（以上〈離騷〉）
呂望屠於朝歌兮，甯戚歌而飯牛。（〈惜往日〉）

傅說、呂望分別是商朝武丁、周朝文王的賢臣，都被當代的聖主舉用。武丁舉用傅說的事蹟，見於《史記‧殷本紀》：

---

[378] 《尚書》，卷4，〈虞書‧大禹謨〉，頁7，總頁數55。
[379] 《白虎通‧聖人》引《禮》曰：「皋陶馬喙，是謂至誠，決獄明白，察於人情。」見〔漢〕班固等著，〔清〕陳立疏證：《白虎通疏證》，卷7，頁25，收錄於〔清〕王先謙編：《皇清經解續編》（臺北：藝文印書館，1965年初版），冊18，卷1271，〈聖人〉，總頁數14348。
[380] 《淮南子‧詮言訓》云：「聽獄制中者，皋陶也。」見：〔漢〕劉安編，張雙棣校釋：《淮南子校釋》（北京：北京大學出版社，2013年），下冊，卷14，〈詮言訓〉，頁1504。
[381] 《文子‧精誠》云：「皋陶喑而為大理，天下無虐刑，何貴乎言者也。」見：〔戰國〕文子著，李定生、徐慧君校釋：《文子校釋》（上海：上海古籍出版社，2004年），卷2，〈精誠〉，頁76。
[382] 《史記‧殷本紀》云：「帝沃丁之時，伊尹卒。」見《史記》，卷3，〈殷本紀〉，頁16，總頁數52。
[383] 《史記》，卷3，〈殷本紀〉，頁7-8，總頁數50。
[384] 《孟子》，卷9下，〈萬章上〉，頁6、7，總頁數170、171。
[385] 《呂氏春秋‧孝行覽‧本味》云：「有侁氏女子採桑，得嬰兒於空桑之中，獻之其君。其君令烰人養之。……命之曰伊尹。」見：〔戰國〕呂不韋著，陳奇猷校釋：《呂氏春秋新校釋》（上海：上海古籍出版社，2011重印），上冊，卷14，〈孝行覽‧本味〉，頁744。

武丁夜夢得聖人，名曰「說」，以夢所見，視群臣百吏，皆非也。於是乃使百工營求之野，得說於傅險中，是時說為胥靡，築於傅險，見於武丁，武丁曰：「是也。」得而與之語，果聖人，舉以為相，殷國大治。故遂以傅險姓之，號曰傅說。[386]

至於文王舉用呂望的事蹟，王逸《楚辭章句》云：

文王夢得聖人，於是出獵而遇之，遂載而歸，用以為師，言吾先公望子久矣，因號為太公望。或言周文王夢天帝立令狐之津，太公立其後。帝曰：昌，賜汝名師。文王再拜，太公亦再拜。太公夢亦如此。文王出田，見識所夢，載與俱歸，以為太師也。[387]

從傅說、呂望被武丁、文王舉用的經過，可發現有共通之處，在於武丁、文王曾經夢見他們，是能為國君效勞的賢臣，武丁、文王依夢裡所見，尋找傅說、呂望。傅說被舉用之前，正因刑罰而在傅險服勞役，呂望被舉用之前，曾經在市場裡屠宰維生。但是武丁、文王並不因為傅說、呂望的地位低下，職業卑賤，就拒絕任用，而是依照他們的能力，賦予重要的職位。

屈原在〈離騷〉云：「說操築於傅巖兮，武丁用而不疑。」他以傅說為例，說明即使他的身份是因犯，帶罪在身，但武丁更看重傅說擁有的才能，因此「舉以為相」。〈離騷〉又云：「呂望之鼓刀兮，遭周文而得舉」，〈惜往日〉則云：「呂望屠於朝歌兮，甯戚歌而飯牛」，呂望他曾經在夏朝朝歌屠宰維生，又在渭水河濱垂釣，文王也不因他的職業是屠夫、漁者而摒棄他，而是任命呂望為太師。屈原寫傅說、呂望被舉用的經過，表示不只是聖主能任用賢臣，更說明賢能的人必須能忍受困苦，也要相信自己的才能，對國家政治抱有熱忱，只要時機成熟，終有一天會被聖主發掘，聘為重臣，為國君治理朝政。

3.甯戚、百里奚

甯戚之謳歌兮，齊桓聞以該輔。(〈離騷〉)
呂望屠於朝歌兮，甯戚歌而飯牛。
聞百里之為虜兮，伊尹烹於庖廚。(以上〈惜往日〉)

在春秋時期，甯戚與百里奚是協助君王稱霸的賢臣。齊桓公舉用甯戚之事，見於《新序·雜事五》：

甯戚欲干齊桓公……甯戚飯牛於車下，望桓公而悲，擊牛角疾商歌。桓公

386　《史記》，卷3，頁22，總頁數54。
387　文王夢呂望一事，亦見《列仙傳·呂尚》：「文王夢得聖人，聞尚，遂載而歸。」〔漢〕劉向著，王叔岷：《列仙傳校箋》(臺北：中央研究院中國文哲研究所籌備處，1995年)，頁26。

聞之，撫其僕之手，曰：「異哉，此歌者，非常人也。」命後車載之。……
甯戚見，說桓公以合境內。明日復見，說桓公以為天下。桓公大說，將任
之。……遂舉大用之，而授之以為卿。當此舉也，桓公得之矣，所以成霸
也。[388]

至於秦穆公舉用百里奚之事，見於《史記・秦本紀》：

繆公聞百里傒賢，欲重贖之，恐楚人不與，乃使人謂楚曰：「吾媵臣百里
傒在焉，請以五羖羊皮贖之。」楚人遂許與之。當是時，百里傒年已七十
餘。繆公釋其囚，與語國事……語三日，繆公大說，授之國政，號曰五羖
大夫。[389]

　　齊桓公有識人之明，他從甯戚「飯牛於車下，望桓公而悲，擊牛角，疾商歌」
的特異行為，就知道甯戚並非常人，經過面談後，即以甯戚為卿相，他也成就桓
公的霸業。秦穆公稱霸西戎的重要關鍵，是他任用了如百里奚這樣的能臣，司馬
遷《史記・建元以來侯者年表》也說：「秦繆用百里霸西戎。」[390]國家是否強盛，
國君固然重要，國君也要能識別賢才而舉用。
　　屈原在〈離騷〉、〈惜往日〉中，以甯戚、白里奚為例，甯戚透過特異舉動引
起桓公注意，得到齊桓公的賞識，會談過後，桓公即任命他為卿相。百里奚則是
以賢著稱，秦穆公不因百里奚身為囚犯與年事已高，而不重用，反而將國政授權
予他，顯示出穆公對他的器重。從這些例證中，屈原說明了機遇的重要，聖主要
有見識，任用賢能的人，授予職位，而賢臣也要相信機運，並精進自己，當機會
到來時，就能一展長才，為君效勞。聖主與賢臣互相照應，如此一來，也可使對
方揚名於後世。

（二）為君國事殉節者

　　以下就伯夷、彭咸、申徒、比干、申生、介之推、伍子胥，說明屈賦裡，為
君國事殉節的賢臣。

1.伯夷

　　　　行比伯夷，置以為像兮。（〈橘頌〉）
　　　　求介子之所存兮，見伯夷之放跡。（〈悲回風〉）

　　伯夷的事蹟，見於《史記・伯夷列傳》：

---

[388]　〔漢〕劉向編著，石光瑛校釋，陳新整理：《新序校釋》，中冊，〈雜事五〉，頁 676-682
[389]　《史記》，卷 5，〈秦本紀〉，頁 21-22，總頁數 88。
[390]　《史記》，卷 20，〈建元以來侯者年表〉，頁 2，總頁數 373。

> 父欲立叔齊，及父卒，叔齊讓伯夷。伯夷曰：「父命也。」遂逃去。叔齊
> 亦不肯立而逃之。……（武王）東伐紂，伯夷、叔齊叩馬而諫曰……。武
> 王已平殷亂，天下宗周，而伯夷、叔齊恥之，義不食周粟，隱於首陽山，
> 采薇而食之。……遂餓死於首陽山。[391]

在此段引文裡，伯夷遵從父命，讓國予叔齊，可見他的為人不慕榮利，又能
善盡孝道。其後伯夷與叔齊勸諫武王不可伐殷，又在武王平定殷亂，天下歸周後，
伯夷與叔齊二人因以為恥，不食周粟，採薇而食，餓死於首陽山，他們節操正直，
忠於商朝，至死不從。

伯夷表現出的孝與忠，是儒家所稱頌與推崇的，因此孔子曾說：「不降其志，
不辱其身，伯夷、叔齊與！」[392]伯夷、叔齊不屈服意志，使人格受到污辱。孟子
也說：「伯夷，非其君不事，非其友不友。不立於惡人之朝，不與惡人言」[393]、
「故聞伯夷之風者，頑夫廉，懦夫有立志」[394]，伯夷只服事自己的君主，與友善
者交友往來，不與為惡者一同為官，與之對談。聽聞伯夷的風範，可使貪婪者趨
於廉潔，懦弱者立定志向。

屈原在〈橘頌〉云：「行比伯夷，置以為像兮。」說明他的行為如同伯夷，
可當作世人的典範。屈原青少年時代，即以伯夷自比，表示他有廉潔的操守，這
也是對自己志節的讚揚。屈原以伯夷的行事為準則，表現出忠君愛國的情操。〈悲
回風〉又云：「見伯夷之放跡」，是希望能再次見到伯夷留下的遺風足跡。屈原之
意是要追隨伯夷，勸諫國君遵行善道，也能為了保持清白，不與小人同流合污，
即使面對死亡也毫不猶豫。

2.彭咸

> 雖不周於今之人兮，願依彭咸之遺則。
> 既莫足與為美政兮，吾將從彭咸之所居。（以上〈離騷〉）
> 望三五以為像兮，指彭咸以為儀。（〈抽思〉）
> 獨煢煢而南行兮，思彭咸之故也。（〈思美人〉）
> 夫何彭咸之造思兮，暨志介而不忘！
> 孰能思而不隱兮，照彭咸之所聞。
> 淩大波而流風兮，託彭咸之所居。（以上〈悲回風〉）

「彭咸」是被屈原提起最多次的人物，共見七次。至於「彭咸」的身份為何？
為人處事為何？楚辭學者們眾說紛紜，莫衷一是。陳怡良先生整理楚辭學者對「彭
咸」的看法，主要有七說：1.以為彭咸為殷賢大夫者，東漢・王逸主之；2.以彭

---

391 《史記》，卷 61，〈伯夷列傳〉，頁 8-11，總頁數 825-826。

392 《論語》，卷 18，〈微子〉，頁 6，總頁數 166。

393 《孟子》，卷 3 下，〈公孫丑上〉，頁 10，總頁數 67。

394 《孟子》，卷 10 上，〈萬章上〉，頁 1，總頁數 176。

咸為殷之介士者，宋‧洪興祖主之；3.以彭咸為《論語》所謂之老彭者，明‧汪瑗主之；4.以彭咸為彭祖之後者，清‧俞樾主之；5.以彭咸為老彭與巫咸二人者，清‧王闓運主之；6.以彭咸為巫咸、巫彭之合稱者，顧頡剛、蔣天樞主之；7.以彭咸為水神者，蕭兵主之。陳怡良先生進一步分析各家說法，提出諸說的可疑之處，認為「彭咸」當指一人，屬歷史人物，而非神話或傳說之中的人物。[395]

　　以下將從屈原提及「彭咸」之句，再結合陳怡良先生的研究成果，分析「彭咸」的身份。〈悲回風〉云：「夫何彭咸之造思兮，暨志介而不忘！」王逸《楚辭章句》注：「思念古世彭咸，欲與齊志節，而不能忘也。」彭咸有高尚的志氣節操，屈原期望能與他齊同，因此無法忘懷。〈抽思〉云：「指彭咸以為儀」，彭咸是屈原學習的典範。〈思美人〉云：「思彭咸之故也」、〈悲回風〉云：「照彭咸之所聞」，屈原經常去懷想、思慕彭咸的行事為人。〈離騷〉云：「雖不周於今之人兮，願依彭咸之遺則。」屈原願意追隨彭咸的遺風，堅持原則，不與世俗合流。又〈離騷〉云：「吾將從彭咸之所居」、〈悲回風〉云：「託彭咸之所居」，屈原面對小人的讒言毀謗，勸諫楚王無效時，也是選擇效法彭咸的行為，投江自沉。

　　彭咸之事還有其他旁證，東方朔與劉向的活動時間早於王逸，雖然是處於漢代，但以他們的作品來印證「彭咸」，仍有一定的可信度。東方朔〈七諫‧謬諫〉云：「直士隱而避匿兮，讒諛登乎明堂。棄彭咸之娛樂兮，滅巧倕之繩墨。」[396]正直之士隱居避世，讒臣奸佞入朝為官，世人遺棄彭咸的風範，毀損巧倕製成的繩墨。從東方朔〈七諫〉，可知彭咸有高潔的人格。至於劉向〈九歎‧離世〉云：「九年之中不吾反兮，思彭咸之水游。」[397]指出屈原流放九年無法返回郢都，於是想要與彭咸一同在水中遊戲，劉向在後句也指出彭咸投江之事。

　　從以上資料分析，「彭咸」形象是最接近王逸所注的：「殷賢大夫，諫其君不聽，自投水而死。」彭咸的人格高潔、正直，不與世俗同流合污，並且勇於諫君，而投水自沉是以死明志的表現。彭咸的內在涵養與行事作為，是屈原所學習、仿效、追隨的。最終，屈原也步上與彭咸一樣的道路，自沉汨羅江，以期望楚王覺悟。

3.申徒

> 望大河之洲渚兮，悲 申徒 之抗跡。(〈悲回風〉)

　　屈原所言的「申徒」，即是「申徒狄」，為殷時人。[398]申徒狄的事蹟，見於《荀

---

[395] 陳怡良：〈〈離騷〉「落英」、「彭咸」析疑〉，《成大中文學報》，第3期（1995年5月），頁54-60
[396] 〔漢〕王逸章句，〔宋〕洪興祖補注：《楚辭補注》，頁409。
[397] 〔漢〕王逸章句，〔宋〕洪興祖補注：《楚辭補注》，頁471。
[398] 成玄英注《莊子‧大宗師》「紀他」云：「紀他者，姓紀，湯時逸人也，聞湯讓務光，恐及乎己，遂將弟子陷於窾水而死。申徒狄聞之，因以蹈河」，又郭慶藩《莊子集釋》案云：「殷時人，負石自沉於河。」見〔戰國〕莊周著，〔清〕郭慶藩集釋：《莊子集釋》，卷3上，頁234。

子‧不苟》:「故懷負石而投河,是行之難為者也,而申徒狄能之」[399]、《莊子‧雜篇‧盜跖》:「申徒狄諫而不聽,負石自投於河,為魚鱉所食」[400]、《鶡冠子‧備知》:「申徒狄以為世溷濁不可居,故負石自投於河」[401],而在劉向《新序‧節士》有更詳細的記載:

> 申徒狄非其世,將自投於河。崔嘉聞而止之,曰:「……」申徒狄曰:「不然。昔者桀殺關龍逢,紂殺王子比干,而亡天下;吳殺子胥,陳殺洩治,而亡其國。故亡國殘家,非無聖智也,不用故也。」遂負石沉於河。[402]

從以上引文分析申徒狄的行事作為:一是他認為這世間混濁不清,不可居住,二是他曾經勸諫君王,但君王不接納諫言,三是他不用於時,舉出歷史例證,如夏桀、商紂、吳王夫差、陳國靈公殺害關龍逢、比干、伍子胥、洩治,因而亡失國家與天下,因此認為國家的敗亡,並非沒有聖賢智者,而是這些君王無法任用他們,四是他選擇投江自沉,結束生命。

申徒狄在亂世中保有高潔的人格,並且勇於諫君,只可惜不受君王重用。申徒狄也不畏死亡,為了自身清白,投江自沉。屈原對於這樣的人物,自是相當崇拜與敬佩,〈悲回風〉云:「悲申徒之抗跡」,屈原所悲之事,不只是申徒狄的事蹟,也藉此悲傷自己的遭遇。

4.比干

> 伍子逢殃兮, 比干 菹醢。(〈涉江〉)

比干是商紂之臣,也是聖人,事蹟見於《史記‧殷本紀》:

> 比干曰:「為人臣者,不得不以死爭。」乃彊諫紂。紂怒曰:「吾聞聖人心有七竅。」剖比干觀其心。[403]

又見於《新序‧節士》:

> 紂作炮烙之刑,王子比干曰:「主暴不諫,非忠臣也;畏死不言,非勇士也。見過則諫,不用則死,忠之至也。」遂進諫,三日不去朝,紂因而殺之。[404]

---

[399] 〔戰國〕荀況著,王天海校釋:《荀子校釋》,上冊,卷2,〈不苟〉,頁81。
[400] 〔戰國〕莊周著,〔清〕郭慶藩集釋:《莊子集釋》,卷9下,〈雜篇‧盜跖〉,頁998。
[401] 〔戰國〕鶡冠子著,黃懷信校注:《鶡冠子校注》,卷下,〈備知〉,頁292。
[402] 〔漢〕劉向編著,石光瑛校釋,陳新整理:《新序校釋》,中冊,〈節士〉,頁963-967。
[403] 《史記》,卷3,〈殷本紀〉,頁31,總頁數56。
[404] 〔漢〕劉向編著,石光瑛校釋,陳新整理:《新序校釋》,中冊,〈節士〉,頁846。

從以上引文，可知比干當時曾經勸諫紂王作炮烙之刑一事，認為君主施行暴政而不諫，並非忠臣；畏懼死亡而不言，並非勇士，目睹君王之過錯而進諫，如果君王不用諫言，因而受死，也是盡忠的表現。比干強諫三日，下場卻是遭到紂王的殺害，並剖開身軀，挖出心臟觀賞。孔子敬佩比干，《論語·微子》載：「微子去之，箕子為之奴，比干諫而死。孔子曰：『殷有三仁焉』。」[405]孔子不輕易以仁許人，對於比干因勸諫君王而死，是以「仁」來稱讚，可見比干行為的可貴。

屈原不只在〈涉江〉言及「比干菹醢」，在〈離騷〉也說：「后辛之菹醢兮，殷宗用而不長。」后辛即是紂王，他所菹醢的對象為比干。〈涉江〉句之下文為：「與前世而皆然兮，吾又何怨乎今之人。」屈原舉比干為例，實際上是正話反說，以為比干被剖心菹醢，伍子胥被賜劍自刎，前代的忠臣賢良都是如此，又何必怨嘆今世的人呢？屈原自認對楚王忠誠，卻被流放到漢北，他因此而哀傷。在〈離騷〉句中，說明因為紂王殺害比干這樣的賢人，商朝最終在紂王的手下滅亡，屈原以此表示君主若不能重用賢臣，則國祚將不能長久。

5.申生

晉 申生 之孝子兮，父信讒而不好。（〈惜誦〉）

申生是晉獻公之子，事蹟見於《左傳》莊公二十八年、閔公二年、僖公四年、《禮記·檀弓上》，而申生之死，記載在《左傳》僖公四年：

> 及將立奚齊，既與中大夫成謀，姬謂大子曰：「君夢齊姜，必速祭之！」大子祭於曲沃，歸胙於公。公田，姬寘諸宮六日。公至，毒而獻之。公祭之地，地墳，與犬，犬斃。與小臣，小臣亦斃，姬泣曰：「賊由大子。」大子奔新城。⋯⋯。或謂大子：「子辭，君必辯焉。」大子曰：「君非姬氏，居不安，食不飽。我辭，姬必有罪。君老矣，吾又不樂。」⋯⋯大子曰：「君實不察其罪，被此名也以出，人誰納我？」十二月，戊申，縊於新城。[406]

奚齊是晉獻公與驪姬所生之子，驪姬欲立奚齊為太子，她與中大夫謀劃，向申生說獻公夢見齊姜，必須儘快祭祀她。申生在曲沃舉行祭典，將祭祀用的酒肉獻給獻公。由於獻公出外打獵，驪姬把酒肉置於宮中六日。當獻公回來時，驪姬將摻有毒藥的酒肉獻給獻公。獻公以酒祭地，地面隆起如墳，拿摻毒的肉給狗與小臣食用，狗與小臣皆死。驪姬哭泣著說犯人是太子。申生因此出奔到新城。有人向申生說他可以向獻公爭訟，獻公必能明辨。申生回應說，獻公若是沒有了驪姬，無法安心居住，食不下嚥。如果他向獻公爭訟，驪姬必定被判有罪受刑，現在獻公已老，他又不能使獻公快樂。申生認為，獻公既不能明察驪姬的罪行，他

---

[405] 《論語》，卷18，〈微子〉，頁2，總頁數164。
[406] 〔春秋〕左丘明著，楊伯峻注：《春秋左傳注》，冊1，〈僖公四年〉，頁296-299。

又以殺父之名出奔，有誰能接納他呢？最後申生在同年十二月戊申日，自縊於新城。

在這個事件裡，從申生的角度來看，他考量到獻公寵愛驪姬，如果告發驪姬的罪行，並將驪姬判刑，獻公則會悶悶不樂，而申生也會因獻公不樂，自己也無法快樂。但申生又被冠上殺父罪名，最後只能選擇自殺，申生表現出忠孝之心。從晉獻公的角度來看，由於他溺愛驪姬，對她的話語深信不疑，無法察明驪姬的詭計與讒言，間接地逼迫申生在新城自縊。

屈原在〈惜誦〉云：「晉申生之孝子兮，父信讒而不好。」他藉由厲神的話語，說明像申生這樣的孝子，因為父親相信讒言，厭棄申生。屈原此句之意，即是臣子如遇到了相信讒言、無法分辨是非的君王，最終的下場可能如申生那樣，走上自殺一途。

6.介之推

> 介子忠而立枯兮，文君寤而追求。（〈惜往日〉）
> 求介子之所存兮，見伯夷之放跡。（〈悲回風〉）

屈原所言的「介子」，即是「介之推」，事蹟見於《左傳》、《莊子》、《呂氏春秋》、《史記》、《說苑》、《新序》等書，王逸《楚辭章句》注〈惜往日〉句云：

> 昔文公被驪姬之譖，出奔齊、楚，介子推從行，道乏糧，割股肉以食文公。文公得國，賞諸從行者，失忘子推。子推遂逃介山隱。文公覺寤，追而求之，子推遂不肯出。文公因燒其山，子推抱樹燒而死，故言立枯也。

當年晉文公被驪姬陷害後，出奔於齊、楚各國，而介之推追隨在文公身邊。就在糧食絕盡時，他割下股肉給文公食用。其後文公回到晉國即位，封賞往日隨行的人，卻忘記介之推的功勞。介之推逃到介山隱居，文公事後醒悟，追上介之推，請求他回到晉國，介之推不肯出山，文公火燒介山，最終介之推葬身火窟。

屈原在〈惜往日〉說：「介子忠而立枯兮，文君寤而追求。」認為介之推對晉文公有功，卻不求回報，選擇隱居於介山，即使文公強求他出山，甚至放火燒山，介之推寧可受焚而死，也不接受到文公的封賞。〈惜往日〉又言：「或忠信而死節兮」，說明了介之推這樣的賢臣，是如此的忠信，卻死於守節。這也預示屈原對楚國忠心，對楚王守信，最終的結果也可能是死於他所堅持的志節。屈原推崇介之推的行為，〈悲回風〉云：「求介子之所存」，期望能去到介之推居住之處，思慕他的高尚節操。

7.伍子胥

> 伍子逢殃兮，比干菹醢。（〈涉江〉）

　　　　吳信讒而弗味兮，子胥死而後憂。（〈惜往日〉）
　　　　浮江淮而入海兮，從子胥而自適。（〈悲回風〉）

　　在屈原作品中的「伍子」、「子胥」，均是指「伍子胥」。伍子胥是楚國人，因
楚平王聽信讒言，殺害他的父親伍奢、兄長伍尚，伍子胥因此逃到吳國。伍子胥
協助吳王闔廬，成就吳國霸業，其後夫差繼位，伍子胥也協助夫差攻入楚國，但
最終因夫差聽信讒言，賜劍令伍子胥自殺。伍子胥自殺的原由與經過，見於《史
記·伍子胥列傳》：

　　　　吳太宰嚭既與子胥有隙，因讒曰：「……」吳王曰：「微子之言，吾亦疑之。」
　　　　乃使使賜伍子胥屬鏤之劍，曰：「子以此死。」伍子胥仰天嘆曰：「嗟乎！
　　　　讒臣嚭為亂矣。王乃反誅我。……然今若聽諛臣言，以殺長者。」……乃
　　　　自剄死。……（吳王）乃取子胥屍盛以鴟夷革，浮之江中。[407]

　　由於伯嚭與伍子胥互有嫌隙，向夫差進讒，夫差懷疑伍子胥，令使者賜劍予
伍子胥，表明要他自剄而死。伍子胥感嘆讒臣伯嚭為亂，吳王反而要誅殺他，這
是吳王聽信讒臣之言，要來殺害他這個長輩。最終伍子胥自剄而死，吳王用馬革
裝載屍體，投入江中。
　　屈原在作品中，三次提及伍子胥。〈涉江〉云：「伍子逢殃」，所指的即是伍
子胥受到讒害，而被賜死之事。而〈惜往日〉云：「吳信讒而弗味兮，子胥死而
後憂。」由於吳王夫差聽信讒言，懷疑伍子胥進諫的用意，將他賜死，其後吳國
被越王勾踐所滅。屈原敬佩伍子胥這樣的忠臣，〈悲回風〉云：「浮江淮而入海兮，
從子胥而自適。」他將要沉浮於長江、淮水之中，隨之進入大海，追上伍子胥的
腳步，以自我寬慰。

（三）君臣遇合的重要

　　君臣遇合的觀念，在先秦時代已有，例如《莊子·外篇·天運》引老子語：
「幸矣，子（指孔子）之不遇治世之君也！」[408]而《荀子》〈成相〉云：「堯授能，
舜遇時，尚賢推德天下治。雖有聖賢，適不遇世孰知之」[409]、〈宥坐〉引孔子語：
「夫遇不遇者，時也；賢不肖者，材也；君子博學深謀不遇時者多矣！由是觀之，
不遇世者眾矣，何獨丘也哉」[410]，由此可見當時已有君臣遇合的觀念。
　　屈原理想中的聖主，是能舉用賢能之人，以輔佐君王治理國家，並安頓內外。
在這樣的期望下，聖主與賢臣必須能彼此遇合，造就盛世與霸業。屈原受到君臣
遇合觀的影響，在作品中，也強調了君臣遇合的重要，在〈離騷〉藉靈氛之語說：
「兩美其必合兮，孰信修而慕之？」又藉巫咸之語說：「勉陞降以上下兮，求榘

407　《史記》，卷 66，〈伍子胥列傳〉，頁 17-19，總頁數 852。
408　〔戰國〕莊周著，〔清〕郭慶藩集釋：《莊子集釋》，卷 5 下，〈外篇·天運〉，頁 532。
409　〔戰國〕荀況著，王天海校釋：《荀子校釋》，下冊，卷 18，〈成相〉，頁 989。
410　〔戰國〕荀況著，王天海校釋：《荀子校釋》，下冊，卷 20，〈宥坐〉，頁 1118。

矱之所同。」並舉出了歷代君臣遇合的實例：

> 湯禹儼而求合兮，摰咎繇而能調。……說操築於傅巖兮，武丁用而不疑。
> 呂望之鼓刀兮，遭周文而得舉。甯戚之謳歌兮，齊桓聞以該輔。

禹與湯以莊敬自處，追求與賢者遇合，因此咎繇（皋陶）、摰（伊尹）能與他們互相調合。傅說因刑罰在傅巖服役，武丁舉用他而毫不懷疑。呂望曾在朝歌靠屠宰維生，因遇合周文王而受到舉用。甯戚夜中歌唱引起齊桓公注意，桓公任用甯戚為卿相。屈原在此所舉出的例子，都是聖主賢臣遇合之例，彼此相輔相成，使國家富強。

因為伊尹、呂望、甯戚、百里奚遇合了商湯、武王、齊桓公、秦穆公，君臣互相協助，使國家強盛，也成就雙方的美名。屈原也感嘆自己不能遇見這樣有見識的君王，以輔佐國君，也可因此在歷史上留名。由於聖主舉用賢臣，成就功業，賢臣因聖主提供機會，而得以施展長才。屈原認為百里奚、伊尹、呂望、甯戚等賢臣，「不逢湯武與桓繆兮，世孰云而知之」（〈惜往日〉），賢臣正是遇合了聖主，輔助聖主成功，聲名才能遠播。

至於為君國事殉節者，有高尚廉潔的人格，例如伯夷不食周粟以表明心跡，彭咸不與世俗同流合污；有不畏死亡的勇氣，能冒死勸諫國君，例如比干勸諫紂王廢除炮烙之刑，伍子胥勸諫夫差預防勾踐復國；有不忍之情，例如申生不忍告發驪姬之惡而使晉獻公傷心，介之推不忍向晉文公索求功賞而隱居介山。但是這些賢臣最終的下場，如伯夷絕食，彭咸、申徒投江，比干剖心，申生自縊，介之推葬身火窟，伍子胥自刎，皆非壽終正寢。他們的死亡，其背後的君王，如紂王是殘暴不仁，晉獻公是昏庸愚昧，夫差是聽信讒言，這些賢臣不遇明君，以致於無法有一番作為，甚至是自盡而死。屈原多次提及他們，是因為他們的作為，令屈原相當的欽佩。而他們不遇明君，被強迫結束生命，也是屈原所惋惜的。

〈離騷〉亂辭云：「國無人莫我知兮」。其中的「國無人」語出《管子・明法》：

> 外內朋黨，雖有大姦，其蔽主多矣。是以忠臣死於非罪，而邪臣起於非
> 功，……然則為人臣者，重私而輕公矣。十至私人之門，不一至於庭。百
> 慮其家，不一圖國。屬數雖眾，非以尊君也。百官雖具，非以任國也。此
> 之謂國無人。[411]

群臣彼此朋比為奸，蒙蔽君主。忠臣不因犯罪而受死，邪臣不因功勞而起用。大臣們重視私欲，輕視公眾利益，將所有利益包攬在自己門戶之內，而不分享予國君，思考的事物僅止於自家，並不為國家圖謀。雖然臣子眾多，但是都不尊重君主，雖然百官俱備，但是無人能擔任治國大事。這就是所謂的「國無人」。

屈原藉由「國無人」一詞，表達自身的感嘆，也反映出楚國內政的情況。屈

---

[411] 〔春秋〕管仲著，黎翔鳳校注，梁運華整理：《管子校注》，中冊，卷15，〈明法〉，頁916。

原認為如果楚王有識人之明，舉用有才能的人，國內皆是忠臣賢良，則可使楚國大治，進一步稱霸天下。但是實際上楚國內的大臣，各個「好傷賢以為資，厚賦斂諸臣百姓」、「群臣相妒以功，諂諛用事」（《戰國策》），屈原嘆息楚王是昏庸的君主，無法明辨是非，判斷忠臣與佞臣，國內上下，皆是無法屈原一同實現美政的人，因此屈原在〈離騷〉感嘆他不遇明主，並說道：「吾將從彭咸之所居」，他將要去到彭咸的居所，預示了他選擇投江自沉的生命結局。

三、栽培人才

在儒家的教育理念中，是以孔子的教育思想為準則，楊碩夫《孔子教育思想與儒家教育》，說明孔的教育目的是「培養道德上理想的人格，教育出有為有守的領導人才」，而孔子的教育內容，楊碩夫說：「『子以四教：文、行、忠、信』文，指詩書禮樂易春秋，是知識方面的學問；行，是躬行，不僅教學生知，而且教學生去行，可以說知行並重。……忠和信是孔子所重視的兩種品德，忠信包括了人際關係的對人對己，貴在實踐，而且一定要實踐於群己關係之中。」而孔子的教育方法，是人格感化、接物應變、致乎中和、嚴以律己、因材施教，而孔子的教育精神，是有教無類、教誨不倦、潛移默化、勵行實踐。[412]

屈原栽培人才之事，大多可與孔子的教育思想，找到對應關係。例如屈原培養人才，使學生養成良好的道德內在，而國君能任用這些有才德的學生，此與孔子的教育目的相同。屈原的教學內容，包含儒家典籍，這與孔子傳授學生知識學問相近，而屈原更將教授範圍更為擴大，還有諸子典籍、歷史地理、民俗宗教、自然名物等知識。〈離騷〉云：「余既滋蘭之九畹兮，又樹蕙之百畝。畦留夷與揭車兮，雜杜衡與芳芷。」屈原分別種植蘭草、蕙草、留夷、揭車、杜衡、芳芷等數種香草，由此可推論屈原教導學生時，是表現出孔子的「有教無類」與「因材施教」，符合孔子的教育方法與教育精神。而屈原的親身實踐其教學內容，也是孔子教育精神的勵行實踐。由以上說明，可知屈原的教育內容，是與孔子的教育思想密切相關。

屈原有著良善的資質，以及博聞彊志的求學態度，並在〈橘頌〉透露出參政的志向，因此在眾多貴族子弟中脫穎而出，擔任三閭大夫，雖非正式官職，然地位重要，以此職負責楚國貴族子弟的教育，也執掌朝聘、祭祀之禮。因此屈原在任此職時，會將他的學問知識，傳授予學生。〈離騷〉是屈原自傳式的作品，他回憶當年任職三閭大夫教導學生的情景，他也感嘆這些學生的變質。而屈原教育的特點，則如張崇琛《楚辭文化探微》所言：「一是注意廣泛地培養和發現人才」、「二是注意政治品質與傳統文化的教育」、「三是注意師長的表率作用」。[413]

本節首先分析屈原為楚國培養人才的經過，而這些學生卻背離屈原的教導。接著分析屈原的教育內容，可知屈原藉由〈九歌〉與〈天問〉，將學問知識傳授予學生。最後分析屈原以身作則，將儒家思想付諸實行，作為學生的表率，期望

---

[412] 楊碩夫：《孔子教育思想與儒家教育》（臺北：黎明文化事業公司，1988 年再版），頁 65-91。
[413] 張崇琛：《楚辭文化探微》，頁 45-48。

這些學生的才能，能為國君所用。以下就（一）授業歷程。（二）教學內容。（三）親身實踐。分析屈原如何培養人才。

（一）授業歷程

在春秋戰國時代，就已經重視教育，《禮記·學記》有云：「古之王者建國君民，教學為先。」[414]國家的建設發展，必須先從教學著手。又《管子·權修》云：「一年之計，莫如樹穀；十年之計，莫如樹木；終身之計，莫如樹人。一樹一穫者，穀也。一樹十穫者，木也。一樹百穫者，人也。我苟種之，如神用之，舉事如神，唯王之門。」[415]管仲用種植穀物、樹木與培養人才互相比擬，而培養人才需要花費最多的時間，也可以得到最大的成效。而這些人才若能善加運用，則能輔佐君王。管仲說明了培養人才的目的，就是能為國君效勞。

屈原任職三閭大夫時，擔任昭、屈、景三族子弟的教育工作。王逸《楚辭章句》云：「（屈原）序其譜屬，率其賢良，以厲國士。」屈原帶領楚族中賢能的人，輔佐國君。屈原的美政理想，需要君主聖明、臣子賢良，而透過教育，能培養更多人才，協助國君處理政治。〈離騷〉寫道：

> 余既滋蘭之九畹兮，又樹蕙之百畝。畦留夷與揭車兮，雜杜衡與芳芷。冀枝葉之峻茂兮，願竢時乎吾將刈。

屈原種植九畹的蘭草，又種植百畝的蕙草，並在田隴種植留夷與揭車，其中又夾雜著杜衡與芳芷。屈原期望它們可以枝葉繁茂，等待時機成熟則能收割。

王逸《楚辭章句》云：「言己種植眾芳，幸其枝葉茂長，實核成熟，願待天時，吾將穫取收藏，而饗其功也。以言君亦宜蓄養眾賢，以時進用，而待仰其治也。」屈原運用譬喻，藉由種植香草比喻培養人才，而這些人才也如香草一般，擁有美好的本質。屈原培養人才的目的，是了國家設想，使他們擁有才能，為國君所用，對楚國有所貢獻。

屈原接著說：「雖萎絕其亦何傷兮，哀眾芳之蕪穢。」李光地《離騷經》注：「我昔者有志於為國培植，冀其及時收用。今則不傷其萎絕，而哀其蕪穢。雖萎絕，芳性猶在也。蕪穢，則將化而蕭艾，是乃重可哀已。」[416]屈原對於香草的「萎絕」與「蕪穢」有所分別，認為他教導的學生，雖然無法成為可被國家所用的人，仍然保有美好的本質，對此屈原並不感到哀傷。但是這些原本擁有美好資質的人，最終卻是改變自己本質，轉成為惡草，這才是屈原所哀嘆惋惜的。

〈離騷〉又言：

> 時繽紛其變易兮，又何可以淹留？蘭芷變而不芳兮，荃蕙化而為茅。何昔

414　《禮記》，卷 36，〈學記〉，頁 1-2，總頁數 648。

415　〔春秋〕管仲著，黎翔鳳校注，梁運華整理：《管子校注》，上冊，卷 1，〈權修〉，頁 55。

416　〔清〕李光地注：《離騷經》，收錄於吳平、回達強主編：《楚辭文獻集成》，冊 12，頁 3，總頁數 8219。

日之芳草兮，今直為此蕭艾也。……余以蘭為可恃兮，羌無實而容長。……椒專佞以慢慆兮，樧又欲充夫佩幃。……覽椒蘭其若茲兮，又況揭車與江離？

由於時俗的紛亂變易，又有何處可以久留？蘭草、芳芷、荃草、蕙草都已經變得不再芳香，甚至變成惡草。為何當年的芳草，在今日卻成為賤草。屈原以為「蘭」是可以依靠，實際上卻是虛有其表。而「椒」則是霸道奉承、傲慢放蕩，似椒的「樧」又填滿整個香囊。屈原審視原本為香草的蘭與椒，如今已經改變本質，更何況是揭車、江離這些香草呢？

洪興祖《楚辭補注》據《史記》，說明「蘭」為「懷王少子，頃襄之弟」，王逸《楚辭章句》注「椒」為「楚大夫子椒」，可知屈原是用雙關的筆法，表面上是說香草的「蘭」與「椒」，實際上暗指當時在楚國內掌握政治者，即懷王少子子蘭與大夫子椒。姜亮夫《屈原賦校注》說：「子蘭之徒，或亦在（屈原）教導之列。」[417]此為推測之語，屈原曾經教導貴族子弟，子蘭有可能接受屈原的指導，但是最後卻變節陷害屈原。吳汝綸說：「樹蕙滋蘭為賢人之眾芳，後之蘭為可恃、椒樧干進是也。此眾芳蕪穢，即芳草為蕭艾，故曰眾皆競進。」[418]屈原當年所教導的貴族子弟，如「蘭」與「椒」都因時間的變易而不再芳香，而其他如「揭車」、「江離」擁有美好內在的學生，也是隨著時局，而與世俗同流合污。

（二）教學內容

屈原的〈九歌〉、〈天問〉，是作於任職三閭大夫之時。〈九歌〉是屈原改寫民間祭歌而成，不只用於祭祀，也是屈原所用的教材之一。〈天問〉的內容是由約一百七十個問題組成，屈原就教於當時代的知識文人，也反映出屈原的哲學思想。屈原有著豐富的學識，他也會將這些學問知識，傳授予學生。從屈原的作品與其他相關資料，可知屈原教學的內容。

1.諸子典籍

屈原生活在諸子學說興盛的戰國末期，他必定會受到當時哲學思想的影響，並且閱讀前代與當代哲學家的著作。依楚辭學者的分析，屈原有儒家、道家、墨家、法家、名家、陰陽家、縱橫家（按：詳參本論著緒論）。誠如臺靜農所說：「《楚辭》〈天問〉中神話及史事與今之故籍，多有不同。」[419]由此可推測，屈原曾經閱讀的先秦著作，其中甚至是現今文獻所無的。

屈原善於借鑑先秦典籍中的詞彙，融合在作品裡。分析屈原的著作，可知他所用的詞彙，包括了《周易》、《尚書》、《左傳》、《老子》、《管子》、《論語》、《詩經》、《禮記》、《儀禮》、《穀梁傳》、《山海經》、《國語》、《戰國策》、《莊子》、《周

---

[417] 姜亮夫：《屈原賦校注》，離騷第一，頁 26。
[418] 〔清〕吳汝綸評語，見〔清〕姚鼐編，〔清〕王文濡評注：《評注古文辭類纂》（臺北：華正書局，1985 年），下冊，卷 61，頁 2，總頁 1488。
[419] 臺靜農：《楚辭天問新箋》，頁 1。

禮》、《列子》、《鶡冠子》。[420]屈原身為三閭大夫，他在教導貴族子弟時，自然會將他的學問知識傳授給學生，而當時的諸子典籍，就極有可能是他所用的教材。

2.地理歷史

在屈原作品中，有條理的論述地理歷史的篇章，以〈天問〉為首。〈天問〉是一篇結構嚴謹的文章，而屈原所問的問題，是從遠而近，從大而小，彼此之間各自獨立，又互相關聯，構成一篇完整的長文。在地理部份，〈天問〉自「不任汩鴻，師何以尚之」至「西北辟啟，何氣通焉」，寫的是大地神話傳說，以及地形之異，包含鯀禹治水成敗的原因，九州大地的劃分，河川的流向，大地向東南傾斜，大地南北長寬，崑崙、玄圃的位置，增城的高度，四方的門戶，這些都是地理知識的範疇。

而〈天問〉在歷史部份，敘寫了上古帝王、夏、商、周、春秋、戰國之事，林雲銘《楚辭燈》曾評論〈天問〉中的歷史，說道：

> 茲細味其立言之意，以三代之興亡作骨。其所以興，在賢臣；所以亡，在惑婦。惟其有惑婦，所以賢臣被斥，讒諂益張，全為自己抒胸中不平之恨耳。篇中點出妹喜、妲己、襃姒為鄭袖寫照，點出雷開為子蘭、上官、靳尚寫照，點出伊尹、太公、梅伯、箕、比，為自己寫照。末段轉入楚事，一字一淚，總以天命作線，見得國家興亡皆本於天。無論賢臣，或惑婦讒諂，未必不由天降，或陰相而默傳之，或見端於千百年之前，而收效於千百年之後。天道不可知，不得歷舉而問也。[421]

此段文字有可商榷之處，例如〈天問〉中的人物是否為當時楚國人物的寫照，又〈天問〉是否為屈原不知天道而問。但林雲銘說：「其立言之意，以三代之興亡作骨。其所以興，在賢臣；所以亡，在惑婦。惟其有惑婦，所以賢臣被斥，讒諂益張。」說明了〈天問〉中的歷史事蹟，有資鑑的作用。

曾有學者論史書的功用，如《史記・高祖功臣侯者年表序》云：「居今之世，志古之道，所以自鏡也。」[422]又《魏書・高允傳》云：「夫史籍者，帝王之實錄，將來之炯戒，今之所以觀往，後之所以知今。」[423]均指出過去事蹟可用於未來的借鏡，而史書正是記載過去事蹟的書籍。從屈原的作品來看，可知他曾經讀過孔子《春秋》，以及左丘明的《左傳》，屈原當然知道歷史有資鑑的作用。

---

[420] 詳參：陳怡良先生在〈天問體製特色及其淵源淺探〉、〈〈橘頌〉的傳承與突破〉、〈屈原的審美素養及其〈離騷〉的藝術美〉探討屈原作品裡運用的辭彙，以及本論著第三章第一節對屈原〈橘頌〉辭彙的出處分析。陳怡良：〈天問體製特色及其淵源淺探〉，《屈原文學論集》，頁281-285、〈〈橘頌〉的傳承與突破——兼論屈原創作〈橘頌〉之緣因與勝處〉，《雲夢學刊》，第33卷，第1期（2012年1月），頁36-37、〈屈原的審美素養及其〈離騷〉的藝術美〉，見：國立成功大學文學院主辦：《「蘇雪林及其同代作家國際學術研討會」會議論文集》，頁52-54。

[421] 〔清〕林雲銘：《楚辭燈》（上海：華東師範大學出版社，2012年），卷2，頁75。

[422] 《史記》，卷18，〈高祖功臣侯者年表〉，頁5，總頁數330。

[423] 〔北齊〕魏收撰：《魏書》（臺北：新文豐出版公司，1975年初版），上冊，卷48，〈高允傳〉，頁5，總頁數513。

〈天問〉並非史書，但其中有與歷史相關的部份，例如妹喜、妲己、褒姒、雷開、伊尹、太公、梅伯、箕子、比干等人，均是歷史人物，而他們的事蹟均可為楚國的借鏡。屈原以此，教導貴族子弟，使他們在面對歷史上曾經發生的問題時，能有更多更佳的解決方式，以避免重蹈覆轍。

3.民俗宗教

楚國民間風俗最大的特色，在於巫風鼎盛。《列子‧說符》云：「楚人鬼而越人禨」[424]、《漢書‧地理志》云：「（楚）信巫鬼，重淫祀」[425]，都指出了楚人信鬼好祀的宗教習俗，《國語‧楚語下》也載有觀射父論祭祀之事。[426]而楚人對巫鬼的迷信，從相關文獻也可知，《國語‧楚語上》記載史老建議楚靈王，當白公子張進諫時，則回答：「余左執鬼中，右執殤宮，凡百箴諫，吾盡聞之矣。」[427]君王面對臣子的進諫，居然是以祭祀者的身份，表示他已聽進諫言。桓譚《新論》亦有云：

> 昔楚靈王驕逸輕下，簡賢務鬼，信巫祝之道，齋戒潔鮮，以祀上帝，禮群神。躬執羽紱，起舞壇前，吳人來攻，其國人告急，而靈王鼓舞自若，顧應之曰：「寡人方祭上帝，樂明神，當蒙福祐焉。」[428]

楚靈王相信鬼神，當他在祭神上帝時，吳人進攻楚國，靈王神色自若，繼續鼓舞，認為因為祭祀上帝，天神自然會庇祐楚國。從以上諸例，則可知楚人之信鬼好祀。

楚地的巫風，表現在文學上，即是以〈九歌〉為代表。王逸《楚辭章句‧九歌序》云：

> 昔楚南郢之邑，沅湘之間，其俗信鬼而好祠，其祠必作歌樂鼓舞，以樂諸神。屈原放逐，竄伏其域，懷憂苦毒，愁思怫鬱，出見俗人祭祀之禮，歌舞之樂，其詞鄙陋，因作〈九歌〉之曲。

朱熹《楚辭集注》更進一步闡釋云：

> 昔楚南郢之邑，沅、湘之間，其俗信鬼而好祀，其祀必使巫覡作樂，歌舞以娛神。蠻荊陋俗，詞既鄙俚，而其陰陽人鬼之間，又或不能無褻慢淫荒之雜，原既放逐，見而感之，故頗為更定其詞，去其泰甚。[429]

---

[424] 〔戰國〕列子著，楊伯峻集釋：《列子集釋》，卷 8，〈說符〉，頁 274。

[425] 《漢書》，冊 1，卷 28 下，〈地理志〉，頁 65，總頁數 835。

[426] 事見：〔春秋〕左丘明著，徐元誥集解：《國語集解》，卷 18，〈楚語下〉，頁 512-516。

[427] 〔春秋〕左丘明著，徐元誥集解：《國語集解》，卷 17，〈楚語上〉，頁 502-503。

[428] 〔漢〕桓譚：《新論》（臺北：中華書局，1981 年），頁 22。

[429] 〔宋〕朱熹：《楚辭集注》，卷 2，頁 29。

　　〈九歌〉原為楚地民歌，反映楚國信鬼好祀的習俗，結合歌、舞、樂以祭祀神明，屈原見歌詞鄙陋，而加以修改。雖然〈九歌〉曾經經過潤飾，但仍保存著祭祀歌謠的特色，是楚地祭神曲。

　　〈九歌〉裡的神祇「東皇太一」，其中的「東」字，王逸《楚辭章句》云：「祠在楚東，以配東帝，故云東皇。」東皇太一是楚地的神，而〈湘君〉、〈湘夫人〉更是以湘水為祭祀對象。〈九歌〉中的地名，陳怡良先生曾作統計：「〈九歌〉中之地名凡二十八見，除涉及神話及全國性者有十三處外，餘十五處均在沅湘之間。」[430]可見〈九歌〉祭祀的範圍在於楚國。

　　又〈九歌〉篇名「九歌」，是源於古夏樂，游國恩曾用屈原的〈離騷〉、〈天問〉以及《山海經》的文句，來證明「九歌」是夏代音樂，不是戰國時期才有的。[431]姜亮夫《楚辭通故》亦云：「屈子所傳夏啟〈九歌〉，為古樂曲之一種，歌為九歌，而樂則為九韶。」[432]屈原改編的〈九歌〉，在音樂上保存著古代夏樂的特色，並將民間歌謠中俚俗的詞句，改成為雅緻的語言。

　　而〈九歌〉祭祀的神祇，代表彼此的特性，陳怡良先生曾繪製簡表，今移錄於下[433]：

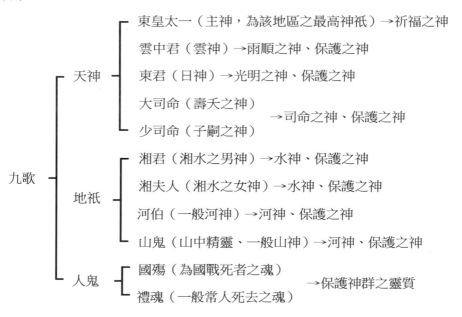

[430] 陳怡良：〈九歌新論——九歌意義與特質探新〉，《屈原文學論集》，頁 196。
[431] 游國恩《楚辭概論》說：「〈離騷〉云『啟〈九辯〉與〈九歌〉兮，夏康娛以自縱』。又云『奏〈九歌〉而〈舞韶〉兮，聊假日以婾樂』。〈天問〉云：『啟棘賓商，〈九辯〉〈九歌〉』。這樣看來，九歌相傳是夏代的樂歌了。所以《山海經・大荒西經》也說：『夏后開上嬪於天，得〈九辯〉與〈九歌〉以下』，這雖是神話，然在屈原口中已經屢次說到，那麼『九歌』這個名稱，起源一定很古，而必非戰國時纔有的，可以斷言。」游國恩：《楚辭概論》，收錄於游國恩著，游寶諒編：《游國恩楚辭論著集》，冊 3，頁 47。
[432] 姜亮夫：《楚辭通故》，冊 3，頁 599。
[433] 陳怡良：〈九歌新論——九歌意義與特質探新〉，《屈原文學論集》，頁 212。

〈九歌〉各篇有各自的主題，例如屬天神的〈東君〉是對日神的頌揚，屬地祇的〈河伯〉是對河神的讚嘆，屬人鬼的〈國殤〉是對為國戰死的戰士的歌頌。藉由祭祀，期望這些神祇能保佑人民，免於災害。屈原透過〈九歌〉，也傳達出先民的思想，例如〈東君〉是崇尚光明，反抗強敵，〈少司命〉是保護幼童，不受欺凌，〈國殤〉是保家衛國，不畏死亡，這些都可視為屈原在〈九歌〉要教導學生的觀念。

4.自然名物

作為師長者，需要擁有廣博的學問，讓學生了解知識。孔子曾評論《詩經》是可以「多識於鳥獸草木之名」[434]，透過詩歌能學習文句中的事物名稱，這是《詩經》的功用。屈原為三閭大夫，是楚國貴族子弟的師長，需要具備相應的能力傳授知識。從屈原的作品中，可知他有相當的才華與涵養，會將自己所學教導他們。屈原寫作的楚辭，黃伯思〈翼騷序〉曾說明道：「屈宋諸騷，皆書楚語，作楚聲，紀楚地，名楚物，故可謂之楚辭。」[435]此段文字雖是指屈原、宋玉的作品，但是也能拿來審視屈原的〈九歌〉，也是與《詩經》一樣，有教導識別名物的功能。

〈九歌〉中有不少的楚地名物，正符合黃伯思所說的「書楚語，作楚聲，紀楚地，名楚物」，屈原將〈九歌〉作為教材教導貴族子弟，作用則如《文心雕龍‧辨騷》所言「吟諷者銜其山川，童蒙者拾其香草」[436]，藉由學習〈九歌〉中的山川香草，能對楚地的事物有更深入的了解，更可培養這些貴族子弟對楚國的忠心與熱愛。

〈天問〉是屈原的第二長文，他在〈天問〉問了約一百七十個問題。蘇雪林《天問正簡》分〈天問〉為五大段，即天文、地理、神話、歷史、亂辭。[437]臺靜農《楚辭天問新箋》則分為十九項，即(1)宇宙創始及諸自然現象神話。(2)神話人物。(3)九州崑崙。(4)靈物。(5)黃帝、堯、舜事。(6)鯀、禹事。(7)啟事。(8)羿事。(9)澆、少康事。(10)桀與妹嬉事。(11)契、湯和伊尹事。(12)殷王、季該、恒、上甲微事。(13)紂事。(14)夷、齊事。(15)稷事。(16)文王、武王事。(17)昭王、穆王、幽王事。(18)春秋時事。(19)史實無徵事。[438]由此可見〈天問〉所涵括的事物相當廣博。陳怡良先生繪製成圖表，移錄如下[439]：

---

[434] 《論語》，卷 17，〈陽貨〉，頁 5，總頁數 156。

[435] 〔宋〕黃伯思：〈翼騷序〉，見：〔宋〕陳振孫：《直齋書錄解題》（北京：中華書局，1985 年新 1 版），冊 4，卷 15，楚辭類，頁 414。

[436] 〔南朝梁〕劉勰著，周振甫注：《文心雕龍注釋》，〈辨騷〉，頁 65。

[437] 見：蘇雪林：《天問正簡》，〈天問原文〉，頁 33-46。

[438] 見：臺靜農：《楚辭天問新箋》。

[439] 見：陳怡良：〈天問體製特色及其淵源淺探〉，《屈原文學論集》，頁 261。

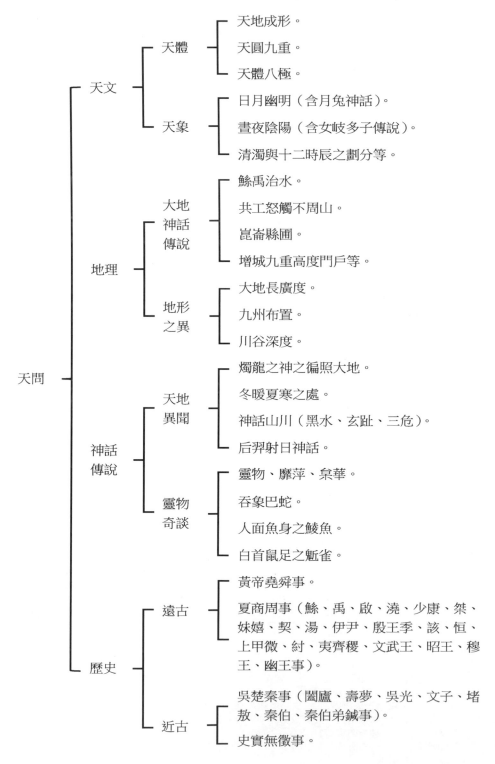

天問
├─ 天文
│   ├─ 天體
│   │   ├─ 天地成形。
│   │   ├─ 天圓九重。
│   │   └─ 天體八極。
│   └─ 天象
│   ├─ 日月幽明（含月兔神話）。
│   ├─ 晝夜陰陽（含女岐多子傳說）。
│   └─ 清濁與十二時辰之劃分等。
├─ 地理
│   ├─ 大地神話傳說
│   │   ├─ 鯀禹治水。
│   │   ├─ 共工怒觸不周山。
│   │   ├─ 崑崙縣圃。
│   │   └─ 增城九重高度門戶等。
│   └─ 地形之異
│   ├─ 大地長廣度。
│   ├─ 九州布置。
│   └─ 川谷深度。
├─ 神話傳說
│   ├─ 天地異聞
│   │   ├─ 燭龍之神之徧照大地。
│   │   ├─ 冬暖夏寒之處。
│   │   ├─ 神話山川（黑水、玄趾、三危）。
│   │   └─ 后羿射日神話。
│   └─ 靈物奇談
│   ├─ 靈物、靡萍、枲華。
│   ├─ 吞象巴蛇。
│   ├─ 人面魚身之鯪魚。
│   └─ 白首鼠足之魗雀。
└─ 歷史
     ├─ 遠古
     │   ├─ 黃帝堯舜事。
     │   └─ 夏商周事（鯀、禹、啟、澆、少康、桀、妹嬉、契、湯、伊尹、殷王季、該、恒、上甲微、紂、夷齊稷、文武王、昭王、穆王、幽王事）。
     └─ 近古
          ├─ 吳楚秦事（闔廬、壽夢、吳光、文子、堵敖、秦伯、秦伯弟鍼事）。
          └─ 史實無徵事。

藉由此圖表，可清楚明白〈天問〉整篇的架構，包括天文、地理、神話傳說、歷史等事物，屈原以一百多個問題就教於當時的知識份子，這是學問的交流，他也將他所擁有的知識，傳授予當時所教導的貴族子弟。

（三）親身實踐

屈原青少年時所作的〈橘頌〉，內容敘寫橘樹，而橘樹也是屈原的化身。在〈橘頌〉第二段中，寫出橘樹內在的美好，如云：「閉心自慎，不終失過兮。秉德無私，參天地兮。」橘樹是謹慎自守，不會犯錯，它有美好的德行且公正無私，能參贊天地化育。〈橘頌〉的末句寫道：「年歲雖少，可師長兮。行比伯夷，置以為像兮。」屈原年少時，就將橘樹視為師長，橘樹的德行能與伯夷相比，作為典範。屈原在此不只說明，他將橘樹當作效法的典範，也有表示自己也能成為眾人的典範之意。由於屈原寫作此篇獲得賞識，被任命為三閭大夫，教導楚國的貴族子弟，其後更被任命為左徒，負責楚國的內政與外交。

屈原進入政壇後，不忘持續修養己身，如〈離騷〉云：「紛吾既有此內美兮，又重之以修能。」他有美好的內在，又修飾外表。而屈原面對楚國與國君，也在作品中表現出心意。〈離騷〉云：「豈余身之憚殃兮，恐皇輿之敗績。忽奔走以先後兮，及前王之踵武。」屈原不避自己的危害，只怕楚土的政權敗亡。他為國君前後奔走，使楚王追隨前代聖主的腳步。

在屈原被放疏遠時，他所作的〈惜誦〉，「忠」字出現五次：「所作忠而言之兮，指蒼天以為正」、「竭忠誠以事君兮，反離群而贅肬」、「思君其莫我忠兮，忽忘身之賤貧」、「忠何罪以遇罰兮，亦非余心之所志」、「吾聞作忠以造怨兮，忽謂之過言」，屈原的忠心，能以蒼天為證，他忠誠地事奉君王，卻被進讒而見疏，甚至以此受到罰責，這並非他的心意。屈原在絕筆之作〈懷沙〉，說道：「重仁襲義兮，謹厚以為豐。」他在面臨死亡之際，也強調他以仁、義修養自己，以此豐厚內在涵養。

屈原出身於楚國貴族，受過貴族養成教育，其後任職三閭大夫，也是教導楚國的貴族子弟。身為師長的屈原，教育這些子弟，不只以書面教材傳授知識學問，以口頭說明德行德目，他更是身體力行，將這些道德，付諸實行在生命之中。雖然他的學生並不如屈原的預期，成為可為國家所用的良才，但屈原也仍堅信並去實踐這些道德，成為世人的典範，而這正是屈原偉大之處。

四、變法改革

屈原曾經擔任左徒之職，負責楚國的內政與外交。在內政方面，屈原為楚國制定憲令，推行變法。在外交方面，屈原任職左徒時，正值楚國與齊、秦二國互動最頻繁的時候，他必須以國家存亡為前提，以求對抗強敵。他的目標是進取中原，統一天下，而屈原主張的外交策略，就是聯齊抗秦。以下就（一）楚國變法的歷史。（二）屈賦的法律用語。（三）屈原變法的內容。討論楚國變法的歷史，

以及屈原的法學素養，而屈原又是如何改革楚國的政治。

（一）楚國變法的歷史

屈原曾在楚國「造為憲令」，而此憲令包含內政與外交。由於屈原變法內容與楚國變法歷史相關，屈原必須熟悉此段歷史，才能因地制宜，制定適合楚國的律法，以下探討楚國變法的歷史，由此也可知屈原變法有他的背景因素。

1.孫叔敖

孫叔敖，又名蒍敖、蒍艾獵、蒍饒，在楚莊王時期任職令尹，對楚國進行政治改革。魏昌《楚國史》歸納孫叔敖治楚的貢獻：一、興建水利，發展農業生產。二、自律廉潔，注重法治。三、整頓軍制，增強戰鬥力。四、求實務實，開楚國一代政治新風。[440]

《左傳・宣公十二年》載隨武子（士會）評論孫叔敖的政績，說：

> 蒍敖（孫叔敖）為宰，擇楚國之令典；軍行，右轅，左追蓐，前茅慮無，中權，後勁。百官象物而動，軍政不戒而備，能用典矣。[441]

楊伯峻注云：「令，善也，典，法也，禮也。」[442]孫叔敖選擇楚國部份法律進行改革，使楚軍分為右、左、前、中、後五個部分行進，而軍中的將領都依各自的職務行動，軍政不需約束號令就能遵守，這是孫叔敖變法的功效。隨武子又說：

> 其君之舉也，內姓選於親，外姓選於舊。舉不失德，賞不失勞。老有加惠，旅有施舍。君子小人，物有服章。貴有常尊，賤有等威，禮不逆矣。[443]

此段雖言楚莊王的功績，實際上是由令尹孫叔敖所執行，其中包括任官選拔人才，明訂功過刑賞，實施社會福利，建設公共事業，使社會繁榮安定，貴族百姓皆能依從尊卑秩序。隨武子給予結論是：「德立、刑行、政成、事時、典從、禮順」[444]，足見孫叔敖治楚的成就與貢獻，在改革與執行法律方面，獲得極大的成效。

2.蒍掩

蒍掩是孫叔敖之孫，子馮之子，擔任令尹屈建的司馬。變法內容，載於《左傳・襄公二十五年》：

---

[440] 魏昌：《楚國史》（武漢：武漢出版社，2002年2版），頁104-107。
[441] 〔春秋〕左丘明著，楊伯峻注：《春秋左傳注》，冊2，〈宣公十二年〉，頁723-724。
[442] 〔春秋〕左丘明著，楊伯峻注：《春秋左傳注》，冊2，〈宣公十二年〉，頁724。
[443] 〔春秋〕左丘明著，楊伯峻注：《春秋左傳注》，冊2，〈宣公十二年〉，頁724-725。
[444] 〔春秋〕左丘明著，楊伯峻注：《春秋左傳注》，冊2，〈宣公十二年〉，頁725。

楚蒍掩為司馬，子木使庀賦，數甲兵。甲午，蒍掩書土、田：度山林，鳩藪澤，辨京陵，表淳鹵，數疆潦，規偃豬，町原防，牧隰皋，井衍沃，量入修賦，賦車籍馬，賦車兵、徒兵，甲楯之數。[445]

此次的改革，分為賦稅與軍事二方面。在賦稅方面，記錄國內的土地與田地，其中包括測量山林，計算澤泊，辨別地勢，標誌土地鹽鹼，計算水淹之地，規畫蓄水之池，劃分堤防間的田地與水邊放牧的草地，以井田之制區分平坦肥沃的土地，依照土地收穫來調整賦稅。在軍事方面，計算車輛、馬匹、車兵、徒兵以及裝甲的數量。

從蒍掩變法的內容來看，他重新統計國內可用的資源，規劃後續的採集與使用，按照土地使用的情況，予以不同的賦稅輕重，就不會損害百姓的財產，造成人民的困擾。他也確保擁有充足的兵力、裝備，使國力強大，足以抵禦敵國。他的變法在弭兵之盟看見成效，在晉楚兩國交鋒之際，楚國的威勢不輸晉國，甚至使晉國畏懼提防，可見楚國的強盛。[446]

3.吳起

吳起是戰國初期的軍事家，一生歷侍魯、魏、楚三國，著有《吳子兵法》一書，事蹟見於《戰國策》、《韓非子》、《呂氏春秋》、《淮南子》、《史記》、《說苑》等書。楚悼王任命吳起為令尹，為楚國變法。文崇一《楚文化研究》與魏昌《楚國史》二書，分析吳起變法的內容，都將「明審法令」列為第一項[447]，可見吳起重視法律，並以此推動其他改革。

吳起在變法前，曾向悼王說明楚國的政治情況是「大臣太重，封君太眾」[448]，而吳起在楚國的變法內容，如下所載：

> 明法審令，捐不急之官，廢公族疏遠者，以撫養戰鬥之士。要在彊兵，破馳說之言從橫者。於是南平百越，北并陳、蔡，卻三晉，西伐秦。諸侯患楚之彊。（《史記‧孫子吳起列傳》）[449]

> 吳起為楚悼王立法，卑減大臣之威重，罷無能，廢無用，損不急之官，塞私門之請，一楚國之俗，禁游客之民，精耕戰之士，南收楊越，北并陳、蔡，破橫散從，使馳說之士無所開其口，禁朋黨以勵百姓，定楚國之政，兵震天下，威服諸侯。（《史記‧范雎蔡澤列傳》）[450]

445　〔春秋〕左丘明著，楊伯峻注：《春秋左傳注》，冊3，〈襄公二十五年〉，頁1106-1107。
446　「弭兵之盟」詳見：〔春秋〕左丘明著，楊伯峻注：《春秋左傳注》，冊3，〈襄公二十七年〉，頁1129-1134。
447　見：文崇一：《楚文化研究》，頁81、魏昌：《楚國史》，頁249。
448　〔戰國〕韓非著，陳奇猷校注：《韓非子新校注》，上冊，卷4，〈和氏〉，頁275。
449　《史記》，卷65，〈孫子吳起列傳〉，頁18，總頁數847。
450　《史記》，卷79，〈范雎蔡澤列傳〉，頁45，總頁數958。

令貴人往實廣虛之地，皆甚苦之。(《呂氏春秋‧貴卒》) [451]

在官制方面，革除官府中的冗員與無用者，廢除公族裡的疏遠者，削減大臣的權勢，杜絕官吏私下的請託，此革新是針對「大臣太重，封君太眾」而為。在軍事方面，推行耕戰以撫養戰士，強化國家軍事力量，討伐鄰國，使各國畏懼楚國。吳起的其他改革，尚有破除縱橫家遊說之風、禁止朋比結黨、命令貴族至偏遠之地開拓邊疆。

吳起變法的成效，魏昌《楚國史》說：「首先，它沉重地打擊了舊貴族，加速了楚國封建化的進程。……其次，它使楚國國力迅速強大起來，對外關係中，變被動挨打為主動進攻，引起了各國的驚恐。……其三，繼續兼併與擴張，進一步開拓了楚國的疆域。」[452]由於吳起變法，使楚國躍升為強國之一，不只使國內繁榮，更能與各國相抗衡。但由於楚悼王早逝，代表貴族的舊勢力反抗，用計殺害吳起，變法也隨之中止。

4.屈原

司馬遷〈屈原列傳〉載：「懷王使屈原造為憲令」[453]，關於「憲令」一詞，《左傳‧襄公二十八年》云：「此君之憲令，而小國之望也。」杜預注：「憲，法也。」[454]屈原的「造為憲令」就是制定法律。再從先秦典籍來看「憲令」在法律中的層級，《韓非子‧飾邪》云：「從憲令行之時，有功者必賞，有罪者必誅，強匡天下，威行四鄰」[455]、《管子‧權修》云：「申之以憲令，勸之以慶賞，振之以刑罰」[456]、《國語‧晉語九》云：「賞善罰姦，國之憲法也」[457]，「憲令」是國家大法，依照憲令，可以賞賜有功者，處刑有罪者，能使國家富強，威脅鄰國，可見憲令的重要。

屈原在楚國執行變法，起初如〈惜往日〉所言：「惜往日之曾信兮，受命詔以昭詩。」屈原受到懷王的信任，接受懷王的命令，明定法律規範。其後屈原變法遇到阻撓，司馬遷《史記‧屈原列傳》記載：

> 上官大夫與之同列，爭寵而心害其能。懷王使屈原造為憲令，屈平屬草蒿，未定。上官大夫見而欲奪之，屈平不與，因讒之曰：「……」王怒而疏屈平。[458]

上官大夫與屈原同為朝中大臣，與屈原爭寵，因而陷害屈原。在屈原草擬憲

---

[451] 〔戰國〕呂不韋著，陳奇猷校釋：《呂氏春秋新校釋》，下冊，卷21，〈開春論‧貴卒〉，頁1483。
[452] 魏昌：《楚國史》，頁251-252。
[453] 《史記》，卷84，〈屈原賈生列傳〉，頁2，總頁數983。
[454] 〔春秋〕左丘明著，楊伯峻注：《春秋左傳注》，冊3，〈襄公二十八年〉，頁1143。
[455] 〔戰國〕韓非著，陳奇猷校注：《韓非子新校注》，上冊，卷5，〈飾邪〉，頁354。
[456] 〔春秋〕管仲著，黎翔鳳校注，梁運華整理：《管子校注》，上冊，卷1，〈權修〉，冊50。
[457] 〔春秋〕左丘明著，徐元誥集解：《國語集解》，卷15，〈晉語九〉，頁444。
[458] 《史記》，卷84，〈屈原賈生列傳〉，頁2-3，總頁數983。

令未定時，上官大夫要奪取屈原的草稿（按：「奪」或作「修改」解），先睹為快，以作防範，但屈原不予，上官大夫因此向懷王進讒，懷王怒而疏遠屈原。屈原執行變法，因上官大夫的阻礙以及懷王的疏遠，最終以失敗收場。其後頃襄王也因上官大夫與令尹子蘭的讒言，將屈原放逐到偏遠的江南，屈原更無機會回到楚國，進行政治改革。

（二）屈賦的法律用語

屈賦裡有運用法律用語，可見屈原熟悉法律，有法學素養，知道法律的功效，並有守法的觀念。以下探討屈賦中的法律用語。

1.規矩、繩墨

固時俗之工巧兮，偭規矩而改錯。
背繩墨以追曲兮，競周容以為度。
舉賢而授能兮，循繩墨而不頗。（以上〈離騷〉）

「規矩」、「繩墨」原指工匠用以畫方圓與直線的器具，《禮記·經解》云：「繩墨誠陳，不可欺以曲直；規矩誠設，不可欺以方圜。」[459]引申為「法度」、「規範」，如《管子·七臣七主》云：「法律政令者，吏民規矩繩墨也。」[460]就是引申為法則、準則。

屈原在〈離騷〉以「規矩」、「繩墨」代表法律規範：「固時俗之工巧兮，偭規矩而改錯。背繩墨以追曲兮，競周容以為度。」錢澄之《屈詁》云：「初，王使原作為憲令，楚昔弊政，多所釐革。……原一遵規矩繩墨以為度，故使姦邪無所容。原替而法廢，則盡棄其規矩繩墨，而周容以為度矣。」[461]屈原重視法規律令，批判世俗善於取巧，又違背規矩而改變措施。他們不守規範，謀求不正之事，將苟合取容當作常態。屈原有感於楚國朝中充滿無視法律、違背規範的人，因此在〈離騷〉中提出指正。

〈離騷〉又言：「舉賢而授能兮，循繩墨而不頗。」屈原認為聖主應舉用賢才，授予職權，遵循法度，沒有偏差。朱冀《離騷辯》云：「繩墨者，堯舜以來，歷代相傳之治法，即前所謂先路也。不頗者，不入於幽昧險隘之捷徑也。」[462]上古三代聖主制定的法律，這正是屈原追求美政的內容。因此〈離騷〉云：「彼堯舜之耿介兮，既遵道而得路。何桀紂之猖披兮，夫唯捷徑以窘步。」他以歷史上的聖主暴君為對比，說明聖主依循正道而暢行無阻，暴君行於小徑而阻礙重重，認為楚王依古聖先王之法治國，可使國家走向強盛的道路，若走上曲折的險徑，

459 《禮記》，卷50，〈經解〉，頁4，總頁數846。
460 〔春秋〕管仲著，黎翔鳳校注，梁運華整理：《管子校注》，中冊，卷17，〈七臣七主〉，頁998。
461 〔清〕錢澄之：《屈詁》，收錄於吳平、回達強主編：《楚辭文獻集成》，冊9，離騷經，頁15，總頁數6425。
462 〔清〕朱冀：《離騷辯》，收錄於吳平、回達強主編：《楚辭文獻集成》，冊12，頁34，總頁數8107。

則會將國家帶向滅亡，而透過法律，則可實現美政的理想。

2.中

> 依前聖以 節中 兮，喟憑心而歷茲。(〈離騷〉)
> 令五帝以 折中 兮，戒六神與嚮服。(〈惜誦〉)

「中」字，姜亮夫《楚辭通故》分析屈宋作品「中」字有六義[463]，其中的第二義，姜亮夫說：「中為中正義者，〈離騷〉用之，又多與他詞組合，或曰中正，曰折中，曰節中……此中者必正之義，正即中之引申也。」[464]〈離騷〉云：「依前聖以節中兮」，楚辭學者多將「節中」與「折中」互相闡發，例如：

> 節中，即折中，乃持平之意。(林雲銘《楚辭燈》)[465]

> 節中，猶〈九章‧惜誦〉所謂「令五帝以折中兮，戒六神與嚮服」之「折中」，即斷其是非以合中正之道。(湯炳正等著《楚辭今注》)[466]

> 節中：折中，評判。(趙達夫《屈騷探幽》)[467]

以上學者認為〈離騷〉的「節中」與〈惜誦〉的「折中」同義，都是公正決斷事理。至於〈惜誦〉云：「令五帝以折中兮」，姜亮夫《楚辭通故》對「折中」一詞有深入說明：

> 本為治獄求其中正不偏之義，引申為對一切事物求其至當不偏不倚之義，後世多作折中，又作折衷、執中、制中、質中、節中等。……折獄之中，乃律書也，為官府所執，以理民事者，折中猶言以法律條律斷之也。[468]

「折中」指刑官以法律條文，判決民間的事理，記錄囚犯的供辭。「節中」與「折中」原義法律上求其公正的用語，引申為事理上的中正公平之義。

屈原在〈離騷〉云：「依前聖以節中兮，喟憑心而歷茲。」他依前代聖賢的行事為準則，故感嘆憤慨他所遭受的對待，其後屈原至沅湘之南，向舜陳述自己的心意。可見「節中」為法律用語，而前聖是公正的標準。〈惜誦〉云：「令五帝以折中兮，戒六神與嚮服。」屈原使五帝作公平公正的評判，讓六神與他對質他

---

[463] 姜亮夫《楚辭通故》說明此六義為：一、曰中；二、中正，引申為正；三、內心也；四、心中活動之象也；五、內也，半也；六、讀去聲中的之中。見：姜亮夫：《楚辭通故》，冊2，頁308。
[464] 姜亮夫：《楚辭通故》，冊2，頁308-309。
[465] 〔清〕林雲銘：《楚辭燈》，卷1，頁8。
[466] 湯炳正等注：《楚辭今注》，頁19。
[467] 趙達夫：《屈騷探幽（修訂版）》，頁269。
[468] 姜亮夫：《楚辭通故》，冊2，頁332-333。

是否忠心。其後屈原更使山川諸神備侍陪審，使咎繇（皋陶）聽取訟詞。可見「折中」為法律用語，五帝、六神能為屈原作出公正的決斷。

3.正、證

> 名余曰正則兮，字余曰靈均。
> 指九天以為正兮，夫唯靈修之故也。
> 不量鑿而正枘兮，固前修以葅醢。（以上〈離騷〉）
> 所作忠而言之兮，指蒼天以為正。
> 故相臣莫若君兮，所以證之不遠。（以上〈惜誦〉）
> 與美人抽怨兮，並日夜而無正。（〈抽思〉）
> 憐思心之不可懲兮，證此言之不可聊。（〈悲回風〉）
> 內厚質正兮，大人所盛。
> 巧倕不斲兮，孰察其撥正。
> 懷質抱情，獨無正兮。（以上〈懷沙〉）
> 內惟省以端操兮，求正氣之所由。
> 餐六氣而飲沆瀣兮，漱正陽而含朝霞。
> 撰余轡而正策兮，吾將過乎句芒。（以上〈遠遊〉）
> 寧正言不諱，以危身乎？
> 寧廉潔正直，以自清乎？（以上〈卜居〉）

「正」字，姜亮夫《楚辭通故》云：「凡往取其徑直，故引申為正直，為中正。……又借為證。」[469]並說明《楚辭》中的「正」有三義，一為直也；二為矯正、端正之也；三為證之借也。[470]以下分析「正」的三義，以及人名的「正則」與專用術語的「止氣」、「正陽」。

釋「正」為「直也」，〈抽思〉云：「與美人抽怨兮，並日夜而無正。」王逸《楚辭章句》云：「為君陳道，拔恨意也。君性不端，晝夜謬也。」屈原向懷王陳述道理，以消除懷王對他的怨恨。但是他日夜陳說，卻無法改正懷王的偏差。〈懷沙〉云：「內厚質正兮，大人所盛。」王逸《楚辭章句》云：「言人質性敦厚，心志正直，行無過失，則大人君子所盛美也。」屈原表示他有豐厚的內涵與正直的品格，這是君子所稱道的。〈卜居〉云：「寧正言不諱，以危身乎」、「寧廉潔正直，以自清乎」，屈原此二句是向鄭詹尹請教，他是否寧可直言不諱，而使自身受到危害；他是否寧可保持廉潔正直，以表明自身的清白。以上屈原作品中的「正」字，均釋為「直」，有不彎曲、不偏斜之義。

釋「正」為「矯正、端正之也」，〈離騷〉云：「不量鑿而正枘兮，固前修以

---

[469] 姜亮夫：《楚辭通故》，冊 2，頁 402。
[470] 按：姜亮夫：《楚辭通故》，冊 2，頁 402-403 與冊 4，頁 105-106，均有解釋「正」字，姜亮夫在冊 4，頁 106 有按語：「合參意識部正字稍有複例。」姜亮夫二處解釋大抵相同，此處取冊2，頁 402-403 之條例。

菹醢。」王夫之《楚辭通釋》注前句:「納方枘於圜鑿,必不相入也。」[471]表示不審視鑿孔為圓形,而以方正的榫卯接合,必定不能相合。此處意指屈原不迎合君王的喜好,而以正直的言語進諫,這是前賢被菹醢的原因。〈遠遊〉云:「撰余轡而正策兮,吾將過乎句芒。」姜亮夫《屈原賦校注》云:「撰轡正策,謂順持其轡,而端正其策也。」[472]屈原進入神仙世界,命大神導正車隊,由八龍駕駛的座駕,他將拜訪東方的神句芒。以上〈離騷〉、〈遠遊〉句中「正」字,是將「正」字釋為「矯正、端正」,有改正而不偏差之義,與前例有相通之處。

釋「正」為「證」之假借字。姜亮夫《楚辭通故》云:

> 此應為古誓詞成語,不為通詁也。……此為獄訟專用之詞,即後世所謂證詞也。……此古誓盟設語曰:「所非」(指〈惜誦〉「所作」一詞當為「所非」),而正字蓋證其非妄之專用術語也。[473]

「正」假借為「證」,是古代獄訟專用的詞語,解釋為「證明」、「證實」。〈離騷〉云:「指九天以為正兮,夫唯靈修之故也。」屈原指蒼天為他作證,他的行為皆是為了楚王(靈修)的緣故。而〈惜誦〉云:「所作忠而言之兮,指蒼天以為正。」屈原能發誓他忠心於楚王,並能以蒼天作為證人。此處屈原將獄訟用語的「證」字,以「正」字代替。在屈原作品中,有「證」字之句,如〈惜誦〉云:「故相臣莫若君兮,所以證之不遠。」王逸《楚辭章句》云:「證,驗也」,又如〈悲回風〉云:「憐思心之不可懲兮,證此言之不可聊」,楊金鼎說:「證,明也,在這裡是表白的意思。」[474]「證」字解釋為「驗證」、「證明」,與「正」字相同。

屈賦裡也有「正」的複合詞,分別為「正則」、「正氣」、「正陽」。「正則」出自〈離騷〉:「名余曰正則兮」,王逸《楚辭章句》云:「正,平也。則,法也。」又言:「言正平可法則者,莫過於天。」屈原以「正則」自名,這是他的父親伯庸取名的,此「正」字有「公平、公正」之義。「正氣」出自〈遠遊〉:「求正氣之所由」,陳本禮《屈辭精義》云:「正氣,浩然之氣。」[475]「浩然之氣」語出《孟子‧公孫丑上》,孟子說:「我善養吾浩然之氣也」、「其為氣也,至大至剛,以直養而無害,則塞於天地之間」,趙歧注:「言此至大至剛,正直之氣也」。[476]屈原所追求的正氣,此「正」字有「正直」之義。「正陽」出自〈遠遊〉:「漱正陽而含朝霞」,王逸《楚辭章句》云:「正陽者,南方日中氣也。」屈原漱食的正陽,是午時日正當中的日氣,此「正」字有「中央」、「正中」之義。

從以上「正」字解釋,可知屈原多用「正直」、「中正」之義。聽訟者在處理

---

[471] 〔清〕王夫之:《楚辭通釋》,收錄於〔清〕王夫之等著:《清人楚辭注三種》,卷1,頁12。

[472] 姜亮夫:《屈原賦校注》,遠遊第五,頁546。

[473] 姜亮夫:《楚辭通故》,冊2,頁403。

[474] 楊金鼎注釋〈九章〉,見:馬茂元主編:《楚辭注釋》,頁412。

[475] 〔清〕陳本禮:《屈辭精義》,收錄於吳平、回達強主編:《楚辭文獻集成》,冊15,〈遠遊〉,頁2,總頁數10569。

[476] 《孟子》,卷3上,〈公孫丑上〉,頁8,總頁數54。

獄訟時，須以公平的態度，面對陳辭的訴訟者，不能偏袒任何一方，以作出公正的判決。而借「正」為「證」，則是作為誓詞，證明陳辭的內容不虛假、不欺騙。至於「正則」、「正氣」、「正陽」，則是屈原用以表示他的性格正直，以及他在修煉時，將純正之氣作為食物。

4.中正

> 跪敷衽以陳辭兮，耿吾既得此 中正 。(〈離騷〉)

　　屈賦裡「中正」僅見於〈離騷〉。而「中正」一詞，在先秦時期的典籍中經常出現，《周易》出現十六次，《禮記》出現三次，《管子》出現九次，其他如《尚書》、《荀子》、《商君書》均有提及[477]，以下分析《管子》等書的「中正」，以得知〈離騷〉「中正」的意涵。(按：《周易》、《禮記》、《尚書》、《荀子》的「中正」已於本章第一節探討，此處不贅。)

　　《管子》的作者與思想內容，據徐漢昌《管子思想研究》的看法，《管子》不是一人一時所寫，成書時間是從春秋到戰國，經過多位學者附入而成。內容雖有部份非管仲所作，依託成書，但仍可視為管仲的著作，書中記載的言行思想，或出於管仲自己，或稷下學者依管仲的言行所發揮，都不超出管仲思想的範圍。從《管子》書中所反映的政治思想，與當時哲學思想的源流互相參照，認為列入法家思想近是，但徐漢昌也說：「實則綜貫百家，不必強為立名歸類也。」[478]由此也可見《管子》書中哲學思想的複雜。[479]

　　《管子》中的「中正」，見於〈五輔〉、〈宙合〉、〈四時〉三篇。〈五輔〉篇中的「中正」：

> 其君子上 中正 而下諂諛，其士民貴武勇而賤得利，其庶人好耕農而惡飲食，於是財用足而飲食薪菜饒。是故上必寬裕而有解舍，下必聽從而不疾怨。上下和同而有禮義。故處安而動威，戰勝而守固，是以一戰而正諸侯。
>
> 其君子上諂諛而下 中正 ，其士民貴得利而賤武勇，其庶人好飲食而惡耕農，於是財用匱而食飲薪菜乏。上彌殘苛而無解舍，下愈覆鷔而不聽從，上下交引而不和同。故處不安而動不威，戰不勝而守不固，是以小者兵挫而地削，大者身死而國亡。[480]

　　此段文字是在講述為政的重要，而「中正」是行為標準，政治領導者須重視為政的內容，國君崇尚中正，鄙視諂諛的行徑，又或崇尚諂諛，而鄙視中正之道，

---

[477] 此數據，見本章第一節之「秉持中正，追求理想」所引。
[478] 徐漢昌：《管子思想研究》(臺北：花木蘭文化出版社，2011年初版)，47。
[479] 詳見：徐漢昌：《管子思想研究》，頁43、47。
[480] 〔春秋〕管仲著，黎翔鳳校注，梁運華整理：《管子校注》，上冊，卷3，〈五輔〉，頁192。

將會影響國家的存亡。〈五輔〉篇又言：

> 義有七體。七體者何？曰：……[中正]比宜，以行禮節。……凡此七者，義
> 之體也。夫民必知義然後[中正]，[中正]然後和調，和調乃能處安，處安然後
> 動威，動威乃可以戰勝而守固。故曰：義不可不行也。[481]

> 曰：民知義矣，而未知禮，然後飭八經以導之禮。所謂八經者何？曰：上
> 下有義，貴賤有分，長幼有等，貧富有度。凡此八者，禮之經也。……是
> 故聖王飭此八禮，以導其民。八者各得其義，則為人君者[中正]而無私……。
> [482]

　　從以上引文，可知禮、義與中正的相關性。透過義的施行，則可使百姓力行
中正之道，遵守禮節，與萬物調和，處於安樂的環境，更可使國家強盛，並堅守
家園。透過禮的施行，國內上下、貴賤、長幼、貧富的人都能安份守己，聖主以
此教導人民，此八種身份的人都能遵守禮義，君主也因此而公正無私。

　　〈宙合〉此篇，先言十三舉目，再解釋各舉目的意涵。其中解釋第九舉目之：
「讆充末衡，易政利民」、第十舉目之：「毋犯其凶，毋邇其求，而遠其憂。高為
其居，危顛莫之救」[483]，均有提及「中正」：

> 「讆充」，言心也，心欲忠。「末衡」，言耳目也，耳目欲端。[中正]者，治
> 之本也。耳司聽，聽必順聞，聞審謂之聰。目司視，視必順見，見察謂之
> 明。心司慮，慮必順言，言得謂之知。聰明以知則博，博而不惛，所以易
> 政也。[484]

> 「毋犯其凶」，言[中正]以蓄慎也。[485]

　　在第一則引文中，說明內心趨向忠誠，耳目端正視聽，而「中正」是治理心
思與耳目的根本。因為耳聰目明，思考得以周慮，使知識更加廣博，可以改善當
前的政治。在第二則引文中，「毋犯其凶」是指藉由中正之道，保持自己的謹慎。
「中正」能使個人在耳、目、心三方面得以增廣，政治趨於良善。把「中正」作
為言行的依據，則能持中不偏差，行事也更加謹慎小心。

　　〈四時〉篇中的「中正」：

> 中央曰土，土德實輔四時，入出以風雨。節土益力，土生皮肌膚，其德和

481　〔春秋〕管仲著，黎翔鳳校注，梁運華整理：《管子校注》，上冊，卷3，〈五輔〉，頁197。
482　〔春秋〕管仲著，黎翔鳳校注，梁運華整理：《管子校注》，上冊，卷3，〈五輔〉，頁197-198。
483　〔春秋〕管仲著，黎翔鳳校注，梁運華整理：《管子校注》，上冊，卷4，〈宙合〉，頁206。
484　〔春秋〕管仲著，黎翔鳳校注，梁運華整理：《管子校注》，上冊，卷4，〈宙合〉，頁231。
485　〔春秋〕管仲著，黎翔鳳校注，梁運華整理：《管子校注》，上冊，卷4，〈宙合〉，頁231。

平用均，中正無私，實輔四時。春嬴育，夏養長，秋聚收，冬閉藏。大寒乃極，國家乃昌，四方乃服，此謂歲德。[486]

　　位於中央的土德，能與四季相輔相成，「其德和平用均，中正無私，實輔四時」一句，說明土德的公正無私，能依四季順序，均等的化育萬物，最終能成就歲德，使國家昌盛。

　　在先秦諸子著作中，亦有提及「中正」者，如《商君書·開塞》云：「故賢者立中正，設無私，而民說仁。」[487]又言：「中正者，使私無行也。」[488]行中正之道的人，能使私底下的作為無法進行。《鬼谷子·謀篇》云：「言有之曰：『天地之化，在高與深；聖人制道，在隱與匿。』非獨忠信仁義也，中正而已矣。」[489]天地的變化、聖人的制道，不只有忠信仁義等德目，還有中正之道在其中。

　　從以上對「中正」一詞的探析，此詞有「公正」、「正直」、「無邪」、「均等」等意義。「中正」作為道德操守的規範，使遵從者在行為上沒有偏差，不脫離正道。而為政者依循中正之道，則可使政治清明，國家強盛。〈離騷〉說：「跪敷衽以陳辭兮，耿吾既得此中正。駟玉虬以乘鷖兮，溘埃風余上征。」屈原是訴訟者，他將內心的冤屈及楚王對他的誤解，向舜陳述，而舜則是聽訟者，聽取屈原的訟詞，並評判屈原對楚王是否忠誠。從「耿吾既得此中正」一句，並且屈原乘駕龍鳳，遊歷天地之間，可知舜判決屈原的行為，是止直、無邪，他效忠於楚王。正由於屈原得到中正之道，才能以清淨之身進入仙界，遨遊仙鄉。

5. 訟

惜誦以致愍兮，發憤以抒情。(〈惜誦〉)
道思作頌，聊以自救兮。(〈抽思〉)
〈橘頌〉

　　屈賦裡雖無「訟」字，但「訟」與「頌」、「誦」二字密切相關。段玉裁《說文解字注》注「訟」云：「訟、頌古今字，古作訟。」[490]又朱熹《四書集注》在《孟子·萬章下》云：「頌其詩」注云：「頌、誦通。」[491]可見此三字意義相通。

　　「頌」字，《詩經》孔穎達疏云：「頌之言容，歌成功之容狀也」[492]、朱熹《詩

---

[486] 〔春秋〕管仲著，黎翔鳳校注，梁運華整理：《管子校注》，中冊，卷 14，〈四時〉，頁 847。
[487] 〔戰國〕商鞅著，蔣禮鴻撰：《商君書錐指》(北京：中華書局，1996 年 1 版 2 刷)，卷 2，〈開塞〉，頁 51-52。
[488] 〔戰國〕商鞅著，蔣禮鴻撰：《商君書錐指》，卷 2，〈開塞〉，頁 53。
[489] 〔戰國〕鬼谷子著，許富宏校注：《鬼谷子集校集注》(北京：中華書局，2008 年)，〈謀篇〉，頁 162。
[490] 〔漢〕許慎著，〔清〕段玉裁注：《說文解字注》，3 篇上，頁 28，總頁數 100。
[491] 〔宋〕朱熹注：《四書章句集注》(臺北：大安出版社，1994 年 1 版 1 刷)，孟子集注，卷 10，頁 452。
[492] 《詩經》，卷 19-1，〈清廟〉，頁 2，總頁數 703。

集傳》云：「頌者，宗廟之樂歌」[493]。「頌」是文體名，原是宗廟祭歌，用來歌頌前代先祖的功勞成就。「誦」字，《周禮・春官・大司樂》云：「以樂語教國子：興、道、諷、誦、言、語。」鄭玄注：「以聲節之曰誦。」[494]「誦」與音節變化相關，以歌唱的形式表現。「訟」字，《韓非子・孤憤》云：「官爵貴重，朋黨又眾，而一國為之訟。」陳奇猷釋云：「訟、頌通。……謂全國之人為之頌德也。」[495]此處「訟」與「誦」通。而「訟」有稱頌、讚揚之義。

從法律角度而言，「訟」字又有訴訟之義。《說文解字》釋「訟」云：「爭也。」段玉裁注：「公言之也。」[496]「訟」屬於公開發表的言論，而《論語・顏淵》載孔子語：「聽訟，吾猶人也。必也使無訟乎。」[497]此「訟」字是指訴訟者的訟詞。又《左傳・文公十四年》云：「王判王孫蘇，而使尹氏與聃啟訟周公於晉。」楊伯峻注：「訟周公，為周公訴求理也。」[498]此「訟」字是理冤、辯冤之義。而「訟」有與「誦」相通之例，如《漢書・高后紀》云：「勃（周勃）尚恐不勝，未敢誦言誅之。」「誦」通假為「訟」。[499]

屈原在他青年時期的作品〈橘頌〉，在標題、體製、主旨、寫法等方面，均是模擬《詩經》，而有屈原自己的創新。[500]屈原將原本《詩經》裡用以祭祀，內容為讚頌先祖的「頌」，轉變為對橘樹的稱揚，並藉物抒懷，表明心意。其後的〈惜誦〉，屈原擺脫模擬《詩經》，完成楚辭體的形式，〈惜誦〉正是通篇運用離騷句式的作品。[501]而〈惜誦〉的內容，湯炳正《楚辭類稿》云：「〈惜誦〉篇首一大段，皆言訴訟事，蓋欲以實情訟之天地，訴之鬼神，以得公斷。」[502]屈原使蒼天為他作證，令五帝作出公正的決斷，讓六神與他對質，要山川作為陪審，命皋繇聽取訟詞。〈惜誦〉的首段，描寫出公堂執法辦案的場景，訴訟者、聽訟者、陪審員、證人均已具備，其後的文句是屈原陳述的訟詞。

〈抽思〉的寫作時間，陳怡良先生認為：「初放謫居漢北時作，詩中透露其謫放漢北，內心鬱鬱憂思，念念不忘郢都之鄉愁，故有『惟郢路之遼遠兮，魂一夕而九逝』之哀怨。」[503]屈原作〈抽思〉時，已被放逐，心中有憂思哀怨之情。而〈抽思〉亂辭云：「道思作頌，聊以自救兮。」其中的「救」字值得探討。此

[493] 〔宋〕朱熹集注：《詩集傳》（臺北：臺灣中華書局，1969年臺2版），頁223。
[494] 《周禮》，卷22，〈春官・大司樂〉，頁3，總頁數337。
[495] 〔戰國〕韓非著，陳奇猷校注：《韓非子新校注》，上冊，卷4，〈孤憤〉，頁241、243。
[496] 〔漢〕許慎著，〔清〕段玉裁注：《說文解字注》，3篇上，頁28，總頁數100。
[497] 《論語》，卷12，〈顏淵〉，頁7，總頁數109。
[498] 〔春秋〕左丘明著，楊伯峻注：《春秋左傳注》，冊2，〈文公十四年〉，頁604。
[499] 見：張軍、劉乃叔主編：《古漢語多用通假字典》（吉林：東北師範大學出版社，1991年），頁295。
[500] 詳見：陳怡良：〈〈橘頌〉的傳承與突破——兼論屈原創作〈橘頌〉之緣因與勝處〉，《雲夢學刊》，第33卷，第1期（2012年1月），頁37-40。
[501] 吳天任《楚辭文學的特質》將楚辭句法分為五系，在「離騷句系」條目下說：「這是楚辭句法的正系，每句概屬六字，附主語外，中間用些前置詞轉接詞，或接尾詞……把它聯系著，每比兩句為一韻，不押韻的句用兮字接尾。」吳天任：《楚辭文學的特質》，頁55。
[502] 湯炳正：《楚辭類稿》，〈一〇一、〈惜誦〉釋名〉，頁317。
[503] 陳怡良：〈屈原的狂熱與執著〉，《屈原文學論集》，頁55。

「救」字，朱熹《楚辭集注》釋為「解也」[504]，蔣天樞《楚辭校釋》釋為「助也」[505]，均是指屈原自我解救、救助之意。而其他楚辭學者對「救」字有不同看法，王夫之《楚辭通釋》釋為「申理也」[506]，文懷沙釋為「申說」[507]說明屈原所言的「自救」，有為自己申訴、理論之意。筆者以為，此二說均可成立。關於第二種說法，楊金鼎說：「自救……對下文『誰告』而言。」[508]〈惜誦〉的「自救」，是屈原有預設對象表達己意，蔣天樞《楚辭校釋》亦云：「自救，藉『誦』以達己情。」[509]可知「道思作頌」的「頌」與訴訟的「訟」之關聯，屈原藉由陳辭，向聽訟者闡明自己的立場與心意。

6.陳辭

> 濟沅湘以南征兮，就重華而敶詞。
> 跪敷衽以陳辭兮，耿吾既得此中正。（以上〈離騷〉）
> 惜誦以致愍兮，發憤以抒情。
> 固煩言不可結詒兮，願陳志而無路。（以上〈惜誦〉）
> 結微情以陳詞兮，矯以遺夫美人。
> 茲歷情以陳辭兮，蓀詳聾而不聞。
> 初吾所陳之耿著兮，豈至今其庸亡？
> 憍吾以其美好兮，敖朕辭而不聽。（以上〈抽思〉）
> 因歸鳥而致辭兮，羌迅高而難當。（〈思美人〉）
> 弗省察而按實兮，聽讒人之虛辭。
> 願陳情以白行兮，得罪過之不意。
> 不畢辭而赴淵兮，惜雍君之不識。（以上〈惜往日〉）

「陳」，又作「敶」。「陳」字，《說文解字》釋云：「宛丘也，舜後媯滿之所封。」段玉裁注：「俗叚爲敶列之敶。」[510]「敶」字，《說文解字》釋云：「敶，列也。」段玉裁注：「此本敶列字，後人假借陳為之。」[511]「敶」是本字，「陳」是後起假借字。「陳」字之義為「排列」，如《尚書・周書・洪範》云：「我聞在昔，鯀陻洪水，汩陳其五行。」[512]又引申為「述說」，如《孟子・公孫丑下》云：「我非堯舜之道，不敢以陳於王前。」[513]

504　〔宋〕朱熹：《楚辭集注》，卷4，頁88。
505　蔣天樞：《楚辭校釋》，頁340。
506　〔清〕王夫之：《楚辭通釋》，收錄於〔清〕王夫之等著：《清人楚辭注三種》，卷4，頁81。
507　文懷沙：《屈原集》（北京：人民文學出版社，1953年），頁96。
508　楊金鼎注釋〈九章〉，見：馬茂元主編：《楚辭注釋》，頁361。
509　蔣天樞：《楚辭校釋》，頁340。
510　〔漢〕許慎著，〔清〕段玉裁注：《說文解字注》，14篇下，頁10，總頁數735。
511　〔漢〕許慎著，〔清〕段玉裁注：《說文解字注》，3篇下，頁35，總頁數124。
512　《尚書》，卷12，〈周書・洪範〉，頁2，總頁數167。
513　《孟子》，卷4上，〈公孫丑下〉，頁3，總頁數73。

　　「辭」，又作「詞」。「辭」字，《說文解字》大徐本釋云：「訟也。」[514]段注本釋云：「說也。」[515]段玉裁注：「言部曰：『說者，釋也』。」[516]《說文解字》又云：「(辭)猶理辜也。」[517]朱駿聲《說文通訓定聲》云：「分爭辯訟謂之辭。」[518]「辭」字有爭訟之義。「詞」字，《說文解字》釋云：「意內而言外也。」[519]段玉裁對此二字有較深入的辨別：「辭者……謂文辭足以排難解紛也，然則辭謂篇章也。詞者……此謂摹繪物狀及發聲助語之文字也，積文字而爲篇章。積詞而爲辭。」[520]「辭」是指用文字排解紛爭，是針對篇章而言；「詞」是指用文字摹寫聲音，將文字累積寫成篇章。

　　「陳」、「辭」二字合爲一詞時，則有陳述意見、發表演說之義，如《國語・晉語八》云：「臣嘗陳辭矣，心以守志，辭以行之，所以事君也」[521]、《荀子・成相》云：「願陳辭」[522]，都是指發言者將自己的意見表達出來。屈賦裡的「陳」字表示陳述，〈抽思〉云：「初吾所陳之耿著兮，豈至今其庸亡。」屈原當初陳述的意見仍是顯著，至今豈能淡忘。至於「辭」字表示言詞，〈抽思〉云：「憍吾以其美好兮，敖朕辭而不聽。」楚王自恃自己的美好，對屈原的言詞無法聽信。〈思美人〉云：「因歸鳥而致辭兮，羌迅高而難當。」屈原想請託歸鳥帶回訊息，牠卻飛得又快又高，難以交付任務。〈惜往日〉云：「弗省察而按實兮，聽讒人之虛辭。」楚王不能仔細考察實情，卻聽信讒人虛假的言詞。〈惜往日〉又云：「不畢辭而赴淵兮，惜壅君之不識。」屈原吟詠著，如果不將己意藉言詞表達即赴淵投江，只會遺憾楚王將永遠不知他的心意。

　　而「陳辭」一詞，〈離騷〉云：「濟沅湘以南征兮，就重華而敶詞」、「跪敷衽以陳辭兮，耿吾既得此中正」，屈原受到其姐女嬃的責備後，就到沅水湘江之南，向舜帝（重華）陳述心志。在屈原整理衣襟，向舜陳辭後，得到中正之道。〈抽思〉云：「結微情以陳詞兮，矯以遺夫美人」、「茲歷情以陳辭兮，蓀詳聾而不聞」，前句指屈原把微薄的心意組織成篇章，獻給楚王。後句意指屈原把心意陳述予楚王，但楚王卻佯裝耳聾而不聞。魯瑞菁《楚辭文心論》說：

　　　在〈離騷〉等篇的陳辭中，屈原設定自己與君王對質的兩造，而諸神猶如審判法官般，聽兩造陳訴是非曲直，以作出公正的裁決。[523]

[514] 〔漢〕許慎著，〔宋〕徐鉉校定：《說文解字》（北京：中華書局，1985年新1版），冊5，卷14下，頁488。
[515] 〔漢〕許慎著，〔清〕段玉裁注：《說文解字注》，14篇下，頁23，總頁數742。
[516] 〔漢〕許慎著，〔清〕段玉裁注：《說文解字注》，14篇下，頁23，總頁數742。
[517] 〔漢〕許慎著，〔清〕段玉裁注：《說文解字注》，14篇下，頁23，總頁數742。
[518] 〔清〕朱駿聲：《說文通訓定聲》，（武漢：武漢市古籍書店，1983年），頤部第5，頁17，總頁數166。
[519] 〔漢〕許慎著，〔清〕段玉裁注：《說文解字注》，9篇上，頁29，總頁數429。
[520] 〔漢〕許慎著，〔清〕段玉裁注：《說文解字注》，9篇上，頁30，總頁數430。
[521] 〔春秋〕左丘明著，徐元誥集解：《國語集解》，卷14，〈晉語八〉，頁422。
[522] 〔戰國〕荀況著，王天海校釋：《荀子校釋》，下冊，卷18，〈成相〉，頁994。
[523] 魯瑞菁：《楚辭文心論》，〈第一章，由離騷論屈原的陳辭〉，頁42。

「陳辭」原指法律訴訟時，陳述意見的言語，在屈賦裡則是指透過言詞，表達內心的話語。又湯炳正《楚辭類稿》云：

> 所謂「發憤以抒情」之「情」，則當訓為「情實」之「情」，非泛指一般情緒。……因此，下文從「所非忠而言之兮」以下，皆擬致訟之辭。[524]

屈原在〈惜誦〉抒發的情感，與在訟獄之時，訴訟者向聽訟者陳述的情感內容相同。而屈原其他作品，如「願陳志而無路」（〈惜誦〉）、「願陳情以白行兮」（〈惜往日〉）中的陳志、陳情，都是以屈原為訴訟者，陳述自己的意見，藉此表達情感。

7.聽直

> 俾山川以備御兮，命咎繇使 聽直 。（〈惜誦〉）
> 憍吾以其美好兮，敖朕辭而 不聽 。（〈抽思〉）
> 弗省察而按實兮， 聽 讒人之虛辭。（〈惜往日〉）
> 驟諫君而 不聽 兮，重任石之何益。（〈悲回風〉）

「聽直」一詞，不見於先秦文獻，首見於屈原的〈惜誦〉，屈原或以「聽」字表示。《尚書·周書·五刑》云：「兩造具備，師聽五辭。」[525]在訴訟的過程中，師士須根據五辭為爭訟雙方辦案。又《周禮·秋官》有載小司寇、鄉士、方士的職務，小司寇是「以五聲聽獄訟，求民情：一曰辭聽，二曰色聽，三曰氣聽，四曰耳聽，五曰目聽」[526]，鄉士是「聽其獄訟，察其辭」[527]，方士是「聽其獄訟之辭，辨其死刑之罪而要之」[528]，小司寇必須從辭、色、氣、耳、目五個角度來聽取獄訟的內容，其中又以「辭」列為首要，而鄉士、方士在獄訟爭辯的場合裡，必須聽取訴訟者的言詞，以決斷刑罰。

吳孟復云：「聽直，為古代法律方面專用詞語，猶今日審判、斷案。」[529]可見「聽直」，為古代法律用語。〈惜誦〉云：「俾山川以備御兮，命咎繇使聽直。」屈原使山川諸神陪審在側，命令咎繇（皋陶）以正直的態度聽取他的忠心。至於「敖朕辭而不聽」（〈抽思〉）、「聽讒人之虛辭」（〈惜往日〉）、「驟諫君而不聽兮」（〈悲回風〉），都是指楚王無法聽取屈原的諫言，反而聽信讒人的言詞。在此屈原是以皋陶、楚王為聽訟者，聽取他的言詞，要皋陶決斷他的忠心，讓楚王接納諫言。

---

[524] 湯炳正：《楚辭類稿》，〈一〇一·〈惜誦〉釋名〉，頁317
[525] 《尚書》，卷19，〈周書·五刑〉，頁26，總頁數300。
[526] 《周禮》，卷35，〈秋官〉，頁3，總頁數524。
[527] 《周禮》，卷35，〈秋官〉，頁12，總頁數528。
[528] 《周禮》，卷35，〈秋官〉，頁17，總頁數531。
[529] 吳孟復：《屈原九章新箋》（合肥：黃山書社，1986年），頁2。

8.嚮服、備御

> 令五帝以折中兮，戒六神與 嚮服 。
> 俾山川以 備御 兮，命咎繇使聽直。（以上〈惜誦〉）

　　「嚮服」，姜亮夫《楚辭通故》云：「古刑獄專用術語，即核對罪人服罪與否，與所罰當否之辭也。」[530]嚮服是指審理案件時，判決者查核罪人是否服罪，來確定罪狀。「備御」，奚祿詒《楚辭詳解》云：「備御者，具其刺宥之侍從也。」[531]胡文英《屈騷指掌》云：「備御，共待而證其所言也。」[532]備御是指陪審者，證明訴訟者的言詞是否真實。屈原在〈惜誦〉中，使六神與他對質，使山川作為陪審，表示屈原身處法律訴訟的場合，他以訴訟者的身份，向咎繇（皋陶）陳辭，期望咎繇聽取訟詞，作出公正的判決。

（三）屈原變法的內容

　　從楚國變法的歷史來看，屈原變法的內容，受到前代改革者的影響，而從屈賦裡的法律用語，可知屈原熟悉法律，知道如何變法可獲得最大功效。屈原變法的內容，雖然未保存下來，但從屈原的作品，以及其他相關資料的佐證，可推測屈原變法的內容。以下從內政、外交探討屈原變法的內容。

1.內政：起草憲令

　　屈原任職左徒時，曾進行變法，其後因上官大夫向懷王進讒，懷王疏離屈原，將屈原放逐到漢北，變法宣告失敗。屈原不再被重用，無法為楚王效勞，也就不能再施行變法，使楚國強盛，而屈原的「美政」理想，無法實現，楚國想要一統天下的雄心，因而落空，它的影響層面，不可謂不大。以下分析屈原在起草憲令時，他要推行的內政改革。

(1)施政以德為主，明訂法律條例

　　在先秦儒家典籍中，記載為政者必須以「德」治理國家百姓，《論語・為政》載孔子語：「為政以德，譬如北辰，居其所，而眾星共之。」[533]君王以道德治理政治，如此一來，君王就如同北極星，四周的星辰將圍繞著它。孟子也有此觀念，《孟子・公孫丑上》載孟子語：「以德行仁者王」、「以德服人者，中心悅而誠服也」。[534]上位者擁有道德，施行仁義，則可以成為王者。以道德服人的人，追隨者是發自內心的服從。依孔子、孟子所言，可知以德為政的重要性。而德治不能

---

[530] 姜亮夫：《楚辭通故》，冊2，頁467。
[531] 〔清〕奚祿詒：《楚辭詳解》，收錄於黃靈庚主編：《楚辭文獻叢刊》，冊54，九章，頁96，總頁數393。
[532] 〔清〕胡文英：《屈騷指掌》，收錄於吳平、回達強主編：《楚辭文獻集成》，冊15，卷3，頁1，總頁數10744。
[533] 《論語》，卷2，〈為政〉，頁1，總頁數16。
[534] 《孟子》，卷3下，〈公孟丑下〉，頁1，總頁數63。

僅止於君王自身，還要推行於百姓，孔子說：「君子之德，風；小人之德，草。草上之風，必偃。」[535]君王之德如風，百姓之德如草，君王推行仁義道德，百姓將會服從。孔子又云：「道之以政，齊之以刑，民免而無恥；道之以德，齊之以禮，有恥且格。」[536]用政治法令為政，並與刑罰並行，百姓只求免於刑罰，而無羞恥心。用仁義道德為政，並與禮法並行，百姓將有羞恥心，並且追隨著君王。由此可見將道德推行於百姓的重要。

《左傳·宣公十二年》記載邲之戰，隨武子（士會）說：「會聞用師，觀釁而動。德、刑、政、事、典、禮不易，不可敵也，不為是征。」[537]領導者施行的道德、刑罰、政令、事務、典章、禮儀，都不違常理，則他國不能與之為敵，不能征伐。士會將「德」列為首要，楚莊王是以德治國。

法律實施，必須公平公正且公開，在先秦典籍中有相關的記載，《禮記·祭法》云：「堯能賞均刑法以義終。」[538]堯能公平公正使用刑法，並以義為歸依。而《管子·權修》云：「鄉置師以說道之，然後申之以憲令，勸之以慶賞，振之以刑罰，故百姓皆說為善，則暴亂之行無由至矣。」[539]在鄉里設置師長教導百姓，然後宣揚憲令，以慶賞勸勉民眾，以刑罰治理社會，百姓自然會稱善，而沒有暴亂的行為。《韓非子·定法》云：「法者，憲令著於官府，刑罰必於民心。」[540]言法律制定後，必須公開於官府，民眾才能遵守刑罰條例。

屈原重視個人的道德修養，〈橘頌〉云：「秉德無私」，認為秉持道德，一切行事公正無私。屈原重視百姓福祉，〈離騷〉云：「皇天無私阿兮，覽民德焉錯輔。」皇天是公正無私，毫不偏袒，它審察國君施政，只要有利於民的，才會予以協助，可見屈原對「德」的注重。屈原不只以德修養己身，更要國君將道德施於百姓。

《史記·屈原列傳》中，說屈原接受懷王的命令，為楚國起草憲令，改革政治。〈惜往日〉云：「國富強而法立兮」，他認為國家要富有強盛，訂定法律是必要的條件，「國富強」與「法立」二事，是互相影響的。屈原也知道法律制定明確的優點，〈離騷〉云：「舉賢而授能兮，循繩墨而不頗。」君王舉賢授能，又遵循法律，才能使政治不會偏差。但是當時的楚國的內政是「厚賦斂諸臣百姓」、「群臣相妒以功，諂諛用事」[541]，國內奸臣讒佞無視法律，以苛重的賦稅向百姓斂財，又嫉妒彼此的功勞，行事也以諂媚阿諛為準。〈離騷〉也說：「眾皆競進以貪婪兮，憑不猒乎求索」、「背繩墨以追曲兮，競周容以為度」，屈原道出這些小人的醜態，是貪婪成性，索求無度，背棄法律，互相包庇。而屈原自身就是因為執政者賞罰不明，而遭受罪責的人，他說：

535　《論語》，卷 12，〈顏淵〉，頁 8，總頁數 109。
536　《論語》，卷 2，〈為政〉，頁 1，總頁數 16。
537　〔春秋〕左丘明著，楊伯峻注：《春秋左傳注》，冊 2，〈宣公十二年〉，頁 722。
538　《禮記》，卷 46，頁 14-15，總頁數 802-803。
539　〔春秋〕管仲著，黎翔鳳校注，梁運華整理：《管子校注》，上冊，卷 1，〈權修〉，頁 50。
540　〔戰國〕韓非著，陳奇猷校注：《韓非子新校注》，下冊，卷 17，〈定法〉，頁 957。
541　〔漢〕劉向集錄，范祥雍箋證：《戰國策箋證》，上冊，卷 16，〈楚三·蘇子謂子王曰〉，頁 842、下冊，卷 33，〈中山策·昭王既息民繕兵〉，頁 1879。

> 忠何罪以遇罰兮，亦非余心之所志（〈惜誦〉）
> 信非吾罪而棄逐兮，何日夜而忘之！（〈哀郢〉）
> 何貞臣之無罪兮，被離謗而見尤。
> 願陳情以白行兮，得罪過之不意。（以上〈惜往日〉）

　　屈原的忠心不被明察，他不知道是因為何種罪名，而遭到處罰，這並非他的心意。他沒有獲罪卻被放逐出郢都，故鄉是他日夜所不能忘懷的。屈原滿懷忠貞，並無犯錯，但因讒人毀謗而被楚王疏遠。又屈原期望能透過陳情，表達心意，表示獲罪是出於意外。由屈原的放逐，可知楚國的法律是賞罰不明，而這正是屈原欲要改革政治的內容。〈離騷〉云：「國無人莫我知兮」，《管子》書中，曾提及所謂「國無人」，是包含「忠臣死於非罪，而邪臣起於非功」[542]，由於法律的不明確，不依實際作為予以罰責與獎賞，因此忠臣的死亡與邪臣的起用，均是無憑無據。

　　屈原在〈惜往日〉云：「乘騏驥而馳騁兮，無轡銜而自載。乘氾泭以下流兮，無舟楫而自備。背法度而心治兮，辟與此其無異。」若為政違背法律，而以自己的心意治國，國家將如同駕著馬匹奔馳，卻無馬轡加以控制，亦如乘著竹筏隨流而下，卻無櫓槳掌握船隻方向一樣。由此可見屈原重視法律，知道法律必須明確且公正，而執法必須依從法律規範，毫無偏私，不能隨意依從上位者的心意，背棄法律而治國，如此才是理想的政治。法律若確立並實施後，當能使國家興盛，稱霸於各國之間，再現聖主的美政。

(2)舉用廉能官吏，破除君王蔽塞

　　在《尚書》即有提出，君王治國，其任用的官吏是治亂的關鍵，〈商書‧說命中〉云：「惟治亂在庶官，官不私昵，惟其能，爵罔及其惡德，惟其賢。」[543]國家的治亂在於官吏，官職不能授予親近的人，要授予有才能的人，爵位不能賜予道德低下的人，要賜予有賢德的人。官吏的賢能與否，影響極大。而孔子也對上位者提出看法，曾說：

> 政者，正也。子帥以正，孰敢不正？（《論語‧顏淵》）[544]
> 其身正，不令而行；其身不正，雖令不從。（《論語‧子路》）[545]
> 政者正也。君為正，則百姓從政矣。君之所為，百姓之所從也。君所不為，百姓何從？（《禮記‧哀公問》）[546]

　　為政者施政必須擁有正當性，若是施令正當，則眾人不敢不正。為政者的言

---

[542] 〔春秋〕管仲著，黎翔鳳校注，梁運華整理：《管子校注》，中冊，卷15，〈明法〉，頁916。
[543] 《尚書》，卷10，〈商書‧說命中〉，頁5，總頁數141。
[544] 《論語》，卷12，〈顏淵〉，頁8，總頁數109。
[545] 《論語》，卷13，〈子路〉，頁4，總頁數116。
[546] 《禮記》，卷50，〈哀公問〉，頁9，總頁數849。

行必須正直，如此則不需發令，民眾自會追隨，若是言行不正，即使發出命令，民眾仍不會跟從。為政者的行為是被人民所審視，必須端正道德品行，百姓才會服從。

在楚國方面，早期先王也是注重官吏的廉能，《列子・說符》載詹何答楚莊王問治國，說：「臣未嘗聞身治而國亂者也，又未嘗聞身亂而國治者也。故本在身，不敢對以末。」[547]詹何將「身治」與「國亂」並稱，認為身治而國不亂，身亂而國不治，這是從他自身經驗談起，以此回答莊王。而在楚國的歷史上，也有數位廉能的官吏，子文與孫叔敖即是例證。

《戰國策・楚一》載莫敖子華語：「昔令尹子文，緇帛之衣以朝，鹿裘以處；未明而立於朝，日晦而歸食，朝不謀夕，無一月之積。故彼廉其爵、貧其身、以憂社稷者，令尹子文是也。」[548]又《韓非子・外儲說左下》云：「孫叔敖相楚，棧車牝馬，糲餅菜羹，枯魚之膳，冬羔裘，夏葛衣，面有飢色，則良大夫也，其儉逼下。」[549]依《戰國策》、《韓非子》的記載，子文、孫叔敖身為令尹、大夫，都不會講求奢華的穿著與食用，而是簡單樸實，由此可以看出他們的廉能。子文與孫叔敖二人，均要求自身的行為，表現出高尚的道德操守。

屈原也主張任官需用廉能者，〈離騷〉云：「余既滋蘭之九畹兮，又樹蕙之百畝。畦留夷與揭車兮，雜杜衡與芳芷。冀枝葉之峻茂兮，願竢時乎吾將刈。」他種植蘭、蕙、留夷、揭車、杜衡、白芷等香草，等到成長茂盛後就能收割。屈原在此表示他曾經培養貴族子弟，使他們擁有美好的內涵，並期望這些人才能為楚王所用。〈惜往日〉云：「國富強而法立兮，屬貞臣而日娭。秘密事之載心兮，雖過失猶弗治。」其中的「貞臣」是屈原自指，當時的楚王勵精圖治，命令他改革政治，雖然稍有過失，仍不至於受到處罰，國君必須任用如屈原這樣擁有美好資質的忠臣，並且信任這些廉能的臣子，變法才會成功，使國家強盛。

屈原面對他要改革的楚國，朝廷中的讒臣是他變法的阻礙，他們向楚工進讒，蒙蔽君王心智。國君掌握施政內容，若是君王無法明辨是非，那麼施政的方向會錯誤，甚至因此使國家衰亡，因此屈原極欲破除君王的蔽塞。

《戰國策・趙四》記載：

> 客曰：「燕郭（郭隗）之法有所謂桑雍者，王知之乎？」王曰：「未之聞也。」「所謂桑雍者，便辟左右之近者及夫人優愛孺子也。此皆能乘王之醉昏，而求所欲於王者也，是能得之乎內，則大臣為之枉法於外矣。故日月暉於外，其賊在於內，謹備其所憎，而禍在於所愛。」[550]

所謂「桑雍」，是指「桑樹上因蠹蟲蛀食而形成的癰腫物。喻媚上禍國的小

---

[547]　〔戰國〕列子著，楊伯峻集釋：《列子集釋》，卷8，〈說符〉，頁272。
[548]　〔漢〕劉向集錄，范祥雍箋證：《戰國策箋證》，上冊，卷14，〈楚一・威王問於莫敖子華〉，頁808。
[549]　〔戰國〕韓非子著，陳奇猷校注：《韓非子新校注》，下冊，卷12，〈外儲說左下〉，頁749。
[550]　〔漢〕劉向集錄，范祥雍箋證：《戰國策箋證》，下冊，卷21，〈趙四・客見趙王曰〉，頁1220。

人」[551]。湯炳正認為此段引文中的「桑雍」即是「塞雍」,是〈惜往日〉所言的「障雍」、「蔽雍」。湯炳正又說:「『塞雍』的含意,即指大臣枉法、內外勾結、君主壅蔽、政令不通的政治局面。」[552]屈原當時面臨的楚國局勢,與湯炳正所解釋的「塞雍」相合。〈惜往日〉稱懷王為「雍君」,並數次說道楚王被蒙蔽的情況,〈惜往日〉云:

> 卒沒身而絕名兮,惜雍君之不昭。
> 獨鄣雍而蔽隱兮,使貞臣為無由。
> 諒聰不明而蔽雍兮,使讒諛而日得。
> 不畢辭而赴淵兮,惜雍君之不識。

湯炳正《楚辭類稿》說:「屈原在〈九章〉裡還多次稱懷王為『雍君』。『雍君』之謂,是當時的政治術語,主要指懷王被讒人雍蔽。」[553]從〈惜往日〉的文句以及湯炳正的說明,可知屈原遭到疏遠流放,原因就是楚王受到讒臣的雍蔽,無法明察屈原的忠心,甚至使得屈原要投江自沉,以死明志,以期望楚王覺悟。

在屈原其他作品,也有敘述此種君主蔽塞的情況。〈離騷〉云:「世溷濁而不分兮,好蔽美而嫉妒」、「世溷濁而嫉賢兮,好蔽美而稱惡」、「何瓊佩之偃蹇兮,眾薆然而蔽之」,由於世間混濁不清,嫉妒有才能者,因此讒人喜好遮蔽這些賢者的美德。屈原以瓊佩為喻,以為它是如此的美好,但眾人卻把它隱蔽起來。〈惜誦〉云:「情沉抑而不達兮,又蔽而莫之白。」他的真情良知無法表露,小人又把他掩蔽著,使他不能辯白。〈涉江〉云:「山峻高以蔽日兮,下幽晦以多雨。」此表面言由於山峰過於崇高,遮蔽了太陽的光芒,使得山底下是幽晦而多雨。屈原以山峰比喻小人,太陽比喻君王,道出了君王被讒小蒙蔽的情況。〈哀郢〉云:「忠湛湛而願進兮,妒被離而鄣之。」屈原滿腔忠誠以求進入朝廷中,效勞國君,但被小人們嫉妒,向楚王進讒,他因此被疏離而阻擋在外。〈惜往日〉云:「蔽晦君之聰明兮,虛惑誤又以欺。」屈原直指這些小人蒙蔽君王的耳目,用虛假錯誤的訊息欺騙楚王。從以上文句,可知楚國朝廷中的讒臣猖狂,而屈原極力反抗,期待破除小人對君王的蔽塞,使楚王能明辨忠臣與讒佞,進而推行美政。

(3)禁止結黨營私,削弱貴族勢力

《論語》記載孔子評論君子與小人,說:「君子周而不比,小人比而不周」[554]、「君子和而不同,小人同而不和」[555],將君子、小人對比,君子與人保持親密、和睦相處,並不結黨營私、同流合污,而小人的作為則是相反,可見孔子反對朋比結黨。荀子〈彊國〉也說:「不比周,不朋黨,倜然莫不明通而公也,古

---

[551] 羅竹風主編:《漢語大詞典》(臺北:臺灣東華書局,1997年),冊4,木部,頁1023。
[552] 湯炳正:〈草「憲」發微〉,《屈賦新探》,頁183。
[553] 湯炳正:《楚辭類稿》,〈一四、楚懷王並非「庸君」,而係「失君」、「驕君」或「雍君」〉,頁53。
[554] 《論語》,卷2,〈為政〉,頁5,總頁數18。
[555] 《論語》,卷13,〈子路〉,頁9,總頁數119。

之士大夫也。」[556]古代的士大夫，不朋比結黨，秉公無私。而韓非在〈孤憤〉則說明朋比結黨的影響：「大臣挾愚污之人，上與之欺主，下與之收利侵漁，朋黨比周，相與一口，惑主敗法，以亂士民，使國家危削，主上勞辱，壯大罪也。」[557]臣子朋比結黨，將會欺騙君主，侵害百姓財產，迷惑君王，破壞法律，使社會混亂，國勢危弱，君主勞累受辱，這是重罪，可見朋比結黨的危害。

　　在楚國朝廷也有朋比結黨的情況，因此吳起變法時，提出「禁朋黨以厲百姓」的措施。到了楚懷王、頃襄王的時候，楚國國內朋比結黨的情形也未能解決。屈原在作品裡反映出他厭惡朋比結黨的思想，他稱呼這些結黨的小人為「黨人」：

> 惟夫黨人之偷樂兮，路幽昧以險隘。
> 民好惡其不同兮，惟此黨人其獨異。
> 惟此黨人之不諒兮，恐嫉妒而折之。（以上〈離騷〉）
> 夫惟黨人鄙固兮，羌不知余之所臧。（〈懷沙〉）

　　這些黨人貪圖享樂，走的是危險昏暗的道路。他們的好惡與世俗不同，因為嫉妒而陷害屈原。他們鄙陋頑固，而不知屈原的美善之質。屈原在〈離騷〉對這些黨人的行為也有描述，說：「眾皆競進以貪婪兮，憑不猒乎求索。羌內恕己以量人兮，各興心而嫉妒。」他們貪婪成性，求索無度，待己寬厚，待人嚴苛，又嫉妒屈原的才能。〈離騷〉又說：「眾女嫉余之蛾眉兮，謠諑謂余以善淫。固時俗之工巧兮，偭規矩而改錯。背繩墨以追曲兮，競周容以為度。」由於黨人的嫉妒，屈原受到毀謗，小人追隨世俗的奸巧，又無視法律、違背法律、扭曲法律，競相周比結黨，視為常態。屈原面對這些黨人，他是「雖不周於今之人兮，願依彭咸之遺則」、「伏清白以死直兮，固前聖之所厚」，他堅持清白，決心與小人們對抗，寧可投江自沉，也不願同流合污。故由此推論，他在制定憲令時，自會將禁絕朋比結黨的政策納入其中。

　　楚國的傳統社會，是實施階級制度，文崇一《楚文化研究》說明楚國社會分為四階層，分別是貴族、士、庶人、奴隸[558]，而貴族階層包含的身份有：「王及王室中人，即羋姓集團的貴族，包括王、公、大夫等。這是一個統治集團，他們為楚王發號施令，控制楚國人民。他們領有土地和人民。」[559]以楚王為首，由羋姓貴族統領整個楚國，掌管土地與人民。由於楚國有「內姓選於親，外姓選於舊」[560]的任官傳統，造成貴族勢力逐漸強大，而這也是楚國變法者所要改善的制度。

　　曾經在楚國變法的吳起，向楚悼王說明楚國內政的情況：「大臣太重，封君

556　〔戰國〕荀況著，王天海校釋：《荀子校釋》，下冊，卷 11，〈彊國〉，頁 664。
557　〔戰國〕韓非著，陳奇猷校注：《韓非子新校注》，上冊，卷 4，〈孤憤〉，頁 253。
558　文崇一：《楚文化研究》，頁 127。
559　文崇一：《楚文化研究》，頁 126。
560　文崇一認為此句的「內姓」是指第一階層的「貴族」，「外姓」是指第二階層的「士」。見：文崇一：《楚文化研究》，頁 126。

太眾，若此則上偪主而下虐民，此貧國弱兵之道也。」[561]若貴族掌握太多的權力，向上逼迫楚王，向下虐待百姓，將使楚國衰弱。而吳起提出的建議是：「不如使封君之子孫三世而收爵祿，絕滅百吏之祿秩，損不急之枝官，以奉選練之士。」[562]即削弱貴族的勢力，擁有封地的貴族，他的三世子孫就收回爵位與俸祿，削減百吏的食祿的官秩，減損枝微末節的官銜，選用精練的士兵。由於吳起的改革，引起貴族的不滿，以致「楚之貴戚盡欲害吳起」[563]，果然在楚悼王逝世後殺害吳起。從吳起變法與被殺害，可知楚國貴族握有極大的勢力，吳起變法仍無法改善。

屈原雖無明確寫道他主張削弱貴族勢力，但從《史記·屈原列傳》所記載的「奪稿事件」，可推論屈原有此主張。湯炳正《屈賦新探》說明此次的奪稿事件：「上官大夫的『奪稿』，顯然是奴隸貴族的一種階級鬥爭手段，是妄圖破壞屈原變法革新運動的陰謀之一。」[564]又彭紅衛〈奪稿之「奪」——「上官大夫見而欲奪之，屈平不與」辨誤〉說：「『奪』是上官大夫欲改變憲令中，有關可能損害自身利益的內容，而屈原沒有『同意』。」[565]從〈屈原列傳〉以及湯炳正、彭紅衛二位的看法，如果施行屈原制定的憲令，可能破壞原先楚國貴族所鞏固的權力，因此靳尚要「奪稿」，企圖更改憲令，以保護自身利益。靳尚遭到屈原拒絕後，向懷王進讒，使懷王疏遠屈原。屈原草擬的憲令，可制約並削弱楚國貴族的勢力，有實質的影響力。

(4)治國以民為本，推行耕戰制度

在周代與春秋戰國時期，已經注重人民百姓的重要，如《尚書·夏書·五子之歌》云：「民惟邦本，本固邦寧。」[566]人民是國家的根本，根本堅固，國家才會安寧。又《孟子·盡心下》云：「民為貴，社稷次之，君為輕。」[567]在國家中，以人民最為重要，其次是國家，國君最輕。由此可見人民的重要，治國須以百姓為基礎，反映出當時的民本思想。

在楚國也有此種民本思想，如《國語·楚語上》載伍子胥語：「先君莊王為匏居之臺，高不過望國氛，大不過容宴豆，木不妨守備，用不煩官府，民不廢時務，官不移朝常。」[568]春秋霸主之一的楚莊王，他建造匏居之臺，高度不超過可看見預示吉凶的雲氣，廣度不超過容納宴客祭祀，所用木材不妨礙守備，花用不勞煩官府，役民不荒廢時務，官員不改易朝廷常規。楚莊王建造高臺，是以足用即可，並不為了宮殿華麗而勞師動眾，影響百姓的生計。又《左傳·昭公十四年》記載：「夏，楚子使然丹簡上國之兵於宗丘，且撫其民。分貧，振窮，長孤幼，養老疾，收介特，救災患，宥孤寡，赦罪戾，詰姦慝，舉淹滯，禮新，敘舊，祿

[561] 〔戰國〕韓非著，陳奇猷校注：《韓非子新校注》，上冊，卷13，〈和氏〉，頁275。
[562] 〔戰國〕韓非著，陳奇猷校注：《韓非子新校注》，上冊，卷13，〈和氏〉，頁275。
[563] 《史記》，卷65，〈孫子吳起列傳〉，頁18-19，總頁數847。
[564] 湯炳正：〈草「憲」發微〉，《屈賦新探》，頁195。
[565] 彭紅衛：《屈原的文化人格研究》（武漢：華中師範大學出版社，2007年），頁182。
[566] 《尚書》，卷7，〈夏書·五子之歌〉，頁5，總頁數100。
[567] 《孟子》，卷14上，〈盡心上〉，頁7，總頁數251。
[568] 〔春秋〕左丘明著，徐元誥集解：《國語集解》，卷17，〈楚語上〉，頁494。

動，合親，任良，物官。」[569]楚王命令然丹在宗丘訓練楚國的士兵，並且安撫百姓，分擔貧困，振興窮苦，使孤獨幼子成長，養育老年與疾病者，收容單身者，救助受災者，減免孤寡者的賦稅，赦免有罪者，嚴懲姦邪者，舉用有德者，禮遇新人，敘用舊者，記錄功勳，合親於九族，任用賢良，物色人才。安頓百姓的生活，使他們能安居樂業，是治理人民的原則。

　　孔子曾言：「足食足兵，民信之矣。」[570]孔子已經注意到，要先使衣食豐厚，才能使兵源充足，而人民也能相信上位者。而荀子也說：「其耕者樂田，其戰士安難……是治國已。」[571]指出治國的內容，包括農夫樂於耕種，戰士安於危難，這也是荀子對耕戰的重視。《管子‧禁藏》也說：「繕農具當器械，耕農當攻戰，推引銚耨以當劍戟，被蓑以當鎧鑐，菹笠以當盾櫓。故耕器具則戰器備，農事習則功戰巧矣。」[572]農民把農具作為作戰器具，如此一來，可透過耕作培養戰士。商鞅在秦孝公時期實施變法，其中就有「禁游宦之民而顯耕戰之士」[573]，商鞅也主張：「故吾教令民之欲利者非耕不得，避害者非戰不免，境內之民莫不先務耕戰而得其所樂。故地少粟多，民少而彊。能行二者於境內，則霸王之道畢矣。」[574]認為國家的根本，就是耕戰，透過耕戰，能生產糧食又能抵禦危害，這是富國強兵的道理。耕戰的效用，則如韓非所言的「無事則國富，有事則兵強」[575]，達到富國強兵的目的。在楚國也曾推行耕戰制度，例如蒍掩的變法內容，就包括對可用農地的統計，以及士兵裝備的統計，可見他對農民與戰士的重視。而吳起的變法，也提出：「精耕戰之士」[576]，表示耕戰之士的重要。

　　屈原的民本思想，反映在〈離騷〉之中：

　　　皇天無私阿兮，覽民德焉錯輔。夫維聖哲以茂行兮，苟得用此下土。瞻前而顧後兮，相觀民之計極。夫孰非義而可用兮，孰非善而可服。

　　皇天是公正無私而不偏袒，它會審視君王對百姓實施的德政，而給予協助。只有擁有美好德行的聖王賢哲，才能統治天下。屈原瞻望前代又回顧後世，探察百姓的心思，以為那有不義的人可以被任用，那有不善的事可以被推行。屈原的民本思想，認為君王必須推行德政，將德政施及百姓，如此皇天才會輔佐君王。而能使百姓服從的依據，在於「義」與「善」，君王要任用能行仁義的臣子，實行良善的政治，才能統治國家，受到百姓的擁戴。

　　湯炳正《屈賦新探》認為從屈原的〈卜居〉、〈國殤〉，可知屈原有「勵耕戰」

---

[569]　〔春秋〕左丘明著，楊伯峻注：《春秋左傳注》，冊 4，〈昭公十四年〉，頁 1165。

[570]　《論語》，卷 12，〈顏淵〉，頁 3，總頁數 107。

[571]　〔戰國〕荀況著，王天海校釋：《荀子校釋》，上冊，卷 6，〈富國〉，頁 456。

[572]　〔春秋〕管仲著，黎翔鳳校注，梁運華整理：《管子校注》，中冊，卷 17，〈禁藏〉，頁 1017。

[573]　〔戰國〕韓非著，陳奇猷校注：《韓非子新校注》，上冊，卷 4，〈和氏〉，頁 275。

[574]　〔戰國〕商鞅著，蔣禮鴻撰：《商君書錐指》，卷 15，〈慎法〉，頁 139。

[575]　〔戰國〕韓非著，陳奇猷校注：《韓非子新校注》，下冊，卷 19，〈五蠹〉，頁 1112。

[576]　《史記》，卷 79，〈范雎蔡澤列傳〉，頁 45，總頁數 958。

的主張。[577]〈卜居〉說:「寧誅鋤草茅以力耕乎?將游大人以成名乎?」這與春秋戰國時期「耕戰」的思想有關。《商君書‧農戰》有言:

> 說者成伍,煩言飾辭而無實用。主好其辯,不求其實,說者得意,道路曲辯,輩輩成群。民見其可以取王公大人也,而皆學之。夫人聚黨與說議於國,紛紛焉小民樂之,大人說之,故其民農者寡而游食者眾,眾則農者怠,農者怠則土地荒。學者成俗,則民舍農從事於談說,高言偽議,舍農游食而以言相高也。故民離上而不臣者成群。此貧國弱兵之教也。[578]

又《韓非子‧顯學》云:

> 藏書策,習談論,聚徒役,服文學而議說,世主必從而禮之,曰:「敬賢士,先王之道也。」夫吏之所稅,耕者也;而上之所養,學士也。耕者則重稅,學士則多賞,而索民之疾作而少言談,不可得也。[579]

商鞅、韓非都將學者與農夫相對並舉,而當時的社會風氣,重視遊說議論的學者,不重視實際耕作的農夫。商鞅提出如果重視這些學者,從事農事的人就會減少,這會使國家貧弱衰亡。韓非則說明農夫須繳納繁重的賦稅,而學者則是多受封賞,如此一來,要命令百姓耕作而減少言談,這是不可能的。屈原在〈卜居〉中,將「力耕」與「游大人以成名」相對而言,可見他重視農事耕作,反對處士橫議以求成名的風氣。至於〈九歌〉,是屈原將民間祭歌加以潤色而成,而〈國殤〉中描寫的戰爭,是對親赴戰場,為國效命的戰士的頌揚,在末二句云:「誠既勇兮又以武,終剛強兮不可凌。身既死兮神以靈,子魂魄兮為鬼雄。」寫出戰士的勇武剛強,即使成為鬼魂,也表現出雄壯的精神,更反映出楚國士兵對戰事的不懼。

2.外交:聯齊抗秦

春秋時期的各個諸侯國,在經過戰國初期的攻伐與兼併後,戰國中期以韓、趙、魏、楚、燕、齊、秦七國最為強盛,稱「戰國七雄」[580],其中又以秦、齊、楚三國最為富強。游國恩曾分析戰國時期的國際情勢:

> 《史記‧楚世家》說:「(楚)宣王六年,周天子賀秦獻公,秦始復強。而三晉益大,魏惠王、齊威王尤強。」但趙自成侯以來,始則屢敗於魏,繼則屢敗於秦。而魏自惠王以來,「東敗於齊,西喪於秦七百里,南辱於楚」。

---

[577] 見:湯炳正:〈草「憲」發微〉,《屈賦新探》,頁 173-174。

[578] 〔戰國〕商鞅著,蔣禮鴻撰:《商君書錐指》,卷 1,〈農戰〉,頁 26。

[579] 〔戰國〕韓非著,陳奇猷校注:《韓非子新校注》,下冊,卷 19,〈顯學〉,頁 1135。

[580] 戰國七雄見於《史記‧秦本紀》:「孝公元年,河山以東,彊國六與,齊威、楚宣、魏惠、燕悼、韓哀、趙成侯並。淮泗之間,小國十餘。」見:《史記》,卷 5,〈秦本紀〉,頁 48-49,總頁數 94-95。

所以號稱強大的晉國，就漸漸衰了下來。韓自立國以來，自始即為魏秦兩國所侵敗，日就削弱，不能與諸侯爭雄，燕則始終因僻處於北方，與諸侯的關係較少。中經內亂，為齊所伐敗；直到三十年後，昭王才與秦楚共伐齊，復仇強國。所以那時的強國，實際上只有齊、秦、楚三國，鼎足而立，可以左右國際情勢。[581]

　　趙、魏、韓三國逐漸衰弱，燕國又處於北方，與其他國家關係較少，所以真正影響國際情勢的國家，就屬齊、秦、楚三國了。此三國之間的外交活動，與國家謀略方向相關，也影響彼此勢力的消長。楚國疆域緊臨秦國，接近齊國，當楚國面對秦、齊時，要如何去親近或對抗它們，成為重要的課題。屈原認為楚國必須「聯齊抗秦」，與當時各國一同對抗西方的秦國。以下分析屈原主張的聯齊抗秦。

(1)合縱連橫的外交策略

　　戰國時期各國間存在著「合縱連橫」的外交策略，《韓非子·五蠹》有言：「從（縱）者，合眾弱以攻一強也，而衡（橫）者，事一強以攻眾弱也。」[582]趙建琴、邊曉智〈說「縱橫」〉更進一步說明：

> 縱，為合縱的簡稱，合眾弱以攻一強，阻止強國兼併的策略。當時是以三晉為主體，北連燕，南連楚，形成南北一條縱線，主要對抗秦，有時對齊。橫即連橫，以秦為中心，分別聯合山東任何一國，形成東西一條橫線，分化瓦解山東六國，進而併吞天下，統一中國。合縱與聯橫正是戰國鬥爭形勢、鬥爭策略的生動寫照。[583]

　　韓非所言的縱者、橫者，是指戰國中期各國之間的外交策略，合縱是各國南北互相聯合，共同抗秦或抗齊，連橫是與秦國聯合，甚至是由秦國主導局勢，共同對抗其他國家。

　　王景《楚懷王時期的楚秦關係研究》認為楚懷王繼位時期，正是合縱連橫的初興，到楚頃襄王二年止，可分為三個階段：一、楚懷王元年至楚懷王十二年（公元前 328 年-公元前 317 年）。以張儀相秦為始，以楚懷王合縱伐秦為止。二、楚懷王十三年至楚懷王十八年（公元前 316 年-公元前 311 年）。以齊伐燕國為始，以楚秦大戰為末。三、楚懷王十九年至楚頃襄王二年（公元前 310 年-公元前 397 年）。以秦武王繼為始，以楚懷王死於秦國為止。[584]將王景對合縱連橫的分期，與屈原的政治生涯互相對照，屈原的外交活動，與當時楚國所進行合縱策略密切

---

[581] 游國恩著，游寶諒編：《游國恩楚辭論著集》，冊 3，頁 418。

[582] 〔戰國〕韓非著，陳奇猷校注：《韓非子新校注》，下冊，卷 19，〈五蠹〉，頁 1114。

[583] 趙建琴、邊曉智：〈說「縱橫」〉，《雁北師范學院學報》，第 15 卷，第 1 期（1999 年 2 月），頁 41。

[584] 王景：《楚懷王時期的楚秦關係研究》，頁 51。

相關。

在此時期，秦、齊對楚國的態度，趙娜〈戰國時期的齊楚關係〉說：

> 因為齊、秦兩國勢均力敵，所以想要壓倒其中的一方，都必須聯合其他國家。而疆域橫跨東西的第三強國楚國，必然成為兩國戰略聯合的首選對象。此時的齊、秦，誰能得到楚國的支持，就意味著掌握了得天下的主動權。[585]

楚國是齊、秦爭強中極欲拉攏的對象，而楚國自身也有戰略方面的考量，因此在楚國內部，有親秦與親齊的意見衝突，影響所及，不只造成楚國內部的矛盾，楚國對秦、齊二國外交方針也有所改變。

(2)楚國國內的派系對立

楚國內部親秦、親齊的派系對立，是指在楚懷王時期，朝中分別有主張親秦或親齊的政治集團。楚國親秦與親齊的意見衝突，見於《史記‧楚世家》：「二十六年，齊湣王欲為從長，惡楚之與秦合，乃使使遺楚王書曰：『……』楚王業已欲和於秦，見齊王書，猶豫不決，下其議群臣。群臣或言和秦，或曰聽齊。昭睢曰：『……』，於是懷王許之。」[586]在這場政治紛爭中，參與的人員除了屈原，尚有景鯉、昭睢、鄭袖、子蘭、上官大夫等人。對於楚國的派系之爭，據趙逵夫《屈原與他的時代》分析親秦與親齊的人物，主張合縱者，有昭陽、景翠、淖滑、陳軫、杜赫、范蜎。主張親秦者，有上官大夫、靳尚、唐昧（子椒）、景鯉、昭睢、桓臧、鄭袖、子蘭。[587]王景《楚懷王時期的楚秦關係研究》認為趙逵夫的研究詳盡，但「未能較理性地看待楚國兩派的問題」[588]，可見在分析兩派的作為時，要從全面的角度看待。

筆者以為，判斷參與楚國內部紛爭的人物，是主張親秦或親齊，有一定的困難。以景鯉為例，趙逵夫從景鯉數次使秦，並分析景鯉在楚國的言行，將景鯉歸入親秦派。[589]又如上官大夫，他是屈原的政敵，數次陷害屈原，趙逵夫將他歸入親秦派。[590]王景則認為：「景鯉，本來就是慣常出使外國的使臣，趙逵夫卻稱其為弄臣，僅僅因為他數次使秦，就判定他為親秦派，是沒有史料依據的。」[591]筆

585 趙娜：〈戰國時期的齊楚關係〉，《管子學刊》，第 3 期（2004 年），頁 81。

586 《史記》，卷 40，〈楚世家〉，頁 60-63，總頁數 644-645。按：據趙逵夫《屈原與他的時代》考證，以上引文有三處錯誤：(1)其年代應為懷王二十三年。(2)此次致書楚王者，是齊宣王，非齊湣王。(3)諫止懷王和於秦的人是昭滑，不是昭睢。對於趙逵夫的考證，王景贊同前二項，而楊寬《戰國史》也認為是懷王二十三年，齊宣王致書給楚懷王。至於第三項，王景認為多為推論，尚未定論，只可存為一說。筆者贊同王景之見，在有足夠證據，能證明此次進諫懷王者為昭滑之前，應以昭睢為是。見：趙逵夫：《屈原與他的時代》，頁 253-254。王景：《楚懷王時期的楚秦關係研究》，注 2，頁 111。楊寬：《戰國史》（臺北：臺灣商務印書館，1997 年），頁 362。

587 趙逵夫：《屈原與他的時代》，頁 256-292。

588 王景：《楚懷王時期的楚秦關係研究》，頁 110。

589 趙逵夫：《屈原與他的時代》，頁 265-266。

590 趙逵夫：《屈原與他的時代》，頁 259、273。

591 王景：《楚懷王時期的楚秦關係研究》，頁 110。

者根據王景、趙逵夫二人的說法，提出個人意見。

　　個人贊同王景之見，在政壇上與屈原處於敵對關係的人，並非就等同於主張親秦，必須有更明確的證據，並經過詳細的論證，才能定論。個人亦以為，因為史料的缺乏，確實有些人物的立場傾向不明。而趙逵夫從使者出使的國家來判斷他的立場，此法有一定的可靠性。畢竟能出使他國的使者，其原因不只是他的外交能力受到國君信任，也有可能因為他的立場傾向他所出使的國家，國君才命令此人出使外國。故由使者所出使的國家，推論他的立場，是可信的依據。

　　辨析楚國主張親秦或親齊的人物，並非本論著的重點，但是由此可以看出親秦與親齊二派在朝廷中鬥爭不息，而最後則是親秦者受到信任，這是導致楚國由強變弱，因而滅亡。

(3)屈原聯齊抗秦的主張

　　屈原曾經擔任左徒，不只負責楚國的內政，也與其他國家從事外交活動。此外，他曾在楚懷王十二年與十八年使齊，而他主張的聯齊抗秦，與他使齊的經歷相關。

　　屈原第一次使齊的背景與原因，據《新序·節士》記載，是：「秦欲吞滅諸侯，并兼天下，屈原為楚東使於齊，以結彊黨。」[592]楚國在懷王十一年，參與「五國伐秦」，懷王十二年命屈原使齊，懷王十六年時，楚、齊仍有姻親關係，可見屈原是在楚、齊互為友好關係下使齊。屈原第二次使齊前，在懷王十六年，發生「張儀誑楚」一事，楚懷王受騙於張儀而與齊絕交，在懷王十七年時，楚軍被秦國戰敗於丹陽與藍田，失去漢中之地，同年，屈原第二次使齊。在懷王十八年，屈原返國。從這次屈原使齊的背景來看，是因為懷王被張儀所欺騙，又戰敗於秦國，因此要與齊國結盟，以抗秦國。自屈原使齊的時機看來，都是楚、齊互相結為軍事同盟，兩國一同對抗秦國，才有派遣屈原使齊的舉動。由於屈原曾經使齊，他能更進一步的了解齊國的情況，對整個國際局勢有更深刻的體會，進而有聯齊抗秦的主張。

　　就「抗秦」而言，從屈原改寫的〈九歌·東君〉，以及屈原進諫懷王的話語可以推論。屈原改寫〈九歌〉，王逸《楚辭章句·九歌序》云：「（屈原）作九歌之曲，上陳事神之敬，下見己之冤結，託之以風諫。」屈原是在任職三閭大夫時改寫〈九歌〉，當時並未遭受到楚王的疏遠與放逐，所以〈九歌〉並無王逸所言的「冤結」與「諷諫」。然而，屈原為〈九歌〉改寫者[593]，其中也隱含著屈原的情感與思想，正如彭紅衛《屈原的文化人格研究》所言：「〈九歌〉中屈原的個人身世、思想印痕不甚清晰，但只要是改編，就不可避免烙上屈原個人的情緒印痕。」[594]屈原既然掌握了修改〈九歌〉歌詞內容的方向，而〈九歌〉又是作為貴族子弟的教材，有教育的作用。〈九歌·東君〉云：「青雲衣兮白霓裳，舉長矢兮射天狼。」

592　〔漢〕劉向編著，石光瑛校釋，陳新整理：《新序校釋》，中冊，卷7，〈節士〉，頁938。
593　按：朱熹《楚辭集注》說：「（屈原）頗為更定其詞，去其泰甚。」可知現今〈九歌〉是由屈原改寫而成。〔宋〕朱熹：《楚辭集注》，卷2，頁29。
594　彭紅衛：《屈原的文化人格研究》，頁49。

此句形容東君身著青色雲衣與白色霓裳，舉起弓矢射向西方的天狼星。關於「天狼」一詞，王逸《楚辭章句》注：「天狼，星名，以喻貪殘。」劉永濟《屈賦音注詳解》注云：「天狼，秦分野之星，望神射之者，意言秦暴當除也。」[595]楊金鼎說得更清楚：

> 這裡的天狼，確係影射秦國。秦在當時，號稱「虎狼之國」，專事侵掠，與傳說中天狼星的性質是相合的。天狼星的分野，正當秦地；弧矢星在天狼的東南，而秦國正在楚的西北，星空的位置和秦、楚的地理環境也是恰恰相當的。[596]

從以上學者的解釋，可知屈原改寫〈九歌〉時，在字面上所寫的「射天狼」，是指東君為民除害，除去西方代表貪暴的天狼星。實際上屈原將天狼星暗指為西方的秦國，對於威脅楚國的秦國，欲除之而後快，因此〈東君〉在「舉長矢兮射天狼」一句後，接著說：「操余弧兮反淪降，援北斗兮酌桂漿。」蔣天樞《楚辭校釋》注：「言己當堅執弧矢以抵狼星，一變其降秦之策，終必大功可成。將援天上斗星為酒斗，挹取桂漿以慶大功。」[597]屈原始終抱持著反對、抵抗的態度面對秦國，而且期望能除去秦國。

至於屈原進諫懷王的話語，見於《史記》的〈楚世家〉與〈屈原列傳〉。懷王十八年，秦國要與楚國結為姻親，並以漢中之半與楚國談和，懷王提出條件：「願得張儀，不願得地。」[598]張儀赴楚為囚，而懷王受到靳尚與鄭袖的影響，釋放張儀。其後，屈原使齊回楚，向懷王進諫：「何不殺張儀？」張儀是秦王重視的策士，在張儀赴楚前，秦王曾說：「楚且甘心於子（張儀），奈何？」[599]顯現出秦王對張儀的愛護。而屈原主張處死張儀，表示他不畏秦國的強大，如能將張儀除去，秦國就無其他策士能用計陷害楚國。懷王三十年，秦昭王致書予懷王，要與懷王會面於武關。屈原曾經進諫楚懷王是否要前往秦國，說：「秦虎狼之國，不可信，不如毋行。」[600]他已經看出秦國的強大，而且從之前楚國與秦國的互動，明白秦國不是能夠信任的對象，因此勸諫懷王不能進入武關與秦國會盟。懷王最後仍聽信其子子蘭的意見，前赴秦國，也亡身於秦國。屈原第一次進諫懷王要處死張儀，是站在秦國的對立面，思考楚國要如何行動，才能抵禦秦國，不會讓秦國更加壯大，甚至要脅楚國。屈原第二次進諫懷王不要前往秦國，是考慮到懷王的安危，若是懷王在武關與秦國會盟，將會危及生命，他站在忠君愛國的立場，勸阻懷王入秦。

至於屈原「聯齊」的主張，則可從兩方面論述。一是從戰國時期的國際情勢

---

[595] 劉永濟：《屈賦音注詳解》（北京：中華書局，2007 年 1 版 1 刷），頁 116。
[596] 楊金鼎注釋〈九歌〉，見：馬茂元主編：《楚辭注釋》，頁 167。
[597] 蔣天樞：《楚辭校釋》，頁 161。
[598] 《史記》，卷 40，〈楚世家〉，頁 58，總頁數 644。
[599] 《史記》，卷 40，〈楚世家〉，頁 58，總頁數 644。
[600] 《史記》，卷 84，〈屈原賈生列傳〉，頁 7，總頁數 984。

來看。在戰國中晚期足以稱為強盛的國家，僅有秦、齊、楚，屈原主張抗秦，但是楚國的國勢已經大不如前，無法獨自與秦國對抗。因此楚國聯合齊國，共同對抗秦國，是當時最佳的策略。二是屈原二次使齊。如前所述，屈原代表楚國出使齊國，這當中雖然有國際情勢的影響以及當時楚國親齊的背景，但是屈原使齊，這也表示他的立場是親近齊國。屈原也會因此而期望楚、齊能聯合抗秦。由於上述兩個原因，故推論屈原是認為楚國只有與齊國聯手，才能與秦國相抗衡。

第四節　平天下：天下一統

梁啟超《先秦政治思想史》說：「我國先哲言政治，皆以『天下』為對象，此百家所同也。……先秦學者，生當諸國並立之時，其環境與世界主義似相反，然其學說皆共向此鵠無異同，而且積極的各表其學理上之意見，成為一種『時代的運動』。」[601]可知天下一統是先秦的哲學家、政治家的共同懷抱與理想。而在儒家方面，依《禮記‧大學》所言，「平天下」為儒者的最終目標，顯示儒家「大一統」的思想。實際上，在周初即有大一統思想，到了戰國時代，儒家的大一統思想開始有了轉變，不再以周天子為尊奉的對象，而是期待新王的出現。屈原受到儒家思想的影響，而有自己的「大一統」觀，韓章訓〈屈原理想論〉說道：

> 屈原生活在戰國末期，由分裂走向統一，是當時社會發展的必由之路，許多先秦諸子都是天下統一思想的鼓吹者和實踐者。屈原的政治理想也是這種歷史條件下的必然產物。[602]

屈原受到時代背景與諸子學說的影響，在政治理想裡，確實也有這種天下一統的觀念，由楚國能統一天下。以下就（一）先秦儒家的「大一統」觀。（二）屈原的「大一統」觀。（三）屈原實踐天下一統的方式。分析屈原「平天下」的思想，是有背景因素，而屈原的「大一統」觀也表現在作品裡。而屈原使楚國實踐天下一統，他所採取的方式為何。

一、先秦儒家的「大一統」觀

儒家有其「大一統」觀，「大一統」一詞見於《公羊傳‧隱公元年》：「何言乎王正月？大一統也。」[603]徐彥疏云：「王者受命，制正月以統天下，令萬物無不一一皆奉之以為始，故言大一統也。」[604]大一統是指君王統一天下，受到百姓萬物的尊奉。《公羊傳》雖然成書於漢初[605]，但書中大一統的思想，早在周初即

601　梁啟超：《先秦政治思想史》（臺北：東大圖書公司，1987 年再版），頁 179。
602　韓章訓：〈屈原理想論〉，《中州學刊》，1987 年，第 5 期，頁 64。
603　《公羊傳》，卷 1，〈隱公元年〉，頁 8，總頁數 9。
604　《公羊傳》，卷 1，〈隱公元年〉，頁 9，總頁數 10。
605　徐彥引戴宏〈序〉云：「子夏傳與公羊高，高傳與其子平，平傳與其子地，地傳與其子敢，敢傳與其子壽，至漢景帝時，壽乃與齊人胡母子都著於竹帛。」見：《公羊傳》，〈序〉，頁 2，總頁數 3。

有。《尚書‧周書‧君奭》云：「惟文王尚克修和我有夏。」[606]此處的「夏」即是周朝。《尚書‧周書‧多方》云：「周公曰：『王若曰：猷，告爾四國多方』。」[607]又《尚書‧周書‧泰誓下》云：「維我有周，誕受多方。」[608]由上引二句，可知周朝時期，上位者的觀念是以「周」為本位，其次是四國多方，即周的四方國家。由於以「周」為中心，因此認為「溥（普）天之下，莫非王土。率土之濱，莫非王臣」[609]，天下為周天子所擁有。

在春秋時期，孔子的一統觀，見於《論語》。《論語‧憲問》載孔子論管仲云：「管仲相桓公，霸諸侯，一匡天下，民到於今受其賜。微管仲，吾其被髮左衽矣。」[610]管仲輔佐齊桓公稱霸諸侯，匡正天下，天下百姓皆受到恩惠，若無管仲，夷狄文化將入侵中原。在戰國時期，大一統的思想有所轉變，楊向奎《大一統與儒家思想》說道：「戰國時代，局勢已變，舊日的夷狄已成華夏，而新夷狄生，一統於周的局面不復存在，周天子已淪為附庸，而舊附庸都成大國，一統於誰，尚待分曉，但在新的夷狄交侵時代，孟子、荀子在一統問題上遂有新的起點。」[611]由於周天子勢力衰微，諸侯並起，昔日夷狄今成大國，孟子、荀子所提倡大一統的思想，也不同於孔子。

孟子的一統觀，《孟子‧梁惠王上》就記載孟子「定於一」的觀念。[612]而《孟子‧公孫丑上》載孟子語：

> （公孫丑）曰：「管仲以其君霸，晏子以其君顯。管仲、晏子猶不足為與？」（孟子）曰：「以齊王，由反手也。」[613]

孟子又說：

> 夏后、殷、周之盛，地未有過千里者也，而齊有其地矣；雞鳴狗吠相聞，而達乎四境，而齊有其民矣。地不改辟矣，民不改聚矣，行仁政而王，莫之能禦也。……當今之時，萬乘之國行仁政，民之悅之，猶解倒懸也。故事半古之人，功必倍之，惟此時為然。[614]

孟子認為齊桓公稱霸是易如反掌，夏、商、周三代盛世，擁有不到千里的土地，而齊國擁有廣大的土地與百姓。齊桓公行仁政而為王，是無人能擋的。現今

---

[606] 《尚書》，卷 16，〈周書‧君奭〉，頁 23，總頁數 247。
[607] 《尚書》，卷 17，〈周書‧多方〉，頁 5，總頁數 255。
[608] 《尚書》，卷 11，〈周書‧泰誓下〉，頁 13，總頁數 157。
[609] 《詩經‧小雅‧北山》作溥，《孟子‧萬章上》作普。見：《詩經》，卷 13-1，〈小雅‧北上〉，頁 19，總頁數 444。《孟子》，卷 9 上，〈萬章上〉，頁 9，總頁數 164。
[610] 《論語》，卷 14，〈憲問〉，頁 9，總頁數 127。
[611] 楊向奎：《大一統與儒家思想》（北京：北京出版社，2011 年），頁 20。
[612] 《孟子‧梁惠王上》云：「孟子見梁襄王。出，語人曰：……（梁襄王）卒然問曰：『天下惡乎定？』吾對曰：『定於一。』」見：《孟子》，卷 1 下，〈梁惠王上〉，頁 1，總頁數 21。
[613] 《孟子》，卷 3 上，〈公孫丑上〉，頁 2，總頁數 51。
[614] 《孟子》，卷 3 上，〈公孫丑上〉，頁 3，總頁數 52。

此時，萬乘之國施行仁政，解民倒懸，是事半功倍，功績必超越古人。孟子的大一統思想，並不在於尊崇周天子，而是指有能力者施行仁政，統一天下。

　　荀子的一統觀，見於《荀子》。〈王霸〉云：「故治國有道，人主有職。……若是則一天下，名配堯禹。」[615]君王的職責，在於治國有道，若是能統一天下，名聲能與堯、禹相配。又〈儒效〉云：

> 彼大儒者……用百里之地，而千里之國莫能與之爭勝；笞棰暴國，齊一天下，而莫能傾也。是大儒之徵也。[616]

　　所謂的大儒，能以百里之地，使千里之國無法爭勝，鞭笞施行暴政的國家，使天下統一，無人能動搖，這是大儒的特徵。荀子又說大儒能「通則一天下，窮則獨立貴名」[617]，大儒在顯達的時候能統一天下，在窮困的時候能使名聲顯赫。由此可見荀子的大一統思想，認為治國有道的君王及大儒，能統一天下。

二、屈原的「大一統」觀

　　屈原有以天下一統為理想目標，張崇琛《楚辭文化探微》說明屈原的「大一統」思想，為：

> 屈原自敘世系，所追溯的是華夏民族的統一祖先。……屈原所稱引的聖君賢臣，都是華夏民族所公認的俊傑，而所鞭撻的暴君亂臣，亦為華夏民族所共斥；屈原作品所涉及的地區，也都是中國的廣大疆域。……屈原〈九歌〉中的有些神祇，亦為全國所共祭。[618]

　　張崇琛從屈原世系、屈賦中的君臣、屈賦中的地域、〈九歌〉中的神祇，探察屈原「大一統」思想。筆者以為，張崇琛的觀點仍有待商榷之處，例如〈九歌〉之河伯、東皇太一、雲中君，是否為全國共祭，但是張崇琛提出的觀點，確實可再深入探討。

　　要明白屈原的「大一統」思想，可藉由作品分析而得知。從屈原自敘世系為黃帝顓頊，可知楚國楚族的源頭，無異於中原各族，而從屈原作品中的地理疆域，可知屈原的天下觀，是視九州是一個完整的個體，因此楚國將會統一天下。以下就（一）歷史上：黃帝顓頊是為先祖。（二）地理上：疆域範圍概括九州。探討屈原的「大一統」觀。

（一）歷史上：黃帝顓頊是為先祖

　　屈原在〈離騷〉云：「帝高陽之苗裔兮」，又司馬遷《史記》〈屈原列傳〉云：

---

[615]　〔戰國〕荀況著，王天海校釋：《荀子校釋》，上冊，卷7，〈王霸〉，頁492。
[616]　〔戰國〕荀況著，王天海校釋：《荀子校釋》，上冊，卷8，〈儒效〉，頁310。
[617]　〔戰國〕荀況著，王天海校釋：《荀子校釋》，上冊，卷8，〈儒效〉，頁311。
[618]　張崇琛：《楚辭文化探微》，頁37-38。

「屈原者，名平，楚之同姓也。」[619]〈楚世家〉云：「楚之先祖，出自帝顓頊高陽。高陽者，黃帝之孫，昌意之子也。」[620]楚族與屈原之先祖，是以黃帝、顓頊為始。

黃帝之名字，司馬遷《史記‧五帝本紀》云：「黃帝者，少典之子，姓公孫，名曰軒轅。」[621]而黃帝的事蹟，《史記》有詳細的記載：

> 軒轅之時，神農氏世衰。諸侯相侵伐，暴虐百姓，而神農氏弗能征。於是軒轅乃習用干戈，以征不享，諸侯咸來賓從。而蚩尤最為暴，莫能伐。炎帝欲侵陵諸侯，諸侯咸歸軒轅。軒轅乃修德振兵，治五氣，蓺五種，撫萬民，度四方，教熊羆貔貅貙虎，以與炎帝戰於阪泉之野。三戰然後得其志。蚩尤作亂，不用帝命。於是黃帝乃徵師諸侯，與蚩尤戰於涿鹿之野，遂禽殺蚩尤。而諸侯咸尊軒轅為天子，代神農氏，是為黃帝。[622]

黃帝是少典之子，姓公孫，名軒轅。在軒轅之時，炎帝神農氏衰落，諸侯互相征伐，對百姓施以暴虐，而神農氏無法征討，於是軒轅學習使用武器，征討不服的諸侯，諸侯均來歸順。在諸侯裡，蚩尤最為殘暴，無法征伐。炎帝欲要侵略諸侯，諸侯均歸附軒轅。軒轅修明政治，與炎帝戰於阪泉之野，三戰而勝。其後蚩尤為亂，不服從軒轅，於是軒轅徵集諸侯，與蚩尤戰於涿鹿之野，並擒殺蚩尤。諸侯奉軒轅為天子，代替神農氏，是為黃帝。由於黃帝征討炎帝與蚩尤，而統一天下。

顓頊的事蹟，亦見於《史記‧五帝本紀》：

> 帝顓頊高陽者，黃帝之孫而昌意之子也。……北至於幽陵，南至於交阯，西至於流沙，東至於蟠木。動靜之物，大小之神，日月所照，莫不砥屬。[623]

顓頊是黃帝之孫，昌意之子。他所統御的九州，北至幽陵，南至交阯，西至流沙，東至蟠木。日月所照之處，均是顓頊管理的範圍。又共工曾與顓頊爭帝，事見《列子‧湯問》：

> 共工氏與顓頊爭為帝，怒而觸不周之山，折天柱，絕地維，故天傾西北，日月星辰就焉；地不滿東南，故百川水潦歸焉。[624]

---

[619] 《史記》，卷 84，〈屈原賈生列傳〉，頁 2，總頁數 983。
[620] 《史記》，卷 40，〈楚世家〉，頁 2，總頁數 630。
[621] 《史記》，卷 1，〈五帝本紀〉，頁 3-4，總頁數 19。
[622] 《史記》，卷 1，〈五帝本紀〉，頁 5-9，總頁數 20-21。
[623] 《史記》，卷 1，〈五帝本紀〉，頁 17-18，總頁數 23。
[624] 〔戰國〕列子著，楊伯峻集釋：《列子集釋》，卷 5，〈湯問〉，頁 158。

共工與顓頊爭帝，怒觸不周山，折天柱，絕地維，因此天向西北傾斜，地向東南下陷，影響了日月星辰的進行，以及河川湖水的流向。從共工怒觸不周山，可見此爭帝之戰，是顓頊獲勝稱帝。

屈原在世系上追敘至黃帝與顓頊，原因是天下統一始於黃帝，而顓頊是繼黃帝之後，平定九州內亂的帝王，黃帝、顓頊為中華民族的共祖，楚族也出自於此。屈原推崇黃帝與顓頊，屈原也認為，楚王是承繼黃帝、顓頊者，有統一天下的正當性。

（二）地理上：疆域範圍概括九州

屈賦裡的地理範圍，在〈離騷〉、〈天問〉反映出屈原的地理觀，下以〈離騷〉為例，分析屈原作品裡的地理疆域。

〈離騷〉有云：

> 邅吾道夫崑崙兮，路修遠以周流。揚雲霓之晻藹兮，鳴玉鸞之啾啾。朝發軔於天津兮，夕余至乎西極。鳳皇翼其承旂兮，高翱翔之翼翼。忽吾行此流沙兮，遵赤水而容與。麾蛟龍使梁津兮，詔西皇使涉予。路修遠以多艱兮，騰眾車使徑待。路不周以左轉兮，指西海以為期。

「崑崙」、「天津」、「西極」、「流沙」、「赤水」、「不周」等詞彙，代表屈原的地理觀。屈原在神遊天界時，首先從楚地出發，轉向崑崙而去。王逸《楚辭章句》引《河圖·括地象》云：「崑崙在西北。」屈原早上從天津出發，傍晚到達西方的盡頭。「天津」，王逸《楚辭章句》云：「天津，東極箕、斗之間，漢津也。」「西極」，劉夢鵬《屈子章句》云：「西極，西方之極。」[625]王逸《楚辭章句》解釋此句是：「言已朝發天之東津，萬物所生，夕至地之西極，萬物所成，動順陰陽之道，且亟疾也。」屈原從東方的天河出發，以飛快的速度，到達了西邊最遠的地方，如此舉正符合周流天下之意。

其後屈原到達流沙之處，在赤水邊徘徊不已。「流沙」，《文選》呂向注：「流沙，西極。」[626]流沙正是上文屈原所到的西極。「赤水」，在洪興祖《楚辭補注》引《博雅》云：「崑崙虛，赤水出其東南陬。」赤水是神話中在崑崙山東南方的神水。屈原以他神聖的身分，命令蛟龍作為橋梁搭在流沙之處，又命令西皇帶領屈原渡過赤水。屈原接著經過不周山，指向西海為抵達目標。「不周」即神話中的不周山，王逸《楚辭章句》云：「不周，山名，在崑崙西北。」屈原這次神遊的方位是從東方的「天津」出發，到達西方的最遠之處，渡過「流沙」與「赤水」，路過西北方的不周山，向「西海」前進，最終是心念楚國，僕悲馬懷。

在屈原的其他篇章，亦表現他的地理觀。如〈招魂〉，王逸《楚辭章句·招

---

[625]〔清〕劉夢鵬：《屈子章句》，收錄於吳平、回達強主編：《楚辭文獻集成》，冊 27，頁 19373。
[626]〔唐〕李善等六臣注：《六臣注文選（楚辭）》，收錄於吳平、回達強主編：《楚辭文獻集成》，冊 2，頁 875。

魂序》云：「外陳四方之惡，內崇楚國之美。」在「外陳四方之惡」方面，〈招魂〉云：「魂兮歸來！東方不可以託些」、「魂兮歸來！南方不可以止些」、「魂兮歸來！西方之害，流沙千里些」、「魂兮歸來！北方不可以止些」、「魂兮歸來！君無上天些」、「魂兮歸來！君無下此幽都些」，屈原招懷王之魂，描述了東、南、西、北、上、下的險惡環境，以期懷王回到楚國宮殿。由此可以看出屈原楚國為中心的觀念，而四方之惡，則不可久留。又如〈九歌〉裡的地理名詞，如前引陳怡良先生之統計：「〈九歌〉中之地名凡二十八見，除涉及神話及全國性者有十三處外，餘十五處均在沅湘之間。」[627]有十五處在沅湘之間，顯示出〈九歌〉為楚地祭神曲。但不可忽視的，是涉及神話及全國性的十三處，可見屈原也是熟悉九州地理。

從〈離騷〉、〈九歌〉、〈招魂〉之例，可知屈原是以楚國為中心，這與他出身楚國相關，而天下四方的邊界，則是符合九州的範圍。既然屈原的中心是楚國，他當然是立足楚國，但屈原的眼光並不只侷限在楚國，而是放眼天下，認為楚國將能統一天下。

三、屈原實現天下一統的方式

屈原實現天下一統的方式，首先期望能由聖主領導國家施政方針，施行美政，使人民百姓安居樂業。而聖主能舉用賢才，授予職位，使賢臣能輔佐國君，處理政治。接著是透過安邦定國，兼併他國，擴大楚國疆域，最終是由楚國統一天下。以下就（一）修齊治平，循序漸進。（二）輔佐國君，推行美政。（三）舉賢授能，人才濟濟。（四）君臣一心，眾志成城。（五）中興楚國，一統天下。分析屈原要實現由楚國統一天下，所該採取的方式。

（一）修齊治平，循序漸進

《禮記‧大學》以修身為一切基礎，而目標是平治天下。此目的在儒家典籍中多有記載，《禮記‧中庸》載孔子語：「好學近乎知，力行近乎仁，知恥近乎勇。知斯三者，則知所以修身；知所以修身，則知所以治人；知所以治人，則知所以治天下國家矣。」[628]喜好學習是接近智，身體力行是接近仁，知道羞恥是接近勇，知道此三者，就知道如何修身，如何治理眾人，如何治理天下與國家。《禮記‧樂記》云：「修身及家，平均天下。」[629]修養己身，並延及自家，最終能使天下等齊。《論語‧季氏》云：「遠人不服，則修文德以來之。」[630]如果遠方的國家人民不來歸順，則修明文德以招來他們。《論語‧憲問》載有孔子與子路的對話：

子路問君子。子曰：「修己以敬。」曰：「如斯而已乎？」曰：「修己以安人。」曰：「如斯而已乎？」曰：「修己以安百姓。修己以安百姓，堯舜其

---

[627] 陳怡良：〈九歌新論——九歌意義與特質探新〉《屈原文學論集》，頁196。

[628] 《禮記》，卷52，〈中庸〉，頁20，總頁數888。

[629] 《禮記》，卷38，〈樂記〉，頁19，總頁數686。

[630] 《論語》，卷16，〈季氏〉，頁2，總頁數146。

猶病諸！」[631]

　　孔子認為要以恭敬的心來修養自己，而透過修己，能使人民安樂、百姓安頓，這是堯舜也難以達成的目標。荀子〈修身〉云：「以修身自名，則配堯禹。」[632]堯、禹是古代的帝王，修養自身，則可以與堯、禹相匹配。修身能達成統一天下的目標。

　　屈原要使楚國天下統一，他所能掌握的就是修身、齊家、治國。陳開梅〈論屈原的內政改革思想〉：

> 屈原主張革新政治，勵精圖強，其目的是什麼呢？那就是由楚國來統一天下，達到楚國來「永都」和「統世」的理想，他曾在〈悲回風〉中寫道：「惟佳人之永都兮，更統世以自貺」，這是屈原政治主張的核心。[633]

　　由於屈原要以楚國來一天下，因此對時間歲月的流逝感到憂心。〈離騷〉說道：「汩余若將不及兮，恐年歲之不吾與。」時光流逝飛快，而擔心年歲趕不上他所要達成的功業。「惟草木之零落兮，恐美人之遲暮。」見到草木逐漸凋落，而擔心年歲也接近落日。「老冉冉其將至兮，恐修名之不立。」他即將年老，而擔心美名無法確立。屈原神遊天地時，說道：「吾令羲和弭節兮，望崦嵫而勿迫。路曼曼其修遠兮，吾將上下而求索。」屈原命令羲和緩慢徐行，望見日落處的崦嵫山，切勿急忙地靠近，表達出他對時間的焦慮。

　　屈原所擔憂的，就是深怕無法輔佐楚王完成美政。屈原要協助楚王處理楚國的政治，但是他的舉動引來讒臣奸佞的排擠，〈惜誦〉云：「吾誼先君而後身兮，羌眾人之所仇。專惟君而無他兮，又眾兆之所讎。」屈原將楚王擺在優先的位置，其次再考慮自身，他卻被眾人仇視。屈原只專注於事奉君王而無別意，但被眾人視為仇敵。屈原凡事為楚王設想，但由於讒小的中傷，使他無法再接近楚王，因此期望楚王能把握屈原正值美好年歲的時候，重新起用屈原。

　　屈原在〈離騷〉亂辭云：「既莫足與為美政兮，吾將從彭咸之所居。」屈原致力於輔佐楚王完成美政，因此他努力修養己身，〈離騷〉云：「曰兩美其必合兮，孰信修而慕之。」兩個美善的人互相遇合，哪有不去仰慕擁有美好修養的人呢？此句原是靈氛勉勵屈原之語，但也是屈原藉靈氛說出他的想法。他將要上下求索志同道合的人，一同完成美政，並統一天下。

（二）輔佐國君，推行美政

　　由於屈原有儒家思想，並追求美政，故在屈賦裡多次言及古代的聖主賢臣，以他們為追循效法的對象。屈賦裡提及的聖主，如三后、堯、舜、禹、湯、少康、

---

[631] 《論語》，卷 14，〈憲問〉，頁 17，總頁數 131。
[632] 〔戰國〕荀況著，王天海校釋：《荀子校釋》，上冊，卷 1，〈修身〉，頁 49。
[633] 陳開梅：〈論屈原的內政改革思想〉，《貴陽師專學報（社會科學版）》，2001 年，第 1 期，總第 63 期，頁 40。

武丁、文王、武王、齊桓公、秦穆公、晉文公等人。這些聖主，品德美善，使有才德者聚集至身邊，輔佐國政。這些君王施行仁政，依正道而行，因此正大光明。他們也表現莊重祗敬，要求自身，成為世人榜樣，推行仁政。他們重用賢能之人，使國家政治順利進行，完成事業。透過以上聖主表現的形象，可知屈原理想中君王，是符合這些特質。這些聖主，能修養自身品德，振興國家，舉用賢才，這也是楚懷王與頃襄王所缺乏的。

屈原身為楚臣，他期望楚國的國勢能強大壯盛，而他所採取的方法就是輔佐國君，推行美政。他在〈離騷〉說道：「乘騏驥以馳騁兮，來吾道夫先路。」他騎乘著良馬，要引導楚王走向正途。他又說：「忽奔走以先後兮，及前王之踵武。」他在楚王的前後奔波操勞，要使楚王跟上前代聖主的腳步，而能施行美政。

從屈原的一生來看，他進入楚國政壇時，是受到楚王重視的。《史記·屈原列傳》裡就記載屈原「明於治亂，嫻於辭令」，表示他能主持內政，嫻熟於外交辭令。而他也曾經在楚國進行變法，他在〈惜往日〉云：「惜往日之曾信兮，受命詔以昭詩。奉先功以照下兮，明法度之嫌疑。」他在當時是得到楚王信任，接受楚王的詔令推行改革。而屈原也不辜負楚王的期望，他奉行前人變法的功績，辨明楚國法律不明之處。他展現出忠君愛國，一切以楚王與楚國為重。因此他要透過輔佐楚王，讓前代聖主的美政再次實現，進而壯大楚國，以楚國統一天下。

（三）舉賢授能，人才濟濟

屈原對人才的看法，也表現在作品裡。屈賦裡提及的賢臣有二類：輔佐聖王成功者，如皋陶、伊尹、傅說、呂望、甯戚、百里奚，為君國事殉節者，如伯夷、彭咸、申徒、比干、申生、介之推、伍子胥。

輔佐聖王成功的賢臣，皋陶為舜、禹之臣，伊尹為商湯之臣，傅說為商朝武丁之臣，呂望為周朝文王之臣，甯戚為齊桓公之臣，百里奚為秦穆公之臣。為君國事殉節的賢臣，伯夷、彭咸、申徒以及比干，都曾經勸諫國君，而申生與介之推，為國君設想周到，至於伍子胥是成就國君的霸業。由此可見，無論治世或亂世，都有出現賢臣，並為國君所用，只是因君王有聖明或昏庸的差異，而有不同的結局。屈原認為，這些賢臣是他的榜樣，而在屈原的美政裡，舉賢授能是不可或缺的。

屈原也知道，賢臣並非隨處可見，也非垂手可得，因此他透過教育，培養人才，使這些人才能為楚王所用。屈原初入政壇，擔任的職務是三閭大夫，而三閭大夫的職責之一，就是教導楚國貴族子弟。屈原在〈離騷〉提及他教育學生的經過，說：「余既滋蘭之九畹兮，又樹蕙之百畝。畦留夷與揭車兮，雜杜衡與芳芷。」在此四句裡，表現上是描寫屈原種植草木，實際上是指屈原教導學生的過程，而屈原也用香花芳草形容這些學生的本質，是美好而優秀。〈離騷〉接著又說：「冀枝葉之峻茂兮，願竢時乎吾將刈。」屈原期望他所教授的學生，學有所成，等到時機成熟，就能在楚國服務。

經由上述分析，可知屈原認為要獲得賢者、人才，不只是求訪於民間，也可

藉由培養而得到。當楚國國內的大臣都是賢能之人，而楚王授予適當的職位，並施行德政，這也是完成美政的方式。

（四）君臣　心，眾志成城

屈原的美政內容，在人事方面，是推崇聖主，舉賢用能。在前代聖王之時，君王施行德政，臣子輔佐國君，共同完成政治事業，這其中的關鍵，即是賢臣遇合有為的君王，使他們一展長才，處理國家事務，君與臣配合得宜，使國家政治達到美善。但是當賢臣遇到的君王為暴君，則不僅美政無法實現，甚至危害到自己的生命，而國家也因而衰亡。

以為君國事殉節的賢臣為例，伯夷為商之賢臣，諫武王伐殷不聽，不食周粟，採薇而死。彭咸為殷商賢臣，諫君不聽，投水而死。申徒為商朝人，他認為世間混濁不可居，諫君不聽，又不用於時，投水而死。比干為商紂時的聖人，諫紂王鑄炮烙，被紂王剖心而死。申生為晉獻公之子，為驪姬所陷害，出奔自縊於新城。介之推為晉文公之臣，跟隨文公出奔在外，割股予文公食用，文公即位封賞時，獨漏介之推，介之推隱居於介山，文公火燒介山逼介子推出山，介子推最終葬身火窟。伍子胥為吳王闔廬、夫差之臣，夫差聽信讒言，賜死伍子胥，伍子胥自刎而死。由此可見，因為君王的不聽勸告，相信讒言，或是昏庸無能，即使賢臣有心作為，也是無能為力。從上述的事蹟來看，可知賢臣必須與聖主遇合，才能實現美政的理想。

從屈原認為理想聖主的形象，以及他所期望聖主與賢臣遇合，可知屈原是期望楚懷王、頃襄王能修養品德，舉用賢才，成為聖主。屈原也期望楚王能遇合忠心賢能之臣，輔佐楚王治理國家。君與臣上下一心，共同為楚國奮鬥打拼，進而以楚國統一天下。只可惜楚國的國君並非聖主，臣子也非賢臣，楚國裡無志同道合之人，屈原因而發出「國無人」的感嘆。

（五）中興楚國，一統天下

在春秋時期，一統天下的觀念，是以周天子為中心。齊桓公的「霸諸侯，一匡天下」、「尊王攘夷」，尊奉對象仍是周天子。到了戰國時期，由於周朝勢力衰微，諸侯僭號稱王，由何者來一統天下，則未可知。屈原出身楚國，是楚王的宗臣，想必期望由楚國統一天下，使其他各國臣服。而屈原要中興楚國，他採取的方式，即是安邦定國。

就定國而言，屈原任職三閭大夫時，藉由教育，教導貴族子弟，培養出政治人才，使他們能為國家所用。而屈原任職左徒時，楚懷王授命屈原改革政治，變法圖強。屈原制定憲令，採取一系列的措施，欲使楚國更加強盛。就安邦而言，據何光岳《楚滅國考》考證，說道：

> 據初步統計，這一段時間內，主要是春秋戰國期間，為楚所滅的國家和部族約有六、七十個之多。約從公元前 700 年到公元前 447 年這一段時期

內，楚就陸續蠶滅了鄖、羅、彭、鄀、盧戎、申、呂、繒、應、息、鄧、
谷、軫、絞、弦、道、柏、黃、蔣、英、夔子、江、六、蓼、鄀、宗、舒、
舒蓼、蕭、舒庸、龍舒、舒鮑、舒龔、皖、舒鳩、陳、蔡、東不羹、西不
羹、桐、頓、胡、隨、杞、莒、邾、小邾、越等小國和民族。[634]

　　楚國消滅與兼併四周小國，使國家疆域範圍擴大。楚國能征服這些國家，可
知當時楚國的國勢如日中天。至楚懷王時期，以齊、秦、楚三國最為強盛。

　　屈原對於楚國歷史了然於胸，他是知道楚國有機會能與中原各國一爭天下。
由於屈原曾經使齊，明白齊國國勢，又因秦國數次迫害楚國，成為屈原防範的對
象，因此屈原主張「聯齊抗秦」，此舉既能削弱秦國的勢力，也可使楚國不會面
臨腹背受敵的情勢。他藉由安邦定國，中興楚國，企圖由楚國征服他國，而能統
一天下。

---

[634] 何新岳：《楚滅國考》（上海：上海人民出版社，1990 年），頁 1。

第四章 道家思想，其來有自——屈原與道家關係析論

　　道家思想盛行於楚國，道家思想的來源，有楚族之族學以及周朝之官學。楚族之族學，源自於楚之先祖：老童、祝融、鬻熊。而周朝之官學是由於南北文化交流，鬻熊為文王之師，道家始祖老子為周朝守藏室之史，道家思想因此有周朝的官學。在戰國時期，齊國稷下學宮聚集了眾多著名學者，而在稷下學宮衰落時，學者四散，有學者進入楚國，帶入黃老道家思想。在楚國裡有許多道家學者，例如老子、關尹、文子、老萊子、莊子、環淵、鶡冠子、詹何、長盧等人，也有由齊國稷下而來的黃老學者慎到，而楚國蘭臺之宮也聚集了有道家思想的文人，如宋玉、唐勒、景差，而屈原可能也是蘭臺文人。

　　屈原生活成長於楚國，他與道家學者莊子、環淵、詹何、鶡冠子等人處在相同時代，屈原有可能與他們接觸，甚至閱讀他們的著作。道家出於史官，屈原有史官之家學，因此而有道家思想。屈原曾經出使過齊國，齊國稷下是黃老思想興盛之地，他的二次使齊，有可能與稷下學者交流學術，進而吸收黃老學說。

　　以下第一節討論楚國道家思想的盛行，以及在楚國有眾多的道家學者。第二節討論屈原受到生活環境的影響，而擁有道家思想。第三節討論屈原出使齊國，曾經與稷下學派交流，而擁有黃老思想。

第一節　楚國道家思想的盛行

　　學術思想的形成，必定有其起源與發展。而道家思想早在老子之前，已有雛形，《莊子‧雜篇‧天下》云：「以木為精，以物為粗，以有積為不足，澹然獨而神明居，古之道術有在於是者，關尹、老聃聞其風而悅之。」[1]在關尹、老子之前，已經有接近道家思想的「古之道術」，關尹、老子曾經聽聞此道術而感到欣悅。

　　道家思想的起源，徐文武《楚國思想與學術研究》說：「道家思想有兩個學術淵源，其一是楚族的『族學』淵源，其二是周朝的『官學』淵源。」[2]徐文武認為道家思想是來自楚族的族學與周朝的官學。而在楚國的道家學者，除了有來自楚國的道家學者，還有來自齊國稷下的黃老學者。由於楚國道家思想盛行，也影響文人的創作，將道家思想寫入作品裡。以下就（一）楚族之族學。（二）周朝之官學。（三）黃老道家入楚。（四）楚國學者文人。討論楚國盛行的道家思想。

一、楚族之族學

　　關於「族學」，徐文武《楚國思想與學術研究》說道：

　　　　所謂「族學」是一個民族在歷史發展過程中積澱下來的思想與學術傳統。族學往往在一個民族內部世代相傳，具有相對的穩定性。楚族在歷史發展

---

[1] 〔戰國〕莊周著，〔清〕郭慶藩集釋：《莊子集釋》，卷 10 下，〈雜篇‧天下〉，頁 1093。
[2] 徐文武：《楚國思想與學術研究》，頁 45-46。

過程中，也形成了具有自身特色的「族學」，並在族系內部傳承下來。[3]

徐文武又說：

> 早在道家的創始人老子和道家思想集大成者莊子都有楚族血脈，正是這種
> 血緣關係，使得道家思想與楚文化之間存在著密切的關係。[4]

道家的重要人物：老子、莊子，都與楚族相關，因此使得道家思想與楚文化有所關聯。徐文武又認為，楚族族學的內容，可從老童、祝融、鬻熊探討。[5]筆者贊同徐文武之見，因為在老子之前，道家思想已經萌發，而老童、祝融、鬻熊三人是楚族之祖，探析他們的思想，則可知早期道家思想的內容。以下就（一）老童。（二）祝融。（三）鬻熊。討論楚族之族學。

（一）老童

老童的身世有兩種說法：第一種說法，據《史記・楚世家》云：「楚之先祖，出自帝顓頊高陽。高陽者，黃帝之孫，昌意之子也。高陽生稱，稱生卷章，卷章生重黎。」[6]《世本》云：「老童生重黎及吳回。」[7]卷章即老童。依此說，老童為黃帝之玄孫，顓頊之曾孫。第二種說法，據《山海經・大荒西經》云：「顓頊生老童，老童生祝融」[8]、「顓頊生老童，老童生重及黎」[9]，郭璞注《山海經》說：「耆童，老童，顓頊之子。」[10]依此說，老童為黃帝之孫，顓頊之子。上述兩種說法，無論何者為真，均指出重黎（祝融）為老童之子。老童為老姓之祖，《風俗通義・佚文・姓氏》云：「老氏，顓頊子老童之後。」[11]道家學者老子，即是老姓出身，老子不只是楚地人，也是楚族人。老子為道家的始祖，這與他的先祖老童，可能有密切的關係。

（二）祝融

祝融，依《史記・楚世家》記載：「卷章（老童）生重黎，重黎為帝嚳高辛居火正，甚有功，能光融天下，帝嚳命曰祝融。共工氏作亂，帝嚳使重黎誅之而不盡。帝乃以庚寅日誅重黎，而以其弟吳回為重黎後，復居火正，為祝融。」[12]

3　徐文武：《楚國思想與學術研究》，頁 45。
4　徐文武：《楚國思想與學術研究》，頁 46。
5　見：徐文武：《楚國思想與學術研究》，頁 47。
6　《史記》，卷 40，〈楚世家〉，頁 2-4，總頁數 630。
7　裴駰《史記集解》引徐廣語，見：《史記》，卷 40，〈楚世家〉，頁 2，總頁數 630。
8　袁珂校注：《山海經校注》（北京：北京聯合出版公司，2014 年 1 版 2 刷），卷 16，〈大荒西經〉，頁 333。
9　袁珂校注：《山海經校注》，卷 16，〈大荒西經〉，頁 339。
10　見：袁珂校注：《山海經校注》，卷 16，〈大荒西經〉，頁 333。
11　〔漢〕應劭撰，王利器校注：《風俗通義校注》（臺北：明文書局，1981 年再版），〈佚文・姓氏〉，頁 535。
12　《史記》，卷 40，〈楚世家〉，頁 2-3，總頁數 630。

從帝嚳命重黎為祝融，之後又命吳回為祝融，可知有功者均可稱為祝融，並非專指一人。

祝融是古代火正之官，見於《左傳‧昭公二十九年》：「火正曰祝融」[13]。祝融的職務內容，《國語‧鄭語》云：「且重、黎之後也，夫黎為高辛氏火正，以淳耀敦大，天明地德，光照四海，故命之曰『祝融』，其功大矣。」韋昭注：「言黎為火正，能理其職，以大明厚大，天明地德，故命之為『祝融』。……大明、天明，若歷象三辰也。厚大地德，若敬授民時也。光照四海，使上下有章也。」[14]祝融負責掌火，故能以光明照耀天下四方，他也負責觀察天文，並藉由星象的運行，劃定時辰，制定曆法，教導百姓時間的規律。

據《史記‧楚世家》記載，祝融最初是由老童之子：重、黎擔任。而重、黎二人，《尚書‧周書‧呂刑》云：「乃命重、黎，絕地天通，罔有降格。」孔安國傳云：「重即羲，黎即和。堯命羲（義）和，世掌天地四時之官。」[15]重黎掌管與天地四時相關的事務。又「羲和」一詞，《尚書‧虞書‧堯典》云：「乃命羲和，欽若昊天，歷象日月星辰，敬授人時。」[16]羲和是執掌天文的官職。他們恭敬地順應上天，觀察日月星辰的運行，教導人民時序的變化，這是他們的長處。孔穎達寫得更清楚：「言羲是重之子孫，和是黎之子孫，能不忘祖之舊業，故以重、黎言之。」[17]羲和是重黎的後代，而掌管天文四時的官職是世代相承。

「祝融」、「重黎」、「羲和」，職務內容為掌火，並觀察天象，授民以時，而且此職是世代繼承。從官職為世代繼承來看，擔任此職者為楚族人。再從「歷象三辰」、「敬授民時」來看，因為職務內容的關係，從觀察天地的規律，進而審視宇宙與社會的關係，久而久之，則能看出「天」與「人」有相通之處，由天象而知人事，此與道家裡的天人思想相關。

（三）鬻熊

鬻熊，裴駰《史記集解‧周本紀》引劉向《別錄》云：「鬻子，名熊，封於楚。」[18]鬻熊受封於楚，是為楚人。在周文王時，鬻熊歸順周朝，這也促進南北文化交流，也將儒家思想帶入楚地。鬻熊的思想，見於《鬻子》一書，《漢書‧藝文志》在「道家」著錄：「《鬻子》二十二篇。」班固自注云：「名熊，為周師，自文王以下問焉。」[19]鬻熊不只有著作，還是文王、武王、成王之師。

劉勰《文心雕龍‧諸子》云：「至鬻熊知『道』，而文王諮詢，餘文遺事，錄為《鬻子》，子目肇始，莫先於茲。」[20]鍾肇鵬《鬻子校理》對劉勰的說法，說明道：

---

[13] 〔春秋〕左丘明著，楊伯峻注：《春秋左傳注》，冊4，〈昭公二十九年〉，頁1502。
[14] 〔春秋〕左丘明著，徐元誥集解：《國語集解》，卷16，〈鄭語〉，頁460。
[15] 《尚書》，卷19，〈周書‧呂刑〉，頁20，總頁數297。
[16] 《尚書》，卷2，〈虞書‧堯典〉，頁9，總頁數21。
[17] 《尚書》，卷19，〈周書‧呂刑〉，頁21，總頁數298。
[18] 《史記》，卷4，〈周本紀〉，頁11，總頁數60。
[19] 《漢書》，冊2，卷30，〈藝文志〉，頁34，總頁數864。
[20] 〔南朝梁〕劉勰著，周振甫注：《文心雕龍注釋》，〈諸子〉，頁325。

第一，說明「鬻熊知道」。這個「道」，即道家「清靜自正」、「無為而治」的人君「南面之道」。也包括「大化流行」、運動不息的形上學及辯證法思想。第二，說明《鬻子》不是鬻熊之作，而是後人依據其「餘文遺事」編輯而成的。第三，說明諸子書以「子」稱，始於《鬻子》。[21]

據劉勰、鍾肇鵬所言，鬻熊知道的「道」，是屬道家的範疇。鬻熊與文王對話的內容以及鬻熊的事蹟，都被錄在《鬻子》裡，可見《鬻子》非鬻熊自撰，是由後人編輯而成。至於劉勰說《鬻子》是子書之始，此說難以成立。[22]

鬻熊的思想內容，徐文武《楚國思想與學術研究》說：

> 《漢書・藝文志》將《鬻子》歸入道家，這說明自漢代開始，人們就注意到了《鬻子》一書與老、莊道家哲學之間存在著密切的聯繫。但從今存殘本《鬻子》來看，書中雖言及「道」，但其中有關「道」的論述僅限於一般性的道理和原則。「道」在《鬻子》書中並不是作為宇宙的最高實體和最高哲學範疇存在的，這與道家所說的「道」有著本質的區別。僅從這一點就可以看出，將《鬻子》歸入「道家」並沒有充分的依據。但細觀《鬻子》一書，卻多少能找出一些道家的影子，能夠窺見《鬻子》與老、莊道家哲學之間存在著的些許聯繫，正因如此，有學者將《鬻子》稱為「前道家」。[23]

《鬻子》不被列入道家，關鍵在於《鬻子》書中「道」的意義，與道家學者論「道」的意義不同。而《鬻子》的道家思想與老莊思想有相似之處，兩者或許有所關聯，鬻熊因而被稱為「道家之先驅」、「前道家」。

雖然鬻熊不是道家學者，但他確實有道家思想，他的道家思想來源，徐文武說：「《鬻子》一書的思想，部份可能來自商、周以來的『官學』，部份則可能來自楚族的『族學』。」[24]筆者贊同徐文武之見，鬻熊既是楚人，又是楚族首領，曾經擔任周文王之師，因此他的道家思想是來自周朝的官學與楚族的族學，而在族學方面，就是楚族所發展出來的道家思想。

二、周朝之官學

關於「官學」，徐文武《楚國思想與學術研究》說道：

---

[21] 〔商〕鬻熊著，鍾肇鵬校理：《鬻子校理》（北京：中華書局，2013 年重印），頁 3-4。
[22] 鍾肇鵬《鬻子校理》說：「既然《鬻子》並非鬻熊之作，乃後人掇拾『餘文遺事』編成的，當然就鬻熊的年代說他是殷商晚期的人，時代很古，但編成《鬻子》書的時代則可能頗晚，也許在《老子》、《墨子》、《孟子》、《管子》之後，因此說『子目肇始』於《鬻子》是難於成立的。」〔商〕鬻熊著，鍾肇鵬校理：《鬻子校理》，頁 4。
[23] 徐文武：《楚國思想與學術研究》，頁 49-50。
[24] 徐文武：《楚國思想與學術研究》，頁 49。

所謂「官學」是指「王官之學」，即以王朝為中心的官府文化系統。「官學」綜合融匯了各種萌芽狀態的學術，具大極大的包容性。官學在發展過程中，孕育和啟迪了私家學術，是中國古代思想文化的搖籃。[25]

徐文武又說：

道家學術的另一個淵源是周王室的「官學」。關於道家的起源，《漢書·藝文志》說：「道家者流，蓋出於史官」。班固的「道家出於史官」說，正說明了道家學術與「官學」存在一定關係。[26]

　　徐文武所說的「官學」，指周朝的王官之學，是諸子百家的源頭，先秦時期的思想家大多由此發展出各自的學術思想，而道家是其中之一。班固《漢書·藝文志》記載先秦十家諸子思想的學官由來，道家是「出於史官」[27]，可見道家與學官之關係。

　　本論著第二章曾論述南北文化交流，重要的事件為「鬻熊為文王之師」、「周公奔楚」、「王子朝奔楚」。「鬻熊為文王之師」是楚人入周，將周朝官學思想帶回楚國，而「周公奔楚」、「王子朝奔楚」，則是周人入楚，將周朝重要文件典籍帶入楚國。筆者以為，此三次的南北文化交流，不只將儒家思想傳進楚國，也將官學中的道家思想傳進楚國，這也是在楚國的道家思想裡，有周朝官學內容的原因。

　　楚國的道家思想有周朝官學的內容，原因除了上述三項以外，還有一個來源是老子。老子曾在周朝為官，《史記·老子韓非列傳》云：「老子者……周守藏室之史也。」[28]司馬貞《史記索隱》釋「藏室史」為「周藏書室之史」[29]，老子任職守藏室之史，負責管理藏書室的圖書典籍。老子既是楚人，又曾任職於周，他的思想可能因此受到周朝官學的影響，這也成為道家思想的來源。徐文武更將〈金人銘〉與《老子》對照，說明在老子之前，「貴柔守雌」的思想，此思想早存在商、周官學之中。[30]

三、黃老思想入楚

　　黃老之學起源於齊國稷下，稷下所在之處，裴駰《史記集解·田敬仲完世家》引劉向《別錄》云：「齊有稷門，城門也。談說之士，期會於稷下也。」[31]稷門為齊國的城門，學者聚集在稷門附近談論學術。

---

[25] 徐文武：《楚國思想與學術研究》，頁45-46。
[26] 徐文武：《楚國思想與學術研究》，頁50。
[27] 《漢書》，冊2，卷30，〈藝文志〉，頁38，總頁886。
[28] 《史記》，卷63，〈老子韓非列傳〉，頁2-3，總頁數832。
[29] 《史記》，卷63，〈老子韓非列傳〉，頁3，總頁數832。
[30] 詳參：徐文武：《楚國思想與學術研究》，頁51。
[31] 《史記》，卷46，〈田敬仲完世家〉，頁31，總頁數720。

稷下之宮的設立，徐幹《中論・亡國篇》云：「齊桓公立稷下之宮，設大夫之號，招致賢人而尊寵之，孟軻之徒皆遊於齊。」[32]在戰國時期，齊桓公田午立稷下學宮，設「大夫」的名號，招徠並尊寵這些賢者。齊宣王時，稷下學者的人數極多，《史記・田敬仲完世家》云：「宣王喜文學游說之士……是以齊稷下學士復盛，且數千百人。」[33]此時在稷下學宮的學者，有數千百人，可見此處的學風鼎盛。

稷下學宮沒落於齊湣王時，原因為《鹽鐵論・論儒》所言：「湣王……矜功不休，百姓不堪。諸儒諫不從，各分散。」[34]由於湣王好大喜功，四處征戰，國內民不聊生，湣王又不聽諫言，稷下學者因而四散各國。從齊國稷下進入楚國的學者，有荀子、慎到，而環淵則是楚人，亦有可能在此時回到楚國。這些學者由齊入楚，也為楚國帶進了齊國稷下的學術思想，其中就包含黃老道家思想。

四、楚國學者文人

楚國是道家的發源地，楚國的道家學者眾多，如老子是道家思想的始祖，莊子是道家思想的發揚者，都出身楚國。稷下的學者慎到，他曾經學習黃老之術，也曾經擔任楚頃襄王之師，楚國道家學者環淵曾經遊於齊國稷下，之後又回到楚國，黃老道家因此在楚國流傳。在戰國時期，能與齊國稷下之宮並舉的，就屬楚國的蘭臺之宮。楚國的文人學者聚集於蘭臺之宮，屈原有可能是蘭臺文人的其中一員，而宋玉、唐勒、景差都是蘭臺文人。從這些文人的著作，可知楚國盛行的道家思想也影響文學創作。以下就（一）楚國道家學者。（二）楚國蘭臺文人。討論楚國裡有道家思想的學者文人。

（一）楚國道家學者

楚國出身的道家學者，有老子、庚桑楚、關尹、文子、老萊子、莊子、環淵、鶡冠子、詹何、長盧。另外，慎到並非道家學者，但由於他曾經學習黃老之術，又為楚頃襄王之師，有可能到過楚國，故在此一併討論。

1.老子

老子的出身，見於《史記・老子韓非列傳》：「老子者，楚苦縣厲鄉曲仁里人也，名耳，字聃，姓李氏，周守藏室之史也。」[35]老子又稱老聃、李耳。《史記》說老子生於楚國，而裴駰《史記集解》引《地理志》云：「苦縣屬陳國。」[36]說苦縣屬陳國。從地理位置來看，陳國與楚國相鄰，在戰國時期，陳國最終被楚國所滅。老子出身的苦縣，無論是屬陳國或楚國，均在楚國的勢力範圍內。

---

[32] 〔魏〕徐幹撰，孫啟治解詁：《中論解詁》（北京：中華書局，2014 年），〈亡國〉，卷 18，頁 341。

[33] 《史記》，卷 46，〈田敬仲完世家〉，頁 31，總頁數 720。

[34] 〔漢〕桓寬編，王利器校注：《鹽鐵論校注》（北京：中華書局，1996 年 1 版 2 刷），上冊，卷 2，〈論儒〉，頁 149。

[35] 《史記》，卷 63，〈老子韓非列傳〉，頁 2-3，總頁數 832。

[36] 《史記》，卷 63，〈老子韓非列傳〉，頁 2，總頁數 832。

《莊子・外篇・天道》記載：「孔子西藏書於周室，子路謀曰：『由聞周之徵藏史有老聃者，免而歸居。夫子欲藏書，則試往因焉。』」[37]徐文武分析此段引文：

> 其一，老子所任官職為周朝「徵藏史」；其二，老子因故被「免」去官職。老子官職被免的原因，學者們相信與「王子朝奔楚」事件有關，可備一說；其三，老子免職後的去向是「歸居」，即回到了苦縣故里（今河南鹿邑）；其四，老子與孔子是同時代的人。[38]

徐文武又說：「老子回歸故里後，開始了收徒授業的私學教育生涯，培養了一批有成就的道家門徒，老子的這批門徒成為了早期老子學派的中堅。」[39]由於老子的歸居講學，使楚國成為道家思想的發源地，道家思想在楚國廣佈流傳。

2.庚桑楚、關尹、文子

庚桑楚，《莊子・雜篇・庚桑楚》云：「老聃之役有庚桑楚者，偏得老聃之道。」[40]庚桑楚為老子的學生，得到老子學術思想的真傳。庚桑楚的國籍，據司馬貞《史記索隱》引司馬彪語：「庚桑，楚人姓名也。」[41]庚桑楚為楚國人。而據《列子・仲尼》所載，庚桑楚則為陳國人。[42]在春秋時期，陳國被楚國控制，故可將庚桑楚視為楚國人。

庚桑楚的著作與學說，徐文武〈庚桑楚其人其書考〉說：「〈庚桑楚〉一章收入《莊子》雜篇。……〈庚桑楚〉不僅『前承老子』，而且『後啟莊子』，是老莊思想之間一座不可缺少的橋樑。」[43]可見庚桑楚在道家學者裡，有著重要的地位。

關尹，其人其事見於《列子》、《莊子》、《呂氏春秋》，他所處的時代大約與老子、列子同時。[44]關尹之事蹟，見於《史記・老子韓非列傳》：「（老子至關）關令尹喜曰：『子將隱矣，彊為我著書。』於是老子乃著書上下篇，言道德之意，五千餘言而去，莫知其所終。」[45]許地山認為關尹「或者是承傳老聃學說的第一代弟子」[46]。

關尹的著作為《關尹子》，班固《漢書・藝文志》云：「《關尹子》，九篇。」班固自注云：「名喜，為關吏，老子過關，喜去吏而從之。」[47]「關尹」原為官職

---

[37]　〔戰國〕莊周著，〔清〕郭慶藩集釋：《莊子集釋》，卷5中，〈外篇・天道〉，頁477。
[38]　徐文武：《楚國思想與學術研究》，頁11。
[39]　徐文武：《楚國思想與學術研究》，頁11。
[40]　〔戰國〕莊周著，〔清〕郭慶藩集釋：《莊子集釋》，卷8上，〈雜篇・庚桑楚〉，頁769。
[41]　《史記》，卷63，〈老子韓非列傳〉，頁10，總頁數834。
[42]　《列子》載：「（陳大夫）曰：『老聃之弟子有亢倉子者，得聃之道，能以耳視而目聽。』」見：〔戰國〕列子撰，楊伯峻集釋：《列子集釋》，卷4，〈仲尼〉，頁123。
[43]　徐文武：〈庚桑楚其人其書考〉，《荊州師範學院學報》（社會科學版）2001年第6期，頁98。
[44]　《列子・力命》云：「老聃語關尹曰……」《莊子・外篇・達生》云：「子列子問關尹曰……」見：〔戰國〕列子撰，楊伯峻集釋：《列子集釋》，卷6，〈力命〉，頁216。〔戰國〕莊周著，〔清〕郭慶藩集釋：《莊子集釋》，卷7上，〈外篇・達生〉，頁633。
[45]　《史記》，卷63，〈老子韓非列傳〉，頁6，總頁數833。
[46]　許地山：《道教的歷史》（北京：北京工業大學出版社，2007年），頁44。
[47]　《漢書》，冊2，卷30，〈藝文志〉，頁35，總頁數865。

名，其後「關尹」成為專稱。關尹頗受道家學者的重視，《莊子・雜篇・天下》有云：「關尹、老聃乎！古之博大真人哉！」[48]此處將關尹與老子並舉，顯示出關尹的重要性。

文子，《漢書・藝文志》云：「《文子》，九篇。」班固自注云：「老子弟子，與孔子並時，而稱周平王問，似依託者也。」[49]文子是直接受業於老子。由於文子與孔子生活在相同時代，卻又與「周平王問」。徐文武從周平王卒年、孔子生平、楚平王在位時間、相關文獻，說明此處的「平王」，應為「楚平王」。[50]班固《漢書・藝文志》說《文子》為偽書。但根據 1973 年西漢懷王劉脩墓出土的定州西漢竹簡，被認為是《文子》的竹簡有 227 枚，2790 字。[51]雖然簡本《文子》與今本《文子》兩者有所不同[52]，但仍可說明《文子》並非偽書。

文子的思想，吳全節《通玄真經纘義・序》云：「《文子》者，《道德經》之傳也。老子本《易》而著書，文子法《老》而立言，所以發明黃帝王伯之道。」[53]文子的思想是承繼老子，而在文子的思想裡，也有黃老思想。

庚桑楚、關尹、文子三人，均是老子弟子，分別著有〈庚桑楚〉、《關尹子》、《文子》，徐文武認為這是「標誌著老子道家學派的形成」[54]，可見在楚國的道家學者，在春秋時期已經形成學派。

3.老萊子

老萊子是楚國道家隱者，《史記・老子韓非列傳》云：「老萊子亦楚人也，著書十五篇，言道家之用，與孔子同時云。」[55]又《史記・仲尼弟子列傳》云：「孔子之所嚴事：……於楚，老萊子。」[56]可知老萊子與孔子的時代相同，孔子曾師從老萊子。孔子與老萊子見面之事，見載於《莊子・雜篇・外物》[57]，而孔子學生子思亦曾與老萊子接觸，見載於《孔叢子・抗志》[58]。《漢書・藝文志》云：「《老

---

[48] 〔戰國〕莊周著，〔清〕郭慶藩集釋：《莊子集釋》，卷 10 下，〈雜篇・天下〉，頁 1098。

[49] 《漢書》，冊 2，卷 30，〈藝文志〉，頁 34，總頁數 864。

[50] 徐文武《楚國思想與學術研究》說：「周平王卒於公元前 720 年，孔子生年為公元前 551 年，前後相差將近 170 年。文子既與孔子『並時』，就不可能與周平王有君臣對答。與孔子『並時』的君王中只能是楚平王，所以馬端臨《文獻通考・經籍考》引《周氏涉筆》說：『其稱平王者，往往是楚平王，序者以為周平王時人，非也。』楚平王於公元前 528 年至公元前 516 年在位，與孔子同時的文子同楚平王對答，在時間上是完全吻合的。正如清人孫星衍所說：『文子師老子，亦或遊乎楚，平王同時，無足怪者。』」見：徐文武：《楚國思想與學術研究》，頁 13。

[51] 詳見：河北省文物研究所定州漢簡整理小組：〈定州西漢中山懷王墓竹簡《文子》的整理和意義〉，《文物》，1995 年第 12 期，頁 38-39。

[52] 簡本《文子》與今本《文子》的差異，詳見：河北省文物研究所定州漢簡整理小組：〈定州西漢中山懷王墓竹簡《文子》的整理和意義〉，頁 39。

[53] 〔元〕吳全節：《通玄真經纘義》，收錄於嚴一萍編：《道藏經》（臺北：藝文印書館，1962 年），第 118 函，洞神部，玉訣類，非上，頁 1。

[54] 徐文武：《楚國思想與學術研究》，頁 13。

[55] 《史記》，卷 63，〈老子韓非列傳〉，頁 7，總頁數 833。

[56] 《史記》，卷 67，〈仲尼弟子列傳〉，頁 3，總頁數 854。

[57] 《莊子・雜篇・外物》云：「老萊子之弟子出薪，遇仲尼，反以告曰：『……』老萊子曰：『是丘也，召而來！』仲尼至。」見：〔戰國〕莊周著，〔清〕郭慶藩集釋：《莊子集釋》，卷 9 上，〈雜篇・外物〉，頁 928-929。

[58] 《孔叢子》云：「子思見老萊子，老萊子聞穆公將相子思。」〔秦〕孔鮒撰，傅亞庶校釋：《孔

萊子》，十六篇。」[59]老萊子有著作，今已亡佚。楚國國內還有其他道家隱者，如楚狂人、長沮、桀溺等人，孔子曾與他們接觸相遇。[60]

4.列子

列子，又作「列禦寇」，是真有其人，《莊子》、《韓非子》、《呂氏春秋》、《淮南子》、《新序》有記載他的事蹟，而以《莊子》一書記載最多。《莊子·內篇·逍遙遊》云：「夫列子御風而行，泠然善也，旬有五日而後反。」[61]又《莊子·內篇·應帝王》云：「列子見之而心醉，歸，以告壺子。」[62]在〈逍遙遊〉裡，列子是帶有神話的形象，而在〈應帝王〉裡則是凡人的形象。

列子與關尹子同時[63]，而列子曾經居住在鄭國四十年，《列子·天瑞》有言：「子列子居鄭圃，四十年人無識者。」[64]至於列子的著作及哲學思想，《呂氏春秋·審分覽·不二》有云：「子列子貴虛」[65]，而《漢書·藝文志》在「道家」之下云：「《列子》，八篇。」[66]可知他的思想屬於道家。

列子的著作，現已亡佚，而現今所見的《列子》，據馬敘倫〈列子偽書考〉說：「蓋《列子》書出晚而亡早，故不甚稱於作者。魏、晉以來，好事之徒，聚斂《管子》、《晏子》、《論語》、《山海經》、《墨子》、《莊子》、《尸佼》、《韓非》、《呂氏春秋》、《韓詩外傳》、《淮南》、《說苑》、《新序》、《新論》之言，附益晚說，成此八篇，假為向序以見重。」[67]可知今本《列子》是由眾多後世書籍集結而成。即使如此，楊伯峻《列子集釋·前言》說：「《列子》還保存了一些可貴的古代材料。……〈湯問篇〉還講到宇宙萬物的原始，宇宙的無限，在一定程度上反映了那個時代對宇宙的認識所能達到的科學水平。」[68]從《列子》裡的古代材料，可以知道古代學者的哲學思維，不因它為後人集結，而失去價值。

5.莊子

莊子的生平見於《史記·老子韓非列傳》：「莊子者，蒙人也，名周。周嘗為蒙漆園吏，與梁惠王、齊宣王同時。」[69]司馬遷說莊子是蒙人，至於「蒙」的所在地，司馬貞《史記索隱》引劉向《別錄》云：「（莊子）宋之蒙人也。」[70]而《莊

叢子校釋》（北京：中華書局，2011 年），卷 3，〈抗志〉，頁 180。
[59] 《漢書》，冊 2，卷 30，〈藝文志〉，頁 36，總頁數 865。
[60] 詳參本論著第二章第一節之「孔子在楚國的行踪」一小節。
[61] 〔戰國〕莊周著，〔清〕郭慶藩集釋：《莊子集釋》，卷 1 上，〈內篇·逍遙遊〉，頁 17。
[62] 〔戰國〕莊周著，〔清〕郭慶藩集釋：《莊子集釋》，卷 3 下，〈內篇·應帝王〉，頁 297。
[63] 《莊子·外篇·達生》云「子列子問關尹。」〔戰國〕莊周著，〔清〕郭慶藩集釋：《莊子集釋》，卷 7 上，〈外篇·達生〉，頁 633。
[64] 〔戰國〕列子撰，楊伯峻集釋：《列子集釋》，卷 1，〈天瑞〉，頁 1。
[65] 〔戰國〕呂不韋著，陳奇猷校釋：《呂氏春秋新校釋》，卷 18，〈審分覽·不二〉頁 1134。
[66] 《漢書》，冊 2，卷 30，〈藝文志〉，頁 35，總頁數 865。
[67] 馬敘倫：〈列子偽書考〉，收錄於〔戰國〕列子撰，楊伯峻集釋：《列子集釋》，附錄三，頁 321-322。
[68] 〔戰國〕列子撰，楊伯峻集釋：《列子集釋》，〈前言〉，頁 6。
[69] 《史記》，卷 63，〈老子韓非列傳〉，頁 9-10，總頁數 834。
[70] 《史記》，卷 63，〈老子韓非列傳〉，頁 9，總頁數 834。

子・外篇・秋水》云：「莊子釣於濮水」[71]，陸德明《經典釋文》云：「濮水，音卜，陳地水也。」[72]宋、陳兩國與楚相鄰，屬於楚國的範圍內，均被楚國所滅，故可將莊子視為楚國人。

莊子賢能，楚威王欲禮聘為相[73]，而莊子以「我寧遊戲污瀆之中自快，無為有國者所羈，終身不仕，以快吾志焉」為由，婉拒入朝為官。[74]莊子的學說，《史記・老子韓非列傳》云：「其學無所不闚，然其要本歸於老子之言。故其著書十餘萬言，大抵率寓言也。」[75]莊子是道家學者，學說淵源歸本於老子，著作有十餘萬言。《漢書・藝文志》云：「《莊子》，五十二篇。」[76]但今本《莊子》為三十三篇：內篇七篇，外篇十五篇，雜篇十一篇，與晉代郭象《莊子注》的卷數相同。

6.環淵、慎到

環淵，《漢書・藝文志》云：「《蜎子》，十三篇。」班固自注云：「名淵，楚人，老子弟子。」[77]郭沫若〈老聃、關尹、環淵〉認為「蜎」、「環」是一音之轉[78]，而徐文武亦認為「蜎」、「環」古時通用[79]，因此環淵又稱蜎淵。環淵活動的時代，根據《史記・田敬仲完世家》記載[80]，環淵與騶衍、淳于髡、田駢、接子、慎到同時，是戰國時人。

環淵的學術思想，《史記・孟子荀卿列傳》云「環淵，楚人，皆學黃老道德之術。」[81]可知他的思想是屬黃老道家。他可能是老子弟子的學生，郭沫若說：「環淵生於楚而遊於齊……蓋老聃之再傳或三傳弟子。」[82]環淵的道家思想，不直接承繼於老子。郭沫若又說環淵即范環：「范環之名又見《戰國策・楚策》，楚懷王欲相甘茂於秦，以問范環，范環以為不可。《史記・甘茂傳》亦載此事，則作范蜎。徐廣云，『一作蠉』，此乃楚懷王二年事，於時范環必已年老，故得參預國家大事之咨詢。」[83]在此暫且不論環淵是否年老，依郭沫若所說，環淵曾在楚國擔任要職，而受到懷王的咨詢。筆者以為，環淵是先在楚懷王二年在楚國任職，

[71] 〔戰國〕莊周著，〔清〕郭慶藩集釋：《莊子集釋》，卷 6 下，〈外篇・秋水〉，頁 603。

[72] 〔戰國〕莊周著，〔清〕郭慶藩集釋：《莊子集釋》，卷 6 下，〈外篇・秋水〉，頁 604。

[73] 《史記・老子韓非列傳》云：「楚威王聞莊周賢，使使厚幣迎之，許以為相。」《史記》，卷 63，〈老子韓非列傳〉，頁 11，總頁數 834。

[74] 《史記》，卷 63，〈老子韓非列傳〉，頁 12，總頁數 834。

[75] 《史記》，卷 63，〈老子韓非列傳〉，頁 10，總頁數 834。

[76] 《漢書》，冊 2，卷 30，〈藝文志〉，頁 35，總頁數 865。

[77] 《漢書》，冊 2，卷 30，〈藝文志〉，頁 35，總頁數 865。

[78] 郭沫若：《青銅時代》，收錄於郭沫若著作編輯出版委員會編：《郭沫若全集》，《郭沫若全集》，歷史篇，卷 1，頁 542。

[79] 見：徐文武：《楚國思想與學術研究》，頁 19。

[80] 《史記・田敬仲完世家》云：「宣王喜文學遊說之士，自如騶衍、淳于髡、田駢、接予、慎到、環淵之徒，七十六人，皆賜列第為上大夫，不治而議論。」《史記》，卷 46，〈田敬仲完世家〉，頁 31，總頁數 720。

[81] 《史記》，卷 74，〈老子韓非列傳〉，頁 12，總頁數 921。

[82] 郭沫若：《青銅時代》，收錄於郭沫若著作編輯出版委員會編：《郭沫若全集》，歷史篇，卷 1，頁 545。

[83] 郭沫若：《青銅時代》，收錄於郭沫若著作編輯出版委員會編：《郭沫若全集》，歷史篇，卷 1，頁 546。

在齊宣公田午設立稷下學宮後才到齊國。[84]由於環淵是楚人，在稷下學宮諸儒分散後，他亦有可能回到楚國。

慎到，曾經學習黃老道術，雖然他不是道家學者，但他在齊國時，擔任楚頃襄王之師，也有可能到過楚國，故在此一併討論。慎到到過齊國稷下，《史記‧孟子荀卿列傳》云：「自騶衍與齊之稷下先生，如……慎到」[85]，慎到學習黃老之術，見於《史記‧孟子荀卿列傳》：「慎到，趙人。……皆學黃老道德之術，因發明序其指意，故慎到著十二論。」[86]可見慎到有黃老道家思想，並有著作。

慎到為頃襄王之師，見於《戰國策》：「楚襄王為太子之時，質於齊。……齊王陛之曰：『……』，太子曰：『臣有傅，請退而問傅』，傅慎子曰：……」[87]，此處的楚襄王，即楚頃襄王熊橫。慎到去齊，據《鹽鐵論‧論儒》所言：「湣王……矜功不休，百姓不堪。諸儒諫不從，各分散。慎到、捷子亡去。」[88]在齊湣王時，慎到離開稷下學宮。慎到的著作，《史記‧孟子荀卿列傳》說慎到著有十二論，而《漢書‧藝文志》則云：「《慎子》，四十二篇。」[89]李學勤則根據《上海博物館藏戰國楚竹書》（六）的〈慎子曰恭儉〉竹簡，說明：「慎到，齊宣王時已在稷下，楚襄王為太子而質於齊，聘他為傅，一段時間到楚國，後來再回到齊國，是完全可能的。楚簡中〈慎子曰恭儉〉一篇的發現，更增加了這種可能性。」[90]故慎到有可能到過楚國，他的學術思想也透過著作在楚國流傳。環淵與慎到，由齊入楚，帶進稷下學派的學術思想，其中包含黃老道家思想。

7. 鶡冠子、詹何、長盧

鶡冠子，《漢書‧藝文志》云：「《鶡冠子》，一篇。」班固自注云：「楚人，居深山，以鶡為冠。」[91]鶡冠子居住在深山，頭冠用鶡羽裝飾。鶡冠子的著作，《漢書‧藝文志》著錄為一篇，而《隋書‧經籍志》、《舊唐書‧經籍志》、《唐書‧藝文志》、《宋史‧藝文志》著錄為三卷[92]，而今本《鶡冠子》為三卷十九篇。黃懷信《鶡冠子校注》從書中事件，推論《鶡冠子》成書時間：「今本《鶡冠子》的最終撰作時代，當在公元前236至前228年之間，可見其確是一部先秦文獻。」

---

[84] 徐文武根據郭沫若所言，認為：「如果此說成立的話，那麼環淵離開齊後的去向，就是回到楚國，成為楚懷王的佐臣。」[84]筆者以為，楚懷王二年，為齊威王三十年（西元前327年），而楚懷王十年，齊宣王即位（西元前319年），楚懷王三十年，齊湣王即位（西元前300年），稷下學宮在齊宣王時設立，在齊湣王時諸儒分散。從時間先後來看，環淵不會在稷下學宮尚未設立，就進入稷下學宮，並在懷王二年回楚任職。引文見：徐文武：《楚國思想與學術研究》，頁20。

[85] 《史記》，卷74，〈孟子荀卿列傳〉，頁10，總頁數921。

[86] 《史記》，卷74，〈孟子荀卿列傳〉，頁12，總頁數921。

[87] 〔漢〕劉向集錄，范祥雍箋證：《戰國策箋證》，上冊，卷15，〈楚二‧楚襄王為太子時〉頁833

[88] 〔漢〕桓寬編，王利器校注：《鹽鐵論校注》，上冊，卷2，〈論儒〉，頁149。

[89] 《漢書》，冊2，卷30，〈藝文志〉，頁41，總頁數868。

[90] 李學勤：〈談楚簡〈慎子〉〉，《中國文化》第25、26期合刊（2007年2期），頁44。

[91] 《漢書》，冊2，卷30，〈藝文志〉，頁36，總頁數865。

[92] 見：〔唐〕魏徵：《隋書》（臺北：成文出版公司，1071年初版），冊2，卷29，〈經籍志〉，頁3，總頁數12012。〔後晉〕劉昫：《舊唐書》（臺北：新文豐出版公司，1975年初版），冊2，卷47，〈經籍志下〉，頁6，總頁數970。〔宋〕歐陽脩等：《唐書》（臺北：新文豐出版公司，1975年初版），卷59，〈藝文志〉，頁4，總頁數647。〔元〕脫脫：《宋史》（臺北：新文豐出版公司，1975年初版），冊3，卷205，頁6，總頁數2379。

[93]鶡冠子的思想,陸佃〈鶡冠子序〉云:「其道踳駁,著書初本黃老,而末流迪於刑名。」[94]可知《鶡冠子》的思想,是道家裡的黃老學派。

詹何,又稱詹子、瞻子。他是楚國人,《列子·湯問》張湛注:「詹何,楚人,以善釣聞於國。」[95]《莊子·雜篇·讓王》記載詹何之事:

> 中山公子牟謂瞻子曰:「身在江海之上,心居乎魏闕之下,奈何?」瞻子曰:「重生。重生則利輕。」中山公子牟曰:「雖知之,未能自勝也。」瞻子曰:「不能自勝則從,神無惡乎?不能自勝而強不從者,此之謂重傷。重傷之人,無壽類矣。」[96]

與詹何對話的中山公子牟,即魏公子牟。[97]而《列子》、《淮南子》有記載詹何與楚莊王的對話。[98]錢穆《先秦諸子繫年》說:「此莊王即頃襄王也。」[99]錢穆又說詹何:「其與子牟問答,應在趙惠文王、楚頃襄王世。」[100]詹何活動的時代,是在戰國末期。詹何的思想,顧頡剛認為詹何「重生」、「輕利」、「自勝」的觀念,均見於《老子》。[101]徐文武也根據詹何「重生輕利」的觀念,認為:「可見其思想具有道家思想傾向。」[102]可知詹何是楚國道家學者。

長盧為楚國人,並有著作,《史記·孟子荀卿列傳》云:「楚有尸子、長盧。」[103]而《漢書·藝文志》云:「《長盧子》,九篇。」班固自注云:「楚人。」[104]錢穆《先秦諸子繫年》對照《呂氏春秋》記載長盧的言論,認為「長盧當出戰國」。[105]長盧的思想,班固《漢書》將《長盧子》列為道家,又據《鄧析子·無厚篇》

---

93 〔戰國〕鶡冠子著,黃懷信校注:《鶡冠子校注》(北京:中華書局,2014年),頁10。

94 〔宋〕陸佃:〈鶡冠子序〉,收錄於〔戰國〕鶡冠子著,黃懷信校注:《鶡冠子校注》,頁10。

95 〔戰國〕列子撰,楊伯峻集釋:《列子集釋》,卷5,〈湯問〉,頁180。

96 〔戰國〕莊周著,〔清〕郭慶藩集釋:《莊子集釋》,卷9下,〈雜篇·讓王〉,頁979-981。

97 《呂氏春秋·審為》高誘注:「子牟,魏公子也,作書四篇。魏伐得中山,公得邑子牟也。」〔戰國〕呂不韋著,陳奇猷校釋:《呂氏春秋新校釋》,下冊,卷21,〈開春論·審為〉,頁1470。

98 《列子》載:「楚莊王問詹何曰……」。《淮南子》載:「楚莊王問詹何曰……」見:〔戰國〕列子撰,楊伯峻集釋:《列子集釋》,卷8,〈說符〉,頁271、〔漢〕劉安編,張雙棣校釋:《淮南子校釋》,下冊,卷12,〈道應訓〉,頁1272。

99 錢穆:〈一四六、魏牟考,附論詹何環淵年世〉,《先秦諸子繫年》,收錄於錢穆著:《錢賓四先生全集》,冊5,頁518。

100 錢穆:〈一四六、魏牟考,附論詹何環淵年世〉,《先秦諸子繫年》,收錄於錢穆著:《錢賓四先生全集》,冊5,頁518。

101 顧頡剛〈從《呂氏春秋》推測《老子》之成書年代〉說:「這三義都見於《老子》書。『貴以身為天下……愛以身為天下』(十三章),重生也。『名與身孰親,身與貨孰多』(四十四章),輕利也。『自勝者強……強行者有志』(三十章),自勝也」。見:羅根澤編:《古史辨》(臺北:明倫書局,1970年臺版),冊4,下編,頁497-498。

102 徐文武:《楚國思想與學術研究》,頁32。

103 《史記》,卷74,〈孟子荀卿列傳〉,頁17,總頁數923。

104 《漢書》,冊2,卷30,〈藝文志〉,頁35,總頁數865。按:班固自注語,據王先謙補注引錢大昭語:「九篇下,南雍本、閩本有注云:『楚人』,今本脫」。

105 錢穆:〈一六三、諸子攟逸〉,《先秦諸子繫年》,收錄於錢穆著:《錢賓四先生全集》,冊5,頁577。

說：「長盧之不仕」[106]，可知長盧為道家隱者。

（二）楚國蘭臺文人

在戰國時期，能與齊國稷下學宮相並比的，只有楚國的蘭臺之宮。由於文獻的不足，故由漢朝蘭臺推論楚國蘭臺之宮的作用。而楚國的宋玉、唐勒，均是蘭臺文人，稍早的屈原亦有可能是蘭臺文人，從作品可以看出他們都有道家思想。

1.楚國蘭臺之宮

齊國有稷下學宮，而楚國有蘭臺之宮。齊國的稷下學宮，聚集各國的學者，在此交流學術知識。不少學者被封為上大夫，如騶衍、淳于髡、田駢、接子、慎到、環淵等人。[107]他們「受上大夫之祿，不任職而論國事」[108]，可以「不治而議論」[109]，可見稷下學宮有學術與政治的作用。

在戰國時期，楚國的蘭臺之宮也聚集了文人學者，蘭臺之宮的功能也與齊國稷下學宮相似。宋玉〈風賦·序〉云：「楚襄王遊於蘭臺之宮，宋玉、景差侍。」[110]《文選》李周翰注云：「蘭臺，臺名。」[111]「蘭臺」是楚國的臺名、宮殿名。宋玉、景差均擅長辭賦，並隨侍於楚襄王，故由此推測有不少文人也聚集在蘭臺之宮。

劉勰《文心雕龍·時序》云：

> 春秋以後……唯齊楚兩國，頗有文學。齊開莊衢之第，楚廣蘭臺之宮，孟軻賓館，荀卿宰邑，故稷下扇其清風，蘭陵鬱其茂俗，鄒子以談天飛譽，騶奭以雕龍馳響，屈平聯藻於日月，宋玉交彩於風雲。[112]

在戰國時期，只有齊、楚兩國，頗有文化與學術。齊國在交通方便之處建設官邸，而楚國擴建蘭臺之宮。孟子居住在齊國的賓館，荀子治理楚國的封邑。因此稷下有清新的學風，蘭陵有美善的風俗。鄒衍以談天說地的學識聲名遠揚，騶奭因文章像雕刻的龍蚊而著名。屈原的作品能與日月爭光，宋玉描寫風雲的辭賦極具文采。

依《文心雕龍·時序》所言，在當時能與齊國稷下學宮並舉的，就是楚國的蘭臺之宮。文中的「文學」，從以下提及之人，可知是指文章與學術。孟軻、荀

---

[106] 〔春秋〕鄧析著，徐忠良注譯，劉福增校閱：《新譯鄧析子》（臺北：三民書局，1997 年），〈無厚〉，頁 21。

[107] 《史記·田敬仲完世家》載：「自如騶衍、淳于髡、田駢、接子、慎到、環淵之徒七十六人，皆賜列第，為上大夫」。《史記》，卷 46，〈田敬仲完世家〉，頁 31，總頁數 720。

[108] 〔漢〕桓寬編，王利器校注：《鹽鐵論校注》，上冊，卷 2，〈論儒〉，頁 149。

[109] 《史記》，卷 46，〈田敬仲完世家〉，頁 31，總頁數 720。

[110] 〔戰國〕宋玉：〈風賦〉，收錄於〔清〕嚴可均輯：《全上古三代秦漢三國六朝文》，冊 1，〈全上古三代文〉，卷 10，頁 1，總頁數 72。

[111] 〔南朝梁〕蕭統編，〔唐〕李善、呂延濟、劉良、張銑、呂向、李周翰：《六臣注文選》（北京：中華書局，2012 年），卷 13，頁 1，總頁數 246。

[112] 〔南朝梁〕劉勰著，周振甫注：《文心雕龍注釋》，〈時序〉，頁 813。

卿、鄒衍，都是著名的思想家，而驕奭、屈原、宋玉則是著名的文學家。蘭臺之宮裡，有思想家荀子，也有文學家屈原、宋玉，蘭臺之宮是文人聚會的場所，也有學術交流的作用，文人學者彼此切磋琢磨。

楚國蘭臺之宮的功用與職權為何，由於先秦文獻並未清楚記載，故僅能從漢朝的制度推論。漢朝建立於秦朝之後，國家制度有繼承楚國之處。在制度方面，漢朝也保留了楚國的制度，而蘭臺同時存在於楚國與漢朝，故從漢朝的蘭臺，推論楚國蘭臺之宮的功能。

蘭臺為藏書之室，蘭臺之官有校書之職，《漢書・百官公卿表上》記有「中丞」一職，云：「在殿中蘭臺，掌圖籍祕書。」[113]蘭臺負責掌管典籍，收藏圖書。王充《論衡・別通》云：「通人之官，蘭臺令史，職校書定字。」[114]蘭臺之官又稱為蘭臺令史，負責審定書籍的內容。

蘭臺之官任職者為文學之士，《論衡・案書》云：「廣陵陳子迴、顏方，今尚書郎班固、蘭臺令楊終、傅毅之徒，雖無篇章，賦頌記奏，文辭斐炳，賦象屈原、賈生，奏象唐林、谷永，並比以觀好，其美一也。」[115]陳子迴、顏方、班固、楊終、傅毅等人，他們的賦、頌、記、奏等篇章，文辭華麗鮮明，作賦如同屈原、賈誼，奏章像唐林、谷永，為美好的文章，任職蘭臺之官者，需具備深厚的文學涵養。

以上是由此漢朝的蘭臺，推測楚國蘭臺之宮的功用。而從《文心雕龍》又可知楚國蘭臺之宮，與齊國稷下學宮的功能相似。而楚國蘭臺之宮是文人聚會的場所，而互相交流的不只有文學，也有學術思想。

2.屈原

在先秦典籍裡並無記載屈原是否曾經為蘭臺文人，但從宋玉〈風賦〉序：「楚襄王遊於蘭臺之宮」來看，此楚襄王即楚頃襄王，在頃襄王之時，楚國已有蘭臺之宮。再從《文心雕龍》將齊國稷下學與楚國蘭臺之宮並舉，又將齊國學者鄒衍、驕奭與楚國文人屈原、宋玉並舉來看。屈原有可能與當時的蘭臺文人互動，甚至是其中的一員。[116]

蘇雪林稱屈原：「中國第一個天才詩人」、「第一個宏博的學者」、「一個極有眼光的政治家」[117]，從蘇雪林對屈原的評價，可知屈原有文人、學者、政治家三種身份。就屈原的文人身份而言，他創造楚辭，他所寫的〈離騷〉、〈九歌〉、〈天問〉、〈九章〉、〈遠遊〉、〈卜居〉、〈漁父〉、〈招魂〉等作品，與《詩經》並稱中國文學的源頭，蘇雪林因此稱屈原是「中國文學之父」[118]。就屈原的學者身份而言，

---

[113] 《漢書》，冊 1，卷 19 上，〈百官公卿表上〉，頁 5，總頁數 274。
[114] 〔漢〕王充著，黃暉校釋：《論衡校釋》，冊 2，卷 13，〈別通〉，頁 603。
[115] 〔漢〕王充著，黃暉校釋：《論衡校釋》，冊 4，卷 29，〈案書〉，頁 1174。
[116] 趙達夫《屈原與他的時代》據《文心雕龍・時序》，認為：「屈原、宋玉都曾供職於蘭臺之宮。」並說明：「屈原在蘭臺之宮供奉，當是在舉行冠禮之後，也就是說在前 334 年（楚威王六年）之後。」筆者以為，趙達夫的說法，可備一說，但需要有更多確切的證據，說明屈原曾任職於蘭臺之宮為是，故此處僅作可能的推論。趙達夫：《屈原與他的時代》，頁 125。
[117] 蘇雪林：〈屈原〉，《學術季刊》，1953 年，第 1 卷第 4 期，頁 41。
[118] 蘇雪林：〈屈原〉，《學術季刊》，1953 年，第 1 卷第 4 期，頁 41。。

他吸收先秦諸子的哲學思想，並表現在作品裡，明顯有儒家、道家、法家、陰陽家、縱橫家等思想（按：詳參本論著緒論）。就屈原的政治家身份而言，他任職三閭大夫，教導楚國貴族子弟，之後又任職左徒，負責楚國的內政與外交。此外，屈原使齊時，可能曾與稷下學者交流，他在楚國時，也有可能與蘭臺文人互動。他在接觸齊、楚的文人學者時，使他的哲學思想更加豐富，也使文學造詣更加精進。

3.宋玉、唐勒、景差

宋玉、唐勒、景差是在屈原之後的楚國文人，《史記·屈原列傳》云：「屈原既死之後，楚有宋玉、唐勒、景差之徒者，皆好辭而以賦見稱。」[119]宋玉、唐勒、景差均是以辭賦聞名於世。

宋玉，從〈風賦·序〉可知宋玉是蘭臺文人。宋玉曾經在楚國仕職，〈小言賦〉云：「楚襄王既登陽雲之臺，令諸大夫景差、唐勒、宋玉等並造〈大言賦〉。」[120]王逸《楚辭章句·九辯序》云：「〈九辯〉者，楚大夫宋玉之所作也。」宋玉是擔任楚國大夫。宋玉曾經多次與楚頃襄王同遊，除〈小言賦〉記載，又如〈風賦〉云：「楚襄王遊於蘭臺之宮，宋玉、景差侍」、〈大言賦〉云：「楚襄王與唐勒、景差、宋玉遊於陽雲之臺」[121]，顯示出宋玉受到頃襄王的重視，才能夠多次與楚王同遊。宋玉的哲學思想，是雜揉先秦諸子的各家思想，吳廣平《宋玉研究》認為宋玉的思想，有儒家文化、道家文化、縱橫家文化、神巫文化。[122]宋玉也有道家思想。

唐勒，《漢書·藝文志》云：「唐勒賦，四篇。」[123]唐勒的四篇辭賦，均已亡佚。在 1972 年山東臨沂銀雀山漢墓出土〈御賦〉，此賦首句為：「唐革（勒）與宋玉言御襄王前」[124]，廖群《詩騷考古研究》說明此篇的寫作時間與作者：「就目前看來，無論將其判定為唐勒賦還是將其判定為宋玉賦，該賦屬於戰國末期的作品，這點在學術界似無異議。迄今似乎還沒有在唐勒、宋玉以外考慮後代作家擬託的意見。」[125]徐文武分析〈御賦〉的思想，說道：「〈御賦〉所推崇的御術是『去銜轡，撤筞策，馬〔莫使而〕自駕，車莫〔動而自舉〕』，『不叱』、『不啫』、『不撓』的『義御』，宣揚的是道家無為而治的治國思想。」[126]從以上資料，可知〈御賦〉產生於戰國末期，唐勒與宋玉均有可能是此篇的作者，而此篇所反映作者的思想，是道家思想。

---

[119] 《史記》，卷 84，〈屈原賈生列傳〉，頁 19，總頁數 987。

[120] 〔戰國〕宋玉：〈小言賦〉，收錄於〔清〕嚴可均輯：《全上古三代秦漢三國六朝文》，冊 1，全上古三代文，卷 10，頁 2，總頁數 72。

[121] 〔戰國〕宋玉：〈大言賦〉，收錄於〔清〕嚴可均輯：《全上古三代秦漢三國六朝文》，冊 1，全上古三代文，卷 10，頁 2，總頁數 72。

[122] 吳廣平：《宋玉研究》（長沙：嶽麓書社，2004 年），頁 114-161。

[123] 《漢書》，冊 2，卷 30，〈藝文志〉，頁 52，總頁數 873。

[124] 此釋文為廖群《詩騷考古研究》引吳九龍《銀雀山漢簡釋文》，見：廖群：《詩騷考古研究》（香港：香港大學出版社，2005 年），頁 262。

[125] 廖群：《詩騷考古研究》，頁 268-269。

[126] 徐文武：《楚國思想與學術研究》，頁 24。

景差，生平不詳，有關景差的記載，除《史記・屈原列傳》外，在宋玉的〈大言賦〉、〈小言賦〉有記載景差之事，見前所引。而景差的著作，王逸《楚辭章句・大招》說：「〈大招〉者。屈原之所作也。或曰景差，疑不能明也。」〈大招〉的作者，楚辭學者有不同的看法，在古代楚辭學者，洪興祖認為非屈原所作[127]，朱熹、王夫之認為是景差所作[128]，林雲銘、王闓運認為是屈原所作[129]。而在近代楚辭學者，也持有不同看法，如殷光熹《楚辭注評》、姜亮夫《二招校注》認為是屈原所作。[130]而游國恩《楚辭概論》、湯炳正《楚辭今注》則認為是秦漢之人所作。[131]筆者以為，〈大招〉作者的判定，必須再經過詳細論證，才能確定。即使如此，景差也是「好辭而以賦見稱」。透過這些資料，可知道景差曾經著作辭賦，並與唐勒、宋玉共同陪侍楚王，由此可推論景差也有可能是蘭臺文人。

第二節　屈原生活環境的影響

屈原為楚人，在楚國出生、成長，楚國興盛的道家思想，必會影響屈原，他因而有道家思想。屈原有史官的家學背景，而道家又出於史官，這也是屈原道家思想的來源。以下就（一）成長於楚國。（二）史官之家學。分析在屈原的生活環境裡，他接觸道家思想的途徑。

一、成長於楚國

楚國的道家思想興盛，屈原成長於楚國，他必定會接觸到道家思想。陳子展《楚辭直解》說：「屈子作品裡的思想，是在產生南方道家學派思想的國土裡，接受了北方儒家學派思想，儘管這是『徹頭徹尾』地接受，卻不能游離於道家學派思想的環境氛圍以外。」[132]屈原的哲學思想，不只有儒家思想，也有道家思想，而屈原道家思想的來源，其中之一就是環境的影響。以下就（一）屈原與老莊學者。（二）屈原與黃老學者。說明屈原與楚國道家學者的關係。

---

[127] 洪興祖《楚辭補注》云：「〈大招〉恐非屈原作。」

[128] 朱熹《楚辭集注》云：「今以宋玉〈大小言賦〉考之，凡差語，皆平談醇古，意亦深靖閑退，不為詞人墨客浮夸豔逸之態，然後乃知此篇決為差作無疑也。」王夫之《楚辭通釋》云：「（〈大招〉）蓋亦因宋玉之作而廣之……則景差之說為長。」〔宋〕朱熹：《楚辭集注》，卷 10，頁 145。〔清〕王夫之：《楚辭通釋》，收錄於〔清〕王夫之等著：《清人楚辭注三種》，卷 10，頁 105。

[129] 林雲銘《楚辭燈》云：「余謂原自放流以後，念念不忘懷王，冀其生還楚國，斷無客死歸葬，寄無一言之理。骨肉歸於土，魂魄無不之。人臣以君為歸，升屋履危，北面而皋，自不能已，特謂之『大』，所以別於自招，乃尊君之詞也。」王闓運《楚辭釋》云：「〈大招〉之作與〈招魂〉同時，〈招魂〉勸其死，〈大招〉冀王之復用，原對私招而為大也。」〔清〕林雲銘：《楚辭燈》，卷 4，頁 180。〔清〕王闓運：《楚辭釋》，收錄於吳平、回達強主編：《楚辭文獻集成》，冊 17，頁 1，總頁數 12325。

[130] 殷光熹《楚辭注評》說：「〈大招〉和〈招魂〉均係屈原招楚懷王的亡魂而作。」姜亮夫《二招校注》說：「〈大招〉確乃屈子之作，亦自文理制度中徵考而堅信不疑。」殷光熹：《楚辭注評》（北京：中國社會科學出版社，2015 年），頁 343。姜亮夫：《二招校注》，收錄於姜亮夫：《楚辭學論文集》，《姜亮夫全集》，冊 6，頁 515。

[131] 游國恩《楚辭概論》說：「他是秦以後一個無名氏的擬作。」湯炳正《楚辭今注》說：「疑〈大招〉乃秦漢之際人模擬〈招魂〉的弔屈原之作。」游國恩：《楚辭概論》，收錄於游國恩著，游寶諒編：《游國恩楚辭論著集》，冊 3，頁 132。湯炳正等注：《楚辭今注》，頁 243。

[132] 陳子展：《楚辭直解》（江蘇：江蘇古籍出版社，1993 年 1 版 4 刷），頁 642。

（一）屈原與老莊學者

在屈原的作品裡，有老子、莊子等道家學者的用語，姜昆武〈遠遊為屈子作品定疑〉說：

> 老聃、莊周都是屈原同鄉人，效法老、莊言語在屈賦文中既不為少見，那麼在〈遠遊〉中出現「虛靜」、「無為」、「自然」、「壹氣」、「含朝霞」、「保神明之清澄」、「精氣入而麤穢除」這些道家語又有何不可呢？這是屈原作品中會有道家思想的原因之一。[133]

姜昆武認為屈原與老子、莊子同為楚國人，由此說明屈原也有道家思想，並遣用道家辭彙，將道家思想寫入作品裡。姜昆武是從地域方面，說明屈原與老子、莊子的關係。

從時間來看，屈原生於楚宣王二十七年（西元前 343 年），卒於頃襄王十六年（西元前 283 年）。[134]在這段時間內，道家學者莊子、環淵、詹何等人與屈原同時，在文獻上並未記載屈原與這些學者接觸，但可以由此推論屈原與道家學者的關係。

1.屈原與莊子

莊子生於西元前 369 年，卒於西元前 286 年。[135]屈原與莊子的生卒年重疊的時間，在西元前 343 年至西元前 283 年之間。由於莊子賢能，楚威王有意聘他為相。從此可以推論，莊子在當時應該有一定的名氣，楚威王才會「使使厚幣迎之」。既然莊子的名聲響亮，屈原對莊子的名號應該有耳聞才是。因此竹治貞夫說：「他（莊子）是和屈原同時代的人，只是年紀比屈原稍大，受威王招聘是他的青年時代，屈原很可能認識他，也可能從他身上學到很多東西」[136]。

2.屈原與環淵

環淵的生卒年不詳，其事蹟見於《戰國策》、《史記》。環淵曾與楚王見面，《戰國策》云：「楚王問於范環曰……」[137]，《史記·樗里子甘茂列傳》云：「齊使甘茂於楚，楚懷王新與秦合婚而驩。……楚王問於范蜎曰：……」[138]，可知此位楚王，即楚懷王。據郭沫若之見，《戰國策》之「范環」，《史記》之「范蜎」，即是環淵。[139]楚懷王向環淵咨詢，可見環淵在楚國裡有相當的身份地位，故能參

---

[133] 姜昆武：〈遠遊為屈子作品定疑〉，收錄於姜亮夫：《楚辭學論文集》，《姜亮夫全集》，冊 8，頁 456。

[134] 屈原之生卒年，據姜亮夫：〈屈子年表〉，收錄於姜亮夫：《楚辭學論文集》，《姜亮夫全集》，冊 8，頁 48-57。

[135] 莊子之生卒年，據中國大百科全書出版社編：《中國大百科全書·中國文學卷》（上海：中國大百科全書出版社，1988 年 2 版 1 刷），下冊，頁 1312。

[136] 〔日本〕竹治貞夫著，譚繼山譯：《屈原》，頁 47。

[137] 〔漢〕劉向集錄，范祥雍箋證：《戰國策箋證》，上冊，卷 14，〈楚一·楚王問於范環〉，頁 782。

[138] 《史記》，卷 71，〈樗里子甘茂列傳〉，頁 20，總頁數 907。

[139] 郭沫若：《青銅時代》，收錄於郭沫若著作編輯出版委員會編：《郭沫若全集》，歷史篇，卷 1

與楚國的政治事務。楚懷王問環淵之事，是在楚懷王二年，即西元前 327 年，此年屈原十七歲。從時間來看，在西元前 327 年前後，屈原與環淵同在楚國，故亦有可能聽聞環淵此人，甚至與他有所交集。

3.屈原與詹何

詹何的生卒年不詳，《莊子‧雜篇‧讓王》記載魏公子牟問詹何之事[140]，《列子‧說符》記載楚莊王問詹何治國之事[141]，錢穆《先秦諸子繫年》認為此楚莊王即是楚頃襄王[142]，錢穆又認為此事發生在趙惠文王、楚頃襄王在世之時。[143]屈原卒於西元前 283 年，為楚頃襄王十六年。由於未有更多的資料，得知頃襄王何時問詹何治國之事，是在屈原去世之前或之後，但由此可推測，詹何與屈原的活動時間可能重疊，甚至同在楚國。魏公子牟與楚頃襄王曾經請教詹何，可見詹何在當時也是知名人物，屈原或許曾聽聞過詹何。

從以上分析，屈原活動的時間，與莊子、環淵、詹何這些道家學者同時，屈原有可能與他們有過互動。劉師培〈南北學派不同論‧南北文學不同論〉說道：「屈平之文……敘事、紀遊，遺塵超物，荒唐譎怪，復與莊、列相同。」[144]屈原身處南方的楚國，他的道家思想與莊子、列子思想相似，這也說明屈原有道家思想，並表現在作品裡。

（二）屈原與黃老學者

屈原的道家思想，不只有老莊道家思想，也有黃老道家思想。陳培壽《楚辭大義述》云：

> 〈遠遊〉一篇，黃老之學也。首云：「漠虛靜以恬愉兮，澹無為而自得。」末云：「超無為以至清兮，與太初而為鄰。」清靜無為，實本黃老之宗旨，故屈子尚焉。篇中自「春秋忽其不淹兮，奚久留此故居。」至「庶類以成兮，斯德之門。」此一段皆這道家吐納之法，思鍊氣而上升，真養生之要訣也。[145]

陳培壽認為〈遠遊〉表現出黃老之學，他更從〈遠遊〉文句探析，說明〈遠遊〉裡清靜無為、養生要訣的思想。陳培壽又說：

頁 546。

[140] 見：〔戰國〕莊周著，〔清〕郭慶藩集釋：《莊子集釋》，卷 9 下，〈雜篇‧讓王〉，頁 979-981。
[141] 見：〔戰國〕列子撰，楊伯峻集釋：《列子集釋》，卷 8，〈說符〉，頁 271。
[142] 見：錢穆：〈一四六‧魏牟考，附論詹何環淵年世〉，《先秦諸子繫年》，收錄於錢穆著：《錢賓四先生全集》，冊 5，頁 518。
[143] 見：錢穆：〈一四六‧魏牟考，附論詹何環淵年世〉，《先秦諸子繫年》，收錄於錢穆著：《錢賓四先生全集》，冊 5，頁 518。
[144] 〔清〕劉師培著，萬仕國點校：《儀徵劉申叔遺書》（揚州：廣陵書社，2014 年），冊 4，頁 1648。
[145] 〔清〕陳培壽：《楚辭大義述》，收錄於黃靈庚主編：《楚辭文獻叢刊》，冊 69，頁 6，總頁數 63。

況老子楚人，《道德》五千言，楚人傳之者最眾。故《漢志‧藝文》道家
有《蜎子》十三篇，《長盧子》九篇，《老萊子》十六篇，《鶡冠子》一篇，
皆楚人著書崇尚黃帝之術者。屈子生於南服，沾被流風，所言餐氣、漱陽、
保神、和德，深得黃老之旨焉。[146]

陳培壽再從楚人著述的《蜎子》、《長盧子》、《老萊子》、《鶡冠子》，說明屈
原生於南方，受到影響，而有黃老思想。

筆者以為，屈原接受黃老道家思想的途徑，不只與他曾經出使齊國有關，也
有來自楚國黃老學者的影響。就齊國黃老道家而言，屈原與習有黃老之術的慎到
同時，而在屈原去世後不久，《鶡冠子》編纂成書，這都顯示出屈原與楚國黃老
道家相關。以下論述屈原與楚國黃老學者的關係。（按：屈原使齊與齊國稷下之
關係，詳後論述。）

1.屈原與慎到

慎到，曾經遊於齊國稷下，又學習黃老道術，事見《史記‧孟子荀卿列傳》。
慎到曾經為為楚頃襄王之師，事見《戰國策》。據許富宏《慎子集校集注》考證，
慎到的生卒年約在西元前 350 年至西元前 280 年，而慎到在齊時間，則約在西元
前 319 年至西元前 284 年。[147]

從時間上來看，屈原的生卒年為西元前 343 年至西元前 283 年，大抵與慎到
的生卒年重疊，與慎到同時。據姜亮夫〈屈子年表〉，屈原第二次使齊是懷王十
七年（西元前 312 年）至懷王十八年（西元前 311 年）。[148]此時慎到亦在齊國稷
下。另外，慎到在齊國稷下時，曾任頃襄王之師，又在齊湣王時去齊至楚，可見
慎到與楚王、楚國關係密切，屈原身為楚臣，有可能耳聞此人，甚至有與慎到接
觸。

2.屈原與鶡冠子

鶡冠子是楚國黃老道家的學者，生卒年不詳，著有《鶡冠子》一書。據黃懷
信推論《鶡冠子》的成書時間，是在西元前 236 年至西元前 228 年[149]，而屈原的
卒年為西元前 283 年。筆者以為，學術思想成為學說，非一朝一夕就可形成，而
是經過長時間的累積，才有學者撰著成書。雖然《鶡冠子》的成書晚於屈原的卒
年，但是屈原在世之時，楚國已有黃老道家思想，只是在屈原去世之後，《鶡冠
子》才寫定。

從以上分析，可知屈原活動的時間，與慎到在世的時間相合，而且屈原使齊
之時，慎到亦在齊國稷下。在屈原去世之後，黃老道家的《鶡冠子》也撰寫成書。
屈原在楚國期間，有可能接觸黃老道家的學者，進而認識並吸收黃老道家學說。

---

[146] 〔清〕陳培壽：《楚辭大義述》，收錄於黃靈庚主編：《楚辭文獻叢刊》，冊 69，頁 6，總頁數
63-64。
[147] 〔戰國〕慎到撰，許富宏校注：《慎子集校集注》（北京：中華書局，2013 年），頁 4。
[148] 據姜亮夫：〈屈子年表〉，收錄於姜亮夫：《楚辭學論文集》，《姜亮夫全集》，冊 8，頁 49、51。
[149] 見：〔戰國〕鶡冠子著，黃懷信校注：《鶡冠子校注》，頁 10。

二、史官之家學

屈原與史官之關係，游國恩《屈賦考源》說道：

> 他（屈原）又曾為懷王的左徒，左徒就是後世史官的職位兼掌天文曆數的
> 事的。……屈原既是重黎的後，又是個博聞強記的人；所以雖然時代遠隔，
> 我想他對於家學淵源，多少總懂得一點，而何況又是他的職務上應該知道
> 的事呢？[150]

姜昆武〈遠遊為屈子作品定疑〉也說：

> 屈原是高陽之後，與楚同宗，世為楚的宗臣。就他的地位論是天官而兼史
> 官，懷王時他為左徒，即宗官之長。古代天官、宗官居史官之職，又兼神
> 與人之事。……而陰陽、天文、術數也正好是道家據為推論的精意所在，
> 這是屈原可能有神仙思想的內因。[151]

　　游國恩與姜昆武從屈原任職的左徒以及世系，認為屈原因此與道家的關聯。
而從相關文獻來看，左徒是負責楚國的內政與外交，此職亦與史官有相關。游國
恩與姜昆武提出屈原世系與史官之關係，則可說明屈原因有史官的家學，而有道
家思想。
　　古代史官與道家、陰陽家的關係，班固《漢書・藝文志》云：「道家者流，
蓋出於史官，歷記成敗、存亡、禍福、古今之道。」[152]又云：「陰陽家者流，蓋
出於羲和之官。敬順昊天，歷象日月星辰，敬授民時，此其所長也。」[153]在道家
方面，班固指出道家源自於史官，專門記載歷史上的成敗、存亡、禍福、古今的
事蹟。而在陰陽家方面，班固說是出自羲和之官，此據《尚書・虞書・堯典》「乃
命羲和，欽若昊天，歷象日月星辰，敬授人時」所言。可見羲和之官，負責天文
星象，制定曆法，以教授予百姓。
　　至於重、黎、羲、和之關係，《尚書・周書・呂刑》云：「乃命重黎，絕地天
通，罔有降格。」[154]孔安國傳云：「重即羲，黎即和。」[155]孔穎達疏云：「言羲是
重之子孫，和是黎之子孫，不能忘祖之舊業，故以重黎言之。」[156]又孔安國傳云：

---

[150] 游國恩：《屈賦考源》，收錄於游國恩著，游寶諒編：《游國恩楚辭論著集》，冊 3，頁 246。游
國恩在「左徒就是後世史官的職位」下自注：「張守節說：『左徒，猶今之左右拾遺。』」按：：
左徒在楚國裡的地位僅次於楚王與令尹，而非如張守節所言的左右拾遺，詳參本論著第二章。
[151] 姜昆武：〈遠遊為屈子作品定疑〉，收錄於姜亮夫：《楚辭學論文集》，《姜亮夫全集》，冊 8，頁
455。
[152] 《漢書》，冊 2，卷 30，〈藝文志〉，頁 38，總頁 886。
[153] 《漢書》，冊 2，卷 30，〈藝文志〉，頁 40，總頁 887。
[154] 《尚書》，卷 19，〈周書・呂刑〉，頁 20，總頁數 297。
[155] 《尚書》，卷 19，〈周書・呂刑〉，頁 20，總頁數 297。
[156] 《尚書》，卷 19，〈周書・呂刑〉，頁 20，總頁數 298。

「重黎之後，羲氏和氏，世掌天地四時之官。」[157]從上引《尚書》、孔安國、孔穎達之說，可見羲和是重黎的子孫，重、黎、羲、和均是負責掌管天地四時。司馬遷《史記·天官書》云：「昔之傳天數者：高辛之前，重、黎；於唐、虞，羲、和。」[158]重、黎、羲、和，在史官的歷史上扮演重要的角色。

從屈原的世系來看，司馬遷《史記·屈原列傳》云：「屈原者，名平，楚之同姓也。」[159]《史記·楚世家》云：「楚之先祖，出自帝顓頊高陽。高陽者，黃帝之孫，昌意之子也。高陽生稱，稱生卷章，卷章生重黎。」[160]屈原在〈離騷〉寫道自己的世系：「帝高陽之苗裔兮，朕皇考曰伯庸。」王逸《楚辭章句》云：「屈原自道本與君共祖，俱出顓頊胤末之子孫，是思深而義厚也。」從以上資料顯示，屈原與楚王同為黃帝之後裔，而重黎也是屈原的祖先，故由此推論他的家學有史家的成份，屈原因而有道家思想。

第三節　屈原與稷下學派交流

齊國稷下是黃老道家的發源地，黃老思想也在此蓬勃發展。屈原曾經二次出使齊國，他有可能在此時與稷下的學者交流，進而吸收黃老道家思想。本節首先說明稷下黃老道家的思想內容，接著分析屈原使齊的時間與經過。以下就（一）稷下黃老思想。（二）屈原二次使齊。說明屈原與稷下道家的交流。

一、稷下黃老思想

齊國稷下是當時學者論道講學之處，齊桓公田午立稷下之宮，形成齊學。黃老道家是齊學裡著名的學派，黃麗娥《先秦齊學考》說：「黃老學不是先秦諸子某一特定家派，而是齊學各家中共同的一種學說，在齊學中頗為盛行。」[161]黃麗娥又說：「先秦諸子有一種學說，司馬談稱之為『道家』，班固稱之為『黃老』，近代學者，或稱為『道家黃老學派』，或稱為『道法家』，或稱為『新道家』、『新老學』，或直接稱為『黃老之學』，同指而異名。」[162]齊國是黃老學派盛行之處，黃老學派即黃老道家。

黃老道家的思想，胡家聰〈《尹文子》與稷下黃老學派〉說：「從稷下道家來說，其學說最集中的特點是道法形名等思想融為一體。」[163]黃老道家與老莊道家不同，它是兼採先秦諸子的思想，而自成一家。黃老道家的產生與興起，郭沫若《十批判書·稷下黃老學派的批判》說：「黃老之術，值得我們注意的，事實上是培植於齊，發育於齊，而昌盛於齊的。」[164]黃麗娥更從四點觀察黃老學派：1.

---

[157]　《尚書》，卷2，〈虞書·堯典〉，頁9，總頁數21。

[158]　《史記》，卷27，〈天官書〉，頁84，總頁477。

[159]　《史記》，卷84，〈屈原賈生列傳〉，頁2，總頁數983。

[160]　《史記》，卷40，〈楚世家〉，頁2-3，總頁數630。

[161]　黃麗娥：《先秦齊學考》（臺北：臺灣商務印書館，1993年），頁313。

[162]　黃麗娥：《先秦齊學考》，頁313。

[163]　胡家聰：〈《尹文子》與稷下黃老學派──兼論《尹文子》並非偽書〉，《文史哲》，1984年，第2期，總第161期，頁22

[164]　郭沫若：《十批判書》，收錄於郭沫若著作編輯出版委員會編：《郭沫若全集》，歷史篇，卷2，

黃帝、老子之故鄉近齊。2.漢初傳黃老者多齊人。3.史載稷下多黃老學者。4.黃老之興可溯至威王。[165]黃老道家起源於於齊國，並在齊國興盛發展，與齊國的關係密不可分。

二、屈原二次使齊

屈原與齊國稷下的關係，姜昆武〈遠遊為屈子作品定疑〉說：

> 屈原曾兩次出使於齊，正當稷下辯說最盛的時候，那麼齊人迂怪的言論，惠莊漫衍的辯辭，所聞一定很多。因此屈原所敘的，是當時齊楚間耳聞目睹的事，將這些事化在自己的文章中又有什麼可奇怪的呢？[166]

湯炳正《楚辭類稿》也說：

> 郭沫若先生認為《管子·內業》等篇，乃戰國時期齊稷下學派中道家黃老學說的思想資料。此說如果能夠成立，則屈原的〈遠遊〉之所以跟〈內業〉觀點多相似，殆因屈原幾次使齊，正值稷下講學風氣大盛之時，故耳濡目染，受其影響。……以〈內業〉與〈遠遊〉相參照，不僅可以理解〈遠遊〉某些語句的含義，而且可以知其思想之淵源所自。[167]

湯炳正對照〈遠遊〉與《管子·內業》，以此說明屈原的黃老思想，正是由齊國稷下而來。

屈原身為楚國的大臣，曾經任職左徒，參與楚國的內政、外交。司馬遷《史記·屈原列傳》說屈原：「為楚懷王左徒。博聞彊志，明於治亂，嫻於辭令。入則與王圖議國事，以出號令。出則接遇賓客，應對諸侯。」[168]可見屈原有外交方面的長才。而屈原曾經二次出使齊國，在他擔任使者的期間，就有可能與齊國稷下的學者交流，進而接觸到黃老道家思想，受到當地學風的影響，因此在作品裡也有黃老道家思想。

頁 546。

[165] 黃麗娥：《先秦齊學考》，頁 317-318。

[166] 姜昆武：〈遠遊為屈子作品定疑〉，收錄於姜亮夫：《楚辭學論文集》，《姜亮夫全集》，冊 8，頁 455-456。

[167] 湯炳正：《楚辭類稿》，〈一三六、〈遠遊〉與稷下學派〉，頁 388-389。

[168] 《史記》，卷 84，〈屈原賈生列傳〉，頁 2，總頁數 983。

第五章　道家哲理，含英咀華——屈原之道家思想探索

屈原的道家思想，表現在自然觀、歷史觀、修養觀與神話觀。以下第一節討論屈原的自然觀，可知他的自然觀裡的本體論、宇宙論、天地觀，並分析屈原自然觀的特色。第二節討論出屈原的歷史觀，可知他的歷史觀是以道為本，他也認為歷史有資鑑作用。第三節討論屈原的修養觀，他認為必須以少私寡欲，致虛守靜，修養內在，而對外在的修養，透過服食行氣，則可使魂魄進入神仙世界。第四節討論屈原的神話觀，屈原在作品裡使用神話，有它的主題內容與思想特徵。

第一節　自然觀

在先秦時期，「自然」一詞多見於諸子典籍，《荀子》使用二次，《老子》使用五次，《莊子》使用八次，《列子》使用五次，《墨子》使用一次，《管子》使用一次、《韓非子》使用八次。[1]透過數量統計，可知道家的《老子》、《莊子》、《列子》使用「自然」一詞最為頻繁，可見道家對「自然」的重視。

---

[1] 《荀子》〈正名〉云：「性之和所生，精合感應，不事而自然謂之性」、〈性惡〉云：「感而自然，不待事而後生之者也」。《老子》〈十七章〉云：「功成事遂，百姓皆謂我自然」、〈二十三章〉云：「希言自然，飄風不終朝，驟雨不終日」、〈二十五章〉云：「人法地，地法天，天法道，道法自然」、〈五十一章〉云：「道之尊，德之貴，夫莫之命常自然」、〈六十四章〉：「是以聖人欲不欲，不貴難得之貨；學不學，復眾人之所過，以輔萬物之自然，而不敢為」。《莊子》〈德充符〉云：「吾所謂無情者，言人之不以好惡內傷其身，常因自然而不益生也」、〈應帝王〉云：「汝遊心於淡，合氣於漠，順物自然而無容私焉，而天下治矣」、〈天運〉云：「夫至樂者，先應之以人事，順之以天理，行之以五德，應之以自然，然後調理四時，太和萬物」、「吾又奏之以無怠之聲，調之以自然之命，故若混逐叢生，林樂而無形」、〈繕性〉云：「當是時也，莫之為而常自然」、〈秋水〉云：「知堯桀之自然而相非，則趣操睹矣」、〈田子方〉云：「夫水之於汋也，無為而才自然矣」、〈漁父〉云：「真者，所以受於天也，自然不可易也」。《列子》〈黃帝〉云：「其國無師長，自然而已。其民無嗜慾，自然而已」、〈黃帝〉云：「禽獸之智有自然與人童者，其齊欲攝生，亦不假智於人也」、〈湯問〉云：「其道自然，非聖人之所通也」、〈力命〉云：「自然者，默之成之，平之寧之，將之迎之」、〈楊朱〉云：「故從心而動，不違自然所好，當身之娛非所去也，故不為名所勸」。《墨子》〈經說上〉云：「用互諸若自然矣」。《管子》〈形勢〉云：「得天之道，其事若自然。失天之道，雖立不安」。《韓非子》〈喻老〉云：「隨自然，則臧獲有餘」、「恃萬物之自然而不敢為也」、〈安危〉云：「故安國之法，若饑而食，寒而衣，不令而自然也」、「今使人去饑寒，雖賁、育不能行；廢自然，雖順道而不立」、〈功名〉云：「若水之流，若船之浮，守自然之道，行毋窮之令，故曰明主」、〈大體〉云：「守成理，因自然」、〈難勢〉云：「勢必於自然，則無為言於勢矣」、「此自然之勢也，非人之所得設也」。見：〔戰國〕荀況著，王天海校釋：《荀子校釋》，下冊，卷16，〈正名〉，頁882、卷17，〈性惡〉，頁942。〔春秋〕老子著，朱謙之校釋：《老子校釋》（北京：中華書局，2011年重印10刷），〈十七章〉，頁71、〈二十三章〉，頁94、〈二十五章〉，頁103、〈五十一章〉，頁203、〈六十四章〉，頁261-262。〔戰國〕莊周著，〔清〕郭慶藩集釋：《莊子集釋》，卷2下，〈德充符〉，頁221、卷3下，〈應帝王〉，頁294、卷5下，〈天運〉，頁502、507、卷6上，〈繕性〉，頁550-551、卷6下，〈秋水〉，頁578、卷7下，〈田子方〉，頁716、卷10上，〈漁父〉，頁1032。〔戰國〕列子撰，楊伯峻集釋：《列子集釋》，卷2，〈黃帝〉，頁43、卷2，〈黃帝〉，頁88、卷5，〈湯問〉，頁171、卷6，〈力命〉，頁214、卷7，〈楊朱〉，頁231。〔春秋〕墨翟著，吳毓江校注：《墨子校注》，上冊，卷42，〈經說上〉，頁474。〔春秋〕管仲著，黎翔鳳校注，梁運華整理：《管子校注》，上冊，卷1，〈形勢〉，頁42。〔戰國〕韓非著，陳奇猷校注：《韓非子新校注》，上冊，卷7，〈喻老〉，頁451、卷8，〈安危〉，頁526、卷8，〈功名〉，頁551、卷8，〈大體〉，頁555、下冊，卷17，〈難勢〉，945。

道家的自然觀，黃裕宜《《老子》自然思想的考察》說明道：

> 《老子》的自然觀即以自然哲學為主，並且蘊含自然科學的觀點。不論自然科學或自然哲學，都以自然界為觀察對象，所以《老子》自然觀的重要來源，是來自於對自然界的觀察。對自然界觀察的結果便產生《老子》思想的核心。
>
> 關於「自然界的觀察」，在《老子》中大致上有總體與個別兩方面。就總體而言，指自然原理的研究。例如，恆常、動靜、有無、陰陽、道的問題。就個別而言，指組成自然的一部份元素。例如天、地、物、人等元素。從這樣的分類觀點，亦可以看出《老子》自然哲學為論述要旨的傾向。因為《老子》思想重點從自然的觀察出發，歸結一些可供人遵循的原則。[2]

黃裕宜清楚說明《老子》的自然觀。老子是道家思想的源頭，老子之後的道家學者，也是遵循著老子的自然觀而發展。屈原有道家思想，自然觀也是受到道家學者的影響，並藉由文學作品表現出來。以下就（一）本體論。（二）宇宙論。（三）天地觀。探析屈原的自然觀。

一、本體論

「道」是道家思想的中心，老子是首先提出道論者。[3]姜亮夫《楚辭通故》統計《楚辭》裡的「道」字有三十六見，姜亮夫說明《楚辭》裡「道」有四義：「一作導之借，二作道路引申之義，三則普通道路字，四則以道為一切事物內質外形運行變化之總原則。」而其中的第四義「乃一哲學或宗教性之概念」。[4]屈原有道家思想，他也認為萬物本體是「道」，以下就（一）道為根本。（二）道無所不在。（三）道不可言。（四）道法自然。說明屈原自然觀裡的本體論。

（一）道為根本

「道」是一切的根本，《老子‧十六章》云：「夫物云云，各歸其根。」[5]天地間眾多的事物，最終都會回歸到它們的本根。老子說的「根」，即是「道」。又《老子‧二十五章》云：

> 有物混成，先天地生。寂兮寥兮，獨立不改，周行而不殆，可以為天下母。

---

[2] 黃裕宜：《《老子》自然思想的考察》（臺北：花木蘭文化出版社，2010 年），頁 32。
[3] 張岱年《中國哲學大綱》說：「關於本根，最早的一個學說是道論，認為究竟本根是道。最初提出道論的是老子。老子是第一個提出本根問題的人。」張岱年：《中國哲學史大綱》（臺北：藍燈文化事業公司，1992 年），頁 80。
[4] 姜亮夫：《楚辭通故》，冊 2，頁 276、277。
[5] 〔春秋〕老子著，朱謙之校釋：《老子校釋》，〈十六章〉，頁 65。

吾不知其名，字之曰道，強為之名曰大。[6]

　　在萬物形成之前，有一物已經產生，它空虛無形，獨立而不改變形態，運行而不停止，它可以創造天下，老子不知道它的名字，將它命名為「道」。「道」是根本，萬物都由「道」產生。在老子之後的莊子說「道」，《莊子・內篇・大宗師》云：「自本自根，未有天地，自古以固存；神鬼神帝，生天生地。」[7]「道」為本根，在天地尚未形成已經存在，能生成天地。《莊子・雜篇・漁父》云：「且道者，萬物之所由也，庶物失之者死，得之者生，為事逆之則敗，順之則成。」[8]天下萬物是遵循著「道」的規律，世間萬物都因「道」得以生生不息。《莊子・內篇・齊物論》又云：「道通為一」[9]，萬物皆因「道」而彼此相通。

　　屈原討論「道」為根本，在〈遠遊〉引王子喬語：「庶類以成兮，此德之門。」汪瑗《楚辭集解》云：「庶類，猶言萬物也。此德，指一氣之和德，言萬物皆由一氣而成也。」[10]傅錫壬《新譯楚辭讀本》語譯此二句：「萬物眾類都藉它而成形，這就是大道的必經之門。」[11]從汪瑗與傅錫壬的解說，可知屈原認為世間萬物因「道」而生成，必須通過「道」，才能進入道德境界。

　　道家言「道」，又有以「一」稱之。《老子》說「一」：

　　昔之得一者：天得一以清；地得一以寧；神得一以靈；谷得一以盈；萬物
　　得一以生；侯王得一以為天下正。（《老子・三十九章》）[12]

　　河上公注云：「一，無為，道之子也。」[13]以「道之子」說明「道」與「一」的關係。天、地、神、谷、萬物、侯王等，得「一」則可以遵循宇宙的規律。在其他道家著作有論「一」，如《莊子・外篇・天地》云：「一之所起，有一而未形。」郭象注曰：「一者，有之初，至妙者也。」[14]《文子・道原》云：「無形者，一之謂也，一者，無心合於天下也。」[15]這些都是「道」即「一」的概念。

　　屈原在作品裡，用「一」、「一氣」、「太一」等詞彙代表「道」，例如〈九歌〉首篇〈東皇太一〉的篇名，以及〈遠遊〉的「羨韓眾之得一」、「審一氣之和德」、「一氣孔神兮」。在〈遠遊〉裡的「一」、「一氣」，均是指「道」。〈九歌〉首篇篇名〈東皇太一〉，此「太一」的意義，可再深入探究。

　　〈東皇太一〉祭祀的神靈，歷來有不同的說法，徐志嘯《楚辭綜論》歸納有

6　〔春秋〕老子著，朱謙之校釋：《老子校釋》，〈二十五章〉，頁 100-101。
7　〔戰國〕莊周著，〔清〕郭慶藩集釋：《莊子集釋》，卷 3 上，〈內篇・大宗師〉，頁 246-247。
8　〔戰國〕莊周著，〔清〕郭慶藩集釋：《莊子集釋》，卷 10 上，〈雜篇・漁父〉，頁 1035。
9　〔戰國〕莊周著，〔清〕郭慶藩集釋：《莊子集釋》，卷 1 下，〈內篇・齊物論〉，頁 70。
10　〔明〕汪瑗：《楚辭集解》，收錄於吳平、回達強主編：《楚辭文獻集成》，冊 5，頁 16，總頁數 3441。
11　傅錫壬：《新譯楚辭讀本》，頁 152。
12　〔春秋〕老子著，朱謙之校釋：《老子校釋》，〈三十九章〉，頁 154-155。
13　〔戰國〕河上公注：《老子道德經河上公章句》（北京：中華書局，1993 年），卷 3，頁 154。
14　〔戰國〕莊周著，〔清〕郭慶藩集釋：《莊子集釋》，卷 5 上，〈外篇・天地〉，頁 424、423。
15　〔戰國〕文子著，李定生、徐慧君校釋：《文子校釋》，卷 1，〈道原〉，頁 28。

七說：1.東帝說。2.伏羲說。3.太乙說。4.戰神說。5.日神說。6.祖先神說。7.齊國上帝說。[16]徐志嘯分析「太一」一詞，認為：「屈原時代，太一還僅僅是個哲學意義上的名詞，尚無神的含義與成分。」[17]徐志嘯的看法，個人以為，有值得商榷之處，在屈原的時代，「太一」是否只有哲學意義，而無神之含義呢？但是不可否認的，〈東皇太一〉之「太一」有哲學的意義。

就哲學上的「太一」而言，《莊子·雜篇·天下》云：「古之道術有在於是者。關尹老聃聞其風而悅之，建之以常無有，主之以太一。」[18]道家的哲學思想，是以「太一」為根本，此觀念的出現早於老子、關尹子。《呂氏春秋·仲夏紀·大樂》云：「道也者，至精也。不可為形，不可為名。彊為之謂之太一。」[19]又《淮南子·詮言訓》云：「洞同天地，渾沌為樸，未造而成物，謂之太一。」[20]「太一」為本根的概念，仍保留在秦漢之時的《呂氏春秋》、《淮南子》。而〈東皇太一〉的「太一」，有楚辭學者從哲學的角度解釋，汪瑗《楚辭集解》云：「所謂太一，猶太極云耳。兩儀四象，生生不已，皆起於太極。十百千萬，推衍無窮，皆始於太一。」[21]金開誠《屈原集校注》解釋道：「太一之名在先秦的一些典籍中不是天神的名稱，而是一個抽象的哲學概念，或指形成天地萬物的元氣，或指老莊思想中所謂『道』的概念。」[22]「太一」是宇宙的初始、萬物的起源，即老莊思想裡的「道」。

筆者認為，可從三方面說明〈東皇太一〉之「太一」的哲學意義。首先，是〈九歌〉十一篇的排序。屈原曾經潤飾〈九歌〉，他將〈東皇太一〉列為首篇，可見此篇祭祀的神祇「太一」，有崇高的地位，可以看出「太一」的至高無上。其次，是〈東皇太一〉的篇題。〈東皇太一〉之篇名，是以「東皇」彰顯「太一」的神聖性，許淑惠〈〈九歌·東皇太一〉之神性探索──兼對太一詞義考辨〉說：「『東皇』二字彰顯神靈意涵，『太一』則具宇宙萬物本根之地位。『東皇』佐以哲學性質之『太一』，更能彰顯其至高無尚的地位。」[23]而「太一」有此神聖地位，即是因為它是萬物的本根。最後，是〈東皇太一〉的歌詞內容。〈東皇太一〉僅敘寫莊重肅敬的祭祀場景，並無描寫祭祀神祇的外表樣貌，此種寫法與其他〈九歌〉篇章不同，是相當特殊的。屈原不在歌詞裡描寫東皇太一的形象，此正與《老子》對「道」的形容相合：「視之不見」、「聽之不聞」、「搏之不得」[24]，「道」是看不見、聽不著、摸不到，故無法用文字來形容。

透過上述分析，可以說明屈原認為「道」是先於宇宙的一切，萬物的根本，

---

[16] 徐志嘯：《楚辭綜論》，頁 105-114。

[17] 徐志嘯：《楚辭綜論》，頁 114。

[18] 〔戰國〕莊周著，〔清〕郭慶藩集釋：《莊子集釋》，卷 10 下，〈雜篇·天下〉，頁 1093。

[19] 〔戰國〕呂不韋撰，陳奇猷校釋：《呂氏春秋新校釋》，上冊，卷 5，〈仲夏紀·大樂〉，頁 259。

[20] 〔漢〕劉安編，張雙棣校釋：《淮南子校釋》，下冊，卷 14，〈詮言訓〉，頁 1494。

[21] 〔明〕汪瑗：《楚辭集解》，收錄於吳平、回達強主編：《楚辭文獻集成》，冊 4，頁 3，總頁數 2911。

[22] 金開誠：《屈原集校注》，上冊，頁 187。

[23] 許淑惠：〈〈九歌·東皇太一〉之神性探索──兼對太一詞義考辨〉，收錄於邱致清等著：《第二十屆南區中文研究生論文發表會論文集》（嘉義：國立中正大學中國文學系，2008 年），頁 13。

[24] 〔春秋〕老子著，朱謙之校釋：《老子校釋》，〈十四章〉，頁 52-53。

而萬物依循著「道」而生，彼此之間都有「道」的聯繫。屈原「道為本根」的觀念，是與道家思想相同。

（二）道無所不在

道家學者論「道」，《管子・心術上》云：「道在天地之間也，其大無外，其小無內，故曰不遠而難極也。」[25]「道」存在於天地之間，至大而無邊界，至小而無內在，「道」在不遠之處，但也難以到達。《莊子》也有相近的看法，《莊子・外篇・天地》云：「行於萬物者，道也」、「夫道，覆載萬物者也，洋洋乎大哉」。[26]「道」運行於萬物之間，覆蓋承載著萬物。而《莊子・外篇・知北遊》記載東郭子問「道」於莊子，莊子回答：「無所不在」，莊子又說「道」在螻蟻、在稊稗、在瓦甓、在屎溺。[27]由莊子的回答，可知「道」是存在於各處。又《關尹子・八籌》記載關尹子語：「是道也，其來無今，其往無古；其高無蓋，其低無載；其大無外，其小無內；其外無物，其內無人；其近無我，其遠無彼。」[28]「道」是超越古今、高低、大小、內外、近遠，關尹子表達了「道」的超越性。這些道家學者都說明了「道」的無所不在。

屈原討論「道」的無所不在，在〈遠遊〉引王子喬語：「（道）其小無內兮，其大無垠。」朱熹《楚辭集注》云：「小無內，大無垠，言無所不在也。」[29]朱熹的解釋簡單而清楚。屈原認為「道」充塞於宇宙，無處無「道」的存在。〈遠遊〉論「道」，與道家學者相同，甚至在〈遠遊〉裡使用的字句，是與《管子》、《關尹子》相近，而「道」是無所不在的觀念，是與《莊子》相同。

（三）道不可言

道家學者認為「道」是實際存在，但無具體形象，故不可言說。《老子》云：「道，可道，非常道」（〈一章〉）、「道常無名」（〈三十二章〉）、「道隱無名」（〈四十一章〉）[30]，可以言說的「道」，就不是恆久不變的「道」，而且沒有一個名字能指稱「道」。莊子繼承老子的看法，《莊子・外篇・知北遊》說：「道不可聞，聞而非也；道不可見，見而非也；道不可言，言而非也。知形形之不形乎！道不當名。」[31]「道」是不可聽聞、不可看見、不可言說、不知其形象、不可稱名。莊子對「道」的觀念，與老子相同。

屈原討論「道」的不可言說，在〈遠遊〉引王子喬語：「道可受兮，不可傳。」洪興祖《楚辭補注》云：「謂可受以心，不可傳以言語也。」王子喬說「道」可

---

[25] 〔春秋〕管仲著，黎翔鳳校注，梁運華整理：《管子校注》，中冊，卷13，〈心術上〉，頁767。

[26] 〔戰國〕莊周著，〔清〕郭慶藩集釋：《莊子集釋》，卷5上，〈外篇・天地〉，頁404、406。

[27] 〔戰國〕莊周著，〔清〕郭慶藩集釋：《莊子集釋》，卷7下，〈外篇・知北遊〉，頁749-750。

[28] 〔春秋〕尹喜著：《關尹子》（上海：上海商務印書館，1936年），〈八籌〉，頁53。

[29] 〔宋〕朱熹：《楚辭集注》，頁108。

[30] 〔春秋〕老子著，朱謙之校釋：《老子校釋》，〈一章〉、〈三十二章〉、〈四十一章〉，頁52-53。3、130、171。

[31] 〔戰國〕莊周著，〔清〕郭慶藩集釋：《莊子集釋》，卷7下，〈外篇・知北遊〉，頁757。

以透過內心體會而傳授，不能藉由言語而傳授。〈遠遊〉此句出自《莊子‧內篇‧大宗師》：「夫道，有情有信，無為無形；可傳而不可受，可得而不可見。」[32]「道」是真實存在，但它無所作為，沒有形態，它可以心傳，不能口授，它可以體會，不能被看見。因此〈遠遊〉以此二句，說明「道」的不可言說。

由於「道」不可言說，因此老子說「道」的特色為：「視之不見，名曰夷；聽之不聞，名曰希；搏之不得，名曰微。」[33]「道」無法看見、聽聞、觸摸。而《莊子》、《列子》有以「太初」說「道」，《莊子‧外篇‧天地》云；「泰初有無，無有無名」[34]、《列子‧天瑞》云：「太初者，氣之始」[35]，可知「太初」即是「道」。

屈原在〈遠遊〉裡亦有提及「泰初」：「視儵忽而無見兮，聽惝怳而無聞。超無為以至清兮，與泰初而為鄰。」王逸《楚辭章句》注末句云：「與道並也。」可知〈遠遊〉裡的「泰初」也是指「道」。〈遠遊〉此四句，原本是指屈原想像他修煉成仙，遊歷天地之後，與「道」並鄰。此時屈原的狀態是無法看見，無法聽聞，他超越無為，達到清虛的境界，與泰初相鄰。在此屈原描寫的泰初，與莊子、列子所言的太初完全一致，也表現出「道」不可言說的觀念。

（四）道法自然

「道法自然」，見於《老子‧二十五章》：「人法地，地法天，天法道，道法自然。」[36]人、地、天均遵循著「道」，而「道」運行的規律是「自然」。陳鼓應《老莊新論》說明「道法自然」：

> 所謂「『道』法自然」，是說「道」以它自己的狀況為依據，以它內在原因決定了本身的存在和運動，而不必靠外在其他的原因。可見「自然」一詞，並不是名詞，而是狀詞。也就是說，「自然」並不是指具體存在的東西，而是形容「自己如此」的一種狀態。[37]

陳鼓應以「自己如此」解釋「自然」，「道」能自己運作，而不靠外力運行。道家學者認為要達到自然的境界，《老子‧五十一章》有云：「道之尊，德之貴，夫莫之命常自然。」[38]道與德的尊貴，時常依循道德，則能接近自然。又《文子‧下德》云：「夫至人之治，虛無寂寞，不見可欲，心與神處，形與性調，靜而體德，動而理通，循自然之道，緣不得已矣。」[39]心與神透過虛無寂寞的修養，調合身形與天性，靜時能體德，動時能通理，依循自然之性，則可以化治。

屈原討論「道」法自然，在〈遠遊〉引王子喬語：「無滑而魂，彼將自然。……

---

[32]〔戰國〕莊周著，〔清〕郭慶藩集釋：《莊子集釋》，卷 3 上，〈內篇‧大宗師〉，頁 246。

[33]〔春秋〕老子著，朱謙之校釋：《老子校釋》，〈十四章〉，頁 52-53。

[34]〔戰國〕莊周著，〔清〕郭慶藩集釋：《莊子集釋》，卷 5 上，〈外篇‧天地〉，頁 424。

[35]〔戰國〕列子撰，楊伯峻集釋：《列子集釋》，卷 1，〈天瑞〉，頁 6。

[36]〔春秋〕老子著，朱謙之校釋：《老子校釋》，〈二十五章〉，頁 103。

[37] 陳鼓應：《老莊新論》（臺北：五南圖書出司，1993 年），頁 29。

[38]〔春秋〕老子著，朱謙之校釋：《老子校釋》，〈五十一章〉，頁 203。

[39]〔戰國〕文子著，李定生、徐慧君校釋：《文子校釋》，卷 9，〈下德〉，頁 364。

虛以待之，無為之先。」屈原見到王子喬，向他請教「道」之和德的方法。王子喬提出的方法，是不要擾亂精神，則將達至自然，以虛靜之心等待「道」，無為才能得之。蘇雪林《楚騷新詁》說：「〈遠遊〉『毋滑而魂兮，彼得自然。』這裡自然是指『道』會自然而然地降臨到你身上，是個副動詞，但也取之於道家常用術語。」[40]蘇雪林認為〈遠遊〉的「自然」，是道家的術語。姜亮夫《楚辭通故》說：「屈子所謂『無滑而魂兮，彼將自然。』言無滑亂汝之魂靈，彼魂靈者，持其自然而然者也。……言自然者，多與無為相繫，〈遠遊〉亦言無為矣。」[41]姜亮夫認為〈遠遊〉裡「自然」一詞，是指「自然而然」的狀態，也與無為關係密切。

　　從王子喬提出的修煉之法可知，修煉者必須精神專一，內心是虛靜無為，才能體察到「道」，才能達到「自然」的境界。王子喬所說的修煉之法，正與道家相符，可見〈遠遊〉裡的「自然」，是道家意義的「自然」。

二、宇宙論

　　「宇」與「宙」二字，《文子‧自然》云：「往古來今謂之宙，四方上下謂之宇。」[42]《尸子》云：「上下四方曰宇，往古來今曰宙。」[43]而「宇」、「宙」合為一詞，首見於《莊子‧內篇‧齊物論》：「旁日月，挾宇宙。」郭象注云：「以死生為晝夜，旁日月之喻也；以萬物為一體，挾宇宙之譬也。」[44]從上述引文，可知先秦時期所說的宇宙，是指時間與空間。而「宇宙」一詞，多見於道家之書，如《莊子》〈內篇‧齊物論〉、〈外篇‧知北遊〉、〈雜篇‧讓王〉、〈雜篇‧列御寇〉、《鶡冠子‧天權》，其他典籍如《荀子‧解蔽》、《呂氏春秋》的〈孟春紀‧本生〉、〈慎大覽‧下賢〉、〈審分覽‧執一〉均有提及。[45]

　　丁山《中國古代宗教與神話考》說：「老莊宇宙本體論與屈原思想完全一致。」[46]而游國恩《屈賦考源》認為屈原有四大觀念，即宇宙觀念、神仙觀念、神怪觀念、歷史觀念，游國恩在「宇宙觀念」說：「宇宙的觀念就是自然的觀念。這種

40　蘇雪林：《楚騷新詁》，〈第三篇，遠遊，關於遠遊的種種〉，頁511。

41　姜亮夫：《楚辭通故》，冊2，頁278。

42　〔戰國〕文子著，李定生、徐慧君校釋：《文子校釋》，卷8，〈自然〉，頁305。

43　〔戰國〕尸佼著，〔清〕孫星衍輯：《尸子》（北京：中華書局，1991年），卷下，頁26。

44　〔戰國〕莊周著，〔清〕郭慶藩集釋：《莊子集釋》，卷1下，〈內篇‧齊物論〉，頁100-101。

45　《莊子》〈內篇‧齊物論〉云：「旁日月，挾宇宙」、〈外篇‧知北遊〉云：「外不觀乎宇宙，內不知乎大初」、〈雜篇‧讓王〉云：「余立於宇宙之中」、〈雜篇‧列御寇〉云：「若是者，迷惑於宇宙，形累不知太初」。《鶡冠子》云：「獨化終始，隨能序致，獨立宇宙無封，謂之皇天地，浮懸天地之明，委命相剟，謂之時，通而剟，謂之道，連萬物，領天地，合膊同根，命曰宇宙。」《荀子‧解蔽》云：「制割大理，而宇宙裏矣。」《呂氏春秋》〈孟春紀‧本生〉云：「精通乎天地，神覆乎宇宙」、〈慎大覽‧下賢〉云：「與物變化而無所終窮，精充天地而不竭，神覆宇宙而無望」、〈審分覽‧執一〉云：「故聖人之事，廣之則極宇宙、窮日月，約之則無出乎身者也」。〔戰國〕莊周著，〔清〕郭慶藩集釋：《莊子集釋》，頁100、758、966、1047。〔戰國〕鶡冠子著，黃懷信校注：《鶡冠子校注》，卷下，卷17，〈天權〉，頁328-329。〔戰國〕荀況著，王天海校釋：《荀子校釋》，下冊，卷15，〈解蔽〉，頁847。〔戰國〕呂不韋撰，陳奇猷校釋：《呂氏春秋新校釋》，上冊，卷1，〈孟春紀‧本生〉，頁22、上冊，卷15，〈慎大覽‧下賢〉，頁886、下冊，卷17，〈審分覽‧執一〉，頁1144。

46　丁山：《中國古代宗教與神話考》（上海：上海書店出版社，2011年），頁482。

觀念以〈天問〉中最多,〈離騷〉及〈遠遊〉次之,他篇則甚少。」[47]屈原的宇宙觀,與他的道家思想有關。以下就(一)宇宙的起源。(二)宇宙的初生。(三)宇宙的發展。討論屈原自然觀裡的宇宙論。

(一)宇宙的起源

宇宙的起源,老子提出他的見解,《老子·四十章》云:「天下萬物生於有,有生於無。」[48]宇宙萬物起源於「無」。其後《莊子》記載宇宙起源之事,《莊子·外篇·天地》云:「泰初有無,無有無名。」[49]宇宙起源於「無」,它沒有「有」,也沒有名稱。

屈原在〈天問〉首先提出宇宙起源的問題,〈天問〉云:「遂古之初,誰傳道之?」在遠古時期,宇宙尚未生成,是由誰來說道宇宙的形態?王逸《楚辭章句》云:「言往古太始之元,虛廓無形,神物未生,誰傳道此事也。」透過王逸的注解,可知屈原認為宇宙起源於「無」,因此無人可以傳說論述當時的情況。而屈原此種觀念,汪仲弘《天問補注》云:「遂古之初,老氏所謂天地之始,象帝之先也。」[50]屈原說的「遂古之初」,即老子所說「天地之始」,這說明宇宙初始的形態是「無」,可見屈原的宇宙觀與老子相近。

〈天問〉又云:「上下未形,何由考之?」天地上下尚未形成之時,要如何考察它呢?王逸《楚辭章句》云:「言天地未分,溷沌無垠,誰考定而知之也?」屈原此是針對天地尚未形成之時提出問題。姜亮夫〈天問問例述〉也說:「『遂古之初』至『何由考之』四句,此問宇宙(銀河系統)之生成也。」[51]屈原認為宇宙生成之前,是為虛無。屈原對於此時的現象,是由誰來言說、考定而提出疑問。

「道」是宇宙的起源,《老子·四十二章》云:「道生一,一生二,二生三,三生萬物。」[52]「道」能生成萬物,萬物由「道」所生。屈原也有此觀念,表現在〈九歌〉的〈東皇太一〉。姜亮夫《屈原賦校注》說:「太一為一哲學中至高概念,此南楚哲人之言,與《易經》所謂『太極生兩儀』者,義不相謀而相合。」[53]「太一」至高無上的地位,受到楚人的重視而祭祀,這也反映出屈原認為「太一」,在哲學上的意義,它是宇宙的初始。

(二)宇宙的初生

《老子·四十章》云:「天下萬物生於有,有生於無。」[54]老子認為「無」生「有」,而「有」生天下萬物。《莊子·外篇·天地》則云:「泰初有無,無有無

[47] 游國恩:《屈賦考源》,收錄於游國恩著,游寶諒編:《游國恩楚辭論著集》,冊3,頁242。
[48] 〔春秋〕老子著,朱謙之校釋:《老子校釋》,〈四十章〉,頁165。
[49] 〔戰國〕莊周著,〔清〕郭慶藩集釋:《莊子集釋》,卷5上,〈外篇·天地〉,頁424。
[50] 〔明〕汪仲弘:《天問注補》,收錄於黃靈庚主編:《楚辭文獻叢刊》,冊36,卷上,頁3,總頁數225。
[51] 姜亮夫:〈天問問例述〉,收錄於姜亮夫:《楚辭論文集》,《姜亮夫全集》,冊8,頁330。
[52] 〔春秋〕老子著,朱謙之校釋:《老子校釋》,〈四十二章〉,頁174。
[53] 姜亮夫:《屈原賦校注》,頁203。
[54] 〔春秋〕老子著,朱謙之校釋:《老子校釋》,〈四十章〉,頁165。

名，一之所起，有一而未形。」[55]莊子認為宇宙初生之時沒有形態。老子與莊子都簡單說明宇宙的初生，這是老、莊認為宇宙生成的過程。《列子‧天瑞》對宇宙的初生有更詳盡的描述：

> 夫有形者生於無形，則天地安從生？故曰：有太易，有太初，有太始，有太素。太易者，未見氣也：太初者，氣之始也；太始者，形之始也；太素者，質之始也。氣、形、質具而未相離，故曰渾淪。渾淪者，言萬物相渾淪而未相離也。視之不見，聽之不聞，循之不得，故曰易也。易無形埒。

有形生於無形，而天地宇宙初生之時，歷經太易、太初、太始、太素等階段。太易時，是「氣」尚未生成；太初時，是「氣」已產生；太始時，是天下萬物開始有形態；太素時，是天下萬物開始有質量。元氣、形態、質量具備而未分離，稱為渾淪。渾淪是指萬物混為一體，尚未分離之時。它是無法看見、聽聞、觸摸而得，故稱為「易」。「易」是沒有形狀。列子對於宇宙生成的看法，與老子、莊子相近。

屈原在〈天問〉提出宇宙初生之時的問題，〈天問〉云：「冥昭瞢闇，誰能極之？」在晝夜未分之時，是誰來深探窮究？程嘉哲說：「整句是說眼前一切模模糊糊，明的不明，暗的不暗，都難看清──即傳說中的『渾沌』狀態。」[56]屈原針對宇宙初生時，模糊不清的形態提出疑問。

〈天問〉又云：「馮翼惟像，何以識之？」宇宙混沌不清，僅能想像，要如何辨識它呢？朱熹《楚辭集注》云：「馮翼，氤氳浮動之貌。」[57]胡文英《屈騷指掌》云：「馮翼，天地翕闢鼓動之貌。」[58]而馬其昶《屈賦微》注云：「言由無形而為有形。」[59]宇宙是逐漸形成，有元氣活動於其中。屈原認為宇宙初生之時，是晦暗不明，一片模糊，而有元氣的流動，這是由無到有的生成現象。而屈原對於此時的現象，由何人能辨明、識別而提出疑問。

（三）宇宙的發展

老子說道宇宙的發展，《老子‧四十二章》云：「道生一，一生二，二生三，三生萬物。」[60]宇宙始於「道」，「道」能生成萬物。《列子‧天瑞》說明宇宙天地的發展：

> 易變而為一，一變而為七，七變而為九。九變者，究也，乃復變而為一。

---

[55] 〔戰國〕莊周著，〔清〕郭慶藩集釋：《莊子集釋》，卷 5 上，〈外篇‧天地〉，頁 424。

[56] 程嘉哲：《天問新注》（成都：四川人民出版社，1984 年），頁 15。

[57] 〔宋〕朱熹：《楚辭集注》，頁 50。

[58] 〔清〕胡文英：《屈騷指掌》，收錄於吳平、回達強主編：《楚辭文獻集成》，冊 15，卷 2，頁 21，總頁數 10714。

[59] 〔清〕馬其昶：《屈賦微》，收錄於吳平、回達強主編：《楚辭文獻集成》，冊 18，卷 3，頁 23，總頁數 12623。

[60] 〔春秋〕老子著，朱謙之校釋：《老子校釋》，〈四十二章〉，頁 174。

一者，形變之始也。清輕者上為天，濁重者下為地，沖和氣者為人；故天地含精，萬物化生。[61]

「易」變化為一，一變化為七，七變化為九。九是變化的最終形態，接著又變為一。一是形態變化的開始。清明輕盈之氣向上漂浮成為天，混濁沉重之氣向下沉積成為地，平和之氣則成為人，因此天地間蘊含著精華，萬物因此變化而生。

屈原在〈天問〉提出宇宙發展的問題，〈天問〉云：「明明闇闇，惟時何為？」宇宙的明亮與昏暗，為何會如此？洪興祖《楚辭補注》云：「此言日月相推，晝夜相代，時運不停，果何為乎？」〈天問〉裡的宇宙，在「馮翼」句尚為模糊之時，而在「明明」句，說明宇宙已經有晝夜的分別，宇宙逐漸形成。

〈天問〉又云：「陰陽三合，何本何化？」陰陽與自然結合，何者為本始，又是如何變化？金開誠《屈原集校注》說：「三合，指陰、陽和天（大自然）的統一。……以上二句的意思是：陰陽和天（大自然）三者結合在一起，究竟是先有陰陽的變化然後才有大自然呢，還是先有天而後才有陰陽的變化？」[62]此時的宇宙有陰陽的分別，與自然結合而有變化。屈原認為在宇宙生成空間之時，同時也有了時間，故提出此疑問。

再就「陰陽」而言，〈九歌・大司命〉、〈九章・涉江〉亦有提及。〈大司命〉云：「乘清氣兮御陰陽」，蔣天樞《楚辭校釋》說明此句：「謂能通於太和而掌握自然之變化。」[63]〈大司命〉又云：「壹陰兮壹陽」，朱熹《楚辭集注》云：「壹陰、壹陽，言其變化循環，無有窮已也。」[64]由上述楚辭學者的注解，可知屈原認為天地之間有陰陽二氣的變化，此種變化是無窮無盡的。〈涉江〉云：「陰陽易位，時不當兮。」楊金鼎說明道：「陰陽易位，自然界極端混亂的現象，這裡用以比喻當時楚國政府的情況。」[65]屈原用「陰陽易位」暗喻楚國君臣地位的錯亂，也哀嘆他的不遇。從另一方面來看，這也表示屈原認為陰陽二氣是依照規則而變化，才能使宇宙持續的發展，這與《老子》「萬物負陰而抱陽」[66]的觀念相同。

〈九歌・東皇太一〉的「太一」，在哲學意義上，它是宇宙的起源「道」。實際上，「太一」也有化生天地萬物的意義。在郭店楚簡中，有〈太一生水〉一篇。〈太一生水〉云：

太一生水，水反輔太一，是以成天。天反輔太一，是以成地。天地〔復相輔〕也，是以成神明。神明復相輔也，是以成陰陽。陰陽復相輔也，是以成四時。四時復相輔也，是以成冷熱。冷熱復相輔也，是以成濕燥。濕燥復相輔也，成歲而〔後〕止。故歲者，濕燥之所生也。濕燥者，寒熱之所

---

[61] 〔戰國〕列子撰，楊伯峻集釋：《列子集釋》，卷1，〈天瑞〉，頁6-8。
[62] 金開誠：《屈原集校注》，下冊，頁298。
[63] 蔣天樞：《楚辭校釋》，頁149。
[64] 〔宋〕朱熹：《楚辭集注》，頁38。
[65] 楊金鼎注釋〈九章〉，見：馬茂元主編：《楚辭注釋》，頁328。
[66] 〔春秋〕老子著，朱謙之校釋：《老子校釋》，〈四十二章〉，頁175。

生也。寒熱者，〔四時之所生也。〕四時者，陰陽之所生〔也〕。陰陽者，神明之所生也。神明者，天地之所生也。天地者，太一之所生也。[67]

在此段引文中，以「太一」為初始，「太一」以下生「水」、「天地」、「神明」、「陰陽」、「四時」、「寒熱」、「濕燥」、「歲」，至「歲」而止。故可推論，「太一」能化生萬物。許抗生〈初讀〈太一生水〉〉說明此篇：「從宇宙演化學說史上說，是老子到《淮南子》之間的一個重要發展階段。」[68]屈原生活的年代，在老子與《淮南子》之間，他自是知道「太一」在宇宙生成發展的重要性，它宇宙的初始，且能化育萬物。

三、天地觀

屈原有道家與陰陽家的思想，構成了他的天地觀。游國恩《屈賦考源》說：

> 我說屈原的思想是有了古代天文學家的淵源，而與出於羲和的陰陽家鄒衍同出一源。我想戰國時，齊國陰陽家言極盛。屈子屢使與齊，勢必直接受其影響，所以他的辭賦中，天文而外，還有許多觀於地理的文字。[69]

屈原在作品裡表現天地觀，包括天體、天象、九州‧崑崙、上下與四方。以下就（一）天體與天象。（二）九州與崑崙。（三）上下與四方。探析屈原自然觀裡的天地觀。

（一）天體與天象

屈原的作品裡，記載著他對天體與天象的看法。就天體而言，包括天體的形狀、天體的運行，而就天象而言，包括星象紀時、日月星辰。以下分析屈原天體與天象的觀念。

1.天體的形狀

在先秦時期，人們對天體的看法，以「蓋天說」與「渾天說」最為著名。「蓋天說」，又稱「天圓地方說」，此學說的內容，如《淮南子‧天文訓》云：「天道曰圓，地道曰方」[70]。《晉書‧天文志上》說明「蓋天說」：「其言天似蓋笠，地法覆槃，天地各中高外下。」[71]蓋天說認為天空為圓頂，覆蓋在方形的大地上。

「渾天說」的內容，《渾天儀》云：「渾天如雞子，天體圓如彈丸，地如雞子

---

[67] 〈太一生水〉釋文，根據龐樸〈一段有機的宇宙生成圖式──介紹楚簡〈太一生水〉〉所載。見龐樸：〈一段有機的宇宙生成圖式──介紹楚簡〈太一生水〉〉，收錄於陳鼓應編：《道家文化研究》（北京：生活‧讀書‧新知三聯書店，1999 年），第 17 輯，頁 301-302。
[68] 許抗生：〈初讀〈太一生水〉〉，收錄於陳鼓應編：《道家文化研究》，第 17 輯，頁 315。
[69] 游國恩：《屈賦考源》，收錄於游國恩著，游寶諒編：《游國恩楚辭論著集》，冊 3，頁 256。
[70] 〔漢〕劉安編，張雙棣校釋：《淮南子校釋》，上冊，卷 3，〈天文訓〉，頁 276。
[71] 〔唐〕房玄齡等著，〔清〕吳士鑑、劉承幹校注：《晉書斠注》（臺北：新文豐出版公司，1975 年初版），冊 1，卷 11，〈天文志上〉，頁 3-4，總頁數 166。

中黃，孤居於內，天大而地小。……天轉如車轂之運也，周旋無端，其形渾渾，故曰渾天也。」[72]《晉書·天文志上》也有說：「前儒舊說，天地之體，狀如鳥卵，天包地外，猶殼之裹黃也；周旋無端，其形渾渾然，故曰渾天也。」[73]渾天說認為天體為圓形如雞蛋，在內部的大地則如蛋黃，置於其中，而天體會像車輪那樣旋轉。

屈原對天體的看法，是主張「渾天說」，而反對「蓋天說」。〈天問〉云：「圜則九重，孰營度之？」天有九重，要如何營造與測量它？屈原使用「圜」字表示天體的形狀，洪興祖《楚辭補注》云：「圜與圓同。《說文》曰：『天體也。』」《明史·天文志》也說：「《楚辭》言：『圜則九重，孰營度之？』渾天家言天包地如卵裹黃，則天有九重，地為渾圓，古人已言之矣。」[74]又〈東君〉云：「杳冥冥兮以東行」，湯炳正《楚辭今注》說：「言日落後由地下冥冥東行，次日又出於東方。此乃『渾天』說之先驅。」[75]由〈天問〉、〈東君〉，可知屈原認為天體是圓形，此觀念與渾天說相同。

屈原反對蓋天說，又見於〈天問〉「南北順橢」一句。楚辭學者對「橢」字的解釋，王夫之《楚辭通釋》云：「圓而長也」[76]，戴震《屈原賦注》云：「圜長曰橢」[77]，可知「橢」字即「橢圓」。在蓋天說裡，大地是方形，而屈原認為大地為圓形，觀念與蓋天說不合。由此可推論屈原並不贊成蓋天說的說法，屈原是主張渾天說，整個天體的形狀為圓形才是。

2.天體的運行

屈原說明天體的運行，〈天問〉云：「惟茲何功？孰初作之？斡維焉繫？天極焉加？」這樣的功勞，又最初是誰來建造的？天體的軸承是如何連繫？而天體的軸承又是如何安插？周拱辰《離騷草木史》說明：「周天……半復地上，半在地下，左迴右旋，運行不息，如磨蟻然。……其斡軸維繫，究在何處？天極者，南極北極也。」[78]依據以上引文，可知屈原認為天體是以南北極為軸心，不停的旋轉。

屈原主張渾天說，論證如前所述，而屈原反對蓋天說，也表現在〈天問〉裡。〈天問〉云：「八柱何當？東南何虧？」支撐天空的八根天柱位在何處？為何大地會向東南傾斜？林雲銘《楚辭燈》云：「天既受八柱撐持，自應平放，似東南

---

[72] 〔漢〕張儀：《渾天儀》，收錄於〔清〕洪頤煊選集：《經典集林》（臺北：藝文印書館，1968年），卷27，頁1。

[73] 〔唐〕房玄齡等著，〔清〕吳士鑑、劉承幹校注：《晉書斠注》，冊1，卷11，〈天文志上〉，頁13，總頁數171。

[74] 〔清〕張廷玉等：《明史》（臺北：新文豐出版公司，1975年初版），卷25，〈天文志〉，頁2，總頁187。

[75] 湯炳正等注：《楚辭今注》，頁68。

[76] 〔清〕王夫之：《楚辭通釋》，收錄於〔清〕王夫之等著：《清人楚辭注三種》，頁50。

[77] 〔清〕戴震：《屈原賦注》，收錄於〔清〕王夫之等著：《清人楚辭注三種》，頁21。

[78] 〔清〕周拱辰：《離騷草木史》，收錄於吳平、回達強主編：《楚辭文獻集成》，冊8，卷3，頁3，總頁數5544。

地面，不宜獨缺。」[79]若是天空是由八柱支撐，那麼大地應是平坦，現今大地向東南方傾斜，那麼東南方的天柱又在何處？

〈天問〉又云：「九天之際，安放安屬？」九天的邊緣，是如何連接與安放？王逸《楚辭章句》云：「九天，東方皞天，東南方陽天，南方赤天，西南方朱天，西方成天，西北方幽天，北方玄天，東北方變天，中央鈞天。其際會何分，安所繫屬乎？」聞一多《天問疏證》說：「言九天之邊際，各於何處互相依傍，互相連屬也。」[80]此處所言的「九天」，是指方位而言。

〈天問〉又云：「隅隈多有，誰知其數？」九天彎曲的角落，誰知道數量有多少？黃文煥《楚辭聽直》云：「既已則九，則必有隅隈，每一天共幾隅隈耶？此數問者幻而未易知者也。」[81]屈原認為，若將天空分為九個區域，那麼這些區域的方位是要如何劃定？而在劃定之後，天空連接的角落數量又是為何？

〈天問〉又云：「天何所沓？十二焉分？」游國恩《天問纂義》說：「此二句本問兩事，天何所沓，一事也；十二焉分，又一事也。」[82]在「天何所沓」句，王泗源《楚辭校釋》說明道：「言天什麼地方合而無縫？非指『天與地合會何所』。」[83]屈原認為天體是完整的球體，並無接縫。

綜上所述，屈原認為，如果天體如蓋天說所言，那麼應當是地有八柱，大地不會向東南傾斜，天穹將劃分成九天，而且有連接的角落。但屈原依觀察的結果，並無這些現象，故提出這些問題。這都是屈原針對蓋大說提出的懷疑，這也說明了蓋天說有它的不足之處。

3.星象紀時

屈原經常在作品裡以星象紀錄時日，〈離騷〉云：「攝提貞於孟陬兮，惟庚寅吾以降。」王逸《楚辭章句》注「攝提」云：「太歲在寅曰攝提格。」屈原出生之年，正是太歲在攝提格。又〈東皇太一〉云：「吉日兮辰良，穆將愉兮上皇。」「辰」字，陳第《屈宋古音義》云：「辰，十二時也。」[84]可知〈東皇太一〉此句說道，在這個吉祥良好的時日，將要用肅穆的祭典，使東皇太一歡愉。

屈原在〈天問〉問十二時辰之事，〈天問〉云：「天何所沓？十二焉分？」蔣驥《山帶閣注楚辭》云：「日月星麗乎天，有總會者以為曆數之元，有常會者以為歲月之紀，故承天體以立問，而下遂及日月列星也。」[85]〈天問〉此二句，上承前述天體的問題，下啟日月的問題。在「十二焉分」句，楚辭學者大多以為此「十二」，是指十二辰，持此說者，有王逸、洪興祖、朱熹、周拱辰、王夫之、

79　〔清〕林雲銘：《楚辭燈》，卷2，〈天問〉，頁59。

80　聞一多：《天問疏證》（臺北：木鐸出版社，1982年），頁8。

81　〔明〕黃文煥：《楚辭聽直》，收錄於吳平、回達強主編：《楚辭文獻集成》，冊7，卷3，頁4，總頁數4724。

82　游國恩：《天問纂義》，收錄於游國恩著，游寶諒編：《游國恩楚辭論著集》，冊2，頁48。

83　王泗源：《楚辭校釋》，頁85。

84　〔明〕陳第：《屈宋古音義》，收錄於吳平、回達強主編：《楚辭文獻集成》，冊10，頁14，總頁數13657。

85　〔清〕蔣驥：《山帶閣注楚辭》，收錄於〔清〕王夫之等著：《清人楚辭注三種》，頁71。

蔣驥、戴震、陳本禮、聞一多、王泗源、姜亮夫等。[86]實際上,「十二」還有其他說法,金開誠《屈原集校注》說明道:

> 十二,我國古代天文學中以十二紀數的有歲星紀年、斗柄建月、十二辰會、十二分野等。此處「十二」所指不詳。……又一說這裡的「十二」是兼歲星紀年、斗柄建月、十二辰會、十二分野四者而言。以上諸說都可參考,而四者兼問的說法,似乎最為恰當。因這四者都以十二數,而互相之間又都有一定的聯繫。[87]

〈天問〉此句的「十二」有眾多的意義,而就王逸《楚辭章句》注此句為「十二辰」而言,《左傳》云:「日月之會,是謂辰。」杜預注:「一歲日月十二會,所會為辰。」[88]古人觀察太陽、月亮、歲星的運行方式,將天劃分出十二辰,並以此計算時間與年歲。屈原認為,天體為的球體,哪裡會有接縫呢?為何能依據日月的交會,將天分為十二等分呢?在〈離騷〉、〈東皇太一〉、〈天問〉裡,都以星象紀時,可見屈原有豐富的天文知識。

4.日月星辰

在屈賦裡,有眾多的星象星名,構成屈原的天文觀。以下探析屈原作品裡,日、月、星辰等自然之物所代表的意義。

在〈天問〉有總括提問日、月、星辰之事,〈天問〉云:「日月安屬?列星安陳?」聞一多《天問疏證》云:「謂日月五星循黃道周天之十二次而行,然日月如何繫屬而運行不墜,列星如何陳列而躔度不差乎?」[89]太陽與月亮是如何繫附於天際,不會墜下?星辰的陳列,是如何安放於天際而絲毫不差?屈原在此二句之後,分別對太陽、月亮、星辰提問。

屈原在作品裡,書寫太陽方面,有以太陽代表時間的流動,例如:

---

86 王逸《楚辭章句》云:「十二辰誰所分別乎?」洪興祖《楚辭補注》引《靈憲》、《左傳》說明十二為「十二辰」。朱熹《楚辭集注》云:「十二云者,自子至亥,十二辰也。」周拱辰《離騷草木史》云:「十二辰支干相配,起於甲寅而天道周矣,二十八宿以是分。」王夫之《楚辭通釋》云:「十二,周天之次。」蔣驥《山帶閣注楚辭》云:「十二,自子至亥十二辰也。」戴震《屈原賦注》云:「十二次之名,出於二十八宿。」陳本禮《屈辭精義》云:「天體為十二辰,以配地十二之分野也。」聞一多《天問疏證》云:「十二謂十二次。」王泗源《楚辭校釋》云:「十二焉分,言十二辰怎樣分?」姜亮夫《屈原賦校注》云:「此十二焉分,即指日月之會言,即黃道周天之十二等分也。」〔宋〕朱熹:《楚辭集注》,卷3,頁52。〔清〕周拱辰:《離騷草木史》,收錄於吳平、回達強主編:《楚辭文獻集成》,冊8,卷3,頁6,總頁數5550。〔清〕王夫之:《楚辭通釋》,收錄於〔清〕王夫之等著:《清人楚辭注三種》,頁48。〔清〕蔣驥:《山帶閣注楚辭》,收錄於〔清〕王夫之等著:《清人楚辭注三種》,頁71。〔清〕戴震:《屈原賦注》,收錄於〔清〕王夫之等著:《清人楚辭注三種》,頁19。〔清〕陳本禮:《屈辭精義》,收錄於吳平、回達強主編:《楚辭文獻集成》,冊15,頁4,總頁數10345。聞一多:《天問疏證》,頁9。王泗源:《楚辭校釋》,頁85。姜亮夫:《屈原賦校注》,頁281。
87 金開誠:《屈原集校注》,下冊,頁302。
88 〔春秋〕左丘明傳,〔晉〕杜預注,〔唐〕孔穎達疏,〔清〕阮元校勘:《春秋左傳正義》,《重刊宋本十三經注疏附校勘記》,冊6,卷44,頁18,總頁數766。
89 聞一多:《天問疏證》,頁9。

> 日月忽其不淹兮，春與秋其代序。(〈離騷〉)
> 恐天時之代序兮，耀靈曄而西征。(〈遠遊〉)

> 欲少留此靈瑣兮，日忽忽其將暮。(〈離騷〉)
> 日將暮兮悵忘歸，惟極浦兮寤懷。(〈河伯〉)
> 進路北次兮，日昧昧其將暮。(〈懷沙〉)
> 開春發歲兮，白日出之悠悠。
> 命則處幽，吾將罷兮，願及白日之未暮。(以上〈思美人〉)

在〈離騷〉用日月的交替表示時間的流逝，而在〈遠遊〉則是用太陽西行來表示。在〈離騷〉、〈河伯〉、〈懷沙〉、〈思美人〉，用「日出」、「日暮」表示太陽的升起與落下。在屈賦裡，有描寫太陽被遮蔽的情況：

> 應律兮合節，靈之來兮蔽日。(〈東君〉)
> 旌蔽日兮敵若雲，矢交墜兮士爭先。(〈國殤〉)
> 山峻高以蔽日兮，下幽晦以多雨。(〈涉江〉)
> 折若木以蔽光兮，隨飄風之所仍。(〈悲回風〉)

在〈東君〉用蔽日形容天上神靈眾多，也間接形容祭祀場面的盛大，在〈國殤〉用蔽日形容戰場上敵人數量的龐大，在〈涉江〉用蔽日形容山嶺的崇峻，在〈悲回風〉用蔽日說明他將韜光養晦。

屈原也有描寫太陽的出現，例如〈東君〉云：「暾將出兮東方，照吾檻兮扶桑。撫余馬兮安驅，夜皎皎兮既明。」東君太陽從東方出現，照耀著欄杆與扶桑。他驅駕著龍馬，安穩的向前行進，而夜色逐漸明亮。屈原也將太陽相關的神話，寫入作品裡，例如在〈離騷〉裡，屈原說道：

> 吾令羲和弭節兮，望崦嵫而勿迫。路曼曼其修遠兮，吾將上下而求索。飲余馬於咸池兮，總余轡乎扶桑。折若木以拂日兮，聊逍遙以相羊。

屈原命令為太陽駕車的羲和緩慢行走，看見崦嵫山也切勿急著前行。屈原尋求志同道合之人的道路是如此的長遠，他將上下游歷而追求。屈原讓車隊的馬匹在咸池飲水，將轡繩繫在扶桑樹下。屈原折下若木的枝葉敲阻太陽，他在此地逍遙徘徊。又〈少司命〉云：「與女沐兮咸池，晞女髮兮陽之阿」、〈遠遊〉云：「朝濯髮於湯谷兮，夕晞余身兮九陽」。在〈少司命〉裡，祭巫想像他與少司命一同沐浴於咸池，並在太陽經過之處曬乾頭髮。而在〈遠遊〉裡，屈原進入神仙世界，早晨時在湯谷洗髮，傍晚時讓九陽曬乾身體。其中，「羲和」是太陽駕車者，「崦嵫」是日落之處，「咸池」是日浴之處，「扶桑」、「若木」、「湯谷」是日升之處，

這些都是與太陽相關的詞彙。

屈賦裡的太陽，還有其他用途，〈遠遊〉云：「餐六氣而飲沆瀣兮，漱正陽而含朝霞。」屈原服食飲用六氣、沆瀣，漱正陽，含朝霞，以此修煉自己。〈招魂〉云：「魂兮歸來！東方不可以託些。……十日代出，流金鑠石些。」屈原對懷王之魂說道，東方不可前往，那裡有十個太陽交替出沒，其炎熱都將金、石熔化了。

屈原在〈天問〉有問太陽之事，〈天問〉云：「出自湯谷，次於蒙汜。自明及晦，所行幾里？」王逸《楚辭章句》云：「言日出東方湯谷之中，暮入西極蒙水之涯也。日平旦而出，至暮而止，所行凡幾何里乎？」太陽從東方湯谷升起，從西方蒙汜落下，從白天到黑夜，它行走的路程有多遠？屈原看見太陽東升西落，故對太陽行經的路線為多少提出疑問。

屈原在〈天問〉也有問太陽神話，〈天問〉云：「羿焉彃日，烏焉解羽？」羿為何要射下太陽？烏鴉為何要脫下羽毛？相傳在遠古之時，天空有十個太陽，《山海經》云：「湯谷上有扶桑，十日所浴，在黑齒北。居水中，有大木，九日居下枝，一日居上枝」[90]、「羲和者，帝俊之妻，生十日」[91]。羿射日的記載，見於《淮南子》、《山海經》等書：

《淮南》言堯時十日並出，草木焦枯，堯命羿仰射十日，中其九日，日中九烏皆死，墮其羽翼，故留其一日也。（王逸《楚辭章句》）

羿射九日，落為沃焦。（成玄英《莊子疏》引《山海經》）[92]

堯時十日並出，堯使羿射十日，落沃焦。（《錦繡萬花谷》引《山海經》）[93]

在唐堯之時，天空出現十個太陽，堯命令羿射日，其中九日落入沃焦，留一日於天空。後句的「烏」，是指太陽，《淮南子‧精神訓》云：「日中有踆烏」，高誘注：「謂三足烏」。[94]古時相傳日中有烏。可知〈天問〉二句所問，是指一事，即羿射日，又日中有烏，由於太陽被羿射落，故云「解羽」。在戰國時期，已經有此神話傳說。

屈原在作品裡，書寫月亮方面，經常將日、月並舉，如〈離騷〉云：「日月忽其不淹兮，春與秋其代序。」日、月代表時間的流逝，由於日夜交替、春秋代換，屈原因此而內心著急。又如〈雲中君〉云：「蹇將憺兮壽宮，與日月兮齊光」、〈涉江〉云：「與天地兮同壽，與日月兮同光」。日、月是天空裡最明亮的，因此屈原說要與月亮、太陽有等量的光芒。〈抽思〉云：「曾不知路之曲直兮，南指月與列星。」月亮成為在夜晚裡，指出南方的目標。而〈離騷〉云：「前望舒使先

[90] 袁珂校注：《山海經校注》，卷9，〈海外北經〉，頁231。
[91] 袁珂校注：《山海經校注》，卷15，〈大荒南經〉，頁323。
[92] 〔戰國〕莊周著，〔清〕郭慶藩集釋：《莊子集釋》，卷6下，〈外篇‧秋水〉，頁565。
[93] 〔宋〕佚名：《錦繡萬花谷》（臺北：新興書局，1971年），卷1，頁5，總頁數27。
[94] 〔漢〕劉安編，張雙棣校釋：《淮南子校釋》，上冊，卷7，〈精神訓〉，頁733、738。

驅兮，後飛廉使奔屬。」月亮被屈原擬人化，成為月神望舒，他在前方引領著屈原的車隊。

　　屈原在〈天問〉問月亮之事，〈天問〉云：「夜光何德，死則又育？厥利維何，而顧菟在腹？」王逸《楚辭章句》注前句云：「言月何德於天，死而復生也。」月亮為何有此德行，能死而復生？王逸注後句云：「言月中有菟，所何貪利，居月之腹，而顧望乎？」顧菟是指月中有兔。[95]月亮裡有何利益，而養育此兔在月中？在「夜光」句，問及月亮的圓缺交替，認為由於它擁有道德，故能在月光消失後，重新發光。而在「厥利」句，說道月中有兔，何劍熏《楚辭新詁》說：「言月中有蟾蜍與兔，此為最古，已往無此記載，以後則甚多。」[96]當時的人們以為月中有兔，屈原將此神話傳說，寫入〈天問〉，成為目前所見月中有兔最早的記載。

　　屈原在作品裡，書寫星辰方面，有用「列宿」、「辰星」指稱星辰，〈惜往日〉云：「情冤見之日明兮，如列宿之錯置。」說道他的情感與冤屈日漸明朗，有如列星安置在夜空之中。屈原用星辰來形容他的清白。〈遠遊〉云：「奇傅說之託辰星兮，羨韓眾之得一。」屈原對於傅說化為於辰星感到驚奇，他也羨慕韓眾能得道成仙。

　　屈原也將天文星象寫入作品裡：

　　　青雲衣兮白霓裳，舉長矢兮射天狼。操余弧兮反淪降，援北斗兮酌桂漿。（〈東君〉）
　　　孔蓋兮翠旍，登九天兮撫彗星。（〈少司命〉）

　　在〈東君〉裡，祭巫想像東君穿著青色雲衣、白色霓裳，高舉長箭射向天狼。拿著弧弓向西方墜落，持著如酒勺的北斗七星舀取美酒。在〈少司命〉裡，祭巫想像少司命的車乘，以孔雀羽毛裝飾車蓋，用翡翠鳥的羽毛製成旌旗，登上九天安撫彗星。

　　王逸《楚辭章句》注「天狼」云：「天狼，星名，以喻貪殘。」洪興祖《楚辭補注》引《晉志》注「弧」云：「弧，九星，在狼東南，天弓也，以備盜賊。」朱熹《楚辭集注》注「北斗」云：「北斗七星，在紫宮南，其杓所建，周於十二辰之舍，以定十有二月。」[97]湯炳正《楚辭今注》注「彗星」，云：「彗星，即掃帚

---

[95] 楚辭學者注「顧菟」，多指月中有兔，除王逸之外，洪興祖《楚辭補注》云：「菟與兔同」，朱熹《楚辭辯證》云：「顧菟在腹，此言兔在月中，則顧菟但為兔之名號耳」，毛奇齡《天問補注》云：「顧兔，月中兔名」。「顧菟」有其他說法，一說為蟾蜍，聞一多、姜亮夫主之。聞一多《天問釋天》說：「竊謂古無稱兔為顧菟者，顧菟當即蟾蜍之異名。」姜亮夫《重訂屈原賦校注》說：「此謂月中黑色為何物？乃水族之蟾蜍也。」一說為虎，湯炳正《楚辭今注》說：「『顧菟』，即『於菟』，指虎。」。見：〔宋〕朱熹：《楚辭辯證》，收錄於《楚辭集注》，頁191、〔清〕毛奇齡：《天問補注》收錄於吳平、回達強主編：《楚辭文獻集成》，冊10，頁2，總頁數7303、姜亮夫：《重訂屈原賦校注》，收錄於姜亮夫：《姜亮夫全集》，冊6，頁226、聞一多：《天問釋天》，收錄於吳平、回達強主編：《楚辭文獻集成》，冊19，總頁數13225 湯炳正等注：《楚辭今注》，頁85。
[96] 何劍熏著，吳賢哲整理：《楚辭新詁》（四川：巴蜀書社，1994年），頁128。
[97] 〔宋〕朱熹：《楚辭集注》，頁42。

星，因其尾如帚，故名。」[98]從王逸、洪興祖、朱熹、湯炳正的注解，可以知道「天狼」、「弧」、「北斗」、「彗星」等詞，都是星辰之名。

在〈遠遊〉裡，屈原修煉成仙，進入神仙世界時，說道：

> 召豐隆使先導兮，問 大微 之所居。集重陽入帝宮兮，造 旬始 而觀 清都 。

屈原召喚豐隆為車隊引導，問天帝居所「太微」的所在之處。他登上九天進入帝宮，拜訪旬始而觀覽清都。屈原描寫遊歷天地時的情景，說道：

> 擥 彗星 以為旍兮，舉 斗柄 以為麾。叛陸離其上下兮，遊驚霧之流波。時曖曃其曭莽兮，召 玄武 而奔屬。後 文昌 使掌行兮，選署眾神以並轂。

屈原執持彗星當作旌旗，高舉北斗七星的斗柄當作旗幟，旗幟燦爛的忽合忽離，上下飄動，屈原遨遊在有如水流般的雲氣裡。此時天色昏暗不明而晦暗朦朧，屈原召來北方之神玄武跟隨著，後方由文昌掌管車隊，挑選安排眾神與車隊並行。

在上引二段文字中，朱熹《楚辭集注》注「大微」云：「太微，宮垣十星，在翼軫北。」[99]陳本禮《屈辭精義》注「旬始」云：「星名，在北斗旁。」又注「清都」：「中宮太一之居。」[100]汪瑗《楚辭集解》注「彗星」云：「彗星，即孛星也，一名掃星，所以除舊布新也。」[101]朱熹《楚辭集注》注「斗柄」云：「斗柄，北斗之柄，所謂杓也。」[102]朱熹注「玄武」云：「玄武，北方七宿，謂龜、蛇也。」[103]朱熹注「文昌」云：「文昌，在紫微宮，北斗魁前，六星如匡形。」[104]從朱熹、陳本禮、汪瑗的注解，可知「大微」、「旬始」、「清都」、「彗星」、「斗柄」、「玄武」、「文昌」等詞，都是星辰之名。

屈原在〈天問〉問星辰之事，〈天問〉云：「女岐無合，夫焉取九子？伯強何處？惠氣安在？」聞一多《天問釋天》說「女岐」、「九子」：「女岐即九子母，本星名也。」[105]湯炳正《楚辭今注》注「伯強」說：「伯強，箕星風伯神，即《山海經·海外北經》所謂的北方禺彊神。……〈天問〉上言尾星，此言箕星，意相連承。」[106]女岐、九子、伯強，均為星名。

女岐、九子、伯強這些星宿，也有神話流傳。女岐、九子的神話，金開誠《屈原集校注》說：「女岐，本為星名，即尾星，其星有九，又稱九子星。九子星又

---

[98] 湯炳正等注：《楚辭今注》，頁64。

[99] 〔宋〕朱熹：《楚辭集注》，頁109。

[100] 〔清〕陳本禮：《屈辭精義》，收錄於吳平、回達強主編：《楚辭文獻集成》，冊15，頁6，總頁數10577。

[101] 〔明〕汪瑗：《楚辭集解》，收錄於吳平、回達強主編：《楚辭文獻集成》，冊5，頁25，總頁數3459。

[102] 〔宋〕朱熹：《楚辭集注》，頁110。

[103] 〔宋〕朱熹：《楚辭集注》，頁110。

[104] 〔宋〕朱熹：《楚辭集注》，頁110。

[105] 聞一多：《天問釋天》，收錄於吳平、回達強主編：《楚辭文獻集成》，冊19，總頁數13233。

[106] 湯炳正等注：《楚辭今注》，頁85。

演變為九子母的神話故事，進而又演變為女岐的神話。」[107]伯強的身份，游國恩《天問纂義》則說：「伯強，則生風之神，猶風神飛廉之類也。」[108]而王夫之《楚辭通釋》云：「伯強，屬鬼，一曰禺強，北方陰氣之化。」[109]伯強為風神、屬鬼。王夫之釋伯強為「禺強」，「禺強」見於《山海經‧海外北經》：「北方禺彊，人面鳥身，珥兩青蛇，踐兩黃蛇。」[110]可知伯強亦為神話人物。〈天問〉問道，女岐並無配偶，為何會有九個孩子？身為風神，又為屬鬼的伯強他在何處？而和順之氣又在哪裡？屈原僅用四句，不只問及星辰之事，同時也問與及星辰相關的神話傳說。

　　屈原在〈天問〉問天門開闔之事，首先問晝夜明暗的問題，〈天問〉云：「何闔而晦？何開而明？」王逸《楚辭章句》云：「言天何所闔閉而晦冥，何所開發而明曉乎？」屈原針對天空為何會有晝夜明暗變化，提出疑問。

　　屈原接著問太陽顯晦的問題，〈天問〉云：「角宿未旦，曜靈安藏？」「角宿」指角星，《晉書‧天文志上》云：「角二星為天關，其間，天門也，其內，天庭也。故黃道經其中，七曜之所行也。」[111]而「曜靈」指太陽，《廣雅‧釋天》云：「曜靈，日也。」[112]〈天問〉此二句，王逸《楚辭章句》云：「言東方未明旦之時，日安所藏其精光乎？」屈原問道，當東方尚未有光明時，太陽是如何藏匿它的光芒？

　　屈原問晝夜的變化及太陽的顯晦，林庚《〈天問〉論箋》針對此四句，說明：「什麼門關了天就要黑？什麼門開了天就要亮？角宿既掌管著天門，那麼當天還未亮、天門未開之前，將要東升的太陽又藏在何處？這裡所問的對象主要是角宿，曜靈不過是由天門、天關聯想所及而已。」[113]由於角宿天門的開闔，而有晝夜的變化，當天門關閉時，太陽又藏於何處？因此可知屈原在此是針對天門而問。

　　從上述屈原對日、月、星辰的描寫，可以看出屈原有豐富的天文知識，他也透過觀察、提問，更深入的了解天文氣象，將它們寫入作品裡。屈原也知道這些日、月、星辰的神話，因此在作品運用文學筆法，將這些神話融入其中，使得文章更加精彩。

（二）九州與崑崙

　　屈原的作品裡，記載著他對九州與崑崙的看法。就九州而言，屈原討論九州內部的地形，以及外圍的形狀，而就崑崙而言，討論神話中的崑崙山以及相關傳說。以下分析屈原九州與崑崙的觀念。

---

[107] 金開誠：《屈原集校注》，下冊，頁 304。

[108] 游國恩：《天問纂義》，收錄於游國恩著，游寶諒編：《游國恩楚辭論著集》，冊 2，頁 74。

[109] 〔清〕王夫之：《楚辭通釋》，收錄於〔清〕王夫之等著：《清人楚辭注三種》，頁 49。

[110] 袁珂校注：《山海經校注》，卷 8，〈海外北經〉，頁 222。

[111] 〔唐〕房玄齡等著，〔清〕吳士鑑、劉承幹校注：《晉書斠注》，冊 1，卷 11，〈天文志上〉，頁 35，總頁數 182。

[112] 〔魏〕張揖撰，〔清〕王念孫疏證：《廣雅疏證》（臺北：廣文書局，1991 年再版），卷 9 上，釋天，頁 285。

[113] 林庚：《〈天問〉論箋》，收錄於林庚：《林庚楚辭研究兩種》（北京：清華大學出版社，2006 年），頁 188。

1.九州大地

屈原在〈離騷〉云:「思九州之博大兮,豈唯是其有女?」此句是屈原借靈氛之口所說,靈氛認為九州是如此寬廣,難道只有此處有美人嗎?〈大司命〉云:「紛總總兮九州,何壽夭兮在予!」九州上的人們眾多而紛雜,壽夭都在掌握在大司命的手中。在〈離騷〉、〈大司命〉裡,屈原用「九州」一詞代指「天下」。

屈原在〈天問〉問九州地形之事,〈天問〉云:「康回馮怒,墜何故以東南傾?」康回大怒,大地為何因此而向東南傾斜?康回即共工,王逸《楚辭章句》云:「康回,共工名也。」共工使大地傾斜之事,見於《列子·湯問》:

> 共工氏與顓頊爭為帝,怒而觸不周之山,折天柱,絕地維,故天傾西北,
> 日月星辰就焉;地不滿東南,故百川水潦歸焉。[114]

共工與顓頊爭帝不成,怒觸不周山,折斷天柱,維繫大地的繩索斷裂,因此天空向西北傾斜,影響日月星辰的走向,東南方的大地不平,影響河川的流向。屈原對共工怒觸不周山,使大地傾斜的神話傳說,提出懷疑。屈原上承〈天問〉「八柱何當?東南何虧?」二句,屈原主張渾天說,認為天地間並無八柱,而無共工折天柱之事。

〈天問〉云:「九州安錯?川谷何洿?」九州是如何安置?河川山谷為何會低下?前句問九州劃分之事,見《尚書》、《左傳》、《山海經》等書。而九州的名稱,各有不同的解釋,筆者製成簡表如下[115]:

出處	州名								
《尚書·禹貢》	冀	兗	青	徐	揚	荊	豫	梁	雍
《爾雅·釋地》	冀	兗	幽	徐	楊	荊	豫	營	雝
《周禮·職方》	冀	兗	青	幽	揚	荊	豫	并	雍
《呂氏春秋·有始》	冀	兗	青	徐	揚	荊	豫	幽	雍
《淮南子·地形訓》	神	次	戎	弇	冀	台	沛	薄	陽

《尚書》、《爾雅》、《周禮》、《呂氏春秋》等書記載的「九州」是指鯀、禹父子治水、劃分的九州,而《淮南子》記載的九州,則是鄒衍所言的九州:

---

[114] 〔戰國〕列子撰,楊伯峻集釋:《列子集釋》,卷5,〈湯問〉,頁158。《淮南子·天文訓》亦有相近的記載:「昔者共工與顓頊爭為帝,怒而觸不周之山。天柱折,地維絕。天傾西北,故日月星辰移焉;地不滿東南,故水潦塵埃歸焉。」〔漢〕劉安編,張雙棣校釋:《淮南子校釋》,上冊,卷3,〈天文訓〉,頁276。

[115] 見:《尚書》,卷6,〈夏書·禹貢〉,頁2-21,總頁數77-87、〔晉〕郭璞注,〔宋〕邢昺疏:《爾雅注疏》,《重刊宋本十三經注疏附校勘記》,冊8,卷7,〈釋地〉,頁1,總頁數110、《周禮》,卷33,〈夏官·職方〉,頁10-14,總頁數498-500、〔戰國〕呂不韋撰,陳奇猷校釋:《呂氏春秋新校釋》,上冊,卷13,〈有始覽·有始〉,頁622-623、〔漢〕劉安編,張雙棣校釋:《淮南子校釋》,上冊,卷4,〈地形訓〉,頁437。

鄒衍……以為儒者所謂中國者，於天下乃八十一分居其一分耳。中國名曰
赤縣神州。赤縣神州內自有九州，禹之序九州是也，不得為州數。中國外
如赤縣神州者九，乃所謂九州也。(《史記·孟子荀卿列傳》) [116]

　　據鄒衍所言，中國屬於赤縣神州，神州是鯀、禹劃分的小九州，而在中國之
外，包括赤縣神州共有九州，是大九州。筆者以為，屈原在〈天問〉討論九州大
地的歷史時，所問之事均為鯀、禹治水，並無論及其他九州之事，可見屈原的地
理觀，是指鯀、禹治水的九州。到了屈原的時代，九州的劃分已經不明，因此屈
原提出疑問。而後句則問河川山谷的形成，朱熹《楚辭集注》云：「川谷之洿，
眾流之會也。」[117]河水在低下地形匯集成流。
　　〈天問〉云：「東流不溢，孰知其故？」河水東流入海而不會溢出，誰知道
是何種緣故？此問題承繼上句而問，屈原先問川谷的形成，後問川谷之水流入大
海。而大海不會滿溢的傳說，見於《列子》、《莊子》：

渤海之東不知幾億萬里，有大壑焉，實惟無底之谷，其下無底，名曰歸墟。
八絃九野之水，天漢之流，莫不注之，而無增無減焉。(《列子·湯問》)
[118]

天下之水，莫大於海，萬川歸之，不知何時止而不盈；尾閭泄之，不知何
時已而不虛。(《莊子·外篇·秋水》) [119]

　　先秦時期，人們認為河水流入大海，海水流入歸墟、尾閭。屈原問及此事，
黃文煥《楚辭聽直》云：「萬水歸東，不聞盈溢，其故安在？莫能身履而確見之。
所云尾閭、沃焦之說，或以理解，或以幻言，總皆億度，屈子以一問掃盡矣。」
[120]屈原認為海水流入歸墟、尾閭說法，皆非親眼所見，是猜測之詞，因而發問。
　　〈天問〉云：「東西南北，其修孰多？南北順橢，其衍幾何？」大地的東西
與南北的距離，何者為長？大地呈現東西長，南北短的橢圓形，而它的廣度又是
多少？屈原問道大地東西南北的長度與寬度。對於此問題，古代學者有不同的看
法：

地之東西二萬八千里，南北二萬六千里。(《管子·地數》) [121]

---

[116]　《史記》，卷74，〈孟子荀卿列傳〉，頁6-7，總頁數920。
[117]　〔宋〕朱熹：《楚辭集注》，頁56。
[118]　〔戰國〕列子撰，楊伯峻集釋：《列子集釋》，卷5，〈湯問〉，頁158-159。
[119]　〔戰國〕莊周著，〔清〕郭慶藩集釋：《莊子集釋》，卷6下，〈外篇·秋水〉，頁563。
[120]　〔明〕黃文煥：《楚辭聽直》，收錄於吳平、回達強主編：《楚辭文獻集成》，冊7，卷3，頁11，
總頁數4738。按：尾閭亦名沃焦。
[121]　〔春秋〕管仲著，黎翔鳳校注，梁運華整理：《管子校注》，下冊，卷23，〈地數〉，頁1352。

禹曰：……天地之東西二萬八千里，南北二萬六千里。（《山海經・中山經》）
[122]

闔四海之內，東西二萬八千里，南北二萬六千里。（高誘注：「子午為經，卯酉為緯，言經短緯長。」）（《淮南子・地形訓》）[123]

禹乃使太章步自東極至於西極，二億三萬三千五百里七十五步；使豎亥步自北極至於南極，二億三萬三千五百里七十五步。（高誘注：「海內東西長、南北短，極內等也。」）（《淮南子・地形訓》）[124]

凡四海之內，東西二萬八千里，南北二萬六千里。（《呂氏春秋・有始覽・有始》）[125]

八極之維，徑二億三萬二千三百里，南北則短減千里，東西則廣增千里。（《靈憲》）[126]

帝令豎亥步自東極，至於西極，得五億十選九千八百八步，南北二億三萬一千三百里。豎亥左手把算，右手指青丘北，東盡泰遠，西窮邠國。東西得二萬八千里，南北得二萬六千里。（《雲笈七籤・軒轅本紀》）[127]

　　古代學者大多認為，大地是東西長而南北短。也有學者認為東西與南北距離等長，例如《呂氏春秋・有始覽・有始》云：「凡四極之內，東西五億有九萬七千里，南北亦五億有九萬七千里」[128]、《論衡・談天》云：「周時九州，東西五千里，南北亦五千里」[129]。各個學者所提出的看法，均有不同。〈天問〉問及東西與南北長度的問題，姜亮夫《屈原賦校注》說明道：「此皆各家推度之說，屈子及之為問者也。」[130]可知屈原認為古代學者提出大地長度與寬度的說法，為推測之詞，因而提問。

　　從以上對九州的分析，可知屈原「九州」的觀念，是鯀、禹治水之九州，而非鄒衍所說的九州，但屈原對九州提出問題，或許是受到鄒衍的啟發而問。屈原

---

[122] 袁珂校注：《山海經校注》，卷5，〈中山經〉，頁169。
[123] 〔漢〕劉安編，張雙棣校釋：《淮南子校釋》，上冊，卷4，〈地形訓〉，頁450、451。
[124] 〔漢〕劉安編，張雙棣校釋：《淮南子校釋》，上冊，卷4，〈地形訓〉，頁450、451。
[125] 〔戰國〕呂不韋撰，陳奇猷校釋：《呂氏春秋新校釋》，上冊，卷13，〈有始覽・有始〉，頁663。
[126] 〔漢〕張衡：《靈憲》，收錄於〔清〕洪頤煊選集：《經典集林》，卷26，頁1。
[127] 〔宋〕張君房纂輯，蔣力生校注：《雲笈七籤》（北京：華夏出版社，1996年），卷100，紀傳部，〈軒轅本紀〉，頁601
[128] 〔戰國〕呂不韋撰，陳奇猷校釋：《呂氏春秋新校釋》，上冊，卷13，〈有始覽・有始〉，頁663。
[129] 〔漢〕王充著，黃暉校釋：《論衡校釋》，冊2，卷11，〈談天〉，頁480。
[130] 姜亮夫：《屈原賦校注》，頁295。

透過觀察，認為九州大地的地形，是東南傾斜，江河之水流向東方，並認為九州的形狀是呈現橢圓形。

2.崑崙神話

在屈原的作品裡，多次寫到崑崙，例如〈離騷〉云：「邅吾道夫崑崙兮」、〈涉江〉云：「登崑崙兮食玉英，與天地兮同壽，與日月兮同光」、〈悲回風〉云：「馮崑崙以瞰霧兮，隱岷山以清江」、〈河伯〉云：「登崑崙兮四望，心飛揚兮浩蕩」。在〈離騷〉裡，屈原神遊天地之間，曾經前往崑崙山。在〈涉江〉裡，屈原登上崑崙山，食用玉英，壽命將能與天地等長，發出與日月等量的光芒。在〈悲回風〉裡，屈原憑靠著崑崙山，鳥瞰雲霧，依靠著岷山，遠望江水。在〈河伯〉裡，祭巫想像他登上崑崙山，向四方眺望，內心因此飛揚且開闊。崑崙山是神話裡的仙山，屈原是以神仙之姿，周遊天地之時，登上崑崙山。他在崑崙山上，能食用玉英，並向四方遠望，由此可見崑崙山的高聳。屈原將崑崙山寫入作品裡，而崑崙山也是屈原的地理觀的一部份。

屈原在〈天問〉問崑崙神話之事，〈天問〉云：「崑崙縣圃，其尻安在？增城九重，其高幾里？」崑崙山上的縣圃，它是座落在哪裡？崑崙山上的增城有九重之高，它的高度是多少？「崑崙」、「縣圃」、「增城」，均是神話中的地名。

「崑崙」又作「昆侖」，《山海經》、《水經注》記載崑崙所在之處：

> 海內 崑崙之虛 ，在西北，帝之下都。……面有九門，門有開明獸守之，百神之所在。(《山海經‧海內西經》) [131]

> 西南四百里，曰 崑崙之丘 ，是實惟帝之下都，神陸吾司之。……河水出焉，而南流東注無達。赤水出焉，而東南流注於氾天之水。洋水出焉，而西南流注於醜塗之水。黑水出焉，而西流於大杅。是多怪鳥獸。(《山海經‧西山經》) [132]

> 西海之南，流沙之濱，赤水之後，黑水之前，有大山，名曰 崑崙之丘 。(《山海經‧大荒西經》) [133]

> 崑崙墟 在西北，去嵩高五萬里，地之中也。(《水經注‧河水》) [134]

崑崙位於天帝居所之下，有開明獸、陸吾看守，百神聚集於此。神話中的河流：赤水、洋水、黑水，均自此流出。

---

[131] 袁珂校注：《山海經校注》，卷11，〈海內西經〉，頁258。
[132] 袁珂校注：《山海經校注》，卷2，〈西山經〉，頁42。
[133] 袁珂校注：《山海經校注》，卷16，〈大荒西經〉，頁344。
[134] 〔北魏〕酈道元著，陳橋驛校證：《水經注校證》(北京：中華書局，2007年)，〈河水〉，卷1，頁1。

「縣圃」又作「玄圃」，崑崙山上的縣圃的位置，見於《淮南子》、《水經注》等書：

> 縣圃、涼風、樊桐，在崑崙閶闔之中。(《淮南子・地形訓》)[135]

> 崑崙之丘，或上倍之，是謂涼風之山，登之而不死。或上倍之，是謂懸圃，登之乃靈，能使風雨。或上倍之，乃維上天，登之乃神，是謂太帝之居。(《淮南子・地形訓》)[136]

> 三成為崑崙丘，《崑崙說》曰：「崑崙之山三級：下曰樊桐，一名板桐；二曰玄圃，一名閬風。上曰層城，一名天庭，是為太帝之居。」(《水經注・河水》)[137]

崑崙山上有涼風之山，《崑崙說》作樊桐、板桐，在涼風之上為縣圃、閬風，在縣圃之上為增城，是天帝的居所。縣圃在崑崙山之上，在天庭之下，增城即為天庭。〈離騷〉云：「朝發軔於蒼梧兮，夕余至乎縣圃。」屈原神遊天地時，早晨從蒼梧出發，傍晚到達縣圃。縣圃是在天帝居所之下，屈原在此稍作停留後，才向天帝的居所前進。

「增城」又作「層城」，而增城的高度，記載於《山海經》、《淮南子》、《史記》等書：

> 崑崙之虛，方八百里，高萬仞。(郭璞注：「皆謂其虛廣輸之高庫耳。自此以上二千五百餘里。」)(《山海經・海內西經》)[138]

> (崑崙虛)中有增城九重，其高萬一千里百一十四步二尺六寸。(《淮南子・地形訓》)[139]

> 崑崙其高二千五百餘里，日月所相避隱為光明也。(《史記・大宛列傳》引〈禹本紀〉)[140]

根據司馬遷引〈禹本紀〉、郭璞注《山海經》的說法，崑崙山的高度為二千五百餘里，而據《淮南子》說明增城的高度，為萬一千里百一十四步二尺六寸。〈天問〉問崑崙、縣圃、增城等神話地理之事，可見在先秦時期，已經有崑崙的

---

[135] 〔漢〕劉安編，張雙棣校釋：《淮南子校釋》，上冊，卷4，〈地形訓〉，頁450。
[136] 〔漢〕劉安編，張雙棣校釋：《淮南子校釋》，上冊，卷4，〈地形訓〉，頁451。
[137] 〔北魏〕酈道元著，陳橋驛校證：《水經注校證》，〈河水〉，卷1，頁1。
[138] 袁珂校注：《山海經校注》，卷11，〈海內西經〉，頁258。
[139] 〔漢〕劉安編，張雙棣校釋：《淮南子校釋》，上冊，卷4，〈地形訓〉，頁450。
[140] 《史記》，卷123，〈大宛列傳〉，頁43，總頁數1283。

神話流傳。崑崙之縣圃、增城，有學者認為是西亞傳說中的「懸空花園」，蘇雪林《天問正簡》說：「西亞帝王之建築懸空花園，無非模仿傳說裡的神仙境界。大概他們的世界大山相傳有懸空之園圃，傳至我國則為懸圃。」[141]此或可備為一說。

〈天問〉云：「四方之門，其誰從焉？」崑崙山上的四方大門，是誰在此進出呢？屈原在此是針對崑崙有「四方之門」而問，洪興祖《楚辭補注》云：「《淮南》言崑崙虛旁『有四百四十門，門間四里，里間九純，純丈五尺。』」而「四方之門」又見《山海經・海外南經》：「崑崙虛在其東，虛四方。一曰在岐舌東，為虛四方。」[142]可見崑崙有四方之門的傳說。夏大霖《屈騷心印》云：「說有四方之門，必要見而後知，則是誰人曾從此門到過耶？」[143]由於崑崙的神話傳說，未經驗證，屈原因而發問。

〈天問〉云：「西北辟啟，何氣通焉？」崑崙山西北方的大門打開，是什麼風在此通過？屈原再問崑崙的神話。崑崙山的西北方，為不周山所在之處。洪興祖《楚辭補注》云：「《淮南》云：『崑崙虛玉橫維其西北隅，北門開以納不周之風。』按：不周山在崑崙西北，不周風自此出也。」屈原在此即針對崑崙山的西北之風提出疑問。

崑崙山有天門的傳說，也見於屈原其他作品，〈離騷〉云：「欲少留此靈瑣兮，日忽忽其將暮。……吾令帝閽開關兮，倚閶闔而望予」、〈遠遊〉云：「命天閽其開關兮，排閶闔而望予」。在〈離騷〉裡，屈原神遊天地之間，他在靈瑣前稍作停留，就在此時，太陽即將落下。劉夢鵬《屈子章句》解釋「靈瑣」云：「縣圃登之則靈，故稱靈瑣。崑崙三重，最上一重，是維上天，是為太帝之居。原欲上征者，欲上至太帝之居，下文所謂開關，即其處也。」[144]屈原停留之處，是在崑崙山上的縣圃，即是靈瑣，其後屈原才會命令天門的守門人打開天門。

在屈原的其他作品裡，也有提及與崑崙山相關之事。〈離騷〉云：「朝吾將濟於白水兮，登閬風而緤馬。」屈原他在早晨將渡過白水，登上閬風而拴繫馬匹的韁繩。〈離騷〉又云：「忽吾行此流沙兮，遵赤水而容與。」屈原忽然行走到西方流沙之地，在赤水旁徘徊而行，〈天問〉云：「黑水玄趾，三危安在？」屈原問道，黑水、玄趾、三危，它們是在何處。在〈離騷〉句中的「閬風」，根據前引《水經注・河水》引《崑崙說》云：「崑崙之山三級……二曰玄圃，一名閬風。」可知「閬風」是在崑崙山上。

在〈離騷〉、〈天問〉裡，屈原又提及「白水」、「赤水」、「黑水」。「白水」，王逸《楚辭章句》引《淮南子》云：「白水出崑崙之山，飲之不死。」至於「赤

---

[141] 蘇雪林：《天問正簡》，〈第二編、崑崙的懸圃與層城〉，頁 147。
[142] 袁珂校注：《山海經校注》，卷 6，〈海外南經〉，頁 183。按：另有九門之說，《山海經・海內西經》云：「昆侖之虛……面有九門」。袁珂校注：《山海經校注》，卷 11，〈海內西經〉，頁 258。
[143] 〔清〕夏大霖：《屈騷心印》，收錄於吳平、回達強主編：《楚辭文獻集成》，冊 11，卷 3，頁 7，總頁數 7821。
[144] 〔清〕劉夢鵬：《屈子章句》，收錄於吳平、回達強主編：《楚辭文獻集成》，冊 27，卷 1，頁 14，總頁數 19352。

水」，王逸《楚辭章句》注云：「赤水，出崑崙山。」至於「黑水」，《山海經・海內西經》云：「海內崑崙之墟……洋水、黑水出西北隅，以東，東行，又東北，南入海，羽民南。」[145]從以上典籍的記載，可知白水、赤水、黑水是發源自崑崙山，是屬於崑崙神話。

（三）上下與四方

屈原的天地觀，也包含著空間的上下四方，見於屈原的各個篇章。在屈賦裡的「上下」，是指「天地」，多見於〈離騷〉。〈離騷〉云：「路曼曼其修遠兮，吾將上下而求索。」由於追尋志同道合之人的路途是漫長而遙遠，屈原將周遊天地上下而追求。〈離騷〉又云：「曰勉陞降以上下兮，求榘矱之所同。」此句是巫咸所說，他勸勉屈原去遊歷天地上下，追求相同政治理想的人。〈離騷〉又云：「及余飾之方壯兮，周流觀乎上下。」屈原要趁著正當壯盛美好之時，周遊察看天地上下。屈原作品裡，「上下」有「天地」之意。

屈賦裡的「天」，有指自然的天空：

> 余處幽篁兮終不見 天 ，路險難兮獨後來。（〈山鬼〉）
> 堯舜之抗行兮，瞭杳杳而薄 天 。（〈哀郢〉）

在〈山鬼〉裡，山鬼身處幽暗的竹林裡，因此不見天日。在〈哀郢〉裡，屈原認為堯舜的德行，崇高偉大而接近天空。在屈賦裡的「天」，是可以到達與遊戲之處，如：

> 覽相觀於四極兮，周流乎 天 余乃下。（〈離騷〉）
> 廣開兮 天門 ，紛吾乘兮玄雲。
> 乘龍兮轔轔，高駝兮沖 天 。（以上〈大司命〉）
> 孔蓋兮翠旄， 登九天 兮撫彗星。（〈少司命〉）
> 昔余夢 登天 兮，魂中道而無杭。
> 欲釋階而 登天 兮，猶有曩之態也。（以上〈惜誦〉）
> 據青冥而攄虹兮，遂儵忽而 捫天 。（〈悲回風〉）
> 命 天閽 其開關兮，排閶闔而望予。（〈遠遊〉）

在〈離騷〉裡，屈原向四方遠望，並周遊天界之後，下至人間。在〈九歌〉裡，大司命與少司命是天神，因此能打開天界的大門，周遊天界，並登上九天。在〈惜誦〉裡，第一句是屈原曾經夢見自己登天，魂魄在路途上就無法前行。第二句是大神所說，說屈原想要捨棄階梯而登天，但他仍然有從前忠貞的態度。在〈悲回風〉裡，屈原憑靠著天空而舒展彩虹，他因此能摸到青天。在〈遠遊〉裡，屈原命令天閽打開天門，天閽打開天門望著屈原。由於「天」對於地上的人們來

---

[145] 袁珂校注：《山海經校注》，卷 11，〈海內西經〉，頁 258-260。

說，距離相當高遠，因此屈原在這些作品裡，想像「天」可以登上並進入，而有神靈身份的大司命、少司命以及屈原，也可以在天界遨遊。

屈賦裡又有天地並舉：

> 登崑崙兮食玉英，與天地兮同壽，與日月兮同光。(〈涉江〉)
> 惟天地之無窮兮，哀人生之長勤。
> 陽杲杲其未光兮，凌天地以徑度。
> 下崢嶸而無地兮，上寥廓而無天。(以上〈遠遊〉)
> 秉德無私，參天地兮。(〈橘頌〉)

天地是長久存在之物，因此屈原在〈遠遊〉說道天地的無窮無盡，在〈涉江〉裡，期望能與天地同壽。而在〈遠遊〉裡，屈原進入神仙世界，遊歷天地，他將在太陽尚未升起時，超越天地而向前行進。又屈原周遊天地時，下面是深邃而無底，上面是空曠深遠而無頂。由於屈原他已經成為大神，因此能夠在天地之間周行遊戲。而在〈橘頌〉裡，屈原說道橘樹的品德公正無私，能參贊天地的化育，此處則說明天地有化育萬物的功能。

在屈賦裡的「四方」，有指四周而言：

> 忽反顧以遊目兮，將往觀乎四荒。
> 覽相觀於四極兮，周流乎天余乃下。(以上〈離騷〉)
> 覽冀州兮有餘，橫四海兮焉窮。(〈雲中君〉)
> 登崑崙兮四望，心飛揚兮浩蕩。(〈河伯〉)
> 經營四方兮，周流六漠。(〈遠遊〉)
> 魂兮歸來！去君之恆幹，何為四方些？
> 魂兮歸來！反故居些。天地四方，多賊姦些。(以上〈招魂〉)

在〈離騷〉裡，屈原忽然回顧自身，他將至四方荒遠之地察看。屈原又說，他觀覽四方極遠之地，周遊於天地之間而下至人間。在〈雲中君〉裡，屈原描寫雲中君看察冀州以及他處，行跡四海而不知停於何處。在〈河伯〉裡，祭巫想像他與河伯一同登上崑崙山向四方遠望，內心飄揚而曠達。在〈遠遊〉裡，屈原神遊之時，他能到達四方天地。在〈招魂〉裡，此二句是前後相承，屈原要招來懷王之魂，說道懷王之魂為何要離開身軀而到四方呢？天地四方有眾多的神怪，屈原期望懷王之魂能返回故居。

屈原神遊天地之時，他所到之處是天地四方，即東、西、南、北。〈離騷〉云：

> 邅吾道夫崑崙兮，路修遠以周流。……朝發軔於天津兮，夕余至乎西極。……忽吾行此流沙兮，遵赤水而容與。麾蛟龍使梁津兮，詔西皇使涉

予。……路不周以左轉兮，指西海以為期。

屈原進入神仙世界，他轉向崑崙山而行，路途長遠而他將周遊天地。早晨從東方的天津出發，傍晚抵達西方之極。屈原行經流沙，並在赤水邊從容徘徊。屈原指揮蛟龍當作橋梁與渡口，命令西皇帶領他渡過赤水。屈原經過不周山而左轉，並向西方之海前進。其中，「天津」是在東方，而「西極」、「流沙」、「赤水」、「西皇」、「西海」均是西方，屈原在〈離騷〉裡的神遊，是由東至西，周遊天下。

在〈遠遊〉裡，屈原描寫遊歷天地的經過，首先是：「朝發軔於太儀兮，夕始臨乎於微閭。」王逸《楚辭章句》云：「旦早趨駕於天庭也」、「暮至東方之玉山也」。屈原進入帝宮後，早晨從天庭出發，傍晚就到達東方的玉山。

屈原敘述漫遊四方，他首先朝東方前去：「撰余轡而正策兮，吾將過乎句芒。歷太皓以右轉兮，前飛廉以啟路。」其中的「句芒」、「太皓」，王逸《楚辭章句》云：「東方甲乙，其帝太皓，其神句芒。」可知屈原在東方拜訪的句芒、太皓，分別是東方神祇與帝王的代表。

屈原向西方前進：「鳳皇翼其承旂兮，遇蓐收乎西皇。」其中的「蓐收」、「西皇」，王逸《楚辭章句》云：「西方庚辛，其帝少皓，其神蓐收。西皇，即少昊也。」可知屈原在西方拜訪蓐收及少昊，皆是西方神祇與帝王的代表。

屈原接著轉向南方：「指炎神而直馳兮，吾將往乎南疑。」而祝融為屈原護衛，以鳳鳥迎接宓妃：「祝融戒而還衡兮，騰告鸞鳥迎宓妃。」此處的「炎神」、「祝融」，王逸《楚辭章句》云：「南方丙丁，其帝炎帝，其神祝融。炎神，一作炎帝。」可知屈原在南方所見的炎神、祝融，為南方神祇的代表。

屈原最後前往北方：「舒并節以馳騖兮，逴絕垠乎寒門。軼迅風於清源兮，從顓頊乎增冰。」這裡的「寒門」、「顓頊」，王逸《楚辭章句》云：「寒門，北極之門也。」而洪興祖《楚辭補注》云：「北方壬癸，其帝顓頊，其神玄冥。」屈原到達北方寒門之處，見到了顓頊，為北方神祇的代表。屈原在〈遠遊〉裡拜訪四方神靈的順序是：東、西、南、北，是完整的遊歷四方。

在〈招魂〉裡，屈原招懷王之魂，〈招魂〉云：「魂兮歸來！東方不可以託些」、「魂兮歸來！南方不可以止些」、「魂兮歸來！西方之害，流沙千里些」、「魂兮歸來！北方不可以止些」、「魂兮歸來！君無上天些」、「魂兮歸來！君無下此幽都些」，屈原請懷王之魂切勿向東、南、西、北以及上天、幽都等處而去，而是要回到楚國的故居。

從上舉的〈離騷〉、〈遠遊〉、〈招魂〉以及屈原的其他作品，可知屈原的天地觀，是包括著空間裡的上下四方。而在屈原的作品裡，也記載了天地裡的神話，以〈招魂〉為例，屈原描寫上下四方均有恐怖可怕的神怪，東方有千仞之長人、十日；南方有雕題黑齒之人、蝮蛇、封狐、雄虺；西方有流沙、雷淵、曠宇、赤蟻、玄蠭，此地五穀不生、其土爛人、求水無得；北方有增冰峨峨、飛雪千里；上天有虎豹、九首之人、豺狼；幽都有九約土伯。再以〈天問〉為例，屈原描寫大地裡的神話，有神話之物：燭龍、羲和、若木、能言之獸、雄虺九首、長人、

糜莽、皋華、鮫魚、魆雀；有神話之地：例如冬暖夏寒之地、石林、不死之地、黑水、玄趾、三危；有神話之事：虯龍負熊、大蛇吞象、羿射十日。這些都屬於屈原的天地觀。

四、 屈原自然觀的特色

屈原有道家與陰陽家思想，道家思想使屈原想像豐富，陰陽家思想使屈原以類推的方式，認識世界。屈原結合此二家思想，形成自己的自然觀。以下就（一）想像豐富。（二）類推漸進。（三）思想互融。說明屈原自觀觀的特色。

（一）想像豐富

屈原有道家與陰陽家的哲學思想，這是無庸置疑的。屈原運用想像力，將哲學思想融入作品裡，使得文章呈現多彩多姿的樣貌。

就文學的想像而言，作者有淵博的學識，才有豐富的想像，劉勰《文心雕龍·神思》云：

> 若學淺而空遲，才疏而徒速，以斯成器，未之前聞。……然則博見為饋貧之糧，貫一為拯亂之藥，博能而一，亦有助乎心力矣。[146]

才疏學淺，是無法寫出優秀的文章的，擁有廣博的學識，而且專心一意，則有助於文章寫作。屈原有豐富的想像力，但是他所想像之事，有其依據。陳怡良先生〈《天問》的文學特質及其修辭藝術〉說明道：

> 屈原運用想像，創作文學，必有其依據與經驗，不脫現實生活之範疇，然絕不是憑空杜撰或臆造，有人稱此為再現之想像或創造的想像。[147]

陳怡良先生所言甚是。屈原在青少年時，接受貴族養成教育，先後擔任三閭大夫、左徒。此外，他也曾經出使齊國二次，與稷下學者交流學問知識。司馬遷《史記》說屈原是「博聞彊志」，劉向所編《新序》載屈原有「博通之知」，可見屈原學識的淵博，而這也是他擁有豐富想像力的原因。

文學家運用想像的過程，陸機〈文賦〉云：「其始也，皆收視反聽，耽思傍訊。精騖八極，心游萬仞。」[148]想像之初，是收起視覺與聽覺，沉浸於思考，精神奔馳於八方，心思遊歷於天地。《文心雕龍·神思》亦云：

> 文之思也，其神遠矣，故寂然凝慮，思接千載，悄焉動容，視通萬里；吟詠之間，吐納珠玉之聲，眉睫之前，卷舒風雲之色，其思理之致乎？[149]

146　〔南朝梁〕劉勰著，周振甫注：《文心雕龍注釋》，〈神思〉，頁516。
147　陳怡良：〈天問的文學特質及其修辭藝術〉，《屈騷審美與修辭》，頁260。
148　〔晉〕陸機撰，張少康集釋：《文賦集釋》，頁36。
149　〔南朝梁〕劉勰著，周振甫注：《文心雕龍注釋》，〈神思〉，頁515。

文學裡的想像，它能帶領精神到達極遠之處，因此全神貫注的思考，就能聯想到千年之前，而當容顏隱隱有所變化，那是他好像觀察到萬里之外了。作家偶一吟詠，就像聽到珠玉般悅耳的樂音，或者他凝眸一顧，也像看到了風雲變幻的景象，這豈不是妙思所達成的效果嗎？陸機與劉勰在討論想像時，都說明想像能使文學家突破時間與空間的限制，能上天下地，穿越古今。

屈原有豐富的想像，與道家思想有關，王國維〈屈子文學之精神〉說：

> 然就屈子文學之形式言之，則所負於南方學派者抑又不少。彼之豐富之想像力，實與莊、列為近。〈天問〉、〈遠遊〉鑿空之談，求女謬悠之語，莊語之不足，而繼之以諧，於是思想之遊戲，更為自由矣。[150]

屈原的作品有源於南方學派之處，想像力接近道家學者的莊子、列子，而屈原的想像力，比起他們是更加的自由多變。屈原想像力豐富，梁啟超《屈原研究》說：

> 文學還有第二個生命，曰想像力，從想像力活跳出實感來，才算極文學之能事，就這一點論，屈原在文學史上的地位，不特前無古人，截到今日，仍是後無來者。……他作品中最表現想像力者，莫如〈天問〉、〈招魂〉、〈遠遊〉三篇。[151]

屈原作品裡的想像，是前無古人，後無來者，而屈原最有想像力的篇章，梁啟超舉〈天問〉、〈招魂〉、〈遠遊〉三篇。

屈原在作品裡展現想像力，在〈離騷〉裡，屈原向舜陳辭，得到中正之道，遊歷於天地之間。他可以超越空間，上下求索，追尋遇合志同道合之人。他也可以超越時間，趁著少康尚未成家時，追求有虞國的二姚。屈原周遊天地時，命令日御者羲和緩慢行走，望見日落之處的崦嵫山，切勿急迫的前進。屈原讓馬匹在日浴之處的咸池飲水，將轡繩繫在日出之處的扶桑樹下，折下若木的枝葉敲阻太陽，使太陽稍停下腳步。屈原是知道這些與太陽相關的神話，才能運用這些神話，表達出他對時間的著急，並期望有更多時間能上下求索。

在〈招魂〉裡，屈原想像東、南、西、北、上、下這些方位都有恐怖險惡的神怪異獸，屈原又想像懷王魂魄回到楚國宮殿之後，有「宮室陳設之樂」、「女色之樂」、「遊覽侍從之樂」、「飲食之樂」、「歌舞音樂之樂」、「賓客狎戲之樂」。[152]而在〈遠遊〉裡，屈原能前往天帝居所太微，造訪旬始，光臨清都，並且高舉著彗星、北斗七星的斗柄，命令玄武、文昌等大神為他護衛，前去拜訪四方神靈與

---

[150] 王國維：〈屈子文學之精神〉，收錄於謝維揚、房鑫亮主編：《王國維全集》（杭州：浙江教育出版社，2009 年），冊 14，文編，頁 101。
[151] 梁啟超：《屈原研究》，收錄於吳平、回達強主編：《楚辭文獻集成》，冊 25，總頁數 17729-17730。
[152] 此六樂，見於陳怡良：〈楚辭招魂篇析論〉，《屈原文學論集》，頁 542。

帝王。屈原對日、月、星辰的描寫，都是屈原超越時間與空間的想像，可見屈原有極為豐富的想像力。

再以〈天問〉為例，此篇的文學價值，學者各不同的看法。劉大杰《中國文學發展史》說：「在文學的立場看來，〈天問〉的價值遠不如〈離騷〉，但在古史和神話學的研究上，它卻有重要的地位。」[153]游國恩《楚辭概論》也說：「〈天問〉的文學價值，在《楚辭》中為最低。」[154]陳怡良先生則持有不同的看法，在〈〈天問〉的思想內容及其文學價值〉一文，從體製獨創、內容繁富、結構謹嚴、章句多變、修辭自然、表情奔迸，說明天問的藝術特色。[155]又在〈〈天問〉的文學特質及其修辭藝術〉一文，從思想、感情、想像、技巧，檢視〈天問〉的文學要素。[156]陳怡良先生分析得相當清楚，〈天問〉有它的文學性及其文學價值的。

屈原在〈天問〉探討宇宙形態，問道宇宙的起源、初生與發展，認為宇宙是「無」，接著是呈現昏暗不明的狀態，並有元氣在其中鼓動，其後才有明暗、陰陽的變化。他在探討天體時，認為天體為圓形，以北極、南極為軸心旋轉，而在探討天象時，問道十二時辰、日月星辰、天門開關之事。屈原探討九州與崑崙之事，問道九州的形狀與長寬，以及與崑崙裡縣圃、增城、四方之門的神話。在屈原的其他作品，如〈遠遊〉、〈九歌〉等，也將這些天地之事，透過想像寫入作品裡。由於時間與空間的限制，屈原無法親自到達這些地方，他必須透過想像，想像這些事物的特異之處，並提出問題，這是超越時間與空間的想像。屈原將這些他未能親眼目睹的事，運用想像力，透過文學的筆法，將他所想像的事物寫入作品裡，使得文章大放異采而與眾不同。

（二）類推漸進

屈原在〈天問〉提出眾多宇宙天地之間的問題，探析這些問題的順序，可以得知屈原是以類推漸進的方式，觀察這個世界。〈天問〉的問題，條理分明，井然有序，這與屈原有陰陽家的思想有關。

先秦時期陰陽家學者，以齊國稷下的鄒衍最富盛名。《史記‧孟子荀卿列傳》記載鄒衍的學說：

> 其語閎大不經，必先驗小物，推而大之，至於無垠。先序今以上至黃帝，學者所共術，大并世盛衰，因載其禨祥度制，推而遠之，至天地未生，窈冥不可考而原也。先列中國名山大川，通谷禽獸，水土所殖，物類所珍，因而推之，及海外人之所不能睹。[157]

依此段引文，可知鄒衍學說的特色，一是「由近而遠」，從現今當世到黃帝

[153] 劉大杰：《中國文學發展史》（臺北：華正書局，2011 年 3 版），上冊，頁 129。

[154] 游國恩：《楚辭概論》，收錄於游國恩著，游寶諒編：《游國恩楚辭論著集》，冊 3，頁 81。

[155] 陳怡良：〈天問的思想內容及其文學價值〉，《屈原文學論集》，頁 328-345。

[156] 陳怡良：〈天問的文學特質及其修辭藝術〉，《屈騷審美與修辭》，頁 241-279。

[157] 《史記》，卷 74，〈孟子荀卿列傳〉，頁 5-6，總頁數 920。

之時,推衍到天地未生之時。二是「由小而大」,從中國的山川名物說起,說到海外無法見到的事物。王夢鷗《鄒衍遺說考》認為鄒衍學說的結構,是「類推法」,對於空間是「上下四方」,對於時間是「古往今來」。[158]

游國恩《屈原》說明屈原與鄒衍學說的關係:

> 鄒衍的學問有兩個要點:一為縱的方面,一為橫的方面。縱的方面是要從現在上推,以至於天地未生,窈冥不可考而原的時候。橫的方面是要從中國的山川物產以旁推至海外,人們所不能睹。這種由近而遠的推法,乃是一種演繹的時空推論法,便是陰陽家的學說的主要精神。我們若就此二點來點來屈原的思想,便發現彼此之間有極密切的關係。[159]

游國恩從縱與橫兩方面,說明鄒衍以演繹的方式,建構出學說。再由此方法分析〈天問〉,則可以看出〈天問〉表現時間與空間的概念,與鄒衍學說極為相似。而屈原接受陰陽家思想的途徑,梁啟超《屈原研究》說:

> 他又曾經出使齊國,那時正當「稷下先生」數萬人日日高談宇宙原理的時候,他受的影響,當然不少。[160]

游國恩《屈原》也說:

> (屈原)何以會有陰陽家的思想,則因為他本是楚國天文學世家,同時又屢使於齊,不免直接感受「談天衍」的影響。[161]

屈原出生成長於楚國,而楚國的天文學相當發達。[162]他有史官的家學,而史官與天文相關。他曾經出使齊國,而陰陽家思想盛行於齊國。這些都是屈原陰陽家思想的來源,這影響了他的思維方式。

屈原在作品裡,表現自然觀。在〈遠遊〉裡,認為「道」為根本,「道」是無所不在,不可言說,而且「道」法自然,屈原對「道」的看法,是以類推的方式,推想「道」之本體與作用。

屈原認識宇宙天地,也是使用類推法,即是由古代到近代,從遠方到近處。在〈天問〉問及宇宙生成的過程以及天文地理之事。以時間來說,在〈天問〉首句由「遂古之初」問起,認為宇宙的起源是「道」,是「無」。接著問道宇宙的發展歷程,這是世界的開始。天文地理,也是要在宇宙生成之後,才存在於這個空

---

158 詳見:王夢鷗:《鄒衍遺說考》(臺北:臺灣商務印書館,1966年1月初版),頁49-51。
159 游國恩:《屈原》,收錄於游國恩著,游寶諒編:《游國恩楚辭論著集》,冊3,頁498。
160 梁啟超:《屈原研究》,收錄於吳平、回達強主編:《楚辭文獻集成》,冊25,總頁數17714-17715。
161 游國恩:《屈原》,收錄於游國恩著,游寶諒編:《游國恩楚辭論著集》,冊3,頁501-502。
162 喻燕姣在〈楚國的天文學〉一文指出:「春秋戰國時期的楚國是天文學最發達的諸侯國之一。」喻燕姣:〈楚國的天文學〉,收錄於熊傳薪:《楚國‧楚人‧楚文化》,頁95。

間之中，故屈原由宇宙生成問起，其後才問天文地理之事。

以空間來說，首先必須要有宇宙的生成，才有日月星辰與九州大地的形成，因此屈原先問宇宙的起源、初生與發展，再問天體的形狀與運行，這些是影響天地大小的因素，而天與地的距離，就是天地之間的空間。其後的太陽、月亮、星辰等問題，都是在天地之間運作，最後是星象的神話傳說，這與先民對星辰的觀察相關。在九州大地方面，屈原也是先問九州的地形與範圍，再問九州內的崑崙神話。由於屈原認識天地是由遠方到近處的類推，而對於人們來說，天文是屬於較遠的一方，而地理是屬於較近的一方，因此屈原將天文擺在首位，其次才是地理。因此屈原是先問天體與天象，接著才問九州與崑崙。

探析〈天問〉裡各個問題在時間與空間方面的順序，可知屈原認識宇宙萬物，也有他的推論與演繹。〈天問〉裡的問題是層層推進，可以看出陰陽家對屈原的影響，而屈原有條理的安排這些問題，也可以看出〈天問〉結構的嚴謹。屈原在〈遠遊〉裡，認為天地四方有著神靈與帝王，而他率領著眾神前去拜訪。而在〈招魂〉裡，認為天地的上下四方有著恐怖的神怪，並期望懷王之魂能避免前去這些險惡之地。這也是屈原以類推的方式，推想四方上下均有神靈與神怪的存在。

（三）思想互融

屈原的哲學思想，姜亮夫《屈原賦校注》說：「蓋屈子所陳，乃齊、楚所習聞，與《老》、《莊》、《山經》相近，與三晉之竹書、《韓非》等書同為古史之一系，故不與儒墨之言應也。」[163]可知屈原的哲學思想，有來自於《老子》、《莊子》等書，這與生活環境，以及曾經出使齊國的經驗相關，即是成長於楚國、有史官的家學，並與稷下學者交流。透過分析屈原的自然觀，可知屈原有道家與陰陽家的哲學思想。

在本體論方面，屈原認為「道」是本根，是萬物的起源，世上的一切都由「道」所生。「道」是無所不在，充滿著整個宇宙。「道」不可以言說，可以透過體會而傳授，不能以言語傳授，「道」是不可見、不可聽、超越無為的。而「道」遵循的規律是「自然」，藉由虛靜無為的修養，則可達到自然的狀態。分析屈原對「道」看法，可知屈原的本體論與道家思想相近。

在宇宙論方面，屈原討論宇宙的起源、初生與發展。屈原認為宇宙起源於「無」，此時並無天地上下之分。在宇宙初生之時，是呈現模糊的樣貌，並且有元氣活動在其中，這由無至有的過程。而在宇宙發展之時，開始有明闇、陰陽等變化。分析屈原的宇宙論，可知屈原對宇宙的看法，是與老子、莊子、列子所說的相同。

在天地觀方面，屈原討論天體與天象、九州與崑崙、上下與四方。屈原主張渾天說，屈原認為天體的形狀為圓形。而天體的運行，是以南北極為中心，不停的旋轉。屈原反對蓋天說，他認為地上並無八柱支撐著天空，而天空也無劃分成九等份，以及劃分後的角落。屈原主張的渾天說，則是與陰陽家有密切的關係。

---

[163] 姜亮夫：《屈原賦校注》，頁 272。

164

　　屈原在作品裡,有以星象紀時,也將日月星辰寫入其中。在星象紀時方面,在〈離騷〉以太歲在攝提格說道他的出生,在〈東皇太一〉以「辰」字表示時間。而在〈天問〉裡問十二時辰之事,包括天文裡日月運行的計數方式,以及曆法裡的紀年方式。在日月星辰方面,屈原書寫太陽,用太陽表示時間的流動,用蔽日形容場面的盛大,屈原也將太陽的神話寫入〈離騷〉、〈遠遊〉裡,而在〈天問〉則問及太陽的行走距離以及太陽的神話。屈原書寫月亮,經常是日、月並舉,用日、月交替表示時間的流逝,日、月是屈原發光發亮的期望,而月亮也成為指引屈原的指標,它也是能引領屈原車隊的月神。屈原在〈天問〉問月亮的圓缺、月中有兔之事。屈原書寫星辰,「天狼」比喻貪殘,「弧」比喻弓,「北斗」比喻酒勺,「彗星」比喻掃帚,「太微」、「旬始」、「清都」比喻天帝的居所,「玄武」、「文昌」則是在屈原周遊天下時,隨侍在側的大神。在〈天問〉問及星象裡女岐、九子、伯強等星辰神話傳說,以及天門角宿開關的問題。

　　從屈原對天體的討論,以及書寫日月星辰,可以看出屈原的天文知識相當豐富,並兼及曆法。屈原會有這些天文知識,除了楚國天文學的發達,也與屈原曾經出使齊國,與稷下學者交流有關。在稷下學者鄒衍,有「談天衍」之稱,可見鄒衍對於天文,有他的見解。屈原使齊,極有可能鄒衍接觸,交流天文相關的知識。在曆法方面,則與史官家學相關。

　　在九州大地方面,屈原討論九州與崑崙,就九州地形而言,在〈離騷〉、〈雲中君〉裡說道九州的廣大,而在〈天問〉問道大地為何會向東南傾斜,而被劃分成九州的大地,這九州是如何安排,河川山谷為何會低下,又大地的東西、南北,它的長短距離有多少。就崑崙神話而言,在〈離騷〉、〈涉江〉、〈悲回風〉、〈河伯〉等作品裡,寫道崑崙山的高聳,而屈原登上崑崙山,服食玉英、眺望遠方。在〈天問〉問道崑崙山上的縣圃位在何處,而崑崙山上的增城的高度是多少,又問崑崙山的四方之門是誰在進出,而西北方的大門,有什麼風在此通過。屈原提及的白水、赤水、黑水,這是神話裡的河流,發源於崑崙山,也與崑崙神話相關。分析屈原的作品,可知屈原寫作時,他所運用的資料,不是全部出自於儒家典籍,而是見於先秦其他典籍。故由此推測,屈原既是楚國貴族,又有史官的家學,才有機會能閱讀到眾多的資料,或是聽聞相關的事蹟。

　　屈原討論九州大地之事,先秦時期討論九州著名的學者,就屬齊國稷下的鄒衍。屈原有可能與鄒衍有過接觸交流,雖然屈原認為的九州,未必與鄒衍的大九州之說相合,但是屈原有可能因此受到啟發,在〈天問〉寫出他對九州大地的疑問。而屈原的地理觀,不只有現實裡的大地,還包括神話世界裡的崑崙,以及相關的神話傳說。這些神話傳說,多見於《莊子》、《山海經》及《淮南子》[165]等書,

---

[164] 蕭漢明〈〈太一生水〉的宇宙論與學派屬性〉說:「郭店楚簡〈太一生水〉屬陰陽家著作,其宇宙生成圖式與渾天說有一定的關聯。」詳參:蕭漢明:〈〈太一生水〉的宇宙論與學派屬性〉,《學術月刊》,2001 年第 12 期,頁 32-37。

[165] 按:《淮南子》為漢代劉安所編,書中所用之材料,有些是現今已經佚失的先秦古籍,而僅見於《淮南子》,故《淮南子》記載之事印證先證先秦之事。

這可說明屈原曾經閱讀相關的資料，他才能將這些神話寫入作品裡。

由於屈原成長背景的影響，以及他曾經使齊的經歷，他能接觸到道家思想與陰陽家思想，並在作品裡表現此二種哲學思想。道家思想使他有著豐富的想像，將宇宙天地之事寫入作品裡，而陰陽家思想讓他以類推漸進的方式，認識宇宙天地，建構出宇宙觀與天地觀。而屈原偉大之處，在於他能結合兩種哲學思想，表現得和諧而且統一，並展現在文學作品裡，而異采紛呈。

第二節　歷史觀

班固《漢書・藝文志》主張諸子出於王官，而道家出於史官，班固云：「道家者流，蓋出於史官，歷記成敗、存亡、禍福、古今之道。」[166]而道家的始祖老子，他曾經在周朝擔任過守藏室之史，負責掌管圖書典籍，《史記・老子韓非列傳》云：「老子者……周守藏室之史也。」[167]金德建〈老聃學說出於王官考〉更說老子是擔任史官。[168]道家與史官的關係密切，而道家思想也與史官文化相關。屈原生活成長於楚國，他又有史官的家學，歷史觀必然會受到此二者的影響。以下就（一）屈原以道為本的歷史觀。（二）屈賦史事及其資鑑作用。說明屈原的歷史觀。

一、屈原以道為本的歷史觀

道家認為「道」是天地運作的規律，而歷史也依循著「道」而變化。屈原有道家思想，歷史觀也是根本於「道」。以下就（一）崇尚天道，闡明人事。（二）執古御今，追循規律。說明屈原以「道」為本的歷史觀。

（一）崇尚天道，闡明人事

王博《老子思想的史官特色》認為，史官思維在老子思想中的體現有三項，其中之一是「推天道以明人事」。王博又說：

> 推天道以明人事的思維方式同時也構成了老子整個哲學體系的基礎。……
> 老子把這種史官思維方式系統化、理論化了，他以道為整個世界──包括
> 自然界和人類社會──的本原和依據，就是為自然現象和社會現象的統一
> 奠定了一個堅實的基礎。[169]

老子「推天道以明人事」的觀念，《老子・二十五章》云：「人法地，地法天，天法道，道法自然。」[170]人、地、天都遵循著「道」的規律，而「道」是依著自

---

166 《漢書》，冊 2，卷 30，〈藝文志〉，頁 38，總頁 886。
167 《史記》，卷 63，〈老子韓非列傳〉，頁 2-3，總頁數 832。
168 金德建〈老聃學說出於史官考〉說：「先秦諸子中道家的老聃是一個史官。」見：金德建〈老聃學說出於史官考〉：《求是學刊》1980 年 3 期，頁 73。
169 王博：《老子思想的史官特色》（臺北：文津出版社，1993 年），頁 84。
170 〔春秋〕老子著，朱謙之校釋：《老子校釋》，〈二十五章〉，頁 103。

然而行。在此段引文中，老子推衍天道的起始是「人」，接著是「地」，再來是「天」，最後是「道」，由此可以看出老子思維的過程。

老子認為，人的行事作為要依循「道」的規律，《老子·五章》說：「天地不仁，以萬物為芻狗；聖人不仁，以百姓為芻狗。」[171]老子在此說道，天地無仁，則將萬物視為芻狗，聖人無仁，則將百姓視為芻狗。進一步的說，天地、聖人不會視萬物、百姓為芻狗，在利用之後就拋棄它。老子由天地對萬物的態度，推論到聖人對百姓的態度。

「天道」一詞，不見於屈原作品之中[172]，但屈原確實有天道觀。姜亮夫《楚辭通故》釋「天」，在「天道論」條目下云：

> 且謂屈子固楚史世家也，古史官必深知天象，因以推論人事，而歸其禍福盈虧之象於天，則屈子之有自春秋以來相同之天道觀，固其宜也，無用疑焉。[173]

可知天道之天則與世間人們的作為、禍福相關。在本論著第三章裡，已經探析屈賦裡的「天」字，並說明屈原的天命觀，而他也藉由〈天問〉闡述天道之規律。此處再以〈離騷〉、〈天問〉為例，說明屈原以「道」為本，並追循「道」之規律的歷史觀念。

〈離騷〉云：「彼堯舜之耿介兮，既遵道而得路。何桀紂之猖披兮，夫唯捷徑以窘步。」堯、舜是光明正大，能遵循「道」而行走在大道上的仁君，而桀、紂則狂妄偏邪，一如走在小道上而寸步難行。屈原在此以「道路」比喻「道」，君王施政是否得「道」，將影響施政的道路是否寬廣。

〈離騷〉又云：

> 啟〈九辯〉與〈九歌〉兮，夏康娛以自縱。不顧難以圖後兮，五子用失乎家巷。羿淫遊以佚畋兮，又好射夫封狐。固亂流其鮮終兮，浞又貪夫厥家。澆身被服強圉兮，縱欲而不忍。日康娛而自忘兮，厥首用夫顛隕。夏桀之常違兮，乃遂焉而逢殃。后辛之菹醢兮，殷宗用而不長。

> 湯禹儼而祗敬兮，周論道而莫差。舉賢而授能兮，循繩墨而不頗。

屈原在前一段裡，說道夏啟獲得古樂〈九辯〉、〈九歌〉，他因此沉溺於娛樂並自我放縱。他不顧及危難，並為後世圖謀，啟子武觀因此而引發內鬨。羿過度遊玩且恣意畋獵，又射殺大狐，而觸犯禁忌。這些惑亂者而少有善終，因此羿的臣子浞，就侵佔他的妻子。澆是身強體健，他放縱欲望而無節制，終日行樂而忘

---

[171] 〔春秋〕老子著，朱謙之校釋：《老子校釋》，〈五章〉，頁22。
[172] 按：「天道」一詞，在《楚辭》中僅見於漢·東方朔之〈七諫〉云：「見韓眾而宿之兮，問天道之所在。」
[173] 姜亮夫：《楚辭通故》，冊1，頁4。

記自身安危，以致首級因此被人砍落。夏桀經常違背正道，最終也是遭逢災殃。紂（后辛）將賢臣剁成肉醬，殷商的帝位也將不長久。屈原在後一段裡，說明禹、湯為人恭敬莊重，周文王、周武王議論大道而無差錯。他們舉用賢人並授予職權，遵循法度而沒有偏頗。

在此二段裡，屈原舉出啟、羿、澆、紂（后辛）等君王為例，他們違背天道，貪圖沉溺於聲色享樂之中，其下場是家庭失和、失去妻子，導致於國破家亡。屈原又舉出禹、湯、文王、武王等聖主為例，施政的正確毫無偏差，能舉用賢才並依循大道而行。屈原在〈離騷〉總結云：

> 皇天無私阿兮，覽民德焉錯輔。夫維聖哲以茂行兮，苟得用此下土。瞻前而顧後兮，相觀民之計極。

皇天並無偏私，它將視察君王施行予百姓的德政而給予輔助。只有聖王賢哲才有如此美好的德行，而能統治這片天下。屈原本人瞻望前代，又回看後世，透徹地觀察人們的內在心思。因而屈原是相信「道」之規律，那些暴君如啟、羿、澆、紂（后辛）等人，不依照天道行事，因之而遭逢災禍。而禹、湯、文土、武王等人，依照天道施政，而能造福天下的百姓人民。屈原對天道的明瞭，以及對天道的堅信不移，並由此推及人事的興衰榮辱，正與道家思想裡的「推天道以明人事」的觀念相同。

屈原在〈大問〉裡表現的天道觀，王夫之《楚辭通釋》評論云：

> 篇內言雖旁薄，而要歸之旨，則以有道而興，無道而喪。黷武忌諫，耽樂淫色，疑賢信姦，為廢興存亡之本。[174]

王夫之認為〈天問〉的主旨，正在於「有道而興，無道而喪」。而這個「道」是貫穿古今，無論何時都是一體適用的。國家因君王施政有道而興盛，施政無道而喪亡。君王濫武好戰，不聽諫言，耽溺玩樂，沉迷美色，猜疑賢臣，相信姦佞，都將關係到國家的興亡存廢。

筆者再舉〈天問〉為例，說明屈原的天道觀，〈天問〉說道羿之事，云：

> 帝降夷羿，革孽夏民。胡射夫河伯，而妻彼雒嬪？馮珧利決，封豨是射。何獻蒸肉之膏，而后帝不若？浞娶純狐，眩妻爰謀。何羿之射革，而交吞揆之？

上帝派下夷羿，取代夏后相的帝位。為何羿要射殺河伯，並搶奪河伯之妻雒嬪？羿手持弓矢，射殺大豕。為何羿用肥美的肉祭獻，上帝卻不接受？寒浞想要迎取羿的妻子純狐，於是用計謀眩惑純狐。為何羿有射穿皮革的力量，卻因寒浞

---

[174] 〔清〕王夫之：《楚辭通釋》，收錄於〔清〕王夫之等著：《清人楚辭注三種》，頁46。

結交逢蒙而被吞滅？

羿是上帝所派來，應當有美善的德行。但從其後屈原敘述羿之作為，正如〈離騷〉所言的「淫遊以佚畋」、「好射夫封狐」，都是有失正道之事，因此羿最終是被寒浞用計謀害而死。由此可以看出，羿的行事是否合於「道」，與他的生死存亡相關，屈原在此也表現出他對「道」的遵從。

（二）執古御今，追循規律

《老子·十四章》云：「執古之道，以御今之有。能知古始，是謂道紀。」[175]透過明白古代的道理規律，則可以知道今世之事的發展。知道古代歷史起源與歷程，就能掌握「道」的規律。詹石窗、謝清果《中國道家之精神》一書也說：「『道紀』概念的提出高揚了道家承先啟後的歷史觀。要求世人必須正視歷史，努力把握歷史規律，以幫助治理當今的一切。」[176]在道家的歷史觀裡，探察古代歷史的發展，能推論出「道」之規律，並以此來處理現今之事。

屈原在作品裡，多次提及古代歷史之事，透過分析屈賦裡的歷史之事，可知屈原要藉由史事明白何種道理。以〈離騷〉為例，王逸《楚辭章句》云：「（屈原）上述唐、虞、三后之制，下序桀、紂、羿、澆之敗，冀君覺悟，反於正道而還己也。」在此段引文裡，可注意兩項重點。一是〈離騷〉裡說道聖主的成功與昏君敗亡，並非以當時楚國的君臣為例，而是以古代帝王之事為說明對象。二是屈原期望楚王回歸正道，而召回被放逐的屈原。結合此二者來看，可知屈原認為在這些古代君王的成敗，其中的關鍵是他是否遵循正道，而這個正道是適用古今的。屈原正是要透過敘說歷史之事，以明正道。

〈離騷〉陳述的古代君王之事，如前所述，有堯、舜、禹、湯、文王、武王等聖主，施政合於正道，能使國家興盛，而桀、啟、羿、澆、紂（后辛）等暴君，施政偏離正道，因此危害自己的性命。屈原舉出這些歷史人物及其事件，是要為楚王指出明確的正道。〈離騷〉云：「乘騏驥以馳騁兮，來吾道夫先路」、「豈余身之憚殃兮，恐皇輿之敗績」。屈原說道楚王乘坐著馬匹奔馳著，而屈原將在前引導，使楚王走上正途。屈原不畏懼遭受災殃，他只擔心楚王的車乘將要傾覆。在此二句裡，屈原以道路、車乘為喻，說明他將輔佐楚王，指引楚王施行正確的政策。〈離騷〉又云：「忽奔走以先後兮，及前王之踵武。」屈原為楚王前後奔走，是希冀楚王跟隨前代聖主的腳步。由此句可知，屈原認為的「正道」，是可以從古代君王的作為而得知，這些聖主行為符合「正道」，並期望楚王能追隨他們。

聶石樵《屈原論稿》說：

> 我們從對〈天問〉文理、層次的分析中，就能得出〈天問〉的主題，即探討歷史上朝代興亡的答案。……屈原所尋求的歷史興亡的答案是什麼？簡單地說，選賢任能則興，聽信讒諂則亡；重民納諫則興，忌諫淫色則亡；

---

[175] 〔春秋〕老子著，朱謙之校釋：《老子校釋》，〈十四章〉，頁 55-56。
[176] 詹石窗、謝清果：《中國道家之精神》（上海：復旦大學出版社，2009 年），頁 278。

行仁政則興，施暴行則亡。[177]

　　屈原在〈天問〉裡闡明歷史興亡的原因，君主的選賢與能、重民納諫，則可使國家興盛，而君主的信讒好色，則會使國家敗亡。這樣的規律，在歷史上層出不窮，不斷上演。筆者以〈天問〉為例說明之。

　　〈天問〉討論啟之事，云：

> 啟代益作后，卒然離蠥。何啟惟憂，而能拘是達？皆歸射鞠，而無害厥躬。何后益作革，而禹播降？啟棘賓商，〈九辯〉〈九歌〉。何勤子屠母，而死分竟地？

　　在夏朝歷史裡，禹將帝位禪讓予益，禹之子啟向益爭奪帝位，卻遭逢災禍。為何啟會如此憂心，而能脫離拘束？益的部下將兵器交予啟，而不傷害啟。為何益是禪讓而得到帝位，最終卻是禹的子嗣得到延續？啟急切的向上帝祭祀，而得到〈九辯〉、〈九歌〉。為何啟之妻勤奮的養育孩子，卻遭受到被屠殺的命運，軀體分散在各地？

　　在此段引文裡，屈原先敘述啟之事。啟能取得帝位，他的德行是能讓人服從。但是由於啟獲得〈九辯〉〈九歌〉，就如〈離騷〉所說的「夏康娛以自縱」，不符合「道」的規律，因此而造成孩子們的內鬩，甚至弒殺母親。屈原以啟的得「道」與失「道」，對照啟的興衰榮辱，說明「道」有其規律的。

二、屈賦史事及其資鑑作用

　　歷史可以提供給人們借鏡，屈原知道「道」的規律，也知道歷史是依著「道」進行的，他在作品裡寫入歷史人物與事件，目的用以資鑑。以下就（一）參驗考實，辨證史事。（二）借鑑歷史，觀往知來。（三）以古誡今，委婉諷諫。說明屈賦裡的史事及其資鑑作用。

（一）參驗考實，辨證史事

　　〈惜往日〉云：「弗參驗以考實兮，遠遷臣而弗思。」楚王不去考察驗證屈原的忠心與作為，就將屈原放逐遠方，而不再思念他。屈原對於事實不去參驗考實，是深惡痛絕的。而屈原此種觀念，也反映在他的歷史觀。以下以〈天問〉問道鯀、禹治水之事為例，說明屈原如何對鯀、禹治水的功績作出辨證。

　　相傳上古時期，九州大地曾經洪水氾濫，堯、舜任命鯀、禹治水。屈原在〈天問〉討論鯀、禹治水的經過與方法，以及他們的功勞。屈原提出鯀之治水的問題，〈天問〉云：「不任汩鴻，師何以尚之？僉曰何憂？何不課而行之？」鯀的能力不足以擔任治水的職務，為何眾人要推舉鯀呢？眾人說道，這有什麼憂慮的呢？何不讓鯀嘗試看看？此事見於《尚書‧虞書‧堯典》：

---

[177] 聶石樵：《屈原論稿》，頁 167。

帝曰：「咨！四岳，湯湯洪水方割，蕩蕩懷山襄陵，浩浩滔天。下民其咨，有能俾乂？」僉曰：「於！鯀哉。」帝曰：「吁！咈哉，方命圮族。」岳曰：「异哉！試可乃已。」帝曰，「往，欽哉！」九載，績用弗成。[178]

　　堯問眾人，何人能治理洪水，而眾人推舉鯀。堯認為因為鯀是自負而將危害族人，不能任命他。眾人說，可以讓鯀試著治水。最終堯任命鯀治理洪水，而鯀治水九年不成，被殛而死。臺靜農《楚辭天問新箋》經過考證，以為「鯀為高陽之子，是楚之先祖」，並說：「此問於其先祖之被殛，猶有不平之意。」[179]屈原有意為鯀被眾人推舉治水之事，打抱不平。

　　〈天問〉云：「鴟龜曳銜，鯀何聽焉？」鯀根據鴟的飛止，以及龜的曳尾來治水，鯀為何有此聖智呢？[180]〈天問〉又云：「順欲成功，帝何刑焉？」鯀若是依順從眾人而成功，堯為何要處刑鯀呢？臺靜農認為此句「是謂鯀能順眾人之欲而成其功，堯何為刑戮之乎？於鯀之死，言外頗致其悲慨焉」[181]，此二句有著屈原對鯀的同情與憐憫。

　　〈天問〉云：「永遏在羽山，夫何三年不施？」鯀被處死於羽山，為何他的屍體經過三年而不腐壞？此二句記載鯀死後的事。郭璞注《山海經‧海內經》引《歸藏‧啟筮》云：「鯀死三年不腐，剖之以吳刀，化為黃龍。」[182]從〈天問〉與《歸藏》的記載，可以看出鯀的死亡充滿神話色彩。屈原問鯀死三年，他的屍體不會腐爛之事，表明屈原是相信鯀的神話傳說。

　　屈原在〈天問〉提出禹之治水的問題，〈天問〉云：「伯禹愎鯀，夫何以變化？」伯禹為鯀所生，而他治水的方法有何變化？前句說道禹為鯀所生，此事見於《路史‧後紀》注引《歸藏‧啟筮》云：「鯀死，三歲不腐，副之以吳刀，是用出禹。」[183]後句說道禹在治水之時，他的方法是有變化，林雲銘《楚辭燈》云：「禹固出於鯀之懷抱也，乃變堤障之法為疏導也。」[184]林雲銘認為禹改變鯀用堰塞法治水，而採用疏導法。

　　〈天問〉云：「纂就前緒，遂成考功。何續初繼業，而厥謀不同？」禹繼承鯀治水的事業，成為他的功績。為何他繼承事業，使用的治水方法會有不同？這是承接上句而問。相傳禹是用疏導的方式治水，此法與鯀不同，朱熹《楚辭集注》云：「鯀、禹治水之不同，事見〈洪範〉。蓋鯀不順五行之性，築堤以障潤下之水，

178　《尚書》，卷2，〈虞書‧堯典〉，頁19-20，總頁數26。
179　臺靜農：《楚辭天問新箋》，頁36。
180　據劉永濟《屈賦通箋》，「聽」當作「聖」。劉永濟：《屈賦通箋》（北京：中華書局，2007年），卷4，頁123。
181　臺靜農：《楚辭天問新箋》，頁39。
182　袁珂校注：《山海經校注》，卷18，〈海內經〉，頁396。
183　按：《路史‧後紀》注引《歸藏‧啟筮》末句作「是用出啟」，而《初學記‧刀》注引《歸藏》云：「大副之吳刀，是用出禹。」禹為鯀之子，啟當作禹。〔宋〕羅泌撰，男苹注：《路史》（臺北：中華書局，1983年臺3版），冊1，後紀，卷12，頁2。〔唐〕徐堅編：《初學記》（臺北：鼎文書局，1976年再版），卷22，刀，頁529。
184　〔清〕林雲銘：《楚辭燈》，卷2，〈天問〉，頁61。

故無成。禹則順水之性，而導之使下，故有功。」[185]鯀不依水的特性，以堰塞的方式治水，而治水失敗。禹能依水的特性引導洪水，而治水成功。

實際上，禹不只繼承鯀治水的事業，他也繼承鯀治水的方法，如《莊子・外篇・天下》云：「昔禹之湮洪水」[186]、《山海經・大荒北經》云：「禹湮洪水」[187]、《淮南子・地形訓》云：「禹乃以息土填洪水」[188]。禹也有用堰塞的方式治水，此法與鯀相同。但他的治水的方法，既繼承鯀，又與鯀有所不同，他因此而能成功。禹治水時所用的計謀方法，是從與鯀治水的方法變化而來。

〈天問〉問禹的治水方法：「洪泉極深，何以窴之？地方九則，何以墳之？河海應龍，何盡何歷？」洪水極為深廣，他是如何填平？大地分為九州，他是如何使土隆起？應龍是如何畫地，協助伯禹引導洪水進入河海？章必功《〈天問〉講稿》認為此三句為禹的治水方法，分別是堵源法、築堤法、疏導法。[189]

第一句問禹填平洪水的方法。禹是用息土填平洪水，而禹所用的息土，是鯀向天帝竊取而來，事見《山海經・海內經》：「洪水滔天。鯀竊帝之息壤以堙洪水，不待帝命。」[190]禹用息壤治水，是繼承鯀治水的方法而來。

第二句問禹劃分九州，以及使土隆起之事。首先是劃分九州，此事記載於《尚書・夏書・禹貢》：「禹別九州，隨山濬川，任土作貢」[191]、《左傳・襄公四年》：「芒芒禹跡，畫為九州」[192]，都指出由禹劃地，而《山海經・海內經》有不同的記載，云：「禹、鯀是始布土，均定九州。」[193]最初劃分九州者為鯀，禹是繼承者。郭璞注《山海經》云：「鯀績用不成，故復命禹終其功。」[194]臺靜農《楚辭天問新箋》說：

> 是知始分九州者為鯀，禹特繼成之耳，而經史不著其事皆歸功於禹者，則以鯀為帝堯所惡，帝舜所誅，遂泯其始奠九州之功，而不為儒家所稱道矣。[195]

由於鯀治水失敗被誅，因此鯀劃定九州的功勞，就不被儒者記載。屈原接著問土地隆起之事，此句上承填土治水的方法而言，禹將低處填平，又建造堤防疏導洪水，是他用來治水的方法。

第三句問應龍助禹治水之事。今本《楚辭》是「河海應龍，何盡何歷？」洪興祖《楚辭考異》說此句：「一云：『應龍何畫？河海何歷？』」應龍協助治水之

185　〔宋〕朱熹：《楚辭集注》，頁 55。

186　〔戰國〕莊周著，〔清〕郭慶藩集釋：《莊子集釋》，卷 10 下，〈雜篇・天下〉，頁 1077。

187　袁珂校注：《山海經校注》，卷 17，〈大荒北經〉，頁 361。

188　〔漢〕劉安編，張雙棣校釋：《淮南子校釋》，上冊，卷 4，〈地形訓〉，頁 450。

189　見：章必功：《〈天問〉講稿》（北京：中華書局，2013 年），頁 246-248。

190　袁珂校注：《山海經校注》，卷 18，〈海內經〉，頁 395。

191　《尚書》，卷 6，〈夏書・禹貢〉，頁 1，總頁數 77。

192　〔春秋〕左丘明著，楊伯峻注：《春秋左傳注》，冊 3，〈襄公四年〉，頁 938。

193　袁珂校注：《山海經校注》，卷 18，〈海內經〉，頁 393。

194　袁珂校注：《山海經校注》，卷 18，〈海內經〉，頁 396。

195　臺靜農：《楚辭天問新箋》，頁 42。

事，洪興祖《楚辭補注》引《山海經圖》云：「夏、禹治水，有應龍以尾畫地，即水泉流通。」〈天問〉問道，應龍如何畫地引導洪水，而這些洪水進入河海時，是經過哪些地方？

屈原在〈天問〉提出鯀、禹治水功績的問題，〈天問〉最後總結問道：「鯀何所營？禹何所成？」鯀在治水時，他經營的事為何？禹在治水時，他完成的事為何？此處問及鯀、禹治水的成就。金開誠《屈原集校注》說：

> 在先秦儒者對鯀禹治水的傳述中，曾把鯀貶為「四凶」之一，而尊禹為聖王。屈原在這一段中，根據有關的神話材料對傳統觀念提出一系列疑問。「鯀何」二句是對鯀禹治水之事總結性問話，而上句顯然是問鯀為治水究竟做了哪些工作，無煩曲說。[196]

依本論著論述鯀、禹的治水事蹟，禹繼承鯀治水的事業，禹的治水方法也是由鯀而來。禹用鯀從天帝竊取而來的息壤，以堵源法堰塞洪水，這是鯀治水的方法。但禹治水的方法，尚有築堤法、疏導法，這是與鯀治水不同之處。鯀治水患，有他的功勞，但由於鯀被堯殛死，儒者因此而否定了他的功勞，將治水的功勞全歸於禹。屈原對此提出質疑，問道鯀、禹的功勞為何。屈原以此句總結，有意為鯀平反冤屈，並重新界定禹的功勞。

屈原在〈天問〉裡，針對鯀、禹的治水，用極大的篇幅去書寫鋪陳，提出兩人的治水之法，由此可以看出他們治水方法的不同。屈原不同意後世儒者的觀點裡，他們否定鯀的治水功勞，因此屈原藉由〈天問〉發問，提出他的觀點，以詰問當時的學者。這也反映出，屈原對於未有辨證清楚的古史之事，有其敏銳的眼光，能重新審視並加以辯駁。

屈原不只對歷史求真，也對人事求真。〈離騷〉云：

> 荃不察余之中情兮，反信讒而齌怒。
> 怨靈修之浩蕩兮，終不察夫民心。
> （女嬃曰）眾不可戶說兮，孰云察余之中情。

「荃」與「靈修」均是指楚王，屈原說道楚王不明察他的忠心，反而相信讒佞之言，並且對他惱怒。屈原哀怨於楚王的荒誕，始終都無法察覺屈原的心意。女嬃也說，屈原的忠心無法家家戶戶，一一的說明，又有誰能知道他的忠心呢？屈原對待事情有求真的態度，而當他的心意被誤解、忽視，又遭到疏遠放逐，屈原是相當痛心疾首的。屈原希望楚王能真正的發覺他的忠心，而且不再拋棄遠離他，並將他召回朝廷，為君效勞。

---

[196] 金開誠：《屈原集校注》，頁 317。

（二）借鑑歷史，觀往知來

認識歷史，有助於考察過去，預測未來，古人已經知道歷史的此種用途，《易·大畜·文言》云：「君子以多識前言往行，以畜其德。」[197]君子學習歷史，以滋養道德。又《列子·說符》云：「是故聖人見出以知入，觀往以知來，此其所以先知之理也。」[198]聖人觀察歷史，而能推論未來，這是他能預先知道事件發展的道理。梁啟超《中國歷史研究法》也說：「史者何？記述人類社會賡續活動之體相，校總其成績，求得其因果關係，以為現代一般人活動之資鑑者也。」[199]明確的說明歷史有借鑑的作用。

屈原擁有豐富的歷史知識，在作品裡經常寫到歷史之事，其中就包含資鑑的功能。〈天問〉說道：

> 薄暮雷電，歸何憂？厥嚴不奉，帝何求？伏匿穴處，爰何云？荊勳作師，夫何長？悟過改更，我又何言？吳光爭國，久余是勝？何環穿自閭社丘陵，爰出子文？吾告堵敖以不長，何試上自予，忠名彌彰？

此段為〈天問〉末段，屈原敘寫楚國歷史，兼及個人心境。在這個日落西山，雷電交加的時候，屈原回到楚國，他有何憂傷？楚國的尊嚴已經不如以往，屈原對天帝還有什麼要求的？屈原躲藏在洞穴之中，他還有什麼話可說？楚國軍隊勞師動眾，如何保有長久的國祚？楚王若能悔悟改過，屈原又何必多說？吳王闔閭征伐楚國，為何能經常獲勝？為何隕公之女要在閭社丘陵穿起往來，通淫而生子文？子文告知堵敖他將在位不久，為何熊惲弒上自立，而子文能以輔佐熊惲而忠名顯著？

此十九句，殷光熹《楚辭注評》說：「此一系列質問，意在以史鑑今。」[200]屈原此段裡雖然是回顧楚國的歷史，但也預示著楚國的發展，這正是「以史鑑今」。例如「厥嚴不奉，帝何求」一句，說道楚國不再被他國尊敬，他也不再對天帝有所要求。將此句與屈原當時的楚國國勢參照，可以發現楚國在楚懷王之時，在內政方面，國內無聖明君主，賢臣也不被重用，國家政治混亂，而在外交方面，楚國時而親秦，時而親齊，對秦、齊的態度不一，造成了楚國的國際地位逐漸下滑。楚國的內政外交均面臨困境，國勢自然逐漸衰落。再以「吳光爭國，久余是勝」一句為例，說道吳國常勝楚國之事，透露出楚國的軍事防備有不足之處，才會被吳國侵犯，攻入郢都。屈原已有警示，但楚王仍不明白。此後在秦楚鄢郢之戰時，楚國大敗，秦將白起拔郢，楚國就此一蹶不振。透過屈原對歷史的陳述，可知向歷史借鏡，可以知道未來的發展，而可防患未然。

---

[197] 〔漢〕孔安國傳，〔唐〕孔穎達疏，〔清〕阮元校勘：《易經正義》，《重刊宋本十三經注疏附校勘記》，冊 1，卷 3，〈大畜〉，頁 25，總頁數 68。
[198] 〔戰國〕列子撰，楊伯峻集釋：《列子集釋》，卷 8，〈說符〉，頁 252。
[199] 梁啟超：《中國歷史研究法》（臺北：里仁書局，1994 年），頁 45。
[200] 殷光熹：《楚辭注評》，頁 140。

屈原對於歷史資鑑的作用，不只涉及在國家政治的發展，也包括在他個人的際遇。〈離騷〉云：「鯀婞直以亡身兮，終然殀乎羽之野。」女嬃對屈原說道，鯀因為個性剛直，而忘記自身安危，最終被殛於羽山的郊野。〈離騷〉又云：「不量鑿而正枘兮，固前修以菹醢。」如同不去考量鑿的方圓，而要用方正的枘去符合它，這也是前賢被菹醢的原因。在此二句裡，說明了屈原的個性剛直，也不隨波逐流，與世浮沉。屈原在此處表現的歷史資鑑，就是讓他清楚明白，因為他的個性與作為，將預示下場可能就如鯀與前代賢人一樣，遭到迫害而死。

（三）以古誡今，委婉諷諫

王博《老子思想的史官特色》一書中，認為老子有「侯王中心的思考方式」，王博說：

> 史官之職為天子及諸侯所設置，它的一個重要任務是當好王公諸侯的參謀和顧問……史官這種以侯王為中心來思考問題，而又非侯王代言人的特點在老子思想中也有體現……他（老子）繼承了史官諫議傳統以及由此發展出來的社會批判意識。[201]

從王博的說明，可知老子的思想與史官以王侯為中心的思考方式，與他的諫議傳統相關。屈原的史官家學與道家思想，都是構成他以史諷諫的思維。屈原用以諷諫的工具是「史」，而諷諫對象是楚王，表現出「以古誡今，委婉諷諫」的特色。

屈原以諷諫的方式規勸楚王，陳怡良先生《屈騷審美與修辭》分析〈離騷〉的十種諷刺手法。[202]其中的「用典恰切，借古刺今」，陳怡良先生說：

> 屈原在〈離騷〉中，雖擴大比興之法，有所比喻、影射，象徵手法絕高，似以浪漫主義為主流，惟為強調主題，或使風格入於典雅，屈原仍然多所引述古事，以為證明，作為寄意，目的是據事類義，或借古以刺今。[203]

可知〈離騷〉裡所舉的古人古事，其用意除了寄託屈原的心意外，也包括以古誡今，藉由古事諷諫君王。

在〈離騷〉裡以古人作為諷諫筆法，陳怡良先生分為二大項，各項下又有二小項，分別為：1.屬帝王諸侯者：(1)屬暴君昏王，身死國亡者。(2)屬賢君明主，國運隆昌者。2.屬忠臣賢良者：(1)屬兩美遇合，良臣輔佐聖主成功者。(2)屬為君

---

[201] 王博：《老子思想的史官特色》，頁89-97。
[202] 此十種，分別為「比興影射，戲謔十足」、「特稱妙撰，暗寓褒貶」、「用典恰切，借古刺今」、「對比成諷，豐富內涵」、「雙關藏巧，譏誚尖銳」、「呼告訴冤，曲加嘲諷」、「虛實巧構，刻意針砭」、「設問高超，激發省思」、「反襯自嘲，更增沉痛」、「獨白坦露，意在譏斥」陳怡良：〈離騷的諷刺手法與意涵〉，《屈騷審美與修辭》，頁128-151。
[203] 陳怡良：〈離騷的諷刺手法與意涵〉，《屈騷審美與修辭》，頁135。

國事殉節，不得善終者。[204]從陳怡良先生的分項，可以發現屈原運用史事諷諫，是以對比的方式呈現。就君王而言，君王自身作為不同，其結果也會不同。暴君昏王荒淫無度，使國家衰亡，並身敗名裂。而賢明君主修明政治，使國家興盛，而美名遠傳。再就忠臣而言，事奉的君王不同，其結果也會不同。忠臣遇合賢君明主，則可輔佐聖主治國，使國家更加美好。而忠臣遇合暴君昏王，雖然效忠於君王國家，但是仍因君王的迫害而失去性命。

　　透過以上說明，可知屈原在〈離騷〉裡，以史事表達出國家君王的重要，君王的聖明或昏庸，將關係到忠臣是否能夠順利輔佐君王處理政治，並牽涉到國家的發展，可見君王是扮演著關鍵的角色。屈原的史官家學，造就屈原有著豐富的歷史知識，而屈原自身的才華，將這些史事用他的生花妙筆，寫入作品裡，並與作品主題和諧的融合在一起，形成高尚典雅的風格。他更藉由史事，表現出他對君王的婉言相勸。

　　屈原不只在〈離騷〉裡以古誡今，委婉諷諫，在〈天問〉裡也有此種筆法。王夫之《楚辭通釋》云：

> 原以造化變遷，人事得失，莫非天理之昭著，故舉天之不測不爽者，以問憪不畏明之庸君具臣……原諷諫楚王之心，於此而至。[205]

　　屈原觀察天地間的變化，推及人事的得失，認為有天理在於其中，因此舉出天地諸事，問於那些無法明察的庸君人臣。而屈原諷諫楚王的心意，也由此而表現出來。

　　陳怡良先生《屈騷審美與修辭》分析〈天問〉的修辭，共有十二項[206]，第四項為「諷託法：超越時空，寓意深刻」。可知〈天問〉裡使用諷託的方式，即是以古事諷諭今事，而隱含著寓意在其中。陳怡良先生說：

> （屈原）其撰述動機，必離不開「諷託」一法，其運用技巧，即「因不便直言，於是乃託之以故事諷諭之」，期盼楚王能及時覺醒，憬然更改，不然可能重蹈歷史衰亡之覆轍。[207]

　　屈原在〈天問〉裡，用一百七十個問題，討論天地古今之事，包括天體、天

---

[204] 陳怡良：〈離騷的諷刺手法與意涵〉，《屈騷審美與修辭》，頁135。
[205] 〔清〕王夫之：《楚辭通釋》，收錄於〔清〕王夫之等著：《清人楚辭注三種》，頁46。
[206] 分別為：「設疑法：質疑無答，體製首創」、「層遞法：秩然有序，精心設計」、「錯綜法：巧妙多變，活潑多樣」、「諷託法：超越時空，寓意深刻」、「虛實法：虛實相成，別創妙境」、「引用法：據事類義，援古證今」、「借代法：化直為曲，文字生新」、「排比法：句型嚴整，增強氣勢」、「對偶法：自然成雙，均衡工整」、「映襯法：交相映發，顯豁事理」、「對比法：對照鮮明，突出主題」、「重現法：活用重複，饒生意趣」，其他尚有倒置法、誇飾法、比擬法、比喻法、特稱法、轉品法、迴環法。陳怡良：〈天問的文學特質及其修辭藝術〉，《屈騷審美與修辭》，頁279-310。
[207] 陳怡良：〈天問的文學特質及其修辭藝術〉，《屈騷審美與修辭》，頁286。

象、大地神話傳說、地形之異、天地異聞、靈物奇談、遠古、近古之事。[208]其中，近古之事僅論及至楚昭王的時代。〈天問〉提及「吳光爭國」，王逸《楚辭章句》云：「言吳與楚相伐，至於闔廬之時，吳兵入郢都，昭王出奔。」此事發生在春秋末期，楚昭王之時。屈原所處的時代是戰國末期，可知屈原論近古之事，並未言及當代。由此也可說明屈原是借用古事，諷諫君王。而〈天問〉末段裡的寄寓，是如林庚《〈天問〉論箋》所說：「〈天問〉以子文的『忠名彌彰』作結，正寓有屈原『舉賢授能』的政治理想，餘意深長。」[209]可知〈天問〉有包含著屈原對楚王的勸諫。而屈原期望被楚王舉用之意，不言自明。

　　如前二節所述，屈原對於歷史的態度，是要參驗考實，辨證史事，清楚明白歷史，才能知道天道的規律準則。屈原舉證史事，用以借鏡，觀察古史，以知未來，屈原認為透過探察歷史裡「道」之規律，可知未來的發展。屈原知道歷史的此二種用途，因此他用史事為例，諷諫楚王，讓楚王知道聖主為何能興，昏君為何而亡，從而使楚王醒悟，期望君王重用如屈原這樣的賢臣，以為國家君王效勞。

第三節　修養觀

　　道家的修養觀，見於《老子》、《莊子》等書：

> 修之於身，其德乃真；修之於家，其德乃餘；修之於鄉，其德乃長；修之於國，其德乃豐；修之於天下，其德乃普。(《老子‧五十四章》)[210]
> 道之真以治身，其緒餘以為國家，其土苴以治天下。(《莊子‧雜篇‧讓王》)[211]

　　依上述引文，老子認為，以道德修養其身，而可以將道德推及至家、鄉、國，最後是普遍於天下。而莊子也認為，修養自身之道德是根本，並能廣佈於天下。
　　屈原的道家思想也影響他的修養觀，以下就(一)少私寡欲，致虛守靜。(二)服食行氣，載魄登霞。(三)修態、輕形與煉形。說明屈原的修養觀。

一、少私寡欲，致虛守靜

　　道家對於養神與養形的主次，《文子‧下德》云：「治身，太上養神，其次養形。」[212]李霞《生死智慧：道家生命觀研究》分析老、莊的生命修養觀，認為有四方面：1.保養陰陽二氣。2.形神兼養而以養神為主。3.虛靜養生。4.寡欲坐忘。[213]可知在道家的修養觀裡，道家是著重於養神，並以「無為」、「虛靜」、「寡欲」等方法修養己身。

---

[208] 見：陳怡良：〈天問體製特色及其淵源淺探〉，《屈原文學論集》，頁 261。
[209] 林庚：《〈天問〉論箋》，收錄於林庚：《林庚楚辭研究兩種》，頁 247。
[210] 〔春秋〕老子著，朱謙之校釋：《老子校釋》，〈五十四章〉，頁 215。
[211] 〔戰國〕莊周著，〔清〕郭慶藩集釋：《莊子集釋》，卷 9 下，〈雜篇‧讓王〉，頁 971。
[212] 〔戰國〕文子著，李定生、徐慧君校釋：《文子校釋》，卷 9，〈下德〉，頁 338。
[213] 李霞：《生死智慧：道家生命觀研究》(北京：人民出版社，2004 年)，頁 297-306。

屈原的形神觀，受到道家觀念的影響，也以養神重於養形。而屈原的養神之法，也是無欲、無為。以下就（一）養神為重，養形次之。（二）少私寡欲，無所企求。（三）致虛守靜，無為自得。說明屈原的修養之法。

（一）養神為重，養形次之

道家重視修養精神，身體的外在形象則為次要。莊子談論養神之法，《莊子‧外篇‧在宥》云：

> （廣成子曰）至道之精，窈窈冥冥；至道之極，昏昏默默。無視無聽，抱神以靜，形將自正。必靜必清，無勞女形，無搖女精，乃可以長生。目無所見，耳無所聞，心無所知，女神將守形，形乃長生。……我守其一以處其和，故我修身千二百歲矣，吾形未嘗衰。[214]

廣成子說，「道」的精妙，在於深遠模糊之處，而「道」的盡頭，在於虛無莫測之處。拋棄視覺與聽覺，以靜守神，形體將自然合於「道」。以清靜之心養神，不去勞役形體，不去動搖精神，就可以長生。眼睛不見事物，耳朵不聽聲音，內心沒有知識，精神將維持形體，形體則因此而長生。廣成子守「道」，而處於平和的心境，修身一千兩百歲，形體未有衰老。在此可知，莊子是養神重於養形，透過養神則可以養形。

莊子認為養形不能使生命長久，《莊子‧外篇‧達生》云：「養形果不足以存生」[215]，可知他對養形的輕視。莊子又舉形體缺陷的有德之人，如支離疏、兀者王駘、申徒嘉、叔山無趾、哀駘它等人，是「才全而德不形」[216]。以支離疏為例，《莊子‧內篇‧人間世》云：

> 支離疏者，頤隱於臍，肩高於頂，會撮指天，五管在上，兩髀為脇。挫鍼治繲，足以餬口；鼓筴播精，足以食十人。上徵武士，則支離攘臂而遊於其間；上有大役，則支離以有常疾不受功；上與病者粟，則受三鐘與十束薪。夫支離其形者，猶足以養其身，終其天年，又況支離其德者乎！[217]

由於支離疏的形象怪異，他為人補衣洗衣，能維持生活，他為人占卜吉凶，則能供養十人。政府徵召士兵、徵召勞役，支離疏都能不被徵召，而政府發放糧食予疾病之人，支離疏能拿到三鐘的米粟與十束柴薪。莊子認為，形體殘缺之人能保養其身，得以善終，更何況才德殘缺之人。更進一步的說，即使形體、才德殘缺，也能合於天地自然之「道」。莊子認為，外在形體的缺陷與是否得「道」，

---

[214] 〔戰國〕莊周著，〔清〕郭慶藩集釋：《莊子集釋》，卷4下，〈外篇‧在宥〉，頁381。

[215] 〔戰國〕莊周著，〔清〕郭慶藩集釋：《莊子集釋》，卷7上，〈外篇‧達生〉，頁630。

[216] 語出《莊子‧內篇‧德充符》。〔戰國〕莊周著，〔清〕郭慶藩集釋：《莊子集釋》，卷2下，〈內篇‧德充符〉，頁210。

[217] 〔戰國〕莊周著，〔清〕郭慶藩集釋：《莊子集釋》，卷2中，〈內篇‧人間世〉，頁180。

並無絕對的關係。

　　屈原在作品裡，也表現出道家此種養神重於養形的觀念。〈漁父〉云：

　　　　屈原既放，遊於江潭，行吟澤畔，顏色憔悴，形容枯槁。

　　屈原被放逐之時，徘徊沉吟於江水大澤之邊，而面容枯黃，外貌瘦弱。屈原因為被楚王疏遠放逐，內心鬱悶困頓，而憔悴枯槁。由「顏色憔悴，形容枯槁」二句，也可以看出屈原對外表容貌的忽視。〈離騷〉云：

　　　　苟余情其信姱以練要兮，長顑頷亦何傷？

　　「練要」，朱熹《楚辭集注》云：「言所修精練，所守要約也。」[218]而「顑頷」，洪興祖《楚辭補注》云：「食不飽，面黃貌。」金開誠《屈原集校注》說明此二句：「只要我的思想感情確實美好而精專，雖然餓得面黃肌瘦又有什麼可悲傷的？」[219]透過朱熹、洪興祖、金開誠的說明，可知屈原在此二句，前句是指內在精神，後句是指外在形象。屈原認為他的忠心之情是如此美好而專一，他經常挨餓而形銷骨立，又何必悲傷？可見屈原重視的，是內在涵養，包括精神的修養，而外在軀體的醜惡，並非屈原在意之事。

　　〈遠遊〉又云：

　　　　意荒忽而流蕩兮，心愁悽而增悲。神儵忽而不反兮，形枯槁而獨留。

　　　　內惟省以操端，求正氣之所由。漠虛靜以恬愉兮，澹無為而自得。

　　屈原說道，他的意念不定而到處飄蕩，心思哀痛更增加悲傷，精神魂魄快速離去而不再歸返，獨自留下消瘦的形貌。屈原接著說，他審視內心並操持正道，以追求正氣的根源。內心清虛寧靜而愉悅，悠遊於無為自得的境界。

　　在〈遠遊〉裡，屈原更清楚的表示神、形的關係。由於屈原的意念、心思、精神是四處留連，愁苦哀悽，無法集中，身軀也因此而消瘦憔悴。若是要得到自然之「道」，進入虛靜無為的精神世界，就必須把持心中的意念，專心一意，以追求正道之所在。屈原在此就說明了養神而能得「道」，心神不寧就無法得「道」，而軀體形象也會受到影響。

（二）少私寡欲，無所企求

　　在老子、莊子的思想裡，要求降低個人的欲望，要達到無欲無求的境界。《老子‧三章》云：「聖人之治，虛其心、實其腹、弱其志、強其骨，常使民無知無

---

[218] 〔宋〕朱熹：《楚辭集注》，頁8。
[219] 金開誠：《屈原集校注》，上冊，頁36。

欲。」[220]王淮《老子探義》解釋此段文字：

> 此言聖人之治身與治國，要在強「本」節「用」。強本者何，歸真返樸是
> 也；節用者何，少私寡欲是也。反面推之，少私，則反身內誠，而德性圓
> 滿，所謂「實其腹」也；寡欲，則不役於物，而無欲則剛，所謂「強其骨」
> 也；歸真，則不師成心，而清明澹泊，所謂「虛其心」也；返樸，則與世
> 無爭，若畏四鄰，所謂「弱其志」也。[221]

透過王淮的說明，可知老子認為只要人們返樸歸真，少私寡欲，人們的行為
與心志，將與「道」相符。《老子‧十二章》又說：

> 五色令人目盲；五音令人耳聾；五味令人口爽；馳騁田獵，令人心發狂；
> 難得之貨，令人行妨。是以聖人為腹不為目，故去彼取此。[222]

喜好聲色表演以及佳餚美食，會使人視覺、聽覺、味覺麻木，喜好狩獵野獸，
則使人內心狂亂。喜好珍品異物，會妨礙人的行為。因此聖人進食只求飽足，而
不會要求更多。由此可見老子反對過度的物質生活，而重視精神生活，內心要能
無欲無求才是。

屈原在作品裡，也表現出道家此種觀念，〈離騷〉云：

> 眾皆競進以貪婪兮，憑不厭乎求索。
> 啟〈九辯〉與〈九歌〉兮，夏康娛以自縱。
> 羿淫遊以佚畋兮，又好射夫封狐。

在第一句裡，屈原說道楚國裡的黨人貪得無厭地爭求爵位，求索是沒有滿足
的時候。這些黨人的索求無度，這正符合老子所說的「難得之貨，令人行妨」。
在第二句裡，屈原說道夏啟獲得〈九辯〉、〈九歌〉，他就此自我放縱在娛樂之中。
在上古時代，歌、舞、樂是三位一體，屈原在此處僅言及〈九辯〉、〈九歌〉兩種
樂曲，實際上是包含舞蹈與歌唱。故可由此推論，啟是沉溺於歌、舞、樂的表演，
而這正符合老子所說的「五色令人目盲；五音令人耳聾」。在第三句裡，屈原說
道羿是沉迷於遊玩，並且無節制的遊獵，又喜好射殺大狐。羿淫遊佚畋，正符合
老子所說的「馳騁田獵，令人心發狂」。

屈原不認同黨人、啟、羿這種過度索求物質，貪圖享樂的觀念、態度，因此
反覆申說，並且予以批判。屈原不會去追求過多的物質，這正符合老、莊道家思
想裡的少私寡欲，所無企求。

---

[220]　〔春秋〕老子著，朱謙之校釋：《老子校釋》，〈三章〉，頁 15-16。
[221]　王淮：《老子探義》（臺北：臺灣商務印書館，1990 年 9 版），頁 17。
[222]　〔春秋〕老子著，朱謙之校釋：《老子校釋》，〈十二章〉，頁 45-46。

（三）致虛守靜，無為自得

　　道家主張的少私寡欲，落實在工夫的實踐上，即是「致虛守靜，無為自得」。「虛靜」一詞見於《老子》、《莊子》等道家之書。

　　《老子・十六章》云：

> 致虛極，守靜篤。萬物並作，吾以觀復。夫物芸芸，各復歸其根。[223]

　　老子認為內心達至虛無，並且保持清靜的境界。天下萬物的生長運作，他已經觀察其規律。眾多萬物，都將回歸到本根。老子所說的本根，即是指「道」。

　　《莊子》云：

> 夫虛靜恬淡寂漠無為者，天地之本而道德之至，故帝王聖人休焉。（〈外篇・天道〉）[224]

> 虛無恬淡，乃合天德。……純粹而不雜，靜一而不變，淡而無為，動而以天行，此養神之道也。（〈外篇・刻意〉）[225]

　　虛靜、恬淡、寂漠、無為，是天地的根本，而道德將會來到，因此帝王、聖人都在這個境界。虛無恬淡是合於天之道德的，精神純粹而不雜亂，恬靜於一而不變，淡泊而無為，行動合於天道，這是養神的方法。可知虛靜、無為，不只是道家的心靈修養的境界，也是修養內在的方法。

　　屈原也認為虛靜、無為是修養之法，並且努力達到此種境界。〈遠遊〉云：

> 漠虛靜以恬愉兮，澹無為而自得。
> 超無為以至清兮，與泰初而為鄰。

　　屈原提及「虛靜」、「無為」、「至清」等詞，這都是道家用語。湯炳正《楚辭今注》說：「虛靜、無為，不為物擾曰『虛靜』，順應自然曰『無為』，皆道家學說」、「至清，亦道家語，指虛靜之境」。[226]可知屈原的修養觀，也是受到道家的影響。

　　屈原在〈遠遊〉引王子喬之說：

> 無滑而魂兮，彼將自然。壹氣孔神兮，於中夜存。虛以待之兮，無為之先。庶類以成兮，此德之門。

---

[223]　〔春秋〕老子著，朱謙之校釋：《老子校釋》，〈十六章〉，頁 64-65。
[224]　〔戰國〕莊周著，〔清〕郭慶藩集釋：《莊子集釋》，卷 5 中，〈外篇・天道〉，頁 457。
[225]　〔戰國〕莊周著，〔清〕郭慶藩集釋：《莊子集釋》，卷 6 上，〈外篇・刻意〉，頁 539、544。
[226]　湯炳正等注：《楚辭今注》，頁 182、193。

「壹氣」，姜亮夫《屈原賦校注》說：「壹氣，即《老子》之『專氣至柔，能嬰兒乎』之專氣。……壹氣孔神，亦即《列子》所謂『心合於氣，氣合於神也』。」[227]壹氣存在於夜氣之中，屈原在此形容「壹氣」的神奇。又湯炳正《楚辭今注》說明「此德之門」：「謂此乃成道之根本途徑。《老子》『玄之又玄，眾妙之門』。」[228]可知「壹氣」即「道」，此為道家思想的本源。

得到「壹氣」的方法，是「無滑而魂兮，彼將自然」、「虛以待之兮，無為之先」。汪瑗《楚辭集解》注前云：「言不滑亂其精神則無為而自得，有天然之妙也。」[229]精神的平靜安和，則可達到自然。至於後句，《莊子‧內篇‧人間世》有云：「氣也者，虛而待物者也。唯道集虛。」[230]「氣」，要以空明虛靜之心對待。屈原運用「虛以待之」一句，並承接著「壹氣孔神」而言，可知屈原也認為內心要虛靜無為，才能要達到「道」的境界。屈原在此明確指出修養之法，不去擾亂精神，則將會進入自然之境，虛心等待，先要有無為之心才能得到它。世間萬物都根據它而成長，這是得「道」之法。

二、服食行氣，載魄登霞

道家、道教與神仙之關係，蕭登福《周秦兩漢早期道教》說：「道家、道教的結合相當早，周朝時道家人物之老了、關尹了‧莊子‧列子等人均與神仙思想有密切關係；早期的期籍，已出現以道家的恬淡寡欲為神仙修煉之方。」[231]蕭登福又說：「神仙之說，起自西元前四世紀的戰國初期。在當時不死之藥，及不死之方，導引吐納、御風飛行，變化萬物等均已見諸典籍，而老、莊、列、關等道家人物與道教的密切關係，由現存的典籍《莊》、《列》、《關尹》等書上，都可以明顯的看出來。」[232]經由上述說明，可知先秦時期的道家已與道教有所關聯，而在道家思想裡，早已存有神仙修煉的觀念。

如前所述，道家的修養觀是養神重於養形，但這是偏重的要點不同，而非完全拋棄形體的修養。《莊子‧外篇‧天地》云：「執道者德全，德全者形全，形全者神全。神全者，聖人之道也。」[233]修道者首先要「德全」，而能「形全」，最終則可「神全」，達到神全的人，是符合聖人之道。修道可使身形得以保全。而在先秦時代，就有流傳不死之藥與不死之道：

開明東有巫彭、巫抵、巫陽、巫履、巫凡、巫相，夾窫窳之尸，皆操不死

---

[227] 姜亮夫：《屈原賦校注》，頁 539。

[228] 湯炳正等注：《楚辭今注》，頁 185。

[229] 〔明〕汪瑗：《楚辭集解》，收錄於吳平、回達強主編：《楚辭文獻集成》，冊 5，頁 15，總頁數 3440。

[230] 〔戰國〕莊周著，〔清〕郭慶藩集釋：《莊子集釋》，卷 2 中，〈內篇‧人間世〉，頁 147。

[231] 蕭登福：《周秦兩漢早期道教》（臺北：文津出版社，1998 年），頁 37。

[232] 蕭登福：《周秦兩漢早期道教》，頁 73。

[233] 〔戰國〕莊周著，〔清〕郭慶藩集釋：《莊子集釋》，卷 5 上，〈外篇‧天地〉，頁 436。

之藥以距之。(《山海經‧海內西經》)[234]

有獻不死之藥於荊王者。(《戰國策‧楚四》)[235]

客有教燕王為不死之道者。(《韓非子‧外儲說左上》)[236]

這些不死之藥、不死之道，即是使人長生不死的方法。《莊子》裡亦有提及導引之士、養形之人，以呼吸吐納的方式修道養形。[237]雖然莊子對此頗不認同，但也反映了戰國時期已經有此種養形之法。而在屈原的作品裡，也有提及不死之事，如〈天問〉云：「何所不死？長人何守」、〈遠遊〉云：「仍羽人於丹丘，留不死之舊鄉」，可見屈原對於不死之傳說，是相當熟稔的。

在屈原的作品裡，他所言及的修身之法，主要為「服食」與「行氣」，透過此二種方法，使得屈原得以修道成仙，進入神仙世界。(按：本論著分析屈賦裡的修煉之法，是說明屈原有此思想觀念，至於他是否親身修煉，則需要有更多證據論證。)

以下就(一)服食行氣，修身養形。(二)載魄登霞，氣變登仙。(三)神人形貌，風姿綽約。說明屈原的修身之法，及其面容身體之變化。

(一)服食行氣，修身養形

養形的方法，可分為導引、服食、行氣，李零《中國方術考》說得清楚：「古代所說的『神仙』是一種養生境界，專指卻老延年，達到不死之人。它包括服食(特殊的飲食法)、導引(配合有呼吸方法的體操)、行氣(也叫『服氣』、『調氣』，今稱『氣功』)等多種方法。」[238]可知在養生之法裡，可透過服食、導引、行氣等方法，達到延年益壽，甚至長生不死，成為神仙。

屈原的道家思想及其修養觀，游國恩《屈原》說：

> 在屈原思想中的另一個鮮明的色彩，便是道家的出世觀念。換言之，就是道家的導引，鍊形，輕舉，遊仙的觀念。比如他說：「駕青虬兮驂白螭，吾與重華遊兮瑤之圃。登崑崙兮食玉英，與天地兮同壽，與日月兮同光。」(〈涉江〉)分析他的意義，即是服食輕舉，長生不死。這思想是從道家演出來的神仙思想。[239]

屈賦裡的修煉之法，是從道家思想而來。在屈原的作品中，以「服食」、「行

[234] 袁珂校注：《山海經校注》，卷 11，〈海內西經〉，頁 236。

[235] 〔漢〕劉向集錄，范祥雍箋證：《戰國策箋證》，下冊，卷 17，〈楚四‧有獻不死之藥於荊王者〉，頁 890。

[236] 〔戰國〕韓非著，陳奇猷校注：《韓非子新校注》，下冊，卷 11，〈外儲說左上〉，頁 676。

[237] 《莊子‧外篇‧刻意》云：「吹呴呼吸，吐故納新，熊經鳥申，為壽而已矣，此道引之士，養形之人，彭祖壽考者之所好也。」〔戰國〕莊周著，〔清〕郭慶藩集釋：《莊子集釋》，卷 6 上，〈外篇‧刻意〉，頁 535。

[238] 李零：《中國方術考(修訂本)》(北京：東方出版社，2001 年 2 版 2 刷)，頁 23。

[239] 游國恩：《屈原》，收錄於游國恩著，游寶諒編：《游國恩楚辭論著集》，冊 3，頁 495。

氣」記載最多。「服食」，包括食藥與食氣，在食藥方面，屈原有云：

　　朝飲木蘭之墜露兮，夕餐秋菊之落英。（〈離騷〉）
　　登崑崙兮食玉英，與天地兮同壽，與日月兮同光。（〈涉江〉）
　　吸飛泉之微液兮，懷琬琰之華英。（〈遠遊〉）

　　這是對於食藥有所描寫，木蘭的墜露、初放的秋菊[240]，這是指草木之藥，而玉英、琬琰之華英，則是金石之藥。在食氣方面，屈原在〈遠遊〉寫道成仙之前的修煉：

　　餐六氣而飲沆瀣兮，漱正陽而含朝霞。

　　「六氣」語出《莊子·逍遙遊》：「若夫乘天地之正，而御六氣之辯，以遊無窮者，彼且惡乎待哉！」[241]而「沆瀣」、「正陽」、「朝霞」，王逸《楚辭章句》引《陵陽子明經》云：「春食朝霞，朝霞者，日始出而赤黃氣也。……冬飲沆瀣，沆瀣者，北方夜半氣也。夏食正陽，正陽者，南方日中氣也。」從王逸注釋可知，屈原服食的這些皆是不凡之物，食用的天地之氣，飲用的是夜半清氣，將南方日中之氣用來漱口，並將口出的赤黃之氣含於口中。屈原透過食氣，修煉改變自己的體質，藉此能夠進入到神仙世界。屈原修煉成仙的途徑，透過飲食改變體質，使靈魂得以脫離身體，超脫凡人的束縛，遊歷天地之間。
　　屈原在〈遠遊〉裡提及的「行氣」，如云：

　　保神明之清澄兮，精氣入而麤穢除。

　　王逸《楚辭章句》注：「常吞天地之英華也」、「納新吐故，垢濁清也」，蔣驥《山帶閣注楚辭》更進一步說：「人之神明，本自清澄，而不能不淆於後天昏濁之氣，故必取天地之精氣以自益，而粗穢自消，神明所以能保，此求正氣之始事也。」[242]屈原在這裡描寫精神保持清澈澄淨，並在呼吸吞吐之間，吸收天地間的精華，除去體內的穢物。這些都是屈原追求仙道時所做的修煉，期望自己脫去世間的拘束，超越現實，遊歷四方。
　　屈原修煉成仙，是透過服食養生的方法，並配合呼吸吐納的功夫，才能成為神仙。屈原在此也呼應了〈遠遊〉：「質菲薄而無因兮，焉託乘而上浮」一句，其自身是「質性鄙陋」（王逸注），因此必須將雜質屏除，才能夠進入神仙世界。

---

[240] 按：「落英」之「落」，當釋為「初始」之義。其論證詳見：陳怡良：〈《離騷》「落英」、「彭咸」析疑〉，《成大中文學報》，第 3 期（1995 年 5 月），頁 41-52。
[241] 〔戰國〕莊周著，〔清〕郭慶藩集釋：《莊子集釋》，卷 1 上，〈內篇·逍遙遊〉，頁 17。
[242] 〔清〕蔣驥：《山帶閣注楚辭》，收錄於〔清〕王夫之等著，《清人楚辭注三種》，頁 147。

（二）載魄登霞，氣變登仙

屈原如此注重養生，透過服食、行氣的方法修煉，是為了能輕舉遠遊，羽化登仙。〈遠遊〉云：

> 聞赤松之清塵兮，願承風乎遺則。貴真人之休德兮，美往世之登仙。與化去而不見兮，名聲著而日延。

屈原聽聞赤松留下的典範，而他將承繼赤松的遺則風範。屈原重視真人的合德，讚美他們的成仙，他們的身體已經化去，不可見得，但名聲卻越來越顯著。赤松是古之仙人，而真人已經成仙，屈原在此表現出成仙的願望。屈原接著說：

> 奇傅說之托辰星兮，羨韓眾之得一。形穆穆以浸遠兮，離人群而遁逸。因氣變而遂曾舉兮，忽神奔而鬼怪。時髣髴以遙見兮，精皎皎以往來。超氛埃而淑尤兮，終不反其故都。

屈原驚奇於傅說能托附辰星，他也羨慕韓眾能得道成仙。他們的形象靜默，逐漸遠去，離開人群，隱居避世。他們因為氣變而能輕舉高遊，能如鬼怪般快速奔馳。偶爾彷彿能遠遠望見他們，精氣潔白而無拘無束。他們超越塵世的污濁而達到美善，再也不會回到故居。在此段裡，屈原說道：「因氣變而遂曾舉」，由於精氣的變化，而能脫離世俗，成為仙人，可見修煉精氣是成仙的方法。屈原透過服食飛泉微液、琬琰華英，修煉己身，因此而能進入神仙世界。

屈原接著說：

> 載營魄而登霞兮，掩浮雲而上征。

「載營魄」一詞，《老子·十章》有言：「載營魄抱一，能無離乎？」[243]陳鼓應《老子今註今譯及評介》說明道：「『抱一』即是『抱道』，能抱『道』，即是使肉體生活和精神神活可臻至於和諧的狀況。」[244]王煜《老莊思想論集》說：「『載營魄抱一』與屈原的『載營魄而登霞兮』的『載營魄』意義近似，不同者僅在：老子強調它的哲學涵義，屈原強調它的文學意蘊。」[245]可知老子與屈原用「載營魄」一詞，其義相近。「登霞」一詞，《莊子·內篇·大宗師》有云：「夫道……黃帝得之，以登雲天。」[246]汪瑗《楚辭集解》云：「霞，猶雲也。」[247]可知屈原是得「道」而升天。

---

[243] 〔春秋〕老子著，朱謙之校釋：《老子校釋》，〈十章〉，頁37。
[244] 陳鼓應：《老子今註今譯及評介》（臺北：臺灣商務印書館，1978年修訂6版），頁73。
[245] 王煜：《老莊思想論集》（臺北：聯經出版公司，1990年初版3刷），頁261。
[246] 〔戰國〕莊周著，〔清〕郭慶藩集釋：《莊子集釋》，卷3上，〈內篇·大宗師〉，頁246-247。
[247] 〔明〕汪瑗：《楚辭集解》，收錄於吳平、回達強主編：《楚辭文獻集成》，冊5，頁19，總頁數3448。

屈原以無欲無為養神，以服食行氣養形，形神兼養是符合於「道」。因此在〈遠遊〉說「載營魄而登霞兮」，表示身心已經得「道」，而能「掩浮雲而上征」，進入神仙世界，周遊天地，拜訪東、西、南、北四方之神靈與帝王，最終是與道同化。（按：屈原的修身與成仙，有其現實意義，詳參本章「神話觀」之「反抗現實，追求永生」一節。）

（三）神人形貌，風姿綽約

莊子《莊子·內篇·逍遙遊》記載著神人事蹟：

> 藐姑射之山，有神人居焉，肌膚若冰雪，綽約若處子。不食五穀，吸風飲露。乘雲氣，御飛龍，而遊乎四海之外。[248]

在遙遠的姑射之山裡，有神人居住於此。他肌膚有如冰雪一般，姿態優柔而美好，有如少女。他不食用黍、稷等五穀，而是以清風露水為食。他能乘坐雲氣，駕御飛龍，遨遊於天下四方。莊子在這裡描述了神人的形象，是美麗而姣好。而神人的飲食是清風露水，可見飲食異於常人。至於「乘雲氣，御飛龍」，則是莊子說明神人擁有特異的能力。

屈原在〈遠遊〉也說道他在修煉時的飲食。屈原的飲食不同於凡人：「吸飛泉之微液兮，懷琬琰之華英。」王逸《楚辭章句》注前句曰：「含吮玄澤之肥潤。」洪興祖《楚辭補注》解釋「飛泉」引張揖云：「飛泉，飛谷也，在崑崙西南。」王逸《楚辭章句》注後句曰：「咀嚼玉英，以養神也。」胡文英《屈騷指掌》注「華英」云：「琬琰之精者。」[249]透過上述的解釋，可知屈原吸吮崑崙西南飛谷的泉水，咀嚼天地間精美的玉石，這些都是屈原修煉時所食用的。

這些飲食的不凡，使屈原的面容、身體、精神產生變化：

> 玉色頩以脕顏兮，精醇粹而始壯。質銷鑠以汋約兮，神要眇以淫放。

屈原的面容逐漸恢復氣色，精神接近純粹而壯盛，原本消瘦的身體也開始豐滿，魂魄能飄然於天地之間。蔣驥《山帶閣注楚辭》云：

> 色之美於外者，極其腴澤。精之純乎內者，極其壯盛。渣滓日消，神明日生，蓋真能煉形歸神，而所為氣變者，於斯在矣，何患菲薄無因哉？[250]

屈原透過修煉身體與精神，擺脫了「質菲薄而無因」的阻礙，而成為神仙。屈原在〈遠遊〉中，也與《莊子·逍遙遊》裡藐姑射之山的神人：「肌膚若冰雪，

---

[248]　〔戰國〕莊周著，〔清〕郭慶藩集釋：《莊子集釋》，卷 1 上，〈內篇·逍遙遊〉，頁 28。
[249]　〔清〕胡文英：《屈騷指掌》，收錄於吳平、回達強主編：《楚辭文獻集成》，冊 15，卷 4，頁 5，總頁數 10825。
[250]　〔清〕蔣驥：《山帶閣注楚辭》，收錄於〔清〕王夫之等著：《清人楚辭注三種》，頁 149。

淖約若處子」有同樣的形象。

三、修能、輕形與煉形

屈原在〈離騷〉云:「紛吾既有此內美兮,又重之以修能。」而〈漁父〉云:「顏色憔悴,形容枯槁。」又〈遠遊〉云:「玉色頹以脫顏」、「質銷鑠以汋約」,此三者都是屈原對自己外表的形容,互相對照,似乎屈原對自己的容貌,有著不同的看法。筆者以為,此三者正是屈原生命的三個階段。

〈離騷〉云:

> 帝高陽之苗裔兮,朕皇考曰伯庸。攝提貞於孟陬兮,惟庚寅吾以降。皇覽揆余初度兮,肇錫余以嘉名。名余曰正則兮,字余曰靈均。紛吾既有此內美兮,又 重之以修能 。

「重之以修能」,其中的「能」字,楚辭學者有解釋為「才能」,如朱熹《楚辭集注》,也有作「姿態」,如朱駿聲《離騷賦注》,而劉德重則認為此二說皆可成立。[251]此句承繼屈原在〈離騷〉自敘世系、出生及其名字而言。這是屈原正值初入仕途之時,因此屈原表示他不只有美好內在,又會修飾儀態,使得內外兼美,並且期望被楚王起用。外表能給予人第一印象,若儀態不佳,也代表不修邊幅,不注重細節,而讓人避而遠之,對於從政者有不良的影響。屈原特意在此提出他的外表儀態,用意即是在此。而屈原擔任三閭大夫以及左徒時,自然是會保持儀表整潔以及身體的健壯,這是屈原生命裡的第一個階段。

〈漁父〉云:

> 屈原既放,遊於江潭,行吟澤畔, 顏色憔悴,形容枯槁 。

屈原在〈漁父〉首句即言「既放」,可知這是屈原已被楚王放逐,無法回到朝廷之時所作。由於屈原在楚國國內被讒小佞臣所害,而楚王又不信任屈原,聽信讒言,因此疏遠放逐屈原。〈哀郢〉云:「忽若去不信兮,至今九年而不復。」屈原被放逐離開郢都,已經有九年之久。在這期間,屈原憂心國家,擔心楚王,自然無法顧及到自己的外貌,因此才會表現出「顏色憔悴,形容枯槁」,這是屈原生命裡的第二個階段。

〈遠遊〉云:

> 吸飛泉之微液兮,懷琬琰之華英。 玉色頹以脫顏兮 ,精醇粹而始壯。 質銷

---

[251] 朱熹《楚辭集注》云:「能,才也。」而朱駿聲《離騷賦注》云:「能,讀為態,姿有餘也。」見:〔宋〕朱熹:《楚辭集注》,卷1,頁3、〔清〕朱駿聲補注:《離騷賦注》,收錄於吳平、回達強主編:《楚辭文獻集成》,冊16,頁2,總頁數11633、劉德重注釋〈離騷〉,見:馬茂元主編:《楚辭注釋》,頁11。

　　鑠以汋約兮，神要眇以淫放。

　　屈原要修煉己身以進入神仙世界，飲食特異，是飛泉微液、琬琰華英，而屈原的面容與身體也發生變化，是「玉色頩以脕顏」、「質銷鑠以汋約」。洪興祖《楚辭補注》注前句云：「頩，美貌，一曰斂容」、「脕，澤也」，王逸《楚辭章句》注後云：「身體癯瘦，柔媚善也。」可知飲食使得屈原的面容體態改變，而更加美好。

　　值得注意的是，「質銷鑠以汋約」一句，「銷鑠」正符合〈漁父〉之「形容枯槁」，而「汋約」則符合莊子裡的神人之「綽約若處子」。屈原的身體的變化，並非他所重視的，但因為飲食的改變，使得屈原原先是瘦弱不堪的身體，也變得健壯。〈遠遊〉首句云：「悲時俗之迫阨兮，願輕舉而遠遊。」屈原遭到放逐而身心困頓，因此他要藉由修煉成仙以超越世俗，這是屈原生命裡的第三個階段。

　　由屈原對待其身體容貌的三個階段，可知屈原心境的轉變。在第一階段裡，他是積極用世，期望進入楚國政治中心，為楚王服務。在第二階段裡，屈原因被放逐，他是相當煎熬無奈。在第三階段裡，屈原的內心窮苦至極，而想要脫離人世，進入神仙世界。屈原因服食之物是大地之精華，才使他容光煥發，身強體健。

第四節　神話觀

　　中國古代並無「神話」一詞，它源自於古希臘語「mythos」，意即「關於神祇與英雄的傳說故事」。中國學者首先使用「神話」一詞，是光緒二十九年（1903年），蔣觀雲發表在《新民叢報》的〈神話、歷史養成之人物〉。從此以後，「神話」開始受到中國學者重視。[252]至於何謂「神話」，學者各有不同的解釋。[253]本論著討論《楚辭》神話，採用袁珂主張「神話」的界說：「神話是非科學卻聯繫著科學的幻想的虛構，它通過幻想的三稜鏡反映現實並對現實採取革命的態度。」[254]袁珂又說：「這個界說雖然簡單，但對廣義的神話和狹義的神話似乎都能適用。」[255]筆者以為，以袁珂對神話的界定討論《楚辭》神話，可以較全面的看待《楚辭》裡的各種神話。游國恩《屈賦考源》說屈原有四大觀念，即宇宙觀念、神仙觀念、神怪觀念、歷史觀念。[256]其中，神仙觀念與神怪觀念，均在袁珂界定神話的範圍之內。

---

[252] 以上資料，係參考王增永：《神話學概論》（北京：中國社會科學出版社，2007年），頁1。

[253] 傅錫壬《中國神話與類神話研究》分析學者對神話的解釋，有想像說、解釋說、自然現象說、信仰說、史談說、寓意說、語言訛誤說、潛意識說、圖騰說、外來文化之失解、幽浮說，共十一種說法。詳參：傅錫壬：《中國神話與類神話研究》（臺北：文津出版社，2005年），頁7-22。

[254] 袁珂：《中國神話傳說》（臺北：里仁書局，2000年），冊1，頁65。

[255] 袁珂：《中國神話傳說》，冊1，頁65。按：關於「廣義神話」，袁珂〈再論廣義神話〉說：「『廣義』者，自然是相對『狹義』而言，主要的意思有以下兩端。一是經歷的時間長，從原始社會貫串到整個階級社會，直到不久以前，還有新的神話產生。二是涉及的方面廣，從天文、地理、歷史、醫藥、民俗、宗教、動物學、植物學、地質學、海洋學、氣象學、文學、藝術……裡，都可見到神話的蹤影。」此為說明廣義神話的範疇。見：袁珂：〈再論廣義神話〉，《袁珂神話論集》（成都：四川大學出版社，1996年），頁76。

[256] 游國恩：《屈賦考源》，收錄於游國恩著，游寶諒編：《游國恩楚辭論著集》，冊3，頁242。

中國神話的保存，袁珂《中國神話傳說》說：

> 我國零星片段的神話，賴詩人和哲學家以保存下來的確也不少。屈原〈離
> 騷〉、〈九歌〉、〈天問〉、〈遠遊〉……這些瑰麗的詩篇裡，遺留給我們多麼
> 豐富的神話傳說的資料啊！……哲學家保存神話傳說……當然，保存神話
> 資料最多的，還是要算屬於道家的《淮南子》和《列子》。[257]

依袁珂之見，中國神話因文學作品與哲學著作而保存下來，在文學作品方面，
袁珂舉屈原為例，而在哲學著作方面，袁珂認為《淮南子》、《列子》保存最多。
實際上，在《莊子》裡也有大量的神話。[258]可見神話與道家是密不可分的。

屈原有道家思想，也可能與道家學者交流學術，並閱讀相關著作，道家的著
作裡有著豐富的神話材料，這是屈原神話觀念的來源。屈原是中國文學史上第一
位文人，也是第一位將神話視為創作材料的人。陸侃如《屈原評傳》論屈賦神話：
「中國詩歌很少以神話作根據的，這是與西洋詩歌大不相同的一點。《詩經》的
〈大雅〉及〈商頌〉裡略有一些，但最富於神話的要推到《楚辭》了。」[259]就文
學作品裡的神話而言，《詩經》裡僅保存少數古代神話，而《楚辭》開始有大量
神話寫入作品裡。屈原使用古代神話，而屈原的神話觀就包含在內。以下就（一）
主題內容。（二）思想特徵。說明屈原的神話觀。

一、主題內容

在文學作品裡的神話，袁珂《中國神話傳說》說：「詩人賦詩以見志，運用
神話資料在他們詩篇中，不過是使他那『志』表達得更為深透，在命意行文的時
候，不免有所潤飾和修改。」[260]屈原也是如此，他將古代神話傳說視為材料，將
神話寫入作品裡，並透過神話，表達情感思想。以下就（一）萬物有靈，人神交
感。（二）優美壯美，和諧結合。（三）反抗現實，追求永生。（四）羽化飛升，驅
遣神靈。探析屈賦神話裡的主題內容。

（一）萬物有靈，人神交感

由於楚國的自然環境豐富，楚人普遍相信萬物有靈。而此種宗教信仰的背景
下，與楚國鼎盛的巫風結合，影響人們對於人神關係的觀念，而屈原書寫了楚國
萬物有靈的宗教信仰。透過分析屈賦裡的神話，也可以看出屈原的人神觀念，是
人神交感，這有繼承前人之處，也有其新變之處。

---

[257] 袁珂：《中國神話傳說》，冊1，頁21-22。
[258] 葉舒憲〈莊子與神話〉說：「莊子以其特有神話思維方式、氣象萬千的想像力、寓言重言的表達策略，為發揚和傳承中國神話遺產、拓展民族性的幻想空間，做出了最重要的貢獻，成為後代哲學和文學藝後具有雙重深遠影響的里程碑式的思想家。」葉舒憲：〈莊子與神話〉，收錄於李亦園、王秋桂主編：《中國神話與傳說學術研討會論文集》（臺北：漢學研究中心，1996年），上冊，頁171。
[259] 陸侃如：《屈原評傳》，收錄於吳平、回達強主編：《楚辭文獻集成》，冊28，總頁數20010-20011。
[260] 袁珂：《中國神話傳說》，冊1，頁21。

1.楚地萬物有靈的宗教信仰

　　楚國擁有豐富多樣的自然環境，發展出來的宗教信仰，是萬物有靈。戰國時期楚國的疆域，《戰國策・楚一》記載蘇秦對楚威王說：「楚，天下之強國也。……楚地西有黔中、巫郡，東有夏州、海陽，南有洞庭、蒼梧，北有汾陘之塞、郇陽。地方五千里……。」²⁶¹左鵬《楚國歷史地理研究》說明道：「其西界黔中（治今湖南沅陵西）、巫郡（治今重慶巫山東），即今重慶東部、湖南西北部，東滅越而達江、浙一帶，南界今湖南九嶷山一線，北至今河南中部潁水之南，幾乎囊括了今之長江中下游及淮河流域，而達於黃河流域。」²⁶²楚國的疆域遼闊，黃河流域以南即進入楚國的範圍，蘇秦形容楚國「地方五千里」，所言不虛。

　　楚國山川秀麗，風光明媚，酈道元《水經注・江水》引袁山松語說明秭歸的環境：「山秀水清，故出雋異，地險流疾，故其性亦陿。」酈道元又云：「……縣城南面重嶺，北背大江，東帶鄉口溪。」²⁶³說屈原出生的秭歸縣，是四周環繞著群山流水環繞。王夫之《楚辭通釋》云：

> 楚，澤國也，其南，沅、湘之交。抑山國也，疊波曠宇，以蕩逸情。而迫之以崟嶔戍削之幽菀，故推宕無涯，而天采蠭發，江山光怪之氣，莫能揜抑。²⁶⁴

　　王夫之稱楚國為澤國、山國，而這些自然山水，也構成了與眾不同的自然環境。

　　楚國風土民俗的特色，其中之一是巫風鼎盛，信鬼好祀，記載於先秦兩漢的典籍裡，《列子・說符》云：「楚人鬼而越人禨」²⁶⁵、《呂氏春秋・孟冬紀・異寶》云：「荊人畏鬼」²⁶⁶、《淮南子・人間訓》云：「荊人鬼」²⁶⁷，楚地百姓相信鬼神之事。楚人信鬼神，不只百姓如此，君王也是如此，《左傳・昭公十三年》記載：「初，共王無冢適，有寵子五人，無適立焉，乃大有事於群望，而祈曰：『請神擇於五人者，使主社稷。』乃遍以璧見於群望，曰：『當璧而拜者，神所立也，誰敢違之？』」²⁶⁸楚共王有寵愛的兒子五人，不知要立何人為王，就請求神靈選擇適合擔任國君的人。楚共王又說，神靈選擇立為國君者，誰也不能違抗。又《漢書・郊祀志下》記載：「楚懷王隆祭祀，事鬼神，欲以獲福，卻助秦師，而兵挫地削，身辱國危。」²⁶⁹楚懷王想要借助鬼神的力量，獲得福報，以此來退卻秦國

261 〔漢〕劉向集錄，范祥雍箋證：《戰國策箋證》，上冊，卷14，〈楚一・蘇秦為趙合從說楚威王〉，頁833。
262 左鵬：《楚國歷史地理研究》（武漢：湖北教育出版社，2012年），頁1-2。
263 〔北魏〕酈道元著，陳橋驛校證：《水經注校證》，〈江水〉，卷34，頁792。
264 〔清〕王夫之：《楚辭通釋》，收錄於〔清〕王夫之等著：《清人楚辭注三種》，頁6。
265 〔戰國〕列子撰，楊伯峻集釋：《列子集釋》，卷8，〈說符〉，頁274。
266 〔戰國〕呂不韋撰，陳奇猷校釋：《呂氏春秋新校釋》，上冊，卷10，〈孟冬紀・異寶〉，頁558。
267 〔漢〕劉安編，張雙棣校釋：《淮南子校釋》，下冊，卷18，〈人間訓〉，頁1878。
268 〔春秋〕左丘明著，楊伯峻注：《春秋左傳注》，冊4，〈昭公十三年〉，頁1350。
269 《漢書》，冊1，卷25下，〈郊祀志下〉，頁17，總頁數538。

的軍隊。楚國國君將立君、戰爭等重要大事，交付予鬼神決定，可見他們對鬼神的信任。

楚國的祭祀活動興盛，在祭祀的對象方面，包括天神、地祇、人鬼。《國語·楚語下》記載觀射父語：「天子遍祀群神品物，諸侯祀天地三辰及其土之山川，卿、大夫祀其禮，士、庶人不過其祖。」[270]這說明了楚人祭祀對象的多樣性。文崇一《楚文化研究》說明道：

> 楚人的宗教信仰實際仍然是泛神論……他們並不是每一件困難事都只求上帝幫忙，而是找那有關的神，主要還是群神。……儘管他們經常叫著上帝、皇天，實際祭祀的還多半是百神。百神就是包括上帝在內的一切自然現象，如天地日月風雲雷雨山川命運之神以及各種鬼魅等等。[271]

因為楚人對於自然環境與自然之物，有著崇拜的敬意，而在面臨困難時，就會找尋相關神祇祭祀卜問，也因此形成了楚地百神的宗教信仰。

屈原在作品裡，也表現出楚人的此種觀念。〈九歌〉記載著楚人對神靈的祭祀內容，而祭祀的對象，在天神方面，有至高無上之神東皇太一、雲神雲中君、掌管生命的大司命、掌管幼子成長的少司命、日神東君。在地祇方面，有湘水之神湘君、湘夫人、楚地河神河伯、山神山鬼。人鬼方面，有祭祀戰場亡靈的〈國殤〉、有祭祀一般人鬼的〈禮魂〉。屈原其他篇章如〈離騷〉、〈遠遊〉等，屈原神遊天地時，隨行的神靈，是風伯、雨師、雷神等，這也體現了楚人萬物有靈的宗教信仰。

2.屈賦神話表現的人神關係

陳曉雯《屈作神話研究》說明屈原作品裡表現的人神關係，有三項特色：「人神相親」、「人神戀愛」、「神為人所役使」。[272]在「人神相親」方面，陳曉雯認為屈原將諸神人性化、世俗化，賦予各自的形貌、性格、情感，使他們有各自的性格特徵，成為具體的存在。神的不可知到可知，是拉近與人之間的距離，向人類世界靠近，融入人類的生活裡，並向人類世界靠近，因此而與人相近相親。[273]而在「人神戀愛」方面，首先由蘇雪林提出，蘇雪林《屈賦論叢》〈九歌中人神戀愛的問題〉一文裡，認為〈九歌〉裡的言情，是由人祭而來，並發展成人神戀愛，〈九歌〉裡除了〈東皇太一〉、〈東君〉、〈國殤〉之外，其餘皆有人神戀愛詞句。[274]在「神為人所役使」方面，陳曉雯認為屈原透過創作，顛覆了人與神的關係，「在屈作神話中，人也可以差遣驅使神靈，使其為人服務，充分肯定了人的價值

---

[270] 〔春秋〕左丘明著，徐元誥集解：《國語集解》，卷18，〈楚語下〉，頁518。
[271] 文崇一：《楚文化研究》，頁208。
[272] 陳曉雯：《屈作神話研究》（臺北：臺灣師範大學國文學系碩士論文，2004年），頁151-158。
[273] 陳曉雯：《屈作神話研究》，頁152-154。
[274] 詳參：蘇雪林：〈九歌中人神戀愛問題〉，《屈賦論叢》（臺北：國立編譯館，1980年），頁83-108。

和地位」。[275]陳怡良先生《屈原文學論集》說：「〈九歌〉中描述男女主角曲折多緻之情感，有人認為是人神戀愛，實際是藉著人神交感，而寫出一種愛戀與追求，思慕與怨艾之狂熱。」[276]陳怡良先生提出的「人神交感」，其概括的範圍更加廣大。由於人與神能互相感應，人與神才能相親、戀愛，以及神為人所役使。

屈原的作品有此特色，有其背景因素。《國語・楚語下》記觀射父語：

> 古者民神不雜。民之精爽不攜貳者，而又能齊肅衷正，其智能上下比義，其聖能光遠宣朗，其明能光照之，其聰能聽徹之，如是則明神降之，在男曰覡，在女曰巫。……民是以能有忠信，神是以能有明德，民神異業，敬而不瀆，故神降之嘉生，民以物享，禍災不至，求用不匱。
>
> 及少皞之衰也，九黎亂德，民神雜糅，不可方物。夫人作享，家為巫史，無有要質。民匱於祀，而不知其福。烝享無度，民神同位。民瀆齊盟，無有嚴威。神狎民則，不蠲其為。嘉生不降，無物以享。禍災荐臻，莫盡其氣。顓頊受之……使復舊常，無相侵瀆，是謂絕地天通。[277]

在遠古時期，人與神不互相混雜。在百姓裡，有人能精神專注，又莊敬中正，智慧與天地相合，聖明能照亮遠方，洞見光明，而且聽聞靈敏，神靈將降臨在他們的身上，男性稱覡，女性稱巫。百姓能有忠信，神靈能有明德，人與神互不混同，恭敬而不褻瀆，神靈降下祥瑞，人民祭祀神靈，則可以避免災禍，生活無虞。

到了少昊衰落之時，九黎之族擾亂道德，人與神互相混雜，不能分辨。人人都能祭祀，家家都有巫史，且無誠信。人民無財祭祀，則得不到福份，人民浮濫祭祀，則人與神有等同的地位。神靈習慣如此，而百姓也就依此祭祀，不改變他們的行為。神靈不降下祥瑞，人民也無物獻祭。災禍頻仍，萬物均無生機。顓頊繼位，恢復以往的秩序，人民與神靈不互相侵犯褻瀆，斷絕人民與天神相通。

從觀射父的言談裡，可知人與神的關係，首先是「民神不雜」、「民神異業」，人與神嚴格區分彼此，神靈與百姓溝通是透過巫覡，百姓恭敬祀神，神靈就會降下祥瑞。之後是「民神雜糅」、「民神同位」，百姓與神靈混雜，甚至百姓的地位能與神靈等同，神靈也不再庇祐百姓，使災禍發生。到了顓頊之時，才回復到民與神分離，「使復舊常，無相侵瀆」的情況。

古時的人神關係，是從「民神不雜」到「民神雜糅」，再回復到「民神不雜」，而在屈原的作品裡的人神關係，也包含此二種情況。

「民神不雜」，代表著神靈的神聖性與不可侵犯。〈九歌・湘夫人〉云：「鳥何萃兮蘋中？罾何為兮木上？」飛鳥為何要聚集在蘋草之中？魚網為何要掛在樹梢之上？朱熹《楚辭集注》云：「二物所施不得其所，以比夕張之地，非神所處，而必不來也。」[278]〈湘夫人〉此二句，暗示祭巫求神將會失敗。又〈九歌・少司

---

[275] 陳曉雯：《屈作神話研究》，頁 157。

[276] 陳怡良：〈九歌新論──九歌意義與特質探新〉，《屈原文學論集》，頁 214。

[277] 〔春秋〕左丘明著，徐元誥集解：《國語集解》，卷 18，〈楚語下〉，頁 512-514。

[278] 〔宋〕朱熹：《楚辭集注》，卷 2，頁 36。

命〉云:「望美人兮未來,臨風怳兮浩歌。」〈少司命〉此二句,道出少司命並未來到祭壇,也表示祭巫求神的失敗。在〈九歌〉的其他篇章,如〈雲中君〉、〈湘君〉、〈山鬼〉等,都是求神失敗。由於這些神靈的身份超凡,地位崇高,即使透過祭巫祭祀,也不會隨意降臨至人間,祭巫求神是以失敗收場。

「民神雜糅」,據觀射父之言,因民與神混雜,導致災禍發生,神靈無法降下祥瑞。但從另一方面來看,「民神雜糅」也表現出神靈的世俗性與可以親近。在〈九歌〉也有此種表現,〈九歌‧大司命〉云:「吾與君兮齋速,導帝之兮九坑。」祭巫想要與大司命一同急速地遠去,引導天帝達至九天。又〈九歌‧河伯〉云:「與女遊兮九河,衝風起兮橫波。」祭巫想像與河伯一同遊歷於九河,迎風吹起波浪。在上舉二篇,雖然是出自想像之詞,這也表示神靈是可以親近,才會有與神靈同行遠遊的想像。

在屈原之前的時代,有「民神不雜」、「民神雜糅」的情況,而到了屈原的時代,人神關係是人可以超越神,即陳曉雯所說的「神為人所役使」。屈原透過文學的筆法,想像他可以驅使神靈,以〈離騷〉裡屈原第一次神遊為例,屈原向舜陳辭,得到中正之道之後,即進入神仙世界。〈離騷〉說道:「吾令羲和弭節兮,望崦嵫而勿迫。」屈原命令為太陽駕車的羲和,望見崦嵫山不要急迫的前進,屈原他要上下求索,尋求志同道合之人。〈離騷〉又說:「前望舒使先驅兮,後飛廉使奔屬。鸞皇為余先戒兮,雷師告余以未具。吾令鳳鳥飛騰兮,繼之以日夜。」在屈原的車隊,有月御者望舒、風神飛廉、鸞鳥鳳凰、雷師,跟隨並服侍著屈原,可見屈原的地位超越這些神靈。在屈原的文學作品裡,這些神話裡的神靈,不再是可敬可畏,而是可親可近,甚至屈原打破了神靈至高無上的形象,讓這些神靈可以被驅遣、役使。而這正是屈原的偉大之處,他突破以往的「民神不雜」、「民神雜糅」兩種人與神相處的模式,寫出第三種人神關係。

(二)優美壯美,和諧結合

優美與壯美,在中國傳統的文學理論裡,清代姚鼐提出的「陽剛之美」、「陰柔之美」,是接近「壯美」、「優美」之義。[279]曾國藩繼承姚鼐之說,說明道:「吾嘗取姚姬傳先生之說,文章之道,分陽剛之美、陰柔之美。大抵陽剛者,氣勢浩瀚,陰柔者,韻味深美。浩瀚者,噴薄而出之,深美者,吞吐而出之。」[280]近代學者對優美與壯美也有相近的看法,何邁主編《審美學通論》說明道:「優美就是一種優雅、柔媚、寧靜的美」、「壯美就指事物處在運動中所呈現出來的一種帶

---

[279] 姚鼐〈復魯絜非書〉說:「鼐聞天地之道,陰陽剛柔而已。文者,天地之精英,而陰陽剛柔之發也。……其得於陽與剛之美者,則其文如霆、如電、如長風之出谷、如崇山峻崖、如決大川、如奔騏驥;其光也,如杲日、如火、如金鏐鐵。……其得於陰與柔之美者,則其文如升初日、如清風、如雲、如霞、如煙、如幽林曲澗、如淪、如漾、如珠王之輝、如鴻鵠之鳴而入廖廓。」〔清〕姚鼐:〈復魯絜非書〉,收錄於〔清〕姚鼐:《惜抱軒全集》(臺北:中華書局,1981年),文集,卷6,頁8-9。張少康《中國文學理論批評簡史》說:「姚鼐所說的『陽剛之美』和『陰柔之美』和西方的『壯美』和『優美』是比較接近、基本一致的。」張少康:《中國文學理論批評簡史》(香港:中文大學出版社,1999年),頁436。

[280] 〔清〕曾國藩:《曾文正公全集》,日記,〈庚申三月〉(臺北:東方書店,1963年),頁274。

有剛性、壯闊、浩大、雄奇色彩的動態美」。[281]屈原透過文學筆法，將大量的神話寫入作品裡，使文章有著優美與壯美的美感，並且將兩者和諧的結合，屈原在此充份展現才情。

1.屈賦裡的優美與壯美

屈原描寫各種場景時，呈現出優美與壯美的畫面。在優美方面，以〈湘君〉、〈湘夫人〉為例：

> 君不行兮夷猶，蹇誰留兮中洲？美要眇兮宜修，沛吾乘兮桂舟。令沅湘兮無波，使江水兮安流！望夫君兮未來，吹參差兮誰思？……望涔陽兮極浦，橫大江兮揚靈。揚靈兮未極，女嬋媛兮為余太息。橫流涕兮潺湲，隱思君兮陫側。(〈湘君〉)

> 帝子降兮北渚，目眇眇兮愁予。嫋嫋兮秋風，洞庭波兮木葉下。登白薠兮騁望，與佳期兮夕張。鳥何萃兮蘋中？罾何為兮木上？沅有茝兮醴有蘭，思公子兮未敢言。荒忽兮遠望，觀流水兮潺湲。(〈湘夫人〉)

在〈湘君〉裡，女巫說道，湘君因猶豫踟躕而未來到此祭典，他在水中沙洲等待誰呢？女巫的外貌美好而善於修飾，她要迎接湘君一同乘坐桂舟。她並企盼湘君能使沅水、湘水不起波浪，使江水安穩的流動。女巫盼望的湘君，未降臨到此處，她只好吹奏著排簫，她不思念著湘君，難道思念著誰呢？女巫眺望涔陽極遠的沙岸，橫過大江探察湘君是否顯靈。但是湘君未有顯靈，神的侍女為女巫長聲嘆息。女巫因湘君未來而淚流滿面，暗自思念湘君，內心感到悲痛不安。

在〈湘夫人〉裡，男巫吟唱道，湘夫人好像已經降臨在北方的沙洲，他極目遠望而感到哀愁。秋風吹拂，使洞庭湖起了波瀾，樹木也落卜樹葉。男巫登上長滿白薠的山坡遠望，他似乎得到通知，將在傍晚時與湘夫人約會。鳥為何聚集在蘋中？魚網為何掛在樹上？沅水旁有白茝，醴水旁有蘭草，他思念湘夫人而不敢言說。男巫因遠望而視線模糊，只看到江水緩慢流動。

在此二篇中，屈原描寫祭巫期盼湘君、湘夫人的來臨，而湘君、湘夫人卻未現身的情景。在〈湘君〉裡，女巫想像與湘君一同乘舟，是真切的期望湘君能夠到來。由於湘君並未出現，而女巫吹奏排簫思念湘君。即使如此，女巫仍是眺望遠方，希望能看見湘君的靈光，最終是未能看見，女巫因此而落下眼淚，內心因懷想湘君而憂傷。在〈湘夫人〉裡，由於男巫殷殷期盼湘夫人的到來，因此產生湘夫人已經到來的錯覺，想像能在傍晚之時與湘夫人約會。男巫看見白茝與蘭草，興起他對湘夫人的情感，以此表示他對湘夫人的心意。男巫遙望遠方，只看見潺潺流水，而不見湘夫人的身影，襯托出男巫的愁悵。在〈湘君〉、〈湘夫人〉書寫祭巫的各種行為，可以看出祭巫始終堅信湘君、湘夫人將會來臨，但是都以失望

---

[281] 何邁主編：《審美學通論》(合肥：安徽人民出版社，1990年)，頁42、45。

收場。屈原描寫祭巫的內心變化，表現出纏綿悱惻的優柔之美。

在壯美方面，以〈雲中君〉、〈東君〉為例：

> 浴蘭湯兮沐芳，華采衣兮若英。靈連蜷兮既留，爛昭昭兮未央。蹇將憺兮壽宮，與日月兮齊光！龍駕兮帝服，聊翱遊兮周章。靈皇皇兮既降，猋遠舉兮雲中。覽冀州兮有餘，橫四海兮焉窮。（〈雲中君〉）

> 暾將出兮東方，照吾檻兮扶桑。撫余馬兮安驅，夜皎皎兮既明。駕龍輈兮乘雷，載雲旗兮委蛇。……青雲衣兮白霓裳，舉長矢兮射天狼。操余弧兮反淪降，援北斗兮酌桂漿。撰余轡兮高駝翔，杳冥冥兮以東行。（〈東君〉）

在〈雲中君〉裡，祭巫想像雲神沐浴在芬芳的浴池之中，穿著有如花朵的華麗彩衣。雲神忽然降臨，發出萬丈的光芒。雲神安樂的待在壽宮，發出與日、月有同等的光輝。雲神乘坐著由龍所驅駕的車乘，穿著天帝的服飾，逍遙地翱遊在天地四周。雲神降臨時，光芒燦爛，並在雲中快速的奔馳。雲神遠望中土仍掛念他處，橫渡四海而無止盡。

在〈東君〉裡，祭巫想像東君從東方出發，照耀檻杆與扶桑。他撫摸著駕車的龍馬，安穩的前進，夜空即將光亮。他驅駕著龍馬，車輪發出雷鳴，裝飾車乘的雲旗隨風擺動。東君穿著青色的雲衣，雪白的霓裳，高舉著弓矢，將箭射向天狼。他操弄著弓矢向西墜落，手持北斗七星舀取酒漿。雲神握著龍馬的韁繩，馳騁飛翔，在天色幽暗之時，向東方前行。

在此二篇中，屈原描寫雲神雲中君、日神東君出現並遨遊天際的情景。在〈雲中君〉裡，雲中君降臨時，是光芒四射，與日月齊光，他乘坐龍馬之車，周遊四方，在雲氣裡快速的移動，到處都有他的身影。在〈東君〉裡，東君驅駕著龍馬，從東方現身，穿著華服，高舉弓矢，為百姓除去西方貪殘的天狼，痛飲美酒，並駕駛著龍馬遨翔天際，在天空昏暗之時，回到東方。在〈雲中君〉、〈東君〉描寫雲中君與東君出現的情景，都是伴隨著光芒出現，也都是乘坐著龍馬之車出現，遨遊於天際。在〈雲中君〉是描寫雲中君迅速的奔馳於天際，而在〈東君〉則是用東君為民除害並豪飲酒漿，均表現壯美。

2.屈賦優美壯美的結合

優美與壯美是兩種不同的美學，屈原用他的如椽大筆，將優美與壯美，和諧地結合在一起，使文章兼具此二種的美感特色。本節再進一步分析屈原是如何結合優美與壯美。

以〈河伯〉為例，屈原寫道：

> 與女遊兮九河，衝風起兮橫波。乘水車兮荷蓋，駕兩龍兮驂螭。登崑崙兮四望，心飛揚兮浩蕩。

日將暮兮悵忘歸，惟極浦兮寤懷。魚鱗屋兮龍堂，紫貝闕兮朱宮，靈何為兮水中？乘白黿兮逐文魚，與女遊兮河之渚，流澌紛兮將來下。子交手兮東行，送美人兮南浦。波滔滔兮來迎，魚鱗鱗兮媵予。

祭巫想像他與河伯一同遊歷九河，強風使河水揚起波瀾。乘坐的水車是用荷葉裝飾車蓋，並由龍與螭駕駛著。他們登上崑崙山向四方望去，內心飛揚而開闊。在夕陽西下之時，祭巫內心感到失意而忘記歸返，只想要到遙遠的河岸，日夜思念著河伯。祭巫用魚鱗建造房屋，在廳堂內彩繪蛟龍，用紫色的貝殼裝飾朱紅色的宮殿，為何河伯仍住在水中？祭巫想像他乘著白黿，追逐文魚，要與河伯同遊於河中沙洲，河中溶解的碎冰紛紛流去。河伯攜手告別祭巫，他要向東方前去，祭巫在南浦送別河伯。水波奔流來迎接河伯，魚兒成群地送走祭巫。

在〈河伯〉裡，從「與女遊兮九河」至「心飛揚兮浩蕩」，屈原用「衝風」、「橫波」形容風勢的強勁，能使河水翻騰，而在「駕兩龍兮驂螭」一句，表示水車是由四匹龍馬所驅駕，可見其車乘的浩大，又在「登崑崙兮四望」一句，可知四周無其他山嶽能比崑崙山高大，寫出崑崙山的高聳。屈原描寫景象的壯闊，表現出雄壯之美。

從「日將暮兮悵忘歸」至「魚鱗鱗兮媵予」，屈原用「忘歸」、「寤懷」，寫祭巫對河伯的思念，屈原描寫祭巫搭建華美的宮室，襯托出祭巫期盼河伯的到來，屈原敘寫祭巫與河伯同遊的情景，展現出祭巫內心的歡愉，而從祭巫與河伯的分離，透露出依依不捨的心情。屈原最後敘寫河與與祭巫分別後的情景，充滿著哀傷與悲涼。屈原反覆形容祭巫與河伯的互動，表現出優柔之美。

劉永濟《屈賦音注詳解》說：「此篇所言雖皆巫迎神時候的想望之詞，然觀其中寫九河之風濤洶湧，則極其悲壯，寫洲渚之冰澌，又極其蒼涼。」[282]在〈河伯〉一篇裡，同時有壯美與優美，兩者和諧地結合，寫出了山水景色的宏偉，也寫出了祭巫內心的柔情。

屈原運用神話，並將優美與壯美和諧結合，不只表現在〈九歌〉，也表現在其他作品。陳怡良先生《屈騷審美與修辭》曾評論〈離騷〉：

> 剛性美和柔性美之交融，不僅表現在屈原一人之所有作品中，甚至表現在同一篇作品裡，蓋可以剛濟柔，以柔濟剛，又或剛中有柔，柔中有剛，在相剋相生、相反相成中，反而予人以多樣、統一之美感，這一篇即詩人之〈離騷〉。[283]

陳怡良先生認為〈離騷〉的優美與壯美，是剛柔並濟，將和諧結合兩美，有多樣、統一的美感。本節再以〈離騷〉為例說明。〈離騷〉寫道：

---

[282] 劉永濟：《屈賦音注詳解》，頁118。
[283] 陳怡良：〈屈原的審美觀及〈離騷〉的「奇」、「豔」之美〉，《屈騷審美與修辭》，頁82。

邅吾道夫崑崙兮，路修遠以周流。揚雲霓之晻藹兮，鳴玉鸞之啾啾。……
屯余車其千乘兮，齊玉軑而並馳。駕八龍之婉婉兮，載雲旗之委蛇。抑志
而弭節兮，神高馳之邈邈。奏〈九歌〉而舞〈韶〉兮，聊假日以媮樂。

陟陞皇之赫戲兮，忽臨睨夫舊鄉。僕夫悲余馬懷兮，蜷局顧而不行。

這是屈原的第三次神遊。他改變車行方向，前往崑崙山，在長遠的路途裡周
遊上下。車隊揚起雲霓而遮掩了日光，鳥形的玉鈴發出啾啾的鳴聲。屈原引領的
車隊，是聚集了千輛的車乘，玉飾的車輪並行奔馳著。驅駕車隊的八龍屈伸舞動，
車上的雲旗上下飄動。屈原壓抑自己的心情，徐緩的前行，神思則向高處奔馳。
車隊演奏起〈九歌〉與〈韶〉樂，屈原暫且假借時日勉強尋樂。屈原登上光明的
皇天時，忽然低頭瞥見故鄉楚國。僕夫與龍馬都感到傷悲，蜷曲回顧而不再向前
方行進。

在上述引文中，屈原描寫車隊的盛大，車隊揚起的雲霓，連日光都能掩蓋，
車隊的數量也是數以千計，而車隊是八匹龍馬拖曳著，以雲製成的旗幟也綿延長
遠。車隊不只在形象上是壯美，車隊裡的樂音也是如此，由於車乘的移動，玉鈴
發出悅耳的聲音，又因為隨侍的人員眾多，能夠演奏〈九歌〉並隨著〈韶〉樂跳
舞。在此段引文裡，無不展現雄壯之美。

在後四句，屈原即將登上皇天之時，不經意的看見楚國，使得僕夫、龍馬都
感到悲傷而不再前行，襯托出屈原的內心仍眷戀掛念著楚國，不忍離去。在此四
句中，則表現出優柔之美。朱冀《離騷辯》評論云：「極淒涼中，偏寫得極熱鬧，
極窮愁中，偏寫得極富麗，筆舌之妙，千古無兩。」[284]在此段裡，雖寫車隊的盛
大，是為壯美，但其中也有著優美的意涵，是將優美與壯美和諧結合的最佳範例。

屈原的作品裡，同時有優美與壯美，而且將兩種美學結合在一起。這不只表
現在〈九歌〉，也表現在其他作品裡，如〈離騷〉即是。胡應麟《詩藪》曾評論
云：「深遠優柔，〈騷〉之格也，宏肆典麗，〈騷〉之詞也。」[285]胡應麟明確的指
出屈賦有著壯美與優美。由於屈原自身的學養與經歷，使得文章的內容是深刻長
遠而寬和溫潤，表現在文詞上，則是鋪張宏大且典雅華美。屈原有如此的成就，
他在作品裡運用的神話是關鍵之一。吳仁傑《離騷草木疏》云：「〈離騷〉之文，
多怪怪奇奇，亦非鑿空置辭，實本之《山經》。」[286]屈賦裡的怪與奇，是根源自
於《山海經》，屈原轉化中國古代的神話，為作品服務，因而創作出如〈離騷〉
這樣的千古奇文。

---

[284] 〔清〕朱冀：《離騷辯》，收錄於吳平、回達強主編：《楚辭文獻集成》，冊 12，頁 69，總頁數
8178。
[285] 〔明〕胡應麟：《詩藪》（臺北：廣文書局，1973 年），內編，古體上，雜言，頁 5-6，總頁 34-
35。
[286] 〔宋〕吳仁傑：《離騷草木疏》，收錄於吳平、回達強主編：《楚辭文獻集成》，冊 25，卷 4，
總頁數 18242。

（三）反抗現實，追求永生

屈原在現實世界裡遭遇的災難，簡言之，是受到楚王的排擠，遭到楚臣的誣陷，他身在這樣的處境，感受到困頓，因此興起輕舉遠遊的想法，以反抗現實。而屈原反抗現實的方式，就是追求永生，企圖透過延長壽命，使美政理想得以實現。以下再分別論述，屈原在現實世界遭遇的困境，以及他的抗爭方式。

1.屈原在現實世界遭遇困頓

〈遠遊〉云：「悲時俗之迫阨兮，願輕舉而遠遊。」首句即寫出他的困頓，希望能夠脫離現實而遊歷天際。王逸《楚辭章句・遠遊序》云：

> 屈原履方直之行，不容於世。上為讒佞所譖毀，下為俗人所困極，章皇山澤，無所告訴。乃深惟元一，修執恬漠。思欲濟世，則意中憤然，文采鋪發，遂敘妙思，託配仙人，與俱遊戲，周歷天地，無所不到。

屈原的行為正直，不能被世間容納。他被讒臣奸佞毀謗，又被世俗之人阻礙，內心困頓無法宣洩。屈原受到外在環境的打擊，仍然想要救濟楚國，於是將心中的憤慨寄託於文章，描寫修煉神仙的經過，並遊歷於天地之間，以擺脫世俗的限制。

屈原不只在〈遠遊〉裡說出在現實環境的困頓，在其他作品也有描述。以〈離騷〉為例，〈離騷〉是「自傳式的體裁」[287]，記載了屈原的遭遇，而他多次提及楚王與楚臣對他的種種傷害。在楚王方面，〈離騷〉云：

> 荃不察余之中情兮，反信讒而齌怒。
> 初既與余成言兮，後悔遁而有他。
> 閨中既以邃遠兮，哲王又不寤。

第一句的「荃」，王逸《楚辭章句》云：「香草，以喻君也。」可知楚王不明白屈原的忠心，又聽信讒言，並且對屈原疾言厲色的發怒。而在第二句中，可知楚王先前對屈原有作過承諾，之後卻又反悔，並且另有異心。第三句中，可知由於楚王身處深邃的朝廷，使屈原無法接觸楚王，楚王（按：「哲王」，指楚頃襄王）又無法醒悟。

在楚臣方面，〈離騷〉云：

> 惟夫黨人之偷樂兮，路幽昧以險隘。
> 既替余以蕙纕兮，又申之以攬茝。
> 眾女嫉余之蛾眉兮，謠諑謂余以善淫。
> 何瓊佩之偃蹇兮，眾薆然而蔽之？唯此黨人之不諒兮，恐嫉妒而折之。

---

[287] 陸侃如：《屈原評傳》，收錄於吳平、回達強主編：《楚辭文獻集成》，冊 28，總頁數 20010。

在第一句裡的「黨人」，姜亮夫《楚辭通故》說明道：「黨人指品德敗壞而又朋比為私之人言。」[288]可知楚國裡有結成黨羽、謀求營私之人，而這些人貪圖享樂，屈原認為他們行走的道路，是陰暗而且危險。在第二句裡，屈原提到他因佩帶蕙草而遭廢棄，自己還是要採擷白芷，使自己更加芳香。在第三句裡，眾女嫉妒屈原有美好的容貌，又散佈謠言說他生性淫蕩。在第四句裡，屈原說道，為何繁盛美好的玉佩，眾人為何要遮蔽它呢？是因為黨人沒有誠信，恐怕會因為嫉妒而折毀它。

綜合以上屈原的描述，可知楚王是聽信讒言，違背諾言，又無法覺醒。而楚國朝廷裡的讒臣奸佞，結黨偷樂，四處為亂，對於美善之人，不只正面以言語攻擊他，也在暗地裡造謠生事，屈原有美善之質，自然成為眾矢之的。林雲銘《楚辭燈》云：

> 屈子放廢既久，自事時俗之迫阨沉濁，日懼眾患，不可與處，所以有遠遊之私願。蓋謂人生短景，長勞至死，無益於世，與草木同朽腐，不如超然輕舉，上下四方，以自遂其娛樂。[289]

屈原處在這樣的政治環境裡，無法取得楚王信任，又受到讒佞迫害，因此產生困頓之感，他又感到生命的短暫，因此有遠遊之心，以脫離現實。何念龍《千古絕響：楚國的文學》歸納王逸〈遠遊章句序〉所言屈原創作〈遠遊〉的情形，其中第二點：「屈原的遠舉高蹈之思，實在是一種在昏濁社會裡毫無出路的精神寄托，是不得已而為之。」[290]何念龍說明〈遠遊〉的「悲時俗之迫阨兮，願輕舉而遠遊」，是寫出屈原遠遊之思的動機，他受到世俗的逼迫，而有遊歷四方的想法。

屈原在現實世界裡感受到困頓，他也感受到自身時間的不足。他曾多次感嘆生命的不長久，表現在〈離騷〉是：

> 汨余若將不及兮，恐年歲之不吾與。
> 惟草木之零落兮，恐美人之遲暮。
> 恐鵜鴂之先鳴兮，使夫百草為之不芳。

詹詠翔《〈離騷〉意象組織論》說明道：「屈原懼怕老之將至，再無能力為國奔波、為君效勞，故希望趁著年富力壯之時，努力奮發，為國效力。」[291]屈原對於時間的快速流逝，感到著急憂心，因此希望趁著年輕之時，能夠趕快輔佐國君，實現美政。屈原對時間的焦慮，表現在〈遠遊〉是：

---

[288] 姜亮夫：《楚辭通故》，冊 2，頁 486。
[289] 〔清〕林雲銘：《楚辭燈》，卷 4，頁 155。
[290] 何念龍：《千古絕響：楚國的文學》（武漢：湖北教育出版社，2000 年），頁 120。
[291] 詹詠翔：《〈離騷〉意象組織論》，頁 157。

惟天地之無窮兮，哀人生之長勤。往昔余弗及兮，來者吾不聞。

陳第《屈宋古音義》云：「天地無窮，人生苦器，眇然一身，不能及於前後，感慨深矣。此〈遠遊〉之所以作也。」[292]屈原見到天地的無窮無盡，對比自身的生命短暫，而政治之路又是如此的坎坷。屈原感嘆之前的三皇五帝無法追隨，往後的聖賢他也無法見聞。因此屈原要透過服食養生修煉自己，進入神仙世界，最終達到長生不死，與天地同化的目標。

2.屈原追求永生以反抗現實

屈原在作品裡，透過神遊天地，訴說他對世間的不滿，敘寫反抗現實的過程中，藉此凸顯人格的高潔。蘇慧霜〈以情悟道——屈原對遊仙文學之影響論略〉說：

> 遊仙的主題在企圖擺脫生命的束縛，借助虛幻離世的仙界傳說，和仙道人物以抒情言志，崑崙仙草，仙風道骨，折射出超凡脫俗的人格美，其中追慕遊仙，逍遙荒裔，更表現一種超越與脫俗的遺世逍遙。[293]

蘇慧霜認為遊仙文學的創作，是作者藉由遠遊避世的幻想，在作品中寄託自己的理想，並展現自身的高潔。此種思想，在屈原作品中，以〈離騷〉、〈遠遊〉表現得最為強烈。

就〈離騷〉而言，屈原一如成為仙人，進入仙界，是要突破生死，超越時間的限制。許又方《楚辭雜論》說：「在〈離騷〉中，詩人揚世俗而遠遊，實則已具追尋仙界（聖域）的意義，是為了破除現實時間的壓迫。」[294]屈原會有此種期望，從有限的生命來看，屈原是要趁著年輕少壯之時，效忠楚王，改革楚國政治，為國服務，而另一方面，屈原則是要延長壽命，繼續推動政治理想，使楚國完成美政的機會能大為增加。

就〈遠遊〉而言，朱熹《楚辭集注》云：「屈原既放，悲歎之餘，眇觀宇宙，陋世俗之卑狹，悼年壽之不長，於是作為此篇。」[295]蔣驥《山帶閣注楚辭》云：「（屈）原自以悲蹙無聊，故發憤欲遠遊以自廣。」[296]朱熹與蔣驥都認為，屈原藉由創作〈遠遊〉，以超脫世俗。

屈原追求永生，從〈遠遊〉多次提到仙人的名字來看，〈遠遊〉云：「聞赤松

---

[292] 〔明〕陳第：《屈宋古音義》，收錄於吳平、回達強主編：《楚辭文獻集成》，冊 19，卷 2，頁 39，總頁數 13707。

[293] 蘇慧霜：〈以情悟道——屈原對遊仙文學之影響論略〉，收錄於中國屈原學會編：《中國楚辭學》（北京：學苑出版社，2007 年），第 9 輯，頁 243。

[294] 許又方：〈路曼曼其脩遠兮：論離騷中的時空焦慮〉，《楚辭雜論》（臺北：文津出版社，2014 年）頁 59。

[295] 〔宋〕朱熹：《楚辭集注》，卷 5，頁 105。

[296] 〔清〕蔣驥：《山帶閣注楚辭》，收錄於〔清〕王夫之等著：《清人楚辭注三種》，頁 147。

之清塵兮，願承風采遺則」、「奇傅說之託辰星兮，韓眾之得一」、「軒轅不可攀援兮，吾將從王喬之娛戲」、「仍羽人於丹丘兮，留不死之舊鄉」。「赤松」、「傅說」、「韓眾」、「王喬」、「羽人」，均是仙人，代表著長生不死。這些仙人之事蹟，都有相關文獻記載：

> 赤松子者，神農時雨師也。服水玉，以教神農，能入火自燒。往往至崑崙山上，常止西王母石室中，隨風雨上下。……高辛時，復為雨師。（《列仙傳·赤松子》）[297]

> 傅說得之，以相武丁，奄有天下，乘東維，騎箕尾，而比於列星。（《莊子·內篇·大宗師》）[298]

> 齊人韓終（韓眾）為王採藥，王不肯服，終自服之，遂得仙也。（洪興祖《楚辭補注》引《列仙傳》）

> 王子喬者，周靈王太子晉也。好吹笙作鳳凰鳴。遊伊、洛之間，道士浮邱公接以上嵩高山。三十餘年後，求之於山上，見桓良曰：「告我家，七月七日待我於緱氏山巔。」至時，果乘白鶴駐山頭。望之不得到，舉手謝時人，數日而去。（《列仙傳·王子喬》）[299]

> 羽民國在其東南，其為人長頭，身生羽。……不死民在其東，其為人黑色，壽，不死。（《山海經·海外南經》）[300]

其中要再說明的是「韓眾」，又見於《史記·秦始皇本紀》：「因使韓終、侯公、石生求仙人不死之藥。」[301]蘇雪林《屈賦論叢》〈古人以神名為名的習慣〉說明道：「韓眾名見《列仙傳》，當是古代傳說中與赤松、王喬一樣的神仙。秦始皇方士韓終當是有慕於這位仙人，因以其為名。」[302]可見屈賦裡的韓眾是古代仙人。赤松子、傅說、韓眾、王子喬、羽人皆是仙人，是屈原仰慕的對象，由於他們已經成仙而長生不死，屈原以他們為目標，想要追隨，學習修煉成仙的方法，以脫離塵世，達到長生不死的目的。

在〈遠遊〉裡，寫道向王子喬請教長生之術，修煉成仙方法，使他能夠超脫凡人之身。王子喬答曰：「道可受兮，不可傳；其小無內兮，其大無垠；無滑而魂兮，彼將自然；壹氣孔神兮，於中夜存；虛以待之兮，無為之先；庶類以成兮，

---

[297] 〔漢〕劉向撰，王叔岷：《列仙傳校箋》，頁1。
[298] 〔戰國〕莊周著，〔清〕郭慶藩集釋：《莊子集釋》，卷3上，〈內篇·大宗師〉，頁247。
[299] 〔漢〕劉向撰，王叔岷：《列仙傳校箋》，頁65。
[300] 袁珂校注：《山海經校注》，卷6，〈海外南經〉，頁175、182。
[301] 《史記》，卷6，〈秦始皇本紀〉，頁47，總頁數116。
[302] 蘇雪林：〈古人以神名為名的習慣〉，《屈賦論叢》，頁494。

此德之門。」屈原據王子喬之言修煉己身，並服食神異之物，而進入神仙世界。屈原遊歷天地上下，拜訪四方神靈，最後是進入與天地同化的境界，屈原已經超越世俗，超越了空間，也超越了時間，與道合而為一。（按：屈原的修煉養生之法，詳參本章「修養觀」一節。）

〈遠遊〉與〈離騷〉同為屈原的作品，〈遠遊〉在末句之處，屈原脫離世俗的侷限，以登天遠遊作為最後的歸宿，此種態度不同於〈離騷〉：「陟陞皇之赫戲兮，忽臨睨夫舊鄉。僕夫悲余馬懷兮，蜷局顧而不行」，這種懷念楚國，以至於無法再次啟程，最終是「吾將從彭咸之所居」的悲劇結局。屈原追求長生不死，藉由成仙來擴展生命的長度，進而協助楚王輔佐朝政，姚聖良《先秦兩漢神仙思想與文學》說：「屈原追求延壽長生的目的，並不是為了做一個快樂的活神仙，而是為了完成自己未竟的事業，實現自己建功立業的人生理想。」[303]姚聖良所謂的「未竟的事業」，即〈離騷〉亂辭所言的「美政」，屈原對於楚國的政治事業仍抱有期望，而輔佐楚王達到美政並非一蹴可幾，因此才有長生不死的企望。

（四）羽化飛升，驅遣神靈

羽化飛升而神遊天地的神話傳說，《莊子·內篇·逍遙遊》裡已有記載：

> 藐姑射之山，有神人居焉，肌膚若冰雪，淖約若處子，不食五穀，吸風飲露。乘雲氣，御飛龍，而遊乎四海之外。[304]

《莊子》裡的神人，飲食潔淨，能乘雲駕龍，在四海之外逍遙遨遊。而在屈賦裡，〈離騷〉、〈涉江〉、〈悲回風〉、〈遠遊〉均有屈原羽化飛升與神遊天地的情節，其中以〈離騷〉、〈遠遊〉描寫得最為詳盡，〈遠遊〉更被稱為「後世遊仙之祖」，朱乾《樂府正義》云：「屈子〈遠遊〉為後世遊仙之祖。」[305]而陳本禮《屈辭精義》說：「此（〈遠遊〉）截〈離騷〉遠逝以下諸章，衍為此詞，為後世遊仙之祖。」[306]屈原能羽化成仙，神遊天地之間，他更能驅遣神靈，還可以命令諸神、龍鳳為他護衛、駕車，此正是表示屈原成為仙人，其身份地位不同於凡人，也象徵其人格的高潔。以下再詳分二小節詳而論之。

1.羽化飛升而能神遊天地

在〈離騷〉裡，屈原描寫他羽化飛升以及神遊天地的經過，在此以第一次神遊為例說明。此次神遊之前，屈原曾經「跪敷衽以陳辭兮，耿吾既得此中正」，他向舜陳述冤情，並且得到中正之道，接著即登入仙界：「駟玉虬以乘鷖兮，溘埃風余上征」，他乘駕著玉虬、鳳凰，在塵土飛揚之中，向天上飛去，羽化而成

---

[303] 姚聖良：《先秦兩漢神仙思想與文學》（濟南：齊魯書社，2009年），頁102。
[304] 〔戰國〕莊周著，〔清〕郭慶藩集釋：《莊子集釋》，卷1上，〈內篇·逍遙遊〉，頁28。
[305] 〔清〕朱乾著，〔日本〕興膳宏解說：《樂府正義》（京都：株式會社同朋舍，1980年初版），下冊，卷12，頁22，總頁數766。
[306] 〔清〕陳本禮：《屈辭精義》，收錄於吳平、回達強主編：《楚辭文獻集成》，冊15，卷6，頁1，總頁數10567。

仙。屈原此次的神遊天地，首先是「朝發軔於蒼梧兮，夕余至乎縣圃」，早晨從蒼梧出發，傍晚抵達縣圃。屈原在靈瑣前稍作停留，但是太陽即將落下，「欲少留此靈瑣兮，日忽忽其將暮」。屈原接著是「吾令羲和弭節兮，望崦嵫而勿迫」，王逸《楚辭章句》注「羲和」云：「日御也。」注「崦嵫」云：「日所入山也，一有蒙水，水中有虞淵。」可知羲和為太陽駕車者，他載著太陽向西落到崦嵫山。屈原認為「路曼曼其修遠兮，吾將上下而求索」，由於道路長遠，他為了能夠延長上下索求的時間，命令羲和緩慢徐行。

之後屈原是「飲余馬於咸池兮，總余轡乎扶桑。折若木以拂日兮，聊逍遙以相羊」。王逸《楚辭章句》注「咸池」云：「日浴處也。」王逸引《淮南子》注「扶桑」云：「日出湯谷，浴乎咸池。拂于扶桑，是謂晨明；登于扶桑，爰始將行，是謂朏明。」至於「若木」，《淮南子·地形訓》云：「若木在建木西，末有十日，其華照下地。」[307]屈原讓龍馬在咸池飲水，他把轡繩繫於扶桑，並且用若木敲阻太陽，使太陽不那麼快消逝，如此一來屈原可以從容逍遙的求索。屈原描寫神遊之時，透過各種舉動，顯示出他內心期望有足夠的時間尋訪賢者。

在〈遠遊〉裡，屈原向王子喬請教成仙的方法，聽聞王子喬的指點後，脫離凡人的身分，以仙人之姿登往仙境：「聞至貴而遂徂兮，忽乎吾將行。仍羽人於丹丘兮，留不死之舊鄉」。屈原經過修煉，精神狀態是「載營魄而登霞兮，掩浮雲而上征」。「營魄」，王夫之《楚辭通釋》云：「以神氣載魂魄，乘雲霞，以與天通，輕舉之始效也。」[308]屈原的靈魂經過修煉後，跟隨著浮雲，一同上升到天際，並開始拜訪天庭，遊歷天地四方。

屈原進入神仙世界時，屈原首先「命天閽其開關兮，排閶闔而望予。召豐隆使先導兮，問大微之所居」。王逸《楚辭章句》解釋此四句：「告帝衛臣啟禁門也」、「立排天門而須我也」、「呼語雲師使清路也」、「博訪天庭在何處也」。其中的「大微」，即太微，陳遵媯認為：「衡是並列於權東的大星座，叫做太微，這是天帝的南宮，乃三光即日月五星入朝的宮廷。」[309]屈原以天庭的南宮「太微」代稱整個天庭。屈原命令天庭的守門人開門，讓他得以進入。屈原也召喚豐隆作為前導，尋訪天庭的所在，他即將進入天庭遨遊。

屈原進入天門之後，首先是「集重陽入帝宮兮，造旬始而觀清都」。他聚集重陽之氣進入帝宮，到達天帝居住的地方。蔣驥《山帶閣注楚辭》注「旬始」云：「旬始，星名，列子曰：『清都紫微，帝之所居。』今按旬始在北斗旁，則清都疑中宮太一之居也。」[310]可知「旬始」為星名，位在北斗的旁邊，靠近天帝的住所「清都」。屈原接著說：「朝發軔於太儀兮，夕始臨乎於微閭」。王逸《楚辭章句》注「太儀」云：「天帝之庭，習威儀之處。」屈原從天庭出發，展開旅程。

屈原的四方之遊，是「撰余轡而正策兮，吾將過乎句芒。歷太皓以右轉兮，前飛廉以啟路」、「鳳皇羽其承旂兮，遇蓐收乎西皇」、「指炎神而直馳兮，吾將往

[307] 〔漢〕劉安編，張雙棣校釋：《淮南子校釋》，上冊，卷4，〈地形訓〉，頁451。
[308] 〔清〕王夫之：《楚辭通釋》，收錄於〔清〕王夫之等著：《清人楚辭注三種》，頁108。
[309] 陳遵媯：《中國天文學史》（臺北：明文書局，1985）冊2，頁13。
[310] 〔清〕蔣驥：《山帶閣注楚辭》，收錄於〔清〕王夫之等著：《清人楚辭注三種》，頁149。

乎南疑」、「軼迅風於清源兮，從顓頊乎增冰。歷玄冥以邪徑兮，乘間維以反顧」，他拜訪東、西、南、北四方的帝王與神靈，分別是東方句芒以及太皓、西方蓐收以及少皓、南方炎神祝融、北方玄冥以及顓頊。胡文英《屈騷指掌》評論云：

> 古人文字，本不論乎法律，而但取理足，然觀其遊四方，曰歷太皓以右轉，曰遇蓐收乎西皇，曰指炎神而直馳，曰顓頊乎層冰，其控縱神化，自合規矩。[311]

屈原四方神遊，有其規律。屈原藉由描述羽化飛升與神遊天地，展現身分地位與凡人不同。他可以超脫世俗，遊歷在天地之間。屈原流露出他對渾沌世間的不滿，以及對於美政的追求，而屈原再修煉成仙得以超脫世俗，不與世俗同流合污，以保持高尚清淨的人格。

2.驅遣神靈表現身份不凡

屈原驅遣神靈之事，早在〈惜誦〉已開其端，〈惜誦〉云：「令五帝以折中兮，戒六神與嚮服。俾山川以備御兮，命咎繇使聽直。」其中，王逸《楚辭章句》注「五帝」、「六神」云：「五帝，謂五方神也。……六神，謂六宗之神也。」而朱熹《楚辭集注》注「山川」云：「山川，名山大川之神也。」[312]屈原命令五帝、六神、山川大神以及皋繇，來判定屈原的忠心。而在〈離騷〉、〈遠遊〉裡，遊歷於天地之間時，多次提及驅遣神靈之事。〈離騷〉云：「吾令羲和弭節兮，望崦嵫而勿迫。」羲和為太陽駕車者，屈原能以大神的身份命令他緩慢徐行。〈離騷〉云：「前望舒使先驅兮，後飛廉使奔屬。鸞皇為余先戒兮，雷師告余以未具。」王逸《楚辭章句》注「望舒」云：「月御也。」而注「飛廉」云：「風伯也。」屈原的車隊裡，前方有月御者望舒引導，後方則有風神飛廉跟隨，也有雷師提醒屈原，車隊尚未準備充足。〈離騷〉云：「吾令豐隆乘雲兮，求宓妃之所在。」王逸《楚辭章句》釋「豐隆」為「雷師」。屈原命令雷師乘駕著雲氣，探求宓妃所在之處。〈離騷〉云：「麾蛟龍使津梁兮，詔西皇使涉予。」王逸《楚辭章句》云：「西皇，少皞也。」屈原能召喚古代帝王少皞，帶領他渡過津梁。

在〈遠遊〉描寫東方之遊：「屯余車之萬乘兮，紛溶與而並馳」。王逸《楚辭章句》注前句：「百神侍從，無不有也。」王逸注後句：「車騎籠茸而競驅也。」這些大神都是屈原的侍從，屈原帶領的車隊相當龐大，凸顯出屈原地位的崇高。屈原描寫西方之遊：「歷太皓以右轉兮，前飛廉以啟路」、「風伯為余先驅兮，氛埃辟而清涼」。王逸《楚辭章句》注此二句：「風伯先導，以開徑也」、「飛廉奔馳而在前也」。飛廉是神話中的風神，他引導屈原的車隊向前行進。屈原又說：「時曖曃其曭莽兮，召玄武而奔屬。後文昌使掌行兮，選署眾神以並轂。」洪興祖《楚辭補注》注「玄武」云：「二十八宿，北方為玄武。」而朱熹《楚辭集注》注「文

---

311 〔清〕胡文英：《屈騷指掌》，收錄於吳平、回達強主編：《楚辭文獻集成》，冊15，卷4，頁8，總頁數10832。

312 〔宋〕朱熹：《楚辭集注》，卷4，頁74。

昌」云：「文昌，在紫微宮北斗魁前，六星，如匡形。」[313]玄武、文昌原為天上的星名，而在〈遠遊〉中化身為神靈，屈原統率著這些神靈。王逸《楚辭章句》分別注此四句：「日月晻黮而無光也」、「呼太陰神使承衛也」、「顧命中宮，勑百官也」、「召使群靈皆侍從也」，可知屈原車隊有眾多的隨行者。其後屈原更寫道：「左雨師使徑侍兮，右雷公以為衛。」雨師與雷公也是神話中的神靈，屈原命令他們為車隊護衛。

屈原描寫南方之遊：「使湘靈鼓瑟兮，令海若舞馮夷。」洪興祖《楚辭補注》注「湘靈」云：「此乃湘水之神，非湘夫人也。」王逸《楚辭章句》注「海若」云：「海若，海神名也。」朱熹《楚辭集注》注「馮夷」云：「馮夷，水仙，《莊子》亦云：『馮夷得之以游大川』，又曰：『河伯也』。」[314]屈原命令湘水之神、海神、河伯，為屈原奏歌與跳舞。屈原描寫北方之遊：「召黔嬴而見之兮，為余先乎平路。」洪興祖《楚辭補注》注「黔嬴」云：「〈大人賦〉云：『左玄冥而右黔雷。』注云：『黔嬴也，天地造化神名。』或曰水神。」可知黔嬴是造化神或水神，屈原召來黔嬴與他相見，令黔嬴為他開路。

屈原神遊天地時，也多次提及與他隨行的靈禽神獸。在〈離騷〉裡，屈原成仙之時，是「馭玉虬以乘鷖兮，溘埃風余上征」。王逸《楚辭章句》注「虬」與「鷖」云：「有角曰龍，無角曰虬。鷖，鳳皇別名也。」屈原乘坐著由無角之龍與鳳凰所駕的車乘，進入神仙世界。在第一次神遊裡，〈離騷〉云：「鷖皇為余先戒兮，雷師告余以未具。吾命鳳鳥飛騰兮，繼之以日夜。」王逸《楚辭章句》「鷖皇」注云：「鷖，俊鳥也。皇，鳳雌也。」俊鳥、鳳凰均為屈原車隊的先導，日夜飛騰。在第三次神遊裡，〈離騷〉云：「為余駕飛龍兮，雜瑤象以為車。……鳳皇翼其承旂兮，高翱翔之翼翼。……麾蛟龍使津梁兮，詔西皇使涉予。……駕八龍之婉婉兮，載雲旗之委蛇。」屈原驅駕飛龍，乘坐著以瑤象為飾的車乘。鳳凰圍繞在車隊旗幟的四周，高飛翱翔。屈原指揮蛟龍，協助他渡過津梁。為屈原駕車八龍綿延起伏，車乘上的雲旗飄揚著。

在〈遠遊〉裡，龍馬為屈原座騎，護航並駕車：「駕八龍之婉婉兮，載雲旗之逶蛇。」王逸《楚辭章句》云：「虬螭沛艾，屈偃蹇也」、「旍旗竟天，皆覽霄也」。八龍駕車前行，車乘以雲霓為裝飾。其車隊的外觀與馬匹：「建雄虹之采旄兮，五色雜而炫燿。服偃以低昂兮，驂連蜷以驕驁。」王逸《楚辭章句》注此四句：「係綴螮蝀，文紛錯也」、「眾彩雜厠，而明朗也」、「馭馬駊騀，而鳴驤也」、「驂騑驕驁，怒顛狂也」。車上旗幟的色彩是繽紛而閃耀，駕車的龍馬隨著屈原而奔馳，可見屈原帶領車隊的聲勢浩大。

屈原前往西方時，車隊是：「鳳皇翼其承旂兮，遇蓐收乎西皇。」王逸《楚辭章句》注前句：「俊鳥夾載而扶輪也。」鳳凰為傳說中的神鳥，跟隨屈原去拜訪西方的蓐收。至於屈原的南方之遊，寫道：「祝融戒而還衡兮，騰告鸞鳥迎宓妃。……玄螭蟲象並出進兮，形蟉虬而逶蛇。雌蜺便娟以增撓兮，鸞鳥軒翥而翔

313　〔宋〕朱熹：《楚辭集注》，卷5，頁110。

314　〔宋〕朱熹：《楚辭集注》，卷5，頁112。

飛。」「鸞鳥」，《廣雅·釋鳥》云：「鸞鳥……鳳皇之屬也。」[315]王逸《楚辭章句》注「螭」與「象」云：「螭，龍類也；象，罔象也。皆水中神物。」與屈原一同行動的動物是龍、鳳，牠們的身份也高於其他動物，皆是神聖的動物。

屈原遊歷神仙世界時，使用的器具也與眾不同。屈原遊於西方寫道：「擎彗星以為旍兮，舉斗柄以為麾。」其中的「彗星」、「斗柄」皆是星象名，汪瑗《楚辭集解》引《天官書》注「彗星」云：「彗星，小者數寸長，長或竟天。而體無光，假日之光。故夕見則東指，晨見則西指。若日南北，皆隨日光而指。」[316]至於「斗柄」是指北斗七星之柄，金開誠《屈原集校注》云：「北斗由七顆星（天樞、天璇、天璣、天權、玉衡、開陽、搖光）組成酒斗之形。其中玉衡、開陽、搖光三星又稱為斗杓，即斗柄。」[317]屈原的南方之遊則敘述：「張〈咸池〉奏〈承雲〉兮，二女御〈九韶〉歌。」王逸《楚辭章句》云：「〈咸池〉，堯樂也。〈承雲〉，即〈雲門〉，黃帝樂也。」〈咸池〉、〈承雲〉、〈九韶〉，皆是古樂名。〈離騷〉亦云：「奏〈九歌〉而舞〈韶〉兮聊假日以媮樂。」王逸《楚辭章句》云：「〈九歌〉，〈九德〉之歌，禹樂也。〈韶〉，〈九韶〉，舜樂也。」可見屈原所聽的音樂，都是古時之雅樂。

屈原在現實世界受到壓抑與迫害，無法達成自己的期望，他對於自己的生命不長久也感到憂心。屈原追尋前輩仙人，向王子喬學習長生的方法，透過修養自身，飲食皆不同於凡人，而修煉成仙。屈原超脫世俗，羽化飛升，上達天庭，進入神仙世界，遨遊於天際。在神仙世界裡，屈原是超越凡人的仙人，化身神仙世界的領導者，他尋訪四方眾神，驅使龍馬及鳳鳥為他護航及駕車，統馭雨師、雷公、河伯等大神，眾神也成為屈原遊歷天地的護衛，身份超越各方天神，而屈原的車乘裝飾也能夠凸顯不凡，可見他有著崇高的地位。在世人眼中，神靈的地位是神聖而不可侵犯，但屈原可以驅策命令這些天神，屈原用此營造出他超凡的地位，他的能力是無人可以比擬。蔡靖泉《楚文學史》說：

> 在屈騷中，詩人自我形象完全成了浪漫主義藝術表現的主體，猶如屹立在天地之間、橫亙於古今之際而可以主宰一切、征服一切的超人。[318]

屈原在作品裡，反映了他在楚國的願望，期望能夠得到楚王的重用，帶領楚國走向理想美好政治，因此他要能夠掌控一切。屈原選擇透過修煉，擺脫污染的世間，進入到清淨的神仙世界，並且擁有不凡的地位，凌駕眾神之上，展現出他身分地位的超越，此時的屈原可以主宰、征服整個世界。

屈原描寫神仙世界，在思想上是受到道家的影響，反映出道家的反抗思想。

---

[315] 〔清〕王念孫：《廣雅疏證》，收錄於文懷沙主編：《四部文明》（西安：陝西人民出版社，2007年），秦漢文明卷，冊7，卷10下，頁48，總頁數384。
[316] 〔明〕汪瑗：《楚辭集解》，收錄於吳平、回達強主編：《楚辭文獻集成》，冊5，頁25，總頁數3459。
[317] 金開誠：《屈原集校注》，下冊，頁715。
[318] 蔡靖泉：《楚文學史》（武漢：湖北教育出版社，1995年），頁457。

陳煒舜《楚辭練要》說：「在流離憤懣的放逐之際，屈原的思想一度傾向於道家，希望能拋開俗世，超然高舉。」[319]他反抗生命的侷限，追求長生不死，並能協助楚國國君。他反抗當時的社會及政治，追求理想中的美好政治。屈原將自己的理想寄託在文章當中，使遊仙成為滿足自己願望的方式。此種作法影響後世的遊仙文學，秦代以後陸續有文人繼承屈原此種表達方式，以遊仙作品反抗現實、反抗命運，以此表現出自身人格的高潔。

二、思想特質

屈原作品裡的神話，有它的特色，蘇雪林〈神話與文學〉說：「〈離騷〉這一篇喬皇璀麗，震眩百代的大文之所以成功，還不是全憑幻想，而幻想又全靠神話作骨架嗎？」[320]蘇雪林是就〈離騷〉而言，實際上，〈離騷〉、〈九歌〉、〈天問〉、〈九章〉、〈遠遊〉、〈招魂〉等篇，都有言及神話，可見屈原運用神話之處極多。以下就（一）時代性。（二）地域性。（三）宗教性。（四）戲劇性。（五）神聖性。（六）浪漫性。（七）現實性。（八）理想性。[321]說明屈賦神話的思想特徵。

（一）時代性

屈原所處的時代，是戰國末期，此時文化交流頻仍，南北文化互相影響。中原文化與楚地文化的融合，張正明《楚文化史》說：「楚國在政治上結夷夏為一體的進程，也是它在文化上熔夷夏於一爐的進程。隨著夷夏文化的互相激盪，楚文化到了它的茁壯期。」[322]楚國的文化，在周朝之時，自熊繹受封於楚地開始，經過多年的開發，「篳路藍縷，以處草莽」[323]，發展出楚地獨特的文化內涵。

在商末周初時，楚王首領鬻熊歸順周朝，成為文王、武王、成王之師。在西周之時，周公遭人毀謗而奔楚。在春秋時期，王子朝奪位失敗而奔楚。這些文化交流，將朝廷典籍帶入楚國。儒家的孔子曾經到過楚國、陳國、蔡縣，他的弟子，如子張、子思、漆雕氏之儒，他們的思想也影響楚國。而儒家典籍，《詩》、《書》、《禮》、《樂》、《易》、《春秋》，也因此進入楚國。在戰國時期，齊國稷下學宮衰落，學者四散，不少學者如荀子、慎到、環淵等人，也來到楚國。

楚國與中原有文化交流，而神話也因南北文化交流而傳進楚國，張振犁《中原古典神話流變考論》說：

> 從現在所了解的情況來看，楚地神話大多在中原早有流傳。從其內容及演變情況來看，也大多可追溯到北方中原的神話系統。所不同的是，楚地古典神話往往是中原神話的延續和發展。這樣就把長江流域的自然和文化環

---

[319] 陳煒舜編著：《楚辭練要》，頁 30。
[320] 蘇雪林：〈神話與文學〉，《東方雜誌》，第 2 卷第 3 期，1969 年，頁 95。
[321] 按：此八小節，係參考陳怡良先生《屈原文學論集》〈九歌新論——九歌意義與特質探新〉，並加以增刪。見：陳怡良：〈九歌新論——九歌意義與特質探新〉，《屈原文學論集》，頁 202-220。
[322] 張正明：《楚文化史》（臺北：南天書局，1990 年），頁 40。
[323] 〔春秋〕左丘明著，楊伯峻注：《春秋左傳注》，冊 4，頁 1339。

境的特徵以及人民的思想和願望，融進了中原神話系統之中，並呈現出楚地神話的新的風姿。[324]

中原神話確實有進入楚國，並在楚國茁壯發展，而有自身的特色。屈原是有接觸中原文化，梁啟超《屈原研究》說：「楚國在當時文化史上之地位既已如此，至於屈原呢，他是一位貴族，對於當時新輸入之中原文化，自然是充分領會。」[325]而神話也包括文化在內，使得屈賦裡的神話，有著中原的神話。趙沛霖《先秦神話思想史論》對屈賦裡的神話，說明道：

> 自西周開始的神話歷史化端倪至春秋戰國時代已經成為一種比較普遍的傾向。經過這股歷史潮流的洗禮，很多神話失去原來的面貌而演化為傳說（有的則被作為信史），天神失去神性變成人，如伏羲、顓頊、舜之成為人王，簡狄、女媧之成為始祖，后羿、伯益之成為人臣，等等。而在《楚辭》中這些神和有關的神話卻程度不同的保持其神話本色。屈原對他們的描寫有的僅僅幾筆，有的甚至只是提出問題，但卻沒有將他們當成歷史看待，沒有使原形形態的神話變形。[326]

透過趙沛霖的說明，可知屈賦裡的神話保存了神話原來的面目，而不同於經過歷史化的神話。以下以軒轅為例說明之。

「軒轅」，即黃帝，《史記‧五帝本紀》記載：

> 黃帝者……名曰軒轅……炎帝欲侵陵諸侯，諸侯咸歸軒轅。軒轅乃修德振兵，治五氣，藝五種，撫萬民，度四方，教熊羆貔貅貙虎，以與炎帝戰於阪泉之野。三戰然後得其志。[327]

在此段引文裡，可以看出在歷史化裡的黃帝軒轅，他「修德振兵，治五氣，藝五種，撫萬民，度四方，教熊羆貔貅貙虎」，與炎帝三戰於阪泉之野而勝。從「修德」、「撫萬民，度四方」等文句，可以看到儒家思想的內容，而黃帝軒轅的形象已經歷史化了。

在〈遠遊〉裡，軒轅的形象卻非如此，〈遠遊〉云：「軒轅不可攀援兮，吾將從王喬而娛戲。」軒轅是中華民族的共祖，這裡提及軒轅，可推論軒轅的事蹟，是從中原傳進楚地。屈原在〈遠遊〉裡說道，軒轅不可攀引，而他將與王子喬一同遊戲。這裡記載了軒轅登仙的神話，黃帝登仙之事，《史記‧封禪書》有云：「黃帝已僊上天，群臣葬其衣冠。」[328]又王充《論衡‧道虛》引儒書云：「黃帝

---

[324] 張振犁：《中原古典神話流變考論》（上海：上海文藝出版社，1991 年），頁 260。

[325] 梁啟超：《屈原研究》，收錄於吳平、回達強主編：《楚辭文獻集成》，冊 25，總頁數 17714。

[326] 趙沛霖：《先秦神話思想史論》（臺北：五南圖書公司，1998 年），頁 322。

[327] 《史記》，卷 1，〈五帝本紀〉，頁 3-7，總頁數 19-20。

[328] 《史記》，卷 28，〈封禪書〉，頁 71，總頁數 499。

採首山銅,鑄鼎於荊山下。鼎既成,有龍垂胡髯,下迎黃帝。黃帝上騎龍,群臣、後宮從上七十餘人,龍乃上去。」[329]〈遠遊〉裡的軒轅,是有登仙神話的軒轅,而非歷史化的軒轅,可見屈賦裡保存了中原神話。

(二)地域性

楚國的自然環境的特殊,眾多自然之物也由此孕育而出,《墨子‧公輸》云:「荊有雲夢,犀兕麋鹿滿之,江漢之魚鱉黿鼉為天下富。」[330]可知楚國地大物博,此地的自然生態,在數量與種類上,是其他國家無可比擬的。而楚國百姓的生活,《鹽鐵論‧通有》云:「荊、揚南有桂林之饒,內有江、湖之利,左陵陽之金,右蜀、漢之材,伐木而樹穀,爇萊而播粟,火耕而水耨,地廣而饒財。」[331]楚地人民的生活富饒,可用「豐衣足食」來形容。楚國的地理環境與北方中原的環境差異頗大,而文化與文學的發展也受到影響,而有其地方特色。劉師培〈南北學派不同論‧南北文學不同論〉云:

> 大抵北方之地,土厚水深,民生其間,多尚實際。南方之地,水勢浩洋,民生其際,多尚虛無。民崇實際,不外記事、析理二端,民尚虛無,故所作文,多為言志、抒情之體。[332]

因南北環境的不同,造成文學上的不同,北方重實際,南方重抒情。而楚國的環境也影響人民的內在涵養,就如洪亮吉〈春秋十論‧春秋時楚國文人最盛論〉所云:「蓋天地之氣盛於東南,而楚山川又奇傑偉麗,足以發抒人之性情,故異材輩出。」[333]屈原生長於南方楚國,必定會受到地理環境的薰陶,而養成其異於他人的才華。

地理環境也是孕育神話的因素之一,文崇一《楚文化研究》說:

> 神話不必是空想,迷信,或全然的說謊,而是有它的現實生活為創造的基礎。神話往往也反映出一種民族性,或是某些地方色彩,有時,從神話裡也能看出一些文化或社會發展的影子。[334]

傅錫壬《新譯楚辭讀本》也說:

> 楚國在江淮流域一帶,土壤肥沃,物產富饒,風景秀麗。故物質生活較優,

---

[329] 〔漢〕王充著,黃暉校釋:《論衡校釋》,冊2,卷7,〈道虛〉,頁313
[330] 〔春秋〕墨翟著,吳毓江校注:《墨子校注》,下冊,卷13,〈公輸〉,頁748。
[331] 〔漢〕桓寬編,王利器校注:《鹽鐵論校注》,上冊,卷1,〈通有〉,頁41-42。
[332] 〔清〕劉師培著,萬仕國點校:《儀徵劉申叔遺書》,冊4,頁1648。
[333] 〔清〕洪亮吉:《洪亮吉集》(北京:中華書局,2001年),冊3,〈更生齋文甲集〉,卷2,頁994。
[334] 文崇一:《楚文化研究》,頁174。

精神方面自然也易趨於玄虛，加之雲夢大澤，煙波嫋繞，九嶷衡山，聳入雲霄，無一不是蘊藏神話的境域。所以我們不但能在《楚辭》中知道了許多已衰歇的古代南方神話、傳說，並且從《楚辭》中也學會了活用神話的技巧。[335]

　　文崇一提及的，神話反映出「某些地方色彩」，或傅錫壬提到楚地原是古之雲夢大澤，「無一不是蘊藏神話的境域」，可知《楚辭》裡的神話，孕育於楚國的山川地理，自然會有它的特色。再加上屈原生活成長於楚國，他將神話作為素材，使用在作品裡，自是如魚得水，相得益彰。以下以〈九歌·河伯〉為例說明之。

　　〈九歌·河伯〉所祭祀的河神，歷來說法不一。陳怡良先生《屈原文學論集》整理各家觀點，主要可分為兩說：1.以河伯係指黃河之神。2.以為河伯為一般河神，有別於沅湘二水之神。陳怡良先生對此說明：

> 河伯本為夏人之神，夏民族與楚人祖先，關係密切，而楚人因襲其文化，乃極自然之事，〈九歌〉之名，原來自夏樂可證，楚人若崇祀夏人之神，亦極平常與自然，惟時日乖隔久遠，正如楚人〈九歌〉雖襲自古〈九歌〉舊曲名，但內容則已異，準以此觀，類此以推，楚人〈九歌〉中的河伯，當非祭祀黃河之神，其神屬性，應已改變為當地一般河神，較有可信性。[336]

　　依陳怡良先生的看法，可知楚地祭祀河伯的傳統，是從中原華夏民族而來，但因兩地相隔，時代久遠，已經演化成祭祀楚地的一般河神。周勛初《九歌新論》更從「諸侯祀其土之山川」、「楚人信守『祭不越望』的原則」、「楚國疆域從未擴展到黃河邊上」、「戰國時人對楚國疆域的描述」、「河伯傳說的區域性」、「有關河伯的一些材料的訂正」這些角度，分析楚地人民不可能祭祀黃河之神。[337]

　　〈九歌〉的河伯之稱，正如文崇一〈九歌中河伯之研究〉所言：「河伯被叫做河伯，可能是一個偶然的排列，並沒有必然的理由，像風伯、雨師一樣。」[338] 而河伯的身份，並非黃河之神，而是指楚地之河神。〈九歌〉裡描寫祭祀河伯之事及其神話，這正由楚地文化與地域發展而來，並寫入其中。

（三）宗教性

　　楚人迷信鬼神，此舉使得楚國的祭祀活動也相當興盛，例如《漢書·地理志》云：「（楚人）信巫鬼，重淫祀」[339]、「（陳國）婦人尊貴，好祭祀，用史巫，故其

---

[335] 傅錫壬：《新譯楚辭讀本》，頁 18-19。

[336] 陳怡良：〈九歌新論——九歌意義與特質探新〉，《屈原文學論集》，頁 200-202。

[337] 周勛初：《九歌新論》，收錄於周勛初：《周勛初文集》（南京：江蘇古籍出版社，2000 年），冊 1，頁 69-91。

[338] 文崇一：〈九歌中河伯之研究〉，《中央研究院民族學研究所集刊》，第 9 期（1960 年），頁 148。

[339] 《漢書》，冊 1，卷 28 下，〈地理志下〉，頁 65，總頁數 835。

俗巫鬼」[340]、《隋書‧地理志下》云:「大抵荊州率敬鬼,尤重祠祀之事」[341],都寫出楚人信鬼而好祀的風氣。

楚地巫風鼎盛的文化背景,也影響著楚地的神話內容。葉慶炳《中國文學史》說:「楚民族與西周時代直接保存殷商文化之宋國鄰近,自宋國承受殷商文化而開化。殷商迷信習俗,亦為楚人所接受。殷商鬼神信仰一旦與楚地自然環境相結合,乃孕育出不少神話,成為南方浪漫文學之基礎。」[342]楚地神話的宗教性,表現在文學上,以〈九歌〉最為明顯。王逸《楚辭章句‧九歌序》云:

> 昔楚南郢之邑,沅湘之間,其俗信鬼而好祠,其祠必作歌樂鼓舞,以樂諸
> 神。屈原放逐,竄伏其域,懷憂苦毒,愁思怫鬱,出見俗人祭祀之禮,歌
> 舞之樂,其詞鄙陋,因作〈九歌〉之曲。

屈原生活成長在楚國,對於當地的習俗與宗教信仰,想必是相當熟悉。王逸言屈原潤飾改作〈九歌〉的時間,是有爭論與商榷之處外,〈九歌〉當是屈原任職三閭大夫時,加以修改潤飾的,較有可能。由此可見他也接觸過楚國祭祀儀式,甚至可能參與其中。楚人對自然神靈的崇拜,自是影響著屈原對〈九歌〉的潤色改作。

〈九歌〉為一套完整的祭歌,祭祀對象包括屬於天神的東皇太一、雲中君、東君、大司命、少司命,屬於地祇的湘君、湘夫人、河伯、山鬼,屬於人鬼的國殤、禮魂。〈九歌〉祭祀的天神、地祇、人鬼,正符合《國語》所載觀射父語:「天子遍祀群神品物,諸侯祀天地三辰及其土之山川,卿、大夫祀其禮,士、庶人不過其祖。」[343]以下以〈山鬼〉為例說明之。

〈山鬼〉祭祀對象為山中之神,屈原描寫山鬼所處的環境:

> 乘赤豹兮從文狸,辛夷車兮結桂旗。被石蘭兮帶杜衡,折芳馨兮遺所思。
> 余處幽篁兮終不見天,路險難兮獨後來。表獨立兮山之上,雲容容兮而在
> 下。杳冥冥兮羌晝晦,東風飄兮神靈雨。

山鬼乘坐著赤豹,跟隨著文狸而來。她在辛夷做成的車輛上,掛著桂旗。身披石蘭,佩帶杜衡,折下香草致送予她所思念的人。她身處幽暗的竹林裡而不見天日,路途艱險而來得遲晚。她獨自站上在山上,雲靄在她的腳下飄動著。在早晨之時卻是天色陰暗,東風吹送,並飄下雨來。

屈原在此處寫出楚地的景色,是崇山峻嶺,山勢高大陡峭。山裡的天氣陰晴不定,雲霧繚繞,並伴隨著風雨。而在山裡的動物,如赤豹、文狸,植物如石蘭、杜衡,都使得山川更加神秘。楚地有著奇特的地形地貌,人們自然會想像有神靈

---

340 《漢書》,冊1,卷28下,〈地理志下〉,頁58,總頁數831。
341 〔唐〕魏徵:《隋書》,冊1,卷26,〈地理志下〉,頁22,總頁數11979。
342 葉慶炳:《中國文學史》(臺北:臺灣學生書局,1987年),上冊,頁31。
343 〔春秋〕左丘明著,徐元誥集解:《國語集解》,卷18,〈楚語下〉,頁518。

在這片山林裡，而這是神話傳說的來源。屈原改寫〈九歌〉，也就將山鬼的神話寫入其中，具見屈原在神話思想的背景，有其特性。

（四）戲劇性

〈九歌〉本為祭歌，其祭祀的表現方式，如王逸《楚辭章句·九歌序》所言，是「其祠必作歌樂鼓舞，以樂諸神」，包括歌、舞、樂三者。而在內容上，則是中國戲劇的雛形，王國維《宋元戲曲考》說：

> 《楚辭》之靈，殆以巫而兼尸之用者也。……至於浴蘭沐芳，華衣若英，衣服之麗也；緩節安歌，竽瑟浩倡，歌舞之盛也；乘風載雲之詞，生別新知之語，荒淫之意也。是則靈之為職，或偃蹇以象神，或婆娑以樂神，蓋後世戲劇之萌芽，已有存焉者矣。[344]

祭巫在祭祀前要沐浴潔身，穿著華麗的衣服，緩聲歌唱，吹奏竽、瑟等樂器，並配合舞蹈演出。而祭巫的職責就是表演出神靈的樣貌，或是舞動身形以娛樂神靈，這是後世戲劇的萌芽。

〈九歌〉完整的演出，分別由迎神、享神、娛神、送神組成。在此方面，如〈東皇太一〉云：

> 吉日兮辰良，穆將愉兮上皇。撫長劍兮玉珥，璆鏘鳴兮琳琅。瑤席兮玉瑱，盍將把兮瓊芳。蕙肴蒸兮蘭藉，奠桂酒兮椒漿。揚枹兮拊鼓，疏緩節兮安歌，陳竽瑟兮浩倡。靈偃蹇兮姣服，芳菲菲兮滿堂。五音紛兮繁會，君欣欣兮樂康。

人們選擇在良辰吉日之時，舉行祭典以祭祀東皇太一。祭典開始時，主祭之巫師，齋戒恭敬，手握著長劍的鑲玉劍柄，環佩發出玎璫的聲響。祭壇上擺放著鮮花香草，佳肴美酒，祭巫們敲打、吹奏著樂器，並高聲吟唱。祭巫們穿上華麗的服飾跳舞，祭壇上飄散著濃烈的香氣，急管繁絃，熱鬧而和諧的合奏著。而祭巫的迎神、享神、娛神，將使東皇太一心花怒放，非常快樂安康。

又如〈河伯〉、〈山鬼〉所云：

> 子交手兮東行，送美人兮南浦。波滔滔兮來迎，魚鱗鱗兮媵予。（〈河伯〉）

> 靁填填兮雨冥冥，猿啾啾兮又夜鳴。風颯颯兮木蕭蕭，思公子兮徒離憂。（〈山鬼〉）

在〈河伯〉裡，祭巫與河伯握手別離，河伯要前往東方，祭巫在南浦送別河

---

[344] 王國維：《宋元戲曲史》，收錄於謝維揚、房鑫亮主編：《王國維全集》，冊3，頁5-6。

伯。波浪滾滾來迎接河伯，魚兒成群的送走祭巫。在〈山鬼〉裡，屈原描寫著山林裡雷聲隆隆，煙雨瀰漫，猿猴在夜裡啾啾的叫著。寒風吹動，樹木發出蕭蕭的聲音，祭巫獨自為山鬼的離開而憂傷。

〈河伯〉與〈山鬼〉裡送神的場景，表現出祭巫的離情依依，心中有萬般的不捨。由〈東皇太一〉、〈河伯〉、〈山鬼〉，可知〈九歌〉的迎神、娛神與送神的過程，是包含著歌、舞、樂三者藝術表演，而透過這種戲劇的表演，一則表達出人神之間的情感，另一則也表現出人神同樂的效果。

（五）神聖性

在屈賦裡的神話人物，無論是〈九歌〉裡祭祀的神靈，或是〈離騷〉、〈遠遊〉裡的大神，都表現出神聖的一面。而他們的神聖，也使得這些神靈更加的神秘。

由於神靈的神聖，祭祀者除了必須潔淨自己的身體外，並要以香草香木等香物來裝飾祭堂來祀神。祭巫在祭祀活動裡，有「祓除釁浴」的舉動，《周禮‧春官‧女巫》記載：「女巫掌歲時祓除釁浴。」鄭玄注：「釁浴謂以香薰草藥沐浴。」[345]有香氣的草藥，具清潔的功能，巫者透過釁浴，使自己趨近於神聖，此事在楚國也不例外。

祭巫在祭祀的過程裡，用以祀神之物為芬芳的草木，朱熹《楚辭集注》注〈東皇太一〉之「蕙肴兮蘭藉，奠桂酒兮椒漿」云：「此言以蕙裹肴而進之，又以蘭為藉也。奠，置也。桂酒，切桂投酒中也。漿者，《周禮》四飲之一，以椒漬其中也。四者皆取其芬芳以饗神也。」[346]這說明了巫師將香草香木製成食物與酒漿，奉獻予神靈，由此也可知，因為神靈的神聖，地位崇高，祭巫必須如此來祭祀神靈，以表示虔誠與尊崇。

再以〈離騷〉為例，〈離騷〉云：

> 欲從靈氛之吉占兮，心猶豫而狐疑。巫咸將夕降兮，懷椒糈而要之。百神翳其備降兮，九疑繽其並迎。皇剡剡其揚靈兮，告余以吉故。

屈原想聽從靈氛吉利的占卜，但內心仍然猶豫懷疑。巫咸將要在傍晚時降臨，屈原帶著椒糈迎接他。眾神遮蔽天空而下，九嶷山上的神靈紛紛來迎接。天上的諸神們，頭上都散發出閃閃的靈光，來告訴屈原應該遠去，才會安吉。

王逸《楚辭章句》說：「椒，香物，所以降神。糈，精米，所以享神。」繆天華《離騷九歌九章淺釋》說明道：「楚俗尚鬼，巫以椒糈降神，神附於巫而傳語。」[347]可知祭神之物必須是精緻且有香氣的米食。而皇天降臨時，有百神、九嶷山的眾神圍繞著他，而並伴隨著靈光而來，可見他的身份尊貴，而神聖性可想而知。

神靈的地位神聖，使得人們不會也不應輕易的看見他們的面貌。神靈必須透

---

[345] 《周禮》，卷 26，〈春官‧女巫〉，頁 10，總頁數 400。
[346] 〔宋〕朱熹：《楚辭集注》，卷 2，頁 30。
[347] 繆天華：《離騷九歌九章淺釋》（臺北：東大圖書公司，1992 年修訂 3 版），頁 59-60。

過附身於祭巫身上，來傳達話語，而祭巫就成為神靈的代言者。如前所引的〈離騷〉文句，屈原只有描寫皇天降臨時的情景，是百神備降，九嶷山眾神並迎，以及靈光的出現。但是對於形象、穿著、車乘等等，均無提及。由於未能看見面容，更添加了神秘性。

神靈的神秘性，在〈九歌〉裡也有表現，例如〈東皇太一〉僅敘述祭典的隆重與莊嚴，但對於東皇太一是否來到，形象為何，均無提及，只能從祭典的盛大，來推想他的神聖。又如〈九歌〉其他篇章：

> 望涔陽兮極浦，橫大江兮揚靈。揚靈兮未極，女嬋媛兮為余太息。(〈湘君〉)

> 望美人兮未來，臨風怳兮浩歌。(〈少司命〉)

> 若有人兮山之阿，被薜荔兮帶女羅。(〈山鬼〉)

在〈湘君〉裡，祭巫眺望涔陽遠方的沙洲，橫越大江想要看見湘君的靈光，但他並未見到湘君的靈光，陪祭的女巫也為祭巫嘆息。在〈山鬼〉裡，祭巫好像看見有人在深山，他披著薜荔，並以女蘿為佩帶。在〈少司命〉裡，祭巫不見少司命的來到，因此迎著風失意的歌唱著。

屈原在〈湘君〉、〈少司命〉裡，都寫神靈未見來到祭壇。就神聖性來說，他們身份尊貴，不會輕易的現身降臨，而就神秘性來說，他們的形象也無法得知。而在〈山鬼〉裡，屈原也寫出祭巫只能透過想像，說好似看到了山鬼，以及他的穿著與面容，但確切的形象，卻無詳細描寫。

（六）浪漫性

屈原作品的浪漫性，與他使用的神話極為相關。近人所著之《新編中國文學史》評論屈原及其作品的浪漫性：

> 屈原作品浪漫主義的形成，除了由於詩人的豐富想像力和對於高尚理想的強烈追求及其反抗精神等等之外，還依傍於對神話傳說及其精神的吸收。〈離騷〉中的舜、宓妃、簡狄、帝嚳、二姚、少康等都是神話中的人物。同時，楚國是一個巫風很盛的國家，民間一定流傳許許多多在現在看來是荒唐的習俗，這些習俗以及流傳在楚國的具有浪漫氣質的民歌，也必然給了屈原以很大影響。屈原正是在這樣的背景上，創作了我國文學史上第一批如此成熟的積極浪漫主義的詩篇，成為文學史上第一個浪漫主義大師，成為浪漫主義詩歌的奠基者。[348]

---

[348] 中國文學史編輯小組編著：《新編中國文學史》(高雄：高雄復文圖書出版社，2000 年 3 版)，頁 111。

　　屈賦裡的神話，是屈原透過想像力，配合極為高明的文學技巧，充分的使用神話的內在意義，將神話與文章的主題，和諧的結合在一起，以表達出內心的期望與理想。而神話的運用，使文章富有浪漫的色彩，有著浪漫的藝術美感。以下以〈離騷〉為例說明之。

　　在〈離騷〉裡，屈原神遊天地時，有三次具體求女，分別為宓妃、有娀之佚女、有虞之二姚。第一次為追求宓妃，〈離騷〉云：

> 吾令豐隆乘雲兮，求宓妃之所在。解佩纕以結言兮，吾令蹇修以為理。紛總總其離合兮，忽緯繣其難遷。……保厥美以驕傲兮，日康娛以淫遊。雖信美而無禮兮，來違棄而改求。

　　屈原命令豐隆乘坐著雲氣，探求宓妃所在之處。屈原解下佩帶並且打結，以代表言語與心意，並命令蹇修作媒。但宓妃的四周包圍著讒人，不時進讒，使得宓妃突然改變心意，難以遷就。屈原認為，宓妃雖然有美好的外在，但是態度傲慢，毫無禮貌，因此放棄追求宓妃，而改為追求他人。

　　第二次為追求有娀之佚女，〈離騷〉云：

> 望瑤臺之偃蹇兮，見有娀之佚女。吾令鴆為媒兮，鴆告余以不好。雄鳩之鳴逝兮，余猶惡其佻巧。心猶豫而狐疑兮，欲自適而不可。鳳皇既受詒兮，恐高辛之先我。

　　屈原在下界眺望高聳的瑤臺，上面住著有娀國國君的女兒。他命令鴆鳥作為媒人，鴆鳥卻欺騙他說不好，雄鳩鳴叫著離去，屈原厭惡他的輕佻巧佞。屈原的內心猶豫懷疑，想要自行前往，又覺得於禮不可。鳳凰已經帶著高辛氏（帝嚳）的禮物前往，恐怕高辛氏搶先得有娀之佚女。

　　第三次求女為追求有虞之二姚，〈離騷〉云：

> 欲遠集而無所止兮，聊浮遊以逍遙。及少康之未家兮，留有虞之二姚。理弱而媒拙兮，恐導言之不固。

　　屈原想要遠去卻無處可去，只好到處遊走。他想要趁著少康尚未成家，還留有有虞國君的二位嬌女時前往追求。但是由於媒人的能力、口才笨拙，恐怕無法將婚事說成。

　　由屈原的求女之事，可以看出〈離騷〉的浪漫性，此種寫作手法，正如傅錫壬《新譯楚辭讀本》所說：

> 大凡《楚辭》的運用神話，是超現實與現實的混合，不單是把神話予以敘述，而是作者的參與，所以屈原的運用神話，在使作品與神話人物在同時

而融合出現，我們不會覺得有人神的隔閡，也不會察覺時間上的差距，這種巧妙的運用，是《楚辭》獨創而不可磨滅的藝術價值。[349]

屈原第一次追求的宓妃，洪興祖《楚辭補注》引〈洛神賦〉注云：「宓妃，伏犧氏之女，溺洛水而死，遂為河神。」而第二次追求的有娀之佚女，王逸《楚辭章句》云：「謂帝嚳之妃，契母簡狄也。」至於第三次追求的有虞之二姚，王逸《楚辭章句》云：「昔寒浞使澆殺夏后相，少康逃奔有虞，虞因妻以二女。」此處之「虞」，是指「有虞國的國君」。[350]屈原追求對象的身份相當特殊，是伏犧氏之女、帝嚳之妃、少康之妻，而他們也有神話傳說流傳，由此可見屈賦神話的浪漫性。

（七）現實性

作家創作作品，有其現實意義，朱光潛《文藝心理學》曾說：

> 創造藝術是一件煞費心血的事，又不能裨益實用生活，許多藝術家都以窮困終身，何以追求藝術者，仍絡繹不絕呢？就這由於藝術是一種情感的需要。真正藝術家心中都有不得不說的苦楚。如果可以不說而勉強尋話說，那就是無病呻吟。[351]

藝術家製作藝術品，是為了情感的抒發，而這種情感，是一種「不得不說的苦楚」，而文學家書寫文章，是藝術的表現，也是情感的表達。屈原作〈離騷〉，司馬遷認為是因為「憂愁幽思」、「蓋自怨生」，愁、怨，都是屈原要抒發的情感，正如〈惜誦〉所說：「惜誦以致愍兮，發憤以抒情」。

屈原在〈離騷〉運用神話，也有它的現實性，劉德重說〈離騷〉：「本篇既根植於現實，又充滿幻想，它在組織形式上的最基本特色，就是敘述現實與馳騁幻想的錯綜交織。」[352]所言甚是，確實屈原的〈離騷〉是以現實為基礎，並加上神話的幻想，兩者結合在一起。而〈離騷〉的現實性，亦可從屈原的三次神遊而得知。陳怡良先生《屈原文學論集》分析〈離騷〉的三次神遊：

> 詩人在〈離騷〉中所創造之神話天地，自是有其象徵意義，並可自其中發現有與現實相符合處，有與現實相反處。如第一次遨遊，初叩帝閽失敗，此處描述的，正符合楚國之政治現實情況，小人蔽美妒賢，阻撓賢者面見君上，以致形成帝門不開，國君難見。……詩人之第二次旅遊訪求淑女，正反映出詩人不願放棄理想，具有受挫不餒之精神，仍然上下求索，想去

[349] 傅錫王：《新譯楚辭讀本》，頁 19。
[350] 汪瑗《楚辭集解》說明：「虞以國言，以稱其君也」。〔明〕汪瑗：《楚辭集解》，收錄於吳平、回達強主編：《楚辭文獻集成》，冊 4，頁 25，總頁數 2821。
[351] 朱光潛：《文藝心理學》（臺北：臺灣開明書店，1991 年新 2 版），頁 203。
[352] 劉德重解題、說明〈離騷〉，見：馬茂元主編：《楚辭注釋》，頁 102。

> 尋求到志同道合之賢者，以為國效勞。……詩人第三次之旅遊，象徵著詩人追求理想之狂熱不息，尋覓樂土之嚮往不懈，而詩人最後決定留在舊鄉，再次凸顯詩人守死善道，回歸故土之草根意識。[353]

在〈離騷〉裡的第一次神遊，反映的現實是：「荃不察余之中情兮，反信讒而齋怒」、「閨中既以邃遠兮，哲王又不寤」，楚懷王無法察覺屈原的忠心，對屈原發怒，而楚頃襄王在深邃的宮廷裡，又無法覺醒。屈原認為懷王與頃襄王身邊是群讒人佞臣，而身為忠臣的他，因此而無法接近楚王。

在第二次神遊，反映的現實是屈原要尋求志同道合的賢者，一同為國效勞，因為屈原理想的美政裡，君王身旁的臣子是忠心而且賢能，「昔三后之純粹兮，固眾芳之所在」，因為禹、湯、文王的內心純正完美，所以能聚集眾多賢臣。而屈原所處的楚國政治裡，卻是「國無人」，因此要上下求索以求賢者。

在第三次神遊，反映的現實是屈原堅持自己的信念，掛念著楚國，至死不渝。正如屈原所說：「謇吾法夫前修兮，非世俗之所服。雖不周於今之人兮，願依彭咸之遺則。」他要效法前代賢者，這雖然不被世俗所信服，也不合於今世之人，但他仍然要追隨殷之賢人彭咸的風範。而屈原在〈離騷〉說道：「陟陞皇之赫戲兮，忽臨睨夫舊鄉。僕夫悲余馬懷兮，蜷局顧而不行。」他要登上皇天遨遊時，忽然低頭瞥見下界的楚國，僕夫、龍馬都因為有所思念，哀傷而不肯再前行，僕夫、龍馬如此，作為主人翁的屈原，那更是不願棄祖國而去，屈原仍然心繫楚國，因此他將「從彭咸之所居」，切盼跟隨彭咸而去，為楚國投江自沉。

屈原在〈離騷〉裡，雖然是以神話構築成虛構的神仙世界，但屈原的周遊天地，上下求索，正反映出他在現實世界的困境，以及他所要追求的理想，可見〈離騷〉裡的神話是帶有現實意義。

（八）理想性

人在現實世界面臨困境，就會追求理想，並期望能達成理想。屈原在作品裡，描寫出壯闊的神話世界，是源自於現實的苦悶。〈遠遊〉首句即寫出此篇的主旨：「悲時俗之迫阨兮，願輕舉而遠遊。」汪瑗《楚辭集解》云：

> 屈子之極言遠遊之樂者，非真有意於遠遊，而實悲世俗之迫阨，亦欲去之而不能。特假設之詞，聊舒其憤懣耳。[354]

由於屈原受到楚王不平的對待，初放漢北，再放江南，對身體及心靈造成極大的傷害，這些痛苦屈原都無法以言語形容，因此說：「遭沉濁而汙穢兮，獨鬱結其誰語。」屈原期望透過「遠遊」，遊於天地之間，藉此操縱世間一切事物，

---

[353] 陳怡良：〈瀝血嘔心，構思神奇──試探〈離騷〉及其神話天地之創作理念〉，《屈原文學論集》，頁 154。

[354] 〔明〕汪瑗：《楚辭集解》，收錄於吳平、回達強主編：《楚辭文獻集成》，冊 5，頁 2，總頁數 3413。

以達成自己的願望。他在幻想遠遊時，將神仙世界寫入〈遠遊〉之中，也展現出屈原無盡的想像力。

　　屈原在〈遠遊〉裡，遨遊天地四方。成為能驅遣神靈的大神，有龍馬為他駕車，「駕八龍之婉婉」，有鳳鳥盤旋在四周，「鳳皇翼其承旂」、「鸞鳥軒翥而翔飛」，有風伯為他引路，「前飛廉以啟路」、「風伯為余先驅」，有雨師、雷公為他護衛，「左雨師使徑侍兮，右雷公以為衛」，有隨行的歌樂，「張〈咸池〉奏〈承雲〉兮，二女御〈九韶〉歌。使湘靈鼓瑟兮，令海若舞馮夷」。這些神靈都臣服於屈原，服侍屈原，營造出車隊盛大的景象。而屈原以大神的身份，拜訪東方之神句芒與太皓、西方之神蓐收與少皓、南方之神炎神祝融、北方之神玄冥與顓頊。

　　殷光熹《楚辭注評》說〈遠遊〉此篇：

> 主人公遍遊上下四方，各路諸神，或迎或護，或伴樂，或助興，出盡風頭，
> 暢快自在，原先滿腔悲憤，得以宣洩。通過創作〈遠遊〉中的想像活動，
> 使自己的心靈得以慰藉和滿足。[355]

　　在神話世界裡，屈原是掌管操控這個世界的大神，這反映出他在現實世界裡的困頓，他無法親近楚王，為楚王效勞。因此在〈遠遊〉裡想像他不只超越了凡人，也超越眾神，他可以驅遣他們，以彌補他在現實世界中的孤獨，與內心的缺憾。

綜上所述，屈賦裡的神話，在內容上是從萬物有靈發展，而人與神能互相交流相感。神話表現在屈原的作品裡，是將優美與壯美，和諧的結合，並無扞格不入的情況。屈原透過書寫神話，目的是要反抗現實的困阨，追求永生以實現理想。而屈原在在神話世界裡，他能神遊天地，驅遣神靈，以表示地位之尊貴，能操控世間萬物。屈賦神話有時代性、地域性、宗教性、戲劇性、神聖性、浪漫性、現實性、理想性，這些思想特徵是同時具備，並不互相矛盾。透過分析屈原作品裡的神話，可以看出屈原神話觀，其組織架構是相當龐大而且井然有序，有他的特色之處。

---

[355] 殷光熹：《楚辭注評》，頁 262。

第六章　儒道並蓄，會通化成──屈原之儒道思想對其處世及文學創作的影響

從前面探究屈原與儒家、道家的淵源與關係，可知他確實有儒道思想，並在生命與作品裡，表現出儒、道兩家的哲理與素養。本章將進一步討論屈原的儒、道思想對他的處世及文學創作，到底產生何種影響。

本章首先討論屈原的儒、道思想，如何共同體現在生命裡，其實即呈現出儒道互補，這也反映在他的處世態度。而屈原又如何轉化儒、道哲理思想，並影響文學藝術風格，此即涉及思想轉化問題。其次，則討論屈原文學創作表現的內涵，即是文學精神，這也與他的儒、道思想有關。再次，討論屈原如何突破以往的窠臼，使《楚辭》成為中國文學的源頭之一，展現出屈原的創造性，而此即創新文學，使文學有了新的活力與生命。最後，則討論屈原的歷史地位為何，屈原能將儒、道思想，轉化為內在涵養，並呈現在作品與生命之中，而使他在中國文學與歷史上，有著重要的地位，成為後世文人學者的榜樣。

第一節　屈原儒道互補與轉化

屈原吸收儒家與道家思想，而這兩家哲理思想在生命裡，是互補的。如他的積極用世，即表現出儒家理念，他的神遊天地，則表現出道家意識。而儒家思想的「中正」以及道家思想的「自然」，在他的思想，則能和諧的結合。而屈原對儒、道思想的轉化，也是「儒道互補」，這不只是屈原自身的互相彌補，也是屈原對儒、道思想的進一步充實。儒、道思想影響屈原，而屈原也影響儒、道思想，在身心、生命中的體現。而他吸收的儒、道思想，也使他涵育更深厚的文學素養，且轉化成為創作理念，以建立文學風格，使文章同時有兩種不同的藝術風貌，一為典雅，一為遠奧。以下就（一）積極用世，神遊天地。（二）秉持中正，崇尚自然。（三）對儒道思想的影響。（四）對文學風格的影響。說明屈原的儒道互補與轉化。

一、積極用世，神遊天地

屈原的積極用世，與他的政治生涯息息相關。屈原任職三閭大夫時，負責教導楚國貴族子弟，將他們培養成人才，為君王所用。而他任職左徒時，負責內政與外交。

屈原進入楚國朝廷，一展長才，效忠楚王，期望楚王能跟隨前代聖主的腳步，能像堯、舜、禹、湯、文王、武王、齊桓公、秦穆公、晉文公等英明的先君先王，推行仁政，完成美政的理想，他忠心的事奉楚王，擔心楚王政權的顛覆。他以歷史上的賢臣為例，如皋陶、伊尹、傅說、呂望、甯戚、百里奚等人，是能輔佐聖王成功者，而伯夷、彭咸、申徒、比干、申生、介之推、伍子胥等人，是為君王

國家而殉節者。這些賢臣無論是輔佐明君聖主，或是效忠昏君暴主，都是盡心盡力的為君王效力，因此屈原對他們讚譽有加。

屈原在政治上，遇到了楚國裡的黨人佞臣，他們結成朋黨，貪婪求索，違背法律，嫉妒他人的賢能，遮蔽他人的美好，又在楚王面前挑撥離間，使屈原因此被疏遠放逐。屈原面對迫害，仍然堅持正道，不同流合污，不隨波逐流。即使屈原無法向他人訴說他的忠心，內心也明白此種作為，將使他面臨死亡，但他仍然信守中正之道，至死不渝。

屈原的神遊天地，與他被疏遠放逐有關。當屈原無法得到楚王的信任，初疏漢北，再放江南，而使他回到楚國郢都的日子遙遙無期，不知何年何月才能回去。屈原在這樣身心俱疲的情況下，產生了神遊天地的幻想。

在〈離騷〉裡，屈原有三次的神遊。第一次是從蒼梧出發，到達縣圃，在靈瑣稍作停留，讓龍馬在咸池飲水，屈原前往天門，想要進入天庭，面見天帝，但最終是以失敗作結。第二次是渡過白水，登上閬風，卻哀傷於高丘上無女可求，而向下界求女。首先追求宓妃，但因宓妃的無禮而放棄。接著追求有娀之佚女，但因鴆鳥的阻撓，雄鳩的佻巧，而無法成功。最後追求有虞之二姚，但因媒人的笨拙，也終告失敗。第三次是重新周遊天地，從天津出發，到達西極，經過流沙，在赤水邊徘徊，路過不周山，向西海前去，最終是在空中瞥見楚國，而不忍前行。

在〈遠遊〉裡，屈原服食行氣，修煉己身，「載營魄而登霞」，神遊天地，拜訪四方神靈。屈原進入帝宮，從太儀出發，到達於微閭。首先拜訪東方之神句芒，經過東方之帝太皓。屈原接著轉往拜訪西方之神蓐收，以及西方之帝少皓，並指向南方拜訪炎神祝融，最終是前去拜訪北方之帝顓頊，以及北方之神玄冥。屈原周遊四方上下，最終達到至清無為的境界，與道並鄰。

湯炳正《楚辭今注》說：「在屈原的政治生涯中，初時為王信任，草創憲令，表現了『來吾導夫先路』的強烈的政治改革願望。當政治失意之際，則又言『漠虛靜以恬愉兮，澹無為而自得』。這種前後思想的變化，在歷史人物中比比皆是。」[1]屈原的儒、道哲理思想，在生命歷程裡有著重要的影響。他的儒家理念，使他積極用世，展現出現實精神，而他的道家意識，使他能脫離世俗干擾，表現出浪漫精神，而儒家與道家、入世與出世、現實與浪漫，則是同時在體現在屈原身上，既不衝突、矛盾，而且能和諧共存，均能呈現在作品裡，可說自然而然，毫不勉強，屈原的文學天分，得到儒、道兩家的哲理薰陶，表現在作品中，當然會發光發熱，透射出五光十色的光芒。

二、秉持中正，崇尚自然

屈原的處世態度，在於「中正」與「自然」。「中正」一詞，見於〈離騷〉的「跪敷衽以陳辭兮，耿吾既得此中正」，而「自然」一詞，見於〈遠遊〉的「無滑而魂兮，彼將自然」。從字義來看，「中正」是屬於儒家思想，而「自然」是屬於道家思想。但分析屈賦裡的「中正」、「自然」，可發現有共通之處。以下舉例

---

[1] 湯炳正等注：《楚辭今注》，頁 179-180。

說明之。

以天道觀為例，屈原認為天命無常，「德」是獲得天命的方式。他舉出歷史上的聖主賢君，施行善政，將道德散佈於天下，因此而獲得天命，得以治理天下。而歷史上的昏君庸主，施行暴政，迫害人民百姓，因此而失去天命，無法治理天下。君王施政合「德」，就是合乎「中正」之道。屈原又認為天道有它的規律，它遵循的規律即是「自然」。屈原列舉歷代君王的興衰榮辱，可知君王施政符合天道，則可使政權延續下去，若是施政不符天道，則將失去王位，甚至失去生命。可見屈原的天道觀，有著儒家與道家的特色。

再以修身觀為例，屈原在〈離騷〉自敘世系，他的先祖是古代帝王顓頊以及楚國列祖列宗，有著良好的出身背景。而他是寅年、寅月、寅日出生，在中國古代，這是吉祥的時日。因此屈原出生之時，即有美善的內在。他的父親伯庸為屈原命名，也是寄寓著此種美善，命名為「正則」，命字為「靈均」，分別是「平」、「原」之義。

屈原有美好的內在，他也不忘修養己身，而屈原修身之法又可分為儒家與道家。在儒家方面，他藉由德、孝、仁、義、禮、智等儒家德目修身，堅持不懈，使自己達到美善的層次，他也推己及人，使他人也能接近美善。屈原的內美與修身，都使他有著中正的涵養。而屈原遵循自然，以虛靜無為修養精神，減低個人欲望，不去追求在外在的物質生活。屈原也不認同縱欲無度，淫遊佚敗之事，並予以批判。屈原是以儒家與道家的修養方法修身，是集儒、道思想於一身。

再進一步分析屈賦裡的「中正」與「自然」，可以發現它們都是使屈原由凡人進入仙界的媒介。

在〈離騷〉裡，屈原向舜陳辭，陳述歷史上的聖主與昏君，為何而興，為何而亡，並且論及自己的政治理念。屈原說道：「耿吾既得此中正」，他是正大光明，內心符合中正之道，因此能夠「駟玉虬以乘鷖兮，溘埃風余上征」，他乘駕著龍、鳳，塵土飛揚，進到神仙世界。屈原是得到中正之道，而得以周遊上下。

在〈遠遊〉裡，屈原向王子喬請教得道之法，王子喬說道：「無滑而魂兮，彼將自然。」王子喬指示屈原，不要去擾亂靈魂，「道」將會自然來臨。王子喬提供的得道之法，在於「自然」。屈原經過修煉，使身心合於自然，而進入神仙世界。屈原已達到自然的狀態，而能夠神遊天地。

透過上述比較，可知「中正」與「自然」，都是屈原神遊之時，必須具備的條件。在屈原的作品裡，儒家的「中正」和道家的「自然」，有著相近的意義，卻也是不相排斥，反而能自然的相融在屈原一人身上。

在本論著裡，論述了屈原與儒、道思想的淵源與關係，而他也同時有儒、道思想。然而，屈原最終是以投江自沉結束生命，傅錫壬〈從莊子思想析論屈原之死〉一文中，說明屈原的死亡：「如果歸納起來看，他（指屈原）是死於自己的個性。個性形成後是很難改易的。屈原的死或也是命吧！具備儒家精神的人，往往能進不能退，能仕不能隱，若偶能以老莊思想，作出世逍遙之遊，發遁世去俗

之思，不為外物係累，順應自然，其人生自可圓融了。」[2]這就說明了，屈原在生命結束之時，以儒家的入世為依歸，而非選擇道家的出世。

三、對儒道思想的影響

屈原的哲學思想有它的獨特性，除了前節所述的「儒道互補」，即儒家與道家思想互相彌補外，即因「儒道互補」，彌補了儒家與道家思想不足之處。方英敏《屈原》說：「屈原美學在多方面都表現出與儒、道美學的本質區別，從不同向度對儒、道美學作了補充。」[3]而屈原對儒、道之補充，則如張法《中國美學史》所說：

> 屈騷傳統，之能成為中國美學的一個可以單獨列出來的主幹，在於兩方面。一是構成儒家的補充。有了屈原，儒家才有了敢愛敢怨、有勇有情的真性。這樣儒家就有了三個方面，即其一，治世之際的治國平天下的雅儒；其二，亂世之際的孔顏樂處；其三，亂世之際的捨身忠臣。二是對道家的補充。屈騷傳統的一往情深，進入道家，造就了魏晉風度。從美學的角度看，可以說，道家加屈騷構成了玄學的美學。沒有屈騷，道家只有全身遠害的形而上超脫，加上屈騷，形而上的超脫就轉化成了既獨立於朝廷，又獨立於鄉村的士人情懷。[4]

因為屈原，使儒家有了盡忠君國、為君國殉節的忠臣。因為屈原，使得道家有了身處社會、政治，又超脫於社會、政治的士人。屈原的士人精神，補充了儒、道兩家的不足，而他也成為中國古代士人裡的典範。

屈原遭到楚國黨人的迫害，又被楚王誤解，而他無法為自己辯駁。屈原在面對這些困境時，自始至終，都秉持著中正之道，以中正之道對抗時俗的迫阨，即使溘死流亡，軀體四散，他也毫不後悔。最終屈原是選擇投江自沉，使生命發揮最大效用，期楚王能就此覺悟。他的死亡，塑造出儒者忠臣的形象，不過誠如《老子》所云：「死而不亡者壽」[5]，此即洪興祖《楚辭補注》云：「屈原雖死，猶不死也。」梁啟超《屈原研究》也說：「屈原不死，屈原惟自殺故，越發不死」[6]，成為永垂青史的不朽人物。

屈原被疏遠放逐而離開楚國，使他有輕舉遠遊的想像。透過羽化成仙，他能超越時間、空間，他能脫離朝廷、世人，他獨立宇宙之外，且能掌握世間的一切，就連神聖偉大的神靈，都臣服於屈原。而他的神遊天地，也有現實意義，是要探求神秘，掌握命運，表現出對世間不即不離的風範。

---

[2] 傅錫王：〈從莊子思想析論屈原之死〉，《山川寂寞衣冠淚──屈原的悲歌世界》（臺北：時報文化出版公司，1987年），頁59。

[3] 方英敏：《屈原》（昆明：雲南教育出版社，2011年），頁145。

[4] 張法：《中國美學史》（上海：上海人民出版社，2000年），頁338。

[5] 〔春秋〕老子著，朱謙之校釋：《老子校釋》，〈三十三章〉，頁134。

[6] 梁啟超：《屈原研究》，收錄於吳平、回達強主編：《楚辭文獻集成》，冊25，頁17729。

四、對文學風格的影響

　　屈原在儒、道思想的轉化，也影響文學風格。王國維〈屈子文學之精神〉曾評論屈原及其作品：

> 屈子南人而學北方之學者也，南方學派之思想，本與當時封建貴族之制度不能相容。故雖南方之貴族，亦常奉北方之思想焉，觀屈子之文，可以徵之。其所稱之聖王，則有若高辛，堯、舜、湯、少康、武丁、文、武，賢人則有若皋陶、摯說、彭、咸、（謂彭祖、巫咸，商之賢臣也，與「巫咸將夕降兮」之巫咸，自是二人，《列子》所謂「鄭有神巫名季咸」者也。）比干、伯夷、呂望、甯戚、百里、介推、子胥，暴君則有若夏啟、羿、浞、桀、紂，皆北方學者之所常稱道，而於南方學者所稱黃帝、廣成等不一及焉。……然就屈子文學之形式言之，則所負於南方學派者抑又不少。彼之豐富之想像力，實與莊、列為近。〈天問〉、〈遠遊〉鑿空之談，求女謬悠之語，莊語之不足，而繼之以諧，於是思想之遊戲，更為自由矣。[7]

　　文中提及，南北文化交流，屈原雖是南人，卻學北方，他的文章即可證明，文中及提到屈原「豐富之想像力，實與莊、列為近而〈天問〉、〈遠遊〉鑿空之談，求女謬悠之語，莊語之不足，繼之以諧」，即代表著屈原思想的自由奔放，無比遏止的想像，實受到莊、列的影響，易言之，儒、道兩家哲理思想，如如何影響屈原的文學，而屈原則能和諧結合儒道兩家，統一組合兩種不同的文學風格。

　　劉勰《文心雕龍·體性》對於文章風格，提出八體[8]，其中的「典雅」、「遠奧」是：

> 典雅者，鎔式經誥，方軌儒門者也；遠奧者，複采曲文，經理玄宗者也。[9]

　　周振甫《文心雕龍注釋》注「方軌儒門」說：「依傍儒家立論」，而注「經理玄宗」說：「按照道家立論」。[10]周振甫又說：「典雅，內容是『方軌儒門』，文辭是『鎔式經誥』；遠奧，內容是『經理玄宗』，文辭是『複采曲文』。」[11]儒家思想與道家思想對文學風格，都有影響。屈原因為儒、道思想，使作品同時有「典雅」、「遠奧」兩種風格。

---

[7] 王國維著，謝維揚、房鑫亮主編：〈屈子文學之精神〉，《王國維全集》，冊 14，文編，頁 100-101。

[8] 按：此八體為典雅、遠奧、精約、顯附、繁縟、壯麗、新奇、輕靡。見：〔南朝梁〕劉勰著，周振甫注：《文心雕龍注釋》，〈體性〉，頁 535。

[9] 〔南朝梁〕劉勰著，周振甫注：《文心雕龍注釋》，〈體性〉，頁 535。

[10] 〔南朝梁〕劉勰著，周振甫注：《文心雕龍注釋》，〈體性〉，頁 538。

[11] 〔南朝梁〕劉勰著，周振甫注：《文心雕龍注釋》，〈體性〉，頁 546。

就典雅而言，屈原取材儒家典籍，論述歷代君王，可以看出他對事理的透徹分析，而就遠奧而言，屈原繼承道家思想，書寫神遊天地，可以看出他有深遠玄妙的想像。從屈原就舜陳辭的內容，以及他進入神仙世界的描寫，可知道此二者的差異。

屈原在〈離騷〉陳述啟的貪娛自縱，羿的淫遊佚畋，澆的縱欲不忍，桀的違背常道，后辛的菹醢賢臣，是儒者所批判的暴君，而禹、湯的莊重祗敬，文王、武王的論道莫差，這些是儒者所讚揚的聖主。屈原在此是呈現出典雅的風格。屈原在陳辭之後，得到中正美氣，得以輕舉神遊。屈原描述他乘龍駕鳳，遊於蒼梧、縣圃、靈瑣、咸池等仙鄉之地，他命望舒、飛廉、鸞皇、鳳鳥等神話人物與靈禽動物為他引路護駕。屈原在此呈現出遠奧的風格。

屈原以自身的才學，結合自身的才華，把兩種不同的文學風格組織起來，而兩者並不互相衝突。屈原之所以能成為千古詩神，〈離騷〉之所以被稱為千古奇文，由此可知，儒、道兩家哲理，是如何的影響到屈原文學的風格，更重要的，是能讓屈原文學形成有生命的文學。

第二節　屈原的文學精神

屈原的文學精神，承繼儒、道思想，並表現在言志抒情，這是其背景因素。屈原透過文學創作抒情言志之時，呈現出內在涵養。以下就（一）發憤抒情，窮而後工。（二）含英咀華，存留精粹。說明屈原的文學精神之所在。

一、發憤抒情，窮而後工

在儒家思想裡，孔子有云：「詩可以怨」（《論語‧陽貨》），這是在儒家在詩教裡，認為詩人可針對時代風氣，而表達內心的諷怨之情。而在道家思想裡，老、莊所提出的論說，是對當時社會的反抗。在中國詩歌的傳統裡，有「言志抒情」說。就言志而言，《尚書‧虞書》云：「詩言志，歌永言。」[12]又《詩經‧詩序》云：「詩者，志之所之也，在心為志，發言為詩。」[13]詩人透過詩歌可以表達內心的意志。張少康《中國文學理論批評史》說：「先秦時期人們對『志』的理解是比較狹隘的，所謂『志』，主要是指政治上的抱負。」[14]張少康又說：「《詩經》是重在『言志』的，《楚辭》則是強調通過『抒情』而達到『言志』的目的。」[15]屈原的《楚辭》在《詩經》「言志」的基礎上，藉由抒情，表達情志。

分析屈賦，可知屈原的言志抒情。〈離騷〉云：「屈心而抑志」，〈惜誦〉云：「願陳志而無路」、「有志極而無旁」，〈思美人〉云：「欲變節以從俗兮，媿易初而屈志」。在〈離騷〉裡，屈原委屈自己的心意，壓抑心志，在〈惜誦〉裡，屈原想要陳述心志，卻毫無辦法。他內心有其志向，卻無旁人能協助，在〈思美人〉裡，屈原說道，若要他改變節操追隨世俗，這是愧對當初的志向。在這些文句裡，

---

[12] 《尚書》，卷3，〈舜典‧虞書〉，頁26，總頁數46。

[13] 《詩經》，卷1-1，〈毛詩序〉，頁5，總頁數13。

[14] 張少康：《中國文學理論批評史》（北京：北京大學出版社，2005年），頁20。

[15] 張少康：《中國文學理論批評史》，頁80。

「志」字都與政治意志相關。

　　屈原將情感與心志聯結在一起，如〈思美人〉云：「申旦以舒中情兮，志沈菀而莫達」，〈懷沙〉云：「撫情效志」，而屈原言志的方式即是抒情，如〈惜誦〉云：「惜誦以致愍兮，發憤以抒情」，說明他要透過詩歌抒發情感。屈原在其他作品也說道此種情況，例如〈抽思〉云：「結微情以陳詞」、「茲歷情以陳辭」，〈惜往日〉云：「願陳情以白行」，〈悲回風〉云：「竊賦詩之所明」，都是說明要陳述並抒發內心的情感。屈原的「志」，是指政治意志，而屈原透過文學創作抒情言志，其原因就是他在政治上的困窮，由於理念無法實現，事業受到阻礙，美政無法完成，因此他要發憤抒情，賦詩明志。

　　司馬遷《史記‧太史公自序》云：「屈原放逐，著〈離騷〉。」[16]韓愈〈送孟東野序〉云：「大凡物不得其平則鳴。……楚，大國也，其亡也，以屈原鳴。」[17]司馬遷和韓愈都說明，屈原因為放逐，無法挽救楚國的滅亡，因而著作文章。韓愈〈荊潭唱和詩序〉說：「窮苦之言易好也。」[18]歐陽脩更進一步的說：

> 予聞世謂詩人少達而多窮，夫豈然哉？蓋世所傳詩者，多出於古窮人之辭也。凡士之蘊其所有而不得施於世者，多喜自放於山巔水涯。外見蟲魚、草木、風雲、鳥獸之狀類，往往探其奇怪。內有憂思感憤之鬱積，其興於怨刺，以道羈臣寡婦之所歎，而寫人情之難言，蓋愈窮則愈工。然則非詩之能窮人，殆窮者而後工也。（〈梅聖俞詩集序〉）[19]

> 失志之人，窮居隱約，苦心危慮，而極於精思，與其有所感激發憤，惟無所施於世者，皆一寓於文辭。故曰窮者之言易工也。（〈薛簡肅公文集序〉）[20]

　　歐陽脩提出了「窮而後工」的觀念。歐陽脩說道，窮人之所以窮，是在於「不得施於世」、「無所施於世」，即是在政治上的不如意，無法順遂，因此內心有憂思哀怨之情，而要透過文章寫作抒發內心情感，因之，可以說困窮的環境，往往是激發創作靈感的泉源，一些偉大的作品，則由此而產生，屈原的遭遇與創作，豈不是如此？

　　屈原青少年時期，就立志進入政壇，〈橘頌〉云：「深固難徙，更壹志兮」、「嗟爾幼志，有以異兮」。他在懷王時期，擔任三閭大夫，培養人才，〈離騷〉云：

---

[16]　《史記》，卷130，〈太史公自序〉，頁28，總頁數1338。

[17]　〔唐〕韓愈：〈送孟東野序〉，收錄於〔清〕董誥等編：《欽定全唐文》（臺北：大通書局，1979年4版），冊12，卷555，頁1-2，總頁7125。

[18]　〔唐〕韓愈：〈送孟東野序〉，收錄於〔清〕董誥等編：《欽定全唐文》，冊12，卷556，頁14，總頁7145。

[19]　〔宋〕歐陽脩：〈梅聖俞詩集序〉，收錄於曾棗莊、劉琳主編：《全宋文》（上海：上海辭書出版社，2006年），冊34，卷717，頁52。

[20]　〔宋〕歐陽脩：〈薛簡肅公文集序〉，收錄於曾棗莊、劉琳主編：《全宋文》，冊34，卷716，頁66。

「余既滋蘭之九畹兮，又樹蕙之百畝。」其後受到重用，被任命為左徒，為楚國變法，〈惜往日〉云：「惜往日之曾信兮，受命詔以昭詩。奉先功以照下兮，明法度之嫌疑。」但是因為上官大夫進讒，使得屈原被楚懷王疏遠，〈離騷〉云：「初既與余成言兮，後悔遁而有他。」之後又因楚頃襄王相信上官大夫、子蘭，而放逐屈原。

屈原被疏遠放逐，內心自是困苦不堪。劉安〈離騷傳〉云：「屈平正道直行，竭忠盡智以事其君，讒人間之，可謂窮矣。信而見疑，忠而被謗，能無怨乎？屈平之作〈離騷〉，蓋自怨生也。」[21]而司馬遷〈屈原列傳〉裡說屈原是「憂愁幽思而作〈離騷〉」。劉安也是認為屈原困窮，內心哀怨，而作〈離騷〉，而司馬遷則說明，屈原因其內心愁苦，而作〈離騷〉。因為屈原的「窮」，才產生〈離騷〉這樣偉大的文學作品，終能傳頌千古，享譽文壇，豈是僥倖得來？當然，這也印證文人「窮而後工」，是一句顛撲不破的真理。

二、含英咀華，存留精粹

劉勰《文心雕龍·體性》論影響作家風格的要素，說：

> 夫情動而言形，理發而文見，蓋沿隱以至顯，因內而符外者也。然才有庸俊，氣有剛柔，學有淺深，習有雅鄭，並情性所鑠，陶染所凝，是以筆區雲譎，文苑波詭者矣。[22]

作家觸動情感，而將它表達出來，作家體會哲理，而寫成文章，由隱至顯，是由內在而表現到外在。然而才能有平庸與出眾，氣質有剛健與柔弱，學力有淺薄與深厚，習性有高雅與俚俗。這些都是內在情性所型塑，以及外在環境的影響，因此文筆有詭譎波折的區分。劉勰提出四項要素，「才」、「氣」、「學」、「習」。其中，「才」、「氣」是指作家的內在本質，「學」、「習」是指作家接受外在環境的薰陶。

屈原在〈離騷〉云：「紛吾既有此內美兮，又重之以修能。」說道他擁有美好資質，並且好修為常。他的內外兼美，也影響著的文學創作。屈原的內美，是先祖為古代帝王與楚王，是楚國的貴族，他又出生於吉時，父親伯庸命名寄寓內在美好。

屈原的外美，是透過學習修養而成。他在青少年時，接受貴族養成教育，他曾經任職三閭大夫，教導貴族子弟，之後則擔任左徒，負責內政與外交。這些經歷，都必須依靠學問涵養，才能勝任這些職務。他是以儒家德目修養己身，「重仁襲義」、「身服義而未沫」，而他的一生也是以中正之道，貫徹始終。屈原又接觸到道家，並且加以吸收，因此有「無為」、「虛靜」的觀念，當他困窮時，而有神遊天地的想像。

---

[21] 〔漢〕劉安：〈離騷傳〉，見：李誠、熊良智主編：《楚辭評論集覽》，頁2。
[22] 〔南朝梁〕劉勰著，周振甫注：《文心雕龍注釋》，〈體性〉，頁535。

屈原生長在楚國，楚國的自然環境能引發屈原內心情感的波動，劉勰《文心雕龍・物色》云：

> 春秋代序，陰陽慘舒，物色之動，心亦搖焉。……情以物遷，辭以情發。……屈平所以能洞監〈風〉、〈騷〉之情者，抑亦江山之助乎！[23]

由於四季的更替，天氣的陰晴轉換，使得景色變動，人們的內心也因此而搖蕩。詩人的情感隨著外物而變遷，詩文也依著情感而產生，劉勰在此說明外在事物與詩人內心情感的關係。他認為，屈原能夠體察《詩經・國風》以及楚騷詩體的情韻，成為偉大的作家，或許有江山景物聲色的幫助吧。屈原受到楚國山川景物的薰陶，使得文學作品，洋溢著豐富的情感。

屈原有豐富的學識，再加上神奇的想像，使得文章超越前人。王國維〈屈子文學之精神〉曾說：

> （屈子文學）變《三百篇》之體而為長句，變短什而為長篇，於是感情之發表更為宛轉矣。此皆古代北方文學之所未有，而其端自屈子開之。然所以驅使想像而成此大文學者，實由其北方之肫摯的性格。此莊周等之所以僅為哲學家，而周、秦間之大詩人，不能不獨數屈子也。[24]

此處暫且不論屈原的想像，是否是因為「其北方之肫摯的性格」所造成，但屈原能改變《詩經》的體製，將《詩經》的短篇變為長篇，與情感、想像有極大的關係，而屈原的想像結合他的文筆，因此得以超越莊周等哲學家，而成為正史上第一位文學家。

屈原的文章，受到內美與外美的影響，呈現出藝術的美感。陳怡良先生〈屈原的審美觀及〈離騷〉的「奇」「豔」之美〉，在「奇之美」舉出五項：1.體裁奇：自傳體裁，詩史創例。2.立意奇：自「怨」而生，以寓規諷。3.結構奇：迴環往復，曲盡其妙。4.情節奇：神怪不經，詭譎難測。5.手法奇：修辭多方，目眩神奪。而在「豔之美」亦舉五項：1.心靈美：行芳志潔，追求完美。2.語言美：麗辭豔句，文采斐然。3.感情美：血淚文字，悲情感人。4.想像美：上天入地，神思奇想。5.意象美：絢爛多次，豐富絕倫。[25]〈離騷〉一篇，就有這樣多種的美感，而屈原自身的才學是關鍵，他能透過哲學思想修養自己，又能審視外在事物的美感，屈原又善於選擇其中的精華，將它寫入作品裡，因此他的作品，就是一生精粹的表現。

---

[23] 〔南朝梁〕劉勰著，周振甫注：《文心雕龍注釋》，〈物色〉，頁 845-846。
[24] 王國維著，謝維揚、房鑫亮主編：〈屈子文學之精神〉，《王國維全集》，冊 14，文編，頁 101。
[25] 陳怡良：〈屈原的審美觀及〈離騷〉的「奇」「豔」之美〉，《屈騷審美與修辭》，頁 118。

第三節　屈原的創新文學

屈原及其作品的地位，劉勰《文心雕龍·辨騷》云：「自〈風〉〈雅〉寢聲，莫或抽緒，奇文鬱起，其〈離騷〉哉！」[26]劉師培〈論文雜記〉也說：「屈、宋《楚辭》，憂深思遠，上承〈風〉、〈雅〉之遺，下啟詞章之體，亦中國文章之祖也。」[27]《楚辭》是繼《詩經》之後重要的文學作品，也是中國文學的源頭，而屈原是中國文學首位作家。另外，蘇雪林〈屈原〉一文中，曾加以揄揚，認為應該「尊他為『中國文學之父』」。[28]姜亮夫《楚辭今繹講錄》也說：

> 屈原肯定讀過《詩經》，但屈賦有自己的特點，有它自己的路子，遠遠超過《詩經》的水平。……因此我的講法是：不要把《楚辭》作為《詩經》的後繼，而應該是把《楚辭》與詩經並列。[29]

姜亮夫認為「屈賦有自己的特點」、「遠遠超過《詩經》的水平」，那麼屈賦的特點為何？它又是如何超越《詩經》？值得再深入探討。以下就（一）取鎔經意，自鑄偉辭。（二）突破窠臼，新變代雄。說明屈原的創新文學。

一、取鎔經意，自鑄偉辭

劉勰《文心雕龍·辨騷》評論屈賦云：「取鎔經意，亦自鑄偉辭。」[30]前句是就內容而言，後句是就形式而言。根據劉勰《文心雕龍》首五篇樞紐論之〈原道〉、〈徵聖〉、〈宗經〉來看，劉勰所說的「經意」，是指儒家之經典，王逸〈離騷後敘〉亦云：「〈離騷〉之文，依託《五經》以立義焉。」說明屈原除了取用儒家思想的旨意外，他也曾自創文辭。從屈原的儒家思想，以及他使用與儒家相關的詞語來看，的確有向儒家借鑑之處。但屈原也不只有向儒家學習，他也向老、莊道家，以及其他諸子來學習。

就「取鎔經意」而言，屈原在思想上承繼諸子思想，以儒、道思想為例，屈原以仁、義、忠、信修身，即是儒家思想的表現，而屈原服食行氣的修煉，神遊天地之想像，即是道家思想的表現。本論著討論屈原「修身、齊家、治國、平天下」的觀念，這就是屈原對儒家思想的接受，而屈原的自然觀、歷史觀、修養觀、神話觀，這就是屈原對道家思想的接受。透過本論著的研究，可知屈原接受與吸收儒家與道家思想，並表現在生命與作品裡。

就「自鑄偉辭」而言，屈賦在文字上，借鑑先秦典籍。陳怡良先生在〈天問體製特色及其淵源淺探〉、〈〈橘頌〉的傳承與突破〉、〈屈原的審美素養及其〈離

---

[26] 〔南朝梁〕劉勰著，周振甫注：《文心雕龍注釋》，〈辨騷〉，頁63。
[27] 〔清〕劉師培著，萬仕國點校：《儀徵劉申叔遺書》，冊5，頁2086。
[28] 蘇雪林：〈屈原〉，《學術季刊》，第1卷，第4期（1955年6月），頁41。
[29] 姜亮夫：《楚辭今繹講錄》（昆明：雲南人民出版社，1999年），頁33。
[30] 〔南朝梁〕劉勰著，周振甫注：《文心雕龍注釋》，〈辨騷〉，頁64。

騷〉的藝術美〉等論文中，探討屈原作品裡運用的辭彙[31]，而筆者在本論第四章討論屈原之「智」中，也分析〈橘頌〉辭彙的出處。此四者互相參照，可知屈原在作品裡使用的辭彙，有出自《周易》、《尚書》、《左傳》、《老子》、《管子》、《論語》、《詩經》、《禮記》、《儀禮》、《穀梁傳》、《山海經》、《國語》、《戰國策》、《莊子》、《周禮》、《列子》、《鶡冠子》、《墨子》等書。屈原博覽群籍，將這些先秦珍貴典籍中的文辭融會貫通，並加以運用。

　　上述所舉，僅是屈原對先秦典籍的借鑑，屈原亦創造辭彙。陳怡良先生在〈屈原的審美觀及〈離騷〉的「奇」、「豔」之美〉特別舉出「前修」、「曖曖」、「蘭皋」、「修名」、「椒丘」等詞，是屈原所創造。[32]筆者再以〈橘頌〉為例，舉例如下：

〈橘頌〉文句	後世文人襲用之處
綠葉素榮	「素榮」為屈原所創造。後世文人曾加以襲用，如：魏·曹植〈橘賦〉云：「朱實不衒，焉得素榮。」[33]唐·柳宗元〈省試觀慶雲圖詩〉云：「裂素榮光發，舒華瑞色敷。」[34]唐·李德裕〈進瑞橘賦狀〉云：「今月十九日，聖恩賜臣朱橘三顆者。……始發素榮，俄成丹實，誠宜奉金華之宴，助玉食之甘。」[35]
紛縕宜修	「紛縕」為屈原所創造。後代學者詩人，亦加以因襲，如：漢·班固〈東都賦〉附〈寶鼎詩〉云：「寶鼎見兮色紛縕。煥其炳兮被龍文。」[36]南朝梁·沈約《宋書·志·符瑞下》云：「若雲非雲，若煙非煙，五色紛縕，謂之慶雲。」[37]南朝齊·王融〈古意詩〉之二云：「千里不相聞，寸心鬱紛縕。」[38]
蘇世獨立	「蘇世」為屈原所創造。後代詩人作家，也運用此詞，如：晉·左思〈魏都賦〉云：「庶覘鄁家與剗廬，非蘇世而居正。」[39]明·

---

[31] 陳怡良：〈天問體製特色及其淵源淺探〉，《屈原文學論集》，頁281-285、〈〈橘頌〉的傳承與突破——兼論屈原創作〈橘頌〉之緣因與勝處〉，《雲夢學刊》，第33卷，第1期（2012年1月），頁36-37、〈屈原的審美素養及其〈離騷〉的藝術美〉，見：國立成功大學文學院主辦：「蘇雪林及其同代作家國際學術研討會」會議論文集，（臺南：國立成功大學文學院，2014年10月31日），頁52-54。

[32] 陳怡良：〈屈原的審美觀及〈離騷〉的「奇」、「豔」之美〉，《屈騷審美與修辭》，頁84-85。

[33] 〔魏〕曹植：〈橘賦〉，收錄於〔清〕嚴可均輯：《全上古三代秦漢三國六朝文》，冊2，全三國文，卷14，頁3，總頁1129。

[34] 〔唐〕柳宗元：〈省試觀慶雲圖詩〉，收錄於〔清〕清聖祖編：《新校標點全唐詩》（臺北：宏業書局，1982年再版），上冊，卷353，頁3960，總頁數991。

[35] 〔唐〕李德裕：〈進瑞橘賦狀〉，收錄於〔清〕董誥等編：《欽定全唐文》，冊15，卷703，頁11，總頁9142。

[36] 〔漢〕班固：〈東都賦〉，收錄於〔清〕嚴可均輯：《全上古三代秦漢三國六朝文》，冊1，全後漢文，卷24，頁9，總頁606。

[37] 〔南朝梁〕沈約：《宋書》（臺北：新文豐出版公司，1975年初版），卷29，〈志·符瑞下〉，頁11，總頁數428。

[38] 〔齊〕王融：〈古意詩〉，收錄於逯欽立輯：《先秦漢魏晉南北朝詩》（臺北：木鐸出版社，1988年），中冊，齊詩，卷2，頁1397。

[39] 〔晉〕左思：〈魏都賦〉，收錄於〔清〕嚴可均輯：《全上古三代秦漢三國六朝文》，冊2，全晉文，卷74，頁16-17，總頁1889。

	張羽〈寄吳隱君〉云：「五芝非吾茹，聊以 蘇世 瘵。」[40]
淑離不淫	「淑離」為屈原所創造。蔣驥《山帶閣注楚辭》注云：「離， 麗也。」[41]漢、唐詩人作家亦取用之，如：漢・張衡〈定情賦〉 云：「夫何妖女之 淑麗 ，光華豔而秀容。」[42]唐・王勃〈採蓮賦〉 云：「紅光兮碧色，稟天地之 淑麗 ，承雨露之霑飾。」[43]

以上為筆者所見，屈原在青少年所作的〈橘頌〉一篇，就創造了四個詞語，更無論其他作品，可見屈原「自鑄偉辭」的情況。屈賦在內容與形式上，是繼承前代，但又另有其創新，這正是屈賦得以被後世頌揚的原因。

二、突破窠臼，創新文體

蕭子顯《南齊書・文學傳論》云：「若無新變，不能代雄。」[44]在文學演變的過程裡，當文學發展到極致，而將面臨困境時，若不能突破，則文學必走入死胡同裡，因此為了延續其生命，就要當加入新的元素，有新的變化，以取代舊的文體，形成新的文學風潮。《楚辭》確實是繼承於《詩經》，此前學者已有論述，茲引述如下：

《楚辭》者，《詩》之變也。（徐師曾《文體明辨》）[45]

《三百篇》之不能不降而為《楚辭》。（顧炎武《日知錄・詩體代降》）[46]

《詩經》與《楚辭》，在創作方法的主要傾向和詩歌的形式、風格方面，雖具有不同特色，但在文學發展的源流和相互的影響上，是有聯繫的。（劉大杰《中國文學發展史》）[47]

《楚辭》雖是南方楚地詩歌，但與產生於黃河流域之《詩經》並非全無關係。……春秋後期，《詩經》已經流傳楚地。《楚辭》之時代既在詩經之後，

---

[40] 〔明〕張羽：〈寄吳隱君〉，《靜居集》，收錄於《四部叢刊三編》（上海：上海書店，1986年），冊72，卷1，頁30。

[41] 〔清〕蔣驥：《山帶閣注楚辭》，收錄於〔清〕王夫之等著：《清人楚辭注三種》，頁138。

[42] 〔漢〕張衡：〈定情賦〉，收錄於〔清〕嚴可均輯：《全上古三代秦漢三國六朝文》，冊2，全後漢文，卷53，頁9，總頁769。

[43] 〔唐〕王勃：〈採蓮賦〉，收錄於〔清〕董誥等編：《欽定全唐文》，冊4，卷277，頁16，總頁2276。

[44] 〔南朝梁〕蕭子顯：〈文學傳論〉，《南齊書》（臺北：新文豐出版公司，1975年初版），卷52，〈列傳〉，頁18，總頁數418。

[45] 〔明〕徐師曾：《文體明辨》，收錄於吳平、回達強主編：《楚辭文獻集成》，冊4，卷2，頁21，總頁數2529。

[46] 〔清〕顧炎武：〈詩體代降〉，《日知錄》，收錄於〔清〕顧炎武著：《顧炎武全集》（上海：上海古籍出版社，2011年），冊19，卷21，頁813。

[47] 劉大杰：《中國文學發展史》，上冊，頁112。

則形式上受《詩經》部分影響，自是不免。(葉慶炳《中國文學史》)[48]

《楚辭》確實是承繼《詩經》，但《楚辭》是如何新變，而成為有別於《詩經》的文學體製？是值得注意之處。游國恩《楚辭概論》即說明：

> 《楚辭》的價值不在他能傳《詩經》的統，是在他能夠革新，能夠脫離「三百篇」的舊腔調而獨立，為我國文學史上特闢一個新紀元，並且能夠影響於後來，造成文學界中一派絕大的勢力。[49]

陳怡良先生〈屈騷之「變」與「不變」〉一文中，提出五項屈騷之「變」，為 1.形式：韻散結合──鎔鑄眾體，別創一格。2.取材：虛實結合──現實刻畫，糅合神話。3.音律：詩樂結合──和以楚樂，節奏曼妙。4.造語：語文結合──化俗為雅，自鑄偉辭。5.運筆：奇華結合──文約辭微，驚采絕豔。[50]陳怡良先生綜合屈原的作品分析，筆者再從屈原文學創作的歷程進一步說明。

在屈原之前，中國文學裡最重要的詩歌是《詩經》，在孔子的時代已經有《詩三百》之說，孔子云：「《詩》三百，一言以蔽之，曰『思無邪』」(《論語·為政》)、「誦《詩》三百」(《論語·子路》)。在春秋戰國時期，使節進行國際外交時，引《詩》、賦《詩》蔚為風氣，可見《詩經》影響的廣大。在屈原之時，社會上最常使用的詩歌形式，即是《詩經》的四言體。詩歌發展至此時，已經面臨了困境，已無新的變化。直到屈原的出現，才突破這樣的困境。

屈原接受貴族養成教育，又曾經出使齊國，他必定是讀過《詩經》的。屈原在青少年時期所作的〈橘頌〉，就是模仿《詩經》而作，但也有屈原的創新。陸侃如《屈原評傳》曾評論〈橘頌〉說：「他(屈原)的作品中也有些不很高明。別的不談，只就〈橘頌〉而論，我覺得有兩種很重要的缺點，使我們無從讚美。這一點也可證明這篇是他壯年的未成熟的作品。那兩點重要的缺點是什麼呢？第一是詩思的窘狹。……第二個缺點是抽象話太多。」[51]筆者以為，屈原在青少年之時，有豐富的學識，未有豐富的閱歷，他能向《詩經》學習，寫作出〈橘頌〉這樣的作品，是相當不容易的。而且屈原並非一味的模仿《詩經》，而有創新，陳怡良先生在〈〈橘頌〉的傳承與突破〉一文中，說明〈橘頌〉的拓新，在於「主題之創新」、「體製之改造」、「比興之錯綜」、「比擬之巧用」、「語言之精鍊」、「角色之形塑」。[52]屈原在〈橘頌〉的創新，已經在為之後的楚辭體奠定基礎。

〈天問〉寫作的時間，「從內容主題和表現情操上看，〈天問〉可能作於〈橘

---

[48] 葉慶炳：《中國文學史》，上冊，頁 30。
[49] 游國恩：《楚辭概論》，收錄於游國恩著，游寶諒編：《游國恩楚辭論著集》，冊 3，頁 38。
[50] 陳怡良：〈屈騷之「變」與「不變」〉，《屈騷審美與修辭》，頁 7-20。
[51] 陸侃如《屈原評傳》，收錄於吳平、回達強主編：《楚辭文獻集成》，冊 28，總頁數 19993-19997。
[52] 陳怡良：〈〈橘頌〉的傳承與突破──兼論屈原創作〈橘頌〉之緣因與勝處〉，《雲夢學刊》，第 33 卷，第 1 期 (2012 年 1 月)，頁 40-42。

頌〉之後,〈九歌〉之前」[53],〈天問〉是作於〈橘頌〉之後,而〈天問〉仍保留《詩經》的影子。在形式上,〈天問〉是以《詩經》四言詩的句式為主[54],而〈天問〉以「曰」字起首,共一百七十餘個問題,在篇幅上已經大大的超越《詩經》,「變短什而為長篇」(王國維〈屈子之文學精神〉)。在內容上,〈天問〉問天文、地理、神話傳說、歷史之事,所問之事包羅萬象,這也是不同於《詩經》之處。陳怡良先生在〈天問體製特色及其淵源淺探〉一文中,探討〈天問〉體製的來源,為「初民懷疑心理之自然反映」、「詩經體裁之有意仿效」、「祝禱文辭的揣摩習作」、「往古歌謠的因襲傳承」、「古籍群書的理路引導」、「陰陽學派之思想啟迪」、「詩人才情之偉大呈現」。[55]其中,第一至六項是外在因素,第七項是內在因素,也是最重要的因素。屈原若無創造才華,也就無法成功寫出〈天問〉。

屈原在〈天問〉之後,改寫民間祭歌〈九歌〉,「〈九歌〉之加工改作,應是屈原擔任三閭之職時,較有可能,而其時是在懷王時,且屈原未升任左徒前」。[56]吳天任《楚辭文學的特質》說明〈九歌〉句式:「每句都有兮字,安置在句的中間」。[57]從〈九歌〉的形式來看,雖然還有留有《詩經》的遺風,例如〈湘君〉云:「蓀橈兮蘭旌」、「揚靈兮未極」、「桂櫂兮蘭枻,斲冰兮積雪」,將中間的虛字「兮」去除,就是四言的形式。但屈原使用「兮」字,使句式變成五字,這就不同於《詩經》了。而且在〈九歌〉裡,「以六字或七字為多,但仍有長短參錯之妙」[58],可見屈原即將擺脫《詩經》的形式,而邁向楚辭體的形式。再論〈九歌〉的內容,從屈原改寫民間祭歌來看,他將原先〈九歌〉「蠻荊陋俗,詞既鄙俚,而其陰陽人鬼之間,又或不能無褻慢淫荒之雜」(朱熹《楚辭集注》),改寫成為典雅有致的文學篇章。屈原是將〈九歌〉化俗為雅,而他在這個過程裡,他也會向〈九歌〉的民間習俗學習,也影響他往後的篇章,例如〈惜誦〉的「指蒼天以為正」,〈離騷〉的「就重華而陳辭」,就是向蒼天或前聖祝禱的儀式。

屈原在經歷過寫作〈橘頌〉、〈天問〉、〈九歌〉之後,接著是創作〈惜誦〉。此篇的寫作時間,陳怡良先生根據林雲銘、蔣驥、游國恩之見,並加以闡明,認為〈惜誦〉是「當作於見疏被放之前」。[59]而〈惜誦〉在形式與內容上也有突破,在句式上,是以六言為主,吳天任《楚辭文學的特質》將〈惜誦〉列「離騷句系」,說:「〈惜誦〉、〈哀郢〉、〈思美人〉、〈惜往日〉、〈悲回風〉等五篇全用〈離騷〉體式。」[60]〈惜誦〉的形式是脫離《詩經》,而具楚辭體的形式。而在內容上,〈惜誦〉五次言「忠」,表示屈原的忠心,而〈惜誦〉裡「昔余夢登天」、「吾使厲神

---

[53] 陳怡良:〈天問的思想內容及其文學價值〉,《屈原文學論集》,頁 317。

[54] 〈天問〉之句法,游國恩《楚辭概論》有深入討論,並說:「篇中雖以四言為主,但最短的有三言,最長的有七言,又有五言及六言。」見:游國恩《楚辭概論》,收錄於游國恩著,游寶諒編:《游國恩楚辭論著集》,冊 3,頁 83。

[55] 陳怡良:〈天問體製特色及其淵源淺探〉,《屈原文學論集》,頁 265-291。

[56] 陳怡良:〈九歌新論──九歌意義與特質探新〉,《屈原文學論集》,頁 198。

[57] 陳怡良:〈屈原的狂熱與執著〉,《屈原文學論集》,頁 56。

[58] 吳天任:《楚辭文學的特質》,頁 57。

[59] 陳怡良:〈楚辭惜誦題義及其主題意識〉,《屈原文學論集》,頁 390。

[60] 吳天任:《楚辭文學的特質》,頁 56。

占之」這些神遊與占卜的情節，都可在〈離騷〉裡找到對應之處。聶石樵《楚辭新注》說：「〈惜誦〉應是屈原早年的作品，結構和內容很像〈離騷〉，可能是〈離騷〉的初稿。」[61]陳怡良先生更將〈惜誦〉視為〈離騷〉之「萌芽」、「前奏」、「習作」。[62]可見屈原已經具備寫作〈離騷〉的能力。

屈原偉大的作品〈離騷〉，其寫作時間，蘇雪林《楚騷新詁》說：「據《新序‧節士篇》、《漢書‧賈誼傳》、《風俗通‧六國篇》，都說屈原放逐乃作〈離騷〉，我承認是對的」、「懷疑屈原第一次被謫時〈離騷〉只有三分之二，還有三分之一是後來陸續補成的，或將原稿文字自加改竄的，並且我還要武斷一句，〈離騷〉直到汨羅自殺前，始成定本」。[63]而陳怡良先生又依「〈離騷〉文中所展現之時代背景」、「〈離騷〉文中某些特定之詞義」、「〈離騷〉文義所顯現屈原心態」、「〈離騷〉本文所表現之深厚工力」，加以研判，並說：「〈〈離騷〉〉其初撰或在屈原初放之時，為懷王二十四年，屈原三十九歲，而後隨詩人坎坷不平之際遇，波濤起伏之心路歷程，不斷增補與改竄，甚而不惜易稿數次，直至晚年，始成定本……其完成其間，自是可能跨越懷、襄二王時代。」[64]透過蘇雪林與陳怡良先生的研究，可知〈離騷〉是屈原初放之時所作，寫作時間正是接在〈惜誦〉之後，並在沉江之前完成。而在這段時間裡，屈原持續的寫作，如〈九章〉其他篇章、〈卜居〉、〈漁父〉、〈招魂〉、〈遠遊〉等篇。

綜觀屈原的寫作歷程，可以看出屈原對文學創作的熱愛。他以其自身的才華，並且博覽群書，而得以突破以往的窠臼，有以下數端：1.體製形式的創造。屈原打破詩壇上數百年以《詩經》四言短篇形式，而創造出長篇長句的楚辭體。2.寫作方式的創造。屈原突破以往《詩經》的集體創作為主的寫作方式，而是以個人的身份寫作。3.作品內容的創造。屈原將他對楚國的熱愛，對楚王的忠心，對黨人的批評，對世俗的迫阨，結合所知所學，在作品裡表現出作家的高尚情操，凸顯出作家的自我個性，表現出風格與人格之一致。

以上所論，是在詩歌方面，屈原對《詩經》在體製、寫作方式、作品內容的創新。屈原對諸子典籍，也有創新之處。以〈遠遊〉為例，梁啟超《屈原研究》說：「〈遠遊〉一篇，是屈原宇宙觀、人生觀的全部表現，是當時南方哲學思想之現於文學者。」[65]從梁啟超的評論，可知屈原是將哲學思想，融入在文學作品裡，並以詩歌的方式呈現，這在當時是前所未見的。

再以〈天問〉為例，姜亮夫《屈原賦校注》論此篇說：「此蓋屈子學說之粹集」、「〈天問〉所陳，蓋皆當時諸家競說之事，而按之以實」[66]，王泗原《楚辭校釋》說：「連問一百六十七個疑問而以詩的形式表達，千古無兩。」[67]在〈天問〉

---

[61] 聶石樵：《楚辭新注》（北京：商務印書館，2004年），頁86。

[62] 陳怡良：〈楚辭惜誦題義及其主題意識〉，《屈原文學論集》，頁378。

[63] 蘇雪林：《楚騷新詁》，〈第一篇，離騷，導論〉，頁4-7。

[64] 陳怡良：〈瀝血嘔心，構思神奇——試探〈離騷〉及其神話天地之創作理念〉，《屈原文學論集》，頁133-140。

[65] 梁啟超：《屈原研究》，收錄於吳平、回達強主編：《楚辭文獻集成》，冊25，頁17717。

[66] 姜亮夫：《屈原賦校注》，頁271、272。

[67] 王泗原：《楚辭校釋》，頁83。

裡所問之事，包含著先秦諸子的學說，是屈原哲學思想的精華。屈原以疑問的方式，透過詩歌的手法表現，這也是哲學融入文學的創新。屈原寫作出〈遠遊〉、〈天問〉這樣富有哲理的文學篇章，更遑論屈原的其他篇章了。由於屈原的勇於創新，也成就了屈原的文學地位，而屈原影響後世文人，也正在此處。

第四節　屈原的歷史地位

　　《楚辭》是繼《詩經》之後重要的文學作品，〈辨騷〉云：「自〈風〉〈雅〉寢聲，莫或抽緒，奇文鬱起，其〈離騷〉哉！」[68]而屈原是中國歷史上第一位文人，〈辨騷〉又云：「不有屈原，豈見〈離騷〉？」[69]可見屈原有著重要的歷史地位。以下就（一）文學之父，千古詩神。（二）人品詩品，後世典範。說明屈原的歷史地位。

一、文學之父，千古詩神

　　屈原在文學方面的偉大，在於他創作了〈離騷〉、〈天問〉、〈九歌〉等篇章，這些都是歷久彌新的文學作品。趙南星《離騷經訂注》云：「世有屈子，乃能為〈離騷〉。」[70]只有屈原，才能寫作出像〈離騷〉這樣的作品，而林雲銘《楚辭燈》說屈原是「古今第一等人物」，作品為「古今第一等手筆」。[71]劉安〈離騷傳〉評論〈離騷〉的內容及情感說：

> 〈國風〉好色而不淫，〈小雅〉怨誹而不亂。若〈離騷〉者，可謂兼之矣。
> 上稱帝嚳，下道齊桓，中述湯、武，以刺世事，明道德之廣崇，治亂之條
> 貫，靡不畢見。[72]

　　劉安將〈離騷〉比作《詩經》裡的〈國風〉、〈小雅〉。用〈國風〉的「好色而不淫」比擬〈離騷〉，是指在〈離騷〉裡寫道三次求女的過程，皆以失敗為收場。屈原求女失敗以比喻求賢失敗，國中無志同道合之人，能與屈原一同實現美政。至於用〈小雅〉的「怨誹而不亂」比擬〈離騷〉，是因為〈小雅〉裡有些怨刺詩，斥責政治社會的黑暗，並感嘆作者自己的遭遇。屈原作〈離騷〉也有相同的用意，由於讒人毀謗，屈原乃藉〈離騷〉抒發自身的不平之氣，但其辭婉轉，猶不失為溫柔敦厚，不至產生危亂。在〈離騷〉裡的時間跨度，從五帝的帝嚳開始，到春秋的齊桓公，目的是為了闡明仁義道德的廣大與崇高，治世與亂世的條例，在〈離騷〉以此為主題，貫穿全篇。

　　王國維〈屈子文學之精神〉說：「大詩歌之出，必須俟北方人之感情，與南

68　〔南朝梁〕劉勰著，周振甫注：《文心雕龍注釋》，〈辨騷〉，頁 63。
69　〔南朝梁〕劉勰著，周振甫注：《文心雕龍注釋》，〈辨騷〉，頁 65。
70　〔明〕趙星南：《離騷經訂注》，收錄於黃靈庚主編：《楚辭文獻叢刊》，冊 33，頁 484-485。
71　〔清〕林雲銘：《楚辭燈》，卷 1，頁 17。
72　〔漢〕劉安：〈離騷傳〉，見：李誠、熊良智主編：《楚辭評論集覽》，頁 2。

方人之想像合而為一，即必通南北之驛騎而後可，斯即屈子其人也。」[73]王國維指出屈原詩歌的特色，在於情感與想像互相結合才能產生。以〈離騷〉為例，云：

> 奏〈九歌〉而舞〈韶〉兮，聊假日以媮樂。陟陞皇之赫戲兮，忽臨睨夫舊鄉。僕夫悲余馬懷兮，蜷局顧而不行。

此處描寫了屈原內心情感的轉折。屈原在神遊天地之時，車隊奏起〈九歌〉以及〈韶〉樂，他姑且在這段時光裡尋求歡樂。當他要登上皇天準備離開楚國之時，忽然低頭望見下界的故鄉楚國，為他駕車的僕夫與龍馬都感到悲傷，因而蜷縮回顧，不肯再前行，而身為主人翁的屈原，自然是更加的哀傷了，當然更是回歸祖國，不再離開祖國了。因為屈原的想像，他在文學作品裡是能遊歷天地，因為屈原的情感，使得文學作品更能觸動人心。賀貽孫《騷筏・總評》評〈離騷〉曰：「古今第一篇忠愛至文者」[74]，而劉大杰《中國文學發展史》評論〈離騷〉是「屈原將他的思想、感情、想像、人格，融合為一，通過綺麗絢爛的文采和高度的藝術，傾吐出自己的歷史、理想，表達出對於昏庸王室和腐敗貴族的憤恨，而流露出愛國愛家愛百姓的深厚的感情」[75]，確實如此。

屈原的其他作品，林庚《詩人屈原及其作品》論〈天問〉：「這一部傑作一直成為詩壇的怪謎。」[76]蘇雪林《天問正簡》則說：「二千數百年來，〈大問〉始終是中國文學史上最難猜測的謎。」[77]至於〈九歌〉，孫鑛評論云：「句法稍碎而特奇陗，在《楚辭》中最為精潔。」[78]而陸侃如、馮沅君合著《中國文學史簡編》則說：「一、詞句秀美。二、理想高超。三、表情真摯。」[79]即使是「直致無潤色」[80]的〈九章〉，陳本禮《屈辭精義》也是極為讚賞：「直賦其事，而淒音苦節，動天地而泣鬼神，豈尋常筆墨能測」[81]。

屈原作品的文學價值，劉勰《文心雕龍・辨騷》云：「氣往轢古，辭來切今，驚采絕豔，難與並能」[82]，而王逸《楚辭章句・離騷後敘》則云：「金相玉振，百世無匹，名垂罔極，永不刊滅」，足以證明屈原作品，既具開創性，又具永恆性，使得歷代詩人作家，莫不奉屈原為詩賦的開山祖師，而「擷酌其英華，則象其從容」（班固〈離騷序〉）。《文心雕龍・時序》更提到其影響說：「爰自漢室，迄自

---

[73] 王國維著，謝維揚、房鑫亮主編：〈屈子文學之精神〉，《王國維全集》，冊14，文編，頁100。
[74] 〔明〕賀貽孫：《騷筏》，收錄於吳平、回達強主編：《楚辭文獻集成》，冊24，頁40，總頁17530。
[75] 劉大杰：《中國文學發展史》，上冊，頁127。
[76] 林庚：《詩人屈原及其作品》，收錄於林庚：《林庚楚辭研究兩種》，頁11。
[77] 蘇雪林：《天問正簡》，〈自序〉，頁1。
[78] 孫鑛此語見：〔明〕蔣之翹：《七十二家評《楚辭》》，收錄於吳平、回達強主編：《楚辭文獻集成》，冊22，頁15，總頁16061。
[79] 陸侃如、馮沅君：《中國文學史簡編》，收錄於陸侃如、馮沅君著：《陸侃如馮沅君合集》（合肥：安徽教育出版社，2011年），冊3，頁20。
[80] 〔宋〕朱熹：《楚辭集注》，卷4，頁73。
[81] 〔清〕陳本禮：《屈辭精義》，收錄於吳平、回達強主編：《楚辭文獻集成》，冊15，卷4，頁1，總頁數10439。
[82] 〔南朝梁〕劉勰著，周振甫注：《文心雕龍注釋》，〈辨騷〉，頁64。

成哀，雖世漸百齡，辭人九變，而大抵所歸，祖述《楚辭》，靈均餘影，於是乎在。」[83]其影響於後世，既深且久，所以它的文學價值，是萬古不磨，歷久不衰的。

二、人品詩品，後世典範

清代劉熙載《藝概·詩概》說：

> 詩品出於人品。人品惆款朴忠者最上，超然高舉、誅茅力耕者次之，送往勞來、從俗富貴者無譏焉。[84]

確實，屈原的文學作品，拔萃出類，空前絕後，不只是他自身文學才華的展現，實際也出諸於高尚人品，方能成為後世文人作家的典範。袁行霈主編《中國文學史》說：

> 屈原對後世影響最大的，是他那砥礪不懈、特立獨行的節操，以及在逆境之中敢於堅持真理，敢於反抗黑暗統治的精神。屈原的遭遇是中國封建時代正直的文人士子普遍經歷過的，因此屈原的精神能夠得到廣泛的認同。[85]

屈原已經成為了中國文人作家的典型模範，這也與他的人品相關，劉安〈離騷傳〉評論屈原：

> 其志潔，故其稱物芳，其行廉，故死而不容自疏，濯淖汙泥之中，蟬蛻於濁穢，以浮游塵埃之外，不獲世之滋垢，皭然泥而不滓者也。推此志也，雖與日月爭光可也。[86]

屈原的志向高潔，用香草美人來比喻事物，他的行為廉明，至死也不與奸佞共處。他能自我遠離混亂污濁的塵世，保持清白，不與那些小人合流。即使不容於小人之間，也是堅持自己的行為。當他要面對死亡，也是從容以對。由於屈原的潔身自愛，以及人格的高尚，可以與日月爭光。

除〈離騷〉外，楚辭學者也給予屈原其他作品極高的評價，例如司馬遷《史記·屈原列傳》的「太史公曰」寫道：

> 余讀〈離騷〉、〈天問〉、〈招魂〉、〈哀郢〉，悲其志。適長沙，觀屈原所自

---

[83]〔南朝梁〕劉勰著，周振甫注：《文心雕龍注釋》，〈時序〉，頁814。
[84]〔清〕劉熙載撰，袁津琥校注：《藝概注稿》（北京：中華書局，2014年重印），上冊，卷2，詩概，頁395。
[85] 袁行霈主編：《中國文學史》（臺北：五南圖書公司，2011年2版），上冊，頁125。
[86]〔漢〕劉安：〈離騷傳〉，見：李誠、熊良智主編：《楚辭評論集覽》，頁2。

沈淵，未嘗不垂涕想見其為人。

　　司馬遷〈屈原列傳〉篇末贊語，言及〈離騷〉、〈天問〉、〈招魂〉、〈哀郢〉，分析此四篇之內容，也可知司馬遷所悲之「志」為何。〈離騷〉的結構，如劉安〈離騷傳〉所言為「一篇之中，三致志焉」[87]，陳怡良先生贊同王邦采分三大段之見，並分別加上標題為「述懷」、「幻覺」、「了悟」[88]，屈原先敘述內心的懷抱，以幻遊天地來表明心意，最後覺悟到在情感上無法離開楚國，只能追隨彭咸而去。至於〈天問〉，是屈原作於被疏放之前，全篇以「曰」字起始，連問一百七十二個問題，包括了天文、地理、神話與歷史，表達出他對外在環境的憤恨與不滿。〈招魂〉一篇，屈原欲招懷王之魂，並在亂辭中懷想當年與懷王一同出獵的場景，也是忠君思君的表現。〈哀郢〉則是屈原被放逐於江南時，以追憶的方式回想當年的情況，為讒言所毀，仍不忍離開楚國郢都，最後雖然被迫被逐放，然而他無時無刻，都想著有一天能返回祖國，「羌靈魂之欲歸兮，何須臾而忘反」。從以上論述，可知司馬遷所舉的四篇，其中情感有對君王的忠心，有對環境的憤懣，而屈原如此忠君愛國，卻不受重用，司馬遷因此而悲傷。另一方面，司馬遷所悲之事，也包含對自身遭遇的哀傷。

　　其後，有不少文人藉由文學作品，歌詠屈原。唐代李白〈江上吟〉云：「屈平詞賦懸日月，楚王臺榭空山丘。」[89]宋代司馬光〈屈平詩〉云：「冤骨銷寒渚，忠魂失舊鄉。空餘《楚辭》在，猶與日爭光。」[90]明代史謹〈屈原廟〉云：「留得生前諸制作，千年光焰燭乾坤。」[91]清代王沛膏〈屈公祠題四首〉之一云：「二十五章憂國賦，行行盡是獨醒詞。」[92]屈原的詩歌，受到極高的推崇。蘇雪林〈屈原〉評論屈原說：

> 屈原這個人確實是異常偉大，他可以算得我們中國第一個天才詩人，第一個宏博的學者；他又是個熱情磅礴的愛國文人，一個極有眼光的政治家，一個酷愛真理，反抗強權的志士。他的芳潔熱烈的性情和堅貞卓犖的人格，已替我們文學界樹立了萬古不磨的典型；他遺留下來的二十幾篇作品，又在韻文疆域裡建立了一個極其強大的王國。[93]

　　由於屈原高尚的人品，結合了他的哲學思想、政治理念，並形諸於詩歌篇章，

87　〔漢〕劉安：〈離騷傳〉，見：李誠、熊良智主編：《楚辭評論集覽》，頁 2。
88　見：陳怡良：〈離騷的建築結構及其藝術成就〉，《屈原文學論集》（臺北：文津出版社，2002 年），頁 101-111。
89　〔唐〕李白：〈江上吟〉，《李太白全集》（臺北：河洛圖書出版社，1975 年臺初版），頁 182。
90　〔宋〕司馬光：〈屈平詩〉，收錄於北京大學古文獻研究所編：《全宋詩》（北京：北京大學出版社，1992 年），冊 9，卷 502，頁 6088。
91　〔明〕史謹：〈屈原廟〉，收錄於梅雲來、余波、張新明編輯：《吟屈原詩集》（武漢：湖北省秭歸縣屈原紀念館，1993 年），頁 48。
92　〔清〕王沛膏：〈屈公祠題四首〉，收錄於梅雲來、余波、張新明編輯：《吟屈原詩集》，頁 48。
93　蘇雪林：〈屈原〉，《學術季刊》，1953 年，第 1 卷第 4 期，頁 41。。

影響後世文人與文學相當深遠，「其衣被辭人，非一代也」（《文心雕龍・辨騷》），及前面提及的「靈均餘影，於是乎在」（《文心雕龍・時序》），蘇雪林稱他為「中國文學之父」，實至名歸，他該是當之無愧。

第七章　結論

　　李澤厚、劉紀剛著作《中國美學史》一書，將中國美學劃分成四大思潮，分別為儒家美學、道家美學、楚騷美學、禪宗美學。[1]除禪宗美學外，儒家美學、道家美學、楚騷美學，均產生於先秦時期，而楚騷美學即是以屈原為主的《楚辭》。

　　楚騷美學能成為有別於儒家美學、道家美學的第三種美學，屈原與他的作品是其中的關鍵。陳怡良先生《屈騷審美與修辭》〈楚騷美學〉一文中，說明屈原美學觀產生的大文化背景，為「南北文化匯聚」、「自然環境」、「楚地宗教」、「藝術氛圍」。[2]陳怡良先生提出的四項論點，第一項代表北方的文化與思想進入楚國，而第二至四項則是楚地獨特發展的成果。而屈原自身的創作與學術涵養，是構成楚騷美學的重要因素。

　　本論著以「屈原的儒道思想」為主題，從屈原的生平、為人、作品等角度，討論屈原與儒、道思想的關係，說明屈原如何接受儒、道思想，他又如何表現儒、道思想，而他的儒、道思想又如何影響他的處世及文學創作。因之本論著在此可再整理出要點如下：

　　第一，春秋戰國是諸子學說興盛的時代，屈原受到時代環境的影響，接觸諸子哲學思想，加以接受、轉化，取精汰粕，而建立自己獨特的哲學思想。研究屈原的哲學思想，必須了解他的生平與作品。從屈原與儒家、道家的關係，初步了解屈原與儒家、道家思想的淵源深厚，使他涵育儒、道思想。至於屈原與儒、道思想的關係，以及屈原的儒、道思想，是本論著要深入探討的主題。

　　第二，在商末至春秋時期，發生鬻熊為文王之師、周公奔楚、王子朝奔楚等大事，造成南北文化交流，將周朝典籍帶入楚國，也帶入王官之學。而儒家學者孔子曾經到過楚國，與楚國的屬地陳國、蔡縣，將儒家思帶進楚國，而孔子弟子，子張之儒、子思之儒、漆雕氏之儒，他們的思想也在楚國流傳。由於儒家學者到過楚國，也帶入儒家典籍，如《尚書》、《詩經》等書，隨後在楚國也產生一些儒者，如子弓、世碩、陳良、鐸椒等人。

　　屈原接受儒家思想，有其外緣與內因。在外緣部份，屈原接受貴族養成教育，授業於三閭大夫，受到師長的啟發以及儒家典籍的教化。他曾經出使齊國，與稷下學者交流，而有儒家思想。在內因部份，屈原的資質良善，擁有古代帝王顓頊以及歷代先祖先王的血統，他又出生於吉時，父親伯庸為他命名寄寓內美。而他本身是博聞彊志，又好修為常，因此養成有美好的內在與外在，品格自是至善至美。

　　屈原曾經任職三閭大夫與左徒，三閭大夫負責教育楚國貴族子弟，屈原必須熟悉典籍教材，才能教導學生，他所用的教材當為諸子百家經典，其中包括儒家典籍。左徒負責楚國的內政與外交，屈原要熟讀儒家典籍，才能在楚國變法，改

---

[1] 李澤厚、劉紀剛：《中國美學史》，上冊，頁22。

[2] 陳怡良：〈楚騷美學——以屈原作品為論述主軸〉，《屈騷審美與修辭》，頁34-43。

革內政。而屈原作為外交官出使他國時，也要熟讀《詩經》，以應付對答外交辭令。

第三，屈原的儒家思想，是遵照《禮記・大學》所言的「修身」、「齊家」、「治國」、「平天下」的一貫法則在進行。屈原的「修身」，是好修為常。他奉行儒家的修身之道，修養內在，也注重儀態，更培養高強的才幹，對修身堅持不懈，而且推己及人。他遵從儒家的德目，以德、孝、儒、義、禮、智、忠、信來修養自己。而儒家體現在生命裡，是秉持中正之道，並追求理想。他也重視生活，珍惜生命。對自己的出身，是重根務本，因此他熱愛鄉土，忠君愛國。他相信天命，認為施行德政是獲得天命的方式，更因此才會得到上天的輔助。由於他的懷才不遇，因而發憤抒情，但他表達情感之時，是直抒胸臆，表達內心的悲傷情感，抒情符合儒家的溫柔敦厚、中和之道，並不過於激烈。而他的「齊家」，是和家興族。他的先祖雖是古代帝王，但屈氏家族在屈原之時已經沒落，因此他以好修為常、培養人才、參與政治的方式，想要振興家族，再現榮光。而他的作為是有成效，如屈景、屈署就曾任職楚國國內的職務。

屈原的「治國」，是追求美政。他推崇聖主，並期望楚王能效法前代聖主，使楚國興盛。屈原認為君王要舉賢授能，他的歷史知識豐富，知道在歷史上有輔佐聖主成功者，有為君國事殉節者，因為遇到了聖主賢君或昏君庸主，導致吉凶禍福的際遇，就有不同，說明君臣遇合的重要。屈原透過培養人才，教導楚國貴族子弟各種學問知識，並且親身實踐。而屈原在楚國曾經主持變法，在內政方面，是起草憲令，施政以德為主，明訂賞罰條例，舉用廉能官吏，破除君王蔽塞，削弱貴族勢力，禁止朋比結黨，治國以民為本，推行耕戰制度。在外交方面，主張聯合齊國，共同對抗秦國。屈原的「平天下」，是先要楚國富強壯大，再求一統天下，為推動此主張，因此他推崇聖主、舉賢授能，先中興楚國，使楚國國富民強，百業興旺，等國力強大，聲威遠播後，再求一統天下。

第四，道家思想在楚國盛行，而道家思想的來源，有以老童、祝融、鬻熊為代表的楚族族學，以及透過南北文化交流而來的周朝官學，也與道家始祖老子，曾任職周朝守藏室之史有關。在戰國時期，稷下學宮沒落，學者四散，黃老學者進入楚國。在楚國內有眾多道家思想的學者與文人，道家學者有老子、庚桑楚、關尹、文子、老萊子、莊子、環淵、鶡冠子、詹何、長盧，以及從稷下來到楚國的慎到，而楚國蘭臺文人有宋玉、唐勒，屈原也可能為蘭臺文人。

由於屈原成長生活在楚國，他與道家學者莊子、環淵、詹何、慎到、鶡冠子等人，處於相同時代，因此有可能聽聞他們的事蹟，閱讀他們的著作，甚至與他們接觸。屈原有史官的家學，道家出於史官，因此他也會因其家學，而有道家思想。屈原又曾經出使齊國，稷下學宮是黃老思想興盛之地，頗有可能與稷下學者交流學術，而吸收了黃老思想。

第五，屈原的道家思想，表現在自然觀、歷史觀、修養觀與神話觀上。在自然觀裡，他認為一切的本體為「道」，「道」是無所不在，「道」不可言，而「道」法自然。屈原認為宇宙起源於「無」，而宇宙的初生是由「無」至「有」的過程，

而宇宙的發展，是歷經明暗、陰陽等變化。而屈原的天地觀，包括天體與天象，九州與崑崙，上下與四方。屈原的自然觀的特色，是用豐富的想像，以類推漸進的方式推論，這是結合了道家與陰陽家的思想。在歷史觀裡，認為歷史是以道為本，因此屈原崇尚天道，以歷史闡明人事，並且執古御今，得以追循「道」的規律。屈原認為歷史有資鑑作用，他參驗考實，辨證史事，透過史事的借鑑，觀往知來，他也舉證史事，以古誡今，諷諫君王。

在修養觀裡，他是養神重於養形，主張少私寡欲，無所企求，要以虛靜之心修養自己，則能無為而自得。屈原也不拋棄養形，他透過服食行氣修身，能使精神達到自然。屈原想像他進入神仙世界，在仙鄉之旅中，地位等同大神，形貌是風姿綽約，與《莊子》裡的神人形象相近。在神話觀裡，在主題內容方面，屈原認為萬物有靈，而且人與神能互相交感，屈原運用神話素材，是優美與壯美的和諧結合。由於屈原在現實世界的困頓，因此他透過書寫神話，以反抗現實，追求永生，他能羽化飛升，並驅遣神靈。屈原神話觀的思想特徵，有時代性、地域性、宗教性、戲劇性、神聖性、浪漫性、現實性、理想性。屈賦裡的神話，表現出他確實是一位擁有偉大才情與創造才能的詩人。

第六，屈原的儒、道思想，對處世與文學創作，影響甚大。在屈原的哲學思想裡，是儒、道互補，使他在現實世界裡積極用世，在想像世界裡神遊天地，可說既秉持中正，又崇尚自然。而他對哲學思想的轉化，是彌補儒、道思想的不足，儒、道思想對屈原的文學風格，也產生影響，使作品同時有典雅與遠奧的風格。而屈原所涵育而成的文學精神，使他能夠發憤抒情，也因處境困窮，反而在文學裡發光發熱。他以血淚創作的文學作品，無疑的，是他一生心血的結晶。尤其屈原在文學上的創新，是取用融會諸子思想，並自鑄新詞，使得他在文學創作上，突破以往的窠臼，運用方言，化俗為雅，以進入中國文學的殿堂，並成為中國文學的源頭之一。

綜上所述，屈原的思想所以能夠自成一家，有其原因在，雖然他是詩人、作家，並非思想家，但他能吸收接納諸子哲學思想，並且加以轉化與運用。若是屈原只接受諸子思想，那麼他僅能成為哲學家，若是屈原有豐富的哲學思想，而無文學的才華，他也無法將哲學思想，經過消化、融合，而化身在作品裡。屈原本身有富麗的才華，今又吸收高妙的哲學思想，以提升文學素養，而他將二者自然結合，使得作品既富有哲理，又富有文采，這也正是屈原能站在中國文學的巔峰，超拔古今，建立無人能比的地位一大因素。

徵引文獻

一、楚辭著作

（一）傳統文獻（依作者朝代先後排列）

〔漢〕王逸章句：《楚辭章句》，〔宋〕洪興祖補注：《楚辭補注》，臺北：大安出版社，2011 年 1 版 6 刷。

〔漢〕班固：〈離騷序〉，見：〔漢〕王逸章句，〔宋〕洪興祖補注：《楚辭補注》。

〔漢〕劉安：〈離騷傳〉，見：李誠、熊良智主編：《楚辭評論集覽》，武漢：湖北教育出版社，2002 年。

〔唐〕李善等六臣注：《六臣注文選（楚辭）》，收錄於吳平、回達強主編：《楚辭文獻集成》，揚州：廣陵書社，2008 年，冊 2。

〔唐〕陸善經：《楚辭釋文》，見：〔南朝梁〕蕭統編，佚名集注：《文選集注》，收錄於黃靈庚主編：《楚辭文獻叢刊》，北京：國家圖書館出版社，2014 年，冊 19。

〔宋〕朱熹：《楚辭集注》，臺北：河洛圖書出版社，1980 年臺初版。

〔宋〕吳仁傑：《離騷草木疏》，收錄於吳平、回達強主編：《楚辭文獻集成》，冊 25。

〔宋〕黃伯思：〈翼騷序〉，見：〔宋〕陳振孫：《直齋書錄解題》，北京：中華書局，1985 年新 1 版。

〔宋〕錢杲之：《離騷集傳》，收錄於吳平、回達強主編：《楚辭文獻集成》，冊 4。

〔明〕汪仲弘：《天問注補》，收錄於黃靈庚主編：《楚辭文獻叢刊》，冊 36。

〔明〕汪瑗：《楚辭集解》，收錄於吳平、回達強主編：《楚辭文獻集成》，冊 4。

〔明〕屠本畯：《讀騷大旨》，收錄於吳平、回達強主編《楚辭文獻集成》，冊 22。

〔明〕陳第：《屈宋古音義》，收錄於吳平、回達強主編：《楚辭文獻集成》，冊 10。

〔明〕賀貽孫：《騷筏》，收錄於吳平、回達強主編：《楚辭文獻集成》，冊 24。

〔明〕黃文煥：《楚辭聽直》，收錄於吳平、回達強主編：《楚辭文獻集成》，冊 7。

〔明〕趙星南：《離騷經訂注》，收錄於黃靈庚主編：《楚辭文獻叢刊》，冊 33。

〔明〕蔣之翹：《七十二家評《楚辭》》，收錄於吳平、回達強主編：《楚辭文獻集成》，冊 22。

〔清〕毛奇齡：《天問補注》，收錄於吳平、回達強主編：《楚辭文獻集成》，冊 10。

〔清〕王夫之：《楚辭通釋》，收錄於〔清〕王夫之等著：《清人楚辭注三種》，臺北：長安出版社，1980 年 3 版。

〔清〕王闓運：《楚辭釋》，收錄於吳平、回達強主編：《楚辭文獻集成》，冊 17。

〔清〕朱冀：《離騷辯》，收錄於吳平、回達強主編：《楚辭文獻集成》，冊 12。

〔清〕朱駿聲補注：《離騷賦注》，收錄於吳平、回達強主編：《楚辭文獻集成》，

冊 16。

〔清〕吳世尚：《楚辭疏》，收錄於黃靈庚主編：《楚辭文獻叢刊》，冊 55。

〔清〕李光地注：《離騷經》，收錄於吳平、回達強主編：《楚辭文獻集成》，冊 12。

〔清〕周拱辰：《離騷草木史》，收錄於吳平、回達強主編：《楚辭文獻集成》，冊 8。

〔清〕林仲懿：《讀離騷管見》，收錄於吳平、回達強主編：《楚辭文獻集成》，冊 13。

〔清〕林雲銘：《楚辭燈》，上海：華東師範大學出版社，2012 年。

〔清〕胡文英：《屈騷指掌》，收錄於吳平、回達強主編：《楚辭文獻集成》，冊 15。

〔清〕夏大霖：《屈騷心印》，收錄於吳平、回達強主編：《楚辭文獻集成》，冊 11。

〔清〕奚祿詒：《楚辭詳解》，收錄於黃靈庚主編：《楚辭文獻叢刊》，冊 54。

〔清〕徐煥龍：《屈辭洗髓》，收錄於黃靈庚主編：《楚辭文獻叢刊》，冊 48。

〔清〕馬其昶：《屈賦微》，收錄於吳平、回達強主編：《楚辭文獻集成》，冊 18。

〔清〕陳本禮：《屈辭精義》，收錄於吳平、回達強主編：《楚辭文獻集成》，冊 15。

〔清〕陳培壽：《楚辭大義述》，收錄於黃靈庚主編：《楚辭文獻叢刊》，冊 69。

〔清〕賀寬：《山響齋別集飲騷》，收錄於黃靈庚主編：《楚辭文獻叢刊》，冊 46。

〔清〕劉夢鵬：《屈子章句》，收錄於吳平、回達強主編：《楚辭文獻集成》，冊 27。

〔清〕劉獻廷：《離騷經講錄》，收錄於黃靈庚主編：《楚辭文獻叢刊》，冊 52。

〔清〕蔣驥：《山帶閣注楚辭》，收錄於〔清〕王夫之等著，《清人楚辭注三種》。

〔清〕鄭武撰：《寄夢堂屈子離騷論文》，收錄於黃靈庚主編：《楚辭文獻叢刊》，冊 47。

〔清〕魯筆：《楚辭達》，收錄於吳平、回達強主編：《楚辭文獻集成》，冊 10。

〔清〕錢澄之：《屈詁》，收錄於吳平、回達強主編：《楚辭文獻集成》，冊 9。

〔清〕戴震：《屈原賦注》，收錄於〔清〕王夫之等著：《清人楚辭注三種》。

（二）近人專著（依作者姓氏筆劃排列）

文懷沙：《屈原集》，北京：人民文學出版社，1953 年。

方英敏：《屈原》，昆明：雲南教育出版社，2011 年。

毛慶：《詩祖涅槃：屈原與他的詩》，北京：生活‧讀書‧新知三聯書店，1996 年。

王泗原：《楚辭校釋》，北京：中華書局，2014 年。

王錫三、郝志達主編：《東方詩魂》，北京：東方出版社，1993 年。

田耕滋：《屈原與儒、道文化論辨》，北京：中國社會科學出版社，2011 年 1 版 1 刷。

朱碧蓮：《楚辭論學叢稿》，臺北：文史哲出版社，2000 年初版。

朱碧蓮：《還芝齋讀楚辭》，上海：上海古籍出版社，2008 年。

何國治：《屈原詩歌的美學探索》，廣州：暨南大學出版社，2012 年 1 版。

何劍熏著，吳賢哲整理：《楚辭新詁》，四川：巴蜀書社，1994 年。

何錡章：《離騷天問考辨》，臺北：廣東出版社，1976 年。

吳天任：《楚辭文學的特質》，臺北：臺灣商務印書館，1972 年初版。

吳孟復：《屈原九章新箋》，合肥：黃山書社，1986 年。

吳廣平：《宋玉研究》，長沙：嶽麓書社，2004 年。

周建忠：《楚辭論稿》，鄭州：中州古籍出版社，1994 年 1 版。

周勛初：《九歌新論》，收錄於周勛初：《周勛初文集》，南京：江蘇古籍出版社，
　　　　2000 年。

林庚：《〈天問〉論箋》，收錄於林庚：《林庚楚辭研究兩種》，北京：清華大學出
　　　版社，2006 年。

林庚：《詩人屈原及其作品》，收錄於林庚：《林庚楚辭研究兩種》。

金開誠：《屈原集校注》，北京：中華書局，2011 年重印。

金開誠：《屈原辭研究》，南京：江蘇古籍出版社，2001 年 1 版 2 刷。

姚平：《離騷研究》，臺北：中國文化大學出版部，1992 年。

姜亮夫、姜昆武：《屈原與楚辭》，合肥：安徽教育出版社，1994 年。

姜亮夫：《二招校注》，收錄於姜亮夫：《姜亮夫全集》，昆明：雲南人民出版社，
　　　　2002 年，冊 6。

姜亮夫：《屈原賦校注》，臺北：文光圖書公司，1974 年再版。

姜亮夫：《重訂屈原賦校注》，收錄於姜亮夫：《姜亮夫全集》，冊 6。

姜亮夫：《楚辭今繹講錄》，昆明：雲南人民出版社，1999 年。

姜亮夫：《楚辭通故》，昆明：雲南人民出版社，2000 年。

姜亮夫：《楚辭學論文集》，收錄於姜亮夫著：《姜亮夫全集》，冊 8。

徐志嘯：《〈楚辭〉展奇》，杭州：浙江古籍出版社，2012 年。

徐志嘯：《楚辭綜論》，臺北：東大圖書公司，1994 年初版。

殷光熹：《楚辭注評》，北京：中國社會科學出版社，2015 年。

殷光熹：《楚辭論叢》，成都：巴蜀書社，2008 年 1 版 1 刷。

翁世華：《楚辭考校》，臺北：文史哲出版社，1987 年初版。

袁梅編：《楚辭詞典》，濟南：山東教育出版社，1999 年。

馬茂元主編：《楚辭注釋》，臺北：文津出版社，1993 年。

高亨：《楚辭選》，收錄於高亨著，董治安編：《高亨著作集林》，北京：清華大學
　　　出版社，2004 年。

張崇琛：《楚辭文化探微》，北京：新華出版社，1993 年 1 版。

曹人中：《屈原的思想與文學藝術》，長沙：湖南出版社，1991 年 1 版 1 刷。

梁啟超：《屈原研究》，收錄於吳平、回達強主編：《楚辭文獻集成》，冊 25。

章必功：《〈天問〉講稿》，北京：中華書局，2013 年。

許又方：《楚辭雜論》，臺北：文津出版社，2014 年。

郭沫若：《屈原研究》，收錄於郭沫若著作編輯出版委員會編：《郭沫若全集》，北
　　　　京：人民出版社，1982 年 1 版 1 刷。

郭維森：《屈原》，臺北：萬卷樓圖書公司，1992 年初版。

郭維森：《屈原評傳》，南京：南京大學出版社，2011 年 1 版 1 刷。

郭銀田：《屈原之思想及其藝術》，重慶：獨立出版社，1944 年初版。

陳子展：《楚辭直解》，江蘇：江蘇古籍出版社，1993 年 1 版 4 刷。

陳怡良：《屈原文學論集》，臺北：文津出版社有限公司，2002 年 2 刷。

陳怡良：《屈騷審美與修辭》，臺北：文津出版社，2008 年 1 版 1 刷。

陳直：《楚辭拾遺》，收錄於杜松柏主編：《楚辭彙編》，臺北：新文豐出版公司，
　　　1986 年臺 1 版，冊 7。

陳煒舜編著：《楚辭練要》，宜蘭：佛光人文社會學院，2006 年 1 版 1 刷。

陸侃如：《屈原評傳》，收錄於吳平、回達強主編：《楚辭文獻集成》，冊 28。

傅熊湘：《離騷章義》，收錄於黃靈庚主編：《楚辭文獻叢刊》，冊 70。

傅錫壬：《山川寂寞衣冠淚——屈原的悲歌世界》，臺北：時報文化出版公司，1987
　　　年。

傅錫壬：《新譯楚辭讀本》，臺北：三民書局，2011 年 3 版 3 刷。

彭紅衛：《屈原的文化人格研究》，武漢：華中師範大學出版社，2007 年。

彭毅：《楚辭詮微集》，臺北：臺灣學生書局，1999 年初版。

彭澤陶：《離騷嫖補注》，收錄於文清閣編委會編：《楚辭要籍選刊》，北京：北京
　　　燕山出版社，2008 年，冊 17。

游國恩：《天問纂義》，收錄於游國恩著，游寶諒編：《游國恩楚辭論著集》，北京：
　　　中華書局，2008 年 1 版 1 刷，冊 2。

游國恩：《屈原》，收入於游國恩著，游寶諒編：《游國恩楚辭論著集》，冊 3。

游國恩：《屈賦考源》，收錄於游國恩著，游寶諒編：《游國恩楚辭論著集》，冊 3。

游國恩：《楚辭概論》，收錄於游國恩著，游寶諒編：《游國恩楚辭論著集》，冊 3。

游國恩：《離騷纂義》，收錄於游國恩著，游寶諒編：《游國恩楚辭論著集》，冊 1。

湯炳正、李大明、李誠、熊良智注：《楚辭今注》，上海：上海古籍出版社，2012
　　　年 2 版。

湯炳正：《屈賦新探》，臺北：貫雅文化公司，1991 年初版。

湯炳正：《淵研樓屈學存稿》，北京：華齡出版社、中國社會科學出版社，2005 年。

湯炳正：《楚辭類稿》，臺北：貫雅文化公司，1991 年。

湯炳正講述，湯序波整理：《楚辭講座》，桂林：廣西師範大學出版社，2006 年。

黃碧璉：《屈原與楚文化研究》，臺北：文津出版社，1998 年。

詹安泰：《屈原》，收入於詹安泰：《屈原；宋詞研究》，上海：上海古籍出版社，
　　　2011 年 1 版。

詹詠翔：《〈離騷〉意象組織論》，臺北：花木蘭文化出版社，2013 年。

雷慶翼：《楚辭正解》，上海：學林出版社，1994 年 1 版。

廖群：《詩騷考古研究》，香港：香港大學出版社，2005 年。

聞一多：《天問疏證》，臺北：木鐸出版社，1982 年。

聞一多：《天問釋天》，收錄於吳平、回達強主編：《楚辭文獻集成》，冊 19。

聞一多：《離騷解詁》，收錄於吳平、回達強主編：《楚辭文獻集成》，冊 19。

臺靜農：《楚辭天問新箋》，臺北：藝文印書館，1972 年初版。

趙沛霖：《屈賦研究論衡》，臺北：聖環圖書公司，1994 年 1 版 1 刷。

趙逵大：《屈原與他的時代》，北京：人民文學出版社，2002 年 2 版。

趙逵夫：《屈騷探幽（修訂版）》，成都，巴蜀書社，2005 年。

趙逵夫主編：《楚辭語言詞典》，上海：上海辭書出版社，2013 年。

趙輝：《楚辭文化背景研究》，武漢：湖北教育出版社，1995 年 1 版 1 刷。

劉永濟：《屈賦音注詳解》，北京：中華書局，2007 年 1 版 1 刷。

劉永濟：《屈賦通箋；箋屈餘義》，北京：中華書局，2007 年。

劉殿爵、陳方正主編：《楚辭逐字索引》，香港：香港商務印書館，2000 年。

潘富俊：《楚辭植物圖鑑 2.0 版》，臺北：貓頭鷹出版社，2014 年 3 版。

蔣天樞：《楚辭校釋》，上海：上海古籍出版社，1989 年。

蔣天樞：《楚辭論文集》，西安：陝西人民文學出版社，1982 年。

衛瑜章：《離騷集釋》，收錄於吳平、回達強主編：《楚辭文獻集成》，冊 18。

魯瑞菁：《楚辭文心論》，臺北：里仁書局，2002 年初版。

蕭兵：《楚辭與美學》，臺北：文津出版社，2000 年。

繆天華：《離騷九歌九章淺釋》，臺北：東大圖書公司，1992 年修訂 3 版。

謝無量：《楚辭新論》，上海：商務印書館，1925 年 3 版。

聶石樵：《屈原論稿》，北京：中華書局，2010 年。

聶石樵：《楚辭新注》，北京：商務印書館，2004 年。

譚介甫：《屈賦新編》，臺北：里仁書局，1982 年。

譚家斌：《屈學問題綜論》，武漢：湖北人民出版社，2006 年。

蘇雪林：《天問正簡》，臺北：文津出版社，1992 年初版。

蘇雪林：《屈原與九歌》，臺北：文津出版社，2005 年。

蘇雪林：《屈賦論叢》，臺北：國立編譯館，1980 年。

蘇雪林：《楚騷新詁》，臺北：國立編譯館，1995 年。

饒宗頤：《楚辭地理考》，收錄於黃靈庚主編：《楚辭文獻叢刊》，冊 73。

〔日本〕竹治貞夫著，譚繼山譯：《屈原》，臺北：萬盛出版公司，1972 年。

（三）學位論文（依作者姓氏筆劃排列）

周建忠：《屈原考古新證》，上海：上海師範大學中國古代文學博士論文，2004 年。

張玲敏：《屈原的生命風姿》，臺北：輔仁大學中國文學系碩士論文，2000 年。

陳怡蘋：《楚辭美學探微》，臺北：輔仁大學哲學研究所碩士論文，2002 年。

陳曉雯：《屈作神話研究》，臺北：臺灣師範大學國文學系碩士論文，2004 年。

曾尚志：《屈原〈遠遊〉探究——佐以氣功學角度》，臺中：東海大學中國文學系
　　　碩士論文，2010 年。

（四）單篇論文（依作者姓氏筆劃排列）

丁力：〈關於屈原作品的真偽問題〉，收錄於木鐸出版社編：《文史集林》，臺北：
　　　木鐸出版社，1980 年，第 1 輯。

文崇一：〈九歌中河伯之研究〉，《中央研究院民族學研究所集刊》，第 9 期，1960
　　　年。

方銘：〈先秦文人君子人格的豐富性探討──以屈原為中心的考察〉，收入中國屈
　　　原學會編：《中國楚辭學》，北京：學苑出版社，2002 年 1 版 1 刷，第 1
　　　輯。

毛慶：〈各師成心，其異如面──屈原與孔子、老子文化心理之比較〉，收入中國
　　　屈原學會編：《中國楚辭學》，北京：學苑出版社，2012 年，1 版 1 刷，
　　　第 15 輯。

王浩翔：〈〈離騷〉「中正」一詞析義──兼論對〈離騷〉結構之理解〉，《東方人
　　　文學誌》，第 7 卷，第 2 期，2008 年 6 月。

王婉堯：〈屈原的道家思想〉，收入於楚文化研究會編：《楚辭研究論集》，長沙：
　　　嶽麓書社，2007 年 1 版 1 刷，第 7 集。

包根弟：〈屈原的政治思想〉，《輔仁學誌（文學院之部）》，第 10 期，1981 年 6
　　　月。

田耕滋：〈〈離騷〉「內美」與屈原的美學思想〉，《雲夢學刊》，第 26 卷，第 1 期，
　　　2005 年 1 月。

周秉高：〈論屈原的反中庸思想及其當代價值〉，收入中國屈原學會編：《中國楚
　　　辭學》，第 16 輯。

周建忠：〈〈遠遊〉：稷下道家思想掩蓋下的文學奇葩〉，收入中國屈原學會編：《中
　　　國楚辭學》，北京：學苑出版社，2011 年 1 版 1 刷，第 16 輯。

林明華：〈屈原思想探源──屈賦與《黃帝四經》〉，中國屈原學會編：《中國楚辭
　　　學》，北京：學苑出版社，2004 年 1 版 1 刷，第 5 輯。

金健民：〈屈原之〈遠遊〉與道家思想〉，收入中國屈原學會編：《中國楚辭學》，
　　　第 1 輯。

姜昆武：〈遠遊為屈子作品定疑〉，收錄於姜亮夫：《楚辭學論文集》，《姜亮夫全
　　　集》，冊 8。

段熙仲：〈楚辭札記〉，《文史哲》，1956 年 12 期。

許淑惠：〈〈九歌‧東皇太一〉之神性探索──兼對太一詞義考辨〉，收錄於邱致
　　　清等著：《第二十屆南區中文研究生論文發表會論文集》，嘉義：國立中
　　　正大學中國文學系，2008 年。

陳怡良：〈〈橘頌〉的傳承與突破──兼論屈原創作〈橘頌〉之緣因與勝處〉，《雲
　　　夢學刊》，第 33 卷，第 1 期，2012 年 1 月。

陳怡良：〈〈離騷〉「落英」、「彭咸」析疑〉，《成大中文學報》，第 3 期，1995 年 5
　　　月。

陳怡良：〈天問的創作背景及其創作意識〉，收錄於中國古典文學研究會主編：《古

典文學》，臺北：臺灣學生書局，1971 年，第 1 集。

陳怡良：〈屈原的審美素養及其〈離騷〉的藝術美〉，見：國立成功大學文學院主
　　　辦：《「蘇雪林及其同代作家國際學術研討會」會議論文集》，臺南：國
　　　立成功大學文學院，2014 年 10 月 31 日。

陳怡良：〈屈原的審美素養及其審美觀、審美特質〉，收錄於財團法人蘇雪林教授
　　　學術文化基金會編：《蘇雪林及其同代作家國際學術研討會論文集》，臺
　　　南：國立成功大學，2015 年初版。

陳怡良：〈鄉野傳奇——屈原後裔出現於臺灣彰化之謎〉，《閩臺文化交流》，2009
　　　年，總第 19 期。

陳開梅：〈論屈原的內政改革思想〉，《貴陽師專學報（社會科學版）》，2001 年，
　　　第 1 期，總第 63 期。

黃曉武：〈1942 年郭沫若與侯外廬關於屈原思想的論爭〉，《中國現代文學研究叢
　　　刊》，2006 年，第 6 期。

楊胤宗：〈屈原為儒家考〉，收入於余崇生編：《楚辭研究論文選集》，臺北：學海
　　　出版社，1985 年初版。

鄒天福：〈《楚辭・天問》篇中哲學思想淺論〉，收入中國屈原學會編：《中國楚辭
　　　學》，第 16 輯。

臺靜農：〈讀騷析疑〉，《東吳文史學報》，第 2 號 1977 年。

樊軍：〈論屈原的思想〉，收入於中國屈原學會編：《中國楚辭學》，第 1 輯。

蔡靖泉：〈「屈賈」思想略論〉，收入中國屈原學會編：《中國楚辭學》，第 16 輯。

鄭之問、譚家斌：〈屈原後裔探考〉，《職大學報》，2010 年，第 1 期。

韓章訓：〈屈原理想論〉，《中州學刊》，1987 年，第 5 期。

蘇雪林：〈屈原〉，《學術季刊》，1953 年，第 1 卷，第 4 期。

蘇慧霜：〈以情悟道——屈原對遊仙文學之影響略論〉，收錄於中國屈原學會編：
　　　《中國楚辭學》，北京：學苑出版社，2007 年，第 9 輯。

二、其他著作

（一）傳統文獻（依作者朝代先後排列）

〔商〕鬻熊著，鍾肇鵬校理：《鬻子校理》，北京：中華書局，2013 年重印。

〔春秋〕尹喜著：《關尹子》，上海：上海商務印書館，1936 年。

〔春秋〕左丘明著，徐元誥集解：《國語集解》，北京：中華書局，2002 年。

〔春秋〕左丘明著，楊伯峻注：《春秋左傳注》，北京：中華書局，2015 年 3 版 15
　　　刷。

〔春秋〕左丘明傳，〔晉〕杜預注，〔唐〕孔穎達疏，〔清〕阮元校勘：《春秋左傳
　　　正義》，《重刊宋本十三經注疏附校勘記》，臺北：藝文印書館，2013 年初
　　　版 17 刷，冊 6。

〔春秋〕老子著，朱謙之校釋：《老子校釋》，北京：中華書局，2011 年重印 10
　　刷。

〔春秋〕管仲著，黎翔鳳校注，梁運華整理：《管子校注》，北京：中華書局，2004
　　年。

〔春秋〕墨翟著，吳毓江校注：《墨子校注》，北京：中華書局，2006 年 2 版。

〔春秋〕鄧析著，徐忠良注譯，劉福增校閱：《新譯鄧析子》，臺北：三民書局，
　　1997 年。

〔戰國〕尸佼著，〔清〕孫星衍輯：《尸子》，北京：中華書局，1991 年。

〔戰國〕文子著，李定生、徐慧君校釋：《文子校釋》，上海：上海古籍出版社，
　　2004 年。

〔戰國〕列子著，楊伯峻集釋：《列子集釋》，北京：中華書局，2013 年 2 版。

〔戰國〕呂不韋著，陳奇猷校釋：《呂氏春秋新校釋》，上海：上海古籍出版社，
　　2011 重印。

〔戰國〕宋玉：〈大言賦〉，收錄於〔清〕嚴可均輯：《全上古三代秦漢三國六朝
　　文》，北京：中華書局，2012 年 1 版 9 刷，冊 1。

〔戰國〕宋玉：〈小言賦〉，收錄於〔清〕嚴可均輯：《全上古三代秦漢三國六朝
　　文》，冊 1。

〔戰國〕宋玉：〈風賦〉，收錄於〔清〕嚴可均輯：《全上古三代秦漢三國六朝文》，
　　冊 1。

〔戰國〕宋玉：〈神女賦〉，收錄於〔清〕嚴可均輯：《全上古三代秦漢三國六朝
　　文》，冊 1。

〔戰國〕宋玉：〈高唐賦〉，收錄於〔清〕嚴可均輯：《全上古三代秦漢三國六朝
　　文》，冊 1。

〔戰國〕宋玉：〈對楚王問〉，收錄於〔清〕嚴可均輯：《全上古三代秦漢三國六
　　朝文》，冊 1。

〔戰國〕河上公注：《老子道德經河上公章句》，北京：中華書局，1993 年。

〔戰國〕荀況著，王天海校釋：《荀子校釋》，上海：上海古籍出版社，2005 年。

〔戰國〕鬼谷子著，許富宏校注：《鬼谷子集校集注》，北京：中華書局，2008 年。

〔戰國〕商鞅著，蔣禮鴻撰：《商君書錐指》，北京：中華書局，1996 年 1 版 2 刷。

〔戰國〕莊周著，〔清〕郭慶藩集釋：《莊子集釋》，臺北：華正書局，1987 年。

〔戰國〕慎到著，許富宏校注：《慎子集校集注》，北京：中華書局，2013 年。

〔戰國〕韓非著，陳奇猷校注：《韓非子新校注》，上海：上海古籍出版社，2000
　　年。

〔戰國〕鶡冠子著，黃懷信校注：《鶡冠子校注》，北京：中華書局，2014 年。

〔秦〕孔鮒著，傅亞庶校釋：《孔叢子校釋》，北京：中華書局，2011 年。

〔秦〕李斯：〈上書諫逐客〉，收錄〔清〕嚴可均輯：《全上古三代秦漢三國六朝
　　文》，冊 1。

〔漢〕公羊壽傳，何休解詁，〔唐〕徐彥疏，〔清〕阮元校勘：《春秋公羊傳注疏》，

《重刊宋本十三經注疏附校勘記》，冊 7。

〔漢〕孔安國傳，〔唐〕孔穎達疏，〔清〕阮元校勘：《尚書正義》，《重刊宋本十三經注疏附校勘記》，冊 1。

〔漢〕毛亨傳，〔漢〕鄭玄箋，〔唐〕孔穎達疏，〔清〕阮元校勘：《毛詩正義》，《重刊宋本十三經注疏附校勘記》，冊 2。

〔漢〕王充著，黃暉校釋：《論衡校釋》，北京：中華書局，1995 年 1 版 2 刷。

〔漢〕司馬談：〈論六家要旨〉，見：〔漢〕司馬遷著，〔南朝宋〕裴駰集解，〔唐〕司馬貞索隱，〔唐〕張守節正義，〔日本〕瀧川龜太郎：《史記會注考證》，臺北：大安出版社，2007 年 2 版。

〔漢〕司馬遷著，〔南朝宋〕裴駰集解，〔唐〕司馬貞索隱，〔唐〕張守節正義，〔日本〕瀧川龜太郎：《史記會注考證》。

〔漢〕桓寬編，王利器校注：《鹽鐵論校注》，北京：中華書局，1996 年 1 版 2 刷。

〔漢〕桓譚：《新論》，臺北：中華書局，1981 年。

〔漢〕班固：〈東都賦〉，收錄於〔清〕嚴可均輯：《全上古三代秦漢三國六朝文》，冊 1。

〔漢〕班固等著，〔清〕陳立疏證：《白虎通疏證》，收錄於〔清〕王先謙編：《皇清經解續編》，臺北：藝文印書館，1965 年初版。

〔漢〕班固著，〔唐〕顏師古注，〔清〕王先謙補注：《漢書補注》，臺北：新文豐出版公司，1975 年初版。

〔漢〕張儀：《渾天儀》，收錄於〔清〕洪頤煊選集：《經典集林》，臺北：藝文印書館，1968 年。

〔漢〕張衡：〈定情賦〉，收錄於〔清〕嚴可均輯：《全上古三代秦漢三國八朝文》，冊 2。

〔漢〕張衡：《靈憲》，收錄於〔清〕洪頤煊選集：《經典集林》。

〔漢〕許慎著，〔宋〕徐鉉校定：《說文解字》，北京：中華書局，1985 年新 1 版。

〔漢〕許慎著，〔清〕段玉裁注：《說文解字注》，臺北：頂淵文化事業公司，2005 年初版 2 刷。

〔漢〕賈誼著，閻振益、鍾夏校注：《新書校注》，北京：中華書局，2000 年 1 版 1 刷。

〔漢〕趙岐注，〔宋〕孫奭疏，〔清〕阮元校勘：《孟子注疏》，《重刊宋本十三經注疏附校勘記》，冊 8。

〔漢〕劉向集錄，范祥雍箋證：《戰國策箋證》，上海：上海古籍出版社，2008 年。

〔漢〕劉向著，王叔岷：《列仙傳校箋》，臺北：中央研究院中國文哲研究所籌備處，1995 年。

〔漢〕劉向著，向宗魯校證：《說苑校證》，北京：中華書局，2011 年重印。

〔漢〕劉向編著，石光瑛校釋，陳新整理：《新序校釋》，北京：中華書局，2009 年 2 版。

〔漢〕劉安編，張雙棣校釋：《淮南子校釋》，北京：北京大學出版社，2013 年。

〔漢〕鄭玄注，〔唐〕孔穎達疏，〔清〕阮元校勘：《禮記正義》，《重刊宋本十三經注疏附校勘記》，冊5。

〔漢〕鄭玄注，〔唐〕賈公彥疏，〔清〕阮元校勘：《周禮注疏》，《重刊宋本十三經注疏附校勘記》，冊3。

〔漢〕鄭玄注，〔唐〕賈公彥疏，〔清〕阮元校勘：《儀禮注疏》，《重刊宋本十三經注疏附校勘記》，冊4。

〔漢〕應劭著，王利器校注：《風俗通義校注》，臺北：明文書局，1981年再版。

〔魏〕王弼、〔晉〕韓康伯注，〔唐〕孔穎達疏，〔清〕阮元校勘：《周易正義》，《重刊宋本十三經注疏附校勘記》，冊1。

〔魏〕王肅編：《孔子家語》，鄭州：中州古籍出版社，1991年1版1刷。

〔魏〕何晏注，〔宋〕邢昺疏，〔清〕阮元校勘：《論語注疏》，《重刊宋本十三經注疏附校勘記》，冊8。

〔魏〕徐幹著，孫啟治解詁：《中論解詁》，北京：中華書局，2014年。

〔魏〕張揖著，〔清〕王念孫疏證：《廣雅疏證》，臺北：廣文書局，1991年再版。

〔魏〕曹植：〈橘賦〉，收錄於〔清〕嚴可均輯：《全上古三代秦漢三國六朝文》，冊2。

〔晉〕左思：〈魏都賦〉，收錄於〔清〕嚴可均輯：《全上古三代秦漢三國六朝文》，冊2。

〔晉〕郭璞注，〔宋〕邢昺疏：《爾雅注疏》，《重刊宋本十三經注疏附校勘記》，冊8。

〔晉〕陸機著，張少康集釋：《文賦集釋》，北京：人民文學出版社，2002年。

〔南朝宋〕范曄著，〔唐〕李賢等注，〔清〕王先謙集解：《後漢書集解》，臺北：新文豐出版公司，1975年初版。

〔南朝齊〕王融：〈古意詩〉，收錄於逯欽立輯：《先秦漢魏晉南北朝詩》，臺北：木鐸出版社，1988年。

〔南朝梁〕沈約：《宋書》，臺北：新文豐出版公司，1975年初版。

〔南朝梁〕沈約注，〔清〕洪頤煊校：《竹書紀年》，北京：中華書局，1985年。

〔南朝梁〕劉勰著，周振甫注：《文心雕龍注釋》，臺北：里仁書局，1984年。

〔南朝梁〕蕭子顯：《南齊書》，臺北：新文豐出版公司，1975年初版。

〔南朝梁〕蕭統編，〔唐〕李善、呂延濟、劉良、張銑、呂向、李周翰：《六臣注文選》，北京：中華書局，2012年。

〔南朝梁〕鍾嶸著，曹旭集注：《詩品集注（增訂本）》，上海：上海古籍出版社，2012年重印2版。

〔北齊〕魏收撰：《魏書》，臺北：新文豐出版公司，1975年初版。

〔北魏〕酈道元著，陳橋驛校證：《水經注校證》，北京：中華書局，2007年。

〔唐〕王勃：〈採蓮賦〉，收錄於〔清〕董誥等編：《欽定全唐文》，臺北：大通書局，1979年4版，冊4。

〔唐〕李白：《李太白全集》，臺北：河洛圖書出版社，1975年臺初版。

〔唐〕李德裕：〈進瑞橘賦狀〉，收錄於〔清〕董誥等編：《欽定全唐文》，冊 15。

〔唐〕房玄齡等著，〔清〕吳士鑑、劉承幹校注：《晉書斠注》，臺北：新文豐出版公司，1975 年初版。

〔唐〕柳宗元：〈省試觀慶雲圖詩〉，收錄於〔清〕清聖祖編：《新校標點全唐詩》，臺北：宏業書局，1982 年再版。

〔唐〕唐玄宗注，〔宋〕邢昺疏，〔清〕阮元校勘：《孝經注疏》，《重刊宋本十三經注疏附校勘記》，冊 8。

〔唐〕徐堅編：《初學記》，臺北：鼎文書局，1976 年再版。

〔唐〕劉知幾著，〔清〕浦起龍釋，〔民國〕呂思勉評：《史通釋評》，臺北：華世出版社，1981 年新版 1 刷。

〔唐〕韓愈：〈送孟東野序〉，收錄於〔清〕董誥等編：《欽定全唐文》，冊 12。

〔唐〕魏徵：《隋書》，臺北：成文出版公司，1071 年初版。

〔後晉〕劉昫撰：《舊唐書》，臺北：新文豐出版公司，1975 年初版。

〔宋〕文天祥：《文文山全集》，臺北：世界書局，1971 年再版。

〔宋〕司馬光：〈屈平詩〉，收錄於北京大學古文獻研究所編：《全宋詩》，北京：北京大學出版社，1992 年。。

〔宋〕朱熹注：《四書章句集注》，臺北：大安出版社，1994 年 1 版 1 刷。

〔宋〕朱熹集注：《詩集傳》，臺北：臺灣中華書局，1969 年臺 2 版。

〔宋〕佚名撰：《錦繡萬花谷》，臺北：新興書局，1971 年。

〔宋〕張君房纂輯，蔣力生校注：《雲笈七籤》，北京：華夏出版社，1996 年。

〔宋〕陸佃：〈鶡冠子序〉，收錄於〔戰國〕鶡冠子著，黃懷信校注：《鶡冠子校注》。

〔宋〕葉夢得：《石林燕語》，北京：中華書局，1997 年。

〔宋〕樂史：《太平寰宇記》，臺北：1963 年初版。

〔宋〕歐陽脩：〈梅聖俞詩集序〉，收錄於曾棗莊、劉琳主編：《全宋文》，上海：上海辭書出版社，2006 年。

〔宋〕歐陽脩：〈薛簡肅公文集序〉，收錄於曾棗莊、劉琳主編：《全宋文》。

〔宋〕歐陽脩等撰：《唐書》，臺北：新文豐出版公司，1975 年初版。

〔宋〕羅泌著，男苹注：《路史》，臺北：中華書局，1983 年臺 3 版。

〔元〕吳全節：《通玄真經纘義》，收錄於嚴一萍編：《道藏經》，臺北：藝文印書館，1962 年，第 118 函。

〔元〕脫脫撰：《宋史》，臺北：新文豐出版公司，1975 年初版。

〔明〕史謹：〈屈原廟〉，收錄於梅雲來、余波、張新明編輯：《吟屈原詩集》，武漢：湖北省秭歸縣屈原紀念館，1993 年。

〔明〕胡應麟：《詩藪》，臺北：廣文書局，1973 年。

〔明〕徐師曾：《文體明辨》，收錄於吳平、回達強主編：《楚辭文獻集成》，冊 4。

〔明〕張羽：《靜居集》，收錄於《四部叢刊三編》，上海：上海書店，1986 年，冊 72。

〔清〕王沛膏：〈屈公祠題四首〉，收錄於梅雲來、余波、張新明編輯：《吟屈原詩集》。
〔清〕王念孫：《廣雅疏證》，收錄於文懷沙主編：《四部文明》，西安：陝西人民出版社，2007年，秦漢文明卷，冊7。
〔清〕朱乾著，〔日本〕興膳宏解說：《樂府正義》，京都：株式會社同朋舍，1980年初版。
〔清〕朱駿聲：《說文通訓定聲》，武漢：武漢市古籍書店，1983年。
〔清〕江永：《鄉黨圖考》，收錄於商務印書館四庫全書出版工作委員會編：《文津閣四庫全書》，北京：商務印書館，2005年，經部，四書類，冊73。
〔清〕姚鼐：《惜抱軒全集》，臺北：中華書局，1981年。
〔清〕姚鼐編，〔清〕王文濡評注：《評注古文辭類纂》，臺北：華正書局，1985年。
〔清〕洪亮吉：《洪亮吉集》，北京：中華書局，2001年。
〔清〕洪亮吉著，李解民點校：《春秋左傳詁》，北京：中華書局，1991年1版2刷。
〔清〕崔述：《洙泗考信錄》，北京：中華書局，1985年新1版。
〔清〕張廷玉等撰：《明史》，臺北：新文豐出版公司，1975年初版。
〔清〕曾國藩：《曾文正公全集》，臺北：東方書店，1963年。
〔清〕劉師培著，萬仕國點校：《儀徵劉申叔遺書》，揚州：廣陵書社，2014年。
〔清〕劉熙載著，袁津琥校注：《藝概注稿》，北京：中華書局，2014年重印。
〔清〕劉鶚：《老殘遊記》，臺北：聯經出版公司，1991年初版4刷。
〔清〕顧炎武：《日知錄》，收錄於〔清〕顧炎武著：《顧炎武全集》，上海：上海古籍出版社，2011年，冊19。

（二）近人專著（依作者姓氏筆劃排列）

丁山：《中國古代宗教與神話考》，上海：上海書店出版社，2011年。
丁四新：《郭店楚墓竹簡思想研究》，北京：東方出版社，2000年。
中國大百科全書出版社編：《中國大百科全書・中國文學卷》，上海：中國大百科全書出版社，1988年2版1刷。
中國文學史編輯小姐編著：《新編中國文學史》，高雄：高雄復文圖書出版社，2000年3版。
文崇一：《楚文化研究》，臺北：東大圖書公司，1990年重印初版。
方詩銘主編：《中國歷史紀年表》，上海：上海辭書出版社，1980年新1版。
王偉勇：《宋詞與唐詩之對應研究》，臺北：文史哲出版社，2003年。
王國維著，施議對譯注：《人間詞話譯注》，臺北：貫雅文化事業有限公司，1991年。
王國維著，謝維揚、房鑫亮主編：《王國維全集》，杭州：浙江教育出版社，2009

年。

王淮：《老子探義》，臺北：臺灣商務印書館，1990 年 9 版。

工博：《老子思想的史官特色》，臺北：文津出版社，1993 年。

王博：《簡帛思想文獻論集》，臺北：臺灣古籍出版公司，2001 年初版 1 刷。

王煜：《老莊思想論集》，臺北：聯經出版公司，1990 年初版 3 刷。

王夢鷗：《鄒衍遺說考》，臺北：臺灣商務印書館，1966 年 1 月初版。

王增永：《神話學概論》，北京：中國社會科學出版社，2007 年。

左鵬：《楚國歷史地理研究》，武漢：湖北教育出版社，2012 年。

匡亞明：《孔子評傳》，江蘇：南京大學出版社，1990 年 1 版 1 刷。

朱光潛：《文藝心理學》，臺北：臺灣開明書店，1991 年新 2 版。

何念龍：《千古絕響：楚國的文學》，武漢：湖北教育出版社，2000 年。

何新岳：《楚滅國考》，上海：上海人民出版社，1990 年。

何邁主編：《審美學通論》，合肥：安徽人民出版社，1990 年。

余英時：《士與中國文化》，上海：上海人民出版社，1987 年。

李曰剛：《中國詩歌流變史》，臺北：文津出版社，1987 年。

李玉潔：《中國早期國家性質》，臺北：雲龍出版社，2003 年。

李零：《中國方術考（修訂本）》，北京：東方出版社，2001 年 2 版 2 刷。

李澤厚、劉綱紀主編：《中國美學史》，臺北：里仁書局，1986 年。

李霞：《生死智慧：道家生命觀研究》，北京：人民出版社，2004 年。

林麗娥：《先秦齊學考》，臺北：臺灣商務印書館，1992 年。

姚聖良：《先秦兩漢神仙思想與文學》，濟南：齊魯書社，2009 年。

胡念貽：《先秦文學論集》，北京：中國社會科學出版社，1985 年 2 刷。

徐文武：《楚國思想與學術研究》，武漢：湖北教育出版社，2012 年。

徐漢昌：《管子思想研究》，臺北：花木蘭文化出版社，2011 年初版。

袁行霈：《中國詩歌藝術研究》，臺北：五南圖書公司，1994 年初版 2 刷。

袁行霈主編：《中國文學史》，臺北：五南圖書公司，2011 年 2 版。

袁珂：《中國神話傳說》，臺北：里仁書局，2000 年。

袁珂：《袁珂神話論集》，成都：四川大學出版社，1996 年。

袁珂校注：《山海經校注》，北京：北京聯合出版公司，2014 年 1 版 2 刷。

張少康：《中國文學理論批評史》，北京：北京大學出版社，2005 年。

張少康：《中國文學理論批評簡史》，香港：中文大學出版社，1999 年。

張正明：《楚文化史》，臺北：南天書局，1990 年。

張其成主編：《易學大辭典（增訂本）》，北京：華夏出版社，1995 年 1 版 3 刷。

張岱年：《中國哲學史大綱》，臺北：藍燈文化事業公司，1992 年。

張法：《中國美學史》，上海：上海人民出版社，2000 年。

張軍、劉乃叔主編：《古漢語多用通假字典》，吉林：東北師範大學出版社，1991 年。

張振犁：《中原古典神話流變考論》，上海：上海文藝出版社，1991 年。

張高評：《春秋書法與左傳史筆》，臺北：里仁書局，2011 年初版。

張麗珠：《中國哲學史三十講》，臺北：里仁書局，2007 年。

梁啟超：《中國歷史研究法》，臺北：里仁書局，1994 年。

梁啟超：《孔子》，臺北：臺灣中華書局，1981 年臺 4 版。

梁啟超：《先秦政治思想史》，臺北：東大圖書公司，1987 年再版。

梁啟超：《飲冰室合集》，北京：中華書局，1989 年。

許地山：《道教的歷史》，北京：北京工業大學出版社，2007 年。

郭沫若：《十批判書》，收錄於郭沫若著作編輯出版委員會編：《郭沫若全集》，北
　　　京：科學出版社，1982 年。

郭沫若：《青銅時代》，收錄於郭沫若著作編輯出版委員會編：《郭沫若全集》。

郭超主編：《駐馬店通史》，鄭州：中州古籍出版社，2000 年。

陳鼓應：《老子今註今譯及評介》，臺北：臺灣商務印書館，1978 年修訂 6 版。

陳鼓應：《老莊新論》，臺北：五南圖書公司，1993 年。

陳遵嬀：《中國天文學史》，臺北：明文書局，1985 年。

陸侃如、馮沅君：《中國文學史簡編》，收錄於陸侃如、馮沅君著：《陸侃如馮沅
　　　君合集》，合肥：安徽教育出版社，2011 年，冊 3。

傅錫王：《中國神話與類神話研究》，臺北：文津出版社，2005 年。

黃裕宜：《《老子》自然思想的考察》，臺北：花木蘭文化出版社，2010 年。

黃麗娥：《先秦齊學考》，臺北：臺灣商務印書館，1993 年。

楊向奎：《大一統與儒家思想》，北京：北京出版社，2011 年。

楊碩夫：《孔子教育思想與儒家教育》，臺北：黎明文化事業公司，1988 年再版。

楊寬：《戰國史》，臺北：臺灣商務印書館，1997 年。

葉慶炳：《中國文學史》，臺北：臺灣學生書局，1987 年。

詹石窗、謝清果：《中國道家之精神》，上海：復旦大學出版社，2009 年。

廖名春：《新出楚簡試論》，臺北：臺灣古籍出版公司，2001 年初版 1 刷。

趙沛霖：《先秦神話思想史論》，臺北：五南圖書公司，1998 年。

劉大杰：《中國文學發展史》，臺北：華正書局，2011 年 3 版。

蔡靖泉：《楚文學史》，武漢：湖北教育出版社，1995 年。

蔣伯潛：《十三經概論》，臺北：學海出版社，1985 年初版。

蕭登福：《周秦兩漢早期道教》，臺北：文津出版社，1998 年。

錢杭：《周代宗法制度史研究》，上海：學林出版社，1991 年。

錢穆：《先秦諸子繫年》，收錄於錢穆著：《錢賓四先生全集》，臺北：聯經出版公
　　　司，1998 年，冊 5。

魏昌：《楚國史》，武漢：武漢出版社，2002 年 2 版。

羅竹風主編：《漢語大詞典》，臺北：臺灣東華書局，1997 年。

（三）學位論文

王景：《楚懷王時期的楚秦關係研究》，上海：華東師範大學歷史學系碩士論文，
　　　2013 年。

（四）單篇論文（依作者姓氏筆劃排列）

于春海、卞良君：〈《易經》中的君子觀〉，《周易研究》，總第 34 期（1997 年）。

吳永章：〈楚官考〉，見：〔明〕董說著，繆文遠訂補：《七國考訂補》，上海：上
　　　海古籍出版社，1987 年 1 版 1 刷。

吳郁芳：〈從橘樹的分布看楚人的遷徙及楚疆的開拓〉，《江漢論壇》，1987 年，第
　　　12 期。

李守奎：〈清華簡《繫年》「莫囂易為」考論〉，《中原文化研究》，2013 年，第 2
　　　期。

李建毛：〈楚宮建築〉，收錄於熊傳薪主編：《楚國‧楚人‧楚文化》，臺北：藝術
　　　家出版社，2001 年。

李學勤：〈談楚簡〈慎子〉〉，《中國文化》第 25、26 期合刊，2007 年 2 期。

河北省文物研究所定州漢簡整理小組：〈定州西漢中山懷王墓竹簡《文子》的整
　　　理和意義〉，《文物》，1995 年，第 12 期。

金德建：〈老聃學說出於史官考〉，《求是學刊》1980 年 3 期。

胡家聰：〈《尹文子》與稷下黃老學派——兼論《尹文子》並非偽書〉，《文史哲》，
　　　1984 年，第 2 期，總第 161 期。

徐文武：〈庚桑楚其人其書考〉，《荊州師範學院學報》（社會科學版）2001 年，第
　　　6 期。

袁建平：〈楚國的鐵器〉，收錄於熊傳薪主編：《楚國‧楚人‧楚文化》。

馬敘倫：〈列子偽書考〉，收錄於〔戰國〕列子著，楊伯峻集釋：《列子集釋》。

曹學群：〈楚國的音樂〉，收錄於熊傳薪主編：《楚國‧楚人‧楚文化》。

許抗生：〈初讀〈太一生水〉〉，收錄於陳鼓應編：《道家文化研究》。

陳國安：〈楚國的服飾〉，收錄於熊傳薪主編：《楚國‧楚人‧楚文化》。

陳國安：〈楚國的玻璃器〉，收錄於熊傳薪主編：《楚國‧楚人‧楚文化》。

傅聚良：〈楚國的青銅禮器〉，收錄於熊傳薪主編：《楚國‧楚人‧楚文化》。

喻燕姣：〈楚國的天文學〉，收錄於熊傳薪：《楚國‧楚人‧楚文化》。

喻燕姣：〈楚國的玉器〉，收錄於熊傳薪主編：《楚國‧楚人‧楚文化》。

游振群：〈楚國的帛畫〉，收錄於熊傳薪主編：《楚國‧楚人‧楚文化》。

葉舒憲：〈莊子與神話〉，收錄於李亦園、王秋桂主編：《中國神話與傳說學術研
　　　討會論文集》，臺北：漢學研究中心，1996 年。

趙建琴、邊曉智：〈說「縱橫」〉，《雁北師范學院學報》，第 15 卷，第 1 期（1999
　　　年 2 月）。

趙娜：〈戰國時期的齊楚關係〉，《管子學刊》，第 3 期（2004 年）。

蕭漢明：〈〈太一生水〉的宇宙論與學派屬性〉，《學術月刊》，2001 年，第 12 期。

聶菲：〈墨髹朱裡的楚國漆器〉，收錄於熊傳薪主編：《楚國‧楚人‧楚文化》。

顏崑陽：〈論漢代文人「悲士不遇」的心靈模式〉，收錄於國立政治大學中文系所主編：《漢代文學與思想學術研討會論文集》，臺北：文史哲出版社，1991年。

魏文彬：〈淺談《周易》「中正」與「和合」的辯證關係〉，《中華文化論壇》，第 2 期（1997 年）。

龐樸：〈一段有機的宇宙生成圖式──介紹楚簡〈太一生水〉〉，收錄於陳鼓應編：《道家文化研究》，北京：生活‧讀書‧新知三聯書店，1999 年，第 17 輯。

蘇雪林：〈神話與文學〉，《東方雜誌》，第 2 卷，第 3 期，1969 年。

顧頡剛：〈從《呂氏春秋》推測《老子》之成書年代〉，收錄於羅根澤編：《古史辨》，臺北：明倫書局，1970 年臺版，冊 4。

國家圖書館出版品預行編目(CIP)資料

屈原儒道思想探微 / 許瑞哲著. -- 初版. -- 臺北
市：元華文創, 2019.04
　　面；　公分

ISBN 978-957-711-056-5 (平裝)

1.(周)屈原　2.學術思想　3.儒學　4.道家

121.29　　　　　　　　　　　　　　107023847

屈原儒道思想探微

許瑞哲　著

發 行 人：賴洋助
出 版 者：元華文創股份有限公司
公司地址：新竹縣竹北市台元一街 8 號 5 樓之 7
聯絡地址：100 臺北市中正區重慶南路二段 51 號 5 樓
電　　話：(02) 2351-1607
傳　　真：(02) 2351-1549
網　　址：www.eculture.com.tw
E - m a i l：service@eculture.com.tw
出版年月：2019 年 04 月 初版
定　　價：新臺幣 490 元

ISBN：978-957-711-056-5 (平裝)

總 經 銷：易可數位行銷股份有限公司
地　　址：231 新北市新店區寶橋路 235 巷 6 弄 3 號 5 樓
電　　話：(02) 8911-0825　　傳　　真：(02) 8911-0801